5·7급 언어논리 PSAT

추론 + 논리퀴즈

유형 뽀개기!

SD에듀

(주)시대고시기획

머리말

자신이 강한 유형과 약한 유형을 파악하고,
강한 유형보다는 약한 유형을 보완하는 방식으로 준비하기!

2004년 외무고등고시에 처음 도입된 공직적격성평가(이하 PSAT)는 이후 2005년 행정고등고시와 입법고등고시, 그리고 2011년 민간경력자 시험에도 도입되면서 그 중요성이 점차 강조되어 왔습니다. 이제 PSAT는 적용범위를 더 확대하여 7급 공무원 채용시험에도 도입되는 등 그야말로 공무원 시험의 핵심요소로 자리 잡았습니다.

PSAT는 언어논리, 자료해석, 상황판단 등 크게 세 가지 영역으로 분류되는데, 각 영역 내에서도 여러 세부 유형들로 다시 나뉩니다. 수험생마다 언어논리, 자료해석, 상황판단 중 자신이 더 잘하는 영역이 존재하고, 각 영역 내에서도 조금 더 수월하게 해결하는 세부 유형이 존재합니다. PSAT의 기출문제가 축적되고 이를 준비하는 수험생들의 실력이 증가하면서 1~2문제를 더 맞히느냐 못 맞히느냐의 차이로도 당락이 결정되는 상황에서 자신이 약한 유형을 포기하고 강한 부분만 집중적으로 준비할 수 없는 시험이 되었습니다. 이에 따라 수험생들은 스스로 자신이 강한 유형과 약한 유형을 파악하고, 강한 유형보다는 약한 유형을 보완하는 방식으로 준비하셔야 합니다.

이에 본서는 언어논리, 자료해석, 상황판단이라는 큰 분류 내에서 수험생들이 가장 어려워하고 까다롭다고 느끼는 세부 유형을 분석하여 해당 유형을 철저하게 대비할 수 있는 교재를 출간했습니다. 본서가 다루고 있는 세부 유형은 대부분의 수험생들이 어려움을 느끼는 유형이므로 해당 유형을 집중적으로 공부한다면 다른 수험생들이 많이 틀리는 문제를 맞힘으로써 경쟁력을 확보할 수 있을 것입니다.

PSAT의 효율적인 대비를 위해서는 기출문제를 무작정 풀어보는 것이 아니라 과목별 기출유형을 꼼꼼히 파악하고 정리해 두는 습관이 필요합니다. 또한 이를 통해 자신이 약한 세부 유형을 파악하고 이를 집중적으로 대비하여 자신만의 풀이 방법을 찾는 과정이 필요합니다.

본서는 이러한 점에 주안점을 두고 해당 세부 유형에 대한 가장 효과적인 접근법과 남들보다 10점을 더 맞출 수 있는 포인트를 제시하고자 노력했습니다. 자신이 생각하고 있는 접근법과 해설에 기재되어 있는 접근법이 일치하는지를 확인하고, 만약 일치하지 않는다면 어떤 방법이 더 신속하고 본인에게 맞는 방법인지를 정리하는 학습을 하시기를 바랍니다.

SD에듀는 수험생 여러분의 지치지 않는 노력을 응원하며 합격에 도달하는 가장 빠르고 정확한 길을 제시하고자 힘쓰고 있습니다. 수험생 여러분이 합격의 결승선에 도달하는 그날까지 언제나 함께 응원하겠습니다.

SD PSAT연구소

공직적격성평가 PSAT

도입 배경

21세기 지식기반사회가 필요로 하는 공직자는 정치 · 경제 · 사회 · 문화 등 각 분야에서 일어나는 급속한 변화에 신속히 적응하고 새롭게 발생하는 문제들에 대처할 수 있어야 합니다. 이러한 시대적 요구에 부응하기 위해 단순히 암기된 지식이 아닌 잠재적 학습능력과 문제해결능력을 측정하기 위한 PSAT 시험을 도입, 공직자로서 갖추어야 할 소양과 자질을 평가하고 있습니다.

평가 영역

공직적격성평가(Public Service Aptitude Test)는 공직자에게 필요한 소양과 자질을 측정하는 시험으로, 논리적 · 비판적 사고능력, 자료의 분석 및 추론능력, 판단 및 의사 결정능력 등 종합적 사고력을 평가합니다.

❶ PSAT의 평가영역은 언어논리 · 자료해석 · 상황판단 세 영역으로 구성됩니다.

언어논리	글의 이해, 표현, 추론, 비판과 논리적 사고 등의 능력을 평가
자료해석	수치 자료의 정리와 이해, 처리와 응용계산, 분석과 정보 추출 등의 능력을 평가
상황판단	상황의 이해, 추론 및 분석, 문제 해결, 판단과 의사 결정 등의 능력을 평가

❷ PSAT는 특정한 지식의 정도를 측정하는 것이 아니라 능력을 측정하는 시험이기 때문에 대학입시 수학능력시험과 유사한 측면이 있습니다. 그러나 수학능력시험은 학습능력을 측정하고 있는 데 반해, PSAT는 새로운 상황에서 적응하는 능력과 문제해결, 판단능력을 주로 측정하고 있기 때문에 학습능력보다는 공직자로서 당면하게 될 업무와 문제들에 대한 해결능력과 종합적이고 심도 있는 사고력을 요하는 문제가 중점적으로 출제됩니다.

PSAT 실시 시험 개관

구분	시행 형태		
	1차시험	2차시험	3차시험
5급 공개경쟁채용시험	PSAT · 헌법	직렬별 필수/선택과목 (논문형)	면접
입법고시			
외교관후보자 선발시험		전공평가/통합논술 (논문형)	
지역인재 7급 수습직원 선발시험		서류전형	
7급 공개경쟁채용시험	PSAT	전문과목(선택형)	
5 · 7급 민간경력자 선발시험		서류전형	

시험경향분석 2022년 5·7급 PSAT 언어논리

5급 언어논리 총평

2022년 5급 PSAT 언어논리는 2021년과 비슷하거나 조금 어려운 난도로 출제되었습니다. 책형 구분 상관없이 앞부분의 내용일치 문제에서는 비교적 빠른 속도로 문제를 풀 수 있었으나, 11~20번, 31~40번에 고난도 문제들이 출제되어 시간이 부족한 학생들이 많았습니다.

2022년 언어논리의 특징은 다음과 같습니다.

첫째, 강화·약화 문제의 문항 수가 증가하고 난도가 상승하였습니다. 2022년 언어논리 시험의 변별력은 강화·약화 문제에서 판가름이 났다고 하여도 무방합니다. 강화·약화 문제가 7문제나 출제되었고, 난도가 있는 강화·약화 문제가 있어 전체적인 언어논리 시험 난도를 상승시켰습니다. 이에 대비하기 위해 기출문제를 반복적으로 풀이하며 강화·약화하는 선지의 논리적 구성이 어떻게 이루어지는지 감을 익혀야겠습니다.

둘째, 지문 소재가 난해한 경우가 있어 지문 자체를 이해하는데 시간이 많이 소요되었습니다. 철학 또는 논리학 소재의 어려운 지문이 있어 문제를 풀이하는데 지문을 여러 번 읽어야 하는 경우가 많았습니다. 한편 2021년에 비해서 과학 소재의 지문 개수는 줄어들었습니다. 앞으로의 경향성을 파악하여 볼 때, 2021년과 비슷하게 어려운 지문 경향성이 유지될 것으로 보입니다.

셋째, 2021년과 비교하였을 때 논리퀴즈 문제의 난도는 감소하거나 비슷했습니다. 논리퀴즈 문제의 연습량을 충분히 늘려 쉬운 논리퀴즈 문제가 등장하였을 때 빠르게 해결하고 다른 문제에 고민할 시간을 확보하는 것도 좋은 전략이라고 판단됩니다.

지문의 길이는 2021년보다 다소 길었습니다. 길고 소재가 어려운 지문 자체를 독해하는 데 시간이 소요되었기 때문에 전체적인 체감 난도는 더욱 상승하였을 것이라 생각합니다. 다만 5급 공채 PSAT 언어논리의 경우, 지문 내에 불필요한 정보는 거의 없다는 것을 감안할 때 지문의 길이가 향후 더 늘어날 것이라고 예상되지 않습니다.

7급 언어논리 총평

2022년 7급 PSAT 언어논리는 전체적으로 무난한 문제들이 출제되었습니다. 때문에 언어논리에서 시간을 어느 정도 벌어놓았다면 크게 어렵지 않았던 상황판단에서도 고득점이 가능했을 것이라고 생각됩니다.

2022년 언어논리의 특징은 다음과 같습니다.

첫째, 일치부합형 문제들은 전체적으로 낮은 난도로 출제되었습니다. 또한 논지찾기형 · 빈칸 채우기형 · 내용 수정형은 기존 출제틀에서 벗어나지 않았으며 논리적인 내용과 결합되지 않아 체감 난도를 더 떨어뜨렸습니다.

둘째, 추론형 문제들은 제시문의 길이가 길지 않았고 다소 복잡할 수 있었던 내용이 표로 정리되어 있어 어렵지 않게 풀이가 가능했습니다. 다만, 가책형 기준 16번 문제는 함정들이 숨어 있었기에 주의가 필요했습니다.

셋째, 강화–약화형과 논증 분석형 문제들은 기본적인 삼단 논법과 제시문의 이해만으로도 풀이가 가능했습니다. 그러나 논리퀴즈형은 주어진 전제에서 나타나지 않은 제3의 존재를 찾아내는 것이 중요했습니다. 주어진 조건 안에서 풀이하는 것에 익숙했던 수험생이라면 다소 고전했을 것으로 판단됩니다.

넷째, 과학지문 문제들은 제시문에 등장하는 항목이 많았고 그 항목간의 관계들을 잘 설정할 수 있었는지가 관건이었습니다. 공직실무에 관한 문제들은 대화체, 빈칸 채우기, 법조문형 문제 등으로 골고루 출제되었는데 특히 가책형 기준 23번 문제는 신청절차를 순서대로 작성할 수 있었는지를 묻는 유형으로 추후에도 출제가 가능할 것으로 판단됩니다.

구성과 특징

유형별 핵심이론

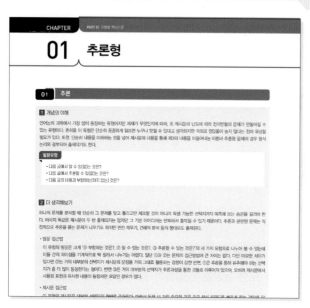

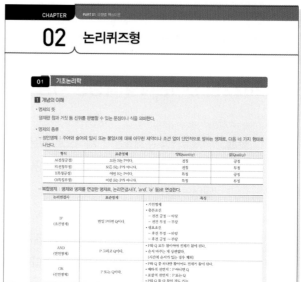

PSAT 언어논리 유형 중 추론형과 논리퀴즈형의 핵심이론을 수록하였습니다. 각 유형마다 개념의 이해, 더 생각해보기, 10점 UP 포인트와 대표예제로 구성하여 학습의 효율성을 높였습니다.

유형별 필수기출 160제

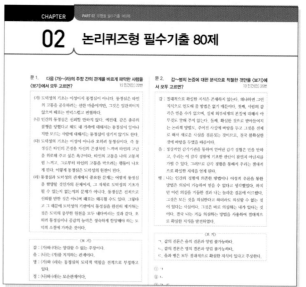

과년도 PSAT 언어논리 기출문제 중 추론형과 논리퀴즈형 문제만을 각각 80제씩 엄선하여 필수기출 160제를 수록하였습니다.

상세한 해설

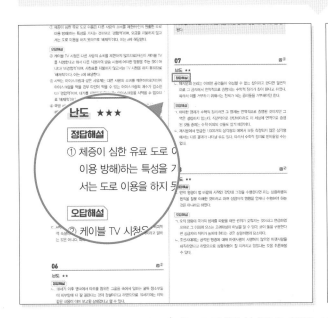

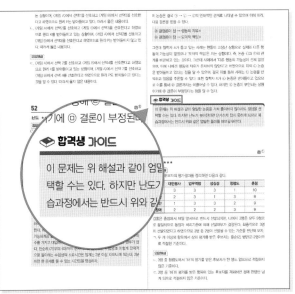

정답해설과 오답해설을 나누어 수록하는 등 최대한 상세하게 해설을 수록하고자 하였으며, 주요 문항마다 5급 공채 최종합격생의 노하우가 담긴 '합격생 가이드'를 수록하였습니다.

5·7급 PSAT 언어논리 최신기출문제

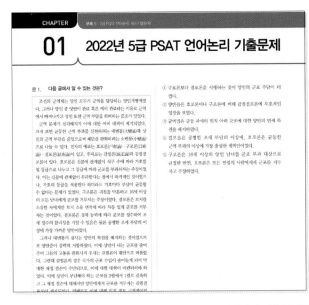

2022~2021년에 시행된 5·7급 PSAT 언어논리영역의 기출문제와 해설을 부록으로 수록하였습니다.

PART 01

유형별 핵심이론

01 추론형

01 추론

1 개념의 이해

언어논리 과목에서 가장 많이 등장하는 유형이지만 제재가 무엇인지에 따라, 또 제시문의 난도에 따라 천차만별의 문제가 만들어질 수 있는 유형이다. 흔히들 이 유형은 단순히 꼼꼼하게 읽으면 누구나 맞힐 수 있다고 생각하지만 의외로 정답률이 높지 않다는 점에 유념할 필요가 있다. 또한, 단순히 내용을 이해하는 것을 넘어 제시문의 내용을 통해 제3의 내용을 이끌어내는 이른바 추론형 문제의 경우 형식 논리와 결부되어 출제되기도 한다.

> **발문유형**
>
> • 다음 글에서 알 수 있(없)는 것은?
> • 다음 글에서 추론할 수 있(없)는 것은?
> • 다음 글의 내용과 부합하는(하지 않는) 것은?

2 더 생각해보기

하나의 문제를 분석할 때 단순히 그 문제를 맞고 틀리고만 체크할 것이 아니라 파생 가능한 선택지까지 예측해 보는 습관을 길러야 한다. 어차피 똑같은 제시문이 두 번 출제되지는 않지만 그 기본 아이디어는 반복해서 출제될 수 있기 때문이다. 추론과 관련된 문제는 직접적으로 추론을 묻는 문제가 나오기도 하지만 빈칸 채우기, 견해의 분석 등의 형태로도 출제된다.

• 발문 접근법

　이 유형의 발문은 크게 '① 부합하는 것은?, ② 알 수 있는 것은?, ③ 추론할 수 있는 것은?'의 세 가지 유형으로 나누어 볼 수 있는데 이들 간의 차이점을 기계적으로 딱 잘라서 나누기는 어렵다. 일단 ①과 ②는 문제의 접근방법에 큰 차이는 없다. 다만 미묘한 차이가 있다면 ②는 거의 대부분의 선택지가 제시문의 문장을 거의 그대로 활용하는 경향이 강한 반면, ①은 추론을 통해 유추해야 하는 선택지가 좀 더 많이 등장한다는 점이다. 반면 ③은 거의 대부분의 선택지가 추론과정을 통한 것들로 이루어져 있으며, 오히려 제시문에서 사용된 표현과 유사한 내용이 등장하면 오답인 경우가 많다.

• 제시문 접근법

　이 유형의 제시문은 대부분 설명문의 형태로 주어진다. 따라서 독해 시 가장 중요한 것은 주요 핵심 키워드를 빠르게 찾는 것인데, 단순히 키워드를 찾는 것에 그치기보다는 이들 사이에 어떤 관계가 있는지를 파악해야 한다. 즉, 시간의 순서가 강조되는 것인지 아니면 어느 하나가 다른 것들을 포괄하는 관계인지 등을 파악해야 한다는 것이다. 만약 시간의 순서를 다루는 제시문이라면 정답은 중간 단계를 서술한 선택지에 있을 가능성이 높다. 반면 포괄 관계에 있는 키워드들을 다루고 있다면 그 연결을 다르게 한 선택지가 정답일 확률이 높다. 즉, A와 B, C와 D가 연관된 키워드라면 A와 D, B와 C를 연결하여 선택지를 구성하는 것이 일반적이다.

• 선택지 접근법

　이른바 선택지 스캐닝이 반드시 필요한 유형이다. 선택지의 내용을 자세히 읽어보지 않더라도 선택지에서 반복되는 문구를 통해 제시문의 제재를 파악할 수 있기 때문이다. 통상 이 유형의 제시문은 등장하는 정보의 양이 상당히 많은 편이어서 자칫 잘못하면 지엽적인 내용에 빠져들 가능성이 있다. 따라서 선택지 스캐닝을 통해 파악한 제재를 일종의 나침반으로 삼아 읽어나가야 한다.

3 10점 UP 포인트

• 첫머리에 주목

흔히들 제시문의 첫 부분에 나오는 구체적인 내용들은 중요하지 않은 정보라고 판단하여 넘기곤 한다. 하지만 의외로 첫 부분에 등장하는 내용이 문장으로 구성되는 경우가 상당히 많은 편이다. 물론 그 선택지가 답이 되는 경우는 드물지만 첫 단락은 글 전체의 흐름을 알게 해주는 길잡이와 같은 역할도 하므로 지엽적인 정보라도 꼼꼼하게 챙기도록 하자.

• 여러 항목이 나열되어 있는 제시문

타 직렬 PSAT에서 매년 2~4문제 정도 출제되는 유형으로 많은 수험생들이 이러한 유형의 제시문은 어떻게 밑줄 내지는 표시를 해야하는지에 대해 고민을 하곤 한다. 예를 들어, 제시문에 '서립, 배종, 의장의 임무로 세분된다'라는 문장이 나올 때 문단 아래를 스캔해보면서 이 단어들을 각각 설명하고 있는지를 찾아보자. 만약 그렇다면 저 문장에서는 '서립, 배종, 의장'에 표시를 하지 않고 아래에 등장하는 해당 단어에 표시를 해두자. 이름표를 확실히 붙여주는 것이다. 그렇게 하면 선택지에서 다시 찾아 올라갈 때 상당히 편리하고 또한 시험지에 2중으로 표시되는 것도 막을 수 있다.

• 기존의 지식

선택지를 읽다 보면 제시문에서는 언급되어 있지 않지만 우리가 흔히 알고 있는 지식을 이용한 것들을 종종 만나게 된다. 이는 대부분 함정이며 제시문을 벗어난 기존의 지식을 응용한 선택지는 오답이라고 봐도 무방하다. 물론, 극소수의 문제에서 기존의 지식을 활용하는 것이 도움이 되는 경우도 있다. 하지만 지식을 묻는 과목이 아닌 언어논리에서의 지식은 오히려 해가 될 가능성이 더 높다는 점에 유의하자.

대표예제 01

조선의 한 국왕이 쓴 다음 글에서 추론할 수 <u>없는</u> 것은?

내가 바라는 것은 성인을 배우는 일이다. 비유하자면 다음과 같다. 달이 물에 있어도 하늘에 있는 달은 그대로 밝다. 하늘의 달이 아래로 비치면서 물 위에 그 빛을 발산할 때 용문(龍門)※의 물은 넓고도 빠르고 안탕(雁宕)※의 물은 맑고 여울지며 염계(濂溪)※의 물은 검푸르고 무이(武夷)※의 물은 소리 내어 흐른다. 양자강의 물은 차갑고 탕천(湯泉)※의 물은 따뜻하며, 강물은 담담하고 바닷물은 짜고, 경수(涇水)※는 흐리고 위수(渭水)※는 맑다. 이처럼 달은 다만 물의 각기 형태에 따라 비춰준다. 물이 흐르면 달도 함께 흐르고 물이 멎으면 달도 함께 멎으며 물이 거슬러 올라가면 달도 함께 거슬러 올라가고 물이 소용돌이치면 달도 함께 소용돌이친다. 그러나 그 물의 근원은 달의 정기(精氣)이다. 거기에서 나오는 물이 세상 사람들이라면 달이 비춰 그 상태를 나타내는 것은 사람들 각자의 얼굴이다. 나는, 달은 태극이고 그 태극이 바로 나라는 것을 알고 있다. 이것이 바로 옛 사람이 태극의 신비한 작용을 만천(萬川)의 밝은 달에 비유하여 말한 뜻이 아니겠는가? 그리고 나는 태극의 테두리를 어림잡아 보려는 것은 물속에 비친 달을 잡으려 하는 것과 같은 헛된 짓임도 알고 있다.

※ 중국의 유명한 강과 계곡들

① 물은 물속에 비친 달빛의 지배를 받게 마련이다.
② 만천(萬川)은 백성들이요 명월(明月)은 왕을 가리킨다.
③ 사람들이 국왕의 본심을 쉽게 알 수 있다고 생각하는 것은 어리석은 일이다.
④ 국왕은 자신이 만물의 근원인 태극임을 자부하고 있다.
⑤ 달은 만물을 똑같이 비추지만, 사물에 따라 달의 모습은 각기 다르게 나타난다.

정답해설

추론능력을 검사하는 문제 중 하나이다. 이것은 비록 지문 안에 등장하지는 않지만 지문의 내용으로부터 추론할 수 있는 것 또는 추론할 수 없는 것을 분별하는 문제에 해당한다. 추론하는 데 동원되는 배경 전제들이 달라지면 그에 따라 다른 내용들이 추론될 수도 있다.
① 물이 물속에 비친 달빛의 지배를 받게 마련이라는 점은 추론할 수 없으며, 오히려 물속에 비친 달빛이 물의 흐름에 따라 요동친다고 말하고 있다.

오답해설

② 물의 근원(달의 정기)에서 나오는 물(만천)이 세상 사람들(백성)이며, 달은 태극, 태극은 곧 내(왕, 화자 자신)라는 것을 알고 있다고 명시적으로 밝히고 있다. 따라서 명월(밝은 달)은 화자, 곧 왕 자신을 가리킨다.
③ 화자는 태극의 테두리를 어림잡아 보려는 것이 헛된 짓이라고 말하고 있다. 태극은 화자 자신이기 때문에 그 테두리가 왕의 실체(또는 본심)를 가리킨다고 보면, 화자는 태극의 테두리를 어림잡아 보려는 것을 헛된 짓(또는 어리석은 짓)으로 판단함을 추론할 수 있다.
④ 화자는 중국의 유명한 물과 달의 작용을 들고 있으며, 달이자 태극인 자신이 곧 물의 근원이라는 점을 밝히고 있다. 또 '태극의 신비한 작용' 등의 언급으로 미루어 볼 때, 화자는 자신이 만물의 근원인 태극임을 자부한다고 보는 것이 적절하다.
⑤ '이처럼 달은 ～ 형태에 따라 비춰준다' 부분과 '물이 흐르면 ～ 달도 함께 소용돌이친다' 부분을 통해 추론할 수 있다.

답 ①

대표예제 02

다음 글에서 추론할 수 있는 결론으로 가장 적절한 것은?

> 과학에서 혁명적 변화는 정상적 변화와 다르다. 혁명적 변화는 그것이 일어나기 전에 사용되던 개념들로는 수용할 수 없는 새로운 발견들을 동반한다. 과학자가 새로운 발견을 하고 이를 수용하기 위해서는 어떤 영역의 자연현상들에 대해 생각하는 방식과 기술하는 방식 자체를 바꾸어야 한다. 뉴턴의 제2운동 법칙의 발견이 이러한 변화에 해당한다. 이 법칙이 채택하고 있는 힘과 질량의 개념은 이 법칙이 도입되기 전까지 사용되던 개념들과는 다른 것이었고, 이 새로운 개념들의 정의를 위해서는 뉴턴의 법칙 자체가 필수적이었다. 좀 더 포괄적이면서도 비교적 단순한 또 하나의 사례는 프톨레마이오스 천문학에서 코페르니쿠스 천문학으로의 전이 과정에서 찾을 수 있다. 이 전이가 이루어지기 전까지 태양과 달은 행성이었고 지구는 행성이 아니었다. 전이 이후에 지구는 화성이나 목성과 마찬가지로 행성이 되었고, 태양은 항성이, 그리고 달은 새로운 종류의 천체인 위성이 되었다. 이와 같은 변화는 단지 프톨레마이오스 체계 내의 개별적인 오류를 교정한 것이 아니다. 이 변화는 뉴턴 운동 법칙으로의 전이에서와 마찬가지로 자연 법칙 자체의 변화였다. 그리고 그 변화된 자연 법칙 속의 몇몇 용어들이 자연에 적용되는 방식도 변화였다.

① 과학은 혁명을 통해 진보한다.
② 과학 용어의 의미와 지시 대상은 가변적이다.
③ 과학의 목적은 영원한 진리를 발견하는 것이다.
④ 정상적 변화 과정에서 과학자들은 반대 사례를 무시한다.
⑤ 코페르니쿠스 이론은 프톨레마이오스 이론보다 우월하다.

정답해설

지문에 명시적으로 나타나 있지 않지만, 지문으로부터 논리적으로 도출할 수 있는 결론을 이끌어 내는 문제이다.
② 글에 따르면 '행성'이라는 용어는 과학혁명 전후에 그 의미와 지시대상이 달라졌다. 또 글의 마지막에서 '그 변화된 자연 법칙 속의 몇몇 용어들이 자연에 적용되는 방식도 변화였다'고 주장하고 있기 때문에 '동일한 과학 용어는 새로운 발견과 새로운 법칙 아래에서 그 의미와 지시 대상이 변할 수 있다'(가변성)는 결론을 주어진 글에서 도출할 수 있다.

오답해설

① 혁명적 변화에 대해 언급은 하나 이것이 진보라는 것을 글에서 추론할 수는 없다.
③ 과학의 목적이 영원한 진리를 발견하는 것이라는 주장은 과학의 존재 목적에 대한 주장으로서 적절할 수 있으나, 주어진 글에서 주장하는 결론으로 도출할만한 단서가 나타나지 않는다.
④ 정상적 변화 과정에서 과학자들이 반대 사례에 대해서 어떻게 반응할 것이라는 정보는 이 글에 포함되어 있지 않다.
⑤ 코페르니쿠스 이론과 프톨레마이오스 이론의 우월성을 비교할 만한 기준이 글에 나타나 있지 않다.

답 ②

02 빈칸 채우기

1 개념의 이해

언어논리의 문항을 분류할 때 흔히 '표현능력'으로 나타내는 빈칸 채우기 유형은 가장 전략적인 풀이가 필요한 형태 중 하나이다. 초창기에는 앞뒤의 문장만으로도 빈칸을 채울 수 있었으나 최근에는 제시문 전체의 흐름을 이해하고 있어야 정답을 찾을 수 있게끔 출제되고 있으며 난도 역시 그만큼 높아져 있는 상태이다.

> **발문유형**
>
> • 다음 글의 문맥상 (가)~(마)에 들어갈 내용으로 적절한(하지 않은) 것은?
> • 다음 글의 (가)와 (나)에 들어갈 말을 <보기>에서 골라 가장 적절하게 짝지은 것은?
> • 다음 글의 빈칸에 들어갈 내용으로 가장 적절한(하지 않은) 것은?

2 더 생각해보기

빈칸 채우기 유형은 그 쓰임새에 따라 다양한 형태의 문제에 활용될 수 있다. 특히 빈칸 채우기 유형의 문제는 단순히 내용이해의 측면에서 출제되기보다는 삼단논법과 같이 명확하게 답이 떨어질 수 있는 논리적인 추론과정을 묻는 문제로 출제되는 경우가 많은 편이다. 하지만 문제를 처음 맞닥뜨렸을 때 어떠한 유형인지를 판별하는 것은 불가능하므로 제시문을 읽어나갈 때 논리적인 연결고리가 보이면 일단 체크하고 넘어가기 바란다. 다행인 것은 빈칸 채우기 유형에서는 난도가 매우 낮은 논리적 판단이 요구된다는 사실이다.

• 발문 접근법

① 적절한 것, ② 적절하지 않은 것, ③ 올바르게 연결한 것 등으로 주로 출제되는데 접근법에 있어서 이들 간에 특별한 차이는 없다고 봐도 무방하다. 다만 ③ 올바르게 연결한 것을 찾는 유형은 단순히 내용 이해를 통해 판단하는 문제보다는 논리적인 추론과정을 요하는 경우가 많으며 선택지의 수가 대개 3개 내외에서 결정되는 편이다.

• 제시문 접근법

가장 먼저 할 일은 제시문을 전체적으로 스캐닝하면서 글이 설명문인지 논설문인지를 파악하는 것이다. 만약 설명문이라면 전통적인 풀이법인 앞뒤의 문장을 통해 빈칸을 채워나가는 방법이 여전히 유용하다. 하지만 논설문이라면 앞뒤 문장을 통해서만 판단할 경우 오답을 선택할 확률이 높으며, 제시문 전체를 관통하는 주제를 이해해야 하는 경우가 많다. 최근에는 단순히 내용이해에 그치지 않고 제시문 전반에 걸친 논증분석을 통해 빈칸을 채우게 하는 문제도 출제되고 있다. 이 경우 난도는 상승할 수밖에 없다.

• 선택지 접근법

원칙적으로는 빈칸이 등장하면 제시문을 통한 추론과정이 필요하다. 즉, 머릿속으로 '이 빈칸에는 이러이러한 내용이 들어가야 맞겠다'라는 판단을 한 후에 선택지에서 그와 같은 내용을 찾는 것이다. 하지만 많은 경우 자신이 생각한 내용과 맞아떨어지는 선택지는 좀처럼 찾기 어렵다. 따라서 굳이 그러한 과정을 거치기보다는 선택지의 문장을 곧바로 빈칸에 대입하여 전체 흐름에 맞는지를 판단하는 것이 효율적이다. 즉, '추론 후 선택지'가 아닌, '선택지 후 추론'의 과정을 거쳐야 하는 것이다.

또한 빈칸 채우기 유형의 문제는 난도가 매우 낮은 문제가 아닌 한 모든 선택지를 분석하게끔 출제된다. 대개 명확하게 정오가 판별되는 것이 2개, 애매하게 중간에 걸쳐 있는 것이 3개 정도로 구성되며 이 부분이 일반적인 세부내용 파악 유형의 문제와 차이를 보이는 부분이다. 따라서 선택지를 읽어나가면서 100% 확실한 느낌이 들지 않는다면 일단 제시된 선택지를 모두 판단한다는 생각을 하는 것이 좋다.

3 10점 UP 포인트

• 부연설명과 예시에 주목

빈칸을 채우는 유형에서 가장 기본이 되는 것은 빈칸 앞뒤에 위치하고 있는 부연설명과 예시이다. 물론 일반론적인 설명이 그 전에 제시되기는 하지만 많은 경우에 그 문장만을 읽어서는 이해가 잘 안 되는 편이다. 때문에 대부분의 지문에서는 그 이후에 이를 이해하기 쉬운 단어를 사용하여 다시 설명한다든지 아니면 직접적인 사례를 들어 설명한다. 앞서 언급된 일반론적인 설명보다 오히려 이런 부분을 이용하면 보다 간결하게 빈칸을 채울 수 있다.

• 선택지 소거법의 활용

물론 정석대로 풀이하자면 각 단락별로 핵심 내용을 파악하여 의미가 통하는 선택지를 골라야 한다. 하지만, 선택지 중 최소 1~2개는 눈에 띄는 키워드만으로도 연결이 가능하게끔 출제된다. 반드시 이를 통해 선택지를 소거한 후 좁혀진 경우의 수를 가지고 대입해야 한다. 특히 이러한 단락은 중간에 위치하는 경우가 많다. 단순히 (가)부터 (라)까지 순차적으로 풀이하는 수험생과 이렇게 전략적으로 풀이하는 수험생의 소요시간은 많게는 2분 이상 차이가 나게 되는데 2분이면 한 문제를 풀 수 있는 시간임을 명심하자.

• 중간 단락의 빈칸을 먼저 확인

빈칸 채우기 유형은 해당 문단 하나만 봐서는 애매한 것들이 많다. 따라서 다른 빈칸들과 계속 연결지어가면서 가장 합리적인 선택지를 골라야 한다. 특히 첫 번째 빈칸은 쉬우면서도 여러 개의 선택지가 모두 가능한 것처럼 느껴지는 경우가 많은 만큼 두 번째 빈칸부터 판단해보는 것도 하나의 방법이다.

대표예제 01

빈칸에 들어갈 내용을 〈보기〉에서 찾아 순서대로 나열한 것 중 가장 적절한 것은?

의식은 세계 즉, 현실을 바라본다. 단순히 바라보는 것이 아니라 의식은 언제나 현상들을 넘어서 나아간다. 전근대에서 현상들이란 언제나 본질의 모방이기 때문이다. 따라서 의식은 그 본질을 찾아 나선다. 현상들을 쪼개고 분할하고 그로부터 본질의 형상들을 찾아내며 의식을 통해서 본질을 구성하고 재통합한다. 그런데 우리가 현상들을 바라볼 때는 언제나 현상 그 자체가 아니라 그 너머를 판단한다. 따라서 _____㉠_____

이러한 세계관으로 볼 때 텍스트는 의식이 포착한 내용들을 제대로 표현하기 위해서 적절한 가짜 현상들을 재구성한다. 텍스트는 허구로 지어진 집이 되고 텍스트 안에서 보이는 현상이란 컨텍스트가 아닌 의식이 구성하는 현상에 불과하다. 따라서 텍스트는 자기 나름의 컨텍스트를 구성한다. 그 내용은 본질에 가까운 것으로, 현상들의 모호한 정체를 나름대로 뚜렷하게 보여주는 것이다. 우리는 텍스트를 이해함으로써 우리가 사는 세계에 대한 지도를 작성할 수 있다. 따라서 _____㉡_____

먼저 세계는 쪼개지고 분할된다. 그리고 의식에 의해 재통합되어, 보이는 것과는 다른 세계가 형성된다. 보이는 세계를 표현하기 위해 주체의 의식은 텍스트를 만들어내며 모든 요소들을 지어낸다. 그렇게 허구가 구성되지만, 철저하게 파악된 세계를 담고 있기 때문에 본질이며, 세계의 정체를 간직한 것이다. _____㉢_____

작품의 완결성, 텍스트의 완결성이라는 개념도 바로 이러한 관계를 전제하지 않고는 성립할 수 없다. 텍스트가 드러내고자 하는 것은 의식에 의해 해석된 정제되고 파악된 세계이다. 이는 우리가 작가나 작품을 연구할 때 그들이 보여주는 세계란 어떤 것인가 하는 질문을 던질 수 있는 근거이기도 하다. 이러한 의미로서 _____㉣_____

텍스트가 표현하는 현실이란 세계에 대한 본질로서 현실을 허구의 방법으로 표현한다. 우리는 원래 컨텍스트 안의 현실을 의식하지 않고 의식이 만든 텍스트 속에 표현된 현실을 의식한다. _____㉤_____

이것이 고전적인 텍스트가 지니는 특성이며 구조이다. 고전적인 텍스트는 현상의 측면에서 보았을 때는 가짜일 수 있으나, 진짜를 표현하기 위한 가짜인 셈이다. 고전적인 텍스트가 우리에게 주는 가치가 바로 여기에 있다. 그것은 우리에게 현실을 나타내는 지도를 제공한다. 보편성, 개념들, 표지들, 응축된 소재들, 상징들의 덩어리가 고전적인 텍스트가 만들어내는 허구의 육체이다. 이렇듯, 만들어진 것이 원래 있던 것을 대체하고 치환한다.

※ 1) 텍스트 : 음악, 미술, 방송 모든 영역에서 기호화되거나 상징화된 모든 창작물
2) 컨텍스트 : 텍스트가 기반하고 있는 환경 또는 맥락

보 기

가. 원래의 현상과 의식이 재통합한 현상은 완전 별개의 것이다.
나. 텍스트에 대한 이해는 우리를 세계에 대한 이해, 즉 컨텍스트에 대한 이해로 이끌고 가기에 충분하다.
다. 우리가 허구를 보고 들으며 세계를 파악하는 것은 바로 이러한 관계가 허구와 컨텍스트 사이에 성립되어 있기 때문이다.
라. 텍스트는 그 안에 하나의 세계를 품고 있는 완결된 존재이다.
마. 이 허구 안의 컨텍스트가 우리를 둘러싼 컨텍스트를 대체하고 구속한다.

	㉠	㉡	㉢	㉣	㉤
①	가	나	다	라	마
②	가	다	나	라	마
③	가	마	다	나	라
④	나	다	마	가	라
⑤	나	라	다	가	마

정답해설

글의 전개과정을 고려했을 때 특정 부분에 어떤 내용이 채워져야 논리적으로 가장 적절한지를 묻고 있다. 먼저 첫째 단락의 키워드는 '현상'과 '의식'이다. 의식은 현상들을 재통합하여 현상 너머의 본질을 구성하려 시도한다. 원래 현상과 통합된 현상이 별개의 것이라는 '가'의 내용이 ㉠에 오는 것이 자연스럽다.

둘째 문단은 의식이 본질을 더 잘 포착하기 위해 만든 허구적 텍스트와 그것에 의해 구성된 컨텍스트를 말하고 있다. 우리는 허구적 텍스트를 보고 들으면서 세계를 파악한다. '다'는 이것이 가능한 이유가 허구와 컨텍스트의 독특한 관계 때문이라고 말하고 있다. 따라서 ㉡에는 '다'가 오는 것이 자연스럽다.

셋째 문단은 주체의 의식이 세계를 표현하기 위해 텍스트를 만들며 그 텍스트는 철저하게 파악된 세계를 담고 있는 본질이라고 말하고 있다. 따라서 ㉢에는 텍스트에 대한 이해가 우리를 세계에 대한 이해로 이끌고 가기에 충분하다는 '나'가 오면 적절하다.

넷째 문단은 텍스트의 완결성을 이야기하고 있으므로 ㉣에는 '라'가 오는 것이 적절하다.

다섯째 문단은 우리가 텍스트를 통해 현실을 인식할 때 우리를 둘러싼 원래 컨텍스트가 아니라 허구적 컨텍스트를 의식하게 된다는 주장이므로 ㉤에는 '마'가 와야 한다.

답 ②

다음 글의 문맥상 (가)~(마)에 들어갈 내용으로 적절하지 않은 것은?

'방언(方言)'이라는 용어는 표준어와 대립되는 개념으로 사용될 수 있다. 이때 방언이란 '교양 있는 사람들이 두루 쓰는 현대 서울말'로서의 표준어가 아닌 말, 즉 비표준어라는 뜻을 갖는다. 가령 ⌈   (가)   ⌉는 생각에는 방언을 비표준어로서 낮잡아 보는 인식이 담겨 있다. 이러한 개념으로서의 방언은 '사투리'라는 용어로 바꾸어 쓰이는 수가 많다. '충청도 사투리', '평안도 사투리'라고 할 때의 사투리는 대개 이러한 개념으로 쓰이는 경우이다. 이때의 방언이나 사투리는, 말하자면 표준어인 서울말이 아닌 어느 지역의 말을 가리키거나, 더 나아가 ⌈   (나)   ⌉을 일컫는다. 이러한 용법에는 방언이 표준어보다 열등하다는 오해와 편견이 포함되어 있다. 여기에는 표준어보다 못하다거나 세련되지 못하고 규칙에 엄격하지 않다와 같은 부정적 평가가 담겨 있는 것이다. 그런가 하면 사투리는 한 지역의 언어 체계 전반을 뜻하기보다 그 지역의 말 가운데 표준어에는 없는, 그 지역 특유의 언어 요소만을 일컫기도 한다. ⌈   (다)   ⌉고 할 때의 사투리가 그러한 경우에 해당된다.

언어학에서의 방언은 한 언어를 형성하고 있는 하위 단위로서의 언어 체계 전부를 일컫는 말로 사용된다. 가령 한국어를 예로 들면 한국어를 이루고 있는 각 지역의 말 하나하나, 즉 그 지역의 언어 체계 전부를 방언이라 한다. 서울말은 이 경우 표준어이면서 한국어의 한 방언이다. 그리고 나머지 지역의 방언들은 ⌈   (라)   ⌉. 이러한 의미에서의 '충청도 방언'은, 충청도에서만 쓰이는, 표준어에도 없고 다른 도의 말에도 없는 충청도 특유의 언어 요소만을 가리키는 것이 아니다. '충청도 방언'은 충청도의 토박이들이 전래적으로 써 온 한국어 전부를 가리킨다. 이 점에서 한국어는 ⌈   (마)   ⌉.

① (가) : 바른말을 써야 하는 아나운서가 방언을 써서는 안 된다
② (나) : 표준어가 아닌, 세련되지 못하고 격을 갖추지 못한 말
③ (다) : 사투리를 많이 쓰는 사람과는 의사소통이 어렵다
④ (라) : 한국어라는 한 언어의 하위 단위이기 때문에 방언이다
⑤ (마) : 표준어와 지역 방언의 공통부분을 지칭하는 개념이다

충청도 특유의 언어 요소만을 가리키는 것이 아니라 충청도 토박이들이 전래적으로 써 온 한국어 전부를 뜻한다고 하였으므로 한국어란 표준어와 지역 방언이 모두 하나로 모여진 개념이라고 할 수 있다. 따라서 옳지 않은 내용이다.

답 ⑤

03 견해 분석

1 개념의 이해

어느 특정한 주제에 대해 복수의 입장이 제시되며 선택지를 통해 이들 간의 관계를 판단하는 유형이다. 민간경력자 PSAT 수준에서는 최대 4개의 견해들이 제시되는 편이며, 2개의 견해가 서로 대립하는 경우도 종종 출제되고 있다. 3개의 견해가 제시되는 경우 가장 기본적인 형태는 (A, C) ↔ (B)의 형태이지만 이런 기본형이 출제되는 경우는 드물다. 대부분의 결론은 대립하는 모양새를 보일지라도 그 세부 내용에서는 서로 같은 입장을 취하는 부분이 존재하는 편이며, 이 교차점을 이용해 선택지가 구성된다.

> **발문유형**
>
> • 다음 글의 (가)~(다)에 대한 분석으로 옳은(옳지 않은) 것만을 <보기>에서 모두 고르면?
> • 다음 논쟁에 대한 분석으로 적절한(하지 않은) 것만을 <보기>에서 모두 고르면?

2 더 생각해보기

대화형 제시문 유형도 종종 만나게 된다. 이 유형은 甲, 乙, 丙 혹은 복수의 철학자들의 대화가 주어지는 경우가 이에 해당하는데, 구체적인 접근법은 다른 견해 분석 문제와 유사하지만 대화의 내용이 피상적인 경우가 많은데다가 상대방의 의견을 자신이 대신 말해주는 구조(예 '당신은 ~라고 생각하고 있는 것 같군요'와 같은 표현)가 많은 것이 특징이다. 서술형 제시문과 달리 눈에 띄는 단어나 어구가 없으므로 자칫 긴장을 풀고 읽을 경우 정말 아무것도 건지지 못하는 상황이 생길 수 있다. 따라서 사소한 말일지라도 이것이 함축하는 의미가 무엇인지를 잘 따져보기 바란다. 상황판단 과목이지만 2019년 민간경력자 PSAT 기출에서 '그럴 수도 있지만 확실하지는 않아'와 같은 문구가 결정적인 영향을 미치기도 했다.

• 발문 접근법

  이 유형은 대부분의 경우 발문 자체에서 '논쟁'이라는 단어를 사용하여 견해들 간의 차이가 있음을 알려주는 편이다. 따라서 발문을 확인한 후에는 제시문이 어떤 식으로 구성되어 있는지(위에서 언급한 형태 참조) 판단하고 선택지에 대한 스캐닝에 들어가야 한다. 이 유형의 발문에서는 ① 복수 견해 간의 관계를 묻는 선택지(대립, 양립가능 등), ② 특정한 사례가 주어지고 이것이 각각의 견해를 강화 혹은 약화하는지를 묻는 선택지가 주로 출제된다.

• 제시문 접근법

  다음에 나올 10점 UP 포인트의 A, B형 제시문, (가), (나), (다)형 제시문, 통합형 제시문, 대화형 제시문의 내용을 참조하기 바란다.

• 선택지 접근법

  이 유형의 문제에서는 주로 ㄱ~ㄷ형의 선택지가 제시되는 편이며 하나의 선택지에서 두 개의 견해를 같이 다루는 경우가 많다. 즉 문제의 선택지 ㄴ과 같이 제시문에서 직접적으로 언급되지 않은 제3의 사례가 주어지고 그에 대해 복수의 당사자가 찬성하는지 반대하는지의 여부를 묻는 경우가 그것이다. 과거에는 '甲은 찬성하고 乙은 반대할 것이다'와 같이 두 견해의 차이점을 묻는 경우가 많았던 반면, 최근에는 '甲과 乙 모두 찬성할 것이다'와 같이 두 견해의 공통점을 묻는 경우가 많다. 실제 문제를 풀어 보면 공통점을 묻는 후자의 경우가 훨씬 난도가 높다.

  한 가지 추가할 것은 양립 가능하다는 것의 의미는 두 논증의 내용이 서로 동일하다는 것을 의미하진 않는다는 것이다. 이는 두 논증의 교집합이 존재할 수 있는지를 묻는 것이다. 따라서 외견상으로는 서로 대립되는 내용처럼 보일지라도 절충점이 존재한다면 그것은 양립 가능하다. 또한 어느 하나가 다른 하나의 논증에 포함되는 경우에도 양립 가능하다고 판단한다.

3 10점 UP 포인트

- **A, B형 제시문**

  가장 전형적인 유형이다. 난도가 낮다면 A, B라는 단어가 제시문 전체에 걸쳐 등장하므로 이른바 '찾아가며 풀기' 전략이 통할 수 있으나 다른 단어로 치환하여 등장할 경우는 그것이 사실상 불가능하다. 따라서 A, B형이 존재한다는 것에 그치지 말고 각각의 주요 키워드를 하나씩 잡고 제시문을 읽는 것이 올바른 독해법이다.

- **(가), (나), (다)형 제시문**

  3∼4개의 견해가 등장하는 경우이며 명시적으로 (가)∼(다)가 주어지는 경우도 있지만 그렇지 않고 단락으로만 구분되는 경우도 있다. 이 경우는 시각적으로 각각의 견해가 구분되는 만큼 상대적으로 풀이가 용이한 편이다. 다만, 이 경우는 각각의 단락에 해당되는 견해만 서술하는 것이 아니라 다른 견해와의 차이점(예 – B견해를 논하면서 'B는 A와는 달리 ∼하다'라고 언급하는 부분)이 같이 녹아있는 경우가 많다. 바로 이 부분을 잘 구분하는 것이 관건이며 실제 정답도 이 포인트에 있는 경우가 많다.

- **통합형 제시문**

  (가), (나), (다)형 제시문과 달리 전체 제시문 안에서 각각의 견해가 구분되지 않고 문단 속에 녹아들어 있는 경우이다. 수험생의 입장에서는 가장 까다로운 형태인데, 사실 이 유형은 제시문의 내용 자체는 어렵지 않은 반면 각각의 견해에 대한 내용이 제시문 여기저기에 흩어져 있다는 것이 문제가 된다. 따라서 제목과 대립되는 단어에 자신만의 표시를 해 두는 것이 중요하다. 통상 선택지에서는 대립되는 견해(예 – '∼주의')가 여럿 등장하지만 제시문에서는 한눈에 이것이 구분되지 않는 경우가 이에 해당한다.

대표예제 01

다음 글의 (가)∼(다)에 대한 분석으로 옳은 것만을 〈보기〉에서 모두 고르면?

> 바람직한 목적을 지닌 정책을 달성하기 위해 옳지 않은 수단을 사용하는 것이 정당화될 수 있는가? 공동선의 증진을 위해 일반적인 도덕률을 벗어난 행동을 할 수밖에 없을 때, 공직자들은 이러한 문제에 직면한다. 이에 대해서 다음과 같은 세 가지 주장이 제기되었다.
>
> (가) 공직자가 공동선을 증진하기 위해 전문적 역할을 수행할 때는 일반적인 도덕률이 적용되어서는 안 된다. 공직자의 비난받을 만한 행동은 그 행동의 결과에 의해서 정당화될 수 있다. 즉 공동선을 증진하는 결과를 가져온다면 일반적인 도덕률을 벗어난 공직자의 행위도 정당화될 수 있다.
>
> (나) 공직자의 행위를 평가함에 있어 결과의 중요성을 과장해서는 안 된다. 일반적인 도덕률을 어긴 공직자의 행위가 특정 상황에서 최선의 것이었다고 하더라도, 그가 잘못된 행위를 했다는 것은 부정할 수 없다. 공직자 역시 일반적인 도덕률을 공유하는 일반 시민 중 한 사람이며, 이에 따라 일반 시민이 가지는 도덕률에서 자유로울 수 없다.
>
> (다) 민주사회에서 권력은 선거를 통해 일반 시민들로부터 위임받은 것이고, 이에 의해 공직자들이 시민들을 대리한다. 따라서 공직자들의 공적 업무 방식은 일반 시민들의 의지를 반영한 것일 뿐만 아니라 동의를 얻은 것이다. 그러므로 민주사회에서 공직자의 모든 공적 행위는 정당화될 수 있다.

보 기

ㄱ. (가)와 (나) 모두 공직자가 공동선의 증진을 위해 일반적인 도덕률을 벗어난 행위를 하는 경우는 사실상 일어날 수 없다는 것을 전제하고 있다.

ㄴ. 어떤 공직자가 일반적인 도덕률을 어기면서 공적 업무를 수행하여 공동선을 증진했을 경우, (가)와 (다) 모두 그 행위는 정당화될 수 있다고 주장할 것이다.

ㄷ. (나)와 (다) 모두 공직자도 일반 시민이라는 것을 주요 근거로 삼고 있다.

① ㄱ
② ㄴ
③ ㄱ, ㄷ
④ ㄴ, ㄷ
⑤ ㄱ, ㄴ, ㄷ

정답해설

(가)는 '공동선을 증진하는 결과를 가져온다면 일반적인 도덕률을 벗어난 공직자의 행위도 정당화될 수 있다'고 하였고 (다)는 '민주사회에서 공직자의 모든 공적 행위는 (공동선의 증진 여부와 무관하게) 정당화될 수 있다'고 하였다. 즉, (가), (다) 모두 일반적인 도덕률을 어겼으나 공동선을 증진한 공적 업무를 수행하였다면 이는 정당화될 수 있다고 주장할 것이다. 따라서 ㄴ은 옳은 내용이다.

정답 ②

대표예제 02

다음 글에 나타난 주인의 주장과 가장 거리가 먼 것은?

> 손님 : 선비는 이 세상에 태어나 경세제민(經世濟民)에 뜻을 두지 않은 이가 없습니다. 그렇다면 마땅히 선비들의 뜻과 행동이 모두 같아야 할 것인데, 어떤 사람은 세상에 나아가 세상을 선하게 하고[兼善] 어떤 사람은 물러나 자기 수양에만 머무는[自守] 것은 무슨 까닭입니까?
>
> 주인 : 선비가 물러나 자수(自守)하는 것이 어찌 그 본심이겠습니까? 오로지 때를 만남과 만나지 못함이 있을 따름입니다. 관직에 나아가 겸선(兼善)을 하는 자는 그 품류(品類)에 세 부류가 있습니다. 첫째, 자신에게 배어있는 덕(德)을 남에게 이르도록 함으로써 자기 임금으로 하여금 요순(堯舜)과 같은 임금이 되게 하고 자기 백성으로 하여금 요순 시대의 백성과 같이 되게 하여, 임금을 섬기는 데나 자기의 몸을 가지는 데나 한결같이 정도(正道)로만 하는 사람은 대신(大臣)입니다. 둘째, 오로지 나라만을 근심하고 자신은 돌보지 않으며, 임금을 높이고 백성을 보호할 수만 있다면 쉬움과 어려움을 가리지 않고 정성을 다해 행하고, 비록 바른 도리에는 다소간의 넘나듦이 있더라도 나라를 잘 다스려 사직(社稷)을 편안하게 하는 사람은 충신(忠臣)입니다. 셋째, 그 지위에 있을 때에는 그 직분을 지킬 것을 생각하고, 임무를 받았을 때에는 그 능력을 발휘하기를 생각하나, 그 자질이 나라를 잘 다스리기에는 부족하고 재간(才幹)이 한 관직을 감당할 만한 사람은 간신(幹臣)입니다.

① 선비의 본분은 개인 수양이 아니라 세상을 구제하는 것이다.
② 충신(忠臣)과 간신(幹臣)은 나라를 경영하는 능력에 차이가 있다.
③ 대신(大臣)과 충신(忠臣)의 차이는 바른 도리를 항상 행하는가에 달려 있다.
④ 대신(大臣)은 자신의 덕을 다른 사람에게 확장함으로써 세상을 선하게 한다.
⑤ 간신(幹臣)들이 나라를 경영할 때 선비들은 겸선의 뜻을 버리고 자수의 길을 택하기 마련이다.

정답해설

⑤ 주인의 주장과 거리가 멀다. 주인에 따르면 선비가 자수하는 것은 때를 만나지 못했기 때문인데, 그때가 간신들이 나라를 경영할 때인지는 지문에 나타나 있지 않다.

오답해설

① 이 글에서 주인은 '자수'가 선비의 본심이 아니라고 명시적으로 주장하고 있다. 오히려 그는 '겸선'이 선비의 본분이라고 생각하고 있다. 따라서 주인의 주장에 가깝다.
② 주인에 따르면 충신은 '나라를 잘 다스려 사직을 편안하게' 하지만, 간신은 '그 자질이 나라를 잘 다스리기에는 부족'하다. 이처럼 주인은 충신과 간신이 나라를 경영하는 능력에서 차이가 있다고 보고 있다.
③ 주인은 대신이 '한결같이 정도로만' 하지만, 충신은 '바른 도리에는 다소간의 넘나듦이 있다'고 말하고 있으므로 주인의 주장과 가깝다.
④ 대신은 '자신에게 배어있는 덕을 남에게 이르도록'한다는 주인의 말에서 정답이 아니라는 것을 알 수 있다.

답 ⑤

02 논리퀴즈형

01 기초논리학

1 개념의 이해

• 명제의 뜻

명제란 참과 거짓 등 진위를 판별할 수 있는 문장이나 식을 의미한다.

• 명제의 종류

– 정언명제 : 주어와 술어의 일치 또는 불일치에 대해 아무런 제약이나 조건 없이 단언적으로 말하는 명제로, 다음 네 가지 형태로 나뉜다.

형식	표준명제	양(Quantity)	질(Quality)
A(전칭긍정)	모든 S는 P이다.	전칭	긍정
E(전칭부정)	모든 S는 P가 아니다.	전칭	부정
I(특칭긍정)	어떤 S는 P이다.	특칭	긍정
O(특칭부정)	어떤 S는 P가 아니다.	특칭	부정

– 복합명제 : 명제와 명제를 연결한 명제로, 논리연결사('if', 'and', 'or' 등)로 연결한다.

논리연결사	표준명제	특징
IF (조건명제)	만일 P라면 Q이다.	• 가언명제 • 충분조건 – 전건 긍정 → 타당 – 전건 부정 → 부당 • 필요조건 – 후건 부정 → 타당 – 후건 긍정 → 부당
AND (연언명제)	P 그리고 Q이다.	• P와 Q 모두 참이어야 전체가 참이 된다. • 순서 바꾸는 게 상관없다. (시간적 순서가 있는 경우 제외)
OR (선언명제)	P 또는 Q이다.	• P와 Q 중 하나만 참이어도 전체가 참이 된다. • 배타적 선언지 : P 아니면 Q • 포괄적 선언지 : P 또는 Q • P와 Q 둘 다 참인 것도 가능

2 더 생각해보기

• 명제 사이의 관계

– 명제의 역, 이, 대우 : 명제가 참이라면, 그 명제의 역과 이는 참과 거짓을 알 수 없으나, 그 명제의 대우는 참이 된다.

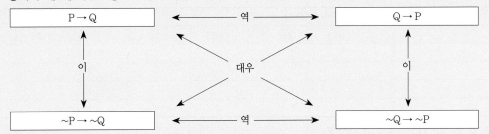

– 함축 관계 : 명제 P와 Q 사이에서 P가 Q를 함축한다는 것은 P가 참이면 Q도 반드시 참이라는 것과 P가 참이면 Q가 거짓일 수 없다는 것, P로부터 Q가 도출된다는 것을 의미한다. 명제의 종류별로 보면 전칭긍정 명제는 특칭긍정 명제를 함축하지만, 특칭긍정 명제는 전칭긍정 명제를 함축하지 않으며, 마찬가지로 전칭부정 명제는 특칭부정 명제를 함축하지만, 특칭부정 명제는 전칭부정 명제를 함축하지 않는다.

– 충분조건과 필요조건 관계 : 두 명제 P와 Q가 있고, 'P이면, Q이다(P → Q)'가 성립할 때, P는 Q의 충분조건이 되고, Q는 P의 필요조건이 된다. 즉, P는 Q가 참이 되기 위한 충분한 조건이 된다는 것이고, Q는 P가 참이 되기 위해 필요한 조건이 된다는 것이다. 이는 다음과 같이 일반화시킬 수 있다.

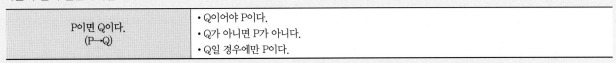

P이면 Q이다. (P→Q)	• Q이어야 P이다. • Q가 아니면 P가 아니다. • Q일 경우에만 P이다.

P가 Q의 충분조건이고, Q가 P의 필요조건이라면, 'P→Q'는 'P⊂Q'와 같으며, 이를 벤다이어그램으로 표현하면 다음과 같다.

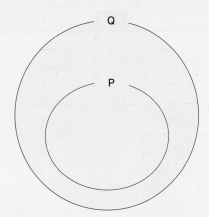

– 필요충분조건 관계 : 앞서 살펴본 충분조건과 필요조건 관계에서는 한 명제가 다른 한 명제의 범위에 포함되는 관계라 할 수 있지만, 필요충분조건 관계는 두 명제에서 충분조건과 필요조건이 동시에 성립하는 것을 의미한다. P와 Q가 필요충분조건이라면, 'P≡Q'와 같으며, 이를 벤다이어그램으로 표현하면 다음과 같다.

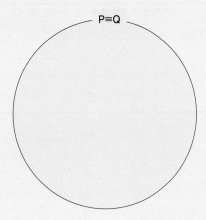

3 10점 UP 포인트

• 진리표

– 연언명제(AND) : P와 Q 둘 중 하나만 거짓이더라도 전체가 거짓이 된다.

P이고 Q이다. (P∧Q)		
P	Q	P∧Q
T	T	T
T	F	F
F	T	F
F	F	F

– 선언명제(OR) : P와 Q 둘 중 하나만 참이면 전체가 참이 된다.

P이거나 Q이다. (P∨Q)		
P	Q	P∨Q
T	T	T
T	F	T
F	T	T
F	F	F

선언명제는 '둘 중 하나가 참'인 경우와 '둘 다 참'인 경우 모두가 가능한데, 여기서 '둘 중 하나가 참'인 경우만 성립이 가능하고, '둘 다 참'인 경우는 성립이 불가능한 경우를 '배타적 선언지'라고 하며, 기호로는 P∨Q로 표기한다. 문제에서 배타적 선언지가 성립하는 특정한 조건이 등장하지 않는다면 일반적인 선언명제로 해결하면 된다.

– 조건명제(IF) : 조건명제의 경우 P(전건)가 긍정인지 부정인지, Q(후건)가 긍정인지 부정인지에 따라 전체가 참인지 거짓인지 판명된다.

P이면 Q이다. (P→Q)		
P	Q	P∨Q
T	T	T
T	F	F
F	T	T
F	F	T

P이면 Q이다(P→Q)는 다음과 같은 의미를 지닌다.

P이기 위해서는 Q이어야 한다.		P이면 Q이다.
P하려면 Q이어야 한다.		P이면 Q이다.
P일 때, Q이다.	=	P이면 Q이다.
Q이어야 P할 수 있다.		P이면 Q이다.
Q인 경우에만 P이다.		P이면 Q이다.

조건명제 중 'P이면, 오직 P일 경우에만 Q이다'와 같이 두 개의 조건이 적용되는 명제를 '쌍조건명제'라고 하며, 기호로는 P≡Q 또는 P⇔Q로 표기한다. 쌍조건명제에서는 전건과 후건의 진릿값(참, 거짓)이 동일한 경우만 전체가 참이 된다.

P이면 오직 P일 경우에만 Q이다. (P⇔Q)		
P	Q	P∨Q
T	T	T
T	F	F
F	T	F
F	F	T

- 모순관계/반대관계/소반대 · 대소관계
  - 모순관계 : 두 명제 사이에서 하나의 명제가 참이라면, 다른 하나의 명제는 반드시 거짓이 되는 관계를 의미한다. 따라서 모순관계에 있는 두 명제는 동시에 참일 수도, 동시에 거짓일 수도 없다.
  - 반대관계 : 두 명제가 동시에 참일 수는 없지만, 동시에 거짓일 수는 있는 관계를 의미한다. 앞서 살펴본 모순관계와 반대관계는 동시에 참일 수 없다는 공통점이 있는데, 이를 양립 불가 명제라고 한다.
  - 소반대 · 대소관계 : 소반대관계는 동시에 참일 수는 있지만, 동시에 거짓일 수는 없는 관계를 의미하고, 대소관계는 부분과 전체의 관계를 의미한다. 대소관계의 경우 전체가 참이면 부분도 참이 되지만, 부분이 참이라도 전체의 진릿값(참, 거짓)은 알 수 없게 되며, 마찬가지로 전체가 거짓이라도 부분의 진릿값은 알 수 없다.

- 논증의 판단

전건긍정	전건을 긍정하여 후건이 결론으로 도출	전제 1 : $P \rightarrow Q$ 전제 2 : P 결론 : Q
후건부정	후건을 부정하여 전건의 부정이 결론으로 도출	전제 1 : $P \rightarrow Q$ 전제 2 : $\sim Q$ 결론 : $\sim P$
선언지배제	선언명제로 제시된 두 명제 중 하나를 부정하여 다른 하나를 결론으로 도출	전제 1 : $P \lor Q$ 전제 2 : $\sim P$ 결론 : Q
삼단논증	앞 명제의 후건과 뒤 명제의 전건이 같을 때, 앞 명제의 전건과 뒤 명제의 후건이 이어져 결론으로 도출	전제 1 : $P \rightarrow Q$ 전제 2 : $Q \rightarrow R$ 결론 : $P \rightarrow R$
양도논법	앞 조건명제의 전건과 뒤 조건명제의 전건을 선언지명제로 제시하여 앞 조건명제의 후건과 뒤 조건명제의 후건을 선언지명제로 하는 결론을 도출	전제 1 : $(P \rightarrow Q) \land (R \rightarrow S)$ 전제 2 : $P \lor R$ 결론 : $Q \lor S$

  - 타당한 논증 : 전건긍정, 후건부정, 선언지배제, 삼단논증, 양도논법
  - 부당한 논증 : 전건부정, 후건긍정, 선언지긍정

전건부정	전건을 부정하여 후건의 부정이 결론으로 도출	전제 1 : $P \rightarrow Q$ 전제 2 : $\sim P$ 결론 : $\sim Q$
후건긍정	후건을 긍정하여 전건이 결론으로 도출	전제 1 : $P \rightarrow Q$ 전제 2 : Q 결론 : P
선언지긍정	선언명제로 제시된 두 명제 중 하나를 긍정하여 다른 하나의 부정을 결론으로 도출(둘 다 긍정일 가능성이 존재하기 때문)	전제 1 : $P \lor Q$ 전제 2 : P 결론 : $\sim Q$

대표예제 01

다음 글의 ⓐ와 ⓑ에 들어가기에 적절한 것을 〈보기〉에서 골라 알맞게 짝지은 것은?

귀납주의란 과학적 탐구 방법의 핵심이 귀납이라는 입장이다. 즉, 과학적 이론은 귀납을 통해 만들어지고, 그 정당화 역시 귀납을 통해 이루어진다는 것이다. 그러나 실제 과학의 역사를 고려하면 귀납주의는 문제에 처하게 된다. 이러한 문제 상황은 다음과 같은 타당한 논증을 통해 제시될 수 있다.

만약 귀납이 과학의 역사에서 사용된 경우가 드물다면, 과학의 역사는 바람직한 방향으로 발전하지 않았거나 또는 귀납주의는 실제로 행해진 과학적 탐구 방법의 특징을 드러내는 데 실패했다고 보아야 한다. 과학의 역사가 바람직한 방향으로 발전하지 않았다면, 귀납주의에서는 수많은 과학적 지식을 정당화되지 않은 것으로 간주해야 한다. 그리고 귀납주의가 실제로 행해진 과학적 탐구 방법의 특징을 드러내는 데 실패했다면, 귀납주의는 과학적 탐구 방법에 대한 잘못된 이론이다. 그런데 우리는 과학의 역사가 바람직한 방향으로 발전하지 않았거나, 귀납주의가 실제로 행해진 과학적 탐구 방법의 특징을 드러내는 데 실패했다고 보아야 한다. 그 이유는 [ⓐ   ]는 것이다. 그리고 이로부터 우리는 다음 결론을 도출하게 된다. [ⓑ   ].

보기

ㄱ. 과학의 역사에서 귀납이 사용된 경우는 드물다.

ㄴ. 과학의 역사에서 귀납 외에도 다양한 방법들이 사용되었다.

ㄷ. 귀납주의는 과학적 탐구 방법에 대한 잘못된 이론이고, 귀납주의에서는 수많은 과학적 지식을 정당화되지 않은 것으로 간주해야 한다.

ㄹ. 귀납주의가 과학적 탐구 방법에 대한 잘못된 이론이라면, 귀납주의에서는 수많은 과학적 지식을 정당화되지 않은 것으로 간주해야 한다.

ㅁ. 귀납주의가 과학적 탐구 방법에 대한 잘못된 이론이 아니라면, 귀납주의에서는 수많은 과학적 지식을 정당화되지 않은 것으로 간주해야 한다.

	ⓐ	ⓑ
①	ㄱ	ㄷ
②	ㄱ	ㄹ
③	ㄱ	ㅁ
④	ㄴ	ㄹ
⑤	ㄴ	ㅁ

정답해설

먼저 제시문을 정리해 보면 ⓐ를 근거로 '과학의 역사가 바람직한 방향으로 발전하지 않았거나' 또는 '과학적 탐구 방법의 특징을 드러내는 데 실패했다'라는 소결론을 이끌어 냈다는 것을 알 수 있다. 이는 '귀납이 과학의 역사에서 사용된 경우가 드물다'를 근거로 할 때 도출될 수 있는 결론이므로 ⓐ에는 ㄱ이 들어가야 가장 적절하다는 것을 알 수 있다. 다음으로 이를 통한 최종결론은 '귀납주의에서는 수많은 과학적 지식이 정당화되지 않은 것으로 간주해야 하거나' 또는 '귀납주의가 과학적 탐구 방법에 대한 잘못된 이론이다'가 되어야 한다. 이 결론이 선언적 형식을 가져야 하는 이유는 위에서 언급한 것처럼 '귀납이 과학의 역사에서 사용된 경우가 드물다'를 근거로 한 소결론이 선언의 형태였기 때문이다. 따라서 '(A∨B)=(~A → B)'에 따라 논리적으로 이와 동치인 ㅁ이 ⓑ에 들어가기에 가장 적절한 문장이 된다. 반면 선택지 ㄷ은 두 명제를 선언이 아닌 연언의 형식으로, ㄹ은 조건문의 형식으로 진술하였기에 답이 될 수 없다.

정답 ③

대표예제 02

다음의 네 명제가 모두 참일 경우 반드시 참인 것은?

> ㄱ. 안정환이 주전으로 기용되거나 이천수가 주전으로 기용될 것이다.
> ㄴ. 만약 안정환이 주전으로 기용되면 박지성이 주전으로 기용될 것이다.
> ㄷ. 만약 박지성이 주전으로 기용되면 이천수가 주전으로 기용될 것이다.
> ㄹ. 안정환이 주전으로 기용되거나 이영표가 주전으로 기용될 것이다.

① 안정환이 주전으로 기용될 것이다.
② 이천수가 주전으로 기용될 것이다.
③ 박지성이 주전으로 기용될 것이다.
④ 박지성과 이영표가 주전으로 기용될 것이다.
⑤ 안정환이 주전으로 기용되거나 박지성이 주전으로 기용될 것이다.

정답해설

주어진 정보들로부터 필연적으로 참이 되는 주장들을 끌어내는 문제이다. 이런 유형의 문제를 풀기 위해서는 둘 이상의 정보를 조합하여 새로운 정보를 연역할 수 있어야 한다. 이 문제의 경우 주어진 네 개의 명제가 동시에 참이 되기 위해서는 누군가 주전으로 기용되지 않으면 안 되는 것처럼 보인다. 따라서 주전으로 기용되지 않으면 안 되는 사람이 누구인지를 연역해 내는 것이 풀이의 핵심이다. 먼저 ㄱ에 따르면 안정환과 이천수 둘 중에 최소한 하나는 주전으로 기용되어야 한다. 이에 대한 판단을 위해서는 ㄴ과 ㄷ을 참조하면 된다.

② ㄷ의 대우에 따르면 이천수가 주전으로 기용되지 않는다면 박지성도 주전으로 기용되지 못한다. 그런데 ㄴ의 대우에 따르면 박지성이 주전으로 기용되지 않는다면 안정환도 주전으로 기용되지 못한다. 따라서 이천수가 주전으로 기용되지 못할 경우 안정환도 주전으로 기용되지 못하는 상황이 벌어져 ㄱ은 참이 될 수가 없다. 따라서 전제가 모두 참이라면, 이천수의 주전 기용은 반드시 참이어야 한다.

오답해설

안정환은 반드시 주전으로 기용될 필요가 없다. 왜냐하면 안정환이 주전으로 기용되지 않아도 이천수가 주전으로 기용되기만 한다면 ㄱ, ㄴ, ㄹ이 동시에 참이 될 수 있기 때문이다. 여기에 이영표까지 주전으로 기용되면 ㅁ도 함께 참이 될 수 있다. 물론 박지성이 반드시 주전으로 기용될 필요는 없다. 이것은 이영표의 경우도 마찬가지다. 또 안정환이 주전으로 기용되지 않을 경우, 박지성의 기용 여부와 상관없이 ㄱ, ㄴ, ㄷ, ㄹ이 동시에 참이 될 수 있다. 따라서 ①, ③, ④, ⑤는 정답에서 논리적으로 완전히 배제된다.

답 ②

02 논리퀴즈

1 개념의 이해

논리퀴즈는 언어논리와 상황판단 과목 모두에 출제되는 유형인데, 문제의 복잡성이나 난도 측면에서 언어논리의 것이 조금은 수월한 편이다. 주로 언어논리에서 출제되는 유형은 조건식으로, 보다 구체적으로는 대우명제와의 결합을 통해 반드시 참이 되는 것을 찾는 것에 집중되어 있다.

발문유형

- 다음 글의 내용이 참일 때, 반드시 참인 것만을 <보기>에서 모두 고르면?
- 다음 글의 내용이 참일 때, 가해자인 것이 확실한 사람(들)과 가해자가 아닌 것이 확실한 사람(들)의 쌍으로 적절한 것은?

2 더 생각해보기

- **'A만이 B이다' 형태**

  논리문제를 풀다 보면 'A만이 B이다'는 조건을 자주 접하게 된다. 이는 논리식 'B → A'로 전환가능하며 이의 부정은 'B and ~A'라는 것을 함께 기억해 두도록 하자. 여러모로 쓰임새가 많은 논리식이다.

- **정리가 되지 않는 조건**

  실전에서는 분명 한 가지 정도의 조건이 애매하여 정리가 되지 않는 경우가 존재한다. 이때 무리하게 시간을 들여가며 더 고민하기보다는 일단 정리된 조건만 가지고 선택지를 판단해 보자. 5개 중에서 2~3개는 정오판별이 가능할 것이다. 미뤄 두었던 조건은 그때 판단해도 늦지 않다.

- **발문 접근법**

  대부분의 문제는 '반드시 참'을 찾는 경우를 묻는 경우이므로 논리식의 재구성을 통해 해당 선택지의 내용이 필연적으로 도출되어야 한다. 간혹 난도가 상승하여 'A의 발언 중 하나는 참이고 하나는 거짓이다'와 같은 문제가 출제되기도 하는데, 이러한 유형의 문제는 주로 수를 따져 모순을 가려내는 문제로, 주로 상황판단 과목에서 출제되고 있다.

- **제시문 접근법**

  명제들이 명확하게 구분되어 제시되는 경우 조건식을 정확하게 기호화하기만 한다면 크게 문제될 것은 없다. 반면 문제가 되는 것은 외형적으로는 일반적인 제시문과 큰 차이가 없는 문장들로 제시되는 경우이다. 당연히 이 경우는 제시문을 조건명제들로 재가공하는 과정이 필요하므로 시간 소모가 더 많을 수밖에 없는데, 다행히 명제들 자체는 난도가 낮은 편이다.

- **선택지 접근법**

  만약 선택지에서 '존재한다'는 문구가 언급되었다면 거의 대부분 벤다이어그램으로 풀이가 가능한 문제이다. 즉, 이는 제시문의 명제들을 벤다이어그램으로 표시했을 때 해당 대상이 확실히 공집합이라고 볼 수는 없다는 것을 의미한다.

3 10점 UP 포인트

· 대우명제의 활용

거의 대부분의 논리문제는 대우명제를 결합하여 숨겨진 논리식을 찾는 수준을 벗어나지 않는다. 따라서 '~라면'이 포함된 조건식이 등장한다면 일단 대우명제로 바꾼 것을 같이 적어주는 것이 좋다. 조금 더 과감하게 정리한다면 제시된 조건식은 그 자체로는 사용되지 않고 대우명제로만 사용되는 경우가 대부분이다.

· 경우의 수

초기 PSAT에서는 진술과 제시문을 토대로 처음부터 참 거짓이 확정되는 유형이 출제되었으나 최근에는 모든 경우의 수를 열어 두는 유형으로 출제 스타일이 진화한 상태이다. 하지만 진술문 중 모순이 되는 경우가 '반드시' 한 쌍은 주어지므로 그것을 기반으로 풀어나가기 바란다.

· 벤다이어그램 vs 논리식

항목이 3개 이하라면 따질 것도 없이 벤다이어그램으로 해결하는 것이 모든 면에서 효과적이다. 간혹 이를 논리식으로 구성하여 풀이하려는 수험생들이 있는데 그것은 항목이 많아져 시각적으로 표현이 어려울 때 사용하는 방법이다. 만약 항목이 3개인 문제를 논리식으로 풀이한다면 선택지 5개를 모두 분석해야 하며, 만약 논리식으로 구현하기 어려운 조건이 들어있다면 풀이의 난도는 상승할 수밖에 없다.

· 동치 법칙 사용

여러 명제들을 하나로 이어서 해결해야 하는 문제에 활용하면 유용한 방법이며, 이를 활용해야 정답을 빠르게 도출할 수 있는 문항들이 다수 출제되므로, 확실히 공부해두어야 한다.

– 교환법칙 : 논리 기호의 앞과 뒤의 순서를 바꿔도 동일한 논리이다.

$$P \lor Q = Q \lor P \,/\, P \land Q = Q \land P$$

– 결합법칙 : 괄호의 안과 밖의 논리 기호가 동일한 경우 괄호의 순서를 바꿔도 동일한 논리이다.

$$(P \lor Q) \lor R = P \lor (Q \lor R) \,/\, (P \land Q) \land R = P \land (Q \land R)$$

– 배분법칙 : 결합된 두 명제에 공통으로 적용되는 명제를 각각 배분하여도 동일한 논리이다.

$$P \land (Q \lor R) = (P \land Q) \lor (P \land R) \,/\, P \lor (Q \land R) = (P \lor Q) \land (P \lor R)$$

– 드 모르간의 법칙 : 괄호로 묶인 기호를 풀 때, 연언명제는 선언명제로, 선언명제는 연언명제로 바뀌며, 긍정은 부정, 부정은 긍정으로 바뀐다는 법칙이다. 이는 괄호로 묶지 않은 명제를 괄호로 묶일 때도 마찬가지로 적용되며, 실전에서 가장 많이 사용되는 법칙이다.

$$\sim(P \lor Q) = \sim P \land \sim Q \,/\, \sim(P \land Q) = \sim P \lor \sim Q$$

– 단순함축 : 조건명제를 선언명제로 바꾸는 것을 말하며, 문제에서 고정된 조건이 제시되지 않거나 조건명제가 부정되는 경우에 사용한다.

$$P \to Q = \sim P \lor Q$$

– 수출입규칙 : 'P일 때, Q이면 R이다'와 'P이고 Q이면, R이다'는 동일한 논리이다.

$$P \to (Q \to R) = (P \land Q) \to R$$

[수출입규칙의 증명]

$$P \rightarrow (Q \rightarrow R)$$
$$= \sim P \vee (Q \rightarrow R) \qquad \cdots \text{ 단순함축}$$
$$= \sim P \vee (\sim Q \vee R) \qquad \cdots \text{ 단순함축}$$
$$= (\sim P \vee \sim Q) \vee R \qquad \cdots \text{ 결합법칙}$$
$$= \sim (P \wedge Q) \vee R \qquad \cdots \text{ 드 모르간의 법칙}$$
$$= (P \wedge Q) \rightarrow R \qquad \cdots \text{ 단순함축}$$

- **조건이 모두 참이라고 할 때, 반드시 참인 것을 고르는 경우**

가장 출제 비중이 높은 유형의 문제이고, 다양한 형태로 변형되어 출제되므로, 충분한 연습이 필요하다. 여러 조건이 〈보기〉로 제시되고, 제시된 〈보기〉가 모두 참인 것을 가정할 때, 반드시 참인 것을 고르는 유형의 논리적 해결을 위한 출발점은 다음과 같은 사항으로 판단한다.

- 〈보기〉 등으로 제시된 명제 중 확정적인 조건이 존재한다.
- 제시된 명제 혹은 선택지가 조건문으로 구성된 경우 전건을 출발점으로 삼는다.
- 제시된 명제를 조합하여 확정적인 조건이 도출되는 경우가 존재한다.
- 앞 명제의 후건과 뒤 명제의 전건이 동일해야 조건의 정리가 가능하므로, 제시된 명제를 적절히 변형하여 조건의 정리가 가능하도록 만들어야 한다.

- **제시된 조건 중 일부만 참이고, 거짓인 조건도 존재하는 경우**

제시된 조건이 모두 참이 아니고, 거짓이 섞여있는 경우는 다음으로 나뉘고, 각 경우에 따라 다른 방법으로 접근해야 한다.

- 조건 중 거짓인 명제가 주어진 경우 : 거짓의 거짓은 참이 되므로, 거짓인 명제가 주어진 경우 해당 명제의 거짓을 상정하여 참으로 만든 후 문제를 해결한다.
- 조건 중 거짓인 명제를 알 수 없는 경우 : 가장 먼저 찾아봐야 할 것은 양립 불가한 명제들이다. 양립 불가한 명제를 찾은 후에는 양립 불가한 명제 중 하나를 참이라고 가정하고 논리 과정을 진행한다. 논리 과정을 진행해봤을 때 모순이 발생하지 않으면, 참이라고 가정한 명제가 참이 되고, 논리 과정을 진행해봤을 때 모순이 발생한다면, 참이라고 가정한 명제는 거짓인 명제가 된다. 참고로 양립 불가한 명제들을 제외한 나머지 명제들은 참이다.
- 다수의 명제 중 거짓인 명제의 수가 특정되어진 경우 : 기출문제를 보면 다수의 명제를 조건, 보기, 주장, 진술 등의 형태로 제시하고, 이중 1명만 거짓인 경우 혹은 2명만 거짓인 경우 등(보통 발문에서 '다음 중 2명의 진술은 거짓이라고 할 때'와 같은 형식으로 나온다) 거짓인 명제의 수를 특정해주는 문제가 있다. 거짓의 수가 특정되어 있으므로, 양립 불가한 명제를 기준으로 거짓인 진술의 수에 맞춰 해결하면 된다.

- **기타**

조건 중 확실한 정보가 제시되어 있는 경우를 찾고, 그 정보를 먼저 적용한 뒤 연관 정보를 이어가면서 문제를 풀어나가는 것이 좋다. 보통은 표를 그려 조건을 정리하는 것이 헷갈릴 위험을 줄이는 방법인데, 문제에 따라 표를 그리고, 확실한 정보부터 채워나가며, 불확실한 정보는 빈칸으로 두거나 경우의 수에 맞게 나누어 채우는 것이 좋다. 양립 불가 조건들이 있다면 하나를 참으로 가정하고 풀어나가고, 없다면 경우의 수를 나눈 뒤 풀어나가야 한다.

대표예제 01

다음 글의 내용이 참일 때, 반드시 참인 것만을 〈보기〉에서 모두 고르면?

전통문화 활성화 정책의 일환으로 일부 도시를 선정하여 문화관광특구로 지정할 예정이다. 특구 지정 신청을 받아본 결과, A, B, C, D, 네 개의 도시가 신청하였다. 선정과 관련하여 다음 사실이 밝혀졌다.
- A가 선정되면 B도 선정된다.
- B와 C가 모두 선정되는 것은 아니다.
- B와 D 중 적어도 한 도시는 선정된다.
- C가 선정되지 않으면 B도 선정되지 않는다.

보 기
ㄱ. A와 B 가운데 적어도 한 도시는 선정되지 않는다.
ㄴ. B도 선정되지 않고 C도 선정되지 않는다.
ㄷ. D는 선정된다.

① ㄱ
② ㄴ
③ ㄱ, ㄷ
④ ㄴ, ㄷ
⑤ ㄱ, ㄴ, ㄷ

정답해설

제시문의 논증을 기호화하면 다음과 같다.

ⅰ) Ao → Bo
ⅱ) B와 C가 모두 선정되는 것은 아님
ⅲ) Bo ∨ Do
ⅳ) Cx → Bx : Bo → Co

먼저 ⅱ)와 ⅳ)를 살펴보면 B가 선정된다면 ⅳ)에 의해 C가 선정되어야 하는데 ⅱ)에서 B와 C는 동시에 선정되는 것은 아니라고 하였으므로 B는 선정되지 않는 것을 알 수 있다. 따라서 ⅰ)의 대우명제를 이용하면 A 역시 선정되지 않는다는 것을 알 수 있다. 마지막으로 ⅲ)에서 B와 D 중 적어도 한 도시는 선정된다고 하였는데 위에서 B가 선정되지 않는다고 하였으므로 D는 반드시 선정되어야 함을 알 수 있다. 따라서 이를 정리하면 A와 B는 선정되지 않으며, C는 알 수 없고, D는 선정된다.
ㄱ. A와 B 모두 선정되지 않는다고 하였으므로 옳은 내용이다.
ㄷ. D는 선정된다고 하였으므로 옳은 내용이다.

답 ③

대표예제 02

먼 은하계에 X, 알파, 베타, 감마, 델타 다섯 행성이 있다. X 행성은 매우 호전적이어서 기회만 있으면 다른 행성을 식민지화하고자 한다. 다음 진술이 참이라고 할 때, X 행성이 침공할 행성을 모두 고르면?

> ㄱ. X 행성은 델타 행성을 침공하지 않는다.
> ㄴ. X 행성은 베타 행성을 침공하거나 델타 행성을 침공한다.
> ㄷ. X 행성이 감마 행성을 침공하지 않는다면 알파 행성을 침공한다.
> ㄹ. X 행성이 베타 행성을 침공한다면 감마 행성을 침공하지 않는다.

① 베타 행성
② 감마 행성
③ 알파와 베타 행성
④ 알파와 감마 행성
⑤ 알파와 베타와 감마 행성

정답해설

주어진 진술로부터 필연적으로 참이 되는 주장을 이끌어 내는 문제 중 하나이다. 이 문제는 주어진 네 진술을 적절히 이용하면 비교적 쉽게 풀린다.

③ 진술 ㄱ으로부터 X 행성은 델타 행성을 침공하지 않는다는 것을 알 수 있으며, 이것을 진술 ㄴ과 결합하면, X 행성은 베타 행성을 침공해야 한다. 다음으로 진술 ㄹ과 결합하면, X 행성은 감마 행성을 침공하지 않으며, 진술 ㄷ에 따르면 X 행성은 알파 행성을 침공한다. 따라서 X 행성은 알파와 베타 행성을 침공한다.

답 ③

PART 02

유형별
필수기출 160제

01 추론형 필수기출 80제

문 1. 다음 글의 철학자의 주장으로부터 추론할 수 <u>없는</u> 것은?

12 민간(인) 02번

어떤 고대 그리스 철학자는 눈, 우박, 얼음의 생성에 대해 다음과 같이 주장했다. 특정한 구름이 바람에 의해 강력하고 지속적으로 압축될 때 그 구름에 구멍이 있다면, 작은 물 입자들이 구멍을 통해서 구름 밖으로 배출된다. 그리고 배출된 물은 하강하여 더 낮은 지역에 있는 구름 내부의 극심한 추위 때문에 동결되어 눈이 된다. 또는 습기를 포함하고 있는 구름들이 옆에 나란히 놓여서 서로 압박할 때, 이를 통해 압축된 구름 속에서 물이 동결되어 배출되면서 눈이 된다. 구름은 물을 응고시켜서 우박을 만드는데, 특히 봄에 이런 현상이 빈번하게 생긴다.

얼음은 물에 있던 둥근 모양의 입자가 밀려나가고 이미 물 안에 있던 삼각형 모양의 입자들이 함께 결합하여 만들어진다. 또는 밖으로부터 들어온 삼각형 모양의 물 입자가 함께 결합하여 둥근 모양의 물 입자를 몰아내고 물을 응고시킬 수도 있다.

① 구름의 압축은 바람에 의해 발생하는 경우도 있고, 구름들의 압박에 의해 발생하는 경우도 있다.

② 날씨가 추워지면 둥근 모양의 물 입자가 삼각형 모양의 물 입자로 변화한다.

③ 물에는 둥근 모양의 입자뿐 아니라 삼각형 모양의 입자도 있다.

④ 봄에는 구름이 물을 응고시키는 경우가 자주 발생한다.

⑤ 얼음에는 삼각형 모양의 물 입자들이 결합되어 있다.

문 2. 다음 글에서 추론할 수 <u>없는</u> 것은?

12 민간(인) 12번

조선 시대의 궁궐은 남쪽에서 북쪽에 걸쳐 외전(外殿), 내전(內殿), 후원(後苑)의 순서로 구성되었다. 공간배치상 가장 앞쪽에 배치된 외전은 왕이 의례, 외교, 연회 등 정치행사를 공식적으로 치르는 공간이며, 그 중심은 정전(正殿) 혹은 법전(法殿)이라고 부르는 건물이었다. 정전은 회랑(回廊)으로 둘러싸여 있는데, 그 회랑으로 둘러싸인 넓은 마당이 엄격한 의미에서 조정(朝庭)이 된다.

내전은 왕과 왕비의 공식 활동과 일상적인 생활이 이루어지는 공간으로서 위치상으로 궁궐의 중앙부를 차지할 뿐만 아니라 그 기능에서도 궁궐의 핵을 이루는 곳이다. 그 가운데서도 왕이 일상적으로 기거하는 연거지소(燕居之所)는 왕이 가장 많은 시간을 보내는 곳이다. 주요 인물들을 만나 정치 현안에 대해 의견을 나누는 곳으로 실질적인 궁궐의 핵심이라 할 수 있다. 왕비의 기거 활동 공간인 중궁전은 중전 또는 중궁이라고도 불렸는데 궁궐 중앙부의 가장 깊숙한 곳에 위치한다. 동궁은 차기 왕위 계승자인 세자의 활동 공간으로 내전의 동편에 위치한다. 세자도 동궁이라 불리기도 하였는데, 그 이유는 다음 왕위를 이을 사람이기에 '떠오르는 해'라는 상징적 의미를 가졌기 때문이다. 내전과 동궁 일대는 왕, 왕비, 세자와 같은 주요 인물의 공간이다. 그들을 시중드는 사람들의 기거 활동 공간은 내전의 뒤편에 배치되었다. 이 공간은 내전의 연장으로 볼 수 있고, 뚜렷한 명칭이 따로 있지는 않았다.

후원은 궁궐의 북쪽 산자락에 있는 원유(苑囿)를 가리킨다. 위치 때문에 북원(北苑)으로 부르거나, 아무나 들어갈 수 없는 금단의 구역이기에 금원(禁苑)이라고도 불렀다. 후원은 일차적으로는 휴식 공간이었다. 또한 부차적으로는 내농포(內農圃)라는 소규모 논을 두고 왕이 직접 농사를 체험하며 농민들에게 권농(勸農)의 모범을 보이는 실습장의 기능도 가지고 있었다.

① 내농포는 금원에 배치되었다.

② 내전에서는 국왕의 일상생활과 정치가 병행되었다.

③ 궁궐 남쪽에서 공간적으로 가장 멀리 위치한 곳은 중궁전이다.

④ 외국 사신을 응대하는 국가의 공식 의식은 외전에서 거행되었다.

⑤ 동궁은 세자가 활동하는 공간의 이름이기도 하고 세자를 가리키는 별칭이기도 하였다.

문 3. 다음 글에서 추론할 수 <u>없는</u> 것은? 　12 민간(인) 15번

　목조 건축물에서 골조 구조의 가장 기본적인 양식은 기둥과 보가 결합된 것으로서 두 기둥 사이에 보를 연결한 구조이다. 두 개의 기둥 사이에 보를 연결하여 건물의 한 단면이 형성되고 이런 연결을 계속 반복하여 공간을 만들어 갈 수 있다. 이런 구조는 기둥에 대해 수직으로 작용하는 하중에는 강하지만 수평으로 가해지는 하중에는 취약하다. 따라서 기둥과 보 사이에 가새를 넣어 주어야 하며, 이를 통해 견고한 구조가 실현된다.

　가새는 보와 기둥 사이에 대각선을 이루며 연결하는 부재(部材)이다. 기둥과 보 그리고 가새가 서로 연결되어 삼각형 형태를 이루면 목조 건축물의 골조는 더 안정된 구조를 이룰 수 있다. 이러한 삼각형 형태 때문에 보에 가해지는 수평 하중이 가새를 통해 기둥으로 전달된다. 대부분의 가새는 하나의 보와 이 보의 양 끝에 수직으로 연결된 두 기둥에 설치되므로 마주보는 짝으로 구성된다. 가새는 보에 가해지는 수직 하중의 일부도 기둥으로 전달하는 역할을 한다. 그러나 가새의 크기와 그것이 설치될 위치를 설계할 때에는 수평 하중의 영향만을 고려한다.

① 가새는 수직 하중에 약한 구조를 보완한다.

② 가새는 수직 하중의 일부를 기둥으로 보낸다.

③ 가새는 목조 골조 구조의 안정성을 향상시킨다.

④ 가새를 얼마나 크게 할지, 어디에 설치할지를 설계할 경우에 수평 하중의 영향만을 생각한다.

⑤ 가새는 대부분 하나의 보를 받치는 두 개의 기둥 각각에 설치되므로 한 쌍으로 이루어진다.

문 4. 다음 글로부터 추론한 내용으로 가장 적절한 것은?

12 민간(인) 21번

　많은 재화나 서비스는 경합성과 배제성을 지닌 '사유재'이다. 여기서 경합성이란 한 사람이 어떤 재화나 서비스를 소비하면 다른 사람의 소비를 제한하는 특성을 의미하며, 배제성이란 공급자에게 대가를 지불하지 않으면 그 재화를 소비하지 못하는 특성을 의미한다. 반면 '공공재'란 사유재와는 반대로 비경합적이면서도 비배제적인 특성을 가진 재화나 서비스를 말한다.

　그러나 우리 주위에서는 이렇듯 순수한 사유재나 공공재와는 또 다른 특성을 지닌 재화나 서비스도 많이 찾아볼 수 있다. 예를 들어 영화 관람이라는 소비 행위는 비경합적이지만 배제가 가능하다. 왜냐하면 영화는 사람들과 동시에 즐길 수 있으나 대가를 지불하지 않고서는 영화관에 입장할 수 없기 때문이다. 마찬가지로 케이블 TV를 즐기기 위해서는 시청료를 지불해야 한다.

　비배제적이지만 경합적인 재화들도 찾아낼 수 있다. 예를 들어 출퇴근 시간대의 무료 도로를 생각해보자. 자가용으로 집을 출발해서 직장에 도달하는 동안 도로에 진입하는 데에 요금을 지불하지 않으므로 도로의 소비는 비배제적이다. 하지만 출퇴근 시간대의 체증이 심한 도로는 내가 그 도로에 존재함으로 인해서 다른 사람의 소비를 제한하게 된다. 따라서 출퇴근 시간대의 도로 사용은 경합적인 성격을 갖는다.

　이상의 내용을 아래의 표에 분류해 보면 다음과 같다.

배제성 경합성	배제적	비배제적
경합적	a	b
비경합적	c	d

① 체증이 심한 유료 도로 이용은 a에 해당한다.

② 케이블 TV 시청은 b에 해당한다.

③ 사먹는 아이스크림과 같은 사유재는 b에 해당한다.

④ 국방 서비스와 같은 공공재는 c에 해당한다.

⑤ 영화 관람이라는 소비 행위는 d에 해당한다.

문 5. 다음 글에서 추론할 수 있는 것만을 〈보기〉에서 모두 고르면?
13 민간(인) 07번

아기를 키우다보면 정확히 확인해야 할 것이 정말 많다. 육아 훈수를 두는 주변 사람들이 많은데 어디까지 믿어야 할지 헷갈리는 때가 대부분이다. 특히 아기가 먹는 음식에 관한 것이라면 난감하기 그지없다. 이럴 때는 전문가의 답을 들어 보는 것이 우리가 선택할 수 있는 최상책이다.

A박사는 아기 음식에 대한 권위자다. 미국 유명 어린이 병원의 진료 부장인 그의 저서에는 아기의 건강과 성장 등에 관한 200여 개 속설이 담겨 있고, 그것들이 왜 잘못된 것인지가 설명되어 있다. 다음은 A박사의 설명 중 대표적인 두 가지이다.

속설에 따르면 어떤 아기는 모유에 대해 알레르기 반응을 보인다. 하지만 이것은 사실이 아니다. 엄마의 모유에 대해서 알레르기 반응을 일으키는 아기는 없다. 이는 생물학적으로 불가능한 이야기이다. 어떤 아기가 모유를 뱉어낸다고 해서 알레르기가 있는 것은 아니다. A박사에 따르면 이러한 생각은 착각일 뿐이다.

또 다른 속설은 당분을 섭취하면 아기가 흥분한다는 것이다. 하지만 이것도 사실이 아니다. 아기는 생일 케이크의 당분 때문이 아니라 생일이 좋아서 흥분하는 것인데 부모가 이를 혼동하는 것이다. 이는 대부분의 부모가 믿고 있어서 정말로 부수기 어려운 속설이다. 당분을 섭취하면 흥분한다는 어떤 연구 결과도 보고된 바가 없다.

〈보 기〉

ㄱ. 엄마가 갖지 않은 알레르기는 아기도 갖지 않는다.
ㄴ. 아기의 흥분된 행동과 당분 섭취 간의 인과적 관계는 확인된 바 없다.
ㄷ. 육아에 관한 주변 사람들의 훈수는 모두 비과학적인 속설에 근거하고 있다.

① ㄴ
② ㄷ
③ ㄱ, ㄴ
④ ㄱ, ㄷ
⑤ ㄱ, ㄴ, ㄷ

문 6. 다음 글에서 추론할 수 있는 것만을 〈보기〉에서 모두 고르면?
13 민간(인) 17번

20세기 초만 해도 전체 사망자 중 폐암으로 인한 사망자의 비율은 극히 낮았다. 그러나 20세기 중반에 들어서면서, 이 병으로 인한 사망률은 크게 높아졌다. 이러한 변화를 우리는 어떻게 설명할 수 있을까? 여러 가지 가설이 가능한 것으로 보인다. 예를 들어 자동차를 이용하면서 운동 부족으로 사람들의 폐가 약해졌을지도 모른다. 또는 산업화 과정에서 증가한 대기 중의 독성 물질이 도시 거주자들의 폐에 영향을 주었을지도 모른다.

하지만 담배가 그 자체로 독인 니코틴을 함유하고 있다는 것이 사실로 판명되면서, 흡연이 폐암으로 인한 사망의 주요 요인이라는 가설은 다른 가설들보다 더 그럴듯해 보이기 시작한다. 담배 두 갑에 들어 있는 니코틴이 화학적으로 정제되어 혈류 속으로 주입된다면, 그것은 치사량이 된다. 이러한 가설을 지지하는 또 다른 근거는 담배 연기로부터 추출된 타르를 쥐의 피부에 바르면 쥐가 피부암에 걸린다는 사실에 기초해 있다. 이미 18세기 이후 영국에서는 타르를 함유한 그을음 속에서 일하는 굴뚝 청소부들이 다른 사람들보다 피부암에 더 잘 걸린다는 것이 정설이었다.

이러한 증거들은 흡연이 폐암의 주요 원인이라는 가설을 뒷받침해 주지만, 그것들만으로 이 가설을 증명하기에는 충분하지 않다. 의학자들은 흡연과 폐암을 인과적으로 연관시키기 위해서는 훨씬 더 많은 증거가 필요하다는 점을 깨닫고, 수십 가지 연구를 수행하고 있다.

〈보 기〉

ㄱ. 화학적으로 정제된 니코틴은 폐암을 유발한다.
ㄴ. 19세기에 타르와 암의 관련성이 이미 보고되어 있었다.
ㄷ. 니코틴이 타르와 동시에 신체에 흡입될 경우 폐암 발생률은 급격히 증가한다.

① ㄱ
② ㄴ
③ ㄱ, ㄴ
④ ㄴ, ㄷ
⑤ ㄱ, ㄴ, ㄷ

문 7. 다음 글에서 추론할 수 있는 것을 〈보기〉에서 모두 고르면?

14 민간(A) 17번

수학을 이해하기 위해서는 연역적인 공리적 증명 방법에 대해 정확히 이해할 필요가 있다. 우리는 2보다 큰 짝수들을 원하는 만큼 많이 조사하여 각각이 두 소수(素數)의 합이라는 것을 알아낼 수 있다. 그러나 이러한 과정을 통해 얻은 결과를 '수학적 정리'라고 말할 수 없다. 이와 비슷하게, 한 과학자가 다양한 크기와 모양을 가진 1,000개의 삼각형의 각을 측정하여, 측정 도구의 정확도 범위 안에서 그 각의 합이 180도라는 것을 알아냈다고 가정하자. 이 과학자는 임의의 삼각형의 세 각의 합이 180도가 확실하다고 결론 내릴 것이다. 그러나 이러한 측정의 결과는 근삿값일 뿐이라는 문제와, 측정되지 않은 어떤 삼각형에서는 현저하게 다른 결과가 나타날지도 모른다는 의문이 남는다. 이러한 과학자의 증명은 수학적으로 받아들일 수 없다. 반면에, 수학자들은 모두 의심할 수 없는 공리들로부터 시작한다. 두 점을 잇는 직선을 하나만 그을 수 있다는 것을 누가 의심할 수 있는가? 이와 같이 의심할 수 없는 공리들을 참이라고 받아들이면, 이로부터 연역적 증명을 통해 나오는 임의의 삼각형의 세 각의 합이 180도라는 것이 참이라는 것을 받아들여야만 한다. 이런 식으로 증명된 결론을 수학적 정리라고 한다.

〈보 기〉

ㄱ. 연역적으로 증명된 것은 모두 수학적 정리이다.

ㄴ. 연역적으로 증명된 수학적 정리를 거부하려면, 공리 역시 거부해야 한다.

ㄷ. 어떤 삼각형의 세 각의 합이 오차 없이 측정되었다면, 그 결과는 수학적 정리로 받아들일 수 있다.

① ㄱ

② ㄴ

③ ㄱ, ㄷ

④ ㄴ, ㄷ

⑤ ㄱ, ㄴ, ㄷ

문 8. 다음 글에서 알 수 있는 것만을 〈보기〉에서 모두 고르면?

15 민간(인) 01번

공직의 기강은 상령하행(上令下行)만을 일컫는 것이 아니다. 법으로 규정된 직분을 지켜 위에서 명령하고 아래에서 따르되, 그 명령이 공공성에 기반한 국가 법제를 벗어나지 않았을 때 기강은 바로 설 수 있다. 만약 명령이 법 바깥의 사적인 것인데 그것을 수행한다면 이는 상령하행의 원칙을 잘못 이해한 것이다. 무릇 고위의 상급자라 하더라도 그가 한 개인으로서 하급자를 반드시 복종하게 할 권위가 있는 것은 아니다. 권위는 오직 그 명령이 국가의 법제를 충실히 따랐을 때 비로소 갖춰지는 것이다.

조선 시대에는 6조의 수장인 판서가 공적인 절차와 내용에 따라 무엇을 행하라 명령하는데 아랫사람이 시행하지 않으면 사안의 대소에 관계없이 아랫사람을 파직하였다. 그러나 판서가 공적인 절차를 벗어나 법 외로 사적인 명령을 내리면 비록 미관말직이라 해도 이를 따르지 않는 것이 올바른 것으로 인정되었다. 이처럼 공적인 것에 반드시 복종하는 것이 기강이요, 사적인 것에 복종하지 않는 것도 기강이다. 만약 세력에 압도되고 이욕에 이끌려, 부당하게 직무의 분한(分限)을 넘나 들며 간섭하고 간섭받게 된다면 공적인 지휘 체계는 혼란에 빠지고 기강은 무너질 것이다. 그러므로 기강을 확립할 때, 그 근간이 되는 상령하행과 공적 직분의 엄수는 둘이 아니라 하나이다. 공직의 기강은 곧 국가의 동맥이니, 이 맥이 찰나라도 끊어지면 어떤 지경에 이를 것인가? 공직자들은 깊이 생각해 보아야 할 것이다.

〈보 기〉

ㄱ. 상급자의 직위가 높아야만 명령의 권위가 갖춰진다.

ㄴ. 조선 시대에는 상령하행이 제대로 준수되지 않았다.

ㄷ. 하급자가 상급자의 명령을 언제나 수행해야 하는 것은 아니다.

① ㄱ

② ㄷ

③ ㄱ, ㄴ

④ ㄴ, ㄷ

⑤ ㄱ, ㄴ, ㄷ

문 9. 다음 글에서 추론할 수 있는 것은? `15 민간(인) 10번`

조선이 임진왜란 중 필사적으로 보존하고자 한 서적은 바로 조선왕조실록이다. 실록은 원래 서울의 춘추관과 성주·충주·전주 4곳의 사고(史庫)에 보관되었으나, 임진왜란 이후 전주 사고의 실록만 온전한 상태였다. 전란이 끝난 후 단 1벌 남은 실록을 다시 여러 벌 등서하자는 주장이 제기되었다. 우여곡절 끝에 실록 인쇄가 끝난 것은 1606년이었다. 재인쇄 작업의 결과 원본을 포함해 모두 5벌의 실록을 갖추게 되었다. 원본은 강화도 마니산에 봉안하고 나머지 4벌은 서울의 춘추관과 평안도 묘향산, 강원도의 태백산과 오대산에 봉안했다.

이 5벌 중에서 서울 춘추관의 것은 1624년 이괄의 난 때 불에 타 없어졌고, 묘향산의 것은 1633년 후금과의 관계가 악화되자 전라도 무주의 적상산에 사고를 새로 지어 옮겼다. 강화도 마니산의 것은 1636년 병자호란 때 청군에 의해 일부 훼손되었던 것을 현종 때 보수하여 숙종 때 강화도 정족산에 다시 봉안했다. 결국 내란과 외적 침입으로 인해 5곳 가운데 1곳의 실록은 소실되었고, 1곳의 실록은 장소를 옮겼으며, 1곳의 실록은 손상을 입었던 것이다.

정족산, 태백산, 적상산, 오대산 4곳의 실록은 그 후 안전하게 지켜졌다. 그러나 일본이 다시 여기에 손을 대었다. 1910년 조선 강점 이후 일제는 정족산과 태백산에 있던 실록을 조선총독부로 이관하고 적상산의 실록은 구황궁 장서각으로 옮겼으며 오대산의 실록은 일본 동경제국대학으로 반출했다. 일본으로 반출한 것은 1923년 관동대지진 때 거의 소실되었다. 정족산과 태백산의 실록은 1930년에 경성제국대학으로 옮겨져 지금까지 서울대학교에 보존되어 있다. 한편 장서각의 실록은 6·25전쟁 때 북으로 옮겨져 현재 김일성종합대학에 소장되어 있다.

① 재인쇄하였던 실록은 모두 5벌이다.
② 태백산에 보관하였던 실록은 현재 일본에 있다.
③ 현재 한반도에 남아 있는 실록은 모두 4벌이다.
④ 적상산에 보관하였던 실록은 일부가 훼손되었다.
⑤ 현존하는 가장 오래된 실록은 서울대학교에 있다.

문 10. 다음 글에서 추론할 수 있는 것만을 〈보기〉에서 모두 고르면? `15 민간(인) 20번`

의학이나 공학, 혹은 과학에서는 다양한 검사법을 사용한다. 가령, 의학에서 사용되는 HIV 감염 여부에 대한 진단은 HIV 항체 검사법에 크게 의존한다. 흔히 항체 검사법의 결과는 양성 반응과 음성 반응으로 나뉜다. HIV 양성 반응이라는 것은 HIV에 감염되었다는 검사 결과가 나왔다는 것을 말하며, HIV 음성 반응이라는 것은 HIV에 감염되지 않았다는 검사 결과가 나왔다는 것을 말한다.

이런 검사법의 품질은 어떻게 평가되는가? 가장 좋은 검사법은 HIV에 감염되었을 때는 언제나 양성 반응이 나오고, HIV에 감염되지 않았을 때는 언제나 음성 반응이 나오는 것이라고 할 수 있다. 하지만 여러 기술적 한계 때문에 그런 검사법을 만들기는 쉽지 않다. 많은 검사법은 HIV에 감염되었다고 하더라도 음성 반응이 나올 가능성, HIV에 감염되지 않아도 양성 반응이 나올 가능성을 가지고 있다. 이 두 가지 가능성이 높은 검사법은 좋은 검사법이라고 말할 수 없을 것이다.

반면 HIV에 감염되었을 때 양성 반응이 나올 확률과 HIV에 감염되지 않았을 때 음성 반응이 나올 확률이 매우 높은 검사법은 비교적 좋은 품질을 가지고 있다고 말할 수 있다. 통계학자들은 전자에 해당하는 확률을 '민감도'라고 부르며, 후자에 해당하는 확률을 '특이도'라고 부른다. 민감도는 '참 양성 비율'이라고 불리기도 하며, 이는 실제로 감염된 사람들 중 양성 반응을 보인 사람들의 비율이다. 마찬가지로 특이도는 '참 음성 비율'이라고 불리기도 하며, 이는 실제로는 감염되지 않은 사람들 중 음성 반응을 보인 사람들의 비율로 정의된다. 물론 '거짓 양성 비율'은 실제로 병에 걸리지 않은 사람들 중 양성 반응을 보인 사람들의 비율을 뜻하며, '거짓 음성 비율'은 실제로 병에 걸린 사람들 중 음성 반응을 보인 사람들의 비율을 가리킨다.

─────〈보 기〉─────

ㄱ. 어떤 검사법의 민감도가 높을수록 그 검사법의 특이도도 높다.
ㄴ. 어떤 검사법의 특이도가 100%라면 그 검사법의 거짓 양성 비율은 0%이다.
ㄷ. 민감도가 100%인 HIV 항체 검사법을 이용해 어떤 사람을 검사한 결과 양성 반응이 나왔다면 그 사람이 HIV에 감염되었을 확률은 100%이다.

① ㄱ
② ㄴ
③ ㄷ
④ ㄱ, ㄴ
⑤ ㄴ, ㄷ

문 11. **다음 글의 내용과 부합하지 않는 것은?** 15 민간(인) 21번

정보화로 인해 폭발적으로 늘어난 큰 규모의 정보를 활용하는 빅데이터 분석이 샘플링과 설문조사 전문가들의 작업을 대체하고 있다. 이제 연구에 필요한 정보는 사람들이 평소대로 행동하는 동안 자동적으로 수집된다. 그 결과 샘플링과 설문지 사용에서 기인하는 편향이 사라졌다. 또한 휴대전화 통화정보로 드러나는 인맥이나 트위터를 통해 알 수 있는 사람들의 정서처럼 전에는 수집이 불가능했던 정보의 수집이 가능해졌다. 그리고 가장 중요한 점은 샘플을 추출해야 할 필요성이 사라졌다는 사실이다.

네트워크 이론에 관한 세계적인 권위자 바라바시는 전체 인구의 규모에서 사람들 간의 소통을 연구하고 싶었다. 그래서 유럽의 한 국가 전체 인구의 1/5을 고객으로 하고 있는 무선통신 사업자로부터 4개월 치의 휴대전화 통화내역을 제공받아 네트워크 분석을 행하였다. 그렇게 큰 규모로 통화기록을 분석하자 다른 방식으로는 결코 밝혀낼 수 없었을 사실을 알아냈다.

흥미롭게도 그가 발견한 사실은 더 작은 규모의 연구 결과들과 상반된 것이었다. 그는 한 커뮤니티 내에서 링크를 많이 가진 사람을 네트워크로부터 제거하면 네트워크의 질은 저하되지만, 기능이 상실되는 수준은 아님을 발견하였다. 반면 커뮤니티 외부와 링크를 많이 가진 사람을 네트워크에서 제거하면 갑자기 네트워크가 와해되어 버렸다. 구조가 허물어지는 것처럼 말이다. 이것은 기존 연구를 통해서는 예상할 수 없었던 중요한 결과였다. 네트워크 구조의 안정성이라는 측면에서 봤을 때, 친한 친구를 많이 가진 사람보다 친하지 않은 사람들과 연락을 많이 하는 사람이 훨씬 더 중요할거라고 누가 생각이나 해보았겠는가? 이것은 사회나 그룹 내에서 중요한 것이 동질성보다는 다양성일 수 있다는 점을 시사한다.

사실 기존의 통계학적 샘플링은 만들어진 지 채 100년도 되지 않는 통계 기법으로서 기술적 제약이 있던 시대에 개발된 것이다. 이제 더 이상 그런 제약들은 그때와 같은 정도로 존재하지는 않는다. 빅데이터 시대에 무작위 샘플을 찾는 것은 자동차 시대에 말채찍을 드는 것과 같다. 특정한 경우에는 여전히 샘플링을 사용할 수 있겠지만 더 이상 샘플링이 사회현상 분석의 주된 방법일 수는 없다. 우리는 이제 샘플이 아닌 전체를 분석할 수 있게 되었기 때문이다.

① 빅데이터 분석이 설문조사 전문가들의 작업을 대체하고 있다.

② 샘플링 기법은 현재보다 기술적 제약이 컸던 시대의 산물이다.

③ 샘플링이나 설문지를 사용하는 연구의 경우에는 어느 정도의 편향이 발생한다.

④ 빅데이터 시대에 샘플링은 더 이상 사회현상 연구의 주된 방법으로 간주되지 않게 되었다.

⑤ 바라바시의 연구에 의하면 커뮤니티 외부와 링크를 많이 가진 사람을 네트워크에서 제거해도 네트워크가 와해되지는 않는다.

문 12. **다음 글에서 알 수 있는 것은?** 16 민간(5) 02번

중국에서는 기원전 8~7세기 이후 주나라에서부터 청동전이 유통되었다. 이후 진시황이 중국을 통일하면서 화폐를 통일해 가운데 네모난 구멍이 뚫린 원형 청동 엽전이 등장했고, 이후 중국 통화의 주축으로 자리 잡았다. 하지만 엽전은 가치가 낮고 금화와 은화는 아직 주조되지 않았기 때문에 고액 거래를 위해서는 지폐가 필요했다. 결국 11세기경 송나라에서 최초의 법정 지폐인 교자(交子)가 발행되었다. 13세기 원나라에서는 강력한 국가 권력을 통해 엽전을 억제하고 교초(交鈔)라는 지폐를 유일한 공식 통화로 삼아 재정 문제를 해결했다.

아시아와 유럽에서 지폐의 등장과 발달 과정은 달랐다. 우선 유럽에서는 금화가 비교적 자유롭게 사용되어 대중들 사이에서 널리 유통되었다. 반면에 아시아의 통치자들은 금의 아름다움과 금이 상징하는 권력을 즐겼다는 점에서는 서구인들과 같았지만, 비천한 사람들이 화폐로 사용하기에는 금이 너무 소중하다고 여겼다. 대중들 사이에서 유통되도록 금을 방출하면 권력이 약화된다고 본 것이다. 대신에 일찍부터 지폐가 널리 통용되었다.

마르코 폴로는 쿠빌라이 칸이 모든 거래를 지폐로 이루어지게 하는 것을 보고 깊은 인상을 받았다. 사실상 종잇조각에 불과한 지폐가 그렇게 널리 통용되었던 이유는 무엇 때문일까? 칸이 만든 지폐에 찍힌 그의 도장은 금이나 은과 같은 권위가 있었다. 이것은 지폐의 가치를 확립하고 유지하는 데 국가 권력이 핵심 요소라는 사실을 보여준다.

유럽의 지폐는 그 초기 형태가 민간에서 발행한 어음이었으나, 아시아의 지폐는 처음부터 국가가 발행권을 갖고 있었다. 금속 주화와는 달리 내재적 가치가 없는 지폐가 화폐로 받아들여지고 사용되기 위해서는 신뢰가 필수적이다. 중국은 강력한 왕권이 이 신뢰를 담보할 수 있었지만, 유럽에서 지폐가 사람들의 신뢰를 얻기까지는 그보다 오랜 시간과 성숙된 환경이 필요했다. 유럽의 왕들은 종이에 마음대로 숫자를 적어 놓고 화폐로 사용하라고 강제할 수 없었다. 그래서 서로 잘 아는 일부 동업자들끼리 신뢰를 바탕으로 자체 지폐를 만들어 사용해야 했다. 하지만 민간에서 발행한 지폐는 신뢰 확보가 쉽지 않아 주기적으로 금융 위기를 초래했다. 정부가 나서기까지는 오랜 시간이 걸렸고, 17~18세기에 지폐의 법정화와 중앙은행의 설립이 이루어졌다. 중앙은행은 금을 보관하고 이를 바탕으로 금 태환(兌換)을 보장하는 증서를 발행해 화폐로 사용하기 시작했고, 그것이 오늘날의 지폐로 이어졌다.

① 유럽에서 금화의 대중적 확산은 지폐가 널리 통용되는 결정적인 계기가 되었다.

② 유럽에서는 민간 거래의 신뢰를 기반으로 지폐가 중국에 비해 일찍부터 통용되었다.

③ 중국에서 청동으로 만든 최초의 화폐는 네모난 구멍이 뚫린 원형 엽전의 형태였다.

④ 중국에서 지폐 거래의 신뢰를 확보할 수 있었던 것은 강력한 국가 권력이 있었기 때문이다.

⑤ 아시아와 유럽에서는 금화의 사용을 권력의 상징으로 여겨 금화의 제한적인 유통이 이루어졌다.

문 13. 다음 글에서 알 수 있는 것은? 16 민간(5) 12번

우리가 조선의 왕을 부를 때 흔히 이야기하는 태종, 세조 등의 호칭은 묘호(廟號)라고 한다. 왕은 묘호뿐 아니라 시호(諡號), 존호(尊號) 등도 받았으므로 정식 칭호는 매우 길었다. 예를 들어 선조의 정식 칭호는 '선조소경정륜입극성덕홍렬지성대의격천희운현문의무성예달효대왕(宣祖昭敬正倫立極盛德洪烈至誠大義格天熙運顯文毅武聖睿達孝大王)'이다. 이 중 '선조'는 묘호, '소경'은 명에서 내려준 시호, '정륜입극성덕홍렬'은 1590년에 올린 존호, '지성대의격천희운'은 1604년에 올린 존호, '현문의무성예달효대왕'은 신하들이 올린 시호다.

묘호는 왕이 사망하여 삼년상을 마친 뒤 그 신주를 종묘에 모실 때 사용하는 칭호이다. 묘호에는 왕의 재위 당시의 행적에 대한 평가가 담겨 있다. 시호는 왕의 사후 생전의 업적을 평가하여 붙여졌는데, 중국 천자가 내린 시호와 조선의 신하들이 올리는 시호 두 가지가 있었다. 존호는 왕의 공덕을 찬양하기 위해 올리는 칭호이다. 기본적으로 왕의 생전에 올렸지만 경우에 따라서는 '추상존호(追上尊號)'라 하여 왕의 승하 후 생전의 공덕을 새롭게 평가하여 존호를 올리는 경우도 있었다.

왕실의 일원들을 부르는 호칭도 경우에 따라 달랐다. 왕비의 아들은 '대군'이라 부르고, 후궁의 아들은 '군'이라 불렸다. 또한 왕비의 딸은 '공주'라 하고, 후궁의 딸은 '옹주'라 했으며, 세자의 딸도 적실 소생은 '군주', 부실 소생은 '현주'라 불렸다. 왕실에 관련된 다른 호칭으로 '대원군'과 '부원군'도 있었다. 비슷한 듯 보이지만 크게 차이가 있었다. 대원군은 왕을 낳아준 아버지, 즉 생부를 가리키고, 부원군은 왕비의 아버지를 가리키는 말이었다. 조선 시대에 선조, 인조, 철종, 고종은 모두 방계에서 왕위를 계승했기 때문에 그들의 생부가 모두 대원군의 칭호를 얻게 되었다. 그런데 이들 중 살아 있을 때 대원군의 칭호를 받은 이는 고종의 아버지 흥선대원군 한 사람뿐이었다. 왕비의 아버지를 부르는 호칭인 부원군은 경우에 따라 책봉된 공신(功臣)에게도 붙여졌다.

① 세자가 왕이 되면 적실의 딸은 옹주로 호칭이 바뀔 것이다.

② 조선 시대 왕의 묘호에는 명나라 천자로부터 부여받은 것이 있다.

③ 왕비의 아버지가 아님에도 부원군이라는 칭호를 받은 신하가 있다.

④ 우리가 조선 시대 왕을 지칭할 때 사용하는 일반적인 칭호는 존호이다.

⑤ 흥선대원군은 왕의 생부이지만 고종이 왕이 되었을 때 생존하지 않았더라면 대원군이라는 칭호를 부여받지 못했을 것이다.

문 14. 다음 글에서 알 수 있는 것은? 17 민간(나) 01번

1937년 중일전쟁 이후 일제가 앞세운 내선일체(內鮮一體)와 황국신민화(皇國臣民化)의 구호는 조선인의 민족의식과 저항정신을 상실케 하려는 기만적 통치술이었다. 일제는 조선인이 일본인과의 차이를 극복하고 혼연일체가 된 것이 내선일체이고 그 혼연일체 상태가 심화되면 조선인 또한 황국의 신민이 될 수 있다고 주장하였다. 조선인이 황국의 진정한 신민으로 거듭난다면 일왕과 신민의 관계가 군신 관계에서 부자 관계로 변화하여 일대 가족국가를 이루게 된다는 것이 그들이 획책한 황국신민화의 논리였다. 이를 위해 일제는 조선인에게 '국가 총동원령'에 충실히 부응함으로써 대동아공영권(大東亞共榮圈) 건설에 복무하고 일왕에 충심을 다함으로써 내선의 차이를 해소하는 데 총력을 기울일 것을 강요하였다.

그러나 일제의 황국신민화 정책은 현실과 필연적으로 괴리될 수밖에 없었다. 일본인이 중심부를 형성하고 조선인이 주변부에 위치하는 엄연한 현실 속에서 그들이 내세우는 황국신민화의 논리는 허구에 불과했다. 일제는 황국신민화 정책을 통해 조선인을 명목상의 일본 국민으로 삼아 제국주의 전쟁에 동원하고자 하였다. 일제는 1945년 4월부터 조선인의 참정권을 허용한다고 하였으나 실제 선거는 한번도 시행되지 않았다. 그럼에도 불구하고 조선의 친일파는 황국신민화가 그리는 모호한 이상과 미래를 적극적으로 내면화하여 자신들의 친일 행위를 합리화하였다. 그들은 황국신민화의 이상이 실현되면 조선인과 일본인 그 누구도 우월한 지위를 가질 수 없다는 일제의 주장을 맹신하였다. 그리고 이러한 단계에 도달하기 위해서는 먼저 조선인 스스로 진정한 '일본인'이 되기 위한 노력을 다해야 한다고 선동하였다. 어리석게도 친일파는 일제의 내선차별은 문명화가 덜 된 조선인에게 원인이 있으며, 제국의 황민으로 인정받겠다는 조선인의 자각과 노력이 우선될 때 그 차별이 해소될 수 있다고 보았던 것이다. 이와 같은 헛된 믿음으로 친일파는 일제의 강제 징용과 징병에 적극적으로 응하도록 조선인을 독려했다.

① 황국신민화의 이상이 실현되면 일왕과 신민의 군신 관계가 강화된다.

② 친일파는 조선인들이 노력하기에 따라 일본인과 같은 황민이 될 수 있다고 믿었다.

③ 황국신민화 정책은 친일파를 제외한 조선인이 독립운동의 필요성을 자각하는 계기가 되었다.

④ 친일파는 내선의 차별을 해소하기 위해 먼저 일본이 조선인에게 참정권을 허용해야 한다고 주장하였다.

⑤ 일제는 황국신민화의 논리로써 일본인과 조선인이 중심부와 주변부의 관계로 위계화된 현실을 극복하고자 하였다.

문 15. 다음 글에서 추론할 수 있는 것만을 〈보기〉에서 모두 고르면? 17 민간(나) 07번

전전두엽 피질에는 뇌의 중요한 기제가 있는데, 이 기제는 당신이 다른 사람과 실시간으로 대화하고 있는 동안 당신과 그 사람을 동시에 감시한다. 이는 상대에게 적절하고 부드럽게 응답하도록 하며, 무례하게 행동하거나 분노를 표출하려는 충동을 억제하는 역할을 한다.

이 조절 기제가 잘 작동하기 위해서는 얼굴을 맞대고 대화하면서 실시간으로 피드백을 받을 수 있어야 한다. 하지만 인터넷은 그러한 피드백을 허용하지 않는다. 이는 전전두엽에 있는 충동억제회로를 당황하게 만든다. 서로를 바라보며 대화 상대방의 반응을 관찰할 수 없기 때문이다. 이로 인해 '탈억제' 현상, 즉 충동이 억제에서 풀려나는 현상이 나타날 수 있다.

탈억제는 사람들이 긍정적이거나 중립적인 감정 상태에 있는 동안에는 잘 일어나지 않는 경향이 있다. 인터넷에서 의사소통이 원활하게 이루어지는 경우는 이러한 경향 때문이다. 탈억제는 사람들이 부정적인 감정을 강하게 느낄 때 훨씬 더 잘 일어난다. 그 결과 충동이 억제되지 못하고 화를 내거나 감정적으로 거친 메시지를 보내는 현상이 나타난다. 만약 상대방을 마주 보고 있었더라면 쓰지 않았을 말을 인터넷상에서 쓰는 식이다. 충동억제회로가 제대로 작동하면 인터넷상에서는 물론 오프라인과 일상생활에서도 조심스러운 매너로 상대를 대하게 된다. 그런 경우 상호교제는 더 매끄럽게 진행될 수 있다.

─── 〈보 기〉 ───

ㄱ. 부정적인 감정을 조절하는 교육 프로그램은 탈억제 현상을 감소시키는 데 도움이 될 것이다.

ㄴ. 전전두엽의 충동억제회로에 이상이 생기면 상대방에게 무례한 응답을 할 가능성이 높아질 것이다.

ㄷ. 기술의 발전으로 인터넷상에서도 면대면 실시간 대화의 효과를 낼 수 있다면, 인터넷상에서 탈억제 현상이 감소할 수 있다.

① ㄱ
② ㄴ
③ ㄱ, ㄷ
④ ㄴ, ㄷ
⑤ ㄱ, ㄴ, ㄷ

문 16. 다음 글에서 추론할 수 있는 것은? 17 민간(나) 09번

인간이 부락집단을 형성하고 인간의 삶 전체가 반영된 이야기가 시작되었을 때부터 설화가 존재하였다. 설화에는 직설적인 표현도 있지만, 풍부한 상징성을 가진 것이 많다. 이 이야기들에는 민중이 믿고 숭상했던 신들에 관한 신성한 이야기인 신화, 현장과 증거물을 중심으로 엮은 역사적인 이야기인 전설, 민중의 욕망과 가치관을 보여주는 허구적 이야기인 민담이 있다. 설화 속에는 원(願)도 있고 한(恨)도 있으며, 아름답고 슬픈 사연도 있다. 설화는 한 시대의 인간들의 삶과 문화이며 바로 그 시대에 살았던 인간의식 그 자체이기에 설화 수집은 중요한 일이다.

상주지방에 전해오는 '공갈못설화'를 놓고 볼 때 공갈못의 생성은 과거 우리의 농경사회에서 중요한 역사적 사건으로서 구전되고 인식되었지만, 이에 관한 당시의 문헌 기록은 단 한 줄도 전해지지 않고 있다. 이는 당시 신라의 지배층이나 관의 입장에서 공갈못 생성에 관한 것이 기록할 가치가 있는 정치적 사건은 아니라는 인식을 보여준다. 공갈못 생성은 다만 농경생활에 필요한 농경민들의 사건이었던 것이다.

공갈못 관련 기록은 조선 시대에 와서야 발견된다. 이에 따르면 공갈못은 삼국시대에 형성된 우리나라 3대 저수지의 하나로 그 중요성이 인정되었다. 당대에 기록되지 못하고 한참 후에서야 단편적인 기록들만이 전해진 것이다. 일본은 고대 역사를 제대로 정리한 기록이 없는데도 주변에 흩어진 기록과 구전(口傳)을 모아 『일본서기』라는 그럴싸한 역사책을 완성하였다. 이 점을 고려할 때 역사성과 현장성이 있는 전설을 가볍게 취급해서는 결코 안 된다. 이러한 의미에서 상주지방에 전하는 지금의 공갈못에 관한 이야기도 공갈못 생성의 증거가 될 수 있는 역사성을 가진 귀중한 자료인 것이다.

① 공갈못설화는 전설에 해당한다.

② 설화가 기록되기 위해서는 원이나 한이 배제되어야 한다.

③ 삼국의 사서에는 농경생활 관련 사건이 기록되어 있지 않다.

④ 한국의 3대 저수지 생성 사건은 조선 시대에 처음 기록되었다.

⑤ 조선과 일본의 역사기술 방식의 차이는 전설에 대한 기록 여부에 있다.

문 17. 다음 글에서 알 수 <u>없는</u> 것은? 17 민간(나) 11번

무인정변 이후 집권자들의 권력 쟁탈로 지방에 대한 통제력이 이완되고 지배층의 수탈이 더욱 심해지자 백성들은 이에 저항하는 민란을 일으켰다. 이들은 당시 사료에 '산적'이나 '화적', 또는 '초적'이라는 이름의 도적으로 일컬어졌다. 최우는 집권 후 야별초를 만들어 이들을 진압하려 했다. 야별초는 집권자의 사병처럼 이용되어 주로 민란을 진압하고 정적을 제거하는 데 동원되었다. 이들은 그 대가로 월등한 녹봉이나 상여금과 함께 진급에서 특혜를 누렸고, 최씨 정권은 안팎의 위협으로부터 안전할 수 있었다. 이후 규모가 방대해진 야별초는 좌별초와 우별초로 나뉘었고 여기에 신의군이 합쳐져 삼별초로 계승되었다.

1231년 몽고의 공격이 시작되자 최우를 중심으로 한 무인 정권은 항전을 주장하였으나, 왕과 문신관료들은 왕정회복을 희망하여 몽고와의 강화(講和)를 바랐다. 대몽 항전을 정권 유지를 위한 방책으로 활용하려 했던 최우는 다수의 반대를 무릅쓰고 강화도 천도를 결행하였으나 이는 지배세력 내의 불만을 증폭시켰으며 백성들에게는 권력자들의 안전만을 도모하는 일종의 배신 행위로 받아들여졌다.

이후 무인 정권이 붕괴되자 그 주력부대였던 삼별초는 개경으로 환도한 고려 정부에 불복해 강화도에서 반란을 일으켰다. 삼별초의 난이 일어나자 전쟁 중에 몽고 침략 및 지배층의 과중한 수탈에 맞서 싸워 왔던 일반 백성들의 호응이 뒤따랐다. 1270년 봉기하여 1273년 진압될 때까지 약 3년에 걸쳐 진행된 삼별초의 난에는 서로 다른 두 가지 성격이 양립하고 있었다. 하나는 지배층 내부의 정쟁에서 패배한 무인 정권의 잔존세력이 일으킨 정치적 반란이고, 다른 하나는 민란의 전통과 대몽 항쟁의 전통을 계승한 백성들의 항쟁이다. 전자는 무너진 무인 정권을 회복하고 눈앞에 닥친 정치적 보복에서 벗어나기 위해 몽고와 고려 정부에 항쟁하던 삼별초의 반란이었다. 후자는 새로운 권력층과 침략자의 결탁 속에서 가중되는 수탈에 저항하던 백성들이 때 마침 삼별초의 난을 만나 이에 합류하는 형태로 일으킨 민란이었다.

① 최우의 강화도 천도는 국왕과 문신 및 백성들의 지지를 얻지 못하였다.

② 야별초가 주로 상대한 도적은 지배층의 수탈에 저항하던 백성들이었다.

③ 삼별초의 난에서 삼별초와 일반 백성들은 항전의 대상과 목적이 같았다.

④ 설립 이후 진압될 때까지 삼별초는 무인 정권을 옹호하는 성격을 지닌 집단이었다.

⑤ 삼별초는 개경의 중앙 정부에 반대하고 몰락한 무인 정권을 회복하기 위해 반란을 일으켰다.

문 18. 다음 글에서 알 수 있는 것은? 18 민간(가) 03번

공동의 번영과 조화를 뜻하는 공화(共和)에서 비롯된 공화국이라는 용어는 국가라는 정치 공동체 전체를 위해 때로는 개인의 양보가 필요할 수 있음을 전제하고 있다는 점에서 사회적 공공성 개념과 연결된다. 이미 1919년 임시정부가 출범하면서 '민주공화국'이라는 표현이 등장하였고 「헌법」 제1조에도 '대한민국은 민주공화국'이라고 명시되어 있지만, 분단 이후 북한도 '공화국'이라는 용어를 사용함에 따라 한국에서는 이 용어의 사용이 기피되었다. 냉전 체제의 고착화로 인해 반공이 국시가 되면서 '공화국'보다는 오히려 '자유민주주의'라는 용어가 훨씬 더 널리 사용되었는데, 이때에도 민주주의보다는 자유가 강조되었다.

그런데 해방 이후 한국 사회에 널리 유포된 자유의 개념은 대체로 서구의 고전적 자유주의 전통에서 비롯된 것이다. 이 전통에서 보자면, 자유란 '국가의 강제에 대립하여 자신의 사유 재산권을 자기 마음대로 행사할 수 있는 것'을 의미한다. 이 같은 자유 개념에 기초하고 있는 자유민주주의에서는 개인의 자유를 강조할수록 사회적 공공성은 약화될 수밖에 없다.

자유민주주의가 1960년대 이후 급속히 팽배하기 시작한 개인주의와 결합하면서 사회적 공공성은 더욱 후퇴하였다. 이 시기 군사정권이 내세웠던 "잘 살아보세."라는 표어는 우리 공동체 전체가 다 함께 잘 사는 것이라기보다는 사실상 나 또는 내 가족만큼은 잘 살아보자는 개인적 욕망의 합리화를 의미했다. 그 결과 공동체 전체의 번영을 위한 사회 전반의 공공성이 강화되기보다는 사유 재산의 증대를 위해 국가의 간섭을 배제해야 한다는 논리가 강화되었던 것이다.

① 한국 사회에서 자유민주주의라는 용어는 공화국의 이념을 충실하게 수용한 것이다.

② 임시정부에서 민주공화국이라는 용어를 사용한 것은 자유주의 전통에 따른 것이다.

③ 고전적 자유주의에서 비롯된 자유 개념을 강조할수록 사회적 공공성이 약화될 수 있다.

④ 반공이 국시가 된 이후 국가 공동체에 대한 충성을 강조한 결과 공공성에 대한 관심이 증대되었다.

⑤ 1960년대 이후 개인주의와 자유민주주의의 결합은 공동체 전체의 번영이라는 사회적 결과를 낳았다.

문 19. 다음 글에서 알 수 있는 것은?   18 민간(가) 04번

구글의 디지털도서관은 출판된 모든 책을 디지털화하여 온라인을 통해 제공하는 프로젝트이다. 이는 전 세계 모든 정보를 취합하여 정리한다는 목표에 따라 진행되며, 이미 1,500만 권의 도서를 스캔하였다. 덕분에 셰익스피어 저작집 등 저작권 보호 기간이 지난 책들이 무료로 서비스되고 있다.

이에 대해 미국 출판업계가 소송을 제기하였고, 2008년에 구글이 1억 2,500만 달러를 출판업계에 지급하는 것으로 양자 간 합의안이 도출되었다. 그러나 연방법원은 이 합의안을 거부하였다. 디지털도서관은 많은 사람들에게 혜택을 줄 수 있지만, 이는 구글의 시장독점을 초래할 우려가 있으며, 저작권 침해의 소지도 있기에 저작권자도 소송에 참여하라고 주문하였다.

구글의 지식 통합 작업은 많은 이점을 가져오겠지만, 모든 지식을 한곳에 집중시키는 것이 옳은 방향인가에 대해서는 숙고가 필요하다. 문명사회를 지탱하고 있는 사회계약이란 시민과 국가 간의 책임과 권리에 관한 암묵적 동의이며, 집단과 구성원 간, 또는 개인 간의 계약을 의미한다. 이러한 계약을 위해서는 쌍방이 서로에 대해 비슷한 정도의 지식을 가지고 있어야 한다는 전제조건이 충족되어야 한다. 그런데 지식 통합 작업을 통한 지식의 독점은 한쪽 편이 상대방보다 훨씬 많은 지식을 가지는 지식의 비대칭성을 강화한다. 따라서 사회계약의 토대 자체가 무너질 수 있다. 또한 지식 통합 작업은 지식을 수집하여 독자들에게 제공하고자 하는 것이지만, 더 나아가면 지식의 수집뿐만 아니라 선별하고 배치하는 편집 권한까지 포함하게 된다. 이에 따라 사람들이 알아도 될 것과 그렇지 않은 것을 결정하는 막강한 권력을 구글이 갖게 되는 상황이 초래될 수 있다.

① 구글과 저작권자의 갈등은 소송을 통해 해결되었다.
② 구글의 지식 통합 작업은 사회계약의 전제조건을 더 공고하게 할 것이다.
③ 구글의 지식 통합 작업은 독자들과 구글 사이에 평등한 권력 관계를 확대할 것이다.
④ 구글의 디지털도서관은 지금까지 스캔한 1,500만 권의 책을 무료로 서비스하고 있다.
⑤ 구글의 지식 통합 작업은 지식의 수집에서 편집권을 포함하는 것까지 확대될 수 있다.

문 20. 다음 글에서 추론할 수 <u>없는</u> 것은?   18 민간(가) 09번

동물의 행동을 선하다거나 악하다고 평가할 수 없는 이유는 동물이 단지 본능적 욕구에 따라 행동할 뿐이기 때문이다. 오직 인간만이 욕구와 감정에 맞서서 행동할 수 있다. 인간만이 이성을 가지고 있다. 그러나 인간이 전적으로 이성적인 존재는 아니다. 다른 동물과 마찬가지로 인간 또한 감정과 욕구를 가진 존재다. 그래서 인간은 이성과 감정의 갈등을 겪게 된다.

그러한 갈등에도 불구하고 인간이 도덕적 행위를 할 수 있는 까닭은 이성이 우리에게 도덕적인 명령을 내리기 때문이다. 도덕적 명령에 따를 때에야 비로소 우리는 의무에서 비롯된 행위를 한 것이다. 만약 어떤 행위가 이성의 명령에 따른 것이 아닐 경우 그것이 결과적으로 의무와 부합할지라도 의무에서 나온 행위는 아니다. 의무에서 나온 행위가 아니라면 심리적 성향에서 비롯된 행위가 되는데, 심리적 성향에서 비롯된 행위는 도덕성과 무관하다. 불쌍한 사람을 보고 마음이 아파서 도움을 주었다면 이는 결국 심리적 성향에 따라 행동한 것이다. 그것은 감정과 욕구에 따른 것이기 때문에 도덕적 행위일 수가 없다.

감정이나 욕구와 같은 심리적 성향에 따른 행위가 도덕적일 수 없는 또 다른 이유는, 그것이 상대적이기 때문이다. 감정이나 욕구는 주관적이어서 사람마다 다르며, 같은 사람이라도 상황에 따라 변하기 마련이다. 때문에 이는 시공간을 넘어 모든 인간에게 적용될 수 있는 보편적인 도덕의 원리가 될 수 없다. 감정이나 욕구가 어떠하든지 간에 이성의 명령에 따르는 것이 도덕이다. 이러한 입장이 사랑이나 연민과 같은 감정에서 나온 행위를 인정하지 않는다거나 가치가 없다고 평가하는 것은 아니다. 단지 사랑이나 연민은 도덕적 차원의 문제가 아닐 뿐이다.

① 동물의 행위는 도덕적 평가의 대상이 아니다.
② 감정이나 욕구는 보편적인 도덕의 원리가 될 수 없다.
③ 심리적 성향에서 비롯된 행위는 도덕적 행위일 수 없다.
④ 이성의 명령에 따른 행위가 심리적 성향에 따른 행위와 일치하는 경우는 없다.
⑤ 인간의 행위 중에는 심리적 성향에서 비롯된 것도 있고 의무에서 나온 것도 있다.

문 21. 다음 글의 내용과 부합하는 것은? 18 민간(가) 13번

유교 전통에서는 이상적 정치가 군주 개인의 윤리적 실천에 의해 실현된다고 보았을 뿐 윤리와 구별되는 정치 그 자체의 독자적 영역을 설정하지는 않았다. 달리 말하면 유교 전통에서는 통치자의 윤리만을 문제 삼았을 뿐, 갈등하는 세력들 간의 공존을 위한 정치나 정치제도에는 관심을 두지 않았다. 유교 전통의 이런 측면은 동아시아에서의 민주주의의 실현 가능성을 제한하였다.

'조화(調和)'를 이상으로 생각하는 유교의 전통 또한 차이와 갈등을 긍정하는 서구의 민주주의 정치 전통과는 거리가 있다. 유교 전통에 따르면, 인간의 행위와 사회 제도는 모두 자연의 운행처럼 조화를 이루어야 한다. 조화를 이루지 못하는 것은 근본적으로 그릇된 것이기 때문에 모든 것은 계절이 자연스럽게 변화하듯 조화를 실현해야 한다. 그러나 서구의 개인주의적 맥락에서 보자면 정치란 서로 다른 개인들 간의 갈등을 조정하는 제도적 장치를 마련하는 과정이었다. 그 결과 서구의 민주주의 사회에서는 다양한 정치적 입장들이 독자적인 형태를 취하면서 경쟁하며 공존할 수 있었다.

물론 유교 전통 하에서도 다양한 정치적 입장들이 존재했다고 주장할 수 있다. 군주 절대권이 인정되었다고 해도, 실질적 국가 운영을 맡았던 것은 문사(文士) 계층이었고 이들은 다양한 정치적 견해를 군주에게 전달할 수 있었다. 문사 계층은 윤리적 덕목을 군주가 실천하도록 함으로써 갈등 자체가 발생하지 않도록 힘썼다. 또한 이들은 유교 윤리에서 벗어난 군주의 그릇된 행위를 비판하기도 하였다. 그렇다고 하더라도 이들이 서구의 계몽사상가들처럼 기존의 유교적 질서와 다른 정치적 대안을 제시할 수는 없었다. 이들에게 정치는 윤리와 구별되는 독자적 영역으로 인식되지 못하였다.

① 유교 전통에서 사회적 갈등을 원활히 관리하지 못하는 군주는 교체될 수 있었다.

② 유교 전통에서 문사 계층은 기존 유교적 질서와 다른 정치적 대안을 제시하지는 못했다.

③ 조화를 강조하는 유교 전통에서는 서구의 민주주의와 다른 새로운 유형의 민주주의가 등장하였다.

④ 유교 전통에서는 조화의 이상에 따라 군주의 주도로 갈등하는 세력이 공존하는 정치가 유지될 수 있었다.

⑤ 군주의 통치 행위에 대해 다양하게 비판할 수 있었던 유교 전통으로 인해 동아시아에서 민주주의가 발전하였다.

문 22. 다음 글에서 알 수 <u>없는</u> 것은? 18 민간(가) 14번

루머는 구전과 인터넷을 통해 확산되고, 그 과정에서 여러 사람들의 의견이 더해진다. 루머는 특히 사회적 불안감이 형성되었을 때 빠르게 확산되는데, 이는 사람들이 사회적·개인적 불안감을 해소하기 위한 수단으로 루머에 의지하기 때문이다.

나아가 루머가 확산되는 데는 사회적 동조가 중요한 영향을 미친다. 사회적 동조란 '다수의 의견이나 사회적 규범에 개인의 의견과 행동을 맞추거나 동화시키는 경향'을 뜻한다. 사회적 동조는 루머가 사실로 인식되고 대중적으로 수용되는 과정에서도 큰 영향력을 행사한다.

사회적 동조는 개인이 어떤 정보에 대해 판단하거나 그에 대한 태도를 결정하는 데 정당성을 제공한다. 다수의 의견을 따름으로써 어떤 정보를 믿는 것에 대한 합리적 이유를 갖게 되는 것이다. 실제로 루머에 대한 지지 댓글을 많이 본 사람들은 루머에 대한 반박 댓글을 많이 본 사람들에 비해 루머를 사실로 믿는 경향이 더욱 강한 것으로 나타났다. 또한 사회적 동조가 있는 상태에서는 개인의 성향과 상관없이 루머를 사실이라고 믿는 경우가 많았다.

사회적 동조의 또 다른 역할은 사람들이 자신의 의견을 제시할 때 사회적 분위기를 고려하게 하는 것이다. 소속된 집단으로부터 소외되지 않기 위해서 다수에 의해 지지되는 의견을 따라가는 현상이 발생하기도 한다. 이와 같은 현상은 개인주의 문화권보다는 집단주의 문화권에 있는 사람들에게서 더 잘 나타난다. 집단주의 문화권 사람들은 루머를 믿는 사람들로부터 루머에 대한 정보를 얻고 그것을 근거로 하여 판단하며, 다른 사람들의 의견에 개인의 생각을 일치시키는 경향이 두드러진다.

① 사람들은 루머를 사회적 불안감을 해소하기 위한 수단으로 삼기도 한다.

② 사회적 동조는 개인이 루머를 사실로 받아들이는 결정을 함에 있어 정당성을 제공한다.

③ 집단주의 문화권에서는 개인주의 문화권보다 사회적 동조가 루머의 확산에 미치는 영향이 더 크게 나타난다.

④ 루머에 대한 반박 댓글을 많이 본 사람들이 지지 댓글을 많이 본 사람들보다 루머를 사실로 믿는 경향이 더 약하다.

⑤ 사회적 동조가 있을 때, 충동적인 사람들은 충동적이지 않은 사람들에 비해 루머를 사실로 믿는 경향이 더 강하다.

문 23. 다음 글에서 추론할 수 <u>없는</u> 것은? 18 민간(가) 21번

미국과 영국은 1921년 워싱턴 강화회의를 기점으로 태평양 및 중국에 대한 일본의 침략을 견제하기 시작하였다. 가중되는 외교적 고립으로 인해 일본은 광물과 곡물을 수입하는 태평양 경로를 상실할 위험에 처하였다. 이에 대처하기 위해 일본은 식민지 조선의 북부 지역에서 광물과 목재 등 군수산업 원료를 약탈하는 데 주력하게 되었다. 콩 또한 확보해야 할 주요 물자 중 하나였는데, 콩은 당시 일본에서 선호하던 식량일 뿐만 아니라 군수산업을 위한 원료이기도 하였다.

일본은 확보된 공업 원료와 식량 자원을 자국으로 수송하는 물류 거점으로 함경도를 주목하였다. 특히 청진·나진·웅기 등 대륙 종단의 시발점이 되는 항구와 조선의 최북단 지역이던 무산·회령·종성·온성을 중시하였다. 또한 조선의 남부 지방에서는 면화, 북부 지방에서는 양모 생산을 장려하였던 조선총독부의 정책에 따라 두만강을 통해 바로 만주로 진출할 수 있는 회령·종성·온성은 양을 목축하는 축산 거점으로 부상하였다. 일본은 만주와 함경도에서 생산된 광물자원과 콩, 두만강변 원시림의 목재를 일본으로 수송하기 위해 함경선, 백무선 등의 철도를 잇따라 부설하였다. 더불어 무산과 회령, 경흥에서는 석탄 및 철광 광산을 본격적으로 개발하였다. 이에 따라 오지의 작은 읍이었던 무산·회령·종성·온성의 개발이 촉진되어 근대적 도시로 발전하였다. 일본의 정책들은 함경도를 만주와 같은 경제권으로 묶음으로써 조선의 다른 지역과 경제적으로 분리시켰다.

철도 부설 및 광산 개발을 위해 일본은 조선 노동자들을 강제 동원하였고, 수많은 조선 노동자들이 강제 노동 끝에 산록과 땅속 깊은 곳에서 비참한 삶을 마쳤다. 1935년 회령의 유선탄광에서 폭약이 터져 800여 명의 광부가 매몰돼 사망했던 사건은 그 단적인 예이다. 영화 〈아리랑〉의 감독 겸 주연이었던 나운규는 그의 고향 회령에서 청진까지 부설되었던 철도 공사에 조선인 노동자들이 강제 동원되어 잔혹한 노동에 혹사되는 참상을 목도하였다. 그때 그는 노동자들이 부르던 아리랑의 애달픈 노랫가락을 듣고 영화 〈아리랑〉의 기본 줄거리를 착상하였다.

① 영화 〈아리랑〉 감독의 고향에서 탄광 폭발사고가 발생하였다.
② 조선 최북단 지역의 몇몇 작은 읍들은 근대적 도시로 발전하였다.
③ 축산 거점에서 대륙 종단의 시발점이 되는 항구까지 부설된 철도가 있었다.
④ 군수산업 원료를 일본으로 수송하는 것이 함경선 부설의 목적 중 하나였다.
⑤ 일본은 함경도를 포함하여 한반도와 만주를 같은 경제권으로 묶는 정책을 폈다.

문 24. 다음 글에서 추론할 수 있는 것만을 〈보기〉에서 모두 고르면? 18 민간(가) 22번

우리가 가진 믿음들은 때때로 여러 방식으로 표현된다. 예를 들어, 영희가 일으킨 교통사고 현장을 목격한 철수를 생각해보자. 영희는 철수가 아는 사람이므로, 현장을 목격한 철수는 영희가 사고를 일으켰다는 믿음을 가지게 되었다. 철수의 이런 믿음을 표현하는 한 가지 방법은 "철수는 영희가 교통사고를 일으켰다고 믿는다."라고 표현하는 것이다. 이것을 진술 A라고 하자. 진술 A의 의미를 분명히 생각해보기 위해서, "영희는 민호의 아내다."라고 가정해보자. 그럼 진술 A로부터 "철수는 민호의 아내가 교통사고를 일으켰다고 믿는다."가 참이라는 것이 반드시 도출되는가? 그렇지 않다. 왜냐하면 철수는 영희가 민호의 아내라는 것을 모를 수도 있고, 다른 사람의 아내로 잘못 알 수도 있기 때문이다.

한편 철수의 믿음은 "교통사고를 일으켰다고 철수가 믿고 있는 사람은 영희다."라고도 표현될 수 있다. 이것을 진술 B라고 하자. 다시 "영희는 민호의 아내다."라고 가정해보자. 그리고 진술 B로부터 "교통사고를 일으켰다고 철수가 믿고 있는 사람은 민호의 아내다."가 도출되는지 생각해보자. 진술 B는 '교통사고를 일으켰다고 철수가 믿고 있는 사람'이 가리키는 것과 '영희'가 가리키는 것이 동일하다는 것을 의미한다. 그리고 '영희'가 가리키는 것은 '민호의 아내'가 가리키는 것과 동일하다. 그러므로 '교통사고를 일으켰다고 철수가 믿고 있는 사람'이 가리키는 것은 '민호의 아내'가 가리키는 것과 동일하다. 따라서 진술 B로부터 "교통사고를 일으켰다고 철수가 믿고 있는 사람은 민호의 아내."가 도출된다. 이처럼 철수의 믿음을 표현하는 두 방식 사이에는 차이가 있다.

〈보 기〉

ㄱ. "영희는 민호의 아내가 아니다."라고 가정한다면, 진술 A로부터 "철수는 민호의 아내가 교통사고를 일으켰다고 믿지 않는다."가 도출된다.
ㄴ. "영희가 초보운전자이고 철수가 이 사실을 알고 있다."라고 가정한다면, 진술 A로부터 "철수는 어떤 초보운전자가 교통사고를 일으켰다고 믿는다."가 도출된다.
ㄷ. "영희가 동철의 엄마이지만 철수는 이 사실을 모르고 있다."라고 가정한다면, 진술 B로부터 "교통사고를 일으켰다고 철수가 믿고 있는 사람은 동철의 엄마다."가 도출된다.

① ㄱ
② ㄴ
③ ㄱ, ㄷ
④ ㄴ, ㄷ
⑤ ㄱ, ㄴ, ㄷ

문 25. 다음 글에서 알 수 없는 것은? 19 민간(나) 03번

A효과란 기업이 시장에 최초로 진입하여 무형 및 유형의 이익을 얻는 것을 의미한다. 반면 뒤늦게 뛰어든 기업이 앞서 진출한 기업의 투자를 징검다리로 이용하여 성공적으로 시장에 안착하는 것을 B효과라고 한다. 물론 B효과는 후발진입기업이 최초진입기업과 동등한 수준의 기술 및 제품을 보다 낮은 비용으로 개발할 수 있을 때만 가능하다.

생산량이 증가할수록 평균생산비용이 감소하는 규모의 경제 효과 측면에서, 후발진입기업에 비해 최초진입기업이 유리하다. 즉, 대량 생산, 인프라 구축 등에서 우위를 조기에 확보하여 효율성 증대와 생산성 향상을 꾀할 수 있다. 반면 후발진입기업 역시 연구개발 투자 측면에서 최초진입기업에 비해 상대적으로 유리한 면이 있다. 후발진입기업의 모방 비용은 최초진입기업이 신제품 개발에 투자한 비용 대비 65% 수준이기 때문이다. 최초진입기업의 경우, 규모의 경제 효과를 얼마나 단기간에 이룰 수 있는가가 성공의 필수 요건이 된다. 후발진입기업의 경우, 절감된 비용을 마케팅 등에 효과적으로 투자하여 최초진입기업의 시장 점유율을 단기간에 빼앗아 오는 것이 성공의 핵심 조건이다.

규모의 경제 달성으로 인한 비용상의 이점 이외에도 최초진입기업이 누릴 수 있는 강점은 강력한 진입 장벽을 구축할 수 있다는 것이다. 시장에 최초로 진입했기에 소비자에게 우선적으로 인식된다. 그로 인해 후발진입기업에 비해 적어도 인지도 측면에서는 월등한 우위를 확보한다. 또한 기술적 우위를 확보하여 라이센스, 특허 전략 등을 통해 후발진입기업의 시장 진입을 방해하기도 한다. 뿐만 아니라 소비자들이 후발진입기업의 브랜드로 전환하려고 할 때 발생하는 노력, 비용, 심리적 위험 등을 마케팅에 활용하여 후발진입기업이 시장에 진입하기 어렵게 할 수도 있다. 결국 A효과를 극대화할 수 있는지는 규모의 경제 달성 이외에도 얼마나 오랫동안 후발주자가 진입하지 못하도록 할 수 있는가에 달려 있다.

① 최초진입기업은 후발진입기업에 비해 매년 더 많은 마케팅 비용을 사용한다.
② 후발진입기업의 모방 비용은 최초진입기업이 신제품 개발에 투자한 비용보다 적다.
③ 최초진입기업이 후발진입기업에 비해 인지도 측면에서 우위에 있다는 것은 A효과에 해당한다.
④ 후발진입기업이 성공하려면 절감된 비용을 효과적으로 투자하여 최초진입기업의 시장점유율을 단기간에 빼앗아 와야 한다.
⑤ 후발진입기업이 최초진입기업과 동등한 수준의 기술 및 제품을 보다 낮은 비용으로 개발할 수 없다면 B효과를 얻을 수 없다.

문 26. 다음 글에서 추론할 수 있는 것은? 19 민간(나) 05번

종자와 농약을 생산하는 대기업들은 자신들이 유전자 기술로 조작한 종자가 농약을 현저히 적게 사용해도 되기 때문에 농부들이 더 많은 이윤을 낼 수 있다고 주장하였다. 그러나 미국에서 유전자 변형 작물을 재배한 16년(1996년~2011년) 동안의 농약 사용량을 살펴보면, 이 주장은 사실이 아님을 알 수 있다.

유전자 변형 작물은 해충에 훨씬 더 잘 견디는 장점이 있다. 유전자 변형 작물이 해충을 막기 위해 자체적으로 독소를 만들어내기 때문이다. 독소를 함유한 유전자 변형 작물을 재배함으로써 일반 작물 재배와 비교하여 16년 동안 살충제 소비를 약 56,000톤 줄일 수 있었다. 그런데 제초제의 경우는 달랐다. 처음 4~5년 동안에는 제초제의 사용이 감소하였다. 그렇지만 전체 재배 기간을 고려하면 일반 작물 재배와 비교할 때 약 239,000톤이 더 소비되었다. 늘어난 제초제의 양에서 줄어든 살충제의 양을 빼면 일반 작물 재배와 비교하여 농약 사용이 재배 기간 16년 동안 183,000톤 증가했다.

M사의 제초제인 글리포세이트에 내성을 가진 유전자 변형 작물을 재배하기 시작한 농부들은 그 제초제를 매년 반복해서 사용했다. 이로 인해 그 지역에서는 글리포세이트에 대해 내성을 가진 잡초가 생겨났다. 이와 같이 제초제에 내성을 가진 잡초를 슈퍼잡초라고 부른다. 유전자 변형 작물을 재배하는 농지는 대부분 이러한 슈퍼잡초로 인해 어려움을 겪게 되었다. 슈퍼잡초를 제거하기 위해서는 제초제를 더 자주 사용하거나 여러 제초제를 섞어서 사용하거나 아니면 새로 개발된 제초제를 사용해야 한다. 이로 인해 농부들은 더 많은 비용을 지불할 수밖에 없었다.

① 유전자 변형 작물을 재배하는 지역에서는 모든 종류의 농약 사용이 증가했다.
② 유전자 변형 작물을 도입한 해부터 그 작물을 재배하는 지역에 슈퍼잡초가 나타났다.
③ 유전자 변형 작물을 도입한 후 일반 작물 재배의 경우에도 살충제의 사용이 증가했다.
④ 유전자 변형 작물 재배로 슈퍼잡초가 발생한 지역에서는 작물 생산 비용이 증가했다.
⑤ 유전자 변형 작물을 재배하는 지역과 일반 작물을 재배하는 지역에서 슈퍼잡초의 발생 정도가 비슷했다.

문 27. 다음 글의 내용과 부합하지 <u>않는</u> 것은? 19 민간(나) 11번

기원전 3천 년쯤 처음 나타난 원시 수메르어 문자 체계는 두 종류의 기호를 사용했다. 한 종류는 숫자를 나타냈고, 1, 10, 60 등에 해당하는 기호가 있었다. 다른 종류의 기호는 사람, 동물, 사유물, 토지 등을 나타냈다. 두 종류의 기호를 사용하여 수메르인들은 많은 정보를 보존할 수 있었다.

이 시기의 수메르어 기록은 사물과 숫자에 한정되었다. 쓰기는 시간과 노고를 요구하는 일이었고, 기호를 읽고 쓸 줄 아는 사람은 얼마 되지 않았다. 이런 고비용의 기호를 장부 기록 이외의 일에 활용할 이유가 없었다. 현존하는 원시 수메르어 문서 가운데 예외는 하나뿐이고, 그 내용은 기록하는 일을 맡게 된 견습생이 교육을 받으면서 반복해서 썼던 단어들이다. 지루해진 견습생이 자기 마음을 표현하는 시를 적고 싶었더라도 그는 그렇게 할 수 없었다. 원시 수메르어 문자 체계는 완전한 문자 체계가 아니었기 때문이다. 완전한 문자 체계란 구어의 범위를 포괄하는 기호 체계, 즉 시를 포함하여 사람들이 말하는 것은 무엇이든 표현할 수 있는 체계이다. 반면에 불완전한 문자 체계는 인간 행동의 제한된 영역에 속하는 특정한 종류의 정보만 표현할 수 있는 기호 체계다. 라틴어, 고대 이집트 상형문자, 브라유 점자는 완전한 문자 체계이다. 이것들로는 상거래를 기록하고, 상법을 명문화하고, 역사책을 쓰고, 연애시를 쓸 수 있다. 이와 달리 원시 수메르어 문자 체계는 수학의 언어나 음악 기호처럼 불완전했다. 그러나 수메르인들은 불편함을 느끼지 않았다. 그들이 문자를 만들어 쓴 이유는 구어를 고스란히 베끼기 위해서가 아니라 거래 기록의 보존처럼 구어로는 하지 못할 일을 하기 위해서였기 때문이다.

① 원시 수메르어 문자 체계는 구어를 보완하는 도구였다.

② 원시 수메르어 문자 체계는 감정을 표현하는 일에 적합하지 않았다.

③ 원시 수메르어 문자를 당시 모든 구성원이 사용할 줄 아는 것은 아니었다.

④ 원시 수메르어 문자는 사물과 숫자를 나타내는 데 상이한 종류의 기호를 사용하였다.

⑤ 원시 수메르어 문자와 마찬가지로 고대 이집트 상형문자는 구어의 범위를 포괄하지 못했다.

문 28. 다음 글에서 추론할 수 있는 것만을 〈보기〉에서 모두 고르면? 19 민간(나) 15번

생산자가 어떤 자원을 투입물로 사용해서 어떤 제품이나 서비스 등의 산출물을 만드는 생산과정을 생각하자. 산출물의 가치에서 생산하는 데 소요된 모든 비용을 뺀 것이 '순생산가치'이다. 생산자가 생산과정에서 투입물 1단위를 추가할 때 순생산가치의 증가분이 '한계순생산가치'이다. 경제학자 P는 이를 ⓐ '사적(私的) 한계순생산가치'와 ⓑ '사회적 한계순생산가치'로 구분했다.

사적 한계순생산가치란 한 기업이 생산과정에서 투입물 1단위를 추가할 때 그 기업에 직접 발생하는 순생산가치의 증가분이다. 사회적 한계순생산가치란 한 기업이 투입물 1단위를 추가할 때 발생하는 사적 한계순생산가치에 그 생산에 의해 부가적으로 발생하는 사회적 비용을 빼고 편익을 더한 것이다. 여기서 이 생산과정에서 부가적으로 발생하는 사회적 비용이나 편익에는 그 기업의 사적 한계순생산가치가 포함되지 않는다.

〈보 기〉

ㄱ. ⓐ의 크기는 기업의 생산이 사회에 부가적인 편익을 발생시키는지의 여부와 무관하게 결정된다.

ㄴ. 어떤 기업이 투입물 1단위를 추가할 때 사회에 발생하는 부가적인 편익이나 비용이 없는 경우, 이 기업이 야기하는 ⓐ와 ⓑ의 크기는 같다.

ㄷ. 기업 A와 기업 B가 동일한 투입물 1단위를 추가했을 때 각 기업에 의해 사회에 부가적으로 발생하는 비용이 같을 경우, 두 기업이 야기하는 ⓑ의 크기는 같다.

① ㄱ

② ㄷ

③ ㄱ, ㄴ

④ ㄴ, ㄷ

⑤ ㄱ, ㄴ, ㄷ

문 29. 다음 글에서 알 수 **없는** 것은? 19 민간(나) 23번

휴대전화를 뜻하는 '셀룰러폰'은 이동 통신 서비스에서 하나의 기지국이 담당하는 지역을 셀이라고 말한 것에서 유래하였다. 이동 통신은 주어진 총 주파수 대역폭을 다수의 사용자가 이용하므로 통화 채널당 할당된 주파수 대역을 재사용하는 기술이 무엇보다 중요하다. 이동 통신 회사들은 제한된 주파수 자원을 보다 효율적으로 사용하기 위하여 넓은 지역을 작은 셀로 나누고, 셀의 중심에 기지국을 만든다. 각 기지국마다 특정 주파수 대역을 사용해 서비스를 제공하는데, 일정 거리 이상 떨어진 기지국은 동일한 주파수 대역을 다시 사용함으로써 주파수 재사용률을 높인다. 예를 들면, 아래 그림은 특정 지역에 이동 통신 서비스를 제공하기 위하여 네 종류의 주파수 대역(F_1, F_2, F_3, F_4)을 사용하고 있다. 주파수 간섭 문제를 피하기 위해 인접한 셀들은 서로 다른 주파수 대역을 사용하지만, 인접하지 않은 셀에서는 이미 사용하고 있는 주파수 대역을 다시 사용하는 것을 볼 수 있다. 이렇게 셀을 구성하여 방대한 지역을 제한된 몇 개의 주파수 대역으로 서비스할 수 있다.

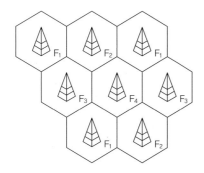

하나의 기지국이 감당할 수 있는 최대 통화량은 일정하다. 평지에서 기지국이 전파를 발사하면 전파의 장은 기지국을 중심으로 한 원 모양이지만, 서비스 지역에 셀을 배치하는 시스템 설계자는 해당 지역을 육각형의 셀로 디자인하여 중심에 기지국을 배치한다. 기지국의 전파 강도를 조절하여 셀의 반지름을 반으로 줄이면 면적은 약 1/4로 줄어들게 된다. 따라서 셀의 반지름을 반으로 줄일 경우 동일한 지역에는 셀의 수가 약 4배가 되고, 수용 가능한 통화량도 약 4배로 증가하게 된다. 이를 이용하여 시스템 설계자는 평소 통화량이 많은 곳은 셀의 반지름을 줄이고 통화량이 적은 곳은 셀의 반지름을 늘려 서비스 효율성을 높인다.

① 주파수 재사용률을 높이기 위해 기지국의 전파 강도를 높여 이동 통신 서비스를 제공한다.

② 제한된 수의 주파수 대역으로 넓은 지역에 이동 통신 서비스를 제공할 수 있다.

③ 인접 셀에서 같은 주파수 대역을 사용하면 주파수 간섭 문제가 발생할 수 있다.

④ 시스템 설계자는 서비스 지역의 통화량에 따라 셀의 반지름을 정한다.

⑤ 기지국 수를 늘리면 수용 가능한 통화량이 증가한다.

문 30. 다음 글에서 추론할 수 있는 것은? 12 행시(인) 04번

백 명의 학생들을 두 집단으로 나누어 그 중 한 집단에게는 실제로 동전을 백 번 던져서 그 결과를 종이에 기록하라고 하고, 다른 집단에게는 동전을 백 번 던진다고 상상하여 그 결과가 최대한 실제로 던진 것처럼 보이도록 기록하라고 지시했다. 전자를 '실제 기록', 후자를 '상상 기록'이라고 하자. 기록을 작성한 학생 말고는 누구도 어느 것이 실제 기록이고 어느 것이 상상 기록인지 모른다. 우리의 과제는 기록의 내용을 보고 실제 기록 집단과 상상 기록 집단을 구분해 내는 것이다. 그런데 다음과 같은 점들을 염두에 둔다면, 우리는 이 과제를 꽤 성공적으로 수행할 수 있다.

정상적인 동전을 실제로 던졌을 때 앞면이 나올 확률과 뒷면이 나올 확률은 모두 1/2이다. 그 동전을 두 번 던져 모두 앞면이 나올 확률은 1/4이다. 동전 던지기 횟수를 늘렸을 때 확률이 어떻게 변하는지 보려면 그저 계속 곱하기만 하면 된다. 따라서 여섯 번 연속 앞면이 나올 확률은 1/2을 여섯 번 곱하면 된다. 결과는 1/64, 즉 2%도 되지 않는다. 그렇지만 이런 낮은 확률은 던진 횟수가 여섯 번일 때에만 해당하는 수치이다. 동전을 던지는 횟수를 증가시키면 같은 면이 여섯 번 연속으로 나올 확률이 높아진다.

그러나 일반적으로 사람들은 무작위로 일어나는 일이 무작위인 것처럼 보이지 않을 때 곤혹스러워 하는 경향이 있다. 가령, 백 번의 동전 던지기에서 앞면이 여섯 번 연속으로 나왔을 때, 사람들은 동전 던지기의 무작위성을 의심하게 된다. 따라서 동전 던지기의 결과가 무작위적이라고 생각하는 사람들은 백 번의 동전 던지기에서 앞면이 여섯 번 연속으로 나오는 결과는 실제처럼 보이지 않는다고 생각한다. 뿐만 아니라, 일반적으로 사람들은 동전 던지기를 어느 정도 많이 시행하게 되면 앞면과 뒷면이 나오는 횟수가 50 대 50에 가까워야 한다고 생각한다. 이런 점들을 염두에 두기만 하면, 실제 기록 집단과 상상 기록 집단을 구별해 내는 일에 성공할 확률은 상당히 높다.

① 백 번 모두 같은 면이 나온 기록이 실제 기록일 확률과 상상 기록일 확률은 모두 50%다.

② 여섯 번 연속으로 앞면이 나온 기록이 더 많은 집단은 실제 기록 집단보다는 상상 기록 집단일 확률이 높다.

③ 무작위인 것처럼 보이지 않는 결과를 포함한 기록이 더 많은 집단은 상상 기록 집단보다는 실제 기록 집단일 확률이 높다.

④ 앞면과 뒷면이 나오는 횟수가 비슷하게 나타나는 기록이 더 많은 집단은 상상 기록 집단보다는 실제 기록 집단일 확률이 높다.

⑤ 사람들은 동전을 여섯 번 던져서 모두 같은 면이 나오는 확률이 백 번 던져서 그 중 여섯 번 연속으로 같은 면이 나오는 확률보다 높다고 생각하는 경향이 있다.

문 31. 다음 글의 내용과 부합하지 <u>않는</u> 것은? 12 행시(인) 05번

프랑스의 과학기술학자인 브루노 라투르는 아파트 단지 등에서 흔히 보이는 과속방지용 둔덕을 통해 기술이 인간에게 어떤 역할을 수행하는지를 흥미롭게 설명한다. 운전자들은 둔덕 앞에서 자연스럽게 속도를 줄인다. 그런데 운전자가 이렇게 하는 이유는 이웃을 생각해서가 아니라, 빠른 속도로 둔덕을 넘었다가는 차에 무리가 가기 때문이다. 즉 둔덕은 "타인을 위해 과속을 하면 안 된다."는 (사람들이 잘 지키지 않는) 도덕적 심성을 "과속을 하면 내 차에 고장이 날 수 있다."는 (사람들이 잘 지키는) 이기적 태도로 바꾸는 역할을 한다. 라투르는 과속방지용 둔덕을 "잠자는 경찰"이라고 부르면서, 이것이 교통경찰의 역할을 대신한다고 보았다. 이렇게 라투르는 인간이 했던 역할을 기술이 대신 수행함으로써 우리 사회의 훌륭한 행위자가 된다고 하였다.

라투르는 총기의 예도 즐겨 사용한다. 총기 사용 규제를 주장하는 사람들은 총이 없으면 일어나지 않을 살인 사건이 총 때문에 발생한다고 주장한다. 반면에 총기 사용 규제에 반대하는 그룹은 살인은 사람이 저지르는 것이며, 총은 중립적인 도구일 뿐이라고 주장한다. 라투르는 전자를 기술결정론, 후자를 사회결정론으로 분류하면서 이 두 가지 입장을 모두 비판한다. 그의 주장은 사람이 총을 가짐으로써 사람도 바뀌고 총도 바뀐다는 것이다. 즉 총과 사람의 합체라는 잡종이 새로운 행위자로 등장하며, 이 잡종 행위자는 이전에 가졌던 목표와는 다른 목표를 가지게 된다. 예를 들어, 원래는 다른 사람에게 겁만 주려 했는데, 총이 손에 쥐어져 있어 살인을 저지르게 되는 식이다.

라투르는 서양의 학문이 자연, 사회, 인간만을 다루어왔다고 강하게 비판한다. 라투르에 따르면 서양의 학문은 기술과 같은 '비인간'을 학문의 대상에서 제외했다. 과학이 자연을 탐구하려면 기술이 바탕이 되는 실험기기에 의존해야 하지만, 과학은 기술을 학문 대상이 아닌 도구로 취급했다. 사회 구성 요소 중에 가장 중요한 것은 기술이지만, 사회과학자들은 기술에는 관심이 거의 없었다. 철학자들은 인간을 주체/객체로 나누면서, 기술을 저급하고 수동적인 대상으로만 취급했다. 그 결과 기술과 같은 비인간이 제외된 자연과 사회가 근대성의 핵심이 되었다. 결국 라투르는 행위자로서 기술의 능동적 역할에 주목하면서, 이를 통해 서구의 근대적 과학과 철학이 범했던 자연/사회, 주체/객체의 이분법을 극복하고자 하였다.

① 라투르는 총과 사람의 합체로 탄생되는 잡종 행위자를 막기 위해서는 총기 사용을 규제해야 한다고 주장했다.

② 라투르는 서양의 학문이 자연, 사회, 인간만을 다루고 학문의 대상에서 기술을 제외했다고 비판했다.

③ 라투르는 행위자로서의 기술의 능동적 역할에 주목하여 자연과 사회의 이분법을 극복하고자 하였다.

④ 라투르는 과속방지용 둔덕이 행위자로서의 능동적 역할을 한다고 주장했다.

⑤ 라투르는 인간이 맡았던 역할을 기술이 대신 수행하는 것을 인정했다.

문 32. 다음 글에서 추론할 수 <u>없는</u> 것은? 12 행시(인) 06번

우리 민족은 고유한 성(姓)과 더불어 성씨 앞에 특정 지역의 명칭을 붙여 사용하고 있다. 이를 본관이라고 하는데, 본관의 사용은 고려 시대부터 시작되었다. 고려 전기 본관제(本貫制)의 기능은 무엇보다 민(民)에 대한 통제책과 밀접하게 관련되어 있었다. 민의 거주지를 파악하기 위한 수단이었음은 물론 신분, 계층, 역(役) 등을 파악하고 통제하는 수단이 되었다. 운영원리로 볼 때 지역 간 또는 지역 내의 위계적인 지배방식과도 관련되어 있었다. 그리고 그것은 국가권력의 의사가 개별 민에게 일방적으로 관철되는 방식이 아니라 향촌사회에 존재하고 있던 공동체적 관계를 통해 관철되는 방식이었다.

12세기부터 향촌사회에서 향촌민이 몰락하여 계급분화가 심화되고 유망(流亡) 현상이 극심하게 일어나면서, 본관제를 통한 거주지 통제정책은 느슨해져 갔다. 이러한 상황에 대처하여 고려정부는 민이 거주하고 있는 현재의 거주지를 인정하고 그 거주지의 민을 호적에 올려 수취를 도모하는 정책을 시도하게 되었다. 이에 따라 지역 간 위계를 두는 지배방식을 유지하기 어렵게 되었다. 향·소·부곡과 같은 특수행정구역이 감소되었으며, 부곡민도 일반 군현민과 서로 교류하고 이동할 정도로 군현민과의 신분적인 차이가 미미해졌다.

향촌사회의 변동은 많은 변화를 초래하였다. 먼저 향리층이 이전처럼 향촌질서를 주도하기 어려워졌다. 향리층은 본관을 떠나 이동하였고, 토착적 성격이 희박해진 속성(續姓)이 증가하였다. 이들은 살기 좋은 곳을 찾아 이주하거나 외향(外鄕)*이나 처향(妻鄕)*에서 지역 기반을 마련하는 경우가 많았다. 향리층은 아전층인 이족(吏族)과 재지품관층인 사족(士族)으로 분화하기 시작하였고, 이후 사족은 지방관과 함께 향촌사회 지배의 일부를 담당했다. 또한 본관이 점차 관념적인 혈연을 의미하는 것으로 바뀌게 되었고, 동성(同姓)은 본래 동본(同本)이었다는 관념이 커지게 되었다. 동성동본 관념은 성관(姓貫)의 통합을 촉진시켰고, 군소 성관들이 본래의 본관을 같은 성(姓)의 유력 본관에 따라 고치는 현상을 확대시켰다.

본관제의 성격이 변화함에 따라, 죄지은 자를 자기 본관으로 돌려보내는 귀향형(歸鄕刑)이나 특정한 역에 편입시키는 충상호형(充常戶刑)과 같은 법제는 폐지되었다. 그러한 법제는 본관제의 기능과 관련해서만 유의미한 것이었기 때문이다.

* 외향(外鄕) : 어머니의 고향
처향(妻鄕) : 아내의 고향

① 향촌사회의 변화에 따라 사족은 향촌사회 지배의 일부를 담당했다.

② 이족과 사족의 분화는 동성동본 관념이 발생하는 원인이 되었다.

③ 귀향형이나 충상호형은 민에 대한 통제정책, 위계적인 지역 지배와 관련된 것이었다.

④ 향촌민의 몰락과 유망 등 사회적 변동으로 인해 본관제의 통제적 성격은 점차 약화되어 갔다.

⑤ 12세기 이후 향·소·부곡과 같은 특수행정구역은 줄어들기 시작하였으며, 부곡민과 일반 군현민의 신분적 차이도 줄어들었다.

문 33. 다음 글의 내용과 부합하지 않는 것은? 12 행시(인) 07번

국가의 정체(政體)를 규명할 때 공화정과 민주제를 혼동하지 않으려면 다음 두 가지를 구분해야 한다. 첫째, 국가의 최고 권력을 갖고 있는 통치자, 다시 말해 주권자가 누구인가? 둘째, 국가의 최고 권력이 실행되는 방식이 무엇인가? 첫 번째 질문에 대한 답으로 세 가지 정체만을 말할 수 있다. 통치자가 단 한 명인 군주제, 일부 특정 소수가 통치자인 귀족제, 모든 사람이 통치자인 민주제이다. 두 번째 질문에 대한 답으로 정부의 두 가지 형태만을 말할 수 있다. 공화정과 전제정이다. 공화정에서는 입법부에서 정부의 집행권(행정권)이 분리된다. 전제정에서는 정부가 법률을 제정할 뿐만 아니라 그것을 독단적으로 집행한다. 전제정은 공적 의지에 따른 행정이지만, 사실상 통치자의 개인적 의지와 동일하다. 민주제는 '민주(民主)'라는 그 의미에서 알 수 있듯이 필연적으로 전제정이다. 민주제에서는 설사 반대의견을 가진 개인이 존재하더라도, 형식상 그 반대자를 포함한 국민 전체가 법률을 제정하여 집행하기 때문이다. 이 경우 국민 전체는 실제로 전체가 아니라 단지 다수일 뿐이다.

대의(代議) 제도를 따르지 않은 어떤 형태의 정부도 진정한 정체라 말할 수 없다. 군주제와 귀족제는 통치 방식이 기본적으로 대의적이지는 않지만, 대의 제도에 부합하는 통치 방식을 따를 수 있는 여지가 있다. 그러나 민주제에서는 대의 제도가 실현되기 어렵다. 왜냐하면 민주제에서는 국민 모두가 통치자이기를 바라기 때문이다. 한 국가의 통치자의 수가 적으면 적을수록 그리고 그들이 국민을 실제로 대표하면 할수록 그 국가의 정부는 공화정에 접근할 수 있다. 그리고 점진적 개혁에 의해 공화정에 근접할 것으로 기대할 수도 있다. 이런 이유로 완벽하게 합법적 정체인 공화정에 도달하는 것이 군주제보다는 귀족제에서 더 어려우며 민주제에서는 폭력 혁명이 아니면 도달하는 것이 불가능하다.

국민에게는 통치 방식이 매우 중요하다. 정부의 형태가 진정한 정체가 되려면 대의 제도를 실현해야 하고 그 제도를 통해서만 공화정이 가능하다. 대의 제도가 없는 정부의 형태는 전제정이나 폭정이 된다. 고대의 어떤 공화정도 대의 제도의 의의를 알지 못했고, 따라서 필연적으로 한 개인이 권력을 독점하는 절대적 전제주의가 되었다.

① 민주제는 반드시 전제정이 될 수밖에 없다.
② 대의 제도는 공화정이 되기 위한 필요조건이다.
③ 공화정의 가능성은 통치자의 수가 적을수록 커진다.
④ 민주제는 귀족제나 군주제와는 다르게 점진적 개혁을 통해 대의 제도를 실현한다.
⑤ 입법부에서 정부의 집행권이 분리되는가의 여부에 따라 공화정과 전제정을 구분할 수 있다.

문 34. 다음 글에서 추론할 수 없는 것은? 12 행시(인) 28번

세종 대 오례(五禮) 운영의 특징은 더욱 완벽한 유교적 예악(禮樂) 이념에 접근하고자 노력하였다는 점에 있다. 유교적 예악 이념을 근간으로 국가의 오례 운영을 심화시키는 과정에서 예제(禮制)와 음악, 즉 예악이 유교적 정치질서를 이루는 중요한 요소라는 점이 인식되었고, 예제와 음악이 조화된 단계의 오례 운영이 모색되었다.

이에 따라 음악에 대한 정리가 시도되었는데, 음악연구의 심화는 박연(朴堧)에 의한 음악서 편찬으로 이어졌다. 박연은 음악을 양성음과 음성음의 대응과 조화로서 이해하였고, 박연의 의견에 따라 이후 조선 시대 오례 의식에 사용되는 모든 음악은 양성음인 양률과 음성음인 음려의 화합으로 이루어지게 되었다. 음악에 대한 이해가 심화됨에 따라 자주적인 악기 제조가 가능하게 되었으며, 악공(樂工)의 연주 수준이 향상되었다.

한편으로 박연 이후 아악(雅樂)과 향악(鄕樂)의 문제가 제기되었다. 아악은 중국에서 들어온 음악으로 우리에게는 익숙한 음악이 아니었다. 따라서 우리나라 사람들이 평소에는 우리의 성음으로 이루어진 향악을 듣다가 오례 때에는 중국의 성음으로 이루어진 아악을 듣는 것에 대한 의문이 제기되었다. 이로 인해 오례에서는 으레 아악을 연주해야 한다는 관행을 벗어나, 우리의 고유 음악인 향악을 유교의 예악과 어떻게 조화시킬 것인가에 관한 문제가 공론화되기 시작하였다. 이후 여러 논의를 거쳐 오례 의식에서 향악을 반드시 연주하게 되었다.

나아가 향악에 대한 관심은 중국에서 유래된 아악과 우리 향악 사이에 음운 체계가 근본적으로 다르다는 것을 인식하게 하였다. 또한 보편적 음성이론에 의한 예악 운영에 따라 향악의 수준이 향상되는 결과를 가져왔다.

① 아악과 향악은 음운 체계가 서로 다르다.
② 향악의 수준 향상으로 아악은 점차 오례 의식에서 배제되어 갔다.
③ 오례에서 연주된 향악은 양률과 음려가 화합을 이룬 음악이었다.
④ 완벽한 유교적 예악 이념을 지향하는 과정에서 음악 연구가 심화되었다.
⑤ 세종 대 음악에 대한 심화된 이해는 자주적인 악기 제조, 악공의 연주 수준 향상으로 이어졌다.

문 35. 다음 글의 내용과 부합하지 <u>않는</u> 것은? 13 행시(인) 21번

갑은 고려 전기까지를 고대 노예제 사회로, 무신 정권기에서 고려 말까지를 과도기로, 조선 시대부터는 중세 봉건제 사회로 본다. 갑은 고려 전기 국가 수취의 준거를 토지가 아닌 노동력에 둔다. 고대의 수취는 신라 장적문서에서 보이듯, 호의 등급이 토지가 아니라 정남(丁男)의 노동력으로 구분되었고 이러한 특징은 고려 전기까지도 바뀌지 않았다고 한다. 물론 신라, 고려 때에도 토지에 대하여 부과하는 조세가 없지는 않았지만 수취의 중점은 노동력 수탈과 인신 예속에 있었다는 것이다. 갑은 이러한 고대적 요소는 무신란 이후 점차 해체·극복되었으며, 조선조에 들어와 중세 봉건제 사회가 이루어졌다고 한다.

한편 을은 고려의 성립을 중세 봉건제 사회의 출발로 본다. 을은 시대 구분의 기준을 경제적 측면은 물론 정치, 사회, 문화의 모든 면을 아울러 살펴보아야 한다고 주장한다. 그에 따르면 고대적 혈연관계에 기반한 골품제가 사회생활 전반을 제약하던 신라 사회는 하대(下代)에 들어와 점차 무너지기 시작하였다고 한다. 이러한 상황에서 호족 세력이 등장하여 나말·후삼국의 혼란기가 나타났지만 그것은 곧 고대 사회를 극복하는 과정이라고 할 수 있다. 고려 건국에 성공한 태조 왕건이 노비를 풀어준다든가 백성들의 수취에 기준을 세워야 한다는 것을 주장하며 인신 예속의 약화를 표방한 것은 역사적 의미를 갖는 것이었다. 이러한 사회 원리의 형성이 곧 중세 봉건제 사회의 성립이라고 보았다.

마지막으로 병은 삼국 시대를 고대 노예제 사회로, 삼국 항쟁기를 전환기로 보고 통일신라 이후를 중세 봉건제 사회로 구분하였다. 그는 사회경제사적 입장에서 토지 소유자와 직접 생산자 간 생산 관계의 특질을 시대 구분의 중심으로 삼았다. 고대 사회를 대토지 소유자인 귀족층과 직접 생산자인 하호층·노예 사이에 인신 예속을 기초로 한 생산 관계가 전개된 노예제 사회로, 중세 사회를 토지소유자인 지주와 경작자인 전호 사이의 생산관계와 신분제가 결합된 봉건제 사회로 보았다. 특히 순장을 강력한 인신 예속의 지표로 보고 삼국 말기 순장의 소멸을 중세 사회가 성립되는 주요 계기로 파악하였다.

① 중세 봉건제 사회 성립을 가장 이른 시기로 설정한 사람은 병이다.

② 갑, 을, 병은 모두 시대 구분 문제에서 경제적 측면을 고려하고 있다.

③ 시대 구분의 기준을 가장 다양한 측면에서 고려하고 있는 사람은 을이다.

④ 갑, 을과 달리 병은 인신 예속이 강할수록 고대적 요소가 강하다고 하였다.

⑤ 갑, 을, 병은 모두 삼국 시대가 중세 봉건제 사회에 진입하지 않았다고 보고 있다.

문 36. 다음 글에서 추론할 수 <u>없는</u> 것은? 13 행시(인) 27번

'장가간다'와 '시집간다' 두 용어를 시간 순서대로 살펴보면, 후자가 나중에 생겼다. 이것은 문화 변동의 문제로 볼 수 있다. 두 용어 다 '결혼한다'의 의미이다. 전자는 남자가 여자의 집으로, 후자는 여자가 남자의 집으로 가는 것을 말한다.

우리나라는 역사적으로 거주율(居住律)에 있어서 처거제를 오랫동안 유지하였다. 즉 신혼부부가 부인의 본가에 거주지를 정하고 살림을 하면서 자녀를 키웠다. 이와 같은 거주율의 영향을 받아 고려 시대까지 혈통률(血統律)에 있어서 모계제를 유지하는 삶의 방식을 취하였다.

조선 시대 들어 유교적 혈통률의 영향을 받아 삶의 모습은 처거제-부계제로 변화하였다. 이러한 체제는 조선 전기까지 대부분 유지되었다. 친척관계 자료들을 수집하기 위해 마을을 방문할 경우, '처가로 장가를 든 선조가 이 마을의 입향조가 되었다'는 얘기를 듣곤 하는데, 이것이 바로 처거제-부계제의 원리가 작동한 결과라고 말할 수 있다. 거주율과 혈통률을 결합할 경우, 혼인에 있어서는 남자의 뿌리를 뽑아서 여자의 거주지로 이전하고, 집안 계승의 측면에서는 남자 쪽을 선택하도록 한 것이다. 거주율에서는 여자의 입장을 유리하게 하고, 혈통률에서는 남자의 입장이 유리하도록 하는 균형적인 모습을 보여주고 있다.

삶의 진화선상에서 생각한다면, 어떤 시점에 처거제-모계제를 유지하는 가족제에서 '남자의 반란'이 있었다는 가설을 제기할 수 있다. 처거제에서 부거제로 전환된 시점을 정확하게 지목하기는 힘들지만, 조선 후기에 부거제가 시행된 점에 대해서는 이론의 여지가 없다. 거주율이 바뀌었다는 것은 대단한 사회변동이다. 혁명 이상의 것이라고도 할 수 있다.

① 조선 전기와 후기 사이에 커다란 사회변동이 있었다.

② 우리나라에서 부계제가 부거제보다 먼저 등장하였다.

③ 고려 시대의 남성은 외가에서 어린 시절을 보냈을 것이다.

④ 조선 전기에 이르러 가족관계에서 남녀 간 힘의 균형이 무너졌다.

⑤ 우리나라의 거주율과 혈통률은 모두 여자 위주에서 남자 위주로 변화하였다.

문 37. 다음 글에서 이끌어낼 수 있는 주장이 <u>아닌</u> 것은?

13 행시(인) 28번

조선 시대의 연좌제는 죄형법정주의의 원칙에 따라 시행되었다. 조선 시대에는 태조부터 모법(母法)으로 삼았던 『대명률』을 형법의 일반법으로 적용했는데, 이 법률에 따라 연좌제가 적용되는 죄목은 새로운 왕조를 세우려는 모반(謀反), 현재의 군주를 갈아치우려는 모대역(謀大逆), 외국과 내통하여 본국을 멸망시키려는 모반(謀叛)의 세 가지 정치적 범죄로 한정되었다.

연좌제의 적용을 받는 범죄의 처벌 대상은 우리가 흔히 알고 있는 것보다 훨씬 제한적이었다. 우리는 흔히 3족을 멸한다는 말을 쓸 때, 3족을 친가, 외가, 처가로 이해한다. 그러나 다산 정약용이 『목민심서』에서 지적한 바와 같이 이는 잘못된 것이다. 『대명률』에 따르면 친족의 범위는 친가, 외가, 처가의 3족이 아닌, 아버지와 아버지의 형제를 포함하는 조족(祖族), 본인의 형제와 그 소생을 포함하는 부족(父族), 본인의 아들 및 그 소생을 가리키는 기족(己族)의 3족에 국한된다.

그런데 조선 시대에 가장 가혹하게 연좌제가 적용된 모반(謀反)과 대역죄의 경우에도, 본인 및 공모자는 능지처사, 아버지와 16세 이상의 아들은 교수형, 16세 미만의 아들과 어머니·처첩·조손·형제자매·아들의 처첩은 노비로 삼고, 백부와 숙부, 조카들은 동거 여부를 불문하고 유배형에 처하였으나 장인의 일로 사위를 벌 주지는 않았다. 또한 범죄당사자의 출가한 누이와 그 배우자 역시 연좌의 대상으로 삼지 않았다.

하지만 조선 시대에도 사위들이 연좌제에 걸려 처벌을 받은 일이 전혀 없었던 것은 아니다. 갑자사화 때 연산군은 폐비 윤씨에게 사약을 전달한 이세좌를 죽이면서 그의 사위도 유배시켰고, 곧 사사(賜死)했다. 또한 중종 반정 이후 연산군의 매부로 좌의정이었던 신수근을 죽이면서 그의 사위 역시 멀리 귀양을 보냈다. 이처럼 법 규정을 넘어 연좌의 대상이 확대되는 일이 벌어지기도 했다.

① 조선 시대에는 3족의 범위에 장인이나 사위가 포함되지 않았다.

② 조선 시대에 대역죄인의 기족에게 적용된 형벌의 종류는 동일했다.

③ 조선 시대 법률체계에서 대역죄인의 출가한 여동생은 연좌의 적용 대상이 아니었다.

④ 친형수가 아들을 출산해 나에게 조카가 생겼을 때, 이 조카는 나에게 부족에 해당한다.

⑤ 조선 시대에 모반(謀反)죄를 범했을 경우 처벌이 본인과 그 3족에만 국한된 것은 아니었다.

문 38. 다음 글의 내용과 부합하지 <u>않는</u> 것은?

14 행시(A) 02번

중동 제국이 발전함에 따라 제국의 개입으로 인해 소규모 공동체의 생활에 변화가 일어났다. 종교 조직은 제국 조직의 한 구성 요소로 전락했으며 제사장은 사법적·정치적 권력을 상실했다. 또한 제국은 소규모 공동체에 개입함으로써 개인이 씨족이나 종교 조직에 구속받지 않게 만들었다. 광대한 영토를 방어하고 통제하며 제국 내에서의 커뮤니케이션을 더욱 활발하게 하기 위해서는 분권과 자치, 그리고 개인의 이동을 어느 정도 허용할 필요가 있었다. 이에 따라 제국은 전사와 관리에게 봉토를 지급하고 독점적 소유권을 인정해 주었다. 상인들은 자신의 자본으로 사업을 하기 시작했고, 생산 계급은 종교 조직이나 왕족이 아니라 시장을 겨냥한 물건을 만들기 시작했다. 낡은 자급자족 경제 대신 시장경제가 출현하여 독립된 생산자와 소비자 사이의 교환을 촉진했다. 시장이 확대되고 기원전 7세기경에 교환 수단인 화폐가 도입됨에 따라 고대 세계의 경제 구조는 획기적인 변화를 겪었다. 점점 더 많은 사람들의 생계가 세습적 권위의 지배를 받는 메커니즘이 아니라 금전 관계의 메커니즘에 좌우되었다.

또한 제국은 개인이 씨족이나 종교 조직 또는 유력 집단에 흡수되는 것을 막는 언어적·종교적·법적 여건을 마련함으로써 개인이 좀 더 개방된 사회에서 활동할 수 있게 해주었다. 지배 엘리트가 사용하는 언어가 사회의 보편적인 언어가 되었으며, 각 지방의 토속신은 왕과 제국이 섬겨왔던 범접하기 어려운 강력한 신들, 즉 일종의 만신전에 모신 우주의 신들에게 자리를 양보했다. 아울러 제국의 법이 부의 분배와 경제적 교환 그리고 강자와 약자의 관계를 규제했다. 고대 제국은 정치의 행위 주체였을 뿐만 아니라 사회의 문화적·종교적·법률적 토대를 제공했다. 다시 말하면 제국은 중동 문명의 문화적 통합을 가능케 하는 강력한 힘이었다.

① 제국의 발전으로 인해 제국 내에서의 교류가 증대되었다.

② 제국이 발전함에 따라 제국 내에서 특정 언어와 종교가 보편화되었다.

③ 제국이 발전함에 따라 자급자족 체제가 시장경제 체제로 발전했다.

④ 제국의 힘은 생산과 소비를 통제하는 경제의 독점으로부터 비롯되었다.

⑤ 제국은 개인이 씨족이나 종교 조직 등 기존 체제와 맺는 관계를 약화시켰다.

문 39. 다음 글의 내용과 부합하지 않는 것은? 15 행시(인) 01번

지증왕 대 이전까지 신라왕들은 즉위한 후 시조묘에 제사를 지냈다. 여기서 시조란 신라의 첫 번째 왕 박혁거세를 가리킨다. 시조묘는 혁거세의 아들로 신라의 두 번째 왕인 남해차차웅이 건립하였으며, 남해차차웅의 친누이인 아로(阿老)가 제사를 주관하였다. 신라의 왕은 박 씨에서 석 씨 그리고 김 씨로 바뀌었지만, 김 씨 성인 미추이사금이 시조묘에서 제사를 지낸 사례를 통해서 박 씨 이외의 다른 성씨의 왕들도 즉위 후 시조묘에서 제사를 지냈음을 알 수 있다. 하지만 미추이사금이 박혁거세의 묘에서 제사를 지낸 것은 혁거세 자체만을 제사지낸 것이지 그의 직계 조상까지 제사지낸 것은 아니었다. 시조묘 제사는 신라를 건국한 시조, 즉 국조(國祖)에 대한 제사였기 때문이다.

혁거세는 '불구내(弗矩內)'라고도 불렸다. 불구내는 우리말의 '붉은 해'를 비슷한 발음의 한자로 옮긴 것으로 해석되며, 이는 『삼국유사』에서 불구내를 밝음의 의미인 광명(光明)으로 해석한 것과 동일하다. 또한 불구내에서 마지막 글자 내는 안의 의미를 가진 한자 '내(內)'로 옮긴 것으로도 해석된다. 즉 불구내는 '불구안'으로도 해석된다. 불구안은 몽골어나 투르크어의 '불칸'과 같은 음이며, 이는 하늘신, 즉 광명신(光明神)이라는 의미이다. 어떻게 해석하든 불구내라는 명칭은 신라인들이 혁거세를 하늘신으로 인식했음을 보여주는 것이다. 신라의 건국신화에서 혁거세가 하늘로부터 내려온 알에서 태어났으며, 그가 죽은 후 승천하였다고 한 것은 신라인들이 혁거세를 하늘신으로 인식한 사실을 신화적으로 표현한 것이다. 따라서 시조묘에 대한 제사는 하늘신에 대한 제사, 즉 제천의 례였다.

혁거세는 또한 '알지거서간(閼智居西干)'이라고도 불렸는데, '알지'의 '알'은 곡물을 가리키는 말이며, '지'는 존칭어미이다. 즉 알지란 농업생산의 풍요를 가져다주는 농경신을 가리키는 말이다. 이와 관련하여 혁거세가 죽어서 승천하였다가 시신이 오분되어 땅에 떨어졌으며, 오체(五體)를 각기 장사지냈다고 하는 건국신화가 주목된다. 신이나 왕의 절단된 유해를 여기저기 뿌리거나 각기 다른 장소에 매장하였다는 세계 각지의 신화는 모두 대지의 풍요나 다산을 기원하기 위한 것이었다. 노르웨이의 왕 하프단이 죽은 후 토지의 풍요를 위해 왕의 시신을 넷으로 나누어 여러 지방에 묻은 것과 혁거세가 죽은 후 오체를 각기 다른 장소에 장례지냈다는 것은 동일한 의미를 가진다. 따라서 신라의 시조묘에 대한 제사는 제천행사이면서 농경신에 대한 제사, 즉 농경의례이기도 하였다.

① 시조묘의 건립뿐 아니라 건립 당시 제사도 시조왕의 자식이 주관하였다.

② 김 씨 왕들은 시조묘의 제사에서 자신들의 왕조 시조인 김알지에 대해 제사를 지냈다.

③ 혁거세가 강림한 알에서 태어나고 죽어서 하늘로 올라갔다는 신화는 그를 광명신으로 인식하였음을 보여준다.

④ 혁거세의 별칭인 '弗矩內'의 '內'를 '내'로 보느냐, '안'으로 보느냐에 상관없이 '弗矩內'는 밝음의 의미를 가진다.

⑤ 혁거세가 '알지'로 불렸던 것과 사체가 토막 나 지상에 떨어진 후 장사지냈다는 것은 혁거세가 농경신임을 의미한다.

문 40. 다음 글에서 추론할 수 없는 것은? 15 행시(인) 07번

고려 시대 A라는 관리가 전시과(田柴科) 규정에 따라 50결의 토지를 받았다면, 이는 실제 어떤 방식으로 국가에서 토지를 받았다는 것일까? 그만큼의 토지를 직접 분급 받았다고 보아야 할까? 그렇지 않다. 이는 50결의 토지에서 생산되는 총량 중 법정 조세율인 10분의 1만큼의 세를 거두어 가질 수 있는 권한, 즉 수조권(收租權)을 분급 받았다는 뜻이다. A는 국가가 지정한 지역의 B라는 농민에게 매년 조세를 받아 사용할 수 있는 권리를 국가로부터 위임받은 것이다. 수조권을 행사하는 일반적인 방식은 다음과 같다. 예컨대 B가 100결을 소유하고 있을 경우, B는 100결에 대한 조세를 모두 국가에 내야 한다. 그러나 전시과 규정에 따라 A가 B의 땅에서 수조권을 행사하게 되었으므로, B는 50결에 대한 조세는 A에게 내고 나머지 50결에 대한 조세만 국가에 낸다.

이외에 수조권을 행사하는 또 다른 방식으로 면조권(免租權)이 있다. 위의 A가 100결의 토지를 소유하고 있다고 가정해 보자. 그는 100결에 대한 조세를 국가에 납부해야 하나, 전시과로 분급 받은 50결만큼의 조세는 내지 않고 나머지 50결에 대한 조세만 납부하는 방식을 채택할 수도 있었다. 이러한 방식으로 수조권을 행사하는 것을 면조권이라 하였다. 수조권 제도에서 국가는 수조권을 가진 A를 전주(田主), 조세를 납부하는 B를 전객(佃客)이라 규정했다. B는 전주가 지정된 토지를 함부로 매매하거나 상속할 수 없었고, 매매나 상속을 하려면 반드시 국가의 허가를 받아야 했다. 국가가 전객의 소유권보다는 전주의 수조권을 우선적으로 보호하였기 때문이다.

조선에 들어와 과전법의 성립으로 수조권 제도가 적용되는 지역은 전국에서 경기도로 축소되었으나, 과전법은 원리상 전시과와 마찬가지로 관리에게 수조권을 분급하는 제도였다. 그러나 조선은 경기도를 제외한 나머지 지역에서 전주의 수조권을 철폐하여 국가로 환수하였고, 백성들의 토지소유권 행사 또한 보다 자유로워졌다. 이후 과전법은 채 1백 년도 지나지 않아 현직 관리에게만 토지를 분급하는 직전법(職田法)으로 바뀌었고, 수조권을 행사하는 방식 또한 국가가 직접 조세를 거두어 관리에게 지급하는 관수관급제(官收官給制)로 변화하였다. 그러나 이 또한 겨우 몇 십 년이 되지 않아 폐지되었고, 이후 관리들은 녹봉만을 받게 되었다.

① 수조권 제도의 축소에 따라 전객의 소유권은 약화되어 갔다.

② 전시과에서 과전법을 거치며 국가가 직접 수조하는 토지가 확대되었다.

③ 과전법에서 전주는 토지의 수조권자를, 전객은 토지의 소유권자를 가리킨다.

④ 전시과에 따르면 토지소유자는 경우에 따라 국가와 개인 모두에게 조세를 납부해야 하였다.

⑤ 면조권은 원리적으로 수조권을 분급 받은 전주가 자신이 소유한 토지에 수조권을 행사하는 것이다.

문 41. 다음 글의 내용과 부합하는 것은?　　　18 행시(나) 01번

국민주권에 바탕을 둔 민주주의 원리는 모든 국가기관의 의사가 국민의 의사로 귀착될 수 있어야 한다는 것이다. 이러한 민주주의 원리로부터 국민의 생활에 중요한 영향을 미치는 국가기관일수록 국민의 대표성이 더 반영되어야 한다는 '민주적 정당성'의 원리가 도출된다. 헌법재판 역시 그 중대성을 감안할 때 국민의 대의기관이 직접 담당하는 것이 민주적 정당성의 원리에 부합할 것이다. 헌법재판은 과거 세대와 현재 및 미래 세대에게 아울러 적용되는 「헌법」과 인권의 가치를 수호하는 특수한 기능을 수행한다. 헌법재판소는 항구적인 인권 가치를 수호하기 위하여 의회입법이나 대통령의 행위를 위헌이라고 선언할 수 있다. 이는 현재 세대의 의사와 배치될 수도 있는 작업이다. 그렇다면 이는 의회와 같은 현 세대의 대표자가 직접 담당하기에는 부적합하다. 헌법재판관들은 현재 다수 국민들의 실제 의사를 반영하기 위하여 임명되는 것이 아니다. 그들의 임무는 현재 국민들이 「헌법」을 개정하지 않는 한 「헌법」에 선언된 과거 국민들의 미래에 대한 약정을 최대한 실현하는 것이다. 그렇다면 헌법재판은 의회로부터 어느 정도 독립되고, 전문성을 갖춘 재판관들이 담당해야 한다.

한편 헌법재판은 사법적으로 이루어질 때 보다 공정하고 독립적으로 이루어질 수 있다. 이는 독립된 재판관에 의하여 이루어지는 법해석을 중심으로 판단이 이루어져야 한다는 것을 말한다. 그런데 독립된 헌법재판소를 두더라도 헌법재판관의 구성방법이 문제된다. 「헌법」 제1조 제2항에 따라 모든 국가권력은 국민에게 귀착되어야 하는 정당성의 사슬로 연결되어 있기에 헌법재판관 선출은 국민의 직접 위임에 의한 것이 이상적이다. 그러나 현실적으로 국민의 직접선거로 재판관을 선출하는 것은 용이하지 않다. 따라서 대의기관이 관여하여 헌법재판관을 임명함으로써 최소한의 민주적 정당성을 갖추어야 할 것이다. 그러므로 헌법재판관들이 선출되지 않은 소수 혹은 국민에 대하여 책임지지 않는 소수라는 이유만으로 민주적 정당성이 없다고 하는 것은, 헌법재판관 선출에 의회와 대통령이 관여한다는 점에서 무리한 비판이라고 볼 것이다.

① 헌법재판관들은 현행 「헌법」 개정에 구속되지 않고 미래 세대에 대한 약정을 최대한 실현해야 한다.

② 헌법재판소가 다수의 이익을 대표하는 대의기관의 행위를 위헌이라고 판단하는 것은 민주적 정당성의 원리에 배치된다.

③ 현재 헌법재판관 선출방법은 모든 국가권력이 국민에게 귀착되어야 한다는 민주적 정당성의 원리를 이상적으로 실현하고 있다.

④ 헌법재판은 현재와 미래 세대에게 아울러 적용되는 「헌법」과 항구적인 인권의 가치를 수호해야 하지만, 이는 현재 세대의 의사와 배치되어서는 안 된다.

⑤ 헌법재판은 사법기관이 담당하는 것이 바람직하며, 그 기관은 현재 세대를 대표하는 대의기관으로부터 어느 정도 독립되고 전문성을 갖출 필요가 있다.

문 42. 다음 글에서 추론할 수 있는 것은?　　　19 행시(가) 01번

조선왕조실록은 조선 시대 국왕의 재위 기간에 있었던 중요 사건들을 정리한 기록물로 역사적인 가치가 크다. 이에 유네스코는 태조부터 철종까지의 시기에 있었던 사건들이 담긴 조선왕조실록 총 1,893권, 888책을 세계 기록 유산으로 등재하였다.

실록의 간행 과정은 상당히 길고 복잡했다. 먼저, 사관이 국왕의 공식적 언행과 주요 사건을 매일 기록하여 사초를 만들었다. 그 국왕의 뒤를 이어 즉위한 새 왕은 전왕(前王)의 실록을 만들기 위해 실록청을 세웠다. 이 실록청은 사초에 담긴 내용을 취사선택해 실록을 만든 후 해산하였다. 이렇게 만들어진 실록은 전왕의 묘호(廟號)를 붙여 '○○실록'이라고 불렸다. 이런 식으로 일이 진행되다보니 『철종실록』이 고종 때에 간행되었던 것이다.

한편 정변으로 왕이 바뀌었을 때에는 그 뒤를 이은 국왕이 실록청 대신 일기청을 설치하여 물러난 왕의 재위 기간에 있었던 일을 '○○○일기(日記)'라는 명칭으로 정리해 간행했다. 인조 때 『광해군실록』이 아니라 『광해군일기』가 간행된 것은 바로 이 때문이다. '일기'는 명칭만 '실록'이라고 부르지 않을 뿐 간행 과정은 그와 동일했다. 그렇기 때문에 '일기'도 세계 기록 유산으로 등재된 조선왕조실록에 포함된 것이다. 『단종실록』은 특이한 사례에 해당된다. 단종은 계유정난으로 왕위에서 쫓겨난 후에 노산군으로 불렸고, 그런 이유로 세조 때 『노산군일기』가 간행되었다. 그런데 숙종 24년(1698)에 노산군이 단종으로 복위된 후로 『노산군일기』를 『단종실록』으로 고쳐 부르게 되었다.

조선 후기 붕당 간의 대립은 실록 내용에도 영향을 미쳤다. 선조 때 동인과 서인이라는 붕당이 등장한 이래, 선조의 뒤를 이은 광해군과 인조 때까지만 해도 붕당 간 대립이 심하지 않았다. 그러나 인조의 뒤를 이어 효종, 현종, 숙종이 연이어 왕위에 오르는 과정에서 붕당 간 대립이 심해졌다. 효종 때부터는 집권 붕당이 다른 붕당을 폄훼하기 위해 이미 만들어져 있는 실록을 수정해 간행하는 일이 벌어졌다. 수정된 실록에는 원래의 실록과 구분해 '○○수정실록'이라는 명칭을 따로 붙였다.

① 『효종실록』은 현종 때 설치된 실록청이 간행했을 것이다.

② 『노산군일기』는 숙종 때 설치된 일기청이 간행했을 것이다.

③ 『선조수정실록』은 광해군 때 설치된 실록청이 간행했을 것이다.

④ 『고종실록』은 세계 기록 유산으로 등재된 조선왕조실록에 포함되어 있을 것이다.

⑤ 『광해군일기』는 세계 기록 유산으로 등재된 조선왕조실록에 포함되어 있지 않을 것이다.

문 43. 다음 글에서 추론할 수 있는 것은? 19 행시(가) 05번

미국 대통령 후보 선거제도 중 '코커스'는 정당 조직의 가장 하위 단위인 기초선거구의 당원들이 모여 상위의 전당대회에 참석할 대의원을 선출하는 당원회의이다. 대의원 후보들은 자신이 대통령 후보로 누구를 지지하는지 먼저 밝힌다. 상위 전당대회에 참석할 대의원들은 각 대통령 후보에 대한 당원들의 지지율에 비례해서 선출된다. 코커스에서 선출된 대의원들은 카운티 전당대회에서 투표권을 행사하여 다시 다음 수준인 의회선거구 전당대회에 보낼 대의원들을 선출한다. 여기서도 비슷한 과정을 거쳐 주(州) 전당대회 대의원들을 선출해내고, 거기서 다시 마지막 단계인 전국 전당대회 대의원들을 선출한다. 주에 따라 의회선거구 전당대회는 건너뛰기도 한다.

1971년까지는 선거법에 따라 민주당과 공화당 모두 5월 둘째 월요일까지 코커스를 개최해야 했다. 그런데 민주당 전국위원회가 1972년부터는 대선후보 선출을 위한 전국 전당대회를 7월 말에 개최하도록 결정하면서 1972년 아이오와주 민주당의 코커스는 그 해 1월에 열렸다. 아이오와주 민주당 규칙에 코커스, 카운티 전당대회, 의회선거구 전당대회, 주 전당대회, 전국 전당대회 순서로 진행되는 각급 선거 간에 최소 30일의 시간적 간격을 두어야 한다는 규정이 있었기 때문이다. 이후 아이오와주에서 공화당이 1976년부터 코커스 개최시기를 1월로 옮기면서, 아이오와주는 미국의 대선후보 선출 과정에서 민주당과 공화당 모두 가장 먼저 코커스를 실시하는 주가 되었다.

아이오와주의 선거 운영 방식은 민주당과 공화당 간에 차이가 있었다. 공화당의 경우 코커스를 포함한 하위 전당대회에서 특정 대선후보를 지지하여 당선된 대의원이 상위 전당대회에서 반드시 같은 후보를 지지해야 하는 것은 아니었다. 반면 민주당의 경우 그러한 구속력을 부여하였다. 그러나 2016년부터 공화당 역시 상위 전당대회에 참여하는 대의원에게 같은 구속력을 부여함으로써 기층 당원의 대통령 후보에 대한 지지도가 전국 전당대회에 참여할 주(州) 대의원 선출에 반영되도록 했다.

① 주 전당대회에 참석할 대의원은 모두 의회선거구 전당대회에서 선출되었다.

② 1971년까지 아이오와주보다 이른 시기에 코커스를 실시하는 주는 없었다.

③ 1972년 아이오와주 민주당의 주 전당대회 선거는 같은 해 2월 중에 실시되었다.

④ 1972년 아이오와주에서 민주당 코커스와 공화당 코커스는 같은 달에 실시되었다.

⑤ 1976년 아이오와주 공화당 코커스에서 특정 후보를 지지한 대의원은 카운티 전당대회에서 다른 후보를 지지할 수 있었다.

문 44. 다음 글에서 추론할 수 있는 것을 〈보기〉에서 모두 고르면? 13 행시(인) 09번

부족 A의 사람들의 이름은 살면서 계속 바뀔 수 있다. 사용하는 이름의 종류는 '고유명'과 '상명(喪名)'이다. 태어나면 먼저 누구나 고유명을 갖는다. 그러다 친척 중 누군가가 죽으면 고유명을 버리고 상명을 갖는다. 또 다른 친척이 죽으면 다시 새로운 상명을 갖는다. 이런 방식으로 친척 누군가가 죽을 때마다 계속 이름이 바뀐다. 만약 친척 두 명 이상이 동시에 죽을 경우에는 두 개 이상의 상명을 다 갖게 된다.

부족 B의 사람들도 이름이 계속 바뀔 수 있다. 예를 들어 손자의 이름을 지어 준 조부가 죽으면 그 손자는 새로운 이름을 받을 때까지 이름 없이 그대로 있어야 한다. 이렇게 어떤 사람이 죽으면 그 사람이 지어 준 이름은 쓸 수 없다. 한편 여성이 재혼하면 새 남편은 전남편과의 사이에서 낳은 아이에게 새로운 이름을 붙여준다. 부족 B의 여자는 일찍 결혼하는 데 반해 남자는 35세 이전에 결혼하는 경우가 매우 드물다. 그래서 일반적으로 남편이 아내보다 빨리 죽는다. 더구나 부족 B에는 여자가 부족하기 때문에 여자는 반드시 재혼한다.

〈보 기〉

ㄱ. 부족 A의 어떤 사람이 죽을 때까지 가졌던 상명의 수는 그와 친척이었던 모든 사람의 수보다 많지 않다.

ㄴ. 부족 B의 사람들은 모친이 죽으면 비로소 최종적인 이름을 갖게 된다.

ㄷ. 부족 B와 마찬가지로 부족 A에도 이름 없이 지내는 사람이 있을 수 있다.

① ㄱ

② ㄴ

③ ㄱ, ㄴ

④ ㄱ, ㄷ

⑤ ㄴ, ㄷ

문 45. 다음 글에서 추론할 수 있는 것만을 〈보기〉에서 모두 고르면?

15 행시(인) 10번

대선후보 경선 여론조사에서 후보에 대한 지지 정도에 따라 피조사자들은 세 종류로 분류된다. 특정 후보를 적극적으로 지지하는 사람들과 소극적으로 지지하는 사람들, 그리고 기타에 해당하는 사람들이다.

후보가 두 명인 경우로 한정해서 생각해 보자. 여론조사 방식은 설문 문항에 따라 두 가지로 분류된다. 하나는 선호도 방식으로 "차기 대통령 후보로 누구를 더 선호하느냐?"라고 묻는다. 선호도 방식은 적극적으로 지지하는 사람들과 소극적으로 지지하는 사람들을 모두 지지자로 계산하는 방식이다. 이 여론조사 방식에서 적극적 지지자들과 소극적 지지자들은 모두 지지 의사를 답한다.

다른 한 방식은 지지도 방식으로 "내일(혹은 오늘) 투표를 한다면 누구를 지지하겠느냐?"라고 묻는다. 특정 후보를 적극적으로 지지하는 지지자들은 두 경쟁 후보를 놓고 두 물음에서 동일한 반응을 보일 것이다. 문제는 어느 한 후보를 적극적으로 지지하지 않는 소극적 지지자들이다. 이들은 특정 후보가 더 낫다고 생각하기 때문에 선호도를 질문할 경우에는 특정 후보를 선호한다고 대답하지만, 지지 여부를 질문할 경우에는 지지하는 후보가 없다는 '무응답'을 선택한다. 따라서 지지도 방식은 적극적 지지자만 지지자로 분류하고 나머지는 기타로 분류하는 방식에 해당한다.

─〈보 기〉─

ㄱ. A후보가 B후보보다 적극적 지지자의 수가 많고 소극적 지지자의 수는 적을 경우, 지지도 방식을 사용할 때 A후보가 B후보보다 더 많은 지지를 받을 것이다.

ㄴ. A후보가 B후보보다 적극적 지지자의 수는 적고 소극적 지지자의 수가 많을 경우, 선호도 방식을 사용할 때 A후보가 B후보보다 더 많은 지지를 받을 것이다.

ㄷ. A후보가 B후보보다 적극적 지지자와 소극적 지지자의 수가 각각 더 많다면, 선호도 방식에 비해 지지도 방식에서 A후보와 B후보 사이의 지지자 수의 격차가 더 클 것이다.

① ㄱ
② ㄷ
③ ㄱ, ㄴ
④ ㄴ, ㄷ
⑤ ㄱ, ㄷ

문 46. 다음 글에서 추론할 수 있는 것은?

13 행시(인) 30번

비자발적인 행위는 강제나 무지에서 비롯된 행위이다. 반면에 자발적인 행위는 그것의 단초가 행위자 자신 안에 있다. 행위자 자신 안에 행위의 단초가 있는 경우에는 행위를 할 것인지 말 것인지가 행위자 자신에게 달려 있다.

욕망이나 분노에서 비롯된 행위들을 모두 비자발적이라고 할 수는 없다. 그것들이 모두 비자발적이라면 인간 아닌 동물 중 어떤 것도 자발적으로 행위하는 게 아닐 것이며, 아이들조차 그럴 것이기 때문이다. 우리가 욕망하는 것들 중에는 마땅히 욕망해야 할 것이 있는데, 그러한 욕망에 따른 행위는 비자발적이라고 할 수 없다. 실제로 우리는 어떤 것들에 대해서는 마땅히 화를 내야 하며, 건강이나 배움과 같은 것은 마땅히 욕망해야 한다. 따라서 욕망이나 분노에서 비롯된 행위를 모두 비자발적인 것으로 보아서는 안 된다.

합리적 선택에 따르는 행위는 모두 자발적인 행위지만 자발적인 행위의 범위는 더 넓다. 왜냐하면 아이들이나 동물들도 자발적으로 행위하긴 하지만 합리적 선택에 따라 행위하지는 못하기 때문이다. 또한 욕망이나 분노에서 비롯된 행위는 어떤 것도 합리적 선택을 따르는 행위가 아니다. 이성이 없는 존재는 욕망이나 분노에 따라 행위할 수 있지만, 합리적 선택에 따라 행위할 수는 없기 때문이다. 또 자제력이 없는 사람은 욕망 때문에 행위하지만 합리적 선택에 따라 행위하지는 않는다. 반대로 자제력이 있는 사람은 합리적 선택에 따라 행위하지, 욕망 때문에 행위하지는 않는다.

① 욕망에 따른 행위는 모두 자발적인 것이다.
② 자제력이 있는 사람은 자발적으로 행위한다.
③ 자제력이 없는 사람은 비자발적으로 행위한다.
④ 자발적인 행위는 모두 합리적 선택에 따른 것이다.
⑤ 마땅히 욕망해야 할 것을 하는 행위는 모두 합리적 선택에 따른 것이다.

문 47. 다음 글에서 추론할 수 없는 것은? 16 행시(4) 06번

쿤이 말하는 과학혁명의 과정을 명확하게 이해하기 위해 세 가지 질문을 던져보자. 첫째, 새 이론을 제일 처음 제안하고 지지하는 소수의 과학자들은 어떤 이유에서 그렇게 하는가? 기존 이론이 이상현상 때문에 위기에 봉착했다고 판단했기 때문이다. 기존 이론은 이미 상당한 문제 해결 능력을 증명한 바 있다. 다만 기존 이론이 몇 가지 이상현상을 설명할 능력이 없다고 판단한 과학자들이 나타났을 뿐이다. 이런 과학자들 중 누군가가 새 이론을 처음 제안했을 때 기존 이론을 수용하고 있는 과학자 공동체는 새 이론에 호의적이지 않을 것이다. 당장 새 이론이 기존 이론보다 더 많은 문제를 해결할 리가 없기 때문이다. 그럼에도 불구하고 기존 이론이 설명하지 못하는 이상현상을 새 이론이 설명한다는 것이 과학혁명의 출발점이다.

둘째, 다른 과학자들은 어떻게 기존 이론을 버리고 새로 제안된 이론을 선택하는가? 새 이론은 여전히 기존 이론보다 문제 해결의 성과가 부족하다. 하지만 선구적인 소수 과학자들의 연구 활동과 그 성과에 자극을 받아 새 이론을 선택하는 과학자들은 그것이 앞으로 점점 더 많은 문제를 해결하리라고, 나아가 기존 이론의 문제 해결 능력을 능가하리라고 기대한다. 이러한 기대는 이론의 심미적 특성 같은 것에 근거한 주관적 판단이고, 그와 같은 판단은 개별 과학자의 몫이다. 물론 이러한 기대는 좌절될 수도 있고, 그 경우 과학혁명은 좌초된다.

셋째, 과학혁명이 일어날 때 과학자 공동체가 기존 이론을 버리고 새 이론을 선택하도록 하는 결정적인 요인은 무엇인가? 이 물음에서 선택의 주체는 더 이상 개별 과학자가 아니라 과학자 공동체이다. 하지만 과학자 공동체는 결국 개별 과학자들로 이루어져 있다. 그렇다면 문제는 과학자 공동체를 구성하는 과학자들이 어떻게 이론을 선택하는가이다. 하지만 이 단계에서 모든 개별 과학자의 선택 기준은 더 이상 새 이론의 심미적 특성이나 막연한 기대가 아니다. 과학자들은 새 이론이 해결하는 문제의 수와 범위가 기존 이론의 그것보다 크다고 판단할 경우 새 이론을 선택할 것이다. 과학자 공동체의 대다수 과학자들이 이렇게 판단하게 되면 그것이 과학자 공동체가 새 이론을 선택한 것이고, 이로써 쿤이 말하는 과학혁명이 완성된다.

① 심미적 관점에서 우월한 이론일수록 해결 가능한 문제의 범위와 수에서도 우월하다.
② 과학자가 이론을 선택하는 기준은 과학혁명의 진행 단계에 따라 변하기도 한다.
③ 이론이 설명하지 못하는 이상현상이 존재한다고 해서 과학자 공동체가 그 이론을 폐기하는 것은 아니다.
④ 기존 이론의 이상현상을 설명하는 이론이 없이는 과학혁명이 시작되지 않는다.
⑤ 과학자 공동체는 해결하지 못하는 문제가 있더라도 더 많은 문제를 해결하는 이론을 선택한다.

문 48. 다음 글에서 추론할 수 없는 것은? 16 행시(4) 25번

『삼국유사』는 신라 전성 시대의 경주의 모습을 설명하면서 금입택(金入宅)의 명칭 39개를 나열하고 있다. 신라의 전성 시대란 일반적으로 상대, 중대, 하대 중 삼국 통일 이후 100여 년 간의 중대를 가리키는 것이 보통이나, 경주가 왕도로서 가장 발전했던 시기는 하대 헌강왕 대이다. 39개의 금입택이 있었던 시기도 이때이다. 그런데 경덕왕 13년에 황룡사종을 만든 장인이 금입택 가운데 하나인 이상택(里上宅)의 하인이었으므로, 중대의 최전성기에 이미 금입택이 존재하고 있었음을 알 수 있다. 즉 금입택은 적어도 중대부터 만들어지기 시작하여 하대에 이르면 경주에 대략 40여 택이 들어서 있었다. 하지만 『삼국유사』의 기록이 금입택 가운데 저명한 것만을 기록한 것이므로, 실제는 더 많았을 것이다.

'쇠드리네' 또는 '금드리네'의 직역어인 금입택은 금이나 은 또는 도금으로 서까래나 문틀 주위를 장식한 호화주택이다. 지붕은 주로 막새기와를 덮었으며, 지붕의 합각 부분에는 물고기나 화초 모양의 장식을 했다. 김유신 가문이라든가 집사부 시중을 역임한 김양종의 가문, 경명왕의 왕비를 배출한 장사택 가문 등 진골 중에서도 왕권에 비견되는 막대한 권력과 재력을 누리던 소수의 유력한 집안만이 이러한 가옥을 가질 수 있었다.

금입택은 평지에는 만들어지지 않았다. 경주에서는 알천이 자주 범람하였으므로 대저택을 만들기에 평지는 부적절했다. 따라서 귀족들의 금입택은 월성 건너편의 기슭에 주로 조성되었는데, 이 일대는 풍광이 매우 아름다워 주택지로서 최적이었다. 또한 남산의 산록 및 북천의 북쪽 기슭에도 많이 만들어졌는데, 이 지역은 하천을 내려다볼 수 있는 높은 지대라서 주택지로 적합하였다.

또한 지택(池宅), 천택(泉宅), 정상택(井上宅), 수망택(水望宅) 등 이름 가운데 '지(池)', '천(泉)', '정(井)', '수(水)' 등 물과 관계있는 문자가 보이는 금입택이 많다. 이러한 금입택은 물을 이용한 연못이나 우물 등의 시설을 갖추고 있었다. 금입택 중 명남택(楡南宅)에서 보이는 '명(楡)'자는 조선 후기의 실학자 이수광, 이규경 등이 증명한 것처럼, 우리 고유의 글자로 대나무 혹은 돌을 길게 이어 물을 끌어 쓰거나 버리는 데 이용하는 대홈통의 뜻을 갖고 있다. 이러한 수리시설은 오늘날 산지에서 이용되고 있으며, 통일신라시대 사찰이나 궁궐의 조경에도 이용되었다. 명남택은 이러한 수리시설을 갖추었기 때문에 붙은 이름이었다. 한편 금입택 중 사절유택(四節遊宅)과 구지택(仇知宅)은 별장이었다.

① 금입택은 신라 하대 이전에 이미 존재하였다.
② 진골 귀족이라도 금입택을 소유하지 못한 경우도 있었다.
③ 이름에 물과 관계있는 문자가 들어간 금입택은 물을 이용한 시설을 갖추고 있었다.
④ 명남택에서 사용한 수리시설은 귀족 거주용 주택이 아닌 건물에서도 사용되었다.
⑤ 월성 건너편의 기슭은 하천을 내려다볼 수 있는 높은 지대였으므로 주택지로서 적합하였다.

문 49. 다음 글에서 추론할 수 있는 것은? 13 행시(인) 29번

우리의 선택은 상대방의 선택에 어떤 영향을 받을까? 상대방이 무엇을 선택하든 상관없이 나에게 가장 높은 이익을 가져다주는 전략을 'D전략'이라고 하고, 상대방이 무엇을 선택하든 상관없이 나에게 가장 낮은 이익을 가져다주는 전략을 'S전략'이라고 하자. 예를 들어, 두 사람 갑, 을이 각각 상대방의 선택에 따라 자신에게 유리한 전략을 세우려고 한다. 두 사람은 P와 Q 중에서 어떤 선택을 할지 고려하고 있다. 갑은 을이 P를 선택할 경우 Q보다 P를 선택하는 것이 더 높은 이익을 얻고, 을이 Q를 선택할 경우에도 Q보다 P를 선택하는 것이 더 높은 이익을 얻는다면, P를 선택하는 것이 갑의 D전략이 된다. 또한 을이 P나 Q 어떤 것을 선택하든지 갑은 P보다 Q를 선택하는 것이 더 낮은 이익을 얻는다면, Q는 갑의 S전략이 된다. 이를 일상적 상황에 적용해서 설명해 보자.

두 스마트폰 회사가 있다. 각 회사는 TV 광고를 해야 할지를 결정해야 한다. 각 회사가 선택할 수 있는 전략에는 TV 광고를 자제하는 전략과 대대적으로 TV 광고를 하는 공격적인 전략 두 가지가 있다. 두 회사 모두 광고를 하지 않을 경우 각 회사는 5억 원의 순이익을 올린다. 한 회사가 광고를 하는데 다른 회사는 하지 않을 경우, 광고를 한 회사는 6억 원의 순이익을 올릴 수 있다. 반면 광고를 하지 않은 회사의 매출은 대폭 감소하여 단지 2억 원의 순이익을 올릴 수 있다. 두 회사가 모두 경쟁적으로 TV 광고를 할 경우 상대방 회사에 비해 판매를 더 늘릴 수 없는 반면 막대한 광고비를 지출해야 하므로 각자의 순이익은 3억 원에 머문다.

또 다른 예를 생각해 보자. 어떤 지역에 경쟁관계에 있는 두 병원이 있다. 각 병원에는 우수한 의료장비가 완비되어 있으며, 현재 꾸준한 이익을 내고 있다. 각 병원은 값비싼 첨단 의료장비의 구입을 고려하고 있다. 주민들은 첨단 의료장비를 갖춘 병원을 더 신뢰하여 감기만 걸려도 첨단 장비를 갖춘 병원으로 달려간다. 한 병원이 다른 병원에는 없는 첨단 장비를 구비한 경우를 가정해 보자. 첨단 장비를 갖춘 병원은 총수입이 늘어나며, 첨단 장비를 사는 데 드는 비용을 제외하고 최종적으로 4억 원의 순이익을 확보하여 이전보다 순이익이 증가할 것이다. 반면에 첨단 장비를 갖추지 못한 병원은 환자를 많이 잃게 되어 순이익이 1억 원에 머물게 된다. 한편 두 병원이 모두 첨단 장비를 도입할 경우, 환자는 반반씩 차지할 수 있지만 값비싼 장비의 도입 비용으로 인하여 각 병원의 순이익은 2억 원이 된다.

① 각 회사의 광고 자제와 각 병원의 첨단 장비 구입은 S전략이다.

② 각 회사의 공격적인 광고와 각 병원의 기존 장비 유지는 S전략이다.

③ 각 회사의 공격적인 광고와 각 병원의 기존 장비 유지는 D전략이다.

④ 각 회사의 공격적인 광고와 각 병원의 첨단 장비 구입은 D전략이다.

⑤ 각 회사의 공격적인 광고는 D전략이고, 각 병원의 첨단 장비 구입은 S전략이다.

문 50. 다음 글에서 추론할 수 있는 것만을 〈보기〉에서 모두 고르면? 19 행시(가) 27번

가상의 동전 게임을 하나 생각해 보자. 이 게임의 규칙은 동전을 던져서 제일 높은 점수를 얻는 사람이 이기는 것이다. 게임 참여자는 A, B 두 그룹으로 구분된다. 두 그룹의 인원 수는 100명으로 같지만, 각 참여자에게 같은 수의 동전을 주지 않는다. A 그룹에는 한 사람당 동전을 10개씩 주고, B 그룹에는 한 사람당 100개씩 준다. 모든 동전은 1개당 한 번씩 던지는 것으로 한다.

〈게임 1〉에서는 앞면이 나온 동전 1개당 1점씩 점수를 준다고 하자. 이때 게임의 승자는 B 그룹에서 나올 가능성이 매우 높다. B 그룹 사람들 중 상당수는 50점쯤 얻을 텐데, 그것은 A 그룹 사람들 중에서 누구도 이길 수 없는 점수이다. A 그룹 인원을 아무리 늘리더라도 최고 점수는 10점일 것이기 때문이다.

〈게임 2〉에서는 〈게임 1〉과 달리 앞면이 나오는 동전의 개수가 아니라 앞면이 나온 비율로 점수를 매겨 가장 높은 점수를 받은 사람이 이긴다고 하자. A 그룹 중에서 한 명쯤은 동전 10개 중 앞면이 8개 나올 것이다. 이 경우 그는 80점을 얻는다. B 그룹은 어떨까? B 그룹 사람 100명 중에서 누구도 80점을 받기는 어려울 것이다. 물론 그런 일이 물리적으로 불가능하지는 않겠지만, 현실에서는 거의 벌어지지 않을 것이다. 동전을 더 많이 던질수록 앞면과 뒷면의 비율은 50대 50에 더 가깝게 수렴되기 때문이다. B 그룹에서 80점을 받는 사람이 한 명쯤 나오려면, B 그룹 인원 수는 100명이 아니라 그보다 훨씬 더 커야 한다. 이처럼 동전 개수가 증가했을 때 80점을 받는 사람이 한 명쯤 나오려면 그 동전 개수의 증가에 맞춰 그룹 인원 수도 크게 증가해야 한다.

─〈보 기〉─

ㄱ. 〈게임 1〉에서 A 그룹 참가자와 B 그룹 참가자의 동전 개수를 각각 절반으로 줄일 경우, 게임의 승자가 나올 그룹은 바뀔 것이다.

ㄴ. 〈게임 2〉에서 B 그룹만 인원을 늘릴 경우, 그 수를 아무리 늘리더라도 90점을 받는 사람은 A 그룹에서만 나올 것이다.

ㄷ. 〈게임 2〉에서 A 그룹만 참가자 각각의 동전 개수를 1,000개로 늘릴 경우, A 그룹에서 80점을 받는 사람이 한 명쯤 나오기 위해 필요한 A 그룹 인원 수는 80점을 받는 사람이 한 명쯤 나오기 위해 필요한 B 그룹 인원 수보다 훨씬 더 커야 할 것이다.

① ㄱ

② ㄷ

③ ㄱ, ㄴ

④ ㄴ, ㄷ

⑤ ㄱ, ㄴ, ㄷ

문 51. 다음 글에서 추론할 수 있는 것만을 〈보기〉에서 모두 고르면? 19 행시(가) 28번

두 선택지 중 하나를 고르는 게임을 생각해 보자. 게임 A에서 철수는 선택1을 선호한다.

〈게임 A〉 선택1 : 100만 원이 들어 있는 봉투 100장 중에서 봉투 하나를 무작위로 선택한다.

　　　　　 선택2 : 200만 원이 들어 있는 봉투 10장, 100만 원이 들어 있는 봉투 89장, 빈 봉투 1장 중에서 봉투 하나를 무작위로 선택한다.

한편 그는 게임 B에서는 선택4를 선호한다.

〈게임 B〉 선택3 : 100만 원이 들어 있는 봉투 11장, 빈 봉투 89장 중에서 봉투 하나를 무작위로 선택한다.

　　　　　 선택4 : 200만 원이 들어 있는 봉투 10장, 빈 봉투 90장 중에서 봉투 하나를 무작위로 선택한다.

그런데 선호와 관련한 원리 K를 생각해 보자. 이는 "기댓값을 계산해 그 값이 더 큰 것을 선호하라."는 것을 말한다. 이 원리를 받아들인다면, 철수는 게임 A에서는 선택2를, 게임 B에서는 선택4를 선호해야 한다. 계산을 해보면 그 둘의 기댓값이 다른 것보다 더 크기 때문이다.

한편 선호와 관련해 또 다른 원리 P도 있다. 이는 "두 게임이 '동일한 구조'를 지닌다면, 두 게임의 선호는 바뀌지 말아야 한다."는 것을 말한다. 이때 두 게임의 선택에 나오는 '공통 요소'를 다른 것으로 대체한 것은 '동일한 구조'를 지닌다고 본다. 예를 들어보자. 먼저 선택1은 "100만 원이 들어 있는 봉투 11장, 100만 원이 들어 있는 봉투 89장 중에서 봉투 하나를 무작위로 선택한다."와 같다는 사실에서 출발하자. 이렇게 볼 경우, 이제 선택1과 선택2는 '100만 원이 들어 있는 봉투 89장'을 공통 요소로 포함하고 있으므로 이를 '빈 봉투 89장'으로 대체하자. 그러면 다음 두 선택으로 이루어진 게임도 앞의 게임 A와 동일한 구조를 지닌 것이 된다는 것이다.

선택1* : 100만 원이 들어 있는 봉투 11장, 빈 봉투 89장 중에서 봉투 하나를 무작위로 선택한다.

선택2* : 200만 원이 들어 있는 봉투 10장, 빈 봉투 90장 중에서 봉투 하나를 무작위로 선택한다.

원리 P는 선택1을 선택2보다 선호하는 사람이라면 동일한 구조를 지닌 이 게임에서도 선택1*을 선택2*보다 선호해야 한다는 것을 말해준다. 흥미로운 사실은 선택1*과 선택2*는 앞서 나온 게임 B의 선택3 및 선택4와 정확히 같다는 점이다. 그러므로 선택1을 선택2보다 선호하는 철수가 원리 P를 받아들인다면 선택3을 선택4보다 선호해야 한다.

〈보 기〉

ㄱ. 〈게임 A〉에서 선택1을, 〈게임 B〉에서 선택3을 선호하는 사람은 두 원리 가운데 적어도 하나는 거부해야 한다.

ㄴ. 〈게임 A〉에서 선택2를, 〈게임 B〉에서 선택3을 선호하는 사람은 두 원리 가운데 적어도 하나는 거부해야 한다.

ㄷ. 〈게임 A〉에서 선택2를, 〈게임 B〉에서 선택4를 선호하는 사람은 두 원리 가운데 적어도 하나는 거부해야 한다.

① ㄱ

② ㄷ

③ ㄱ, ㄴ

④ ㄴ, ㄷ

⑤ ㄱ, ㄴ, ㄷ

문 52. 다음 글의 문맥상 (가)~(라)에 들어가기에 가장 적절한 것을 〈보기〉에서 골라 알맞게 짝지은 것은? 12 민간(인) 14번

플라톤은 아테네에서 진행되던 민주주의에 대해 탐탁하지 않게 생각했다. 플라톤은 지혜를 갖춘 전문가가 정치를 담당해야 한다고 보았다. 자격을 갖춘 능력 있는 소수를 뒷전으로 밀어내고 무능하고 무책임한 다수 대중에게 권력을 이양하는 민주주의의 정치 게임에 플라톤은 분노했다. 특히 플라톤은 궤변으로 떠들어대는 무능한 민주주의 정치 지도자들을 비판했다. 　(가)　

이랬던 플라톤이 자신의 마지막 저서인 『법률』에서는 대중에게 적정한 수준에서 자유를 허용하는 체제, 즉 왕정과 민주정의 요소를 고루 내포한 혼합 체제의 필요성을 역설했다. 일정 정도의 자유와 정치 참여를 대중들에게 허용하면, 그들은 국가에 애착을 느끼고 필요하다면 자신을 희생하기도 한다고 플라톤은 강조했다. 대중들의 정치 참여가 국가의 발전 가능성을 높여준다고 생각한 것이다. 　(나)　

그렇다고 해서 플라톤이 전적으로 민주주의에 투항한 것은 결코 아니다. 『법률』의 경우에도 여전히 민주주의를 찬양하는 대목보다 그것을 강경하게 비판하는 대목이 더 많이 눈에 띈다. 민주정과 왕정의 혼합 체제를 지향하기는 했지만, 플라톤에게 민주주의는 중심적 요소가 아닌 부차적 요소에 지나지 않았다. 플라톤이 지향한 혼합 체제는 대중들의 승인을 받은 귀족주의에 가까운 것이었다. 그에게 대중이란 주권자일 수는 있어도 결코 지배자가 될 수는 없는 존재였다. 　(다)　

플라톤이 대중들의 정치 참여를 어느 정도 수용하면서도 민주주의를 인정하지 않았던 것은 의미심장한 대목이다. 해석하기에 따라, 플라톤의 태도는 대중들을 정치의 주인인 것처럼 착각하게 만든 후 그들의 충성을 끌어내고, 정치적 실권은 실상 소수 엘리트들에게 넘겨주는 '사이비' 민주주의 체제를 가능하게 한 것처럼 보이기 때문이다. 　(라)　

〈보 기〉

ㄱ. 생각해보면 이는 일인 독재 정치 체제보다 더욱 기만적인 정치 체제일 수 있다.

ㄴ. 이것을 액면 그대로 받아들이면 플라톤이야말로 참여 민주주의의 원조격이 아닐 수 없다.

ㄷ. 민주주의를 내세우지만 동시에 대중들의 정치 참여를 제한하는 것이 플라톤 정치 이론의 실체이다.

ㄹ. 플라톤은 민주주의를 이끄는 정치인들의 실체가 수술을 요하는 환자에게 메스 대신 비타민을 내미는 엉터리 의사와 같다고 생각했다.

	(가)	(나)	(다)	(라)
①	ㄱ	ㄹ	ㄴ	ㄷ
②	ㄴ	ㄹ	ㄱ	ㄷ
③	ㄴ	ㄹ	ㄷ	ㄱ
④	ㄹ	ㄴ	ㄷ	ㄱ
⑤	ㄹ	ㄷ	ㄴ	ㄱ

문 53. 다음 글의 (가)와 (나)에 들어가기에 가장 적절한 것을 ㉠~㉤ 중 골라 알맞게 짝지은 것은? 　14 민간(A) 25번

일반적으로 결정론은 도덕적 책임과 양립할 수 없는 것으로 간주된다. 그 이유는 다음과 같다. ㉠ 결정론이 참일 경우 우리의 실제 행동과는 다른 행동을 할 가능성이 없다. 그런데 ㉡ 우리에게 실제로 행한 것과는 다른 행동을 할 가능성이 있을 경우에만 우리는 행동의 자유를 가진 존재이다. 또한 ㉢ 우리가 행동의 자유를 가진 존재가 아니라면, 우리는 도덕적 책임을 가질 필요가 없다. 따라서 ㉣ 결정론이 참일 경우 우리는 행동의 자유를 가진 존재가 아니다. 결론적으로, ㉤ 결정론이 참일 경우 우리는 도덕적 책임을 가지는 존재가 아니다. 이런 주장에 대해서 철학자 A는 다음 〈사례〉를 통해 [(가)]가 거짓이라고 보임으로써 [(나)]를 반박하였다.

〈사 례〉

차를 운전하고 있던 어느 날, 나는 우회전을 하기 위해서 차의 핸들을 오른쪽으로 돌리는 행동을 하였다. 이런 행동 이후, 오른쪽으로 움직인 나의 차는 길을 가는 행인을 치는 사고를 일으켰다. 당연히 나는 그 행인을 다치게 만든 것에 대해 도덕적 책임을 느꼈다. 내가 핸들을 오른쪽으로 돌리는 행동이 그 사고를 야기했기 때문이다. 그러나 사실 내 차의 핸들은 오른쪽으로 돌리기 직전에 망가져서 핸들이 오른쪽으로 돌아갈 수밖에 없었고, 그 사고는 일어날 수밖에 없었다. 이와 더불어 여러 다른 사정으로 나에게는 다른 행동의 가능성이 전혀 없었으며, 이에 나에겐 행동의 자유가 존재하지 않았던 것이다. 나는 이런 사실을 모른 채 핸들을 오른쪽으로 돌리는 행동을 하였고 내 차는 오른쪽으로 움직였다. 그 핸들은 내 행동에 따라 움직였고, 내 차도 핸들에 아무런 문제가 없었을 경우와 같이 움직인 뒤 행인을 치었던 것이다. 그렇기 때문에 내 차의 핸들이 망가져 있다는 사실을 알고 난 후에도 나는 행인을 친 것에 대한 도덕적 책임을 가져야 한다는 것을 당연하게 생각했다.

	(가)	(나)
①	㉠	㉣
②	㉡	㉣
③	㉡	㉤
④	㉢	㉣
⑤	㉢	㉤

문 54. A사무관의 추론이 올바를 때, 다음 글의 빈칸에 들어갈 진술로 적절한 것만을 〈보기〉에서 모두 고르면? 　15 민간(인) 05번

A사무관은 인사과에서 인사고과를 담당하고 있다. 그는 올해 우수 직원을 선정하여 표창하기로 했으니 인사고과에서 우수한 평가를 받은 직원을 후보자로 추천하라는 과장의 지시를 받았다. 평가 항목은 대민봉사, 업무역량, 성실성, 청렴도이고 각 항목은 상(3점), 중(2점), 하(1점)로 평가한다. A사무관이 추천한 표창 후보자는 갑돌, 을순, 병만, 정애 네 명이며, 이들이 받은 평가는 다음과 같다.

구분	대민봉사	업무역량	성실성	청렴도
갑돌	상	상	상	하
을순	중	상	하	상
병만	하	상	상	중
정애	중	중	중	상

A사무관은 네 명의 후보자에 대한 평가표를 과장에게 제출하였다. 과장은 "평가 점수 총합이 높은 순으로 선발한다. 단, 동점자 사이에서는 [ ]"라고 하였다. A사무관은 과장과의 면담 후 이들 중 세 명이 표창을 받게 된다고 추론하였다.

〈보 기〉

ㄱ. 두 개 이상의 항목에서 상의 평가를 받은 후보자를 선발한다.

ㄴ. 청렴도에서 하의 평가를 받은 후보자를 제외한 나머지 후보자를 선발한다.

ㄷ. 하의 평가를 받은 항목이 있는 후보자를 제외한 나머지 후보자를 선발한다.

① ㄱ

② ㄷ

③ ㄱ, ㄴ

④ ㄴ, ㄷ

⑤ ㄱ, ㄷ

문 55.   다음 ⊙과 ⓒ에 들어갈 말을 바르게 나열한 것은?

15 민간(인) 24번

이동통신이 유선통신에 비하여 어려운 점은 다중 경로에 의해 통신채널이 계속적으로 변화하여 통신 품질이 저하된다는 것이다. 다중 경로는 송신기에서 발생한 신호가 수신기에 어떠한 장애물을 거치지 않고 직접적으로 도달하기도 하고 장애물을 통과하거나 반사하여 간접적으로 도달하기도 하기 때문에 발생한다. 이 다중 경로 때문에 송신기에서 발생한 신호가 안테나에 도달할 때 신호들마다 시간 차이가 발생한다. 이렇게 하나의 송신 신호가 시시각각 수신기에 다르게 도달하기 때문에 이동통신 채널은 일반적으로 유선통신 채널에 비해 빈번히 변화한다. 일반적으로 거쳐 오는 경로가 길수록 수신되는 진폭은 작아지고 지연 시간도 길어지게 된다. 다중 경로를 통해 전파가 전송되어 오면 각 경로의 거리 및 전송 특성 등의 차이에 의해 수신기에 도달하는 시간과 신호 세기의 차이가 발생한다.

시간에 따라 변화하는 이동통신의 품질을 극복하기 위해 개발된 것이 A기술이다. 이 기술을 사용하면 하나의 송신기로부터 전송된 하나의 신호가 다중 경로를 통해 안테나에 수신된다. 이때 안테나에 수신된 신호들 중 일부 경로를 통해 수신된 신호의 크기가 작더라도 나머지 다른 경로를 통해 수신된 신호의 크기가 크면 수신된 신호들 중 가장 큰 것을 선택하여 안정적인 송수신을 이루려는 것이 A기술이다. A기술은 마치 한 종류의 액체를 여러 배수관에 동시에 흘려보내 가장 빨리 나오는 배수관의 액체를 선택하는 것에 비유할 수 있다. 여기서 액체는 ☐☐☐☐⊙☐☐☐에 해당하고, 배수관은 ☐☐☐☐ⓒ☐☐☐에 해당한다.

	⊙	ⓒ
①	송신기	안테나
②	신호	경로
③	신호	안테나
④	안테나	경로
⑤	안테나	신호

문 56.   다음 글의 빈칸에 들어갈 내용으로 가장 적절한 것은?

16 민간(5) 04번

현상의 원인을 찾는 방법들 가운데 최선의 설명을 이용하는 방법이 있다. 우리는 주어진 현상을 일으키는 원인을 찾아 이 원인이 그 현상을 일으켰다고 말함으로써 현상을 설명하곤 한다. 우리는 여러 가지 가능한 설명들 중에서 가장 좋은 설명에 나오는 원인이 현상의 진정한 원인이라고 결론 내릴 수 있다.

지구에 조수 현상이 있는데 이 현상의 원인은 무엇일까? 우리는 조수 현상을 일으킬 수 있는 원인들을 일종의 가설로서 설정할 수 있다. 만일 지구의 물과 달 사이에 중력이나 자기력 같은 인력이 작용한다면, 이런 인력은 지구에 조수 현상을 일으키는 원인일 수 있다. 지구와 달 사이에 유동 물질이 있고 그 물질이 지구를 누른다면, 이런 누름은 지구에 조수 현상을 일으키는 원인일 수 있다. 지구가 등속도로 자전하지 않아 지구 전체가 흔들거린다면, 이런 지구의 흔들거림은 지구에 조수 현상을 일으키는 원인일 수 있다.

우리는 이런 설명들을 견주어 어떤 것이 다른 것보다 낫다는 것을 언제든 주장할 수 있으며, 나은 순으로 줄을 세워 가장 좋은 설명을 찾을 수 있다. 우리는 조수 현상에 대한 설명들로, 지구의 물과 달 사이에 인력 때문에 조수가 생긴다는 설명, 지구와 달 사이의 물질이 지구를 누르기 때문에 조수가 생긴다는 설명, 지구 전체의 흔들거림 때문에 조수가 생긴다는 설명을 갖고 있다. 이 설명들 가운데 지구 전체의 흔들거림 때문에 조수가 생긴다는 설명보다 지구와 달 사이의 물질이 지구를 누르기 때문에 조수가 생긴다는 설명이 더 낫다. ☐☐☐☐☐☐☐☐☐☐☐☐☐☐☐☐☐. 따라서 우리는 조수 현상의 원인이 지구의 물과 달 사이에 작용하는 인력이라고 결론 내릴 수 있다.

① 지구 전체의 흔들거림 때문에 조수가 생긴다는 설명보다 지구와 달 사이에 인력 때문에 조수가 생긴다는 설명이 더 낫다.

② 지구의 물과 달 사이에 인력 때문에 조수가 생긴다는 설명보다 지구 전체의 흔들거림 때문에 조수가 생긴다는 설명이 더 낫다.

③ 지구와 달 사이의 물질이 지구를 누르기 때문에 조수가 생긴다는 설명보다 지구 전체의 흔들거림 때문에 조수가 생긴다는 설명이 더 낫다.

④ 지구의 물과 달 사이에 인력 때문에 조수가 생긴다는 설명보다 지구와 달 사이의 물질이 지구를 누르기 때문에 조수가 생긴다는 설명이 더 낫다.

⑤ 지구와 달 사이의 물질이 지구를 누르기 때문에 조수가 생긴다는 설명보다 지구의 물과 달 사이에 인력 때문에 조수가 생긴다는 설명이 더 낫다.

문 57. 다음 글의 (가)~(다)에 들어갈 진술을 〈보기〉에서 골라 짝지은 것으로 가장 적절한 것은? 17 민간(나) 14번

비어즐리는 '제도론적 예술가'와 '낭만주의적 예술가'의 개념을 대비시킨다. 낭만주의적 예술가는 사회의 모든 행정과 교육의 제도로부터 독립하여 작업하는 사람이다. 그는 자기만의 상아탑에 칩거하며, 혼자 캔버스 위에서 일하고, 자신의 돌을 깎고, 자신의 소중한 서정시의 운율을 다듬는다.

그러나 사회와 동떨어져 혼자 작업하더라도 예술가는 작품을 만드는 동안 예술 제도로부터 단절될 수 없다. [(가)] 즉 예술가는 특정 예술제도 속에서 예술의 사례들을 경험하고, 예술적 기술의 훈련이나 교육을 받음으로써 예술에 대한 배경지식을 얻게 된다. 그리고 이와 같은 배경지식이 예술가의 작품 활동에 반영된다.

낭만주의적 예술가 개념은 예술 창조의 주도권이 완전히 개인에게 있으며 예술가가 문화의 진공 상태 안에서 작품을 창조할 수 있다고 가정한다. 하지만 그런 낭만주의적 예술가는 사실상 존재하기 어렵다. 심지어 어린아이들의 그림이나 놀이조차도 문화의 진공 상태에서 이루어지지 않는다. [(나)]

어떤 사람이 예술작품을 전혀 본 적 없는 상태에서 진흙으로 어떤 형상을 만들어냈다고 가정해 보자. 이것이 지금까지 본 적이 없던 새로운 형상이라 하더라도, 그 사람은 예술작품을 창조한 것이라 볼 수 없다. [(다)] 비어즐리의 주장과는 달리 예술가는 아무 맥락 없는 진공 상태에서 창작하지 않는다. 예술은 어떤 사람이 문화적 역할을 수행한 산물이며, 언제나 문화적 주형(鑄型) 안에 존재한다.

───── 〈보 기〉 ─────

ㄱ. 왜냐하면 어떤 사람이 예술작품을 창조하였다고 하기 위해서는 그는 예술작품이 무엇인가에 대한 개념을 가지고 있어야 하기 때문이다.

ㄴ. 왜냐하면 사람은 두세 살만 되어도 인지구조가 형성되고, 이 과정에서 문화의 영향을 받을 수밖에 없기 때문이다.

ㄷ. 왜냐하면 예술가들은 예술작품을 만들 때 의식적이든 무의식적이든 예술교육을 받으면서 수용한 가치 등을 고려하는데, 그러한 교육은 예술 제도 안에서 이루어지기 때문이다.

	(가)	(나)	(다)
①	ㄱ	ㄴ	ㄷ
②	ㄴ	ㄱ	ㄷ
③	ㄴ	ㄷ	ㄱ
④	ㄷ	ㄱ	ㄴ
⑤	ㄷ	ㄴ	ㄱ

문 58. 다음 글의 ⓐ와 ⓑ에 들어갈 말을 〈보기〉에서 골라 적절하게 나열한 것은? 18 민간(가) 07번

갈릴레오는 망원경으로 목성을 항상 따라다니는 네 개의 위성을 관찰하였다. 이 관찰 결과는 지동설을 지지해 줄 수 있는 것이었다. 당시 지동설에 대한 반대 논증 중 하나는 다음과 같은 타당한 논증이었다.

　(가) ⓐ .
　(나) 달은 지구를 항상 따라다닌다.
따라서 (다) 지구는 공전하지 않는다.

갈릴레오의 관찰 결과는 이 논증의 (가)를 반박할 수 있는 것이었다. 왜냐하면 목성이 공전한다는 것은 당시 천동설 학자들도 받아들이고 있었고 그의 관찰로 인해 위성들이 공전하는 목성을 따라다닌다는 것이 밝혀지는 셈이기 때문이다. 그런데 문제는 당시의 학자들이 망원경을 통한 관찰을 신뢰하지 않는다는 데 있었다. 당시 학자들 대부분은 육안을 통한 관찰로만 실제 존재를 파악할 수 있다고 믿었다. 따라서 갈릴레오는 망원경을 통한 관찰이 육안을 통한 관찰만큼 신뢰할 만하다는 것을 입증해야 했다. 이를 보이기 위해 그는 '빛 번짐 현상'을 활용하였다.

빛 번짐 현상이란, 멀리 떨어져 있는 작고 밝은 광원을 어두운 배경에서 볼 때 실제 크기보다 광원이 크게 보이는 현상이다. 육안으로 금성을 관찰할 경우, 금성이 주변 환경에 비해 더 밝게 보이는 밤에 관찰하는 것보다 낮에 관찰하는 것이 더 정확하다. 그런데 낮에 관찰한 결과는 연중 금성의 외견상 크기가 변한다는 것을 보여준다.

그렇다면 망원경을 통한 관찰이 신뢰할 만하다는 것은 어떻게 보일 수 있었을까? 갈릴레오는 밤에 금성을 관찰할 때 망원경을 사용하면 빛 번짐 현상을 없앨 수 있다는 것을 강조하면서 다음과 같은 논증을 펼쳤다.

　(라) ⓑ 면, 망원경에 의한 관찰 자료를 신뢰할 수 있다.
　(마) ⓑ .
따라서 (바) 망원경에 의한 관찰 자료를 신뢰할 수 있다.

결국 갈릴레오는 (마)를 입증함으로써, (바)를 보일 수 있었다.

───── 〈보 기〉 ─────

ㄱ. 지구가 공전한다면, 달은 지구를 따라다니지 못한다

ㄴ. 달이 지구를 따라다니지 못한다면, 지구는 공전한다

ㄷ. 낮에 망원경을 통해 본 금성의 크기 변화와 낮에 육안으로 관찰한 금성의 크기 변화가 유사하다

ㄹ. 낮에 망원경을 통해 본 금성의 크기 변화와 밤에 망원경을 통해 본 금성의 크기 변화가 유사하다

ㅁ. 낮에 육안으로 관찰한 금성의 크기 변화와 밤에 망원경을 통해 본 금성의 크기 변화가 유사하다

	ⓐ	ⓑ
①	ㄱ	ㄷ
②	ㄱ	ㅁ
③	ㄴ	ㄷ
④	ㄴ	ㄹ
⑤	ㄴ	ㅁ

문 59. 다음 글의 빈칸에 들어갈 내용으로 가장 적절한 것은?

19 민간(나) 06번

알레르기는 도시화와 산업화가 진행되는 지역에서 매우 빠르게 증가하고 있는데, 알레르기의 발병 원인에 대한 20세기의 지배적 이론은 알레르기는 병원균의 침입에 의해 발생하는 감염성 질병이라는 것이다. 하지만 1989년 영국 의사 S는 이 전통적인 이론에 맞서 다음 가설을 제시했다.

S는 1958년 3월 둘째 주에 태어난 17,000명 이상의 영국 어린이를 대상으로 그들이 23세가 될 때까지 수집한 개인 정보 데이터베이스를 분석하여, 이 가설을 뒷받침하는 증거를 찾았다. 이들의 가족 관계, 사회적 지위, 경제력, 거주 지역, 건강 등의 정보를 비교 분석한 결과, 두 개 항목이 꽃가루 알레르기와 상관관계를 가졌다. 첫째, 함께 자란 형제자매의 수이다. 외동으로 자란 아이의 경우 형제가 서넛인 아이에 비해 꽃가루 알레르기에 취약했다. 둘째, 가족 관계에서 차지하는 서열이다. 동생이 많은 아이보다 손위 형제가 많은 아이가 알레르기에 걸릴 확률이 낮았다.

S의 주장에 따르면 가족 구성원이 많은 집에 사는 아이들은 가족 구성원, 특히 손위 형제들이 집안으로 끌고 들어오는 온갖 병균에 의한 잦은 감염 덕분에 장기적으로는 알레르기 예방에 오히려 유리하다. S는 유년기에 겪은 이런 감염이 꽃가루 알레르기를 비롯한 알레르기성 질환으로부터 아이들을 보호해 왔다고 생각했다.

① 알레르기는 유년기에 병원균 노출의 기회가 적을수록 발생 확률이 높아진다.
② 알레르기는 가족 관계에서 서열이 높은 가족 구성원에게 더 많이 발생한다.
③ 알레르기는 성인보다 유년기의 아이들에게 더 많이 발생한다.
④ 알레르기는 도시화에 따른 전염병의 증가로 인해 유발된다.
⑤ 알레르기는 형제가 많을수록 발생 확률이 낮아진다.

문 60. 다음 글의 빈칸에 들어갈 내용으로 가장 적절한 것은?

19 민간(나) 25번

노랑초파리에 있는 Ir75a 유전자는 시큼한 냄새가 나는 아세트산을 감지하는 후각수용체 단백질을 만들 수 있다. 하지만 세이셸 군도의 토착종인 세셸리아초파리는 Ir75a 유전자를 가지고 있지만 아세트산 냄새를 못 맡는다. 따라서 이 세셸리아초파리의 Ir75a 유전자는 해당 단백질을 만들지 못하는 '위유전자(pseudogene)'라고 여겨졌다. 세셸리아초파리는 노니의 열매만 먹고 살기 때문에 아세트산의 시큼한 냄새를 못 맡아도 별 문제가 없다. 그런데 스위스 로잔대 연구진은 세셸리아초파리가 땀 냄새가 연상되는 프로피온산 냄새를 맡을 수 있다는 사실을 발견했다.

이 발견이 중요한 이유는 [   ] 그렇다면 세셸리아초파리의 Ir75a 유전자도 후각수용체 단백질을 만든다는 것인데, 왜 세셸리아초파리는 아세트산 냄새를 못 맡을까? 세셸리아초파리와 노랑초파리의 Ir75a 유전자가 만드는 후각수용체 단백질의 아미노산 서열을 비교한 결과, 냄새 분자가 달라붙는 걸로 추정되는 부위에서 세 군데가 달랐다. 단백질의 구조가 바뀌어 감지할 수 있는 냄새 분자의 목록이 달라진 것이다. 즉 노랑초파리의 Ir75a 유전자가 만드는 후각수용체는 아세트산과 프로피온산에 반응하고, 세셸리아초파리의 이것은 프로피온산과 들쩍지근한 다소 불쾌한 냄새가 나는 부티르산에 반응한다.

흥미롭게도 세셸리아초파리의 주식인 노니의 열매는 익으면서 부티르산이 연상되는 냄새가 강해진다. 연구자들은 세셸리아초파리의 Ir75a 유전자는 위유전자가 아니라 노랑초파리와는 다른 기능을 하는 후각수용체 단백질을 만드는 유전자로 진화한 것이라 주장하며, 세셸리아초파리의 Ir75a 유전자를 '위-위유전자(pseudo-pseudogene)'라고 불렀다.

① 세셸리아초파리가 주로 먹는 노니의 열매는 프로피온산 냄새가 나지 않기 때문이다.
② 프로피온산 냄새를 담당하는 후각수용체 단백질은 Ir75a 유전자와 상관이 없기 때문이다.
③ 노랑초파리에서 프로피온산 냄새를 담당하는 후각수용체 유전자는 위유전자가 되었기 때문이다.
④ 세셸리아초파리와 노랑초파리에서 Ir75a 유전자가 만드는 후각수용체 단백질이 똑같기 때문이다.
⑤ 노랑초파리에서 프로피온산 냄새를 담당하는 후각수용체 단백질을 만드는 것이 Ir75a 유전자이기 때문이다.

문 61. 다음 글의 내용과 부합하지 <u>않는</u> 것은? 20 행시(나) 4번

한국어 계통 연구 분야에서 널리 알려진 학설인 한국어의 알타이어족설은 한국어가 알타이 어군인 튀르크어, 몽고어, 만주·퉁구스어와 함께 알타이어족에 속한다는 것이다. 이 학설은 알타이 어군과 한국어 간에는 모음조화, 어두 자음군의 제약, 관계 대명사와 접속사의 부재 등에서 공통점이 있다는 비교언어학 분석에 근거하고 있다. 하지만 기초 어휘와 음운 대응의 규칙성에서는 세 어군과 한국어 간에 차이가 있어 이 학설의 비교언어학적 근거는 한계를 가지고 있다. 이 때문에, 한국어의 알타이어족설은 알타이 어군과 한국어 사이의 친족 관계 및 공통 조상어로부터의 분화 과정을 설명하기 어렵다.

최근 한국어 계통 연구는 비교언어학 분석과 더불어, 한민족 형성 과정에 대한 유전학적 연구, 한반도에 공존했던 여러 유형의 건국 신화와 관련된 인류학적 연구를 이용하고 있다. 가령, 우리 민족의 유전 형질에는 북방계와 남방계의 특성이 모두 존재한다는 점과 북방계의 천손 신화와 남방계의 난생 신화가 한반도에서 모두 발견된다는 점은 한국어가 북방적 요소와 남방적 요소를 함께 지니고 있음을 시사해준다. 이런 연구들은 한국어 자료가 근본적으로 부족한 상황에서 비롯된 문제점을 극복하여 한국어의 조상어를 밝히는 데 일정한 실마리를 던져준다.

하지만 선사 시대의 한국어와 친족 관계를 맺고 있는 모든 어군들을 알 수는 없으며, 있다고 하더라도 그들과 한국어의 공통 조상어를 밝히기란 쉽지 않다. 지금까지의 연구에 따르면, 고대에는 고구려어, 백제어, 신라어로 나뉘어 있었다. 하지만 이들 세 언어가 서로 다른 언어인지, 아니면 방언적 차이만을 지닌 하나의 언어인지에 대해서는 이견이 있다. 고구려어가 원시 부여어에 소급되는 것과 달리 백제어와 신라어는 모두 원시 한어(韓語)로부터 왔다는 것은 이들 언어의 차이가 방언적 차이 이상이었음을 보여 준다. 이들 세 언어가 고려의 건국으로 하나의 한국어인 중세 국어로 수렴되었다는 것에 대해서는 남한과 북한의 학계가 대립된 입장을 보이지 않지만, 중세 국어가 신라어와 고구려어 중 어떤 언어로부터 분화된 것인지와 관련해서는 두 학계의 입장은 대립된다. 한편, 중세 국어가 조선 시대를 거쳐 근대 한국어로 변모하여 오늘날 우리가 사용하는 현대 한국어가 되는 과정에 대해서는 두 학계의 견해가 일치한다.

① 비교언어학적 근거의 한계로 인해 한국어의 알타이어족설은 알타이 어군과 한국어 간의 친족 관계를 설명하기 어렵다.

② 한반도의 천손 신화에 대한 인류학적 연구는 한국어에 북방적 요소가 있음을 시사한다.

③ 최근 한국어 계통 연구는 부족한 한국어 자료를 보완하기 위해 한민족의 유전 형질에 대한 정보와 한반도에 공존한 건국 신화들을 이용한다.

④ 최근 한국어 계통 연구에서 백제어와 고구려어는 방언적 차이로 인해 서로 다른 계통으로 분류된다.

⑤ 중세 국어에서 현대 한국어에 이르는 한국어 형성 과정에 대한 남북한 학계의 견해는 일치한다.

문 62. 다음 글의 ㉠과 ㉡에 들어갈 말을 가장 적절하게 나열한 것은? 20 행시(나) 5번

축산업은 지난 50여 년 동안 완전히 바뀌었다. 예를 들어, 1967년 미국에는 약 100만 곳의 돼지 농장이 있었지만, 2005년에 들어서면서 전체 돼지 농장의 수는 10만을 조금 넘게 되었다. 이러는 가운데 전체 돼지 사육 두수는 크게 증가하여 [㉠] 밀집된 형태에서 대규모로 돼지를 사육하는 농장이 출현하기 시작하였다. 이러한 농장은 경제적 효율성을 지녔지만, 사육 가축들의 병원균 전염 가능성을 높인다. 이러한 농장에서 가축들이 사육되면, 소규모 가축 사육 농장에 비해 벌레, 쥐, 박쥐 등과의 접촉으로 병원균들의 침입 가능성은 높아진다. 또한 이러한 농장의 가축 밀집 상태는 가축 간 접촉을 늘려 병원균의 전이 가능성을 높임으로써 전염병을 쉽게 확산시킨다.

축산업과 관련된 가축의 가공 과정과 소비 형태 역시 변화하였다. 과거에는 적은 수의 가축을 도축하여 고기 그 자체를 그대로 소비할 수밖에 없었다. 그러나 현대에는 소수의 대규모 육류가공기업이 많은 지역으로부터 수집한 수많은 가축의 고기를 재료로 햄이나 소시지 등의 육류가공제품을 대량으로 생산하여 소비자에 공급한다. 이렇게 되면 오늘날의 개별 소비자들은 적은 양의 육류가공제품을 소비하더라도, 엄청나게 많은 수의 가축과 접촉한 결과를 낳는다. 이는 소비자들이 감염된 가축의 병원균에 노출될 가능성을 높인다.

정리하자면 [㉡] 결과를 야기하기 때문에, 오늘날의 변화된 축산업은 소비자들이 가축을 통해 전염병에 노출될 가능성을 높인다.

① ㉠ : 농장당 돼지 사육 두수는 줄고 사육 면적당 돼지의 수도 줄어든
　㉡ : 가축 사육량과 육류가공제품 소비량이 증가하는

② ㉠ : 농장당 돼지 사육 두수는 줄고 사육 면적당 돼지의 수도 줄어든
　㉡ : 가축 간 접촉이 늘고 소비자도 많은 수의 가축과 접촉한

③ ㉠ : 농장당 돼지 사육 두수는 늘고 사육 면적당 돼지의 수도 늘어난
　㉡ : 가축 사육량과 육류가공제품 소비량이 증가하는

④ ㉠ : 농장당 돼지 사육 두수는 늘고 사육 면적당 돼지의 수도 늘어난
　㉡ : 가축 간 접촉이 늘고 소비자도 많은 수의 가축과 접촉한

⑤ ㉠ : 농장당 돼지 사육 두수는 늘고 사육 면적당 돼지의 수도 늘어난
　㉡ : 가축 간 접촉이 늘고 소비자는 적은 수의 가축과 접촉한

문 63. 다음 글에서 추론할 수 있는 것만을 〈보기〉에서 모두 고르면?

20 행시(나) 9번

란체스터는 한 국가의 상대방 국가에 대한 군사력 우월의 정도를, 전쟁의 승패가 갈린 전쟁 종료 시점에서 자국의 손실비의 역수로 정의했다. 예컨대 전쟁이 끝났을 때 자국의 손실비가 1/2이라면 자국의 군사력은 적국보다 2배로 우월하다는 것이다. 손실비는 아래와 같이 정의된다.

$$\text{자국의 손실비} = \frac{\text{자국의 최초 병력 대비 잃은 병력 비율}}{\text{적국의 최초 병력 대비 잃은 병력 비율}}$$

A국과 B국이 전쟁을 벌인다고 하자. 전쟁에는 양국의 궁수들만 참가한다. A국의 궁수는 2,000명이고, B국은 1,000명이다. 양국 궁수들의 숙련도와 명중률 등 개인의 전투 능력, 그리고 지형, 바람 등 주어진 조건은 양국이 동일하다고 가정한다. 양측이 동시에 서로를 향해 1인당 1발씩 화살을 발사한다고 하자. 모든 화살이 적군을 맞힌다면 B국의 궁수들은 1인 평균 2개의 화살을, A국 궁수는 평균 0.5개의 화살을 맞을 것이다. 하지만 화살이 제대로 맞지 않거나 아예 안 맞을 수도 있으니, 발사된 전체 화살 중에서 적 병력의 손실을 발생시키는 화살의 비율은 매번 두 나라가 똑같이 1/10이라고 하자. 그렇다면 첫 발사에서 B국은 200명, A국은 100명의 병력을 잃을 것이다.

따라서 ㉠ 첫 발사에서의 B국의 손실비는 $\dfrac{200/1,000}{100/2,000}$ 이다.

마찬가지 방식으로, 남은 A국 궁수 1,900명은 두 번째 발사에서 B국에 190명의 병력 손실을 발생시킨다. 이제 B국은 병력의 39%를 잃었다. 이런 손실을 당하고도 버틸 수 있는 군대는 많지 않아서 전쟁은 B국의 패배로 끝난다. B국은 A국에 첫 번째 발사에서 100명, 그 다음엔 80명의 병력 손실을 발생시켰다. 전쟁이 끝날 때까지 A국이 잃은 궁수는 최초 병력의 9%에 지나지 않는다. 이로써 ㉡ B국에 대한 A국의 군사력이 명확히 드러난다.

─〈보 기〉─

ㄱ. 다른 조건이 모두 같으면서 A국 궁수의 수가 4,000명으로 증가하면 ㉠은 16이 될 것이다.

ㄴ. ㉡의 내용은 A국의 군사력이 B국보다 4배 이상으로 우월하다는 것이다.

ㄷ. 전쟁 종료 시점까지 자국과 적국의 병력 손실이 발생했고 그 수가 동일한 경우, 최초 병력의 수가 적은 쪽의 손실비가 더 크다.

① ㄱ

② ㄷ

③ ㄱ, ㄴ

④ ㄴ, ㄷ

⑤ ㄱ, ㄴ, ㄷ

문 64. 다음 글의 ㉠과 ㉡에 대한 분석으로 적절한 것은?

20 행시(나) 10번

제1차 세계대전 이후 심리적 외상의 실재가 인정되었다. 참호 안에서 공포에 시달린 남성들은 무력감에 사로잡히고, 전멸될지 모른다는 위협에 억눌렸으며 동료들이 죽고 다치는 것을 지켜보며 히스테리 증상을 보였다. 그들은 울며 비명을 질러대고 얼어붙어 말이 없어졌으며, 자극에 반응을 보이지 않고 기억을 잃으며 감정을 느끼지 못했다. 이러한 정신적 증후군의 발병은 신체적 외상이 아니라 심리적 외상을 계기로 발생한다는 것을 알게 되었다. 폭력적인 죽음에 지속적으로 노출되어 받는 심리적 외상은 히스테리에 이르게 하는 신경증적 증후군을 유발하기에 충분했다.

전쟁에서 폭력적인 죽음에 지속적으로 노출되어 받는 심리적 외상을 계기로 발생하는 '전투 신경증'이 정신적 증후군의 하나로 실재한다는 사실을 부정할 수 없게 되었을 때, 의학계의 전통주의자들과 진보주의자들 간의 의학적 논쟁은 이제 환자의 의지력을 중심으로 이루어졌다. ㉠ 전통주의자들은 전쟁에서 영광을 누려야 할 군인이 정서적인 증세를 드러내서는 안 된다고 보았다. 이들에 따르면, 전투 신경증을 보이는 군인은 체질적으로 열등한 존재에 해당한다. 전통주의자들은 이 환자들을 의지박약자라고 기술하면서 모욕과 위협, 처벌을 중심으로 하는 치료를 옹호하였다. 반면 ㉡ 진보주의자들은 전투 신경증이 의지력 높은 군인에게도 나타날 수 있다고 주장하였다. 이들은 정신분석 원칙에 입각하여 대화를 통한 인도적 치료를 옹호하였다. 그들은 전투 신경증을 히스테리의 한 유형으로 보았지만 히스테리라는 용어가 담고 있는 경멸적인 의미가 환자들에게 낙인을 찍는다는 사실을 깨닫고 이를 대체할 수 있는 명명법에 대한 고민을 거듭했다. 인도적 치료를 추구했던 진보주의자들은 두 가지 원칙을 확립하였다. 첫째, 용맹한 남성이라도 압도적인 두려움에는 굴복하게 된다. 둘째, 두려움을 극복할 수 있는 동기는 애국심이나 적에 대한 증오보다 강한 전우애다.

① ㉠과 ㉡의 히스테리 치료 방식은 같다.

② ㉠과 ㉡은 모두 전투 신경증의 증세가 실재한다고 본다.

③ ㉠과 ㉡은 전투 신경증이 어떤 계기로 발생하는가에 대해 서로 다른 견해를 보인다.

④ ㉠과 ㉡은 모두 환자들에게 히스테리라는 용어를 사용하는 것이 부정적인 낙인을 찍는다고 본다.

⑤ ㉡은 ㉠보다 전투 신경증에 의한 히스테리 증상이 더 다양한 형태로 나타난다고 본다.

문 65. 다음 갑~병의 견해에 대한 분석으로 적절한 것만을 〈보기〉에서 모두 고르면?　20 행시(나) 13번

갑 : 현대 사회에서 '기술'이라는 용어는 낯설지 않다. 이 용어는 어떻게 정의될 수 있을까? 한 가지 분명한 사실은 우리가 기술이라고 부를 수 있는 것은 모두 물질로 구현된다는 것이다. 기술이 물질로 구현된다는 말은 그것이 물질을 소재 삼아 무언가 물질적인 결과물을 산출한다는 의미이다. 나노기술이나 유전자조합기술도 당연히 이 조건을 만족하는 기술이다.

을 : 기술은 반드시 물질로 구현되는 것이어야 한다는 말은 맞지만 그렇게 구현되는 것들을 모두 기술이라고 부를 수는 없다. 가령, 본능적으로 개미집을 만드는 개미의 재주 같은 것은 기술이 아니다. 기술로 인정되려면 그 안에 지성이 개입해 있어야 한다. 나노기술이나 유전자조합기술을 기술이라 부를 수 있는 이유는 둘 다 고도의 지성의 산물인 현대과학이 그 안에 깊게 개입해 있기 때문이다. 더 나아가 기술에 대한 우리의 주된 관심사가 현대 사회에 끼치는 기술의 막강한 영향력에 있다는 점을 고려할 때, '기술'이란 용어의 적용을 근대 과학혁명 이후에 등장한 과학이 개입한 것들로 한정하는 것이 합당하다.

병 : 근대 과학혁명 이후의 과학이 개입한 것들이 기술이라는 점을 부인하지 않는다. 하지만 그런 과학이 개입한 것들만 기술로 간주하는 정의는 너무 협소하다. 지성이 개입해야 기술인 것은 맞지만 기술을 만들어내기 위해 과학의 개입이 꼭 필요한 것은 아니다. 오히려 기술은 과학과 별개로 수많은 시행착오를 통해 발전해 나가기도 한다. 이를테면 근대 과학혁명 이전에 인간이 곡식을 재배하고 가축을 기르기 위해 고안한 여러 가지 방법들도 기술이라고 불러야 마땅하다. 따라서 우리는 '기술'을 더 넓게 적용할 수 있도록 정의할 필요가 있다.

───── 〈보 기〉 ─────

ㄱ. '기술'을 적용하는 범위는 셋 중 갑이 가장 넓고 을이 가장 좁다.

ㄴ. 을은 '모든 기술에는 과학이 개입해 있다.'라는 주장에 동의하지만, 병은 그렇지 않다.

ㄷ. 병은 시행착오를 거쳐 발전해온 옷감 제작법을 기술로 인정하지만, 갑은 그렇지 않다.

① ㄱ
② ㄴ
③ ㄱ, ㄷ
④ ㄴ, ㄷ
⑤ ㄱ, ㄴ, ㄷ

문 66. 다음 글에서 추론할 수 <u>없는</u> 것은?　20 행시(나) 15번

장수 비결에 관한 연구 결과에 따르면 행복한 결혼생활과 규칙적인 운동이 장수에 필요한 조건이라는 사실이 밝혀졌다. 또 하나 필요한 조건은 짜거나 기름진 음식을 즐겨 먹지 말아야 한다는 것이다.

이 연구 결과를 검증하기 위해 90세 이상 장수 노인 100명과 전국 평균에도 못 미치는 나이에 세상을 떠난 조기 사망자 100명, 총 200명으로 구성된 하나의 표본 집단 X를 구성하여 조사한 결과, 장수 노인 중에 이 연구 결과에 부합하지 않는 사례는 한 명도 없었다. 이번 조사를 통해 X에 속한 사람들에 대해 추가로 알려진 정보는 다음과 같다.

결혼생활이 행복하지 않은 사람들은 모두 면역지수가 낮았는데, 조기 사망자는 모두 면역지수가 낮았다. 짜거나 기름진 음식을 즐겨 먹지 않는 사람들의 경우 모두 혈중 콜레스테롤 지수가 낮게 나타났는데, 조기 사망자는 모두 혈중 콜레스테롤 지수가 높았다. 규칙적인 운동을 하지 않은 사람들은 모두 β호르몬이 평균치보다 적게 분비된 것으로 나타났는데, β호르몬이 평균치보다 적게 분비된 사람은 모두 체지방 비율이 정상 범위를 넘어섰다고 한다. 그런데 조기 사망자는 아무도 체지방 비율이 정상 범위를 넘어서지 않았던 것으로 드러났다.

① X에 속한 모든 사람은 규칙적으로 운동을 했다.

② X에 속한 장수 노인 중에 혈중 콜레스테롤 지수가 높은 사람은 없다.

③ X에 속한 조기 사망자 중에 짜거나 기름진 음식을 즐겨 먹은 사람이 있었다.

④ X에 속한 장수 노인 중에 체지방 비율이 정상 범위를 넘어서지 않는 사람이 있다.

⑤ X에 속한 조기 사망자라면 누구나 결혼생활이 행복하지 않았거나 β호르몬이 평균치보다 적게 분비되지 않았다.

문 67. 다음 글에서 알 수 있는 것은? 20 행시(나) 22번

조선은 건국 초부터 가족을 중시하였다. 가족의 안정이 곧 사회의 안정이라는 인식하에, 가정의 핵심인 부부를 보호하기 위해 어떻게든 이혼을 막아야 했다. 중국 법전인 『대명률』은 부인이 남편을 때렸거나 간통을 했을 경우 남편이 원하면 이혼을 허용했다. 그런데 조선은 『대명률』을 준용하면서도 '조선에는 이혼이란 없다.'라는 태도를 견지하였다. 『대명률』에는 이른바 출처(出妻)라는 항목이 있어서 이런저런 이유로 부인을 내쫓을 수 있게 되어 있지만, 조선에서는 출처가 거의 명목상으로만 존재하였다. 조선은 남편이 부인을 쫓아내는 것이 사회 안정에 도움이 되지 않는다는 사실을 잘 파악하고 있었다.

양반 남자 집안 또한 이혼이나 출처에 부정적이었다. 부인을 쫓아내면 그것이 곧 적처가 없게 되는 것이다. 적처는 양반가에서 적자의 배우자로 집안을 온전하게 유지하는 가정의 관리자다. 이에 조선의 양반가에서 적처의 존재는 필수 불가결한 것이었다. 게다가 적처를 쫓아내고 새 부인을 얻는다는 것은 현실적으로 비용과 노력이 많이 드는 골치가 아픈 일이었다. 적처를 내보내면 적처 집안과의 관계가 단절된다.

조선 전기에는 오늘날과 달리 남자가 여자 집으로 장가를 드는 형태로 혼인이 이루어졌기 때문에 적처의 집안 즉 여자 집안의 영향력이 컸고, 남자 집안과 여자 집안은 비교적 대등하고 협력적인 관계를 맺어 왔다. 물론 조선 후기로 내려오면서 혼인의 형태가 변화하여 남자 쪽이 주도권을 잡게 되었지만, 여전히 여자 집안으로부터의 영향력과 지원은 무시할 수 없었다. 따라서 여자 집안과의 공조를 끊는 것은 쉽게 결정할 일이 아니었다. 이러한 문제를 다 고려해서 이루어진 혼인이었으므로, 재혼을 통해 더 나은 관계를 찾는 것은 쉽지 않은 일이었다.

조선에서 남자 집안은 새로운 관계를 찾기보다는 처음 맺은 관계를 우호적으로 유지하면서 사회적인 이익을 얻기 위해 노력하는 것이 더 현실적이었다. 칠거지악이 여자들을 옥죄는 조선의 악습으로 알려져 있지만, 사실은 이 때문에 부인이 쫓겨난 경우는 없다. 이처럼 이혼이 거의 불가능하고 또 불필요했기 때문에 조선의 부부들은 자신들에게 주어진 상황에 적응하는 쪽으로 노력을 기울였다.

① 조선 사회에서 양반 계층보다는 평민이나 노비 계층에서 이혼이 빈번했다.

② 조선의 양반 집안은 적처를 쫓아내기보다는 현실적인 이유에서 결혼을 유지하였다.

③ 조선에서 적처의 존재를 중요하게 생각한 것은 부인의 역할이 중국과는 달랐기 때문이다.

④ 조선 시대에는 중국 법전의 출처 항목에 명시된 사유에 해당한다고 판단될 경우 이혼을 실질적으로 용인하였다.

⑤ 조선 시대에 국가는 이혼을 막기 위해 남자 집안과 여자 집안 간의 공조를 유지시키기 위한 지원 정책을 실시했다.

문 68. 다음 글에서 추론할 수 있는 것만을 〈보기〉에서 모두 고르면? 20 행시(나) 27번

'공립학교 인종차별 금지 판결의 준수를 종용하면서, 어떤 법률에 대해서는 의도적으로 그 준수를 거부하니 이는 기괴하다.'라고 할 수 있습니다. '어떤 법률은 준수해야 한다고 하면서도 어떤 법률에 대해서는 그를 거부하라 할 수 있습니까?'라고 물을 수도 있습니다. 하지만 이에는 '불의한 법률은 결코 법률이 아니다.'라는 아우구스티누스의 말을 살펴 답할 수 있습니다. 곧, 법률에는 정의로운 법률과 불의한 법률, 두 가지가 있습니다.

이 두 가지 법률 간 차이는 무엇입니까? 법률이 정의로운 때가 언제이며, 불의한 때는 언제인지 무엇을 보고 결정해야 합니까? 우리 사회에서 통용되는 법률들을 놓고 생각해 봅시다. 우리 사회에서 지켜야 할 법률이라는 점에서 정의로운 법률과 불의한 법률 모두 사람에게 적용되는 규약이기는 합니다. 하지만 정의로운 법률은 신의 법, 곧 도덕법에 해당한다는 데에 동의할 것으로 믿습니다. 그렇다면 불의한 법률은 그 도덕법에 배치되는 규약이라 할 것입니다. 도덕법을 자연법이라 표현한 아퀴나스의 말을 빌리면, 불의한 법률은 결국 사람끼리의 규약에 불과합니다. 사람끼리의 규약이 불의한 이유는 그것이 자연법에 기원한 것이 아니기 때문입니다.

인간의 성품을 고양하는 법률은 정의롭습니다. 인간의 품성을 타락시키는 법률은 물론 불의한 것입니다. 인종차별을 허용하는 법률은 모두 불의한 것인데 그 까닭은 인종차별이 영혼을 왜곡하고 인격을 해치기 때문입니다. 가령 인종을 차별하는 자는 거짓된 우월감을, 차별당하는 이는 거짓된 열등감을 느끼게 되는데 여기서 느끼는 우월감과 열등감은 영혼의 본래 모습이 아니라서 올바른 인격을 갖추지 못하도록 합니다.

따라서 인종차별은 정치·사회·경제적으로 불건전할 뿐 아니라 죄악이며 도덕적으로 그른 것입니다. 분리는 곧 죄악이라 할 것인데, 인간의 비극적인 분리를 실존적으로 드러내고, 두려운 소외와 끔찍한 죄악을 표출하는 상징이 인종차별 아니겠습니까? 공립학교 인종차별 금지 판결이 올바르기에 그 준수를 종용할 수 있는 한편, 인종차별을 허용하는 법률은 결단코 그르기에 이에 대한 거부에 동참해달라고 호소하는 바입니다.

〈보 기〉

ㄱ. 인간의 성품을 고양하는 법률은 도덕법에 해당한다.

ㄴ. 사람끼리의 규약에 해당하는 법률은 자연법이 아니다.

ㄷ. 인종차별적 내용을 포함하지 않는 모든 법률은 신의 법에 해당한다.

① ㄱ

② ㄷ

③ ㄱ, ㄴ

④ ㄴ, ㄷ

⑤ ㄱ, ㄴ, ㄷ

문 69. 다음 글에서 알 수 있는 것은? 20 행시(나) 28번

철은 구성 성분과 용도 그리고 단단함의 정도(강도), 질긴 정도(인성), 부드러운 정도(연성), 외부 충격에 깨지지 않고 늘어나는 정도(가단성) 등의 성질에 따라 다양한 종류로 나뉜다.

순철은 거의 100% 철로 되어 있다. 순철을 가열하면 약 910℃에서 체심입방격자에서 면심입방격자로 구조 변화가 일어나면서 수축이 일어나고 이 구조는 약 1,400℃까지 유지된다. 그 이상의 온도에서는 구조가 다시 체심입방격자로 바뀌면서 팽창이 일어난다. 순철은 얇게 펼 수 있으며, 용접하기 쉽고, 쉽게 부식되지 않지만, 상온에서 매우 부드러워서 전자기 재료, 촉매, 합금용 등 그 활용 범위가 제한되어 있으며 공업적으로 조금 생산된다. 따라서 대부분의 경우 철은 순철 자체로 사용되기보다 탄소가 혼합된 형태로 사용된다.

선철은 용광로에서 철광석을 녹여 만든 철로서 탄소, 규소, 망간, 인, 황이 많이 포함되어 있고 단단하지만 부서지기 쉽다. 선철에는 탄소가 특히 많이 함유되어 있기 때문에 순철보다 인성과 가단성이 낮아 주형에 부어 주물로 만들 수는 있지만, 압력을 가해 얇게 펴거나 늘리는 가공은 어렵다. 대부분 선철은 강(鋼)을 만들기 위한 원료로 사용되며, 용광로에서 나와 가공되기 전 녹아 있는 상태의 선철을 용선이라고 한다.

제강로에 선철을 넣으면 탄소나 기타 성분이 제거되는 정련 과정이 일어나며, 이를 통해 강이 만들어진다. 강은 질기고 외부의 충격에 깨지지 않고 늘어나는 성질이 강하기 때문에 불에 달구어서 두들기거나 압연기 사이로 통과시키면서 압력을 가해 여러 형태의 판이나 봉, 관 등의 구조재를 만들 수 있다. 또한 외부 충격에 견디는 힘이 높아 그 용도가 무궁무진하다.

강은 탄소 함유량에 따라 저탄소강, 중탄소강, 고탄소강으로 구분한다. 탄소강은 가공과 열처리를 통해 성질을 다양하게 변화시킬 수 있고 값도 매우 싸기 때문에 실용 재료로써 그 가치가 매우 크다. 하지만 모든 성질이 우수한 탄소강을 만드는 것은 불가능하기에 다양한 제강 과정을 거쳐서 용도에 따른 특수강을 만들어 사용한다. 강에 특수한 성질을 주기 위하여 니켈, 크롬, 텅스텐, 몰리브덴 등의 특수 원소를 첨가하거나 탄소, 규소, 망간, 인, 황 중 일부를 첨가하여 내열강, 내마모강, 고장력강 등을 만드는데 이것을 특수강이라고 부른다.

① 순철은 연성이 높기 때문에 온도에 의한 구조 변화와 수축 · 팽창이 쉽게 일어난다.

② 순철은 선철보다 덜 질기고 외부 충격에 깨지지 않고 늘어나는 정도가 더 낮다.

③ 용선이 가지고 있는 탄소의 양은 저탄소강이 가지고 있는 탄소의 양보다 적다.

④ 제강로에서 일어나는 정련 과정은 선철의 인성과 가단성을 높인다.

⑤ 고장력강의 탄소 함유량은 고탄소강의 탄소 함유량보다 더 낮다.

문 70. 다음 글에서 추론할 수 있는 것은? 20 행시(나) 29번

두 국가에서 소득을 얻은 개인이 두 국가 모두의 거주자로 간주되면, 두 국가에서 벌어들인 소득 합계에 대한 세금을 두 국가 모두에 납부해야 한다. 이러한 이중 부과는 불합리하다. 이에, 다음 〈기준〉에 따라 〈사례〉의 개인 갑~정을 X국과 Y국 중 어느 국가의 거주자인지 결정하고자 한다. 갑~정의 국적은 각 하나씩이며, 네 명 모두 X국과 Y국에서만 소득을 얻는다. 〈기준〉의 각 항목은 거주국이 결정될 때까지 '첫째'부터 순서대로 적용하되, 항목에 명시된 '경우'에 해당하지 않으면 적용하지 않는다. 거주국이 결정되면 그 뒤의 항목들은 고려하지 않는다.

〈기준〉

첫째, 소득을 얻는 국가 중 한 국가에만 영구적인 주소가 있는 경우, 그 국가의 거주자로 본다. 둘째, 소득을 얻는 두 국가 모두에 영구적인 주소가 있는 경우, 더 중요한 이해관계를 가지는 쪽 국가의 거주자로 본다. 셋째, 소득을 얻는 두 국가 중 어느 쪽에도 영구적인 주소가 없거나 어느 쪽 국가에도 더 중요한 이해관계를 가지지 않는 경우에는 통상적으로 거주하는, 즉 1년의 50%를 초과하여 거주하는 국가의 거주자로 본다. 넷째, 소득을 얻는 두 국가 중 어느 쪽에도 통상적으로 거주하지 않는 경우, 국적에 따라 거주국을 결정한다.

〈사례〉

• X국 국적자 갑은 X국 법인의 회장으로 재직하여 X국에 더 중요한 이해관계를 가지며, 어느 나라에도 영구적인 주소가 없으나 1년에 약 3개월은 X국에 거주하고 나머지는 Y국에 거주한다.

• Z국 국적자 을은 Y국 법인의 이사로 재직하여 Y국에 더 중요한 이해관계를 가진다. 을은 Y국에 통상적으로 거주하며 그가 유일하게 영구적인 주소를 가진 X국에는 1년에 4개월 정도 거주하는데 그 기간에는 영상회의로 Y국 법인의 업무에 참여한다.

• Y국 국적자 병은 X국과 Y국에 각각 영구적인 주소를 가지며 1년 중 X국에 1/4, Y국에 3/4를 체류한다. 병은 Y국에 체류할 때는 주로 휴식을 취하지만 X국에 체류하는 동안에는 X국의 공장을 운영하는 등, X국에 더 중요한 이해관계를 가진다.

• Y국 국적자 정은 Z국에만 영구적인 주소를 가지나, 거주는 X국과 Y국에서 정확히 50%씩 한다. 정은 X국과 Y국 중 어느 쪽에도 더 중요한 이해관계를 가지지 않는다.

① 갑과 병은 거주국이 같다고 결정된다.

② 갑~정 중 거주국이 결정되지 않는 사람이 있다.

③ 갑~정 중 국적이 Z국인 사람은 Y국의 거주자로 결정된다.

④ 갑~정 중 Z국에 영구적인 주소를 가지는 사람의 거주국은 X국으로 결정된다.

⑤ 갑~정 중, X국의 거주자로 결정된 사람의 수와 Y국의 거주자로 결정된 사람의 수는 같다.

문 71. 다음 글에서 알 수 있는 것은? 21 행시(가) 3번

15~16세기에 이질은 사람들을 괴롭히는 가장 주요한 질병이 되었다. 조선은 15세기부터 냇둑을 만들어 범람원(汎濫原)을 개간하기 시작하였고, 『농사직설』을 편찬하여 적극적으로 벼농사를 보급하였다. 이질은 이처럼 벼농사를 중시하여 냇가를 개간한 조선이 감당하여야 하는 숙명이었다.

벼농사를 짓는 논은 밭 위에 물을 가두어 농사를 짓는 농업 시설이었다. 새로 생긴 논 주변의 구릉에는 마을들이 생겨났다. 하지만 사람들이 쏟아내는 오물이 도랑을 통해 논으로 흘러들었고, 사람의 눈에 보이지 않는 미생물 중 수인성(水因性) 병균이 번성하였다. 그중 위산을 잘 견디는 시겔라균은 사람의 몸에 들어오면 적은 양이라도 대장까지 곧바로 도달하였고, 어김없이 이질을 일으켰다.

이질은 15세기 초반 급증하기 시작하여 17세기 이후에는 크게 감소하였다. 이러한 변화의 원인은 생태환경의 측면에서 찾을 수 있다. 15~16세기 냇둑에 의한 농지 개간은 범람원을 논으로 바꾸었다. 장마나 강우에 의해 일시적으로 범람하여 발생하는 짧은 침수 기간을 제외하면 범람원은 나머지 대부분의 시간 동안 건조한 상태를 유지하는 벌판을 형성한다. 이곳은 홍수에 잘 견디는 나무로 구성된 숲이 발달하였던 곳이다. 한반도의 하천 변에 분포하는 넓은 범람원의 숲이 논으로 개발되면서 뜨거운 여름 동안 습지로 바뀌었고 건조한 환경에 적합한 미생물 생태계가 습한 환경에 적합한 새로운 미생물 생태계로 바뀌었다. 수인성 세균인 병원성 살모넬라균과 시겔라균은 이러한 습지의 생태계에서 번성하여 장티푸스와 이질의 발병률을 크게 높였다.

그런데 17세기 이후 농지 개간의 중심축이 범람원 개간에서 산간 지역 개발로 이동하였다. 이는 수인성 전염병 발생을 크게 줄이는 결과를 낳았다. 농법의 측면에서도 17세기 이후에는 남부지역의 벼농사에서 이모작과 이앙법이 확대되었고, 이는 마을에 인접한 논의 사용법을 변화시켰다. 특히 논에 물을 가둬두는 기간이 줄어서 이질 등 수인성 질병 발생의 감소를 가져왔다.

① 『농사직설』을 통한 벼농사 보급 이전의 조선에는 수인성 병균에 의한 질병이 발견되지 않았다.

② 15~16세기 조선의 하천에서 번성하던 시겔라균이 17세기 이후 감소하였다.

③ 17세기 이후 조선에서는 논의 미생물 생태계가 변화되어 이질 감소에 기여하였다.

④ 17세기 이후 조선에서 개간 대상 지역이 바뀌어 인구 밀집지역이 점차 하천 주변에서 산간 지역으로 바뀌었다.

⑤ 17세기 이후 조선 농법의 변화는 건조한 지역에도 농지를 개간할 수 있도록 하여 이질과 장티푸스 발병률을 낮추었다.

문 72. 다음 글에서 알 수 있는 것은? 21 행시(가) 6번

요리의 좋은 맛을 내는 조리 과정에서는 수많은 분자를 만들어내는 화학반응이 일어난다. 많은 화학반응 중 가장 돋보이는 화학반응은 '마이야르 반응'이다. 마이야르 반응은 온도가 약 섭씨 140도에 도달할 때 일어나기 시작한다. 이 온도에서는 당 분자가 단백질을 이루는 요소들 중 하나인 아미노산과 반응한다. 음식에 들어 있는 당 분자들은 흔히 서로 결합하여 둘씩 짝을 이루거나 긴 사슬 구조를 만든다. 마찬가지로 단백질도 수백 개의 아미노산이 서로 연결된 긴 사슬로 이루어져 있다. 마이야르 반응은 그 긴 사슬 끝에 있는 당이 다른 사슬 끝에 있는 아미노산과 만나 반응하며 시작된다. 당과 아미노산이 만나 새로운 화학물질이 생겨나며, 반응한 화학물질은 자연스럽게 재정렬된다.

초기 반응에 관여한 아미노산과 당의 특성에 따라 다음에 일어날 일이 달라진다. 마이야르 반응에 관여할 수 있는 당은 적어도 6가지이며, 아미노산은 20가지가 넘는다. 따라서 어떠한 종류의 당과 아미노산이 반응에 참여하느냐에 따라 생성되는 화학물질의 종류는 천차만별이다. 또 주변의 산도와 온도, 수분의 양에 따라서도 반응이 달라지는데, 여러 조건에 따라 반응 속도뿐만 아니라 반응을 통해 생성되는 화학물질이 달라진다. 마이야르 반응을 통해 생성되는 분자 중 일부는 사람이 섭취했을 때 흥미로운 맛을 낸다. 예를 들면 포도당이 아미노산의 한 종류인 시스테인과 반응할 때 생성되는 아크릴피리딜은 크래커와 유사한 맛을 내고, 아미노산의 한 종류인 아르기닌과 반응할 때 생성되는 아세틸피롤린은 팝콘향을 낸다. 여기에 더해 갈색빛을 띠는 멜라노이딘 계열 분자들도 생성되는데, 이들은 음식이 갈색을 띠게 만든다. 마이야르 반응을 통해 여러 맛 분자들뿐 아니라, 발암물질의 하나인 아세틸아미드와 같은 분자들도 소량이나마 생성된다.

① 약 섭씨 140도에서 포도당과 단백질 사슬 끝에 있는 아미노산이 반응하면 팝콘향을 내는 물질을 생성할 수 있다.

② 마이야르 반응으로 생성되는 화학물질의 종류는 아미노산과 당의 종류보다는 주변 조건에 따라 결정된다.

③ 아크릴피리딜은 당 분자의 사슬 구조 끝에 있는 포도당과 아르기닌이 반응함으로써 생성된다.

④ 멜라노이딘 계열 분자는 요리의 색을 결정할 뿐, 암을 유발하는 데 관여하지 않는다.

⑤ 마이야르 반응 과정에서 생성되는 발암물질의 양은 반응 속도에 따라 결정된다.

문 73. 다음 글의 ㉠과 ㉡에 들어갈 내용을 적절하게 짝지은 것은?

21 행시(가) 8번

우리는 전체 집단에서 특정 표본을 추출할 때 표본이 무작위로 선정되었을 것이라 기대하지만, 실제로 항상 그런 것은 아니다. 이 같은 표본 선정의 쏠림 현상, 즉 표본의 편향성은 종종 올바른 판단을 저해한다. 2차 세계대전 중 전투기의 보호 장비 개선을 위해 미국의 군 장성들과 수학자들 사이에서 이루어졌던 논의는 그 좋은 사례이다. 미군은 전투기가 격추되는 것을 막기 위해 전투기에 철갑을 둘렀다. 기체 전체에 철갑을 두르면 너무 무거워지기에 중요한 부분에만 둘러야 했다. 교전을 마치고 돌아온 전투기에는 많은 총알구멍이 있었지만, 기체 전체에 고르게 분포된 것은 아니었다. 총알구멍은 동체 쪽에 더 많았고 엔진 쪽에는 그다지 많지 않았다. 군 장성들은 철갑의 효율을 높일 수 있는 기회를 발견했다. [㉠   ] 생각이었다.

반면, 수학자들은 이와 같은 장성들의 생각에 반대하면서 다음과 같은 주장을 펼쳤다. 만일 피해가 전투기 전체에 골고루 분포된다면 분명히 엔진 덮개에도 총알구멍이 났을 텐데, 돌아온 전투기의 엔진 부분에는 총알구멍이 거의 없었다. 왜 이러한 현상이 발생한 것일까? 총알구멍이 엔진에 난 전투기는 대부분 격추되어 돌아오지 못한다. 엔진에 총알을 덜 맞은 전투기가 많이 돌아온 것은, 엔진에 총알을 맞으면 귀환하기 어렵기 때문이다. 병원 회복실을 가보면, 가슴에 총상을 입은 환자보다 다리에 총상을 입은 환자가 더 많다. 이것은 가슴에 총상을 입은 사람들이 회복하지 못했기 때문이다.

이 사례에서 군 장성들은 자신도 모르게 복귀한 전투기에 관한 어떤 가정을 하고 있었다. 그것은 기지로 복귀한 전투기가 [㉡   ] 것이었다. 군 장성들은 복귀한 전투기를 보호 장비 개선 연구를 위한 중요한 자료로 사용하고자 했다. 그러나 만약 잘못된 표본에 근거하여 정책을 결정한다면, 오히려 전투기의 생존율을 낮추는 결과를 초래할 수 있다.

① ㉠ : 전투기에서 가장 중요한 엔진 쪽에만 철갑을 둘러도 충분한 보호 효과를 볼 수 있다는
   ㉡ : 출격한 전투기 일부에서 추출된 편향된 표본이라는

② ㉠ : 전투기에서 총알을 많이 맞는 동체 쪽에 철갑을 집중해야 충분한 보호 효과를 볼 수 있다는
   ㉡ : 출격한 전투기 일부에서 추출된 편향된 표본이라는

③ ㉠ : 전투기에서 가장 중요한 엔진 쪽에만 철갑을 둘러도 충분한 보호 효과를 볼 수 있다는
   ㉡ : 출격한 전투기 전체에서 무작위로 추출된 표본이라는

④ ㉠ : 전투기에서 총알을 많이 맞는 동체 쪽에 철갑을 집중해야 충분한 보호 효과를 볼 수 있다는
   ㉡ : 출격한 전투기 전체에서 무작위로 추출된 표본이라는

⑤ ㉠ : 전투기의 철갑 무게를 감당할 만큼 충분히 강력한 엔진을 달아야 한다는
   ㉡ : 출격한 전투기 전체에서 무작위로 추출된 표본이라는

문 74. 다음 글에서 추론할 수 없는 것은?

21 행시(가) 9번

조직 구성원의 발언은 조직과 구성원 양측에 긍정적 효과를 가져올 수 있다. 구성원들은 발언을 함으로써 스스로 통제할 수 있다는 느낌을 가지게 되어 직무 스트레스가 줄고 조직에 대해 긍정적 태도를 가질 수 있다. 동시에 발언은 발언자의 조직 내 이미지를 실추시키거나 다양한 보복을 불러올 우려가 없지 않다. 한편 침묵은 조직의 발전 기회를 놓치게 하거나 조직을 위기에 처하게 할 수 있을 뿐만 아니라, 구성원 자신들에게도 부정적 영향을 미칠 수 있다. 침묵은 구성원들로 하여금 스스로를 가치 없는 존재로 느끼게 만들고, 관련 상황을 통제하지 못한다는 인식을 갖게 함으로써, 구성원들의 정신건강과 신체에 악영향을 미칠 수 있다. 구성원들은 조직에서 우려되는 이슈들을 인지하였을 때, 이를 발언으로 표출할지 아니면 침묵으로 표출하지 않을지 선택할 수 있는데, 해당 조직의 문화 아래에서 보복과 관련한 안전도와 변화 가능성에 대한 실효성 등을 고려하여 판단한다.

침묵의 유형들은 다음과 같다. 먼저, 묵종적 침묵은 조직의 부정적 이슈 등과 관련된 정보나 의견 등을 가지고 있지만 이를 알리거나 표출할 행동 유인이 없어 표출하지 않는 행위를 가리킨다. 이러한 침묵은 문제 있는 현실을 바꾸려는 의지를 상실한 체념의 의미를 내포하고 있어, 방관과 유사하다. 묵종적 침묵은 발언을 해도 소용이 없을 것이라는 조직에 대한 불신으로부터 나오는 행위이다.

방어적 침묵은 외부 위협으로부터 자신을 보호하거나 자신을 향한 보복을 당하지 않기 위해 조직과 관련된 부정적인 정보나 의견을 억누르는 적극적인 성격의 행위를 가리킨다. 기존에 가진 것을 지키기 위한 것뿐만 아니라, 침묵함으로써 추가적인 이익을 보고자 하는 것도 방어적 침묵의 행동 유인으로 포함하여 보기 때문에 자기보신적 행위라고 할 수 있다.

친사회적 침묵은 조직이나 다른 구성원의 이익을 보호하려는 목적에서 조직과 관련된 부정적 정보나 의견 등을 표출하지 않고 억제하는 행위로서, 다른 사람을 배려한 이타주의적인 침묵을 가리킨다. 이는 본인의 사회적 관계를 위한 경우에는 해당되지 않고, 철저하게 '나'를 배제한 판단 아래에서 이뤄지는 행위이다.

① 구성원들의 발언이 조직의 의사결정에 반영되는 정도가 커질수록, 조직의 묵종적 침묵은 감소할 것이다.

② 발언의 영향으로 자신의 안전이 걱정되어 침묵하는 경우는 방어적 침묵에 해당한다.

③ 발언의 실효성이 낮을 것으로 판단하여 침묵하는 경우는 묵종적 침묵에 해당한다.

④ 발언자에 대한 익명성을 보장하는 경우, 조직의 친사회적 침묵은 감소할 것이다.

⑤ 발언의 안전도와 실효성이 낮은 조직일수록 구성원의 건강은 악화될 수 있다.

문 75. 다음 글에 비추어 볼 때, 〈실험〉에서 추론한 것으로 적절한 것만을 〈보기〉에서 모두 고르면?   21 행시(가) 10번

A식물은 머리카락 모양의 털을 잎 표피에서 생산한다. 어떤 A식물은 털에서 당액을 분비하여 잎이 끈적하다. 반면 다른 A식물의 잎은 털의 모양은 비슷하지만 당액이 분비되지 않으므로 매끄럽다. 만약 자연에서 두 표현형이 같은 장점을 갖고 있다면 끈적한 A식물과 매끄러운 A식물은 1 : 1의 비율로 나타나야 한다. 하지만 A식물의 잎을 갉아먹는 B곤충이 있는 환경에서는 끈적한 식물과 매끄러운 식물이 1 : 1로 발견되는 반면, B곤충이 없는 환경에서는 끈적한 식물보다 매끄러운 식물이 더 많이 발견된다. 끈적한 식물은 종자 생산에 사용해야 할 광합성 산물의 일정량을 끈적한 당액의 분비에 소모한다. B곤충이 잎을 갉아먹으면 A식물의 광합성 산물의 생산량이 줄어든다. A식물이 만들어 내는 종자의 수는 광합성 산물의 양에 비례한다. 한 표현형이 다른 표현형보다 종자를 많이 생산하면 그 표현형을 가진 개체가 더 많이 나타난다.

〈실 험〉

B곤충으로부터 보호되는 환경에서 끈적한 A식물과 매끄러운 A식물을, 종자를 생산할 수 있을 만큼 성장시킨다. 그렇게 기른 두 종류의 A식물을 각각 절반씩 나누어, 절반은 B곤충의 침입을 허용하는 환경에, 나머지 절반은 B곤충을 차단하는 환경에 두었다. B곤충이 침입하는 조건에서 매끄러운 개체는 끈적한 개체보다 잎이 더 많이 갉아먹혔다. 매끄러운 개체와 끈적한 개체가 생산한 종자의 수 사이에 의미 있는 차이는 나타나지 않았다. 한편 B곤충이 없는 조건에서는 끈적한 개체가 매끄러운 개체보다 종자를 45% 더 적게 생산했다.

〈보 기〉

ㄱ. B곤충이 없는 환경에 비해 B곤충이 있는 환경에서, 매끄러운 식물의 종자 수가 감소한 정도는 끈적한 식물의 종자 수가 감소한 정도보다 컸다.
ㄴ. B곤충이 있는 환경에서 매끄러운 식물이 생산하는 광합성 산물은, B곤충이 없는 환경에서 매끄러운 식물이 생산하는 광합성 산물보다 양이 더 많았다.
ㄷ. B곤충이 있는 환경에서, 끈적한 식물이 매끄러운 식물보다 종자 생산에 소모한 광합성 산물의 양이 더 많았다.

① ㄱ
② ㄴ
③ ㄱ, ㄷ
④ ㄴ, ㄷ
⑤ ㄱ, ㄴ, ㄷ

문 76. 다음 글에서 추론할 수 있는 것만을 〈보기〉에서 모두 고르면?   21 행시(가) 11번

물질을 구성하는 작은 입자들의 배열 상태는 어떻게 생겼을까? 이것은 '부피를 최소화시키려면 입자들을 어떻게 배열해야 하는가?'의 문제와 관련이 있다. 모든 입자들이 구형이라고 가정한다면 어떻게 쌓는다고 해도 사이에는 빈틈이 생긴다. 문제는 이 빈틈을 최소한으로 줄여서 쌓인 공이 차지하는 부피를 최소화시키는 것이다.

이 문제를 해결하기 위해 케플러는 여러 가지 다양한 배열 방식에 대하여 그 효율성을 계산하는 방식으로 연구를 진행하였다. 그가 제안했던 첫 번째 방법은 인접입방격자 방식이었다. 이것은 수평면(제1층) 상에서 하나의 공이 여섯 개의 공과 접하도록 깔아 놓은 후, 움푹 들어간 곳마다 공을 얹어 제1층과 평행한 면 상에 제2층을 쌓는 방식이다. 이 경우 제2층의 배열 상태는 제1층과 동일하지만 단지 전체적인 위치만 약간 이동하게 된다. 이러한 방식의 효율성은 74%이다.

다른 방법으로는 단순입방격자 방식이 있다. 이것은 공을 바둑판의 격자 모양대로 쌓아가는 방식으로, 이 배열에서는 수평면 상에서 하나의 공이 네 개의 공과 접하도록 배치된다. 그리고 제2층의 배열 상태를 제1층과 동일한 상태로 공의 중심이 같은 수직선 상에 놓이도록 배치한다. 이 방식의 효율성은 53%이다. 이 밖에 6각형격자 방식이 있는데, 이것은 각각의 층을 인접입방격자 방식에 따라 배열한 뒤에 층을 쌓을 때는 단순입방격자 방식으로 쌓는 것이다. 이 방식의 효율성은 60%이다.

이러한 규칙적인 배열 방식에 대한 검토를 통해, 케플러는 인접입방격자 방식이 알려진 규칙적인 배열 중 가장 효율이 높은 방식임을 주장했다.

〈보 기〉

ㄱ. 배열 방식 중에서 제1층만을 따지면 인접입방격자 방식의 효율성이 단순입방격자 방식보다 크다.
ㄴ. 단순입방격자 방식에서 하나의 공에 접하는 공은 최대 6개이다.
ㄷ. 어느 층을 비교하더라도 단순입방격자 방식이 6각형격자 방식보다 효율성이 크다.

① ㄱ
② ㄷ
③ ㄱ, ㄴ
④ ㄴ, ㄷ
⑤ ㄱ, ㄴ, ㄷ

문 77. 다음 대화의 ㉠과 ㉡에 들어갈 내용을 적절하게 짝지은 것은?

21 행시(가) 15번

> 갑 : 현재 개발 중인 백신 후보 물질 모두를 A~D그룹을 대상으로 임상실험을 한 결과, A그룹에서 항체를 생성한 후보 물질은 모두 B그룹에서도 항체를 생성했습니다. 후보 물질 모두를 대상으로 한 또 다른 실험에서는, D그룹에서 항체를 생성하지 않은 후보 물질은 모두 C그룹에서 항체를 생성했습니다.
>
> 을 : 흥미롭네요. 제가 다른 실험의 결과도 들었는데, C그룹에서 항체를 생성했지만 B그룹에서는 항체를 생성하지 않은 후보 물질도 있다고 합니다.
>
> 갑 : 그렇군요. 아, 그리고 추가로 임상실험이 진행 중입니다. 실험 결과는 다음의 둘 중 하나로 나올 예정입니다. 한 가지 경우는 "＿＿＿＿＿㉠＿＿＿＿＿"는 결과입니다.
>
> 을 : 지금까지 우리가 언급한 실험 결과가 모두 사실이라면, 그 경우에는 C그룹에서만 항체를 생성하는 후보 물질이 있다는 결론이 나오는군요.
>
> 갑 : 그리고 다른 한 경우는 "＿＿＿＿＿㉡＿＿＿＿＿"는 결과입니다.
>
> 을 : 그 경우에는, D그룹에서 항체를 생성하는 후보 물질이 있다는 결론이 나오는군요.

① ㉠ : B그룹에서 항체를 생성한 후보 물질은 없다.
  ㉡ : C그룹에서 항체를 생성한 후보 물질은 모두 A그룹에서 항체를 생성했다.

② ㉠ : B그룹에서 항체를 생성한 후보 물질은 없다.
  ㉡ : D그룹에서 항체를 생성한 후보 물질은 모두 C그룹에서 항체를 생성했다.

③ ㉠ : D그룹에서 항체를 생성한 후보 물질은 모두 A그룹에서 항체를 생성했다.
  ㉡ : B그룹과 C그룹에서 항체를 생성한 후보 물질이 있다.

④ ㉠ : D그룹에서 항체를 생성한 후보 물질은 모두 A그룹에서 항체를 생성했다.
  ㉡ : C그룹에서 항체를 생성하지 않은 후보 물질이 있다.

⑤ ㉠ : D그룹에서 항체를 생성한 후보 물질은 모두 B그룹에서 항체를 생성했다.
  ㉡ : C그룹에서 항체를 생성한 후보 물질은 모두 D그룹에서 항체를 생성하지 않았다.

문 78. 다음 글에서 알 수 있는 것은?

21 행시(가) 22번

젊은이를 가리키는 말로 조선 시대에는 '소년', '약년', '자제', '청년' 등 다양한 표현이 사용되었다. 일반적으로 소년과 자제를 가장 흔히 사용하였으나, 약년이나 청년이라는 표현도 젊은이를 가리키는 말로 간혹 쓰였다. 약년은 스무 살 즈음을 칭하는 표현이다. 실제 사료에서도 20대를 약년이나 약관으로 칭한 사례가 많다. 1508년 우의정 이덕형은 상소문에서 자신이 약년에 벼슬길에 올랐다고 하였다. 그런데 이 약년은 훨씬 더 어린 나이에도 사용되었다. 1649년 세손의 교육 문제를 논한 기록에는 만 8세의 세손을 약년이라고 하였다.

조선 후기에는 젊은이를 일반적으로 소년이라고 하였다. 오늘날 소년은 청소년기 이전의 어린이를 지칭하는 말로 그 의미가 변하였지만, 전통 사회의 소년은 나이가 적은 자, 즉 젊은이를 의미하는 말이었다. 적어도 조선 후기 사회에서는 아이와 구분되는 젊은이를 소년이라고 부르는 것이 일반적이었다. 신분과 계층 그리고 시기에 따라 다르지만, 연령으로는 최대 15세까지 아이로 보았던 듯하다.

소년이 유년이나 장년과 구분되기는 하였지만, 상대적으로 젊은 사람을 뜻하는 경우도 많았다. 40대나 50대 사람이더라도 상대에 따라 젊은 사람으로 표현되기도 하였다. 소년이 장년, 노년과 구분되는 연령 중심의 지칭이었음에 비해, 자제는 부로(父老), 부형(父兄)으로 표현되는 연장자가 이끌고 가르쳐서 그 뒤를 이어가게 하는 '다음 세대'라는 의미로 사용되었다. 일반적으로 자제는 막연한 후손이라는 의미보다는 특정한 신분에 있는 각 가문의 젊은 세대라는 의미로 통하였다. 고려시대 공민왕이 젊은이를 뽑아 만들었다는 자제위도 단순히 잘생긴 젊은이가 아니라 명문가의 자제를 선발한 것이었다. 자제가 소년보다는 가문의 지체나 신분을 반영하는 지칭이었으므로, 교육과 인재 양성 면에서 젊은이를 칭할 때는 거의 자제라고 표현하였다.

또한 소년이란 아직 성숙하지 못한 나이, 다소간 치기에서 벗어나지 못한 어린 또는 젊은 사람이라는 의미를 가지는 경우도 많았다. 연륜을 쌓은 노성(老成)함에 비해 나이가 적고 젊다는 것은 부박하고 상황의 판단이 아직 충분히 노련하지 못하다는 의미로 사용되었다. 마찬가지로 자제 역시 어른 세대에게 가르침을 받아야 하는 존재, 즉 아직 미숙한 존재로 인식되었다.

젊은 시절을 의미하는 말로 쓰인 청년은 그 자체가 찬미의 대상이 되기보다는 대체로 노년과 짝을 이루어 늙은이가 과거를 회상하는 표현으로 사용되는 경우가 많았다.

① 소년으로 불리는 대상 중 자제로 불리지 않는 경우가 있었다.

② 젊은이를 지시하는 말 중 청년이 가장 부정적으로 쓰였다.

③ 약년은 충분히 노련하지 못한 어른을 지칭하기도 하였다.

④ 약년은 소년과 자제의 의미를 포괄하여 사용되었다.

⑤ 명문가의 후손을 높여 부를 때 자제라고 하였다.

문 79. 다음 글에서 추론할 수 있는 것은? 21 행시(가) 27번

뙨 현상은 바람이 높은 산을 넘을 때 고온 건조하게 변하는 것을 가리킨다. 공기가 상승하게 되면 기압이 낮아져 공기가 팽창하는 단열팽창 현상 때문에 공기 온도가 내려간다. 공기가 상승할 때 고도에 따른 온도 하강률을 기온감률이라 한다. 공기는 수증기를 포함하고 있는데, 공기가 최대한 가질 수 있는 수증기량은 온도가 내려갈수록 줄어들고, 공기의 수증기가 포화상태에 이르는 온도인 이슬점 온도보다 더 낮은 온도에서는 수증기가 응결하여 구름이 생성되거나 비가 내리게 된다. 공기의 수증기가 포화상태일 경우에는 습윤 기온감률이 적용되고, 불포화상태일 경우에는 건조 기온감률이 적용되는데, 건조 기온감률은 습윤 기온감률에 비해 고도 차이에 따라 온도가 더 크게 변한다. 이러한 기온감률의 차이 때문에 뙨 현상이 발생하는 것이다.

가령, 높은 산이 있는 지역의 해수면 고도에서부터 어떤 공기 덩어리가 이 산을 넘는다고 할 때, 이 공기의 온도는 건조 기온감률에 따라 내려가다가 공기가 일정 높이까지 상승하여 온도가 이슬점 온도에 도달한 후에는 공기 내 수증기가 포화하면 습윤 기온감률에 따라 온도가 내려간다. 공기의 상승 과정에서 공기 속 수증기는 구름을 형성하거나 비를 내리며 소모되고, 이는 산 정상에 이를 때까지 계속된다. 이 공기가 산을 넘어 건너편 사면을 타고 하강할 때는 공기가 건조하기 때문에 건조 기온감률에 따라 온도가 올라가게 된다. 따라서 산을 넘은 공기가 다시 해수면 고도에 도달하면 산을 넘기 전보다 더 뜨겁고 건조해진다. 이 건조한 공기가 뙨 현상의 결과물이다.

우리나라에도 대표적인 뙨 현상으로 높새바람이 있다. 이는 강원도 영동지방에 부는 북동풍과 같은 동풍류의 바람에 의해 뙨 현상이 일어나 영서지방에 고온 건조한 바람이 부는 것을 의미한다. 늦은 봄에서 초여름에 한랭 다습한 오호츠크해 고기압에서 불어오는 북동풍이 태백산맥을 넘을 때 뙨 현상을 일으키게 된다. 이 높새바람의 고온 건조한 성질은 영서지방의 농작물에 피해를 주기도 하고 산불을 일으키기도 한다.

① 공기가 상승하여 공기의 온도가 이슬점 온도에 도달한 이후부터는 공기가 상승할수록 공기 내 수증기량은 줄어든다.

② 공기가 상승할 때 공기의 온도가 이슬점 온도에 도달하는 고도는 공기 내 수증기량과 상관없이 일정하다.

③ 높새바람을 따라 이동한 공기 덩어리가 지닌 수증기량은 이동하기 전보다 증가한다.

④ 공기 내 수증기량이 증가하면 습윤 기온감률이 적용되기 시작하는 고도가 높아진다.

⑤ 동일 고도에서 공기의 온도는 공기가 상승할 때가 하강할 때보다 높다.

문 80. 다음 글에서 추론할 수 있는 것만을 〈보기〉에서 모두 고르면? 21 행시(가) 31번

신경계는 우리 몸 안팎에서 일어나는 여러 자극을 전달하여 이에 대한 반응을 유발하는 기관계이며, 그 기본 구성단위는 뉴런이다. 신경계 중 소화와 호흡처럼 뇌의 직접적인 제어를 받지 않는 자율신경계는 교감신경과 부교감신경으로 구성되어 있다. 교감신경과 부교감신경은 눈의 홍채와 같은 다양한 표적기관의 기능을 조절한다.

교감신경과 부교감신경 모두 일렬로 배열된 절전뉴런과 절후뉴런으로 구성되어 있다. 이 두 뉴런이 서로 인접해 있는 곳이 신경절이며, 절전뉴런은 신경절의 앞쪽에, 절후뉴런은 신경절의 뒤쪽에 있다. 절후뉴런의 끝은 표적기관과 연결된다. 교감신경이 활성화되면 교감신경의 절전뉴런 끝에서 신호물질인 아세틸콜린이 분비된다. 분비된 아세틸콜린은 교감신경의 절후뉴런을 활성화시키고, 절전뉴런으로부터 받은 신호를 표적기관에 전달하게 한다. 부교감신경 역시 활성화되면 부교감신경의 절전뉴런 끝에서 아세틸콜린이 분비된다. 아세틸콜린은 부교감신경의 절후뉴런을 활성화시킨다. 교감신경의 절후뉴런 끝에서는 노르아드레날린이, 부교감신경의 절후뉴런 끝에서는 아세틸콜린이 표적기관의 기능을 조절하기 위해 분비된다.

눈에 있는 동공의 크기 조절은 자율신경계가 표적기관의 기능을 조절하는 좋은 사례이다. 동공은 수정체의 앞쪽에 위치해 있는 홍채의 가운데에 있는 구멍이다. 홍채는 동공의 직경을 조절함으로써 눈의 망막에 도달하는 빛의 양을 조절한다. 동공 크기 변화는 홍채에 있는 두 종류의 근육인 '돌림근'과 '부챗살근'의 수축에 의해 일어난다. 이 두 근육은 각각 근육층을 이루는데, 홍채의 안쪽에는 돌림근층이, 바깥쪽에는 부챗살근층이 있다. 어두운 곳에서 밝은 곳으로 이동하면 부교감신경이 활성화되고, 부교감신경의 절후뉴런 끝에 있는 표적기관인 홍채의 돌림근이 수축한다. 돌림근은 동공 둘레에 돌림 고리를 형성하고 있어서, 돌림근이 수축하면 두꺼워지면서 동공의 크기가 줄어든다. 반대로 밝은 곳에서 어두운 곳으로 이동하면 교감신경이 활성화되고, 교감신경의 절후뉴런 끝에 있는 표적기관인 홍채의 부챗살근이 수축한다. 부챗살근은 자전거 바퀴의 살처럼 배열되어 있어서 수축할 때 부챗살근의 길이가 짧아지고 동공의 직경이 커진다. 이렇게 변화된 동공의 크기는 빛의 양에 변화가 일어날 때까지 일정하게 유지된다.

───── 〈보 기〉 ─────

ㄱ. 밝은 곳에서 어두운 곳으로 이동하면 교감신경의 절전뉴런 끝에서 아세틸콜린이 분비된다.

ㄴ. 어두운 곳에서 밝은 곳으로 이동하면 부교감신경의 절후뉴런 끝에서 아세틸콜린이 분비되고 돌림근이 두꺼워진다.

ㄷ. 노르아드레날린은 돌림근의 수축을 일으키는 반면 아세틸콜린은 부챗살근의 수축을 일으킨다.

① ㄴ

② ㄷ

③ ㄱ, ㄴ

④ ㄱ, ㄷ

⑤ ㄱ, ㄴ, ㄷ

02 논리퀴즈형 필수기출 80제

문 1. 다음 (가)~(라)의 주장 간의 관계를 바르게 파악한 사람을 〈보기〉에서 모두 고르면? 12 민간(인) 22번

(가) 도덕성의 기초는 이성이지 동정심이 아니다. 동정심은 타인의 고통을 공유하려는 선한 마음이지만, 그것은 일관적이지 않으며 때로는 변덕스럽고 편협하다.

(나) 인간의 동정심은 신뢰할 만하지 않다. 예컨대, 같은 종류의 불행을 당했다고 해도 내 가족에 대해서는 동정심이 일어나지만 모르는 사람에 대해서는 동정심이 생기지 않기도 한다.

(다) 도덕성의 기초는 이성이 아니라 오히려 동정심이다. 즉 동정심은 타인의 곤경을 자신의 곤경처럼 느끼며 타인의 고난을 위로해 주고 싶은 욕구이다. 타인의 고통을 나의 고통처럼 느끼고, 그로부터 타인의 고통을 막으려는 행동이 나오게 된다. 이렇게 동정심은 도덕성의 원천이 된다.

(라) 동정심과 도덕성의 관계에서 중요한 문제는 어떻게 동정심을 함양할 것인가의 문제이지, 그 자체로 도덕성의 기초가 될 수 있는지 없는지의 문제가 아니다. 동정심은 전적으로 신뢰할 만한 것은 아니며 때로는 왜곡될 수도 있다. 그렇다고 그 때문에 도덕성의 기반에서 동정심을 완전히 제거하는 것은 도덕의 풍부한 원천을 모두 내다버리는 것과 같다. 오히려 동정심이나 공감의 능력은 성숙하게 함양해야 하는 도덕적 소질에 가까운 것이다.

〈보 기〉

갑 : (가)와 (다)는 양립할 수 없는 주장이다.
을 : (나)는 (가)를 지지하는 관계이다.
병 : (가)와 (라)는 동정심의 도덕적 역할을 전적으로 부정하고 있다.
정 : (나)와 (라)는 모순관계이다.

① 갑, 을
② 을, 정
③ 갑, 을, 병
④ 갑, 병, 정
⑤ 을, 병, 정

문 2. 갑~병의 논증에 대한 분석으로 적절한 것만을 〈보기〉에서 모두 고르면? 13 민간(인) 25번

갑 : 절대적으로 확실한 지식은 존재하지 않는다. 왜냐하면 그런 지식으로 인도해 줄 방법은 없기 때문이다. 첫째, 사람의 감각은 믿을 수가 없으며, 실제 외부세계의 본질에 대해서 아무것도 말해 주지 않는다. 둘째, 확실한 것으로 받아들여지는 논리적 방법도, 주어진 사실에 바탕을 두고 그것을 전제로 해서 새로운 사실을 결론짓는 것이므로, 결국 불확실한 것에 바탕을 두었을 따름이다.

을 : 정상적인 감각기관을 통하여 얻어낸 감각 경험은 믿을 만하고, 우리는 이 감각 경험에 기초한 판단이 참인지 아닌지를 가릴 수 있다. 그러므로 감각 경험을 통해서 우리는 절대적으로 확실한 지식을 얻게 된다.

병 : 나는 인간의 경험에 의존한 방법이나 이성적 추론을 통한 방법은 의심이 가능하며 믿을 수 없다고 생각했었다. 하지만 이런 의심을 거듭한 결과 나는 놀라운 결론에 이르렀다. 그것은 모든 것을 의심한다고 하더라도 의심할 수 없는 것이 있다는 사실이다. 그것은 바로 의심하는 내가 있다는 것이다. 결국 나는 거듭 의심하는 방법을 사용하여 절대적으로 확실한 지식을 발견하였다.

〈보 기〉

ㄱ. 갑의 결론은 을의 결론과 양립 불가능하다.
ㄴ. 갑의 결론은 병의 결론과 양립 불가능하다.
ㄷ. 을과 병은 모두 절대적으로 확실한 지식이 있다고 주장한다.

① ㄱ
② ㄴ
③ ㄱ, ㄷ
④ ㄴ, ㄷ
⑤ ㄱ, ㄴ, ㄷ

문 3. 다음 갑~정의 주장에 대한 분석으로 적절한 것을 〈보기〉에서 모두 고르면?

14 민간(A) 21번

북미 지역의 많은 불임 여성들이 체외수정을 시도하고 있다. 그런데 젊은 여성들의 난자를 사용한 체외수정의 성공률이 높기 때문에 젊은 여성의 난자에 대한 선호도가 높다. 처음에는 젊은 여성들이 자발적으로 난자를 기증하였지만, 이러한 자발적인 기증만으로는 수요를 감당할 수가 없게 되었다. 이 시점에 난자 제공에 대한 금전적 대가 지불에 대해 논란이 제기되었다.

갑 : 난자 기증은 상업적이 아닌 이타주의적인 이유에서만 이루어져야 한다. 난자만이 아니라 정자를 매매하거나 거래하는 것도 불법화해야 한다는 데 동의한다. 물론 상업적인 대리모도 금지해야 한다.

을 : 인간은 각자 본연의 가치가 있으므로 시장에서 값을 매길 수 없다. 또한 인간관계를 상업화하거나 난자 등과 같은 신체의 일부를 금전적인 대가 지불의 대상으로 만들어선 안 된다.

병 : 불임 부부가 아기를 가질 기회를 박탈해선 안 된다. 그런데 젊은 여성들이 자발적으로 난자를 기증하는 것을 기대하기가 어렵다. 난자 기증은 여러 가지 부담을 감수해야 하기에 보상 없이 이루어지기에는 한계가 있다. 결과적으로 난자 제공에 대한 금전적 대가 지불을 허용하지 않을 경우에 난자를 얻을 수 없을 것이고, 불임 여성들은 원하는 아기를 가질 수 없게 될 것이다.

정 : 난자 기증은 정자 기증과 근본적으로 다르다. 난자를 채취하는 것은 정자를 얻는 것보다 훨씬 복잡하고 어려운 일이며 위험을 감수해야 할 경우도 있다. 예컨대, 과배란을 유도하기 위해 여성들은 한 달 이상 매일 약을 먹어야 한다. 그 다음에는 가늘고 긴 바늘을 난소에 찔러 난자를 뽑아 내는 과정을 거쳐야 한다. 한 여성 경험자는 난소에서 난자를 뽑아 낼 때마다 '누가 그 부위를 발로 차는 것 같은' 느낌을 받았다고 보고하였다. 이처럼 난자 제공은 고통과 위험을 감수해야 하는 일이다.

─── 〈보 기〉 ───
ㄱ. 을은 갑의 주장을 지지한다.
ㄴ. 정의 주장은 병의 주장을 지지하는 근거로 사용될 수 있다.
ㄷ. 난자 제공에 대한 금전적 대가 지불에 대해서 을의 입장과 병의 입장은 양립 불가능하다.

① ㄱ
② ㄷ
③ ㄱ, ㄴ
④ ㄴ, ㄷ
⑤ ㄱ, ㄴ, ㄷ

문 4. 갑~병의 주장의 관계에 대한 평가로 적절한 것만을 〈보기〉에서 모두 고르면?

16 민간(5) 20번

갑 : 어떠한 경우에도 자살은 옳지 않은 행위이다. 신의 뜻에 어긋날 뿐만 아니라 공동체에 해악을 끼치기 때문이다. 자살은 사회로부터 능력 있는 사람들을 빼앗아가는 행위이다. 물론 그러한 행위는 공동체에 피해를 주는 것이다. 따라서 자살은 죄악이다.

을 : 자살하는 사람은 사회에 해악을 끼치는 것이 아니다. 그는 단지 선을 행하는 것을 멈추는 것일 뿐이다. 사회에 선을 행해야 한다는 우리의 모든 의무는 상호성을 함축한다. 즉 나는 사회로부터 혜택을 얻으므로 사회의 이익을 증진시켜야 한다. 그러나 내가 만약 사회로부터 완전히 물러난다면 그러한 의무를 계속 짊어져야 하는 것은 아니다.

병 : 인간의 행위는 자신에게만 관련된 것과 타인이 관련된 것으로 구분될 수 있다. 원칙적으로 인간은 타인에게 해가 되지 않는 한 원하는 것은 무엇이든지 행할 수 있다. 다만 타인에게 해악을 주는 행위만이 도덕적 비판의 대상이 된다고 할 수 있다. 이러한 원칙은 자살의 경우에도 적용된다.

─── 〈보 기〉 ───
ㄱ. 갑의 주장은 을의 주장과 양립할 수 없다.
ㄴ. 을의 주장은 병의 주장과 양립할 수 있다.
ㄷ. 자살이 타인이 아닌 자신에게만 관련된 행위일 경우 병은 갑의 주장에 찬성할 것이다.

① ㄱ
② ㄷ
③ ㄱ, ㄴ
④ ㄴ, ㄷ
⑤ ㄱ, ㄴ, ㄷ

문 5. 다음 글을 하나의 논증이라고 할 때, 이 논증에 대한 서술로 적절한 것을 〈보기〉에서 모두 고르면? 07 행시(외) 33번

어떤 수학적 체계가 모든 사람에게 동일한 것이기 위해서 다음 두 조건이 모두 만족되어야 한다는 것은 분명하다. 우선, 이성적 판단 능력을 지닌 주체들이 그 체계에 대한 판단에서 언제나 완전한 합의를 이룰 수 있어야 한다. 이런 조건이 충족된다면, 누구나 자신의 판단과 다른 주체의 판단을 비교함으로써 어느 판단이 사실과 더 잘 부합하는지 확인할 수 있을 것이다. 두 번째 조건은 그 체계를 적용하여 판단을 내릴 때, 그런 판단에 도달하는 과정이 모든 주체에서 동일해야 한다는 것이다. 과정의 동일성은 전제나 결론의 동일성 못지않게 중요하다.

그런데 자연수의 체계는 이러한 두 조건 가운데 어느 것도 만족하지 않는다. 우선 자연수 체계는 우리가 세계를 해석하는 데 적용할 수 있는 하나의 틀이고, 세계를 해석하는 데는 다양한 체계가 동원될 수 있기 때문이다. 두 번째 조건도 충족되기 어려워 보인다. 예를 들어 자연수의 체계를 적용하여 두 물체의 크기를 비교할 때 어떤 사람은 두 물체를 각각 특정한 자연수에 대응시키는 방식을 취하지만, 어떤 사람은 한 물체의 크기를 100에 대응시킨 후 나머지 물체의 크기에 대응하는 자연수를 찾기 때문이다.

─────〈보 기〉─────

ㄱ. 수학적 체계가 모든 사람에게 동일한 것이기 위한 필요조건을 제시하였다.

ㄴ. 이 논증에 따르면 자연수 체계는 모든 사람에게 동일한 체계라고 볼 수 없다.

ㄷ. 예시를 통해 서두에 제시된 동일성 조건의 부적절성을 보이려 했다.

ㄹ. 제시된 조건에 부합하는 사례와 그렇지 않은 사례를 대비시켜 개념을 명료화했다.

① ㄱ, ㄴ

② ㄴ, ㄷ

③ ㄴ, ㄹ

④ ㄱ, ㄴ, ㄷ

⑤ ㄱ, ㄷ, ㄹ

문 6. 다음 논증이 타당하기 위해서 괄호 안에 들어갈 진술로 가장 적절한 것은? 12 민간(인) 23번

실천적 지혜가 있는 사람은 덕이 있는 성품을 가진 사람이다. 그런데 덕을 아는 것만으로 실천적 지혜가 있는 사람이 될 수는 없다. 실천적 지혜가 있는 사람은 덕을 알 뿐만 아니라 그것을 실행에 옮기는 사람이다. 그리고 그런 사람이 실천적 지혜가 있다고 할 수 있다. 그런데 (   ) 따라서 실천적 지혜가 있는 사람은 자제력도 있다.

① 자제력이 없는 사람은 성품이 나약한 사람이다.

② 덕이 있는 성품을 가진 사람도 자제력이 없을 수 있다.

③ 덕이 있는 성품을 가진 사람은 실천적 지혜가 있는 사람이다.

④ 자제력이 없는 사람은 올바른 선택을 따르지 않는 사람이다.

⑤ 자제력이 없는 사람은 아는 덕을 실행에 옮기는 사람이 아니다.

문 7. 다음 글의 ㉠~㉤ 사이의 관계를 바르게 기술한 것은? 14 민간(A) 10번

㉠ 지구에서 유전자가 자연발생할 확률은 1/10^100보다 작지만, 지구 외부 우주에서 유전자가 자연발생할 확률은 1/10^50보다 크다. 유전자가 자연발생하지 않았다면 생명체도 자연발생할 수 없다. 그런데 생명체가 자연발생하였다는 것이 밝혀졌다. 따라서 ㉡ 유전자는 자연발생했다. ㉢ 지구에서 유전자가 자연발생할 확률이 지구 외부 우주에서 유전자가 자연발생할 확률보다 작으며 유전자가 자연발생하였다면, 유전자가 우주에서 지구로 유입되었을 가능성이 크다. 이를 볼 때, ㉣ 유전자는 우주에서 지구로 유입되었을 가능성이 크다고 판단할 수 있다. 왜냐하면 ㉤ 지구에서 유전자가 자연발생할 확률은 지구 외부 우주에서 유전자가 자연발생할 확률보다 훨씬 작다는 것이 참이기 때문이다.

① ㉡이 참이면, ㉤은 반드시 참이다.

② ㉤이 참이면, ㉠은 반드시 참이다.

③ ㉠, ㉡이 모두 참이면, ㉢은 반드시 참이다.

④ ㉡, ㉣이 모두 참이면, ㉤은 반드시 참이다.

⑤ ㉠, ㉡, ㉢이 모두 참이면, ㉣은 반드시 참이다.

문 8. 다음 논증에 대한 평가로 적절한 것만을 〈보기〉에서 모두 고르면?

16 민간(5) 10번

합리적 판단과 윤리적 판단의 관계는 무엇일까? 나는 합리적 판단만이 윤리적 판단이라고 생각한다. 즉, 어떤 판단이 합리적인 것이 아닐 경우 그 판단은 윤리적인 것도 아니라는 것이다. 그 이유는 다음과 같다. 일단 ㉠ 보편적으로 수용될 수 있는 판단만이 윤리적 판단이다. 즉 개인이나 사회의 특성에 따라 수용 여부에서 차이가 나는 판단은 윤리적 판단이 아니라는 것이다. 그리고 ㉡ 모든 이성적 판단은 보편적으로 수용될 수 있는 판단이다. 예를 들어, "모든 사람은 죽는다."와 "소크라테스는 사람이다."라는 전제들로부터 "소크라테스는 죽는다."라는 결론으로 나아가는 이성적인 판단은 보편적으로 수용될 수 있는 것이다. 이러한 판단이 나에게는 타당하면서, 너에게 타당하지 않을 수는 없다. 이것은 이성적 판단이 갖는 일반적 특징이다. 따라서 ㉢ 보편적으로 수용될 수 있는 판단만이 합리적 판단이다. ㉣ 모든 합리적 판단은 이성적 판단이다라는 것은 부정할 수 없기 때문이다. 결국 우리는 ㉤ 합리적 판단만이 윤리적 판단이다라는 결론에 도달할 수 있다.

〈보 기〉

ㄱ. ㉠은 받아들일 수 없는 것이다. '1+1=2'와 같은 수학적 판단은 보편적으로 수용될 수 있는 것이지만, 수학적 판단이 윤리적 판단은 아니기 때문이다.

ㄴ. ㉡과 ㉣이 참일 경우 ㉢은 반드시 참이 된다.

ㄷ. ㉠과 ㉢이 참이라고 할지라도 ㉤이 반드시 참이 되는 것은 아니다.

① ㄱ
② ㄴ
③ ㄱ, ㄷ
④ ㄴ, ㄷ
⑤ ㄱ, ㄴ, ㄷ

문 9. 다음 글에 대한 분석으로 적절하지 않은 것은?

19 민간(나) 08번

공포영화에 자주 등장하는 좀비는 철학에서도 자주 논의된다. 철학적 논의에서 좀비는 '의식을 갖지는 않지만 겉으로 드러나는 행동에서는 인간과 구별되지 않는 존재'로 정의된다. 이를 '철학적 좀비'라고 하자. ㉠ 인간은 고통을 느끼지만, 철학적 좀비는 고통을 느끼지 못한다. 즉 고통에 대한 의식을 가질 수 없는 존재라는 것이다. 그러나 ㉡ 철학적 좀비도 압정을 밟으면 인간과 마찬가지로 비명을 지르며 상처 부위를 부여잡을 것이다. 즉 행동 성향에서는 인간과 차이가 없다. 그렇기 때문에 겉으로 드러나는 모습만으로는 철학적 좀비와 인간을 구별할 수 없다. 그러나 ㉢ 인간과 철학적 좀비는 동일한 존재가 아니다. ㉣ 인간이 철학적 좀비와 동일한 존재라면, 인간도 고통을 느끼지 못하는 존재여야 한다.

물론 철학적 좀비는 상상의 산물이다. 그러나 우리가 철학적 좀비를 모순 없이 상상할 수 있다는 사실은 마음에 관한 이론인 행동주의에 문제가 있다는 점을 보여준다. 행동주의는 마음을 행동 성향과 동일시하는 입장이다. 이에 따르면, ㉤ 마음은 특정 자극에 따라 이러저러한 행동을 하려는 성향이다. ㉥ 행동주의가 옳다면, 인간이 철학적 좀비와 동일한 존재라는 점을 인정할 수밖에 없다. 그러나 인간과 달리 철학적 좀비는 마음이 없어서 어떤 의식도 가질 수 없는 존재다. 따라서 ㉦ 행동주의는 옳지 않다.

① ㉠과 ㉡은 동시에 참일 수 있다.

② ㉠과 ㉣이 모두 참이면, ㉢도 반드시 참이다.

③ ㉡과 ㉥이 모두 참이면, ㉤도 반드시 참이다.

④ ㉢과 ㉥이 모두 참이면, ㉦도 반드시 참이다.

⑤ ㉤과 ㉦은 동시에 거짓일 수 없다.

문 10. (가)~(다)에 들어갈 예시를 〈보기〉에서 골라 알맞게 짝지은 것은?

12 민간(인) 05번

첫째, 필요조건으로서 원인은 "어떤 결과의 원인이 없었다면 그 결과도 없다"는 말로 표현할 수 있다. 예를 들어 [(가)] 만일 원치 않는 결과를 제거하고자 할 때 그 결과의 원인이 필요조건으로서 원인이라면, 우리는 그 원인을 제거하여 결과가 일어나지 않게 할 수 있다.

둘째, 충분조건으로서 원인은 "어떤 결과의 원인이 있었다면 그 결과도 있다"는 말로 표현할 수 있다. 예를 들어 [(나)] 만일 특정한 결과를 원할 때 그것의 원인이 충분조건으로서 원인이라면, 우리는 그 원인을 발생시켜 그것의 결과가 일어나게 할 수 있다.

셋째, 필요충분조건으로서 원인은 "어떤 결과의 원인이 없다면 그 결과는 없고, 동시에 그 원인이 있다면 그 결과도 있다"는 말로 표현할 수 있다. 예를 들어 [(다)] 필요충분조건으로서 원인의 경우, 원인을 일으켜서 그 결과를 일으키고 원인을 제거해서 그 결과를 제거할 수 있다.

─────────〈보 기〉─────────

ㄱ. 물체 속도 변화의 원인은 물체에 힘을 가하는 것이다. 물체에 힘이 가해지면 물체의 속도가 변하고, 물체에 힘이 가해지지 않는다면 물체의 속도는 변하지 않는다.

ㄴ. 뇌염모기에 물리는 것은 뇌염 발생의 원인이다. 뇌염모기에 물린다고 해서 언제나 뇌염에 걸리는 것은 아니다. 하지만 뇌염모기에 물리지 않으면 뇌염은 발생하지 않는다. 그래서 원인에 해당하는 뇌염모기를 박멸한다면 뇌염 발생을 막을 수 있다.

ㄷ. 콜라병이 총알에 맞는 것은 콜라병이 깨지는 원인이다. 콜라병을 깨뜨리는 원인은 콜라병을 맞히는 총알 이외에도 다양하다. 누군가 던진 돌도 콜라병을 깨뜨릴 수 있다. 하지만 콜라병이 총알에 맞는다면 그것이 깨지는 것은 분명하다.

	(가)	(나)	(다)
①	ㄱ	ㄴ	ㄷ
②	ㄱ	ㄷ	ㄴ
③	ㄴ	ㄱ	ㄷ
④	ㄴ	ㄷ	ㄱ
⑤	ㄷ	ㄴ	ㄱ

문 11. 다음 빈칸에 들어갈 말로 가장 적절한 것은?

14 민간(A) 20번

A국 정부는 유전 관리 부서 업무에 적합한 민간경력자 전문관을 한 명 이상 임용하려고 한다. 그런데 지원자들 중 갑은 경쟁국인 B국에 여러 번 드나든 기록이 있다. 그래서 정보 당국은 갑의 신원을 조사했다. 조사 결과 갑이 부적격 판정을 받는다면, 그는 전문관으로 임용되지 못할 것이다. 한편, A국 정부는 임용 심사에서 지역과 성별을 고려한 기준도 적용한다. 동일 지역 출신은 두 사람 이상을 임용하지 않는다. 그리고 적어도 여성 한 명을 임용해야 한다. 이번 임용 시험에 응시한 여성은 갑과 을 둘 밖에 없다. 또한 지원자들 중에서 병과 을이 동일 지역 출신이므로, 만약 병이 임용된다면 을은 임용될 수 없다. 그런데 [ ] 따라서 병은 전문관으로 임용되지 못할 것이다.

① 갑이 전문관으로 임용될 것이다.

② 을이 전문관으로 임용되지 못할 것이다.

③ 갑은 조사 결과 부적격 판정을 받을 것이다.

④ 병이 전문관으로 임용된다면, 갑도 전문관으로 임용될 것이다.

⑤ 갑이 조사 결과 적격 판정을 받는다면, 갑이 전문관으로 임용될 것이다.

문 12.   쓰레기를 무단투기하는 사람을 찾기 위해 고심하던 주민센터 직원은 다섯 명의 주민 A, B, C, D, E를 면담했다. 이들은 각자 아래와 같이 이야기했다. 이 가운데 두 명의 이야기는 모두 거짓인 반면, 세 명의 이야기는 모두 참이라 하자. 다섯 명 가운데 한 명이 범인이라고 할 때, 쓰레기를 무단투기한 사람은 누구인가?

10 행시(수) 15번

> A : 쓰레기를 무단투기하는 것을 나와 E만 보았다. B의 말은 모두 참이다.
>
> B : 쓰레기를 무단투기한 것은 D이다. D가 쓰레기를 무단투기하는 것을 E가 보았다.
>
> C : D는 쓰레기를 무단투기하지 않았다. E의 말은 참이다.
>
> D : 쓰레기를 무단투기하는 것을 세 명의 주민이 보았다. B는 쓰레기를 무단투기하지 않았다.
>
> E : 나와 A는 쓰레기를 무단투기하지 않았다. 나는 쓰레기를 무단투기하는 사람을 아무도 보지 못했다.

① A   ② B
③ C   ④ D
⑤ E

문 13.   다음 조건에 따라 A, B, C, D, E, F, G 일곱 도시를 인구 순위대로 빠짐없이 배열하려고 한다. 추가로 필요한 정보는?

11 민간(민) 09번

> • 인구가 같은 도시는 없다.
> • C시의 인구는 D시의 인구보다 적다.
> • F시의 인구는 G시의 인구보다 적다.
> • C시와 F시는 인구 순위에서 바로 인접해 있다.
> • B시의 인구가 가장 많고, E시의 인구가 가장 적다.
> • C시의 인구는 A시의 인구와 F시의 인구를 합친 것보다 많다.

① A시의 인구가 F시의 인구보다 많다.
② C시와 D시는 인구 순위에서 바로 인접해 있다.
③ C시의 인구는 G시의 인구보다 적다.
④ D시의 인구는 F시의 인구보다 많고 B시의 인구보다 적다.
⑤ G시의 인구가 A시의 인구보다 많다.

문 14.   A, B, C, D 네 개의 국책 사업 추진 여부를 두고, 정부가 다음과 같은 기본 방침을 정했다고 하자. 이를 따를 때 반드시 참이라고는 할 수 없는 것은?

11 민간(민) 19번

> • A를 추진한다면, B도 추진한다.
> • C를 추진한다면, D도 추진한다.
> • A나 C 가운데 적어도 한 사업은 추진한다.

① 적어도 두 사업은 추진한다.
② A를 추진하지 않기로 결정한다면, 추진하는 사업은 정확히 두 개이다.
③ B를 추진하지 않기로 결정한다면, C는 추진한다.
④ C를 추진하지 않기로 결정한다면, B는 추진한다.
⑤ D를 추진하지 않기로 결정한다면, 다른 세 사업의 추진 여부도 모두 정해진다.

문 15.   사무관 A, B, C, D, E는 다음 조건에 따라 회의에 참석할 예정이다. 반드시 참이라고는 할 수 없는 것은?   12 민간(인) 18번

> • A가 회의에 참석하면, B도 참석한다.
> • A가 참석하면 E도 참석하고, C가 참석하면 E도 참석한다.
> • D가 참석하면, B도 참석한다.
> • C가 참석하지 않으면, B도 참석하지 않는다.

① A가 참석하면, C도 참석한다.
② A가 참석하면, D도 참석한다.
③ C가 참석하지 않으면, D도 참석하지 않는다.
④ D가 참석하면, C도 참석한다.
⑤ E가 참석하지 않으면, B도 참석하지 않는다.

문 16. 다음 내용이 참일 때, 반드시 참이라고는 할 수 없는 것은?

12 민간(인) 24번

어떤 국가에 7개 행정구역 A, B, C, D, E, F, G가 있다.
- A는 C 이외의 모든 구역들과 인접해 있다.
- B는 A, C, E, G와만 인접해 있다.
- C는 B, E와만 인접해 있다.
- D는 A, G와만 인접해 있다.
- E는 A, B, C와만 인접해 있다.
- F는 A와만 인접해 있다.
- G는 A, B, D와만 인접해 있다.

각 구역은 4개 정책 a, b, c, d 중 하나만 추진할 수 있고, 각 정책은 적어도 한 번씩은 추진된다. 또한 다음 조건을 만족해야 한다.
- 인접한 구역끼리는 같은 정책을 추진해서는 안 된다.
- A, B, C는 각각 a, b, c 정책을 추진한다.

① E는 d 정책을 추진할 수 있다.
② F는 b나 c나 d 중 하나의 정책만 추진할 수 있다.
③ D가 d 정책을 추진하면, G는 c 정책만 추진할 수 있다.
④ E가 d 정책을 추진하면, G는 c 정책만 추진할 수 있다.
⑤ G가 d 정책을 추진하면, D는 b 혹은 c 정책만 추진할 수 있다.

문 17. 전제가 참일 때 결론이 반드시 참인 논증을 펼친 사람만을 모두 고르면?

13 민간(인) 09번

영희 : 갑이 A부처에 발령을 받으면, 을은 B부처에 발령을 받아. 그런데 을이 B부처에 발령을 받지 않았어. 그러므로 갑은 A부처에 발령을 받지 않았어.

철수 : 갑이 A부처에 발령을 받으면, 을도 A부처에 발령을 받아. 그런데 을이 B부처가 아닌 A부처에 발령을 받았어. 따라서 갑은 A부처에 발령을 받았어.

현주 : 갑이 A부처에 발령을 받지 않거나, 을과 병이 C부처에 발령을 받아. 그런데 갑이 A부처에 발령을 받았어. 그러므로 을과 병 모두 C부처에 발령을 받았어.

① 영희
② 철수
③ 영희, 철수
④ 영희, 현주
⑤ 철수, 현주

문 18. 다음 글의 내용이 참일 때, 반드시 참인 것은?

15 민간(인) 06번

도덕성에 결함이 있는 어떤 사람도 공무원으로 채용되지 않는다. 업무 능력을 검증받았고 인사추천위원회의 추천을 받았으며 공직관이 투철한, 즉 이 세 조건을 모두 만족하는 지원자는 누구나 올해 공무원으로 채용된다. 올해 공무원으로 채용되는 사람들 중에 봉사정신이 없는 사람은 아무도 없다. 공직관이 투철한 철수는 올해 공무원 채용 시험에 지원하여 업무 능력을 검증받았다.

① 만일 철수가 도덕성에 결함이 없다면, 그는 올해 공무원으로 채용된다.
② 만일 철수가 봉사정신을 갖고 있다면, 그는 올해 공무원으로 채용된다.
③ 만일 철수가 도덕성에 결함이 있다면, 그는 인사추천위원회의 추천을 받지 않았다.
④ 만일 철수가 올해 공무원으로 채용된다면, 그는 인사추천위원회의 추천을 받았다.
⑤ 만일 철수가 올해 공무원으로 채용되지 않는다면, 그는 도덕성에 결함이 있고 또한 봉사정신도 없다.

문 19. 다음 글의 내용이 참일 때, 반드시 참인 것만을 〈보기〉에서 모두 고르면?

15 민간(인) 16번

지혜로운 사람은 정열을 갖지 않는다. 정열을 가진 사람은 고통을 피할 수 없다. 정열은 고통을 수반하기 때문이다. 그런데 사랑을 원하는 사람은 정열을 가진 사람이다. 정열을 가진 사람은 행복하지 않다. 지혜롭지 않은 사람은 사랑을 원하면서 동시에 고통을 피하고자 한다. 그러나 지혜로운 사람만이 고통을 피할 수 있다.

〈보 기〉

ㄱ. 지혜로운 사람은 행복하다.
ㄴ. 사랑을 원하는 사람은 행복하지 않다.
ㄷ. 지혜로운 사람은 사랑을 원하지 않는다.

① ㄱ
② ㄴ
③ ㄱ, ㄷ
④ ㄴ, ㄷ
⑤ ㄱ, ㄴ, ㄷ

문 20. 다음 글의 내용이 참일 때, 반드시 참인 것은?

15 민간(인) 15번

A교육청은 관할지역 내 중학생의 학력 저하가 심각한 수준에 달했다고 우려하고 있다. A교육청은 이러한 학력 저하의 원인이 스마트폰의 사용에 있다고 보고 학력 저하를 방지하기 위한 방안을 마련하기로 하였다. 자료 수집을 위해 A교육청은 B중학교를 조사하였다. 조사 결과에 따르면, B중학교에서 스마트폰을 가지고 등교하는 학생들 중에서 국어 성적이 60점 미만인 학생이 20명, 영어 성적이 60점 미만인 학생이 20명이었다.

B중학교에 스마트폰을 가지고 등교하지만 학교에 있는 동안은 사용하지 않는 학생들 중에 영어 성적이 60점 미만인 학생은 없다. 그리고 B중학교에서 방과 후 보충수업을 받아야 하는 학생 가운데 영어 성적이 60점 이상인 학생은 없다.

① 이 조사의 대상이 된 B중학교 학생은 적어도 40명 이상이다.

② B중학교 학생인 성열이의 영어 성적이 60점 미만이라면, 성열이는 방과 후 보충 수업을 받아야할 것이다.

③ B중학교 학생인 대석이의 국어 성적이 60점 미만이라면, 대석이는 학교에 있는 동안에 스마트폰을 사용할 것이다.

④ 스마트폰을 가지고 등교하더라도 학교에 있는 동안은 사용하지 않는 B중학교 학생 가운데 방과 후 보충 수업을 받아야 하는 학생은 없다.

⑤ B중학교에서 스마트폰을 가지고 등교하는 학생들 가운데 학교에 있는 동안은 스마트폰을 사용하지 않는 학생은 적어도 20명 이상이다.

문 21. 다음을 참이라고 가정할 때, 회의를 반드시 개최해야 하는 날의 수는?

16 민간(5) 06번

• 회의는 다음 주에 개최한다.
• 월요일에는 회의를 개최하지 않는다.
• 화요일과 목요일에 회의를 개최하거나 월요일에 회의를 개최한다.
• 금요일에 회의를 개최하지 않으면, 화요일에도 회의를 개최하지 않고 수요일에도 개최하지 않는다.

① 0 　　　　　　　　② 1
③ 2 　　　　　　　　④ 3
⑤ 4

문 22. 다음 대화의 ㉠과 ㉡에 들어갈 말을 가장 적절하게 나열한 것은?

16 민간(5) 16번

갑 : A와 B 모두 회의에 참석한다면, C도 참석해.
을 : C는 회의 기간 중 해외 출장이라 참석하지 못해.
갑 : 그럼 A와 B 중 적어도 한 사람은 참석하지 못하겠네.
을 : 그래도 A와 D 중 적어도 한 사람은 참석해.
갑 : 그럼 A는 회의에 반드시 참석하겠군.
을 : 너는 ____㉠____ 고 생각하고 있구나?
갑 : 맞아. 그리고 우리 생각이 모두 참이면, E와 F 모두 참석해.
을 : 그래. 그 까닭은 ____㉡____ 때문이지.

① ㉠ : B와 D가 모두 불참한다
　 ㉡ : E와 F 모두 회의에 참석하면 B는 불참하기

② ㉠ : B와 D가 모두 불참한다
　 ㉡ : E와 F 모두 회의에 참석하면 B도 참석하기

③ ㉠ : B가 회의에 불참한다
　 ㉡ : B가 회의에 참석하면 E와 F 모두 참석하기

④ ㉠ : D가 회의에 불참한다
　 ㉡ : B가 회의에 불참하면 E와 F 모두 참석하기

⑤ ㉠ : D가 회의에 불참한다
　 ㉡ : E와 F 모두 회의에 참석하면 B도 참석하기

문 23. 다음 글의 장치 A에 대하여 바르게 판단한 것만을 〈보기〉에서 모두 고르면?

17 민간(나) 22번

신용카드 거래가 사기 거래일 확률은 1,000분의 1이다. 신용카드 사기를 감별하는 장치 A는 정당한 거래의 99%를 정당한 거래로 판정하지만 1%는 사기 거래로 오판한다. 또한 A는 사기 거래의 99%를 사기 거래로 판정하지만 1%는 정당한 거래로 오판한다. A가 어떤 거래를 사기 거래라고 판단하면, 신용카드 회사는 해당 카드를 정지시켜 후속 거래를 막는다. A에 의해 카드 사용이 정지된 사례가 오판에 의한 카드 정지 사례일 확률이 50%보다 크면, A는 폐기되어야 한다.

─── 〈보 기〉 ───

ㄱ. A가 정당한 거래로 판정한 거래는 모두 정당한 거래이다.
ㄴ. 무작위로 10만 건의 거래를 검사했을 때, A가 사기 거래를 정당한 거래라고 오판하는 건수는 정당한 거래를 사기 거래라고 오판하는 건수보다 적을 것이다.
ㄷ. A는 폐기되어야 한다.

① ㄱ 　　　　　　　　② ㄴ
③ ㄱ, ㄷ 　　　　　　④ ㄴ, ㄷ
⑤ ㄱ, ㄴ, ㄷ

문 24. 다음 글의 ㉠과 ㉡에 들어갈 말을 가장 적절하게 짝지은 것은?

16 민간(5) 17번

칼로리 섭취를 줄이는 소식이 장수의 비결이라는 것을 입증하기 위해 A 연구팀은 붉은털원숭이를 대상으로 20년에 걸친 칼로리 섭취를 제한한 연구결과를 발표하였으며, 그 결과는 예상대로 칼로리 제한군이 대조군에 비해 수명이 긴 것으로 나타났다.

그런데 A 연구팀의 발표 이후, 곧이어 B 연구팀은 붉은털원숭이를 대상으로 25년 동안 비교 연구한 결과를 발표하였으며, 그들의 연구결과는 칼로리 제한군과 대조군의 수명에 별 차이가 없다는 것을 보여주었다. A 연구팀과 다른 결과가 도출된 것에 대해 B 연구팀은 A 연구팀의 실험 설계가 잘못되었기 때문이라고 주장했다. 즉 영양분을 정확하게 맞추기 위해 칼로리가 높은 사료를 먹인데다가 대조군은 식사 제한이 없어 사실상 칼로리 섭취량이 높아 건강한 상태가 아니기 때문에 칼로리 제한군이 건강하게 오래 사는건 당연하다는 것이다.

B 연구팀의 연구결과 발표 이후, A 연구팀은 처음 발표한 연구결과에 대한 후속 연구의 결과를 발표하였다. 처음 연구결과를 발표한 지 5년이 경과하였기 때문에 25년에 걸친 연구결과를 정리한 것이다. 이번 연구결과도 5년 전과 마찬가지로 역시 칼로리 제한군이 더 오래 사는 것으로 나타났다.

이 연구결과를 바탕으로 A 연구팀은 자신들의 결론과 다른 B 연구팀의 연구결과는 B 연구팀이 실험설계를 잘못했기 때문이라고 주장하면서 역공을 펼쳤다. B 연구팀은 대조군에게 마음대로 먹게 하는 대신 정량을 줬는데, 그 양이 보통 원숭이가 섭취하는 칼로리보다 낮기 때문에 사실상 대조군도 칼로리 제한을 약하게라도 한 셈이라는 것이다. 즉 B 연구팀은 칼로리 제한을 심하게 한 집단과 약하게 한 집단을 비교한 셈이었고, 그 결과로 인해 유의미한 차이가 없는 것으로 나타났다는 것이다.

A 연구팀은 자신들의 주장을 입증하기 위해 각지의 연구소에 있는 붉은털원숭이 총 878마리의 체중 데이터를 입수해 자신들의 대조군 원숭이 체중과 B 연구팀의 대조군 원숭이 체중을 비교하였다. 그 결과 총 878마리 붉은털원숭이의 평균 체중은 A 연구팀의 대조군 원숭이의 평균 체중 [㉠   ], B 연구팀의 대조군 원숭이의 평균 체중 [㉡   ]. 따라서 체중과 칼로리 섭취량이 비례한다는 사실에 입각했을 때, 서로의 대조군 설계에 대한 A 연구팀과 B 연구팀의 비판이 모두 설득력이 있는 것으로 밝혀진 셈이다.

	㉠	㉡
①	보다 더 나갔고	보다 덜 나갔다.
②	보다 덜 나갔고	보다 더 나갔다.
③	과 차이가 없었고	과 차이가 없었다.
④	보다 더 나갔고	보다 더 나갔다.
⑤	보다 덜 나갔고	보다 덜 나갔다.

문 25. 그린 포럼의 일정을 조정하고 있는 A 행정관이 고려해야 할 사항들이 다음과 같을 때, 반드시 참이라고는 할 수 없는 것은?

16 민간(5) 23번

- 포럼은 개회사, 발표, 토론, 휴식으로 구성하며, 휴식은 생략할 수 있다.
- 포럼은 오전 9시에 시작하여 늦어도 당일 정오까지는 마쳐야 한다.
- 개회사는 포럼 맨 처음에 10분 또는 20분으로 한다.
- 발표는 3회까지 계획할 수 있으며, 각 발표시간은 동일하게 40분으로 하거나 동일하게 50분으로 한다.
- 각 발표마다 토론은 10분으로 한다.
- 휴식은 최대 2회까지 가질 수 있으며, 1회 휴식은 20분으로 한다.

① 발표를 2회 계획한다면, 휴식을 2회 가질 수 있는 방법이 있다.

② 발표를 2회 계획한다면, 오전 11시 이전에 포럼을 마칠 방법이 있다.

③ 발표를 3회 계획하더라도, 휴식을 1회 가질 수 있는 방법이 있다.

④ 각 발표를 50분으로 하더라도, 발표를 3회 가질 수 있는 방법이 있다.

⑤ 각 발표를 40분으로 하고 개회사를 20분으로 하더라도, 휴식을 2회 가질 수 있는 방법이 있다.

문 26. 다음 글의 내용이 참일 때, 반드시 참인 것만을 〈보기〉에서 모두 고르면?

17 민간(나) 06번

교수 갑~정 중에서 적어도 한 명을 국가공무원 5급 및 7급 민간경력자 일괄채용 면접위원으로 위촉한다. 위촉 조건은 아래와 같다.

- 갑과 을 모두 위촉되면, 병도 위촉된다.
- 병이 위촉되면, 정도 위촉된다.
- 정은 위촉되지 않는다.

― 〈보 기〉 ―

ㄱ. 갑과 병 모두 위촉된다.

ㄴ. 정과 을 누구도 위촉되지 않는다.

ㄷ. 갑이 위촉되지 않으면, 을이 위촉된다.

① ㄱ   ② ㄷ

③ ㄱ, ㄴ   ④ ㄴ, ㄷ

⑤ ㄱ, ㄴ, ㄷ

문 27. 다음 글의 내용이 참일 때, 최종 선정되는 단체는?

18 민간(가) 10번

○○부는 우수 문화예술 단체 A, B, C, D, E 중 한 곳을 선정하여 지원하려 한다. ○○부의 금번 선정 방침은 다음 두 가지다. 첫째, 어떤 형태로든 지원을 받고 있는 단체는 최종 후보가 될 수 없다. 둘째, 최종 선정 시 올림픽 관련 단체를 엔터테인먼트 사업(드라마, 영화, K-pop) 단체보다 우선한다.

A 단체는 자유무역협정을 체결한 갑국에 드라마 컨텐츠를 수출하고 있지만 올림픽과 관련된 사업은 하지 않는다. B는 올림픽의 개막식 행사를, C는 폐막식 행사를 각각 주관하는 단체다. E는 오랫동안 한국 음식문화를 세계에 보급해 온 단체다. A와 C 중 적어도 한 단체가 최종 후보가 되지 못한다면, 대신 B와 E 중 적어도 한 단체는 최종 후보가 된다. 반면 게임 개발로 각광을 받은 단체인 D가 최종 후보가 된다면, 한국과 자유무역협정을 체결한 국가와 교역을 하는 단체는 모두 최종 후보가 될 수 없다. 후보 단체들 중 가장 적은 부가가치를 창출한 단체는 최종 후보가 될 수 없고, 최종 선정은 최종 후보가 된 단체 중에서만 이루어진다.

○○부의 조사 결과, 올림픽의 개막식 행사를 주관하는 모든 단체는 이미 ㅁㅁ부로부터 지원을 받고 있다. 그리고 위 문화예술 단체 가운데 한국 음식문화 보급과 관련된 단체의 부가가치 창출이 가장 저조하였다.

① A   ② B
③ C   ④ D
⑤ E

문 28. 다음 글의 내용이 참일 때, 반드시 거짓인 것은?

18 민간(가) 20번

사무관 갑, 을, 병, 정, 무는 정책조정부서에 근무하고 있다. 이 부서에서는 지방자치단체와의 업무 협조를 위해 지방의 네 지역으로 사무관들을 출장 보낼 계획을 수립하였다. 원활한 업무 수행을 위해서, 모든 출장은 위 사무관들 중 두 명 또는 세 명으로 구성된 팀 단위로 이루어진다. 네 팀이 구성되어 네 지역에 각각 한 팀씩 출장이 배정된다. 네 지역 출장 날짜는 모두 다르며, 모든 사무관은 최소한 한 번 출장에 참가한다. 이번 출장 업무를 총괄하는 사무관은 단 한 명밖에 없으며, 그는 네 지역 모두의 출장에 참가한다. 더불어 업무 경력을 고려하여, 단 한 지역의 출장에만 참가하는 것은 신임 사무관으로 제한한다. 정책조정부서에 근무하는 신임 사무관은 한 명밖에 없다. 이런 기준 아래에서 출장 계획을 수립한 결과, 을은 갑과 단둘이 가는 한 번의 출장 이외에 다른 어떤 출장도 가지 않으며, 병과 정이 함께 출장을 가는 경우는 단 한 번밖에 없다. 그리고 네 지역 가운데 광역시가 두 곳인데, 단 두 명의 사무관만이 두 광역시 모두에 출장을 간다.

① 갑은 이번 출장 업무를 총괄하는 사무관이다.
② 을은 광역시에 출장을 가지 않는다.
③ 병이 갑, 무와 함께 출장을 가는 지역이 있다.
④ 정은 총 세 곳에 출장을 간다.
⑤ 무가 출장을 가는 지역은 두 곳이고 그중 한 곳은 정과 함께 간다.

문 29. 다음 글의 내용이 참일 때, 가해자인 것이 확실한 사람(들)과 가해자가 아닌 것이 확실한 사람(들)의 쌍으로 적절한 것은?

18 민간(가) 25번

폭력 사건의 용의자로 A, B, C가 지목되었다. 조사 과정에서 A, B, C가 각각 〈아래〉와 같이 진술하였는데, 이들 가운데 가해자는 거짓만을 진술하고 가해자가 아닌 사람은 참만을 진술한 것으로 드러났다.

─── 〈아 래〉 ───

A : 우리 셋 중 정확히 한 명이 거짓말을 하고 있다.

B : 우리 셋 중 정확히 두 명이 거짓말을 하고 있다.

C : A, B 중 정확히 한 명이 거짓말을 하고 있다.

	가해자인 것이 확실	가해자가 아닌 것이 확실
①	A	C
②	B	없음
③	B	A, C
④	A, C	B
⑤	A, B, C	없음

문 30. 다음 글의 내용이 참일 때, 반드시 참인 것만을 〈보기〉에서 모두 고르면?

19 민간(나) 10번

전통문화 활성화 정책의 일환으로 일부 도시를 선정하여 문화관광특구로 지정할 예정이다. 특구 지정 신청을 받아본 결과, A, B, C, D, 네 개의 도시가 신청하였다. 선정과 관련하여 다음 사실이 밝혀졌다.

• A가 선정되면 B도 선정된다.

• B와 C가 모두 선정되는 것은 아니다.

• B와 D 중 적어도 한 도시는 선정된다.

• C가 선정되지 않으면 B도 선정되지 않는다.

─── 〈보 기〉 ───

ㄱ. A와 B 가운데 적어도 한 도시는 선정되지 않는다.

ㄴ. B도 선정되지 않고 C도 선정되지 않는다.

ㄷ. D는 선정된다.

① ㄱ

② ㄴ

③ ㄱ, ㄷ

④ ㄴ, ㄷ

⑤ ㄱ, ㄴ, ㄷ

문 31. 다음 글의 내용이 참일 때, 반드시 참인 것만을 〈보기〉에서 모두 고르면?

19 민간(나) 19번

공군이 차기 전투기 도입에서 고려해야 하는 사항은 비행시간이 길어야 한다는 것, 정비시간이 짧아야 한다는 것, 폭탄 적재량이 많아야 한다는 것, 그리고 공대공 전투능력이 높아야 한다는 것, 이상 네 가지이다. 그리고 이 네 가지는 각각 그런 경우와 그런 경우의 반대 둘 중의 하나이며 그 중간은 없다.

전투기의 폭탄 적재량이 많거나 공대공 전투능력이 높다면, 정비시간은 길다. 반면에 비행시간이 길면 공대공 전투능력은 낮다. 공군은 네 가지 고려사항 중에서 최소한 두 가지 이상을 통과한 기종을 선정해야 한다. 그런데 공군은 위 고려사항 중에서 정비시간이 짧아야 한다는 조건만큼은 결코 포기할 수 없다는 입장이다. 따라서 정비시간이 짧아야 한다는 것은 차기 전투기로 선정되기 위한 필수적인 조건이다.

한편, 이번 전투기 도입 사업에 입찰한 업체들 중 하나인 A사는 비행시간이 길고 폭탄 적재량이 많은 기종을 제안했다. 언론에서는 A사의 기종이 선정될 것이라고 예측하였다. 이후 공군에서는 선정 조건에 맞게 네 고려사항 중 둘 이상을 통과한 기종의 전투기를 도입하였는데 그것이 A사의 기종이었는지는 아직 알려지지 않았다.

─── 〈보 기〉 ───

ㄱ. 언론의 예측은 옳았다.

ㄴ. 공군이 도입한 기종은 비행시간이 길다.

ㄷ. 입찰한 업체의 기종이 공대공 전투능력이 높다면, 그 기종은 비행시간이 짧다.

① ㄱ

② ㄴ

③ ㄱ, ㄷ

④ ㄴ, ㄷ

⑤ ㄱ, ㄴ, ㄷ

문 32. A, B, C, D 네 사람만 참여한 달리기 시합에서 동순위 없이 순위가 완전히 결정되었다. A, B, C는 각자 아래와 같이 진술하였다. 이들의 진술이 자신보다 낮은 순위의 사람에 대한 진술이라면 참이고, 높은 순위의 사람에 대한 진술이라면 거짓이라고 하자. 반드시 참인 것은?　　　　　11 행시(수) 12번

> A : C는 1위이거나 2위이다.
>
> B : D는 3위이거나 4위이다.
>
> C : D는 2위이다.

① A는 1위이다.

② B는 2위이다.

③ D는 4위이다.

④ A가 B보다 순위가 높다.

⑤ C가 D보다 순위가 높다.

문 33. 다음 글의 내용을 토대로 5명의 기업윤리 심의위원을 선정하려고 할 때, 반드시 참인 것은?　　13 행시(인) 32번

> 후보자는 총 8명으로, 신진 윤리학자 1명과 중견 윤리학자 1명, 신진 경영학자 4명과 중견 경영학자 2명이다. 위원의 선정은 다음 조건을 만족해야 한다.
> • 윤리학자는 적어도 1명 선정되어야 한다.
> • 신진 학자는 4명 이상 선정될 수 없다.
> • 중견 학자 3명이 함께 선정될 수는 없다.
> • 신진 윤리학자가 선정되면 중견 경영학자는 2명 선정되어야 한다.

① 윤리학자는 2명이 선정된다.

② 신진 경영학자는 3명이 선정된다.

③ 중견 경영학자가 2명 선정되면 윤리학자 2명도 선정된다.

④ 신진 경영학자가 2명 선정되면 중견 윤리학자 1명도 선정된다.

⑤ 중견 윤리학자가 선정되지 않으면 신진 경영학자 2명이 선정된다.

문 34. 다음 정보가 모두 참일 때, 대한민국이 반드시 선택해야 하는 정책은?　　　　14 행시(A) 12번

> • 대한민국은 국무회의에서 주변국들과 합동 군사훈련을 실시하기로 확정 의결하였다.
> • 대한민국은 A국 또는 B국과 상호방위조약을 갱신하여야 하지만, 그 두 국가 모두와 갱신할 수는 없다.
> • 대한민국이 A국과 상호방위조약을 갱신하지 않는 한, 주변국과 합동 군사훈련을 실시할 수 없거나 또는 유엔에 동북아 안보 관련 안건을 상정할 수 없다.
> • 대한민국은 어떠한 경우에도 B국과 상호방위조약을 갱신해야 한다.
> • 대한민국이 유엔에 동북아 안보 관련 안건을 상정할 수 없다면, 6자 회담을 올해 내로 성사시켜야 한다.

① A국과 상호방위조약을 갱신한다.

② 6자 회담을 올해 내로 성사시킨다.

③ 유엔에 동북아 안보 관련 안건을 상정한다.

④ 유엔에 동북아 안보 관련 안건을 상정하지 않는다면, 6자 회담을 내년 이후로 연기한다.

⑤ A국과 상호방위조약을 갱신하지 않는다면, 유엔에 동북아 안보 관련 안건을 상정한다.

문 35. 다음 글의 내용이 참일 때, 반드시 채택되는 업체의 수는?　　　　15 행시(인) 32번

> 농림축산식품부는 구제역 백신을 조달할 업체를 채택할 것이다. 예비 후보로 A, B, C, D, E 다섯 개 업체가 선정되었으며, 그 외 다른 업체가 채택될 가능성은 없다. 각각의 업체에 대해 농림축산식품부는 채택하거나 채택하지 않거나 어느 하나의 결정만을 내린다.
> 정부의 중소기업 육성 원칙에 따라, 일정 규모 이상의 대기업인 A가 채택되면 소기업인 B도 채택된다. A가 채택되지 않으면 D와 E 역시 채택되지 않는다. 그리고 수의학산업 중점육성 단지에 속한 업체인 B가 채택된다면, 같은 단지의 업체인 C가 채택되거나 혹은 타지역 업체인 A는 채택되지 않는다. 마지막으로 지역 안배를 위해, D가 채택되지 않는다면, A는 채택되지만 C는 채택되지 않는다.

① 1개

② 2개

③ 3개

④ 4개

⑤ 5개

문 36. 다음 글의 내용이 참일 때, 외부 인사의 성명이 될 수 있는 것은?

15 행시(인) 33번

사무관들은 지난 회의에서 만났던 외부 인사 세 사람에 대해 얘기하고 있다. 사무관들은 외부 인사들의 이름은 모두 정확하게 기억하고 있다. 하지만 그들의 성(姓)에 대해서는 그렇지 않다.

혜민 : 김지후와 최준수와는 많은 대화를 나눴는데, 이진서와는 거의 함께 할 시간이 없었어.

민준 : 나도 이진서와 최준수와는 시간을 함께 보낼 수 없었어. 그런데 지후는 최씨였어.

서현 : 진서가 최씨였고, 다른 두 사람은 김준수와 이지후였지.

세 명의 사무관들은 외부 인사에 대하여 각각 단 한 명씩의 성명만을 올바르게 기억하고 있으며, 외부 인사들의 가능한 성씨는 김씨, 이씨, 최씨 외에는 없다.

① 김진서, 이준수, 최지후
② 최진서, 김준수, 이지후
③ 이진서, 김준수, 최지후
④ 최진서, 이준수, 김지후
⑤ 김진서, 최준수, 이지후

문 37. 다음 글의 ⊙이 참일 때, 참일 수 있는 주장은?

15 행시(인) 34번

12세기 이후 유럽의 대학에서 아리스토텔레스를 연구하는 사람들이 많아지면서 당시 기독교 교리와 위배되는 생각들이 공공연히 주장되기 시작했다. 이에 위기를 느낀 파리 주교 에티엔 탕피에는 1277년에 아리스토텔레스의 견해로 알려진 219개 항목이 대학에서 교육되는 것을 금지했다. 그 중에 ⊙ 다섯 항목은 다음과 같다.

• 논리적으로 불가능한 일은 절대적으로 불가능하다.
• 신이라도 여러 개의 세계를 만들 수 없다.
• 아무 것도 없는 상태에서는 어떤 것도 생겨날 수 없고 신이라도 무로부터 세계를 창조할 수는 없다.
• 부모의 도움 없이 오직 신의 힘만으로 사람을 만들어낼 수 없다.
• 우리는 자명하게 참인 것이나 그런 참으로부터 입증될 수 있는 것만을 믿어야 한다.

① 영희는 자기 자신보다 키가 크다.
② 충분히 많은 사람들이 믿으면 둥근 삼각형이 존재한다고 믿어도 된다.
③ 우리가 사는 세계는 약 137억 년 전 아무 것도 없는 상태에서 빅뱅을 통해 생겨났다.
④ 신은 우리가 사는 세계와 비슷하지만 세부 특징이 조금 다른 세계를 여럿 만들 수 있다.
⑤ 정자와 난자를 체외수정시켜 탄생한 시험관 아기는 다른 사람과 아무런 차이가 없는 사람이다.

문 38. 다음 글의 내용이 참일 때, 반드시 참인 것은?

16 행시(4) 08번

만일 A 정책이 효과적이라면, 부동산 수요가 조절되거나 공급이 조절된다. 만일 부동산 가격이 적정 수준에서 조절된다면, A 정책이 효과적이라고 할 수 있다. 그리고 만일 부동산 가격이 적정 수준에서 조절된다면, 물가 상승이 없다는 전제 하에서 서민들의 삶이 개선된다. 부동산 가격은 적정 수준에서 조절된다. 그러나 물가가 상승한다면, 부동산 수요가 조절되지 않고 서민들의 삶도 개선되지 않는다. 물론 물가가 상승한다는 것은 분명하다.

① 서민들의 삶이 개선된다.
② 부동산 공급이 조절된다.
③ A 정책이 효과적이라면, 물가가 상승하지 않는다.
④ A 정책이 효과적이라면, 부동산 수요가 조절된다.
⑤ A 정책이 효과적이라도, 부동산 가격은 적정 수준에서 조절되지 않는다.

문 39. 다음 글의 대화 내용이 참일 때, 갑수보다 반드시 나이가 적은 사람만을 모두 고르면?

16 행시(4) 10번

갑수, 을수, 병수, 철희, 정희 다섯 사람은 어느 외국어 학습 모임에서 서로 처음 만났다. 이후 모임을 여러 차례 갖게 되었지만 그들의 관계는 형식적인 관계 이상으로는 발전하지 않았다. 이 모임에서 주도적인 역할을 하고 있는 갑수는 서로 더 친하게 지냈으면 좋겠다는 생각에 뒤풀이를 갖자고 제안했다. 갑수의 제안에 모두 동의했다. 그들은 인근 맥줏집을 찾아갔다. 그 자리에서 그들이 제일 먼저 한 일은 서로의 나이를 묻는 것이었다.

먼저 갑수가 정희에게 말했다. "정희 씨, 나이가 몇 살이에요?" 정희는 잠시 머뭇거리더니 다음과 같이 말했다. "나이 묻는 것은 실례인 거 아시죠? 저는요, 갑수 씨 나이는 알고 있거든요. 어쨌든 갑수 씨보다는 나이가 적어요." 그리고는 "그럼 을수 씨 나이는 어떻게 되세요?"라고 을수에게 물었다. 을수는 "정희 씨, 저는 정희 씨와 철희 씨보다는 나이가 많지 않아요."라고 했다.

그때 병수가 대뜸 갑수에게 말했다. "그런데 저는 정작 갑수 씨 나이가 궁금해요. 우리들 중에서 리더 역할을 하고 있잖아요. 진짜 나이가 어떻게 되세요?" 갑수가 "저요? 음, 많아야 병수 씨 나이죠."라고 하자, "아, 그렇군요. 그럼 제가 대장해도 될까요? 하하……"라고 병수가 너털웃음을 웃으며 대꾸했다.

이때, "그럼 그렇게 하세요. 오늘 술값은 리더가 내시는 거 아시죠?"라고 정희가 끼어들었다. 그리고 "그런데 철희 씨는 좀 어려 보이는데, 몇 살이에요?"라고 물었다. 철희는 다소 수줍은 듯이 고개를 숙였다. 그리고는 "저는 병수 씨와 한 살 차이밖에 나지 않아요. 보기보다 나이가 많죠?"라고 대답했다.

① 정희
② 철희, 을수
③ 정희, 을수
④ 철희, 정희
⑤ 철희, 정희, 을수

문 40. 다음 글의 내용이 참일 때, 반드시 참인 것만을 〈보기〉에서 모두 고르면?

16 행시(4) 28번

이번에 K부서에서는 자기 부서의 정책을 홍보하기 위해 책자를 제작해 배포하였다. 이 홍보 사업에 참여한 K부서의 팀은 A와 B 두 팀이다. 두 팀은 각각 500권의 정책홍보책자를 제작하였다. 그러나 책자를 어떤 방식으로 배포할 것인지에 대해 두 팀 간에 차이가 있었다. A팀은 자신들이 제작한 K부서의 모든 정책홍보책자를 서울이나 부산에 배포한다는 지침에 따라 배포하였다. 한편, B팀은 자신들이 제작한 K부서 정책홍보책자를 서울에 모두 배포하거나 부산에 모두 배포한다는 지침에 따라 배포하였다. 사업이 진행된 이후 배포된 결과를 살펴보기 위해서 서울과 부산을 조사하였다. 조사를 담당한 한 직원은 A팀이 제작·배포한 K부서 정책홍보책자 중 일부를 서울에서 발견하였다. 한편, 또 다른 직원은 B팀이 제작·배포한 K부서 정책홍보책자 중 일부를 부산에서 발견하였다. 그리고 배포 과정을 검토해 본 결과, 이번에 A팀과 B팀이 제작한 K부서 정책홍보책자는 모두 배포되었다는 것과, 책자가 배포된 곳과 발견된 곳이 일치한다는 것이 확인되었다.

〈보 기〉

ㄱ. 부산에는 500권이 넘는 K부서 정책홍보책자가 배포되었다.
ㄴ. 서울에 배포된 K부서 정책홍보책자의 수는 부산에 배포된 K부서 정책홍보책자의 수보다 적다.
ㄷ. A팀이 제작한 K부서 정책홍보책자가 부산에서 발견되었다면, 부산에 배포된 K부서 정책홍보책자의 수가 서울에 배포된 수보다 많다.

① ㄱ
② ㄷ
③ ㄱ, ㄴ
④ ㄴ, ㄷ
⑤ ㄱ, ㄴ, ㄷ

문 41. 사무관 A는 국가공무원인재개발원에서 수강할 과목을 선택하려 한다. A가 선택할 과목에 대해 갑~무가 다음과 같이 진술하였는데 이 중 한 사람의 진술은 거짓이고 나머지 사람들의 진술은 모두 참인 것으로 밝혀졌다. A가 반드시 수강할 과목만을 모두 고르면?

16 행시(4) 29번

> 갑 : 법학을 수강할 경우, 정치학도 수강한다.
>
> 을 : 법학을 수강하지 않을 경우, 윤리학도 수강하지 않는다.
>
> 병 : 법학과 정치학 중 적어도 하나를 수강한다.
>
> 정 : 윤리학을 수강할 경우에만 정치학을 수강한다.
>
> 무 : 윤리학을 수강하지만 법학은 수강하지 않는다.

① 윤리학

② 법학

③ 윤리학, 정치학

④ 윤리학, 법학

⑤ 윤리학, 법학, 정치학

문 42. 다음 글의 내용이 참일 때, 우수공무원으로 반드시 표창 받는 사람의 수는?

17 행시(가) 32번

> 지난 1년간의 평가에 의거하여, 우수공무원 표창을 하고자 한다. 세 개의 부서에서 갑, 을, 병, 정, 무 다섯 명을 표창 대상자로 추천했는데, 각 부서는 근무평점이 높은 순서로 추천하였다. 이들 중 갑, 을, 병은 같은 부서 소속이고 갑의 근무평점이 가장 높다. 추천된 사람 중에서 아래 네 가지 조건 중 적어도 두 가지를 충족하는 사람만 우수공무원으로 표창을 받는다.
>
> • 소속 부서에서 가장 높은 근무평점을 받아야 한다.
>
> • 근무한 날짜가 250일 이상이어야 한다.
>
> • 공무원 교육자료 집필에 참여한 적이 있으면서, 공무원 연수교육에 3회 이상 참석하여야 한다.
>
> • 정부출연연구소에서 활동한 사람은 그 활동 보고서가 인사혁신처 공식 자료로 등록되어야 한다.
>
> 지난 1년 동안 이들의 활동 내역은 다음과 같다. 250일 이상을 근무한 사람은 을, 병, 정이다. 갑, 병, 무 세 명 중에서 250일 이상을 근무한 사람은 모두 자신의 정부출연연구소 활동 보고서가 인사혁신처 공식 자료로 등록되었다. 만약 갑이 공무원 교육자료 집필에 참여하지 않았거나 무가 공무원 교육자료 집필에 참여하지 않았다면, 다섯 명의 후보 중에서 근무한 날짜의 수가 250일 이상인 사람은 한 명도 없다. 정부출연연구소에서 활동한 적이 없는 사람은 모두 공무원 연수교육에 1회 또는 2회만 참석했다. 그리고 다섯 명의 후보 모두 공무원 연수교육에 3회 이상 참석했다.

① 1명

② 2명

③ 3명

④ 4명

⑤ 5명

문 43. 다음 글의 내용이 모두 참일 때 반드시 참인 것만을 〈보기〉에서 모두 고르면?

18 행시(나) 14번

A 부서에서는 올해부터 직원을 선정하여 국외 연수를 보내기로 하였다. 선정 결과 가영, 나준, 다석이 미국, 중국, 프랑스에 한 명씩 가기로 하였다. A부서에 근무하는 갑~정은 다음과 같이 예측하였다.

갑 : 가영이는 미국에 가고 나준이는 프랑스에 갈 거야.

을 : 나준이가 프랑스에 가지 않으면, 가영이는 미국에 가지 않을 거야.

병 : 나준이가 프랑스에 가고 다석이가 중국에 가는 그런 경우는 없을 거야.

정 : 다석이는 중국에 가지 않고 가영이는 미국에 가지 않을 거야.

하지만 을의 예측과 병의 예측 중 적어도 한 예측은 그르다는 것과 네 예측 중 두 예측은 옳고 나머지 두 예측은 그르다는 것이 밝혀졌다.

─── 〈보 기〉 ───

ㄱ. 가영이는 미국에 간다.

ㄴ. 나준이는 프랑스에 가지 않는다.

ㄷ. 다석이는 중국에 가지 않는다.

① ㄱ

② ㄴ

③ ㄱ, ㄷ

④ ㄴ, ㄷ

⑤ ㄱ, ㄴ, ㄷ

문 44. 다음 글의 내용이 모두 참일 때 반드시 참인 것만을 〈보기〉에서 모두 고르면?

18 행시(나) 15번

대한민국의 모든 사무관은 세종, 과천, 서울 청사 중 하나의 청사에서만 근무하며, 세 청사의 사무관 수는 다르다. 단, 세종 청사의 사무관 수가 서울 청사의 사무관 수보다 많다. 세 청사 중 사무관 수가 두 번째로 많은 청사의 사무관은 모두 일자리 창출 업무를 겸임한다. 세 청사의 사무관들 중 갑~정에 관하여 다음과 같은 사실이 알려져 있다.

• 갑과 병 중 적어도 한 명은 세종 청사에서 근무하고, 정은 서울 청사에서 근무한다.

• 일자리 창출 업무를 겸임하지 않는 사람은 이들 중 을뿐이다.

• 과천 청사에서 근무하는 사무관은 이들 중 2명이다.

• 을이 근무하는 청사는 사무관 수가 가장 적은 청사가 아니다.

─── 〈보 기〉 ───

ㄱ. 갑, 을, 병, 정 중 사무관 수가 가장 적은 청사에서 일하는 사무관은 일자리 창출 업무를 겸임하지 않는다.

ㄴ. 을이 세종 청사에서 근무하거나 병이 서울 청사에서 근무한다.

ㄷ. 정이 근무하는 청사의 사무관 수가 가장 적다.

① ㄱ

② ㄷ

③ ㄱ, ㄴ

④ ㄴ, ㄷ

⑤ ㄱ, ㄴ, ㄷ

문 45. 뇌물수수 혐의자 A~D에 관한 다음 진술들 중 하나만 참일 때, 이들 가운데 뇌물을 받은 사람의 수는?

18 행시(나) 32번

• A가 뇌물을 받았다면, B는 뇌물을 받지 않았다.

• A와 C와 D 중 적어도 한 명은 뇌물을 받았다.

• B와 C 중 적어도 한 명은 뇌물을 받지 않았다.

• B와 C 중 한 명이라도 뇌물을 받았다면, D도 뇌물을 받았다.

① 0명

② 1명

③ 2명

④ 3명

⑤ 4명

문 46. 다음 글의 내용이 참일 때, 반드시 참인 것은?

19 행시(가) 33번

- 김 대리, 박 대리, 이 과장, 최 과장, 정 부장은 A 회사의 직원들이다.
- A 회사의 모든 직원은 내근과 외근 중 한 가지만 한다.
- A 회사의 직원 중 내근을 하면서 미혼인 사람에는 직책이 과장 이상인 사람은 없다.
- A 회사의 직원 중 외근을 하면서 미혼이 아닌 사람은 모두 그 직책이 과장 이상이다.
- A 회사의 직원 중 외근을 하면서 미혼인 사람은 모두 연금 저축에 가입해 있다.
- A 회사의 직원 중 미혼이 아닌 사람은 모두 남성이다.

① 김 대리가 내근을 한다면, 그는 미혼이다.

② 박 대리가 미혼이면서 연금 저축에 가입해 있지 않다면, 그는 외근을 한다.

③ 이 과장이 미혼이 아니라면, 그는 내근을 한다.

④ 최 과장이 여성이라면, 그는 연금 저축에 가입해 있다.

⑤ 정 부장이 외근을 한다면, 그는 연금 저축에 가입해 있지 않다.

문 47. 사무관 A~E는 각기 다른 행정구역을 담당하고 있다. 이들이 담당하는 구역의 민원과 관련된 정책안이 제시되었다. 이에 대하여 A~E는 찬성과 반대 둘 중 하나의 의견을 제시했다고 알려졌다. 다음 정보가 모두 참일 때, 옳은 것은? 13 행시(인) 31번

- A 또는 D 둘 중 적어도 하나가 반대하면, C는 찬성하고 E는 반대한다.
- B가 반대하면, A는 찬성하고 D는 반대한다.
- D가 반대하면 C도 반대한다.
- E가 반대하면 B도 반대한다.
- 적어도 한 사람이 반대한다.

① A는 찬성하고 B는 반대한다.

② A는 찬성하고 E는 반대한다.

③ B와 D는 반대한다.

④ C는 반대하고 D는 찬성한다.

⑤ C와 E는 찬성한다.

문 48. 다음 글의 내용이 참일 때, 반드시 거짓인 것은?

15 행시(인) 12번

착한 사람들 중에서 똑똑한 여자는 모두 인기가 많다. 똑똑한 사람들 중에서 착한 남자는 모두 인기가 많다. "인기가 많지 않지만 멋진 남자가 있다."라는 말은 거짓이다. 순이는 멋지지 않지만 똑똑한 여자이다. 철수는 인기는 많지 않지만 착한 남자이다. 여자든 남자든 당연히 사람이다.

① 철수는 똑똑하지 않다.

② 철수는 멋지거나 똑똑하다.

③ 똑똑하지만 멋지지 않은 사람이 있다.

④ 순이가 인기가 많지 않다면, 그녀는 착하지 않다.

⑤ "똑똑하지만 인기가 많지 않은 여자가 있다."라는 말이 거짓이라면, 순이는 인기가 많다.

문 49. 정책 갑에 대하여 A~G는 찬성이나 반대 중 한 의견을 제시하였다. 이들의 찬반 의견이 다음과 같다고 할 때, 반대 의견을 제시한 사람의 최소 인원은? 16 행시(4) 09번

- A나 B가 찬성하면, C와 D도 찬성한다.
- B나 C가 찬성하면, E도 찬성한다.
- D는 반대한다.
- E와 F가 찬성하면, B나 D 중 적어도 하나는 찬성한다.
- G가 반대하면, F는 찬성한다.

① 2명

② 3명

③ 4명

④ 5명

⑤ 6명

문 50. 윗마을에 사는 남자는 참말만 하고 여자는 거짓말만 한다. 아랫마을에 사는 남자는 거짓말만 하고 여자는 참말만 한다. 이 마을들에 사는 이는 남자거나 여자다. 윗마을 사람 두 명과 아랫마을 사람 두 명이 다음과 같이 대화하고 있을 때, 반드시 참인 것은?

18 행시(나) 34번

> 갑 : 나는 아랫마을에 살아.
> 을 : 나는 아랫마을에 살아. 갑은 남자야.
> 병 : 을은 아랫마을에 살아. 을은 남자야.
> 정 : 을은 윗마을에 살아. 병은 윗마을에 살아.

① 갑은 윗마을에 산다.

② 갑과 을은 같은 마을에 산다.

③ 을과 병은 다른 마을에 산다.

④ 을, 병, 정 가운데 둘은 아랫마을에 산다.

⑤ 이 대화에 참여하고 있는 이들은 모두 여자다.

문 51. 다음 글의 내용이 참일 때, 반드시 참인 것만을 〈보기〉에서 모두 고르면?

14 행시(A) 35번

> 이번에 우리 공장에서 발생한 화재사건에 대해 조사해 보았습니다. 화재의 최초 발생 장소는 A지역으로 추정됩니다. 화재의 원인에 대해서는 여러 가지 의견이 존재합니다.
>
> 첫째, 화재의 원인을 새로 도입한 기계 M의 오작동으로 보는 견해가 존재합니다. 만약 기계 M의 오작동이 화재의 원인이라면 기존에 같은 기계를 도입했던 X공장과 Y공장에서 이미 화재가 났을 것입니다. 확인 결과 이미 X공장에서 화재가 났었다는 것을 파악할 수 있었습니다.
>
> 둘째, 방화로 인한 화재의 가능성이 존재합니다. 만약 화재의 원인이 방화일 경우 감시카메라에 수상한 사람이 찍히고 방범용 비상벨이 작동했을 것입니다. 또한 방범용 비상벨이 작동했다면 당시 근무 중이던 경비원 갑이 B지역과 C지역 어느 곳으로도 화재가 확대되지 않도록 막았을 것입니다. B지역으로 화재가 확대되지는 않았고, 감시카메라에서 수상한 사람을 포착하여 조사 중에 있습니다.
>
> 셋째, 화재의 원인이 시설 노후화로 인한 누전일 가능성도 제기되고 있습니다. 화재의 원인이 누전이라면 기기관리자 을 또는 시설관리자 병에게 화재의 책임이 있을 것입니다. 만약 을에게 책임이 있다면 정에게는 책임이 없습니다.

― 〈보 기〉 ―

ㄱ. 이번 화재 전에 Y공장에서 화재가 발생했어도 기계 M의 오작동이 화재의 원인은 아닐 수 있다.

ㄴ. 병에게 책임이 없다면, 정에게도 책임이 없다.

ㄷ. C지역으로 화재가 확대되었다면, 방화는 이번 화재의 원인이 아니다.

ㄹ. 정에게 이번 화재의 책임이 있다면, 시설 노후화로 인한 누전이 이번 화재의 원인이다.

① ㄱ, ㄷ

② ㄱ, ㄹ

③ ㄴ, ㄹ

④ ㄱ, ㄴ, ㄷ

⑤ ㄴ, ㄷ, ㄹ

문 52. 다음 글의 내용이 참일 때, 반드시 참인 것만을 〈보기〉에서 모두 고르면?

15 행시(인) 13번

> '디부'는 두 마법사 사이에서 맺는 신비스런 관계이다. x와 y가 디부라는 것은, y와 x가 디부라는 것도 의미한다.
>
> 어둠의 마법사들인 A, B, C, D는 외부와의 접촉을 완전히 차단한 채, 험준한 산악 마을인 나투랄에 살고 있다. 나투랄에 있는 마법사는 이 네 명 외에는 없다. 이들 사이에 다음과 같은 관계가 성립한다.
>
> • A와 D가 디부라면, A와 B가 디부일 뿐 아니라 A와 C도 디부이다.
> • C와 D가 디부라면, C와 B도 디부이다.
> • D와 A가 디부가 아니고 D와 C도 디부가 아니라면, 나투랄의 그 누구도 D와 디부가 아니다.
> • B와 D가 디부이거나, C와 D가 디부이다.
> • A와 디부가 아닌 마법사가 B, C, D 중에 적어도 한 명이 있다.

― 〈보 기〉 ―

ㄱ. B와 C는 디부이다.

ㄴ. A와 C는 디부가 아니다.

ㄷ. 나투랄에는 D와 디부가 아닌 마법사가 있다.

① ㄴ

② ㄷ

③ ㄱ, ㄴ

④ ㄱ, ㄷ

⑤ ㄱ, ㄴ, ㄷ

문 53. 다음 글의 (가)와 (나)에 들어갈 진술을 〈보기〉에서 골라 알맞게 짝지은 것은?   15 행시(인) 14번

자동차 회사인 ○○사는 신차를 개발할 것이다. 그 개발은 ○○사의 연구개발팀들 중 하나인 A팀이 담당한다. 그런데 [(가)] 그리고 A팀에서는 독신이거나 여성인 사원은 모두 다른 팀으로 파견을 나간 경력이 없다. 또한 다른 팀으로 파견을 나간 경력이 없거나 자동차 관련 박사학위를 지닌 A팀원은 모두 여성이다. 그러므로 A팀에는 독신이면서 여성인 사원이 한 명 이상 있다.

그런데 ○○사 내의 또 다른 경쟁 연구개발팀인 B팀에는 남성이면서 독신인 사원이 여럿 있다. 그리고 ○○사의 모든 독신 사원들은 어떤 이유에서인지는 몰라도 사내의 이성과 연인이 되기를 갈망한다. 그러므로 [(나)] 그래서 B팀의 누군가는 A팀의 신차 개발 프로젝트로 파견을 나가고 싶어할지도 모르겠다고 많은 사원들이 추측하고 있는 것도 그다지 이상한 일은 아니다.

──────── 〈보 기〉 ────────
ㄱ. A팀에는 독신인 사원이 한 명 이상 있다.
ㄴ. 독신인 A팀원은 누구도 다른 팀으로 파견을 나간 경력이 없다.
ㄷ. B팀에는 사내의 이성과 연인이 되기를 갈망하는 남성 사원이 한 명 이상 있다.
ㄹ. B팀에서 사내의 이성과 연인이 되기를 갈망하지 않는 남성 사원은 모두 독신이다.

	(가)	(나)
①	ㄱ	ㄷ
②	ㄱ	ㄹ
③	ㄴ	ㄷ
④	ㄴ	ㄹ
⑤	ㄷ	ㄴ

문 54. 다음 글의 내용이 참일 때, A부처의 공무원으로 채용될 수 있는 지원자들의 최대 인원은?   15 민간(인) 22번

금년도 공무원 채용 시 A부처에서 요구되는 자질은 자유민주주의 가치확립, 건전한 국가관, 헌법가치 인식, 나라 사랑이다. A부처는 이 네 가지 자질 중 적어도 세 가지 자질을 지닌 사람을 채용할 것이다. 지원자는 갑, 을, 병, 정이다. 이 네 사람이 지닌 자질을 평가했고 다음과 같은 정보가 주어졌다.
• 갑이 지닌 자질과 정이 지닌 자질 중 적어도 두 개는 일치한다.
• 헌법가치 인식은 병만 가진 자질이다.
• 만약 지원자가 건전한 국가관의 자질을 지녔다면, 그는 헌법가치 인식의 자질도 지닌다.
• 건전한 국가관의 자질을 지닌 지원자는 한 명이다.
• 갑, 병, 정은 자유민주주의 가치확립이라는 자질을 지니고 있다.

① 0명
② 1명
③ 2명
④ 3명
⑤ 4명

문 55. 다음 (가)~(마) 각각의 논증에서 전제가 모두 참일 때, 결론이 반드시 참인 것을 모두 고르면? 12 민간(인) 08번

(가) 삼촌은 우리를 어린이대공원에 데리고 간다고 약속했다. 삼촌이 이 약속을 지킨다면, 우리는 어린이대공원에 갈 것이다. 우리는 어린이대공원에 갔다. 따라서 삼촌이 이 약속을 지킨 것은 확실하다.

(나) 내일 비가 오면, 우리는 박물관에 갈 것이다. 내일 날씨가 좋으면, 우리는 소풍을 갈 것이다. 내일 비가 오거나 날씨가 좋을 것이다. 따라서 우리는 박물관에 가거나 소풍을 갈 것이다.

(다) 영희는 학생이다. 그녀는 철학도이거나 과학도임이 틀림없다. 그녀는 과학도가 아니라는 것이 밝혀졌다. 따라서 그녀는 철학도이다.

(라) 그가 나를 싫어하지 않는다면, 나를 데리러 올 것이다. 그는 나를 싫어한다. 따라서 그는 나를 데리러 오지 않을 것이다.

(마) 그가 유학을 간다면, 그는 군대에 갈 수 없다. 그가 군대에 갈 수 없다면, 결혼을 미루어야 한다. 그가 결혼을 미룬다면, 그녀와 헤어지게 될 것이다. 따라서 그녀와 헤어지지 않으려면, 그는 군대에 가서는 안 된다.

① (가), (나)
② (가), (라)
③ (나), (다)
④ (나), (마)
⑤ (다), (마)

문 56. 다음 대화 내용이 참일 때, ㉠으로 적절한 것은? 19 민간(나) 20번

서희 : 우리 회사 전 직원을 대상으로 A, B, C 업무 중에서 자신이 선호하는 것을 모두 고르라는 설문 조사를 실시했는데, A와 B를 둘 다 선호한 사람은 없었어.

영민 : 나도 그건 알고 있어. 그뿐만 아니라 C를 선호한 사람은 A를 선호하거나 B를 선호한다는 것도 이미 알고 있지.

서희 : A는 선호하지 않지만 B는 선호하는 사람이 있다는 것도 이미 확인된 사실이야.

영민 : 그럼, ㉠ 종범이 말한 것이 참이라면, B만 선호한 사람이 적어도 한 명 있겠군.

① A를 선호하는 사람은 모두 C를 선호한다.
② A를 선호하는 사람은 누구도 C를 선호하지 않는다.
③ B를 선호하는 사람은 모두 C를 선호한다.
④ B를 선호하는 사람은 누구도 C를 선호하지 않는다.
⑤ C를 선호하는 사람은 모두 B를 선호한다.

문 57. (가), (나)에 들어갈 말을 올바르게 짝지은 것은? 12 민간(인) 17번

갑 : 예술가의 작업이란, 자신이 경험한 감정을 타인도 경험할 수 있도록 색이나 소리와 같이 감각될 수 있는 여러 형태로 표현하는 것이지.

을 : 그렇다면 훌륭한 예술과 그렇지 못한 예술을 구별하는 기준은 무엇이지?

갑 : 그것이야 예술가가 해야 할 작업을 성공적으로 수행하면 훌륭한 예술이고, 그런 작업에 실패한다면 훌륭하지 못한 예술이지. 즉 예술가가 경험한 감정이 잘 전달되어 감상자도 그런 감정을 느끼게 되는 예술을 훌륭한 예술이라고 할 수 있어.

을 : 예술가가 느낀 감정 중에서 천박한 감정이 있을까? 아니면 예술가가 느낀 감정은 모두 고상하다고 할 수 있을까?

갑 : 물론 여느 사람과 마찬가지로 예술가 역시 천박한 감정을 가질 수 있지. 만약 어떤 예술가가 남의 고통을 보고 고소함을 느꼈다면 이는 천박한 감정이라고 해야 할 텐데, 예술가라고 해서 모두 천박한 감정을 갖지 않는다고 할 수는 없어.

을 : 그렇다면 천박한 감정을 느낀 예술가가 그 감정을 표현하여 감상자 역시 그런 감정을 느낀다면, 그런 예술이 훌륭한 예술인가?

갑 : ┌─── (가) ───┐

을 : 너의 대답은 모순이야. 왜냐하면 네 대답은 ┌─── (나) ───┐ 때문이야.

	(가)	(나)
①	그렇다.	훌륭한 예술에 대한 너의 정의와 앞뒤가 맞지 않기
②	그렇다.	예술가의 작업에 대한 너의 정의와 앞뒤가 맞지 않기
③	그렇다.	예술가가 느낀 감정이 모두 고상하지는 않다는 너의 주장과 앞뒤가 맞지 않기
④	아니다.	훌륭한 예술에 대한 너의 정의와 앞뒤가 맞지 않기
⑤	아니다.	예술가가 느낀 감정이 모두 고상하지는 않다는 너의 주장과 앞뒤가 맞지 않기

문 58. 다음 논증에 대한 평가로 적절한 것은? 15 민간(인) 18번

> 전제1 : 절대빈곤은 모두 나쁘다.
> 전제2 : 비슷하게 중요한 다른 일을 소홀히 하지 않고도 우리가 막을 수 있는 절대빈곤이 존재한다.
> 전제3 : 우리가 비슷하게 중요한 다른 일을 소홀히 하지 않고도 나쁜 일을 막을 수 있다면, 우리는 그 일을 막아야 한다.
> 결론 : 우리가 막아야 하는 절대빈곤이 존재한다.

① 모든 전제가 참이라고 할지라도 결론은 참이 아닐 수 있다.

② 전제1을 논증에서 뺀다고 하더라도, 전제2와 전제3만으로 결론이 도출될 수 있다.

③ 비슷하게 중요한 다른 일을 소홀히 해도 막을 수 없는 절대빈곤이 있다면, 결론은 도출되지 않는다.

④ 절대빈곤을 막는 일에 비슷하게 중요한 다른 일을 소홀히 하게 되는 경우가 많다면, 결론은 도출되지 않는다.

⑤ 비슷하게 중요한 다른 일을 소홀히 하지 않고도 막을 수 있는 나쁜 일이 존재한다는 것을 전제로 추가하지 않아도, 주어진 전제만으로 결론은 도출될 수 있다.

문 59. 다음 세 진술이 모두 거짓일 때, 유물 A~D 중에서 전시되는 유물의 총 개수는? 17 민간(나) 24번

> • A와 B 가운데 어느 하나만 전시되거나, 둘 중 어느 것도 전시되지 않는다.
> • B와 C 중 적어도 하나가 전시되면, D도 전시된다.
> • C와 D 어느 것도 전시되지 않는다.

① 0개

② 1개

③ 2개

④ 3개

⑤ 4개

문 60. 다음 글의 내용이 참일 때, 참인지 거짓인지 알 수 있는 것만을 〈보기〉에서 모두 고르면? 19 민간(나) 09번

> 머신러닝은 컴퓨터 공학에서 최근 주목 받고 있는 분야이다. 이 중 샤펠식 과정은 성공적인 적용 사례들로 인해 우리에게 많이 알려진 학습 방법이다. 머신러닝의 사례 가운데 샤펠식 과정에 해당하면서 의사결정트리 방식을 따르지 않는 경우는 없다.
> 머신러닝은 지도학습과 비지도학습이라는 두 배타적 유형으로 나눌 수 있고, 모든 머신러닝의 사례는 이 두 유형 중 어디엔가 속한다. 샤펠식 과정은 모두 전자에 속한다. 머신러닝에서 새로 떠오르는 방법은 강화학습인데, 강화학습을 활용하는 모든 경우는 후자에 속한다. 그리고 의사결정트리 방식을 적용한 사례들 가운데 강화학습을 활용하는 머신러닝의 사례도 있다.

〈보 기〉

> ㄱ. 의사결정트리 방식을 적용한 모든 사례는 지도학습의 사례이다.
> ㄴ. 샤펠식 과정의 적용 사례가 아니면서 의사결정트리 방식을 적용한 경우가 존재한다.
> ㄷ. 강화학습을 활용하는 머신러닝 사례들 가운데 의사결정트리 방식이 적용되지 않은 경우는 없다.

① ㄴ

② ㄷ

③ ㄱ, ㄴ

④ ㄱ, ㄷ

⑤ ㄱ, ㄴ, ㄷ

문 61. 다음 글을 토대로 판단할 때, 〈보기〉의 진술 중 반드시 참인 것을 모두 고르면?
09 행시(경) 15번

장애 아동을 위한 특수 교육 학교가 있다. 그 학교에는 키 성장이 멈추거나 더디어서 110cm 미만인 아동이 10명, 심한 약시로 꾸준한 치료와 관리가 필요한 아동이 10명 있다. 키가 110cm 미만인 아동은 모두 특수 스트레칭 교육을 받는다. 그리고 특수 스트레칭 교육을 받는 아동 중에는 약시인 아동은 없다. 어떤 아동이 약시인 경우에만 특수 영상장치가 설치된 학급에서 교육을 받는다. 숙이, 철이, 석이는 모두 이 학교에 다니는 아동이다.

〈보 기〉

ㄱ. 특수 스트레칭 교육을 받으면서 특수 영상장치가 설치된 반에서 교육을 받는 아동은 없다.
ㄴ. 숙이가 약시가 아니라면, 그의 키는 110cm 미만이다.
ㄷ. 석이가 특수 영상장치가 설치된 반에서 교육을 받는다면, 그는 키가 110cm 이상이다.
ㄹ. 철이 키가 120cm이고 약시는 아니라면, 그는 특수 스트레칭 교육을 받지 않는다.

① ㄱ, ㄴ
② ㄱ, ㄷ
③ ㄴ, ㄷ
④ ㄴ, ㄹ
⑤ ㄷ, ㄹ

문 62. 다음을 참이라고 가정할 때, 반드시 참인 것만을 〈보기〉에서 모두 고르면?
14 민간(A) 08번

• A, B, C, D 중 한 명의 근무지는 서울이다.
• A, B, C, D는 각기 다른 한 도시에서 근무한다.
• 갑, 을, 병 각각의 두 진술 중 하나는 참이고 다른 하나는 거짓이다.
• 갑은 "A의 근무지는 광주이다."와 "D의 근무지는 서울이다."라고 진술했다.
• 을은 "B의 근무지는 광주이다."와 "C의 근무지는 세종이다."라고 진술했다.
• 병은 "C의 근무지는 광주이다."와 "D의 근무지는 부산이다."라고 진술했다.

〈보 기〉

ㄱ. A의 근무지는 광주이다.
ㄴ. B의 근무지는 서울이다.
ㄷ. C의 근무지는 세종이다.

① ㄱ
② ㄷ
③ ㄱ, ㄴ
④ ㄴ, ㄷ
⑤ ㄱ, ㄴ, ㄷ

문 63. 다음 글의 내용이 참일 때, 반드시 참인 것은?
20 행시(나) 11번

외교부에서는 남자 6명, 여자 4명으로 이루어진 10명의 신임 외교관을 A, B, C 세 부서에 배치하고자 한다. 이때 따라야 할 기준은 다음과 같다.
• 각 부서에 적어도 한 명의 신임 외교관을 배치한다.
• 각 부서에 배치되는 신임 외교관의 수는 각기 다르다.
• 새로 배치되는 신임 외교관의 수는 A가 가장 적고, C가 가장 많다.
• 여자 신임 외교관만 배치되는 부서는 없다.
• B에는 새로 배치되는 여자 신임 외교관의 수가 새로 배치되는 남자 신임 외교관의 수보다 많다.

① A에는 1명의 신임 외교관이 배치된다.
② B에는 3명의 신임 외교관이 배치된다.
③ C에는 5명의 신임 외교관이 배치된다.
④ B에는 1명의 남자 신임 외교관이 배치된다.
⑤ C에는 2명의 여자 신임 외교관이 배치된다.

문 64. 다음 글의 내용이 참일 때, 반드시 참인 것은?

20 행시(나) 12번

호텔 A에서 살인 사건이 발생했고, 손님 중에 범인(들)이 있다. 이 사건에 대하여 갑, 을, 병 세 사람이 각각 다음과 같이 두 개씩 진술을 했다. 이 세 사람 중 한 사람의 진술은 모두 참이고 다른 한 사람의 진술은 모두 거짓이며, 또 다른 한 사람의 진술은 하나는 참이고 다른 하나는 거짓이다.

갑 : • 이 사건의 범인은 단독범이고, 그는 이 호텔의 2층에 묵고 있다.
　　• 이 호텔 2층의 방은 모두 손님이 투숙하고 있어 2층에는 빈방이 없다.

을 : • 이 사건이 단독범의 소행이라면, 그 범인은 이 호텔의 5층에 투숙하고 있다.
　　• 이 사건의 범인은 단독범이 아니고 그들은 같은 방에 투숙하고 있지도 않다.

병 : • 이 사건이 단독범의 소행이 아니라면, 범인들은 같은 방에 투숙하고 있다.
　　• 이 호텔의 모든 방은 손님이 투숙하고 있어 빈방이 없다.

① 갑의 진술 둘 다 거짓일 수 있다.
② 2층에는 빈방이 없지만, 다른 층에는 빈방이 있다.
③ 병의 진술이 둘 다 거짓이라면, 갑의 진술 중 하나는 거짓이다.
④ 을의 진술이 둘 다 거짓이라면, 이 사건은 단독범의 소행이 아니다.
⑤ 갑의 진술 중 하나만 참이라면, 이 사건의 범인은 단독범이 아니다.

문 65. 다음 글의 내용이 참일 때, 반드시 참이라고는 할 수 없는 것은?

20 행시(나) 31번

직원 갑, 을, 병, 정, 무를 대상으로 A, B, C, D 네 개 영역에 대해 최우수, 우수, 보통 가운데 하나로 분류하는 업무 평가를 실시하였다. 그리고 그 결과는 다음과 같았다.
• 모든 영역에서 보통 평가를 받은 직원이 있다.
• 모든 직원이 보통 평가를 받은 영역이 있다.
• D 영역에서 우수 평가를 받은 직원은 모두 A 영역에서도 우수 평가를 받았다.
• 갑은 C 영역에서만 보통 평가를 받았다.
• 을만 D 영역에서 보통 평가를 받았다.
• 병, 정은 A, B 두 영역에서 최우수 평가를 받았고 다른 직원들은 A, B 어디서도 최우수 평가를 받지 않았다.
• 무는 1개 영역에서만 최우수 평가를 받았다.

① 갑은 A 영역에서 우수 평가를 받았다.
② 을은 B 영역에서 보통 평가를 받았다.
③ 병은 C 영역에서 보통 평가를 받았다.
④ 정은 D 영역에서 최우수 평가를 받았다.
⑤ 무는 A 영역에서 우수 평가를 받았다.

문 66. 다음 대화의 ㉠에 들어갈 말로 가장 적절한 것은?

20 행시(나) 32번

> 서의 : 이번에 사내 연수원에 개설된 과목인 경제, 법률, 철학, 행정에 대한 수강신청결과가 나왔는데, 경제를 신청한 사람은 모두 법률도 신청했다고 해.
>
> 승민 : 그래? 나도 그 결과를 보았는데, 행정을 신청한 사람 중에 법률을 신청한 사람은 아무도 없었어. 그리고 경제와 법률은 신청하지 않고 철학은 신청한 사람도 있었다더군.
>
> 승범 : 나도 그 결과에 대해 몇 가지 얘기를 들었는데, 법률을 신청한 사람 중에 철학을 신청한 사람도 있었대. 그리고 철학은 신청했으나 행정과 경제는 신청하지 않은 사람도 있었다는 거야.
>
> 승민 : 그런데 _____㉠_____
>
> 서의 : 정말? 그러면 철학 한 과목만 신청한 사람이 적어도 한 명은 있겠구나.
>
> 승범 : 맞아. 그리고 적어도 한 명은 행정만 빼고 나머지 세 과목 전부 신청했다는 것도 알 수 있어.

① 경제와 법률 두 과목만을 신청한 사람은 한 명도 없어.

② 행정과 철학 두 과목만을 신청한 사람은 한 명도 없어.

③ 법률과 철학 두 과목만을 신청한 사람은 한 명도 없어.

④ 경제와 법률을 둘 다 신청한 사람은 모두 철학을 신청했어.

⑤ 법률과 철학을 둘 다 신청한 사람 중에 행정을 신청한 사람은 없어.

문 67. 다음 갑~병의 견해에 대한 분석으로 적절한 것만을 〈보기〉에서 모두 고르면?

20 행시(나) 33번

> 갑 : 인간과 달리 여타의 동물에게는 어떤 형태의 의식도 없다. 소나 개가 상처를 입었을 때 몸을 움츠리고 신음을 내는 통증 행동을 보이기는 하지만 실제로 통증을 느끼는 것은 아니다. 동물에게는 통증을 느끼는 의식이 없으므로 동물의 행동은 통증에 대한 아무런 느낌 없이 이루어지는 것이다. 우리는 늑대를 피해 도망치는 양을 보고 양이 늑대를 두려워한다고 말한다. 그러나 두려움을 느낀다는 것은 의식적인 활동이므로 양이 두려움을 느끼는 일은 일어날 수 없다. 양의 행동은 단지 늑대의 몸에서 반사된 빛이 양의 눈을 자극한 데 따른 반사작용일 뿐이다.
>
> 을 : 동물이 통증 행동을 보일 때는 실제로 통증을 의식한다고 보아야 한다. 동물은 통증을 느낄 수 있으나 다만 자의식이 없을 뿐이다. 우리는 통증을 느낄 수 있는 의식과 그 통증을 '나의 통증'이라고 느낄 수 있는 자의식을 구별해야 한다. 의식이 있어야만 자의식이 있지만, 의식이 있다고 해서 반드시 자의식을 갖는 것은 아니다. 세 번의 전기충격을 받은 쥐는 그때마다 통증을 느끼지만, '내'가 전기충격을 세 번 받았다고 느끼지는 못한다. '나의 통증'을 느끼려면 자의식이 필요하며, 통증이 '세 번' 있었다고 느끼기 위해서도 자의식이 필요하다. 자의식이 없으면 과거의 경험을 기억하는 일은 불가능하기 때문이다.
>
> 병 : 동물이 아무것도 기억할 수 없다는 주장을 인정하고 나면, 동물이 무언가를 학습할 수 있다는 주장은 아예 성립할 수 없을 것이다. 그렇게 되면 동물의 학습에 관한 연구는 무의미해질 것이다. 하지만 어느 이웃에게 한 번 발로 차인 개는 그를 만날 때마다 그 사실을 기억하고 두려움을 느끼며 몸을 피한다. 그렇다면 무언가를 기억하기 위해 자의식이 꼭 필요한 것일까. 그렇지는 않아 보인다. 실은 인간조차도 아무런 자의식 없이 무언가를 기억하여 행동할 때가 있다. 하물며 동물은 말할 것도 없을 것이다. 또한, 과거에 경험한 괴로운 사건은 '나의 것'이라고 받아들이지 않고도 기억될 수 있다.

〈보 기〉

ㄱ. 갑과 병은 동물에게 자의식이 없다고 여긴다.

ㄴ. 갑과 을은 동물이 의식 없이 행동할 수 있다고 여긴다.

ㄷ. 을에게 기억은 의식의 충분조건이지만, 병에게 기억은 학습의 필요조건이다.

① ㄱ

② ㄷ

③ ㄱ, ㄴ

④ ㄴ, ㄷ

⑤ ㄱ, ㄴ, ㄷ

문 68. 다음 글의 ㉠~㉤에 대한 판단으로 적절한 것은?

21 행시(가) 12번

어떤 음성이나 부호가 무의미하다는 것은 '드룰'이나 '며문'과 같은 무의미한 음절들처럼 단순히 의미를 결여했다는 것으로 여겨진다. 그런데 철학자 A는 ㉠ 모든 의미 있는 용어는 그 용어가 지칭하는 대상이 존재한다고 여긴다. 그는 '비물질적 실체'와 같은 용어는 의미가 없다고 주장하는데, 그 이유는 오직 물질적 실체만이 존재하며 ㉡ '비물질적 실체'라는 용어가 지칭하는 대상이 존재하지 않는다는 것이다.

이에 철학자 B는 A의 입장이 터무니없다고 주장한다. ㉢ '비물질적 실체'라는 용어가 의미가 없다면, 우리는 비물질적 실체가 존재하는가에 대해 긍정도 부정도 할 수 없다. 그러나 ㉣ 우리는 그것이 존재하는가에 대해 긍정이나 부정을 할 수 있다. 실제로 ㉤ 우리의 어휘 중에는 의미를 지니고 그것이 지칭하는 대상이 존재하지 않는 용어들이 있다. 이 세상에 오직 물질적 실체만이 존재해서 비물질적 실체가 존재하지 않더라도 '비물질적 실체'라는 용어가 의미가 없다는 것은 지나친 주장이다.

① ㉠이 참이면, ㉤이 반드시 참이다.

② ㉠과 ㉢이 참이면, ㉤이 반드시 참이다.

③ ㉢과 ㉤이 참이면, ㉣이 반드시 거짓이다.

④ ㉠, ㉡, ㉢이 참이면, ㉣이 반드시 참이다.

⑤ ㉠, ㉢, ㉣이 참이면, ㉡이 반드시 거짓이다.

문 69. 다음 글의 내용이 참일 때, 반드시 참인 것만을 〈보기〉에서 모두 고르면?

21 행시(가) 13번

도청에서는 올해 새로 온 수습사무관 7명 중 신청자를 대상으로 요가 교실을 운영할 계획이다. 규정상 신청자가 3명 이상일 때에만 요가 교실을 운영한다. 새로 온 수습사무관 A, B, C, D, E, F, G와 관련해 다음과 같은 사실이 알려져 있다.

· F는 신청한다.

· C가 신청하면 G가 신청한다.

· D가 신청하면 F는 신청하지 않는다.

· A나 C가 신청하면 E는 신청하지 않는다.

· G나 B가 신청하면 A나 D 중 적어도 한 명이 신청한다.

〈보 기〉

ㄱ. 요가 교실 신청자는 최대 5명이다.

ㄴ. G와 B 중 적어도 한 명이 신청하는 경우에만 요가 교실이 운영된다.

ㄷ. A가 신청하지 않으면 F를 제외한 어떤 수습사무관도 신청하지 않는다.

① ㄱ

② ㄷ

③ ㄱ, ㄴ

④ ㄴ, ㄷ

⑤ ㄱ, ㄴ, ㄷ

문 70. 다음 글의 내용이 참일 때 반드시 참인 것은?

21 행시(가) 14번

A, B, C, D는 출산을 위해 산부인과에 입원하였다. 그리고 이 네 명은 이번 주 월, 화, 수, 목요일에 각각 한 명의 아이를 낳았다. 이 아이들의 이름은 각각 갑, 을, 병, 정이다. 이 아이들과 그 어머니, 출생일에 관한 정보는 다음과 같다.

· 정은 C의 아이다.

· 정은 갑보다 나중에 태어났다.

· 목요일에 태어난 아이는 을이거나 C의 아이다.

· B의 아이는 을보다 하루 먼저 태어났다.

· 월요일에 태어난 아이는 A의 아이다.

① 을, 병 중 적어도 한 아이는 수요일에 태어났다.

② 병은 을보다 하루 일찍 태어났다.

③ 정은 을보다 먼저 태어났다.

④ A는 갑의 어머니이다.

⑤ B의 아이는 화요일에 태어났다.

문 71. 다음 글의 내용이 참일 때, 반드시 참인 것만을 〈보기〉에서 모두 고르면?

21 행시(가) 34번

A아파트에는 이번 인구총조사 대상자들이 거주한다. A아파트 관리소장은 거주민 수지, 우진, 미영, 양미, 가은이 그 대상이 되었는지 궁금했다. 수지에게 수지를 포함한 다른 친구들의 상황을 물어보았는데 수지는 다음과 같이 답변하였다.

- 나와 양미 그리고 가은 중 적어도 한 명은 대상이다.
- 나와 양미가 모두 대상인 것은 아니다.
- 미영이 대상이 아니거나 내가 대상이다.
- 우진이 대상인 경우에만 양미 또한 대상이다.
- 가은이 대상이면, 미영도 대상이다.

─〈보 기〉─

ㄱ. 수지가 대상이 아니라면, 우진은 대상이다.
ㄴ. 가은이 대상이면, 수지와 우진 그리고 미영이 대상이다.
ㄷ. 양미가 대상인 경우, 5명 중 2명만이 대상이다.

① ㄱ
② ㄴ
③ ㄱ, ㄷ
④ ㄴ, ㄷ
⑤ ㄱ, ㄴ, ㄷ

문 72. 다음 글의 내용이 참일 때, 반드시 참인 것만을 〈보기〉에서 모두 고르면?

21 행시(가) 35번

철학과에서는 학생들의 수강 실태를 파악하여 향후 학과 교과목 개편에 반영할 예정이다. 실태를 파악한 결과, 〈논리학〉, 〈인식론〉, 〈과학철학〉, 〈언어철학〉을 모두 수강한 학생은 없었다. 〈논리학〉을 수강한 학생들은 모두 〈인식론〉도 수강하였다. 일부 학생들은 〈인식론〉과 〈과학철학〉을 둘 다 수강하였다. 그리고 〈언어철학〉을 수강하지 않은 학생들은 누구도 〈과학철학〉을 수강하지 않았다.

─〈보 기〉─

ㄱ. 〈논리학〉을 수강하지 않은 학생이 있다.
ㄴ. 〈논리학〉과 〈과학철학〉을 둘 다 수강한 학생은 없다.
ㄷ. 〈인식론〉과 〈언어철학〉을 둘 다 수강한 학생이 있다.

① ㄱ
② ㄴ
③ ㄱ, ㄷ
④ ㄴ, ㄷ
⑤ ㄱ, ㄴ, ㄷ

문 73. 다음 글의 내용이 참일 때 반드시 참인 것은?

21 행시(가) 36번

K 부처는 관리자 연수과정에 있는 연수생 중에 서류심사와 부처 면접을 통해 새로운 관리자를 선발하기로 하였다. 먼저 서류심사를 진행하여 서류심사 접수자 중 세 명만을 면접 대상자로 결정하고 나머지 접수자들은 탈락시킨다. 그리고 면접 대상자들을 상대로 면접을 진행하여, 두 명만 새로운 관리자로 선발한다. 서류심사 접수자는 갑, 을, 병, 정, 무 총 5명이다. 다음은 이들이 나눈 대화이다.

갑 : 나는 면접 대상자로 결정되었고 병은 서류심사에서 탈락했어.
을 : 나는 서류심사에서 탈락했지만 병은 면접 대상자로 결정되었어.
병 : 무는 새로운 관리자로 선발되었어.
정 : 나는 새로운 관리자로 선발되었고 면접에서 병과 무와 함께 있었어.
무 : 나는 갑과 정이랑 함께 면접 대상자로 결정되었어.

대화 이후 서류심사 결과와 부처 면접 결과가 모두 공개되자, 이들 중 세 명의 진술은 참이고 나머지 두 명의 진술은 거짓인 것으로 밝혀졌다.

① 갑은 면접 대상자로 결정되었다.
② 을은 서류심사에서 탈락하였다.
③ 병은 면접 대상자로 결정되었다.
④ 정은 새로운 관리자로 선발되었다.
⑤ 무는 새로운 관리자로 선발되지 않았다.

문 74. 다음 글의 ㈀~㈐에 들어갈 일반 원칙을 바르게 나열한 것은?

20 민간(가) 10번

> 우리가 하는 주장 가운데 어떤 것은 도덕적 주장이고 어떤 것은 도덕과 무관한 주장이다. 가령 아래의 (1)은 도덕적 주장인 반면 (2)는 도덕과 무관한 주장이라는 데 모두 동의할 것이다.
>
> (1) 갑은 선한 사람이다.
> (2) 을은 병을 싫어한다.
>
> 이런 종류의 주장과 관련한 일반 원칙으로 우리가 다음 세 가지를 받아들인다고 하자.
>
> A : 어떤 주장이 도덕적 주장이라면, 그 주장의 부정도 도덕적 주장이다.
> B : 어떤 주장이 도덕과 무관한 주장이라면, 그 주장의 부정도 도덕과 무관한 주장이다.
> C : 도덕과 무관한 주장으로부터 도출된 것은 모두 도덕과 무관한 주장이다.
>
> 나아가 어떠한 주장이든지 그것은 도덕적 주장이거나 도덕과 무관한 주장이라고 해보자. 이때 우리는 다음의 (3)이 도덕적 주장이라는 것을 증명할 수 있다.
>
> (3) 갑은 선한 사람이거나 을은 병을 싫어한다.
>
> 이를 위해 먼저 (3)이 도덕과 무관한 주장이라고 가정해보자. 우리는 이런 가정이 모순을 초래한다는 사실을 보일 것이다. (3)이 도덕과 무관한 주장이므로 일반 원칙 [㈀]에 따라 우리는 다음의 (4)도 도덕과 무관한 주장이라고 해야 한다.
>
> (4) 갑은 선한 사람이 아니고 을은 병을 싫어하지 않는다.
>
> (4)가 도덕과 무관한 주장이므로 일반 원칙 [㈁]에 따라 우리는 (4)로부터 도출되는 다음의 (5)도 도덕과 무관한 주장이라고 해야 한다.
>
> (5) 갑은 선한 사람이 아니다.
>
> 하지만 우리는 애초에 (1)이 도덕적 주장이라는 점을 받아들였다. 그러므로 일반 원칙 [㈂]에 따라 우리는 (1)을 부정한 것인 (5)가 도덕적 주장이라고 해야 한다. 마침내 우리는 (5)가 도덕과 무관한 주장이면서 또한 도덕적 주장이라는 모순된 결과에 다다르게 되었다. (3)이 도덕과 무관한 주장이라는 가정은 이처럼 모순을 초래하므로, 결국 우리는 (3)이 도덕적 주장이라고 결론내려야 한다.

	㈀	㈁	㈂
①	A	B	C
②	A	C	B
③	B	A	C
④	B	C	A
⑤	C	B	A

문 75. 다음 대화의 ㉠과 ㉡에 들어갈 말을 적절하게 짝지은 것은?

20 민간(가) 11번

> 갑 : 신입직원 가운데 일부가 봉사활동에 지원했습니다. 그리고 [㉠]
> 을 : 지금 하신 말씀에 따르자면, 제 판단으로는 하계연수에 참여하지 않은 사람 중에 신입직원이 있다는 결론이 나오는군요.
> 갑 : 그렇게 판단하신 게 정확히 맞습니다. 아니, 잠깐만요. 아차, 제가 앞에서 말씀드린 부분 중에 오류가 있었군요. 죄송합니다. 신입직원 가운데 일부가 봉사활동에 지원했다는 것은 맞는데, 그 다음이 틀렸습니다. 봉사활동 지원자는 전부 하계연수에도 참여했다고 말씀드렸어야 했습니다.
> 을 : 알겠습니다. 그렇다면 아까와 달리 "[㉡]"라는 결론이 나오는 것이로군요.
> 갑 : 바로 그렇습니다.

① ㉠ : 하계연수 참여자 가운데는 봉사활동에 지원했던 사람이 없습니다.

　㉡ : 신입직원 가운데 하계연수 참여자가 있다.

② ㉠ : 하계연수 참여자 가운데는 봉사활동에 지원했던 사람이 없습니다.

　㉡ : 신입직원 가운데 하계연수 참여자는 한 명도 없다.

③ ㉠ : 하계연수 참여자는 모두 봉사활동에도 지원했던 사람입니다.

　㉡ : 신입직원 가운데 하계연수 참여자는 한 명도 없다.

④ ㉠ : 하계연수 참여자 가운데 봉사활동에도 지원했던 사람이 있습니다.

　㉡ : 신입직원 가운데 하계연수 참여자가 있다.

⑤ ㉠ : 하계연수 참여자 가운데 봉사활동에도 지원했던 사람이 있습니다.

　㉡ : 신입직원은 모두 하계연수 참여자이다.

문 76. 다음 글의 내용이 참일 때, 대책회의에 참석하는 전문가의 최대 인원 수는?

20 민간(가) 12번

> 8명의 전문가 A~H를 대상으로 코로나19 대책회의 참석 여부에 관해 조사한 결과 다음과 같은 정보를 얻었다.
> • A, B, C 세 사람이 모두 참석하면, D나 E 가운데 적어도 한 사람은 참석한다.
> • C와 D 두 사람이 모두 참석하면, F도 참석한다.
> • E는 참석하지 않는다.
> • F나 G 가운데 적어도 한 사람이 참석하면, C와 E 두 사람도 참석한다.
> • H가 참석하면, F나 G 가운데 적어도 한 사람은 참석하지 않는다.

① 3명
② 4명
③ 5명
④ 6명
⑤ 7명

문 77. 다음 글의 내용이 참일 때, 반드시 참인 것만을 〈보기〉에서 모두 고르면?

20 민간(가) 19번

> A, B, C, D, E는 스키, 봅슬레이, 컬링, 쇼트트랙, 아이스하키 등 총 다섯 종목 중 각자 한 종목을 관람하고자 한다. 스키와 봅슬레이는 산악지역에서 열리며, 나머지 종목은 해안지역에서 열린다. 다섯 명의 관람 종목에 대한 조건은 다음과 같다.
> • A, B, C, D, E는 서로 다른 종목을 관람한다.
> • A와 B는 서로 다른 지역에서 열리는 종목을 관람한다.
> • C는 스키를 관람한다.
> • B가 쇼트트랙을 관람하면, D가 봅슬레이를 관람한다.
> • E가 쇼트트랙이나 아이스하키를 관람하면, A는 봅슬레이를 관람한다.

> ───── 〈보 기〉 ─────
> ㄱ. A가 봅슬레이를 관람하면, D는 아이스하키를 관람한다.
> ㄴ. B는 쇼트트랙을 관람하지 않는다.
> ㄷ. E가 쇼트트랙을 관람하면, B는 컬링이나 아이스하키를 관람한다.

① ㄱ
② ㄴ
③ ㄱ, ㄷ
④ ㄴ, ㄷ
⑤ ㄱ, ㄴ, ㄷ

문 78. 다음 글의 내용이 참일 때, 반드시 참인 것은?

20 민간(가) 20번

> 도시발전계획의 하나로 관할 지역 안에 문화특화지역과 경제특화지역을 지정하여 활성화하는 정책을 추진하고 있는 A시와 관련하여 다음 사항이 알려졌다.
> • A시의 관할 지역은 동구와 서구로 나뉘어 있고 갑, 을, 병, 정, 무는 이 시에 거주하는 주민이다.
> • A시는 문화특화지역과 경제특화지역을 곳곳에 지정하였으나, 두 지역이 서로 겹치는 경우는 없다.
> • 문화특화지역으로 지정된 곳에서는 모두 유물이 발견되었다.
> • 동구에서 경제특화지역으로 지정된 곳의 주민은 모두 부유하다.
> • 서구에 거주하는 주민은 모두 아파트에 산다.

① 갑이 유물이 발견된 지역에 거주한다면, 그는 부유하지 않다.
② 을이 부유하다면, 그는 경제특화지역에 거주하고 있다.
③ 병이 아파트에 살지는 않지만 경제특화지역에 거주한다면, 그는 부유하다.
④ 정이 아파트에 살지 않는다면, 그는 유물이 발견되지 않은 지역에 거주한다.
⑤ 무가 문화특화지역에 거주한다면, 그는 아파트에 살지 않는다.

문 79. 다음 글의 내용이 참일 때, 반드시 참인 것만을 〈보기〉에서 모두 고르면?

21 민간(가) 18번

최근 두 주 동안 직원들은 다음 주에 있을 연례 정책 브리핑을 준비해 왔다. 브리핑의 내용과 진행에 관해 알려진 바는 다음과 같다. 개인건강정보 관리 방식 변경에 관한 가안이 정책제안에 포함된다면, 보건정보의 공적 관리에 관한 가안도 정책제안에 포함될 것이다. 그리고 정책제안을 위해 구성되었던 국민건강 2025팀이 재편된다면, 앞에서 언급한 두 개의 가안이 모두 정책제안에 포함될 것이다. 개인건강정보 관리 방식 변경에 관한 가안이 정책제안에 포함되고 국민건강 2025팀 리더인 최팀장이 다음 주 정책 브리핑을 총괄한다면, 프레젠테이션은 국민건강 2025팀의 팀원인 손공정씨가 맡게 될 것이다. 그런데 보건정보의 공적 관리에 관한 가안이 정책제안에 포함될 경우, 국민건강 2025팀이 재편되거나 다음 주 정책 브리핑을 위해 준비한 보도자료가 대폭 수정될 것이다. 한편, 직원들 사이에서는, 최팀장이 다음 주 정책 브리핑을 총괄하면 팀원 손공정씨가 프레젠테이션을 담당한다는 말이 돌았는데 그 말은 틀린 것으로 밝혀졌다.

〈보 기〉

ㄱ. 개인건강정보 관리 방식 변경에 관한 가안과 보건정보의 공적 관리에 관한 가안 중 어느 것도 정책제안에 포함되지 않는다.

ㄴ. 국민건강 2025팀은 재편되지 않고, 이 팀의 최팀장이 다음 주 정책 브리핑을 총괄한다.

ㄷ. 보건정보의 공적 관리에 관한 가안이 정책제안에 포함된다면, 다음 주 정책 브리핑을 위해 준비한 보도자료가 대폭 수정될 것이다.

① ㄱ

② ㄴ

③ ㄱ, ㄷ

④ ㄴ, ㄷ

⑤ ㄱ, ㄴ, ㄷ

문 80. 다음 글의 내용이 참일 때, 반드시 참인 것은?

21 민간(가) 19번

A, B, C, D를 포함해 총 8명이 학회에 참석했다. 이들에 관해서 알려진 정보는 다음과 같다.

• 아인슈타인 해석, 많은 세계 해석, 코펜하겐 해석, 보른 해석 말고도 다른 해석들이 있고, 학회에 참석한 이들은 각각 하나의 해석만을 받아들인다.

• 상태 오그라듦 가설을 받아들이는 이들은 모두 5명이고, 나머지는 이 가설을 받아들이지 않는다.

• 상태 오그라듦 가설을 받아들이는 이들은 코펜하겐 해석이나 보른 해석을 받아들인다.

• 코펜하겐 해석이나 보른 해석을 받아들이는 이들은 상태 오그라듦 가설을 받아들인다.

• B는 코펜하겐 해석을 받아들이고, C는 보른 해석을 받아들인다.

• A와 D는 상태 오그라듦 가설을 받아들인다.

• 아인슈타인 해석을 받아들이는 이가 있다.

① 적어도 한 명은 많은 세계 해석을 받아들인다.

② 만일 보른 해석을 받아들이는 이가 두 명이면, A와 D가 받아들이는 해석은 다르다.

③ 만일 A와 D가 받아들이는 해석이 다르다면, 적어도 두 명은 코펜하겐 해석을 받아들인다.

④ 만일 오직 한 명만이 많은 세계 해석을 받아들인다면, 아인슈타인 해석을 받아들이는 이는 두 명이다.

⑤ 만일 코펜하겐 해석을 받아들이는 이가 세 명이면, A와 D 가운데 적어도 한 명은 보른 해석을 받아들인다.

PART **03**

유형별
필수기출 160제
정답 및 해설

01 추론형 필수기출 80제 정답 및 해설

01	02	03	04	05	06	07	08	09	10
②	③	①	①	①	②	②	②	⑤	②
11	12	13	14	15	16	17	18	19	20
⑤	④	③	②	⑤	①	③	③	⑤	④
21	22	23	24	25	26	27	28	29	30
②	⑤	⑤	④	①	④	⑤	③	①	③
31	32	33	34	35	36	37	38	39	40
①	②	④	②	④	④	②	④	②	①
41	42	43	44	45	46	47	48	49	50
⑤	①	⑤	①	①	②	①	⑤	④	②
51	52	53	54	55	56	57	58	59	60
③	⑤	⑤	①	②	⑤	⑤	②	①	⑤
61	62	63	64	65	66	67	68	69	70
④	④	⑤	②	②	④	②	③	④	⑤
71	72	73	74	75	76	77	78	79	80
③	①	④	④	①	③	④	①	①	③

01   답 ②

난도 ★★

정답해설

② 얼음은 물속 삼각형 모양의 입자들이 결합하여 만들어지며 둥근 모양의 물 입자가 삼각형 모양의 물 입자로 모양이 변화하여 진행되는 것은 아니다. 더구나 날씨가 추워지는 것과 얼음의 생성이 서로 연관이 있는지에 대해서는 언급하고 있지 않다.

오답해설

① '구름이 바람에 의해 강력하고 지속적으로 압축될 때'라는 부분과 '구름들이 옆에 나란히 놓여서 서로 압박할 때'라는 부분을 통해 알 수 있는 내용이다.

③ '얼음은 물에 있던 둥근 모양의 입자가 밀려나가고 이미 물 안에 있던 삼각형 모양의 입자들이 함께 결합하여 만들어진다'는 부분을 통해 알 수 있는 내용이다.

④ '구름은 물을 응고시켜서 우박을 만드는데, 특히 봄에 이런 현상이 빈번하게 생긴다'는 부분을 통해 알 수 있는 내용이다.

⑤ 얼음은 이미 물 안에 있던 삼각형 모양의 입자들이 함께 결합하여 만들어지거나, 밖으로부터 들어온 삼각형 모양의 물 입자가 함께 결합하여 생성되는 것이므로 옳은 내용이다.

02   답 ③

난도 ★★

정답해설

③ 중궁전은 궁궐 남쪽이 아닌 궁궐 중앙부의 가장 깊숙한 곳에 위치한다. 궁궐은 남쪽에서 북쪽에 걸쳐 외전, 내전(궁궐 중앙부), 후원의 순으로 구성되므로 궁궐 남쪽에서 공간적으로 가장 멀리 위치한 곳은 후원에 속한 어느 공간일 것이다.

오답해설

① 내농포는 왕이 직접 농사를 체험하는 소규모 논으로서 후원에 위치한다. 후원은 금원이라고도 불렸으므로 옳은 내용이다.

② 내전은 왕과 왕비의 공식 활동과 일상적인 생활이 이루어지는 곳이라고 하였으므로 옳은 내용이다.

④ 외전은 왕이 의례, 외교, 연회 등의 정치 행사를 공식적으로 치르는 공간이므로 외국 사신 응대 의식도 외전에서 거행되었을 것이다.

⑤ 동궁은 차기 왕위 계승자인 세자의 활동 공간이며 세자를 '떠오르는 해'라는 의미로 '동궁'이라고 부르기도 했다는 점에서 옳은 내용이다.

03   답 ①

난도 ★★

정답해설

① 두 기둥 사이에 보가 연결된 구조는 기둥에 대해 수직으로 작용하는 하중에는 강하다고 언급되어 있고 가새는 수평 하중에 취약한 부분을 보완하기 위함이라고 하였으므로 옳지 않은 내용이다.

오답해설

② 가새를 설치하는 목적은 수평 하중에 취약한 구조적 특징을 보완하기 위함이기도 하지만 부차적으로 보에 가해지는 수직 하중의 일부도 기둥으로 전달한다. 따라서 옳은 내용이다.

③ 기둥과 보, 가새가 서로 연결되어 삼각형 형태를 이루면 목조 건축물의 골조가 더 안정된 구조를 이룰 수 있다고 하였으므로 옳은 내용이다.

④ 가새의 크기와 그것이 설치될 위치를 설계할 때에는 수평 하중의 영향만을 고려한다고 하였으므로 옳은 내용이다.

⑤ 가새는 하나의 보와 이 보의 양 끝에 수직으로 연결된 두 기둥에 설치되어 마주보는 짝으로 구성된다고 하였으므로 옳은 내용이다.

04

답 ①

난도 ★★★

정답해설

① 체증이 심한 유료 도로 이용은 다른 사람의 소비를 제한(타인의 원활한 도로 이용 방해)하는 특성을 가지는 것이므로 '경합적'이며, 요금을 지불하지 않고서는 도로 이용을 하지 못하므로 '배제적'이다. 이는 a에 해당한다.

오답해설

② 케이블 TV 시청은 다른 사람의 소비를 제한하지 않으므로(자신이 케이블 TV 를 시청한다고 해서 다른 시청자의 방송 시청에 어떠한 영향을 주는 것이 아니다) '비경합적'이며, 시청료를 지불하지 않고서는 TV 시청을 하지 못하므로 '배제적'이다. 이는 c에 해당한다.

③ 사먹는 아이스크림과 같은 사유재는 다른 사람의 소비를 제한하므로(자신이 아이스크림을 먹을 경우 타인이 먹을 수 있는 아이스크림의 개수가 감소한다) '경합적'이며, 대가를 지불하지 않고서는 아이스크림을 사먹을 수 없으므로 '배제적'이다. 이는 a에 해당한다.

④ 국방 서비스는 다른 사람의 소비를 제한하지 않으므로(자신이 국방 서비스의 혜택을 누린다고 하여 다른 사람이 받는 국방 서비스가 줄어드는 것이 아니다) '비경합적'이며, 요금을 지불하지 않더라도 국방서비스는 받을 수 있으므로 '비배제적'이다. 이는 d에 해당한다.

⑤ 제시문에서 영화 관람이라는 소비 행위는 비경합적이지만 배제가 가능하다고 하였으므로 c에 해당한다.

05

답 ①

난도 ★

정답해설

ㄴ. 아기가 당분을 섭취하면 흥분한다는 어떤 연구 결과도 보고된 바 없다고 한 부분을 통해 알 수 있는 내용이다.

오답해설

ㄱ. 제시문에 언급된 것은 엄마의 모유에 대해 아기가 알레르기 반응을 일으키지 않는다는 것뿐이다. 엄마가 특정 알레르기를 갖지 않고 있다고 해서 아기도 갖지 않는다는 근거는 찾을 수 없다.

ㄷ. A박사의 저서는 육아에 관한 속설 중 200여 개를 뽑아내어 그것이 비과학적 속설이라는 내용을 다루고 있을 뿐 모든 속설들이 비과학적이라고 말하는 것은 아니다. 따라서 옳지 않은 내용이다.

06

답 ②

난도 ★★

정답해설

ㄴ. 18세기 이후 영국에서 타르를 함유한 그을음 속에서 일하는 굴뚝 청소부들이 피부암에 더 잘 걸린다는 것이 정설이라고 하였으므로 19세기에는 이와 같은 내용이 이미 보고된 상태였다고 할 수 있다.

오답해설

ㄱ. 담배 두 갑에 들어있는 니코틴을 화학적으로 정제하여 혈류 속으로 주입한다면 치사량이 된다고는 하였지만 그것과 폐암과의 관계에 대해서는 언급하고 있지 않다.

ㄷ. 제시문을 통해 니코틴과 타르가 암을 유발한다는 것까지는 알 수 있으나 이 둘이 동시에 작용할 경우 폐암의 발생률이 높아지는지에 대해서는 알 수 없다.

◈ 합격생 가이드

언어논리 과목에서 가장 위험한 것이 제시문의 내용에 자신의 지식을 결부시키는 것이다. 자신이 알고 있는 지식에 관한 제시문이라고 하더라도 시험지에 없거나 추론하기 어려운 내용이라면 절대로 정답으로 선택해서는 안 된다.

07

답 ②

난도 ★★

정답해설

ㄴ. 제시문의 논리는 어떠한 공리들이 의심할 수 없는 참이라고 한다면 필연적으로 그 공리에서 연역적으로 증명되는 수학적 정리가 참이 된다고 하였다. 따라서 이를 거부하기 위해서는 전제가 되는 공리들을 거부해야만 한다.

오답해설

ㄱ. 어떠한 명제가 수학적 정리라면 그 명제는 연역적으로 증명된 것이지만 그 역은 성립하지 않는다. 직관적으로 판단하더라도 이 세상에 연역으로 증명된 것들 중에는 수학 이외의 것들도 많기 때문이다.

ㄷ. 제시문에서 언급한 1,000개의 삼각형의 예에서 보듯 측정되지 않은 삼각형에서는 다른 결과가 나타날 수도 있다. 따라서 수학적 정리로 받아들일 수는 없다.

08

답 ②

난도 ★★

정답해설

ㄷ. 만약 명령이 법 바깥의 사적인 것인데 그것을 수행한다면 이는 상령하행의 원칙을 잘못 이해한 것이라고 하여 상급자의 명령을 언제나 수행해야 하는 것은 아니라고 하였다.

오답해설

ㄱ. 오직 명령이 국가의 법제를 따랐을 때만 권위가 갖춰지는 것이라고 언급하였으므로 그 이외의 요소는 고려대상이 아님을 알 수 있다. 굳이 둘을 구분한다면 상급자의 직위가 높아야 한다는 것은 상령하행의 요소이다.

ㄴ. 조선시대에는 공적인 명령에 대해 아랫사람이 시행하지 않으면 아랫사람을 파직하였다고 하였으므로 상령하행이 잘 지켜지고 있었다는 것을 추론해볼 수 있다.

09
답 ⑤

난도 ★★★

정답해설

⑤ 최초의 실록 중 임진왜란 이후 온전하게 보존된 전주 사고의 실록이 이후 강화도 마니산, 강화도 정족산, 조선총독부, 경성제국대학을 거쳐 서울대학교에 보존되어 있다고 하였으므로 옳은 내용이다.

오답해설

① 1606년 재인쇄 작업의 결과 원본을 포함해 모두 5벌의 실록을 갖추게 되었다고 하였으므로 재인쇄하였던 실록은 모두 4벌임을 알 수 있다.

② 정족산과 태백산에 있던 실록은 일제에 의해 조선총독부로 이관되었다가 1930년에 경성제국대학으로 옮겨져 지금까지 서울대학교에 보존되어 있다고 하였으므로 옳지 않은 내용이다.

③ 현재 한반도에 남아 있는 실록은 서울대학교에 2벌, 김일성종합대학에 1벌이 있다.

④ 일부가 훼손된 것은 강화도 마니산에 있다 정족산을 거쳐 현재 서울대학교에서 보관하고 있던 것이며, 적상산에 있던 실록은 구황궁 장서각을 거쳐 현재 김일성종합대학에 소장되어 있다고만 전해질 뿐 훼손 여부는 알 수 없다.

10
답 ②

난도 ★★

정답해설

ㄴ. 특이도란 감염되지 않았을 때 음성 반응이 나올 확률을 말하는데 이것이 100%라면 실제로 병에 걸리지 않은 사람들 중 양성 반응을 보인 사람들의 비율, 즉 거짓 양성 비율이 당연히 0%가 되어야 한다. 왜냐하면 특이도가 100%라면 병에 걸리지 않은 사람들은 모두 음성 반응을 보일 것이기 때문이다. 따라서 옳은 내용이다.

오답해설

ㄱ. 제시문에서는 민감도와 특이도에 대해 각각 설명하고 있을 뿐, 이 둘 간의 관계에 대해서는 언급하고 있지 않다. 따라서 옳지 않다.

ㄷ. 민감도가 100%이고 특이도 역시 100%라면 양성 반응이 나온 사람이 감염되었을 확률이 100%라고 할 수 있다. 하지만 극단적으로 특이도가 0%라면 이 사람은 감염이 되었든 되지 않았든 간에 모두 양성 반응이 나오게 된다.

11
답 ⑤

난도 ★★

정답해설

⑤ 바라바시의 연구에서 커뮤니티 외부와 링크를 많이 가진 사람을 네트워크에서 제거하면 갑자기 네트워크가 와해되어 버렸다고 하였으므로 옳지 않은 내용이다.

오답해설

① 빅데이터 분석이 샘플링과 설문조사 전문가들의 작업을 대체하고 있다고 하였으므로 옳은 내용이다.

② 기존의 통계학적 샘플링은 기술적 제약이 있던 시대에 개발된 것이라고 하였으므로 옳은 내용이다.

③ 빅데이터 분석으로 인해 샘플링과 설문지 사용에서 기인하는 편향이 사라졌다고 하였으므로 옳은 내용이다.

④ 특정한 경우에는 샘플링을 사용할 수 있지만 더 이상 샘플링이 사회현상 분석의 주된 방법일 수는 없다고 하였으므로 옳은 내용이다.

12
답 ④

난도 ★★

정답해설

④ 이 선택지는 ②를 먼저 파악한 후에 판단하는 것이 좋다. ②에서 언급한 것과 같이 지폐 거래를 위해서는 신뢰가 필수적인데 중국을 포함한 아시아의 국가들은 처음부터 국가가 발행권을 갖고 있어서 화폐로 받아들여지고 사용되기 위해 필요한 신뢰를 확보하고 있었다고 할 수 있다.

오답해설

① 제시문에 따르면 유럽의 지폐는 동업자들끼리 만든 지폐로 시작하였으나 쉽게 자리잡지 못했고 중앙은행이 금 태환을 보장하면서부터 화폐로 사용되기 시작하였다. 그러나 이것으로 지폐가 널리 통용되었다고 판단하기에는 무리가 있으며 더구나 금화의 대중적인 확산이 그 원인이 되었다는 것은 근거를 찾을 수 없다.

② 내재적 가치가 없는 지폐가 화폐로 받아들여지고 사용되기 위해서는 신뢰가 필수적인데 중국은 강력한 왕권이 이 신뢰를 담보할 수 있었지만, 유럽에서는 그보다 오랜 시간과 성숙된 환경이 필요했다고 하고 있다. 결국 유럽에서 지폐의 법정화와 중앙은행의 설립이 이루어진 것은 17~18세기에 이르러서야 가능했다.

③ 중국에서는 기원전 8~7세기 이후 주나라에서부터 청동전이 유통되었는데 이후 진시황이 중국을 통일하면서 화폐를 통일해 가운데 네모난 구멍이 뚫린 원형 청동 엽전이 등장하였다고 하였다. 따라서 네모난 구멍이 뚫린 원형 엽전 이전에 청동전이 있었다는 사실을 알 수 있다.

⑤ 유럽에서는 금화가 비교적 자유롭게 사용되어 대중들 사이에서 널리 유통되었다고 하였으나 아시아에서는 금이 대중들 사이에서 유통되기 시작하면 권력이 약화된다고 보았다. 따라서 선택지의 문장은 아시아에만 해당하는 내용이다.

⬥ 합격생 가이드

흔히들 제시문의 첫 부분에 나오는 구체적인 내용들은 중요하지 않은 정보라고 판단하여 넘기곤 한다. 하지만 선택지 ③과 같이 첫 부분에 등장하는 내용이 문장으로 구성되는 경우가 상당히 많은 편이다. 첫 단락은 글 전체의 흐름을 알게 해주는 길잡이와 같은 역할도 하므로 구체적인 정보라도 꼼꼼하게 챙기도록 하자.

13
답 ③

난도 ★★

정답해설

③ 왕비의 아버지를 부르는 호칭인 '부원군'은 경우에 따라 책봉된 공신에게도 붙여졌다고 하였으므로 옳은 내용이다.

오답해설

① 세자의 딸 중 적실 소생은 '군주'라고 칭했으며, '옹주'는 후궁의 딸을 의미한다.

② 왕의 사후에 생전의 업적을 평가하여 붙이는 것을 '시호'라 하는데 이 '시호'에는 중국 천자가 내린 시호와 조선의 신하들이 올리는 시호 두 가지가 있었다고 하였다. 묘호는 왕이 사망하여 삼년상을 마친 뒤 그 신주를 종묘에 모실 때 사용하는 칭호인데 이를 중국의 천자가 내린 것인지는 알 수 없다.

④ 우리가 조선의 왕을 부를 때 흔히 이야기하는 태종, 세조 등의 호칭은 묘호라고 하며, 존호는 왕의 공덕을 찬양하기 위해 올리는 칭호이다.

⑤ 대원군이라는 칭호는 생존 여부와는 무관하게 왕을 낳아준 아버지를 모두 지칭하는 말이므로 옳지 않은 내용이다.

14

정답 ②

난도 ★★

정답해설

② 친일파는 일제의 내선차별은 문명화가 덜 된 조선인에게 원인이 있으며, 제국의 황민으로 인정받겠다는 조선인의 자각과 노력이 우선될 때 그 차별이 해소될 수 있다고 하였으므로 옳은 내용이다.

오답해설

① 조선인이 황국의 진정한 신민으로 거듭난다면 일왕과 신민의 관계가 군신 관계에서 부자 관계로 변화하여 일대가족국가를 이루게 된다고 하였으므로 옳지 않은 내용이다.

③ 제시문을 통해서는 독립운동에 관한 내용을 알 수 없으므로 옳지 않다.

④ 일제가 1945년 4월부터 조선인의 참정권을 허용한다고 하였으나 실제로 선거는 시행되지 않았다는 것만 언급되어 있을 뿐 이것이 친일파들의 주장에 의한 것인지는 알 수 없다.

⑤ 일본인이 중심부를 형성하고 조선인이 주변부에 위치하는 엄연한 현실 속에서 그들이 내세우는 황국신민화의 논리는 허구에 불과했다고 하였으므로 옳지 않은 내용이다.

15

정답 ⑤

난도 ★★

정답해설

ㄱ. 탈억제는 사람들이 부정적인 감정을 강하게 느낄 때 훨씬 더 잘 일어난다고 하였으므로 부정적인 감정을 조절하는 교육 프로그램은 탈억제 현상을 감소시키는 데 도움이 될 것이다.

ㄴ. 전전두엽 피질에 위치한 충동억제회로가 상대에게 적절하고 부드럽게 응답하도록 하며, 무례하게 행동하거나 분노를 표출하려는 충동을 억제하는 역할을 한다고 하였다. 따라서 이 회로에 이상이 생긴다면 상대방에게 무례한 응답을 할 가능성이 높아질 것이다.

ㄷ. 충동억제기제가 잘 작동하기 위해서는 얼굴을 맞대고 대화하면서 실시간으로 피드백을 받을 수 있어야 하는데, 인터넷은 그러한 피드백을 허용하지 않아 충동억제회로가 제대로 작동하지 않는다고 하였다. 따라서 인터넷상에서도 면대면 실시간 대화의 효과를 낼 수 있다면 충동억제기제가 제대로 작동하여 탈억제 현상이 감소할 수 있을 것이다.

16

정답 ①

난도 ★★

정답해설

① 전설이 되기 위해서는 역사성과 현장성이 있어야 한다. 그런데 공갈못설화는 지금의 공갈못에 관한 이야기도 공갈못 생성의 증거가 될 수 있는 역사성을 가진 자료라고 하였고, 상주지방에 전하고 있는 공갈못에 관한 이야기라고 하여 현장성도 갖추고 있으므로 전설이라고 할 수 있다.

오답해설

② 설화 속에는 원도 있고 한도 있다고 하였으므로 옳지 않은 내용이다.

③ 공갈못 생성에 관한 기록이 없다고만 언급하고 있을 뿐, 다른 농경생활과 관련한 다른 사건들에 대한 것은 알 수 없다.

④ 우리나라 3대 저수지가 삼국시대에 형성되었으며 그중 공갈못에 관련한 기록이 조선시대에 와서야 발견된다는 것이다. 나머지 2개의 저수지에 대한 내용은 언급이 없으므로 알 수 없다.

⑤ 제시문을 통해서는 공갈못설화가 지배층의 입장에서는 중요하게 받아들여지지 않았다는 것만을 알 수 있다. 이것을 조선과 일본의 역사기술 방식의 차이로 보는 것은 지나친 비약이다.

17

정답 ③

난도 ★★

정답해설

③ 삼별초의 난에는 서로 다른 두 가지 성격이 양립하고 있었는데, 하나는 무인 정권의 잔존세력이 무너진 무인 정권을 회복하고 눈앞에 닥친 정치적 보복에서 벗어나기 위해 몽고와 고려 정부에 항쟁하는 정치적 발란이고, 또 다른 하나는 새로운 권력층과 침략자의 결탁 속에서 가중되는 수탈에 저항하던 백성들이 삼별초의 난을 만나 이에 합류하는 형태로 일어킨 민란이다. 후자는 삼별초와 일반 백성들이 공통된 목적을 가진다고 볼 수 있지만, 전자는 일반 백성들과는 연관성이 없으므로 공통된 부분을 찾기 어렵다. 따라서 옳지 않은 내용이다.

오답해설

① 최우는 다수의 반대를 무릅쓰고 강화도 천도를 결행하였으나 이는 지배세력 내의 불만을 증폭시켰으며 백성들에게는 권력자들의 안전만을 도모하는 일종의 배신행위로 받아들여졌다라고 하였으므로 옳은 내용이다.

② 집권자들의 권력 쟁탈로 지방에 대한 통제력이 이완되고 지배층의 수탈이 더욱 심해지자 백성들은 이에 저항하는 민란을 일으켰고 최우는 이를 진압하기 위해 야별초를 만들었다고 하였으므로 옳은 내용이다.

④, ⑤ 무인 정권이 붕괴되자 그 주력부대였던 삼별초는 개경으로 환도한 고려 정부에 불복해 강화도에서 반란을 일으켰고, 무너진 무인 정권을 회복하기 위해 몽고와 고려 정부에 항쟁하였다라고 하였으므로 옳은 내용이다.

18 답 ③

난도 ★★

정답해설

③ 자유 개념에 기초하고 있는 자유민주주의에서는 개인의 자유를 강조할수록 사회적 공공성이 약화될 수밖에 없다고 하였으므로 옳은 내용이다.

오답해설

① 공화국이라는 용어는 사회적 공공성 개념과 연결되는데 반해, 한국 사회에 널리 유포된 자유민주주의의 개념은 자유 개념이 강조된 서구의 고전적 자유주의 전통에서 비롯되었다고 하였으므로 옳지 않은 내용이다.

② 임시정부가 출범하면서 '민주공화국'이라는 표현을 사용한 이유나 논거에 대해서 명확하게 언급하고 있지는 않다. 다만, 임시정부와 「헌법」의 '민주공화국'이라는 개념이 사회적 공공성 개념을 언급할 때 그 일례로 제시되었다는 점과 사회적 공공성과 자유주의는 대립되는 구조를 가진다는 점을 통해 올바르지 않은 진술임을 알 수 있다.

④ 반공이 국시가 되면서 공공성을 강조하는 '공화국'이라는 용어보다 자유가 강조된 '자유민주주의'가 훨씬 더 널리 사용되었다고 하였으므로 옳지 않은 내용이다.

⑤ 자유민주주의가 1960년대 이후 급속히 팽배하기 시작한 개인주의와 결합하면서 사회적 공공성이 더욱 후퇴하였다고 하였으므로 옳지 않은 내용이다.

19 답 ⑤

난도 ★★

정답해설

⑤ 지식 통합 작업은 지식을 수집하여 독자들에게 제공하고자 하는 애초의 목적에서 더 나아가 지식을 선별하고 배치하는 편집 권한까지 포함하게 된다고 하였으므로 옳은 내용이다.

오답해설

① 소송을 제기한 것은 저작권자가 아니라 출판업계이며 그나마 이 합의도 연방법원이 거부하였다.

②, ③ 구글의 지식 통합 작업을 통한 지식의 독점은 한쪽 편이 상대방보다 훨씬 많은 지식을 가지는 지식의 비대칭성을 강화하여 사회계약의 토대 자체가 무너질 수 있다고 하였으므로 옳지 않은 내용이다.

④ 구글의 디지털도서관에서 무료로 서비스되고 있는 것들은 저작권 보호 기간이 지난 책들이지 스캔을 완료한 1,500만 권의 도서 전체가 아니다.

20 답 ④

난도 ★★★

정답해설

④ 제시문의 논리는 '이성의 명령에 따른 것이 아니라면 그것은 심리적 성향에서 비롯된 행위이다'라는 명제로 나타낼 수 있는데 선택지의 진술은 이것과 이(異)의 관계가 있는 명제로서 논리적으로 동일한 명제라고 할 수 없다. 따라서 옳지 않은 내용이다.

오답해설

① 동물의 행위는 단지 본능적 욕구에 따라 행동하는 것일 뿐이기 때문에 이를 선하다거나 악하다고, 즉 도덕적으로 평가할 수 없다.

② 감정이나 욕구는 주관적이어서 사람마다 다르며, 같은 사람이라도 상황에 따라 변하기 마련이다. 이 때문에 감정이나 욕구는 시공간을 넘어 모든 인간에게 적용될 수 있는 보편적인 도덕의 원리가 될 수 없다고 하였으므로 옳은 내용이다.

③ 심리적 성향에서 비롯된 행위는 감정과 욕구에 따른 것이지 도덕성과는 무관한 것이라고 하였으므로 옳은 내용이다.

⑤ 의무에서 나온 행위가 아니라면 심리적 성향에서 비롯된 행위가 된다는 점에서 알 수 있는 내용이다.

21 답 ②

난도 ★★

정답해설

② 문사 계층은 서구의 계몽사상가들처럼 기존의 유교적 질서와 다른 정치적 대안을 제시할 수는 없었다고 하였으므로 옳은 내용이다.

오답해설

① 문사 계층이 윤리적 덕목을 군주가 실천하도록 함으로써 갈등 자체가 발생하지 않도록 힘썼다는 내용은 있다. 그러나 갈등을 원활히 관리하지 못했다고 하여 군주를 교체할 수 있었다는 내용은 언급되어 있지 않으므로 옳지 않다.

③, ④, ⑤ 유교 전통에서는 통치자의 윤리만을 문제 삼았을 뿐, 갈등하는 세력들 간의 공존을 위한 정치나 정치제도에는 관심을 두지 않았는데 이러한 측면이 동아시아에서의 민주주의의 실현 가능성을 제한하였다고 하였다. 따라서 모두 옳지 않은 내용이다.

22 답 ⑤

난도 ★★

정답해설

⑤ 사회적 동조가 있는 상태에서는 개인의 성향과 상관없이, 즉 충동적인 것과는 무관하게 루머를 사실이라고 믿는 경우가 많았다고 하였으므로 옳지 않다.

오답해설

① 사람들이 사회적ㆍ개인적 불안감을 해소하기 위한 수단으로 루머에 의지한다고 하였으므로 옳은 내용이다.

② 사회적 동조는 개인이 어떤 정보에 대해 판단하거나 그에 대한 태도를 결정하는 데 정당성을 제공한다고 하였으므로 옳은 내용이다.

③ 집단주의 문화권 사람들은 루머를 믿는 사람들로부터 루머에 대한 정보를 얻고 그것을 근거로 하여 판단하며, 다른 사람들의 의견에 개인의 생각을 일치시키는 경향이 두드러진다고 하였으므로 옳은 내용이다.

④ 루머에 대한 지지 댓글을 많이 본 사람들은 루머에 대한 반박 댓글을 많이 본 사람들에 비해 루머를 사실로 믿는 경향이 더욱 강한 것으로 나타났다고 하였다. 따라서 이를 역으로 생각하면 반박 댓글을 많이 본 사람들이 루머를 사실로 믿는 경향이 더 약함을 알 수 있다.

23 답 ⑤

난도 ★★

정답해설

⑤ 일본의 정책들은 함경도를 만주와 같은 경제권으로 묶음으로써 조선의 다른 지역과 경제적으로 분리시켰다고 하였으므로 옳지 않은 내용이다.

오답해설

① 1935년 회령의 유선탄광에서 폭약이 터져 800여 명의 광부가 매몰돼 사망했던 사건이 있었다는 부분과 나운규의 고향이 회령이라고 언급된 부분을 통해 알 수 있는 내용이다.

② 조선의 최북단 지역인 오지의 작은 읍이었던 무산·회령·종성·온성의 개발이 촉진되어 근대적 도시로 발전하였다는 부분을 통해 알 수 있는 내용이다.

③ 청진·나진·웅기 등이 대륙 종단의 시발점이 되는 항구라고 하였고, 회령·종성·온성이 양을 목축하는 축산 거점으로 부상하였다고 언급되어있다. 그리고 〈아리랑〉의 기본 줄거리가 착상된 배경이 나운규의 고향인 회령에서 청진까지 부설되었던 철도 공사라고 하였으므로 이를 통해 추론할 수 있는 내용이다.

④ 일본이 식민지 조선의 북부 지역에서 광물과 목재 등 군수산업 원료를 약탈하는 데 주력하게 되었고, 이를 위해 함경도에서 생산된 광물자원과 콩, 두만강변 원시림의 목재를 일본으로 수송하기 위해 함경선, 백무선 등의 철도를 부설하였다고 하였으므로 옳은 내용이다.

24 답 ④

난도 ★

정답해설

ㄴ. ㄱ과 달리 ㄴ에서는 영희가 초보운전자라는 사실을 철수가 알고 있는 상황이어서 '영희'를 '초보운전자'로 대치할 수 있는 상황이다. 따라서 철수는 '어떤 초보운전자가 교통사고를 일으켰다'는 것을 믿는다고 할 수 있다.

ㄷ. 도출된 문장에서 철수가 믿고 있는 것은 누군가 '교통사고를 일으켰다'는 것에 한정되고 그 이후의 진술은 철수의 믿음과는 무관한 객관적인 진술일 뿐이다. 따라서 도출 가능한 내용이다.

오답해설

ㄱ. '영희가 민호의 아내가 아니라는 것'은 어디까지나 객관적인 진술일 뿐 이를 철수가 알고 있는지는 확정지을 수 없다. 따라서 여전히 철수는 '영희가 교통사고를 일으켰다'고 믿을 뿐이며 영희가 누구인지는 이 믿음에 영향을 주지 않는다.

25 답 ①

난도 ★★

정답해설

① 최초진입기업이 후발진입기업이 진입하는 것을 어렵게 하기 위해 마케팅 활동을 한다고는 하였지만 이를 위한 마케팅 비용이 후발진입기업보다 많아야 하는지는 언급되어 있지 않다.

오답해설

② 후발진입기업의 모방비용은 최초진입기업이 신제품 개발에 투자한 비용 대비 65% 수준이라고 하였으므로 옳은 내용이다.

③ 기업이 시장에 최초로 진입하여 무형 및 유형의 이익을 얻는 것을 A효과라고 하는데 시장에 최초로 진입하여 후발기업에 비해 소비자에게 우선적으로 인지되는 것은 무형의 이익 중 하나라고 볼 수 있으므로 옳은 내용이다.

④ 후발진입기업의 경우, 절감된 비용을 마케팅 등에 효과적으로 투자하여 최초진입기업의 시장 점유율을 단기간에 빼앗아 와야 한다고 하였으므로 옳은 내용이다.

⑤ B효과는 후발진입기업이 최초진입기업과 동등한 수준의 기술 및 제품을 보다 낮은 비용으로 개발할 수 있을 때만 가능하다고 하였으므로 옳은 내용이다.

◈ 합격생 가이드

전형적인 A, B형 문제이다. 난도가 낮다면 A, B라는 단어가 제시문 전체에 걸쳐 등장하므로 이른바 '찾아가며 풀기' 전략이 통할 수 있으나 이 문제와 같이 다른 단어로 치환하여 등장할 경우는 그것이 사실상 불가능하다. 따라서 A, B가 존재한다는 것에 그치지 말고 각각의 중요한 키워드를 하나씩 잡고 제시문을 읽는 것이 올바른 독해법이다.

26 답 ④

난도 ★★

정답해설

④ 슈퍼잡초를 제거하기 위해서 제초제를 더 자주 사용하는 등의 부작용으로 인해 농부들이 더 많은 비용을 지불할 수밖에 없었다고 하였으므로 옳은 내용이다.

오답해설

① 유전자 변형 작물을 재배하는 지역에서는 일반 작물 재배와 비교하여 살충제 소비가 줄어들었다고 하였다. 따라서 최소한 살충제는 증가하지 않은 것을 확인할 수 있으므로 모든 종류의 농약 사용이 증가하였다고 볼 수는 없다.

② 유전자 변형 작물을 재배하던 농부들이 제초제를 매년 반복해서 사용하자 글리포세이트에 내성을 가진 잡초가 생겨났다고 하였다. 따라서 최소 몇 년 후부터 슈퍼잡초가 나타났다고 추론할 수 있다.

③ 유전자 변형 작물을 재배한 이후 16년간 일반 작물 재배와 비교하여 살충제 소비가 약 56,000톤 줄었다고 하였으나, 일반 작물 재배의 경우는 어떠하였는지에 대해서는 언급하고 있지 않다.

⑤ 제시문을 통해서 유전자 변형 작물을 재배하는 지역에서 슈퍼잡초가 발생했다는 사실은 알 수 있으나 일반 작물을 재배하는 지역에서도 그러한지는 알 수 없다.

27

정답 ⑤

난도 ★★

정답해설

⑤ 완전한 문자 체계란 구어의 범위를 포괄하는 기호 체계를 말하는데 제시문에서는 고대 이집트 상형문자를 완전한 문자 체계의 하나로 보고 있다. 따라서 고대 이집트 상형문자는 구어의 범위를 포괄하고 있다고 볼 수 있다.

오답해설

① 수메르인들이 문자를 만들어 쓴 이유는 구어를 베끼기 위해서가 아니라 거래 기록의 보존처럼 구어로는 하지 못할 일을 하기 위해서라고 하였으므로 옳은 내용이다.

② 수메르어 문자 체계가 완전하지 않기 때문에 자기 마음을 표현하는 시를 적고 싶었더라도 그렇게 할 수 없었다고 한 부분을 통해 알 수 있는 내용이다.

③ 수메르어 기호를 읽고 쓸 줄 아는 사람은 얼마 되지 않았다고 하였다는 부분을 통해 알 수 있는 내용이다.

④ 원시 수메르어 문자체계는 숫자를 나타내는 데 1, 10, 60 등의 기호를 사용했고 사람, 동물 등을 나타내기 위해 다른 종류의 기호를 사용했다고 한 부분을 통해 알 수 있는 내용이다.

28

정답 ③

난도 ★★

정답해설

ㄱ. '사적 한계순생산가치'란 한 기업이 생산과정에서 투입물 1단위를 추가할 때 그 기업에 의해 직접 발생하는 순생산가치의 증가분이며 여기에 부가적으로 발생하는 사회적 비용과 편익을 고려한 것이 '사회적 한계순생산가치'이다. 따라서 '사적 한계순생산가치'에는 사회적 편익이 고려되지 않으므로 옳은 내용이다.

ㄴ. ㄱ에서 언급한 것처럼 '사회적 한계순생산가치'는 '사적 한계순생산가치'에 부가적으로 발생하는 사회적 비용과 편익을 고려한 것이다. 그런데 이것이 존재하지 않는다면 '사적 한계순생산가치'와 '사회적 한계순생산가치'가 동일하게 되므로 선택지의 내용은 옳은 내용이라고 볼 수 있다.

오답해설

ㄷ. 사회에 부가적으로 발생하는 비용이 동일하다고 하더라도 각 기업의 '사적 한계순생산가치'와 부가적으로 발생하는 사회적 편익이 다르다면 기업 A와 B의 '사회적 한계순생산가치'는 다르게 되므로 옳지 않은 내용이다.

29

정답 ①

난도 ★★

정답해설

① 제시문에서 언급한 주파수 재사용률을 높이기 위해서 사용하는 방법은 일정 거리 이상 떨어진 기지국에서 동일한 주파수 대역을 나시 사용하는 것이다. 기지국의 전파 강도를 높이는 경우에 대한 내용은 제시문에서 찾을 수 없다.

오답해설

② 인접한 셀들은 서로 다른 주파수 대역을 사용하고, 인접하지 않은 셀에는 이미 사용하고 있는 주파수 대역을 다시 사용하게끔 셀을 구성하여 방대한 지역을 제한된 몇 개의 주파수 대역으로 서비스할 수 있다고 하였으므로 옳은 내용이다.

③ 주파수 간섭 문제를 피하기 위해 인접한 셀들은 서로 다른 주파수 대역을 사용한다고 하였으므로 이를 역으로 생각하면 인접 셀에서 같은 주파수 대역을 사용하면 주파수 간섭 문제가 발생할 수 있다. 따라서 옳은 내용이다.

④ 시스템 설계자는 통화량이 많은 곳은 셀의 반지름을 줄이고 통화량이 적은 곳은 셀의 반지름을 늘려 서비스 효율성을 높인다고 하였으므로 옳은 내용이다.

⑤ 하나의 기지국이 감당할 수 있는 최대 통화량은 일정하다고 하였으므로 기지국의 수를 늘리면 수용 가능한 통화량이 증가하는 것은 당연하다. 따라서 옳은 내용이다.

30

정답 ③

난도 ★★★

정답해설

③ 무작위인 것처럼 보이지 않는 결과란 같은 면이 여러 번 연속으로 나오는 것과 같은 것을 의미하는데, 이 같은 결과가 더 많은 집단은 실제 기록 집단일 확률이 높으므로 옳은 내용이다.

오답해설

① 같은 면이 여러번 연속으로 나오는 결과는 실제처럼 보이지 않는다고 생각한다고 하였으므로 '상상 기록'에서는 이 같은 결과가 나오기 어렵다고 유추할 수 있다. 따라서 실제 기록일 확률이 상상 기록일 확률보다 더 높다고 볼 수 있으므로 옳지 않은 내용이다.

② 여섯 번 연속으로 앞면이 나온 기록이 더 많은 집단은 ①의 이유와 같이 실제 기록 집단일 가능성이 높으므로 옳지 않은 내용이다.

④ 앞면과 뒷면이 나오는 횟수가 비슷하게 나타나는 기록이 더 많은 집단은 실제 기록집단일 확률이 더 높으므로 옳지 않은 내용이다.

⑤ 사람들은 동전을 여섯 번 던져서 모두 같은 면이 나오는 것이 백 번 던져서 그 중 여섯 번 연속으로 같은 면이 나오는 것이 더 무작위인 것처럼 보이지 않는, 즉 확률이 낮다고 생각할 것이므로 옳지 않은 내용이다.

31

정답 ①

난도 ★★

정답해설

① 라투르가 제시한 '새로운 행위자'라는 개념은 기술결정론과 사회결정론 모두를 비판하기 위해 등장한 것으로 잡종 행위자를 막기 위해 총기 사용을 규제해야 한다고 하는 것은 그의 주장과는 거리가 멀다. 따라서 옳지 않은 내용이다.

오답해설

② 라투르는 서양의 학문이 자연, 사회, 인간만을 다루었고 기술과 같은 '비인간'을 학문의 대상에서 제외했다고 하였으므로 옳은 내용이다.

③ 라투르는 행위자로서 기술의 능동적 역할에 주목하면서 서구의 근대적 과학과 철학이 범했던 자연/사회, 주체/객체의 이분법을 극복하고자 하였으므로 옳은 내용이다.

④, ⑤ 라투르는 과속방지용 둔덕을 '잠자는 경찰'이라고 부르면서 인간이 했던 역할을 기술이 대신 수행함으로써 우리 사회의 훌륭한 행위자가 된다고 하였으므로 옳은 내용이다.

32

답 ②

난도 ★★★

【정답해설】

② 향리층이 아전층인 이족과 재지품관층인 사족으로 분화한 것은 맞지만 이것이 동성동본 관념이 발생하는 원인이 된 것이라고는 볼 수 없으므로 옳지 않은 내용이다.

【오답해설】

① 사족은 지방관과 함께 향촌사회 지배의 일부를 담당했다고 하였으므로 옳은 내용이다.

③ 귀향형이나 충상호형은 본관제의 기능과 관련해서 존재하는 것이라고 하였는데, 본관제의 기능이라는 것이 민에 대한 통제책, 위계적인 지역 지배와 관련된 것이므로 옳은 내용이다.

④ 12세기부터 향촌사회에서 향촌민이 몰락하여 계급분화가 심화되고 유망현상이 극심하게 일어나면서 본관제를 통한 거주지 통제정책이 느슨해져갔다고 하였으므로 옳은 내용이다.

⑤ 향 · 소 · 부곡과 같은 특수행정구역이 감소되었으며, 부곡민도 일반 군현민과 서로 교류하고 이동할 정도로 군현민과의 신분적인 차이가 미미해졌다고 하였으므로 옳은 내용이다.

33

답 ④

난도 ★★

【정답해설】

④ 민주제에서는 공화정에 도달하는 것이 폭력 혁명이 아니면 불가능하다고 하였는데, 공화정은 대의제도를 통해서만 가능하다고 하였다. 따라서 민주제는 폭력 혁명에 의해서만 대의 제도를 실현한다고 볼 수 있으므로 옳지 않은 내용이다.

【오답해설】

① 민주제는 '민주'라는 의미에서 알 수 있듯이 필연적으로 전제정이라고 하였으므로 옳은 내용이다.

② 정부의 형태가 진정한 정체가 되려면 대의 제도를 실현해야 하고 그 제도를 통해서만 공화정이 가능하다고 하였다. 따라서 대의 제도는 공화정이 되기 위한 필요조건이므로 옳은 내용이다.

③ 국가의 통치자의 수가 적으면 적을수록 그 국가의 정부는 공화정에 접근할 수 있다고 하였으므로 옳은 내용이다.

⑤ 공화정에서는 입법부에서 정부의 집행권이 분리되지만 전제정에서는 정부가 법률을 제정할 뿐만 아니라 그것을 독단적으로 집행한다고 하였으므로 옳은 내용이다.

34

답 ②

난도 ★★

【정답해설】

② 오례 의식에서 향악을 반드시 연주하게 되었다고는 하였지만 아악이 점차 오례의식에서 배제되어갔다는 내용은 제시문에서 찾을 수 없다. 따라서 옳지 않은 내용이다.

【오답해설】

① 향악에 대한 관심은 중국에서 유래된 아악과 우리 향악 사이에 음운 체계가 근본적으로 다르다는 것을 인식하게 하였다고 하였으므로 옳은 내용이다.

③ 조선 시대 오례 의식에 사용되는 모든 음악이 양성음인 양률과 음성음인 음려의 화합으로 이루어졌다고 하였는데, 오례의식에서 향악도 반드시 연주되었으므로 오례의식에서 연주된 향악은 양률과 음려가 화합을 이룬 음악이라는 점을 알 수 있다. 따라서 옳은 내용이다.

④ 세종 대에 들어 더욱 완벽한 유교적 예악 이념에 접근하고자 노력하였고 이에 따라 음악에 대한 정리가 시도되었다고 하였으므로 옳은 내용이다.

⑤ 세종 대 음악에 대한 이해가 심화됨에 따라 자주적인 악기 제조가 가능하게 되었으며 악공의 연주 수준이 향상되었다고 하였으므로 옳은 내용이다.

35

답 ④

난도 ★★

【정답해설】

④ 갑은 노동력 수탈과 인신 예속이 고대적 요소라고 보았으며, 을은 고려 태조가 인신 예속의 약화를 표방하여 봉건제 사회가 성립하였다고 하였다. 그리고 병은 순장의 예를 들면서 순장을 강력한 인신 예속의 지표로 보았고 순장이 소멸된 것을 중세 사회가 성립되는 주요 계기로 삼았다. 따라서 갑, 을, 병 모두 인신 예속이 강할수록 고대적 요소가 강하다고 판단했음을 알 수 있으므로 옳지 않은 내용이다.

【오답해설】

① 갑은 조선 시대를 중세 봉건제 사회의 성립으로 보고 있으며, 을은 고려의 성립시기로, 병은 통일신라 이후로 보고 있으므로 병이 가장 이른 시기로 설정하였다. 따라서 옳은 내용이다.

② 갑은 조세 수취라는 경제적 측면을 고려하고 있으며, 을은 경제적 측면을 물론 정치, 사회, 문화의 모든 면을 아울러 살펴보아야 한다고 주장하였고, 병은 사회경제사적 측면을 고려한다고 하였으므로 갑, 을, 병 모두 경제적 측면을 고려하였다. 따라서 옳은 내용이다.

③ 을은 시대 구분의 기준을 경제적 측면은 물론 정치, 사회, 문화의 모든 면을 아울러 살펴보아야 한다고 주장하였으므로 가장 다양한 측면에서 시대 구분의 기준을 판단하고 있음을 알 수 있다. 따라서 옳은 내용이다.

⑤ 갑은 조선 시대부터, 을은 고려 건국 시부터, 병은 통일신라 이후부터 중세 봉건제 사회가 성립하였다고 하였으므로 이들 모두에게 삼국 시대는 중세 봉건제 사회에 진입하지 않은 단계였다. 따라서 옳은 내용이다.

36

정답 ④

난도 ★★

정답해설

④ 조선 전기에는 처거제(여자에게 유리)-부계제(남자에게 유리)가 유지되었다고 하였으므로 남녀 간 힘의 균형이 무너졌다고 보기는 어렵다. 따라서 옳지 않은 내용이다.

오답해설

① 처거에서 부거제로 전환된 시점을 정확하게 지목하기는 힘들지만 조선 후기에 부거제가 시행되었다고 하였고, 거주율이 바뀌었다는 것은 대단한 사회변동이라고 하였으므로 옳은 내용이다.

② 조선 시대 들어 유교적 혈통률의 영향을 받아 부계제로 변화하였으며, 부거제는 조선 후기에 시행되었다고 하였으므로 옳은 내용이다.

③ 우리나라는 역사적으로 거주율에 있어서 처거제를 오랫동안 유지하였고, 조선 전기에도 이러한 체제가 유지되었다고 하였으므로 옳은 내용이다.

⑤ 고려 시대까지는 처거제-모계제를 유지하였으나 조선 시대에 들어와 처거제-부계제로 변화하였으며 조선 후기에는 부거제-부계제로 변화하였으므로 옳은 내용이다.

37

정답 ②

난도 ★★

정답해설

② 기족이란 본인의 아들 및 그 소생을 가리키는데, 16세 이상의 아들은 교수형, 16세 미만의 아들은 노비로 삼는다고 하였으므로 옳지 않은 내용이다.

오답해설

① 친족의 범위는 아버지와 아버지의 형제를 포함하는 조족, 본인의 형제와 그 소생을 포함하는 부족, 본인의 아들 및 그 소생을 가리키는 기족의 3족에 국한된다고 하였으므로 장인이나 사위는 포함되지 않는다. 따라서 옳은 내용이다.

③ 범죄당사자의 출가한 누이와 그 배우자는 연좌의 대상으로 삼지 않았다고 하였으므로 옳은 내용이다.

④ 부족이란 본인의 형제와 그 소생을 말하는데, 친형수의 아들은 결국 친형의 아들이므로 부족에 해당한다. 따라서 옳은 내용이다.

⑤ 어머니와 처첩 등 3족에 해당하지 않으나 처벌되는 경우가 존재하므로 옳은 내용이다.

38

정답 ④

난도 ★★

정답해설

④ 제국이 시장경제의 출현과 함께 생산자와 소비자 사이의 교환을 촉진했다고 하였으므로 제국의 힘이 생산과 소비를 통제하는 경제의 독점으로부터 비롯되었다는 것은 옳지 않은 내용이다.

오답해설

①, ③ 중동 제국이 발전함에 따라 낡은 자급자족 경제 대신 시장경제가 출현하여 독립된 생산자와 소비자 사이의 교환을 촉진했다고 하였으므로 옳은 내용이다.

② 지배 엘리트가 사용하는 언어가 사회의 보편적인 언어가 되었으며, 각 지방의 토속신은 왕과 제국이 섬겨왔던 범접하기 어려운 강력한 신들, 즉 일종의 만신전에 모신 우주의 신들에게 자리를 양보했다고 하였으므로 옳은 내용이다.

⑤ 제국은 개인이 씨족이나 종교 조직 또는 유력 집단에 흡수되는 것을 막는 언어적·종교적·법적 여건을 마련함으로써 개인이 좀 더 개방된 사회에서 활동할 수 있게 해주었다고 하였으므로 옳은 내용이다.

39

정답 ②

난도 ★★

정답해설

② 미추이사금이 박혁거세의 묘에서 제사를 지낸 것은 혁거세 자체만을 제사지낸 것이지 그의 직계조상까지 제사지낸 것은 아니었다고 하였으므로 옳지 않은 내용이다.

오답해설

① 시조묘는 혁거세의 아들로 신라의 두 번째 왕인 남해차차웅이 건립하였으며, 남해차차웅의 친누이인 아로가 제사를 주관하였다고 하였으므로 옳은 내용이다.

③ 신라의 건국신화에서 혁거세가 하늘로부터 내려온 알에서 태어났으며, 그가 죽은 후 승천하였다고 한 것은 신라인들이 혁거세를 하늘신으로 인식한 사실을 신화적으로 표현한 것이므로 옳은 내용이다.

④ 불구내의 '내'를 '안'으로 보는 경우 '불구안'으로 해석되며 이는 투르크어의 불칸과 같은 음이고 광명신을 의미한다. 또한 이를 '내'로 보는 경우에도 붉은 해와 비슷한 발음으로 밝음의 의미인 광명을 뜻하게 되므로 옳은 내용이다.

⑤ '알지'의 '알'은 곡물을 가리키는 말이며, 노르웨이의 왕 하프단이나 혁거세의 신화는 동일한 의미를 가진다고 하면서 이를 통해 신라의 시조묘에 대한 제사는 제천행사이면서 농경신에 대한 제사, 즉 농경의례이기도 하였다고 하였으므로 옳은 내용이다.

40

정답 ①

난도 ★★★

정답해설

① 국가가 전객의 소유권보다는 전주의 수조권을 우선적으로 보호하였다고 하였으므로 수조권 제도의 축소에 따라 전객의 소유권은 강화되었을 것임을 추론할 수 있다. 따라서 옳지 않은 내용이다.

오답해설

② 과전법은 경기도를 제외한 나머지 지역에서 전주의 수조권을 철폐하여 국가로 환수한 것이므로 옳은 내용이다.

③ 수조권 제도에서 국가는 수조권을 가진 자를 전주, 토지의 소유권을 가져 조세를 납부하는 자를 전객이라 규정하였으므로 옳은 내용이다.

④ '전시과 규정에 따라 A가 B의 땅에서 수조권을 행사하게 되었으므로, B는 50결에 대한 조세는 A에게 내고 나머지 50결에 대한 조세만 국가에 낸다'는 사례를 들고 있으므로 옳은 내용이다.

⑤ 예를 들어, A가 100결의 토지를 소유하고 있는 상황에서 50결의 면조권을 받았다면, 전시과로 받은 50결의 조세는 내지 않고 나머지 50결에 대한 조세만 납부하게 된다. 따라서 면조권은 원리적으로 수조권을 분급 받은 전주가 자신이 소유한 토지에 수조권을 행사하는 것이므로 옳은 내용이다.

41

답 ⑤

난도 ★

정답해설

⑤ 헌법재판은 의회로부터 어느 정도 독립되고, 전문성을 갖춘 재판관들이 담당해야 하며, 헌법재판은 사법적으로 이루어질 때 보다 공정하고 독립적으로 이루어질 수 있다고 하였으므로 옳은 내용이다.

오답해설

① 그들의 임무는 현재 국민들이 「헌법」을 개정하지 않는 한 「헌법」에 선언된 과거 국민들의 미래에 대한 약정을 최대한 실현하는 것이라고 하였으므로 옳지 않은 내용이다.

② 헌법재판소는 항구적인 인권 가치를 수호하기 위하여 의회입법이나 대통령의 행위를 위헌이라고 선언할 수 있다. 이는 현재 세대의 의사와 배치될 수도 있는 작업이라고 하였으므로 옳지 않은 내용이다.

③ 헌법재판관 선출은 국민의 직접 위임에 의한 것이 이상적이지만 현실적으로 국민의 직접선거로 재판관을 선출하는 것은 용이하지 않다. 따라서 대의기관이 관여하여 헌법재판관을 임명함으로써 최소한의 민주적 정당성을 갖추어야 할 것이라고 하였으므로 옳지 않은 내용이다.

④ 헌법재판관들은 현재 다수 국민들의 실제 의사를 반영하기 위하여 임명되는 것이 아니라고 하였으므로 옳지 않은 내용이다.

42

답 ①

난도 ★★

정답해설

① 국왕의 뒤를 이어 즉위한 새 왕은 전왕의 실록을 만들기 위해 실록청을 세웠다고 한 부분과 인조의 뒤를 이어 효종, 현종, 숙종이 연이어 왕위에 오르는 과정을 통해 효종의 뒤를 이은 현종이 실록청을 세워 「효종실록」을 간행했을 것이라는 것을 알 수 있으므로 옳은 내용이다.

오답해설

② 단종은 계유정난으로 왕위에서 쫓겨난 후에 노산군으로 불렸고, 그런 이유로 세조 때 노산군일기가 간행되었다고 하였으므로 옳지 않은 내용이다.

③ 효종 때부터는 집권 붕당이 다른 붕당을 폄훼하기 위해 이미 만들어져 있는 실록을 수정해 간행하는 일이 벌어졌다고 하였으므로 효종 이전인 광해군때에는 수정실록이 만들어지지 않았을 것이다. 따라서 옳지 않은 내용이다.

④ 유네스코는 태조부터 철종까지의 시기에 있었던 사건들이 담긴 조선왕조실록을 세계 기록 유산으로 등재하였다고 하였으므로 옳지 않은 내용이다.

⑤ 그렇기 때문에 '일기'도 세계기록 유산으로 등재된 조선왕조실록에 포함된 것이라고 하였으므로 옳지 않은 내용이다.

43

답 ⑤

난도 ★★★

정답해설

⑤ 공화당의 경우 코커스를 포함한 하위 전당대회에서 특정 대선후보를 지지하여 당선된 대의원이 상위 전당대회에서 반드시 같은 후보를 지지해야 하는 것은 아니었다고 하였으므로 옳은 내용이다.

오답해설

① 주에 따라 의회선거구 전당대회는 건너뛰기도 한다고 하였으므로 옳지 않은 내용이다.

② 아이오와 코커스가 1월로 옮겨진 것은 민주당이 1972년, 공화당이 1976년인데 그 이전에는 단지 각 주별로 5월 둘째 월요일까지만 코커스를 개최하면 되었다. 따라서 선택지의 내용은 제시문을 통해서는 알 수 없으므로 옳지 않은 내용이다.

③ 1972년 아이오와주 민주당의 코커스는 1월에 열렸는데, 각급 선거 간에 최소 30일의 시간적 간격을 두어야 한다는 규정으로 인해 주 전당대회는 코커스 이후 최소 90일이 지나야 가능하다(코커스 → 카운티 전당대회 → 의회 선거구 전당대회 → 주 전당대회). 따라서 옳지 않은 내용이다.

④ 1972년 아이오와주 민주당 코커스는 1월에 열렸으나 공화당 코커스는 여전히 5월에 열렸으며 1976년부터 1월로 옮겨졌다. 따라서 옳지 않은 내용이다.

44

답 ①

난도 ★★

정답해설

ㄱ. 부족 A에서는 친척이 죽었을 때 상명을 받게 되는데, 이 때문에 상명의 수는 친척이었던 모든 사람의 수보다 많을 수는 없다. 따라서 상명의 수가 최대가 되는 경우는 자신의 친척이 모두 죽는 경우이며, 그 외에는 친척인 모든 사람의 수보다 적은 수의 상명을 갖게 되므로 옳은 내용이다.

오답해설

ㄴ. 예를 들어 출산 직후 모친이 사망한 경우, 조부가 손자의 이름을 지어준 경우라면 손자의 이름은 조부가 사망했을 때 사라지게 되므로 출생 당시의 이름이 최종적인 이름인 것은 아니다. 따라서 옳지 않은 내용이다.

ㄷ. 부족 A에서는 출생 직후 누구나 고유명을 가지게 되므로 이름 없이 지내는 사람이 있을 수는 없다. 따라서 옳지 않은 내용이다.

45

답 ①

난도 ★★

정답해설

ㄱ. 지지도 방식에서는 적극적 지지자만 지지자로 분류하고 나머지는 기타로 분류하므로 적극적 지지자의 수가 많은 A후보가 더 많은 지지를 받을 것이다. 따라서 옳은 내용이다.

오답해설

ㄴ. 선호도 방식에서는 적극적 지지자와 소극적 지지자를 모두 지지자로 분류하므로 둘의 합계가 많은 후보가 더 많은 지지를 받을 것이다. 그런데 선택지와 같은 경우에는 각 후보의 지지자 수의 대소관계를 알 수 없으므로 판단이 불가능하다. 따라서 옳지 않은 내용이다.

ㄷ. 지지도 방식에서는 적극적 지지자의 대소로 판단하지만 선호도 방식에서는 적극적, 소극적 지지자의 합의 대소로 판단하게 된다. 예를 들어 A후보가 B후보보다 적극적 지지자가 10이 많고 소극적 지지자가 20이 많다면, 지지도 방식에서의 차이는 10이지만 선호도 방식에서의 차이는 30이 된다. 따라서 옳지 않은 내용이다.

46

답 ②

난도 ★★

정답해설

② 합리적 선택에 따르는 행위는 모두 자발적인 행위이고, 자제력이 있는 사람은 합리적 선택에 따라 행위한다고 하였다. 따라서 옳은 내용이다.

오답해설

① 우리가 욕망하는 것들 중에는 마땅히 욕망해야 할 것이 있는데, 그러한 욕망에 따른 행위는 비자발적이라고 할 수 없다고 하였다. 따라서 마땅히 욕망해야 할 것은 아니지만 우리가 욕망하는 것이라면 비자발적인 것이 있을 수도 있다. 따라서 옳지 않은 내용이다.

③ ①에서 언급한 것처럼 우리가 욕망하는 것들 중 마땅히 욕망해야 할 것에 의해 따른 행위는 비자발적이라고 할 수 없다고 하였고, 자제력이 없는 사람은 욕망 때문에 행위 한다고 하였다. 따라서 자제력이 없는 사람은 욕망 때문에 행위 하지만 욕망에 따른 행위 중 마땅히 욕망해야 하는 것들은 자발적인 행위를 통해 이루어지므로 옳지 않은 내용이다.

④ 합리적 선택에 따르는 행위는 모두 자발적인 행위이지만 자발적인 행위의 범위는 더 넓다고 하였으므로 옳지 않은 내용이다.

⑤ 욕망이나 분노에서 비롯된 행위는 어떤 것도 합리적 선택을 따르는 행위가 아니라고 하였으므로 옳지 않은 내용이다.

47

답 ①

난도 ★★★

정답해설

① 과학자들은 새 이론이 해결하는 문제의 수와 범위가 기존 이론보다 크면 새 이론을 선택하는데, 그때 고려되는 기준은 심미적 특성이나 막연한 기대가 아니라고 하였으므로 옳지 않은 내용이다.

오답해설

② 과학혁명의 출발점에서는 기존 이론이 설명하지 못하는 이상현상을 새 이론이 설명한다. 그리고 과학혁명의 중간단계에서는 심미적 특성과 같은 주관적 판단에 의존해 개별 과학자들이 새로 제안된 이론을 선택하기도 한다. 하지만 완성 단계에서는 심미적 특성이 아닌 새 이론의 문제 해결 범위와 수가 선택의 기준이 되므로 옳은 내용이다.

③ 기존 이론은 지금까지 상당한 문제 해결 능력을 증명해왔기 때문에 이상현상 때문에 위기에 봉착했다고 하더라도 기존 이론을 바로 폐기하지는 않는다. 따라서 옳은 내용이다.

④ 과학현상의 출발점에서는 기존 이론이 설명하지 못하는 이상현상을 새 이론이 설명해야 하므로 옳은 내용이다.

⑤ 과학자 공동체는 해결하는 문제의 수와 범위가 더 큰 이론을 선택하게 되므로 옳은 내용이다.

48

답 ⑤

난도 ★★

정답해설

⑤ 하천을 내려다볼 수 있는 높은 지대는 남산의 산록 및 북천의 북쪽 기슭에 대한 설명이며, 월성 건너편의 기슭은 풍광이 매우 아름다워 주택지로서 최적이었다는 언급만 있을 뿐이다. 따라서 옳지 않은 내용이다.

오답해설

① 금입택은 신라 하대 이전인 중대에도 이미 존재했으므로 옳은 내용이다.

② 진골이면 모두가 금입택을 가질 수 있는 것이 아니라, 왕권에 비견되는 권력과 재력을 누린 소수만이 가질 수 있었으므로 옳은 내용이다.

③ 물과 관계있는 문자가 보이는 금입택이 많은데, 이러한 금입택은 물을 이용한 연못이나 우물 등의 시설을 갖추고 있었으므로 옳은 내용이다.

④ 이러한 수리시설은 오늘날 산지에서 이용되고 있으며, 통일신라시대 사찰이나 궁궐의 조경에도 이용되었다고 하였다. 그리고 명남택은 이러한 수리시설을 갖추었기 때문에 붙은 이름이라고 하였으므로 옳은 내용이다.

49

답 ④

난도 ★★★

정답해설

게임이론에 관한 지문이며, 이를 각각의 보수행렬로 나타내면 다음과 같다.

구분	공격적 광고	광고 자제
공격적 광고	(3억, 3억)	(6억, 2억)
광고 자제	(2억, 6억)	(5억, 5억)

구분	첨단 장비 구입	기존 장비 유지
첨단 장비 구입	(2억, 2억)	(4억, 1억)
기본 장비 유지	(1억, 4억)	(4억 이하, 4억 이하)

따라서 상대방이 무엇을 선택하든 상관없이 나에게 가장 높은 이익을 가져다주는 전략은 D전략(공격적 광고, 첨단 장비 구입)이 되고, 상대방이 무엇을 선택하든 상관없이 나에게 가장 낮은 이익을 가져다주는 전략은 S전략(광고 자제, 기존 장비 유지)이 된다.

50

답 ②

난도 ★★★

정답해설

ㄷ. 동전 개수가 많아질수록 앞면과 뒷면의 비율은 50대 50에 가깝게 수렴하기 때문에 80%의 확률로 앞면이 나올 가능성은 오히려 낮아진다. 따라서 동전 개수가 100개인 B그룹보다 A그룹에 더 많은 인원이 속해있어야 하므로 옳은 내용이다.

오답해설

ㄱ. 〈게임 1〉에서 A그룹 참가자와 B 그룹 참가자의 동전 개수를 각각 절반으로 줄일 경우, A그룹에는 한 사람당 동전 5개, B그룹에는 동전 50개씩을 가지게 된다. 그런데, 이 경우 A그룹에 속해 있는 사람이라면 설사 모두 앞면이 나온다고 하더라도 5점에 불과한 반면, B그룹에 속해 있는 사람은 평균적으로 25점은 얻을 수 있게 된다. 따라서 여전히 승자가 B그룹에서 나올 확률이 더 높으므로 옳지 않은 내용이다.

ㄴ. 예를 들어 B그룹의 인원이 수만 명이 될 경우 그 중에서 90%의 확률로 앞면이 나오는 사람이 없으리라는 보장이 없다. 오히려 인원이 100명일 때보다 확률이 더 높아질 것이므로 옳지 않은 내용이다.

51 답 ③

난도 ★★★

정답해설

먼저 제시문을 정리하면, 원리 K를 받아들이는 경우 〈게임 A〉에서는 선택2를, 〈게임 B〉에서는 선택4를 선호해야 하며, 원리 P를 받아들이는 경우 〈게임 A〉에서 선택1을 선호한다면 〈게임 B〉에서는 선택3을, 〈게임 A〉에서 선택2를 선호한다면 〈게임 B〉에서는 선택4를 선호해야 한다.

ㄱ. 〈게임 A〉에서 선택1을 선호한다고 하였으므로 원리 K를 받아들이지 않고 있는 상황이며, 〈게임 A〉에서 선택1을 선호하고 〈게임 B〉에서 선택3을 선호한다고 하였으므로 원리 P는 받아들이고 있다. 따라서 옳은 내용이다.

ㄴ. 〈게임 A〉에서 선택2를 선호하고 〈게임 B〉에서 선택3을 선호한다고 하였으므로 원리 K를 받아들이고 있는 상황이며, 〈게임 A〉에서 선택2를 선호하고 〈게임 B〉에서 선택3을 선호한다고 하였으므로 원리 P는 받아들이지 않고 있다. 따라서 옳은 내용이다.

오답해설

ㄷ. 〈게임 A〉에서 선택 2를 선호하고 〈게임 B〉에서 선택4를 선호한다고 하였으므로 원리 K를 받아들이고 있는 상황이며, 〈게임 A〉에서 선택 2를 선호하고 〈게임 B〉에서 선택 4를 선호한다고 하였으므로 원리 P도 받아들이고 있다는 것을 알 수 있다. 따라서 옳지 않은 내용이다.

52 답 ⑤

난도 ★★

정답해설

(가) 궤변으로 떠들어대는 무능한 민주주의 정치 지도자들을 비판했다는 부분에 이어서 나와야 하므로 '엉터리 의사' 등이 언급된 ㄹ이 가장 적절하다.

(나) 두 번째 문단에서는 '대중들의 정치 참여'가 주된 내용이므로 이를 가장 잘 부연하는 것은 ㄴ이라고 볼 수 있다.

(다) 플라톤이 전적으로 민주주의에 투항한 것은 아니며, 대중이란 결코 지배자가 될 수는 없는 존재였다는 내용과 가장 유사한 의미를 지닌 것은 ㄷ이라고 볼 수 있다.

(라) 결론적으로 마지막 문단에서는 플라톤의 태도가 겉으로 드러난 것과는 다르다는 점을 언급하고 있고 이를 '사이비' 민주주의라고 규정하였다. 이와 가장 근접한 의미를 지니는 것은 플라톤의 정치 체제를 기만적이라고 표현한 ㄱ이라고 볼 수 있다.

☞ 합격생 가이드

언어논리의 문항을 분류할 때 흔히 '표현능력'으로 나타내는 빈칸 채우기 유형은 가장 전략적인 풀이가 필요한 형태 중 하나이다. 물론, 정석대로 풀이하자면 각 단락별로 핵심 내용을 파악하여 의미가 통하는 선택지를 골라야 한다. 하지만, 선택지 중 최소 1~2개는 눈에 띄는 키워드만으로도 연결이 가능하게끔 출제된다. 반드시 이를 통해 선택지를 소거한 후 좁혀진 경우의 수를 가지고 대입해야 한다. 특히 이러한 단락은 중간에 위치하는 경우가 많다. 단순히 (가)부터 (라)까지 순차적으로 풀이하는 수험생과 이렇게 전략적으로 풀이하는 수험생의 소요시간은 많게는 2분 이상 차이나게 되는데, 2분이면 한 문제를 풀 수 있는 시간임을 명심하자.

53 답 ⑤

난도 ★★★

정답해설

제시문의 논증을 기호화하면 다음과 같다.

> ㉠ 결정론이 참 → 실제와 다른 행동의 가능성×
> ㉡ 실제와 다른 행동의 가능성× → 행동의 자유×
> ㉢ 행동의 자유× → 도덕적 책임×

이 논증은 결국 ㉠ → ㉡ → ㉢의 연쇄적인 관계로 나타낼 수 있으며 이에 따라, 다음 결론을 얻을 수 있다.

> ㉣ 결정론이 참 → 행동의 자유×
> ㉤ 결정론이 참 → 도덕적 책임×

그런데 철학자 A가 들고 있는 사례는 핸들이 고장난 상황으로 실제와 다른 행동의 가능성이 없었으나 '도덕적 책임'은 지는 상황이다. 즉, 논증 ㉡과 ㉢의 관계를 비판하고 있는 것이다. 그런데 사례에서 '다른 행동의 가능성이 전혀 없었으며, 이에 나에겐 행동의 자유가 존재하지 않았다'고 하였으므로 위의 ㉡ 논증은 받아들이고 있다는 점을 알 수 있으며, 결국 이를 통해 사례는 ㉢ 논증을 반박하고 있음을 추론할 수 있다. 또한 철학자 A가 ㉡ 논증은 받아들이고 있으므로 이를 통해 ㉣ 결론까지는 이끌어낼 수 있다. 하지만 ㉢ 논증이 부인되는 상황이기에 ㉤ 결론이 부정된다는 점을 알 수 있다.

☞ 합격생 가이드

이 문제는 위 해설과 같이 엄밀한 논증을 거쳐 풀이하지 않더라도 정답을 선택할 수는 있다. 하지만 난도가 높아진다면 단서조차 잡지 못하게 되므로 복습과정에서는 반드시 위와 같은 엄밀한 풀이를 해보길 바란다.

54 답 ①

난도 ★★★

정답해설

각 표창 후보자의 평가결과를 정리하면 다음과 같다.

구분	대민봉사	업무역량	성실성	청렴도	총점
갑돌	3	3	3	1	10
을순	2	3	1	3	9
병만	1	3	3	2	9
정애	2	2	2	3	9

갑돌은 총점에서 제일 앞서므로 반드시 선발되지만, 나머지 3명은 모두 9점으로 동일하므로 동점자 처리기준에 의해 선발여부가 결정된다. 최종적으로 3명이 선발되었다고 하였으므로 3명 중 2명이 선발될 수 있는 기준을 판단해 보자.

ㄱ. 두 개 이상의 항목에서 상의 평가를 받은 후보자는 을순(2), 병만(2) 2명이므로 적절한 기준이다.

오답해설

ㄴ. 3명 중 청렴도에서 '하'의 평가를 받은 후보자가 한 명도 없으므로 적절하지 않은 기준이다.

ㄷ. 3명 중 '하'의 평가를 받은 항목이 있는 후보자를 제외하면 정애 한명만 남게 되므로 적절하지 않은 기준이다.

합격생 가이드

이 문제는 동점자 처리기준을 묻는 문제이다. 그런데 만약 이를 놓치고 전체에서 3명을 선발하는 조건을 찾는 것으로 판단한다면 선택지 ㄴ의 함정에 그대로 걸려들게 된다. 이러한 유형은 여러 가지 변종으로 출제되곤 한다. 즉, 하나의 항목은 이미 초반에 고정이 된 상태로 두고 나머지 항목들을 기준으로 판단해야 하는데 문제의 길이가 길어져 초반에 고정된 사항을 놓치게 하는 유형이기에 주의해야 한다.

55

답 ②

난도 ★★

정답해설

A기술은 다중 경로를 통해 수신된 신호들 중 가장 큰 것을 선택하여 안정적인 송수신을 이루고자 하는 것이다. 이를 제시문의 사례와 연결시키면 액체는 '신호'에 해당하고 배수관은 '경로'를 의미한다.

56

답 ⑤

난도 ★★

정답해설

제시문의 내용을 정리하면, 여러 가지 설명들을 견주어 나은 순으로 줄을 세워 가장 좋은 설명을 찾을 수 있다고 하였다. 그리고 지구의 조수 현상의 원인을 a) 지구의 물과 달 사이에 작용하는 인력 때문에 b) 지구와 달 사이의 물질이 지구를 누르기 때문에 c) 지구 전체의 흔들거림 때문이라는 3가지의 설명을 제시하고 있다. 그리고 다음의 과정을 거치고 있다.

> ⅰ) c)보다는 b)의 설명이 더 낫다.
> ⅱ) (   )
> ⅲ) a)가 최선의 설명이다.

a)가 세 가지의 설명 중 최선이어야 하므로 b)보다 a)의 설명이 더 낫다는 내용이 ⅱ)에 들어가야 올바르다. 따라서 이 같은 의미를 가지고 있는 ⑤가 가장 적절하다.

합격생 가이드

빈칸 채우기 유형의 문제는 단순히 내용이해의 측면에서 출제하기보다는 삼단논법과 같이 명확하게 답이 떨어질 수 있는 논리적인 추론과정을 묻는 문제가 출제되는 편이다. 따라서 제시문을 읽어나갈 때 논리적인 연결고리가 보이면 반드시 체크하고 넘어가기 바란다. 다행인 것은 빈칸 채우기 유형에서는 비교적 쉬운 논리적 판단이 요구된다는 사실이다.

57

답 ⑤

난도 ★★

정답해설

(가)의 앞부분에 예술 제도로부터 단절될 수 없다고 언급한 점과 "즉 예술가는 특정 예술 제도 속에서 …"로 시작하는 바로 다음 문장을 통해 (가)에는 예술 제도에 대한 내용인 ㄷ이 들어가야 함을 알 수 있다. (나)는 어린아이들의 그림이나 놀이에 대한 설명이 들어가야 하므로 ㄴ이 논리적이며, (다)는 예술 작품의 창조에 관한 내용이 들어가야 한다는 점에서 ㄱ이 들어가야 한다.

합격생 가이드

이 같은 유형의 문제는 난도의 편차가 상당히 큰 편인데, 그 이유는 선택지에서 제시된 문장이 제시문과 반대의 견해를 가지는 문장이 아니라 대개는 지문과 연결되는 내용이기 때문이다. 간혹 이 문제와 같이 앞 문장과 뒤 문장의 단어만으로도 풀이가 가능한 문제가 출제되곤 하지만 최근 타 PSAT의 추세는 이와 같이 부분적인 독해만으로 풀이 가능한 수준이 아닌 제시문 전체를 관통하는 주제를 이해해야 풀 수 있는 수준으로 진화하고 있다.

58

답 ②

난도 ★★

정답해설

(가) 논증을 구조화하면 다음과 같다.

> ⅰ) (가)
> ⅱ) B이다.
> ∴ 결론 : A이다.

따라서 가장 단순한 삼단논법의 구조를 이용한다면 (가)에는 'B이면 A이다'가 들어가야 한다. 이를 제시문의 표현으로 바꾸면, '달은 지구를 항상 따라다닌다'면 '지구는 공전하지 않는다'로 나타낼 수 있는데 ㄱ은 이의 대우명제이므로 논리적으로 타당하다.
ⓑ에는 '밤에 금성을 관찰할 때 망원경을 사용하면 빛 번짐 현상을 없앨 수 있다는 것'과 관련된 내용이 들어가야 한다. 이와 함께 당시 학자들은 육안을 통한 관찰을 신뢰하며, 밤보다 낮에 관찰한 것이 더 정확하다는 것을 결합한 ㅁ이 논리적으로 타당하다.

59

답 ①

난도 ★

정답해설

S는 자신의 연구 결과를 토대로 가족 구성원이 많은 집에 사는 아이들은 가족 구성원들이 집안으로 끌고 들어오는 병균들에 의한 잦은 감염 덕분에 장기적으로 알레르기 예방에 유리하다고 주장하고 있다. 결국 이는 알레르기에 걸릴 확률은 병균들에 얼마나 많이 노출되었는지에 달려 있으므로 이와 의미가 가장 유사한 ①이 적절하다고 볼 수 있다.

60

답 ⑤

난도 ★★

정답해설

먼저 빈칸의 뒤 문장인 세셸리아초파리의 Ir75a 유전자도 후각수용체 단백질을 만든다는 것이라는 부분을 살펴보자. 첫 단락과 이 문장의 내용을 종합하면 결국 빈칸에는 노랑초파리의 어떠한 성질이 들어가야 하고 그 성질에서 결론을 유추할 수 있어야 한다. 그런데 그 성질이라는 것은 결국 바로 앞 문장에서 알 수 있듯이 프로피온산 냄새를 맡을 수 있다는 것이며 이것이 빈칸 뒤 문장의 Ir75a 유전자와 연관이 있어야 한다. 따라서 이 같은 내용이 적절하게 포함된 것은 ⑤이다.

합격생 가이드

표현능력을 측정하는 이른바 '빈칸 채우기' 유형이다. 초창기의 PSAT에서는 이 문제와 같이 앞뒤 문장만으로도 빈칸을 채울 수 있었으나 최근에는 제시문 전체의 흐름을 이해해야 정답을 찾을 수 있게끔 출제되고 있으며 난도 역시 그만큼 높아져 있는 상태이다. 이 문제의 경우는 2단락과 3단락은 사실상 정답을 찾는 데 큰 영향을 주지 못했다. 사실 이 제시문은 빈칸 채우기 유형보다는 일치 · 부합형 문제에 적합한 것으로 판단되는데 무리하게 빈칸 채우기 형태로 출제하지 않았나 하는 의구심이 든다.

61

답 ④

난도 ★★

정답해설

④ 백제어와 고구려어 간에 방언적 차이만 존재했다면 방언적 차이만을 지닌 하나의 언어로 분류되었을 것이므로, 글의 내용을 통해 볼 때 이 두 언어가 서로 다른 계통으로 분류되기 위해서는 방언적 차이 이상의 차이가 존재해야 할 것이다.

오답해설

① 첫 번째 문단에서 확인할 수 있는 내용이다.
② 북방계의 천손 신화적 요소가 한반도에서 발견된다는 점은 한국어가 북방적 요소를 지니고 있음을 알려주는 인류학적 연구의 일환이다.
③ 최근 한국어 계통 연구는 유전학적 연구와 인류학적 연구를 모두 활용하고 있다는 내용을 통해 확인할 수 있다.
⑤ 마지막 문장을 통해 확인할 수 있는 내용이다.

합격생 가이드

기존의 알타이어족설에 한계가 존재했고, 해당 한계를 보완하기 위해 인류학적 연구와 유전학적 연구를 활용하고 있다는 것과, 현대 한국어 형성 과정에 있어서의 남북한 학계의 공통입장과 대비되는 입장을 글을 통해 명확하게 파악해야 한다.

62

답 ④

난도 ★★

정답해설

빈칸 ㉠의 앞뒤 내용으로 미루어 볼 때, 돼지 농장의 수는 줄어들었지만 전체 돼지 사육 두수는 증가하였으므로 돼지 사육 시 돼지 간의 거리가 밀집되었을 것으로 예상할 수 있다. 또한 이러한 밀집 형태의 사육은 전염병이 전이되기 용이한 환경을 조성하였다는 것을 뒤이은 내용에 의해 파악할 수 있다. 빈칸 ㉡의 경우, 축산업의 변화로 인해 수많은 가축의 고기를 재료로 한 가공식품이 늘어나면서 소비자들이 이를 통해 더 많은 수의 가축과 접촉한 결과를 야기했다는 내용이 포함되어야 한다.

④ ㉠과 ㉡ 모두 글의 내용에 부합하는 내용이다.

오답해설

① ㉠의 경우 농장당 돼지 사육 두수와 사육 면적당 돼지 수 모두 증가하였다는 내용이 들어가야 한다. ㉡의 경우, 육류가공제품 소비량 자체가 증가했는지는 알 수 없다.
② ㉠의 경우 농장당 돼지 사육 두수와 사육 면적당 돼지 수 모두 증가하였다는 내용이 들어가야 한다.
③ ㉠의 경우 적절한 내용이지만, ㉡의 경우 육류가공제품 소비량 자체가 증가했는지는 알 수 없다.
⑤ ㉡의 경우 소비자가 더 많은 수의 가축과 접촉하게 되었다는 내용이 포함되어야 한다.

합격생 가이드

이러한 유형의 경우 빈칸 바로 앞뒤에 제시되는 내용을 특히 주목하여 읽어야 한다. 대체로 핵심 주제가 명확한 글이 주어지는 경우가 많으므로 이러한 유형에서는 확실하게 글의 핵심 내용에 부합하지 않는 내용을 포함하는 선지들을 우선 배제하고 풀이하면 수월하다.

63

답 ⑤

난도 ★★★

정답해설

ㄱ. 다른 조건이 모두 같으면서 A국 궁수의 수가 4,000명으로 증가하면 ㉠은 $\frac{400/1,000}{100/4,000}=16$이 될 것이므로 옳다.

ㄴ. 마지막 문단 내용을 통해 A국의 B국에 대한 손실비를 계산하면 1/4보다 작으므로, A국의 군사력이 B국보다 4배 이상 우월하다는 것을 알 수 있다.

ㄷ. 손실비는 최초 병력 대비 잃은 병력 비율을 통해 정의되므로, 전쟁 종료 시점까지 동일한 수의 병력 손실이 발생했다면 최초 병력의 수가 적은 쪽의 손실비율이 더 클 것이므로 (주어진 수식에서 분자는 커지고 분모는 작아지므로) 손실비가 더 크다.

합격생 가이드

약간의 계산을 요하는 추론 문제이다. 손실비의 개념이 '비율/비율'이라는 것과 손실비가 크다는 것이 군사력의 열위를 의미한다는 것을 정확히 이해할 수 있어야 한다. 이러한 유형의 문제에 자신이 없는 수험생이라면 실전에서 시간을 많이 소요하고도 실수 때문에 정답을 맞히지 못할 가능성이 높은 문제이므로, 일단 보류하고 다른 문제를 우선적으로 푸는 것이 득점에 유리할 수 있다.

64 答 ②

난도 ★

정답해설

② 의학계 전통주의자들과 진보주의자들 모두 '전투 신경증'이 정신적 증후군의 하나로 실재한다는 사실에는 동의하였다.

오답해설

① ⑤의 경우 모욕과 위협, 처벌을 중심으로 하는 치료를, ⑥의 경우 대화를 통한 인도적 치료를 주장하였다.
③ ⑤과 ⑥ 모두 전투 신경증이 심리적 외상을 통해 유발된다는 것에는 의견 차이가 없다.
④ ⑥에만 해당되는 내용이다.
⑤ 글을 통해 알 수 없는 내용이다.

◆ 합격생 가이드

이와 같이 몇 가지 견해를 비교하는 유형의 문항의 경우, 두 견해 사이의 공통점과 차이점에 대해 명확하게 이해해야 한다. 글에 나타난 ⑤과 ⑥의 경우 전투 신경증이 실재한다는 사실에 대해서는 동의하고 있으나, 이에 대한 치료방법과 환자의 의지력에 대한 견해에 있어 차이가 존재한다는 사실에 주목해 문제를 풀이해야 한다.

65 答 ②

난도 ★★

정답해설

ㄴ. 을은 근대 과학혁명 이후 등장한 과학이 개입한 것들만을 '기술'로 한정한다는 주장에 동의하며, 병은 기술을 만들어내기 위해 과학의 개입이 꼭 필요한 것은 아니라고 보고 있다.

오답해설

ㄱ. 갑의 경우, 물질로 구현된 것만을 기술로 인정하며, 병의 경우 지식이 개입된 것들을 과학으로 인정한다. 갑과 을의 경우 기술을 정의하는 기준 자체가 다르므로 둘 중 누구의 범위가 더 넓은지에 대해 정의할 수 없다.
ㄷ. 옷감 제작법의 경우 물질을 소재 삼아 물질적인 결과물을 산출하는 것에 해당하므로, 갑 역시 이를 기술로 인정할 여지가 있다.

◆ 합격생 가이드

이러한 유형의 경우 은연중에 세 가지 주장의 범주를 동일선상에서 비교하기 쉬우나, 갑과 병의 경우 기술을 정의함에 있어 다른 기준을 사용하고 있으므로, 둘 중 어느 쪽이 더 기술의 범주를 넓게 정의하고 있는지 동일선상에서의 비교가 불가능하다는 점에 주의해야 한다.

66 答 ④

난도 ★★

정답해설

문제에서 주어진 조건을 간단히 나타내면 다음과 같다.
우선 장수 노인의 경우 모두 '행복∧규칙∧~짜거나 기름진'의 조건을 충족한다.
~행복 → 면역 ↓, 조기 → 면역 ↓
~짜거나 기름진 → 콜레스테롤 ↓, 조기 → ~콜레스테롤 ↓
~규칙 → β↓ → 체지방 정상 ↑, 조기 → ~체지방 정상 ↑

④ X에 속한 장수 노인은 모두 규칙적인 운동을 하였으므로 이들의 β호르몬 분비 정도에 대해 알 수 없고, 따라서 주어진 조건들로부터 이들의 체지방 비율이 정상 범위를 넘어섰는지 그렇지 않은지에 대해 알 수 없다.

오답해설

① 장수 노인의 경우 모두 규칙적인 운동을 했고, 조기 사망자의 경우 체지방 비율이 정상 범위를 넘어서지 않았다는 것으로부터 모두 규칙적인 운동을 했음을 추론할 수 있다.
② X에 속한 장수 노인은 모두 짜거나 기름진 음식을 즐겨 먹지 않았다는 사실로부터 이들 중 혈중 콜레스테롤 지수가 높은 사람은 없을 것임을 추론할 수 있다.
③ 조기 사망자는 모두 콜레스테롤 지수가 높았으므로, 짜거나 기름진 음식을 즐겨 먹었을 것임을 추론할 수 있다.
⑤ X에 속한 조기 사망자는 모두 체지방 비율이 정상 범위를 넘어서지 않았으므로, 이들은 모두 β호르몬이 평균치보다 적게 분비되지 않았을 것임을 추론할 수 있다.

◆ 합격생 가이드

주어진 조건을 간단한 식으로 치환하고 조건에 따라 선지의 정오를 판단하면 쉽게 정답을 찾을 수 있는 비교적 간단한 논리 문제이다. 이러한 유형의 경우 주어진 조건을 빠르고 정확하게 기호화시키는 연습을 평소에 해 두는 것이 실전 문제 풀이에 도움이 된다.

67 答 ②

난도 ★

정답해설

② 양반 집안의 경우 적처의 존재는 필수 불가결했으며, 새 부인을 얻는다는 것은 현실적으로 비용과 노력이 많이 드는 일이었으므로 이러한 이유에서 이혼하지 않고 결혼을 유지하였다.

오답해설

① 글에 나타나 있지 않아 알 수 없는 내용이다.
③ 조선에서 적처의 존재를 중요하게 생각한 이유는 적처가 양반가에서 가정 관리자로서의 역할을 수행하였기 때문이며, 중국에서 부인의 역할이 어떠했는지는 글의 내용을 통해 알 수 없다.
④ 조선은 '조선에는 이혼이란 없다'는 태도를 견지했으며, 『대명률』과 달리 출처가 거의 명목상으로만 존재하였다는 내용을 통해 중국 법전의 출처 항목에 명시된 사항에 해당되더라도 이혼을 실질적으로 용인하지 않았을 것임을 알 수 있다.
⑤ 조선 시대에 국가가 이러한 지원 정책을 시행하였는지는 글을 통해 확인할 수 없는 내용이다.

합격생 가이드

어렵지 않은 일치부합 문제이다. 지문에서 아예 언급되어 있지 않은 내용이 선지로 제시될 경우, 우선 정답 후보에서 배제하고 시작하는 것이 문제 풀이 시간을 단축할 수 있는 방법이 될 수 있다.

68

탑 ③

난도 ★★

정답해설

ㄱ. 인간의 성품을 고양하는 법률은 정의로우며, 정의로운 법률은 신의 법, 곧 도덕법에 해당한다.

ㄴ. 사람끼리의 규약에 해당하는 법률은 불의하며, 그것이 불의한 이유는 자연법에 기원한 것이 아니기 때문이다.

오답해설

ㄷ. 인종차별적 내용을 포함하는 법률은 불의한 법률로 도덕법에 배치되는 것이라는 사실로부터 인종차별적 내용을 포함하지 않는 모든 법률이 신의 법, 즉 도덕법에 해당한다는 내용이 도출되지는 않는다.

합격생 가이드

이와 같이 특정 개념들의 논리 관계를 서술식으로 풀어 놓은 문제 유형의 경우 논리식으로 치환하며 풀이하는 것이 좋다. 정의로운 법률과 불의한 법률, 도덕법에의 해당 여부 등 핵심 키워드들 간 논리적 관계를 도식으로 정리하면서 읽어나가면 문제 풀이를 보다 수월하게 할 수 있다.

69

탑 ④

난도 ★★

정답해설

④ 정련 과정을 통해 만들어지는 강은 질기고 외부의 충격에 깨지지 않고 늘어나는 성질이 강하다는 내용을 통해 알 수 있다.

오답해설

① 순철이 연성이 높고 온도에 의한 구조 변화와 수축·팽창이 쉽게 일어나는 것은 맞으나, 두 특성 간 인과관계가 성립하는지는 글을 통해 알 수 없다.

② 선철이 순철보다 인성과 가단성이 낮다.

③ 용선이 가진 탄소를 제거하는 정련 과정을 통해 강을 만드는 것이므로, 용선이 가진 탄소의 양이 저탄소강이 가진 탄소의 양보다 많을 것이다.

⑤ 글에 제시되지 않아 서로 비교할 수 없는 내용이다.

합격생 가이드

단단함, 질김, 부드러움, 늘어나는 정도 등의 특성과 강도, 인성, 연성, 가단성 등의 단어를 선지와 글에서 혼합해서 사용하고 있다. 단어들이 의미하는 특성을 첫 번째 문단에서 정확히 숙지하고, 선지의 정오판단 과정에서 자유자재로 치환할 수 있어야 한다.

70

탑 ⑤

난도 ★★

정답해설

제시된 〈기준〉에 따라 〈사례〉에 등장하는 갑~정의 거주국을 결정하면 다음과 같다.

갑 : Y국, 을 : X국, 병 : X국, 정 : Y국

⑤ 을, 병 2명은 X국 거주자로, 갑, 정 2명은 Y국 거주자로 결정되므로 사람의 수는 같다.

오답해설

① 갑은 Y국, 병은 X국 거주자로 결정된다.

② 〈기준〉을 적용할 경우 갑~정 모두의 거주국을 결정할 수 있다.

③ Z국 국적인 을의 거주국은 X국이다.

④ Z국에 영구적인 주소를 가지는 정의 거주국은 Y국이다.

합격생 가이드

〈기준〉을 〈사례〉의 내용에 정확하게 적용하는 것이 문제 풀이의 핵심이다. 이때, 첫 번째부터 네 번째까지의 기준이 반드시 순서대로 적용되는 것은 아니라는 점에 주의해야 한다. 가령, 소득을 얻는 두 국가 중 어느 쪽에도 영구적인 주소를 가지지 않는 경우 두 번째 기준에 대한 고려 없이 바로 세 번째 기준이 적용된다.

71

탑 ③

난도 ★★★

정답해설

③ 3문단에 따르면 이질의 감소는 '생태환경의 측면'에 있다. 3문단의 '한반도의 하천 변에 분포하는 넓은 범람원의 숲이 논으로 개발되면서 뜨거운 여름 동안 습지로 바뀌었고 건조한 환경에 적합한 미생물 생태계가 습한 환경에 적합한 새로운 미생물 생태계로 바뀌었다.'와 4문단의 '17세기 이후 농지 개간의 중심축이 범람원 개간에서 산간 지역 개발로 이동'이라는 정보를 바탕으로 범람원에서 산간 지역으로 논의 환경이 변화함에 따라 다시 미생물 생태계가 변화했고 그에 따라 이질 감소가 나타났다는 것을 알 수 있다.

오답해설

① 1문단에 따르면 조선은 『농사직설』을 편찬하여 적극적으로 벼농사를 보급하였다.'라는 정보와 이질이 15~16세기 주요 질병이라는 정보가 제시되어 있다. 그 이전 조선에 수인성 병균에 의한 질병이 없었는지에 대한 정보가 제시되어 있지 않다. 오히려 3문단의 '이질은 15세기 초반 급증하기 시작'이라는 표현에 비추어 이전에도 있었음을 전제하고 있다고 볼 수도 있다.

② 3문단에 따르면 '한반도의 하천 변에 분포하는 넓은 범람원의 숲이 논으로 개발되면서 뜨거운 여름 동안 습지로 바뀌었고', '시겔라균은 이러한 습지의 생태계에서 번성'했다. 넓게 해석해 하천 변의 범람원이 선지의 '조선의 하천'에 포함된다고 해석하더라도 17세기 범람원에서의 수인성 세균이나 시겔라균의 생태에 대한 정보가 제시되어 있지 않아 17세기 이후 감소 여부에 대한 판단을 할 수 없다.

④ 4문단에 따라 선지의 '17세기 이후 조선에서 개간 대상 지역이 바뀌었다'는 내용은 확인할 수 있다. 그러나 선지의 '인구 밀집 지역'에 대한 정보는 찾을 수 없다.

⑤ 4문단에 따라 농법의 변화는 논의 사용법을 변화시켰고, '논에 물을 가둬두는 기간이 줄어서 이질 등 수인성 질병 발생의 감소를 가져왔다.'는 것을 알 수 있다. 그러나 지문에 '17세기 이전에는 건조한 지역에는 농지를 개간할 수 없었다.'거나 '농법의 변화가 건조한 지역의 개발을 가져왔다' 등의 정보를 찾을 수 없다.

◆ **합격생 가이드**

시대 또는 기간 간 비교가 이루어지는 지문의 경우 각 비교 대상의 특징에 유념한 독해를 하는 것이 정확한 선지 해결에 도움을 준다. 15세기의 3문단과 17세기의 4문단을 중심으로 글의 내용을 파악한다면 선지의 해결을 보다 용이하게 할 수 있을 것이다.

72

답 ①

난도 ★★

정답해설

① 2문단에 따르면 아미노산의 하나인 아르기닌과 포도당 사이 마이야르 반응에 따라 발생하는 아세틸피롤린은 팝콘향을 낸다. 1문단에 따르면 마이야르 반응이란 '약 섭씨 140도에 도달할 때', '긴 사슬 끝에 있는 당이 다른 사슬 끝에 있는 아미노산과 만나 반응하며 시작'되고, '당과 아미노산이 만나 새로운 화학물질이 생겨나며, 반응한 화학물질은 자연스럽게 재정렬'되는 현상이다.

오답해설

② 2문단에 따르면 마이야르 반응에 따른 화학물질 종류는 '어떠한 종류의 당과 아미노산이 반응에 참여하느냐'와 '주변의 산도와 온도, 수분의 양' 등의 영향을 받는다는 것을 알 수 있다. 그러나 선지의 내용처럼 어떤 요소가 더 큰 영향을 가지는 지에 대한 정보는 제시되어 있지 않다.

③ 2문단에 따르면 아크릴피리딜은 '포도당이 아미노산의 한 종류인 시스테인과 반응할 때' 생성된다. 포도당과 아르기닌의 반응에 따라 생성되는 물질은 아세틸피롤린이다.

④ 2문단에 따르면 멜라노이딘 계열 분자들은 음식이 갈색을 띠게 만든다. 또한 2문단에 따르면 마이야르 반응에 따라 '발암물질의 하나인 아세틸아미드와 같은 분자들도 소량이나마 생성된다.'는 정보가 제시되어 있다. 그러나 멜라노이딘 계열의 발암성에 대한 정보는 지문상 제시되어 있지 않다.

⑤ 2문단에 따르면 마이야르 반응에 따라 '발암물질의 하나인 아세틸아미드와 같은 분자들도 소량이나마 생성된다.'는 정보가 제시되어 있다. 하지만 생성 양과 반응 속도 간의 관계에 대한 정보가 제시되어 있지 않다.

◆ **합격생 가이드**

②, ④, ⑤와 같이 지문 상 정보가 제시되어 있지 않은 선지는 잘못된 판단을 하게 될 우려가 있다. 정확한 선지의 해결을 위해 침착한 접근과 더불어 지문에 밑줄을 치는 등 방식으로 각 선지의 명확한 근거를 찾을 필요가 있다.

73

답 ④

난도 ★

정답해설

㉠ 1문단에 따르면 전투기 전체에 철갑을 두르는 것이 가능하지 않다. 또한 교전을 마치고 돌아온 전투기에 총알구멍이 동체 쪽에 더 많았다는 정보 역시 제시되어 있다. 첫 문장의 쏠림 현상을 군 장성들이 2문단의 수학자들과 다르게 고려하지 않았다는 글의 맥락상 ㉠에는 '전투기에서 총알을 많이 맞는 동체 쪽에 철갑을 집중해야 충분한 보호 효과를 볼 수 있다'는 내용이 들어가는 것이 적절하다고 할 수 있다.

㉡ 1문단에 따르면 표본 선정의 쏠림 현상이란 표본이 무작위로 선정되지 않고 편향성을 가지는 현상이다. 2문단에 따르면 엔진 부분에 총알을 맞은 전투기는 귀환하기 어려워 전투기에 표본 선정의 쏠림 현상이 나타나고 있다. 그러므로 ㉡에는 '출격한 전투기 전체에서 무작위로 추출된 표본이라는' 내용이 적절하다고 할 수 있다.

◆ **합격생 가이드**

빈칸을 채워야 하는 문제의 경우 선지는 똑같이 5개지만 오히려 ㉠, ㉡ 별로 고려해야 하는 선지는 다른 유형에 비해 훨씬 적다는 점을 알 수 있다. 그러므로 주제를 바탕으로 맥락에 적절한 내용을 찾는 것이 어렵다고 한다면 하나씩 대입해서 가장 적절한 대상을 찾는 방법이 오히려 더 빠를 때도 있어 해결할 때 대입해서 푸는 것을 고민해 볼 필요가 있다.

74

답 ④

난도 ★

정답해설

④ 선지의 '발언자의 익명성 보장'은 침묵의 유형 중 4문단의 '외부 위협으로부터 자신을 보호하거나 자신을 향한 보복을 당하지 않기 위해 조직과 관련된 부정적인 정보나 의견을 억누르는 적극적인 성격의 행위'인 방어적 침묵과 관련 있다고 할 수 있다. 4문단에 따라 친사회적 침묵은 철저하게 '나'를 배제한 판단 아래에서 이뤄지는 행위이다. 그러므로 익명성 보장은 친사회적 침묵과 관련성이 없고 오히려 방어적 침묵과 관련된 내용이라고 할 수 있다.

오답해설

① 1문단에 따르면 '변화가능성에 대한 실효성'이 침묵 결정 여부에 영향을 준다고 한다. 2문단에 따르면 묵종적 침묵이란 '조직의 부정적 이슈 등과 관련된 정보나 의견 등을 가지고 있지만 이를 알리거나 표출할 행동 유인이 없어 표출하지 않는 행위'이다. 또한 2문단에 따르면 이는 '현실을 바꾸려는 의지를 상실한 체념의 의미를 내포하고 있어, 방관과 유사'하다고 한다. 선지의 '구성원들의 발언이 조직의 의사결정에 반영되는 정도'가 커지는 경우 1문단의 실효성이 확대되고 구성원들의 체념 내지 방관을 완화되어 묵종적 침묵이 감소한다고 볼 수 있다.

② 3문단에 따르면 '외부 위협으로부터 자신을 보호하거나 자신을 향한 보복을 당하지 않기 위해 조직과 관련된 부정적인 정보나 의견을 억누르는 적극적인 성격의 행위'는 방어적 침묵이다. 선지의 '발언의 영향으로 자신의 안전이 걱정되어 침묵하는 경우'는 방어적 침묵의 사례에 해당한다고 볼 수 있다.

③ 2문단에 따르면 '조직의 부정적 이슈 등과 관련된 정보나 의견 등을 가지고 있지만 이를 알리거나 표출할 행동 유인이 없어 표출하지 않는 행위'는 묵종적 침묵이다. 또한 2문단에 따르면 이는 '현실을 바꾸려는 의지를 상실한 체념의 의미를 내포하고 있어, 방관과 유사'하다고 볼 수 있다. 선지의 '발언의 실효성이 낮을 것으로 판단하여 침묵하는 경우'는 묵종적 침묵의 사회라고 볼 수 있다.

⑤ 1문단에 따르면 구성원이 침묵 여부를 결정하는 데 '해당 조직의 문화 아래에서 보복과 관련한 안전도와 변화 가능성에 대한 실효성 등을 고려'한다는 정보가 제시되어 있다. 2문단의 묵종적 침묵과 3문단의 방어적 침묵에 비추어 실효성이 낮거나 안전도가 낮은 경우 침묵이 증가한다고 볼 수 있다. 한편 1문단에 따르면 구성원이 침묵을 택하는 경우 '구성원들의 정신건강과 신체에 악영향을 미칠 수 있다'는 정보가 제시되어 있다. 그러므로 선지의 '발언의 안전도와 실효성이 낮은 조직일수록' 구성원이 침묵할 가능성이 높고, 침묵을 선택할수록 구성원의 건강은 악화될 수 있다.

3가지 침묵 유형이 상당히 명시적으로 나누어져 있는 해결이 용이한 문제이다. 정답 선지의 경우 서로 다른 유형에 대한 설명을 결합하여 구성했을 가능성이 높아, 각 침묵별 내용을 구별하는 데 주의하여 문제에 접근할 필요가 있다. ⑤와 같이 활용되지 않는 지문이라고 판단했던 1문단을 활용한 선지가 나올 수 있는 만큼 관련 정보를 독해하는 데 어느 정도 주의를 기울일 필요가 있다.

75

☞ ①

난도 ★★★

정답해설

ㄱ. 지문에 따르면 B곤충은 A식물의 잎을 갉아먹어 광합성산물의 생산량을 감소시킨다. 또한 지문에 따르면 A식물이 만들어내는 종자의 수는 광합성 산물의 양에 비례한다. 〈실험〉에 따르면 B곤충을 차단한 실험에서 '끈적한 개체가 매끄러운 개체보다 종자를 45% 더 적게 생산'했으나 B곤충이 침입하는 실험에서는 '매끄러운 개체와 끈적한 개체가 생산한 종자의 수 사이에 의미 있는 차이는 나타나지 않았다.'라고 한다. 이를 종합하면 B곤충의 침입이라는 결과로 B곤충은 매끄러운 식물을 더 많이 갉아먹었고 그 결과 상대적으로 많은 양의 광합성 산물이 감소해 종자 수 역시 더 큰 폭으로 감소했다고 볼 수 있다.

오답해설

ㄴ. 지문에 따르면 B곤충은 A식물의 잎을 갉아먹어 광합성산물의 생산량을 감소시킨다. 〈실험〉의 'B곤충이 침입하는 조건에서 매끄러운 개체는 끈적한 개체보다 잎이 더 많이 갉아먹혔다.'에서 매끄러운 식물의 잎이 B곤충에게 갉아먹혔다는 사실을 알 수 있다. 그러므로 B곤충이 있는 환경에서 광합성 산물이 더 적다고 할 것이다.

ㄷ. 지문에 따르면 A식물이 만들어내는 종자의 수는 광합성 산물의 양에 비례한다. 또한 '끈적한 식물은 종자 생산에 사용해야 할 광합성 산물의 일정량을 끈적한 당액의 분비에 소모한다.'는 정보가 제시되어 있다. 따라서 다른 모든 조건이 동일한 경우 끈적한 A식물이 생산한 종자 수는 매끈한 A식물이 생산한 종자 수보다 적다고 할 수 있다. 이는 〈실험〉의 B곤충이 차단된 경우에서 확인된다. 하지만 〈실험〉의 B곤충이 있는 환경에서는 위 관계가 성립하지 않는다. 오히려 '매끄러운 개체와 끈적한 개체가 생산한 종자의 수 사이에 의미 있는 차이는 나타나지 않았다.'라는 정보와 지문의 정보를 결합하여 양자의 종자 생산에 소모한 광합성 산물의 양이 유사하다는 사실을 알 수 있다.

◆ 합격생 가이드

실험에 대한 문제에 있어 가장 중요한 것은 비교집단과 대상집단 사이 존재하는 유의미한 차이점이 무엇인지 찾는 것이다. 문제의 〈실험〉에서 식물의 종류와 B곤충의 존재 여부에 따라 총 4가지 실험 집단으로 구분되며, 그에 따라 종자 수의 차이가 나타난다는 사실을 유념하여 선지에 접근한다면 보다 정확한 해결이 가능할 것이다.

76

☞ ③

난도 ★★★

정답해설

ㄱ. 3문단에 따르면 단순입방격자 방식은 '배열 상태를 제1층과 동일한 상태로 공의 중심이 같은 수직선 상에 놓이도록 배치한다.'는 사실을 알 수 있다. 수직으로 접하는 두 공 사이 수평선을 가정할 때, 위층과 아래층의 빈틈은 정확히 대칭적이라는 사실을 추론할 수 있다. 따라서 단순입방격자 방식에서 각층의 효율성은 같다. 3문단에 따르면 단순입방격자 방식의 효율성은 53%이다. 앞서 추론한 사실을 바탕으로 1층만의 효율성 역시 53%라는 것을 추론할 수 있다. 3문단에 따르면 6각형격자 방식이란 '각각의 층을 인접입방격자 방식에 따라 배열한 뒤에 층을 쌓을 때는 단순입방격자 방식으로 쌓는 것'이며 효율성은 60%이다. 제1층만을 따지면 인접입방격자 방식과 6각형격자 방식은 동일한 형태이며, 앞서 도출한 추론을 바탕으로 제1층만을 고려한 인접입방격자 방식의 효율성이 60%라는 것을 알 수 있다.

ㄴ. 3문단에 따르면 단순입방격자 방식이란 '수평면 상에서 하나의 공이 네 개의 공과 접하도록 배치'하고 위아래 배열을 동일한 상태의 공의 중심이 같은 수직선 상에 놓이도록 배치하는 방식이다. 이 경우 최대 접할 수 있는 공의 개수는 1층이나 제일 높은 층이 아닌 임의의 층의 가운데 놓인 공의 경우로 동일 층에 위치한 4개와 위아래 하나씩 총 6개의 공과 접하는 것이 최대이다.

오답해설

ㄷ. 3문단에 따르면 단순입방격자 방식은 '배열 상태를 제1층과 동일한 상태로 공의 중심이 같은 수직선 상에 놓이도록 배치한다.'는 사실을 알 수 있다. 수직으로 접하는 두 공 사이 수평선을 가정할 때, 위층과 아래층의 빈틈은 정확히 대칭적이라는 사실을 추론할 수 있다. 따라서 단순입방격자 방식에서 각층의 효율성은 같다. 3문단에 따르면 단순입방격자 방식의 효율성은 53%이다. 앞서 추론한 사실을 바탕으로 각층의 개별 효율성 역시 53%라는 것을 추론할 수 있다. 3문단에 6각형격자 방식이란 '각각의 층을 인접입방격자 방식에 따라 배열한 뒤에 층을 쌓을 때는 단순입방격자 방식으로 쌓는 것'이며 효율성은 60%이다. 마찬가지로 각층의 효율성은 60%라고 할 수 있다. 그러므로 어느 층을 비교하더라도 단순입방격자 방식이 6각형격자 방식보다 효율성이 낮다.

◆ 합격생 가이드

어느 정도 공간지각력이 필요한 문제라고 생각한다. 공간지각력이 없다면 문제를 해결함에 있어 상당한 어려움이 있거나 시간을 많이 할애해야 해결할 수 있을 것이다. 이 경우 가장 쉬운 선지를 우선적으로 접근해 주어진 선지 조합을 활용한 해결이 나올 것이다. ㄱ에 대해서 확실한 판단을 내리기는 힘드나 ㄷ을 추론할 수 없다는 판단은 좀 더 용이하게 할 수 있다고 생각한다. 그 이후 ㄴ에 대한 해결만 하면 되니 가장 애매한 ㄱ을 회피할 수 있어 대안적 접근이 가능하다.

77

난도 ★★

정답해설

조건의 기호화를 하면 다음과 같다.

(단, ∀x: 보편양화사, ∃x: 존재양화사)

- 조건1(갑의 첫 번째 발언): (∀x)(A → B)
- 조건2(갑의 첫 번째 발언): (∀x)(~D → C)
- 조건3(을의 첫 번째 발언): (∃x)(C∧~B)
- 조건4(을의 두 번째 발언): (∃x)(~A∧~B∧C∧~D)
- 조건5(을의 세 번째 발언): (∃x)(D)

㉠ 조건3과 조건1의 대우에 따라 조건3의 임의의 후보 물질은 A그룹에서도 항체를 형성하지 않는다는 사실을 알 수 있다. 따라서 ㉠의 내용은 이를 바탕으로 해당 임의의 후보 물질이 D그룹에서도 항체를 생성하지 않는다는 결론을 도출할 수 있는 정보로 구성되어야 할 것이다. 이를 만족하는 것은 ③과 ④의 'D그룹에서 항체를 생성한 후보 물질은 모두 A그룹에서 항체를 생성했다.'와 ⑤의 'D그룹에서 항체를 생성한 후보 물질은 모두 B그룹에서 항체를 생성했다.'이다.

㉡ 조건5의 물질이 D그룹에서 항체를 생성했다는 점에서 해당 물질이 조건4의 임의의 물질과 같을 수 없다는 것을 알 수 있다. 따라서 ㉡은 조건1, 2와 결합하여 조건5를 도출할 수 있는 내용을 담고 있어야 한다. 'C그룹에서 항체를 생성하지 않은 후보 물질이 있다.'는 '(∃x)(~C)'라고 기호화할 수 있는데 이는 조건2의 대우와 결합하여 해당 물질이 D그룹에서 항체를 생성한다는 결론으로 이어진다. 따라서 ④는 적절하다고 할 수 있다.

오답해설

㉠ 'B그룹에서 항체를 생성한 후보 물질은 없다.'는 '(∀x)(~B)'라고 기호화 할 수 있다. 이 조건과 조건3 어느 하나를 사용하더라도 D그룹의 항체 생성 여부에 대해 결론 내릴 수 없다. 정보를 바탕으로 조건4를 도출할 수 없는 바 ①, ②는 적절하지 않다.

㉡ 조건5의 물질이 D그룹에서 항체를 생성했다는 점에서 해당 물질이 조건4의 임의의 물질과 같을 수 없다는 것을 알 수 있다. ①의 ㉡은 조건1, 2, 3과 결합하여 조건5를 도출할 수 있으나 조건4에 위배된다는 점에서 적절하지 않다. ②, ③, ⑤의 ㉡은 주어진 조건들과 결합하여 조건5를 도출할 수 없어 적절하지 않다.

◆ **합격생 가이드**

존재양화사(예 어떤 ~이 존재한다)와 보편양화사(예 모든 ~는 ~이다)를 활용한 기출문제가 몇 개년 사이 증가하고 있는 추세이다. 존재양화사를 가지는 결론을 도출해야 하는 경우 몇 가지 예외를 제외하고는 전제에서 존재양화사를 요구한다는 생각을 가지고 문제에 접근하는 것이 신속한 문제 해결에 유리하다.

78

난도 ★★

정답해설

① 3문단에 따르면 소년은 '40대나 50대 사람이더라도 상대에 따라 젊은 사람'을 지칭하기도 한다. 또한 3문단에 따르면 자제는 '특정한 신분에 있는 각 가문의 젊은 세대'를 지칭한다. 그러므로 소년으로 불리는 40대나 50대의 사람 중 특정한 신분이 없거나 젊은 세대에 해당하지 않는다면 자제라고 불리지는 않았을 것이다.

오답해설

② 5문단에 따르면 청년은 '젊은 시절을 의미하는 말'이다. 청년의 부정적 용례에 대한 정보는 찾아보기 힘들다. 오히려 4문단에 따라 '아직 성숙하지 못한 나이, 다소간 치기에서 벗어나지 못한 어린 또는 젊은 사람'이라는 의미의 소년이 부정적 용례에 가깝다고 할 수 있다.

③ 1문단에 따르면 약년은 '스무 살 즈음을 칭하는 표현'이다. 선지의 '충분히 노련하지 못한 어른'은 4문단에 따르면 소년의 의미라고 할 수 있다.

④ 1문단에 따르면 약년은 '스무 살 즈음을 칭하는 표현'이다. 3문단에 따르면 소년은 '40대나 50대 사람이더라도 상대에 따라 젊은 사람'을 지칭하기도 한다. 그러므로 약년은 일부 소년을 포괄하지 못한다고 할 수 있다.

⑤ 3문단에 따르면 자제는 '막연한 후손이라는 의미보다는 특정한 신분에 있는 각 가문의 젊은 세대라는 의미'이다. 그러나 지문 상 자제가 높임 표현이었는지에 대한 정보를 찾을 수 없다.

◆ **합격생 가이드**

유사한 의미를 가진 용어들을 비교하며 각 의미의 세부적인 범위를 물어보는 일치 부합 문제가 최근에 많이 출제되고 있다. 오답을 피하기 위해서는 교집합을 가지는 용어들 간 정확한 의미의 범위를 미리 정리하며 독해하는 것이 중요하다. 예컨대 3문단의 내용을 바탕으로 소년과 자제가 어느 경우 같은 대상을 지칭할 수 있고 어느 경우 지칭할 수 없는지 등이 선지 해결에 중요하다고 할 수 있다.

79

답 ①

난도 ★★

정답해설

① 1문단에 따르면 '공기가 최대한 가질 수 있는 수증기량은 온도가 내려갈수록 줄어들고, 공기의 수증기가 포화상태에 이르는 온도인 이슬점 온도보다 더 낮은 온도에서는 수증기가 응결하여 구름이 생성되거나 비가 내리게 된다.'는 정보가 제시되어 있다. 2문단에 따르면 '공기가 일정 높이까지 상승하여 온도가 이슬점 온도에 도달한 후에는 공기 내 수증기가 포화하면 습윤 기온감률에 따라 온도가 내려간다. 공기의 상승 과정에서 공기 속 수증기는 구름을 형성하거나 비를 내리며 소모'된다는 정보가 제시되어 있다.

오답해설

② 1문단에 따르면 '공기가 상승할 때 고도에 따른 온도 하강률을 기온감률'이라는 정보가 제시되어 있고, '공기의 수증기가 포화상태일 경우에는 습윤 기온감률이 적용되고, 불포화상태일 경우에는 건조 기온감률이 적용되는데, 건조 기온감률은 습윤 기온감률에 비해 고도 차이에 따라 온도가 더 크게 변한다.'는 정보 역시 제시되어 있다. 그러므로 같은 고도라도 공기가 가지고 있는 수증기의 양에 따라 고도가 달라질 수 있다는 것을 추론할 수 있다.

③ 3문단에 따르면 높새바람은 우리나라의 대표적인 푄 현상이다. 또한 한랭 다습한 오호츠크해 고기압에서 불어오는 북동풍이 고온 건조한 성질의 바람으로 바뀐다.

④ 1문단에 따르면 습윤 기온감률은 공기의 수증기가 포화상태일 경우 적용되는 기온감률이다. 또한 1문단에 따르면 '공기가 최대한 가질 수 있는 수증기량은 온도가 내려갈수록 줄어'든다. 그러므로 공기 내 수증기량 증가는 습윤 기온감률이 적용되기 시작하는 고도가 낮아진다고 할 수 있다.

⑤ 1문단에 따르면 '공기가 상승하게 되면 기압이 낮아져 공기가 팽창하는 단열팽창 현상 때문에 공기 온도가 내려간다.'는 정보가 제시되어 있다.

🔖 합격생 가이드

추론 문제임에도 각 선지의 근거가 비교적 명확하게 제시되어 있다. 문제와 같은 과학적 원리에 대한 지문의 경우 고도의 변화와 같은 조건이나 상태의 변화가 어떤 결과를 가져오는 지 확인하고, 주된 논의의 대상이 되는 조건이 무엇인지 정리하면서 지문을 독해한다면 정확한 해결이 가능하다.

80

답 ③

난도 ★★

정답해설

ㄱ. 3문단에 따르면 밝은 곳에서 어두운 곳으로 이동할 때와 관련 있는 것은 교감신경이 활성화되고 그때 표적기관은 홍채의 부챗살근이다. 2문단에 따르면 교감신경이 활성화되면 교감신경의 절전뉴런 끝에서 신호물질인 아세틸콜린이 분비된다.

ㄴ. 3문단에 따르면 어두운 곳에서 밝은 곳으로 이동할 때 부교감신경이 활성화되고 홍채의 돌림근이 표적기관이다. 2문단에 따르면 부교감신경의 절후뉴런 끝에서는 아세틸콜린이 표적기관의 기능을 조절하기 위해 분비된다는 정보가 제시되어 있다. 3문단에 따르면 같은 상황에서 돌림근이 수축하고 두꺼워진다는 정보가 제시되어 있다.

오답해설

ㄷ. 2문단에 따르면 노르아드레날린은 교감신경의 절후뉴런 끝에서 표적기관의 기능을 조절하기 위해 분비되는 물질이다. 또한 아세틸콜린은 부교감신경의 절후뉴런 끝에서 표적기관의 기능을 조절하기 위해 분비되는 물질이다. 3문단에 따르면 돌림근은 부교감신경과, 부챗살근은 교감신경과 관련이 있다는 정보가 제시되어 있다. 그러므로 노르아드레날린은 부챗살근의 수축과 관련이 있고, 아세틸콜린은 돌림근의 수축과 관련이 있다고 할 수 있다.

🔖 합격생 가이드

화학물질이나 신체부위 등 복잡한 용어가 키워드로 사용되고 있을 때 제시문 상에 표기해서 헷갈리지 않도록 하는 것이 정확한 문제 해결에 도움이 된다. 이 문제의 교감과 부교감신경 및 각 신경별 물질의 차이 등을 교차시킨 선지가 등장하는 만큼 관련성 있는 용어끼리 분류에 신경을 쓸 필요가 있다.

02 논리퀴즈형 필수기출 80제 정답 및 해설

01	02	03	04	05	06	07	08	09	10
①	⑤	⑤	③	①	⑤	⑤	④	③	④
11	12	13	14	15	16	17	18	19	20
③	③	②	②	②	④	④	③	④	④
21	22	23	24	25	26	27	28	29	30
④	④	④	②	④	②	④	②	②	③
31	32	33	34	35	36	37	38	39	40
④	②	⑤	②	④	⑤	⑤	②	③	②
41	42	43	44	45	46	47	48	49	50
③	④	①	②	④	④	④	②	③	⑤
51	52	53	54	55	56	57	58	59	60
①	④	①	②	③	④	④	⑤	④	③
61	62	63	64	65	66	67	68	69	70
②	⑤	④	③	⑤	③	②	⑤	③	①
71	72	73	74	75	76	77	78	79	80
③	⑤	②	④	①	②	④	③	④	③

01

답 ①

난도 ★★

정답해설

갑 : (가)는 도덕성의 기초는 이성이지 동정심이 아니라고 한 반면, (다)는 이성이 아니라 동정심이라고 하여 서로 반대되는 주장을 하고 있으므로 양립할 수 없다고 본다.

을 : (가)는 동정심이 일관적이지 않으며 변덕스럽고 편협하다고 하였는데 (나)는 가족과 모르는 사람의 사례를 들면서 동정심이 신뢰할 만하지 않다고 하여 (가)의 주장을 지지하고 있다.

오답해설

병 : (가)는 도덕성의 기초는 이성이지 동정심이 아니라고 하였으나 (라)는 동정심이 전적으로 신뢰할 만한 것은 아니지만 그렇다고 해서 도덕성의 기반에서 완전히 제거하는 것은 옳지 않다고 하였다. 즉, (라)의 경우는 동정심의 도덕적 역할을 전적으로 부정하지는 않았다.

정 : (나)는 동정심이 신뢰할 만하지 않다고 하였으며 (라) 역시 같은 입장이다. 다만 (라)는 그렇다고 해서 동정심의 역할을 완전히 부정하는 것은 아니라는 점에서 차이가 있을 뿐, 모순관계는 아니다.

02

답 ⑤

난도 ★★

정답해설

ㄱ. 갑은 절대적으로 확실한 지식이 존재하지 않는다고 주장하는 반면 을은 감각 경험을 통해서 절대적으로 확실한 지식을 얻을 수 있다고 하였으므로 이 둘은 양립 불가능하다.

ㄴ. 갑은 절대적으로 확실한 지식이 존재하지 않는다고 주장하는 반면 병은 의심하는 내가 있다는 것을 통해 절대적으로 확실한 지식을 발견하였다고 하였으므로 이 둘은 양립 불가능하다.

ㄷ. 을은 감각 경험을 통해 절대적으로 확실한 지식을 얻게 된다고 하였고, 병은 의심하는 내가 있다는 것에 근거하여 거듭 의심하는 방법을 사용하여 절대적으로 확실한 지식을 발견하였다고 하였다. 따라서 을과 병은 모두 절대적으로 확실한 지식이 있다고 주장하고 있다.

03

답 ⑤

난도 ★★

정답해설

ㄱ. 을은 난자와 같은 신체의 일부를 상업적인 대상으로 삼는 것에 반대하고 있으며, 갑 역시 상업적인 이유로 난자 등을 거래하는 것에 반대하고 있다. 따라서 을은 갑의 주장을 지지한다고 볼 수 있다.

ㄴ. 정의 주장은 양면적인 의미를 지닌다고 볼 수 있다. 즉, 난자의 채취가 매우 어렵고 위험하기 때문에 상업적인 목적을 가지는 거래를 반대하는 것으로 볼 수도 있는 반면, 한편으로는 그렇기 때문에 그에 대한 보상으로 금전적인 대가가 있어야 한다고 주장하는 것으로 볼 수도 있다. 병은 후자의 경우와 내용상 유사한 측면이 있다. 따라서 정의 주장은 병의 주장을 지지하는 근거로 사용할 수 있다.

ㄷ. 을은 난자와 같은 신체의 일부를 금전적인 대가를 지불하는 대상으로 하는 것 자체에 반대하는 반면, 병은 현실적인 문제로 인해 상업화를 지지하는 입장이다. 따라서 이 둘은 서로 상반되는 상황이며 서로 양립 불가능하다고 볼 수 있다.

04

답 ③

난도 ★★

정답해설

ㄱ. 갑은 자살은 공동체에 피해를 주는 것이기에 죄악이라고 하였으나, 을은 자살은 사회 즉, 공동체에 해악을 끼치는 것이 아니라고 하였다. 따라서 둘은 서로 상반된 주장을 하고 있으므로 서로 양립할 수 없다.

ㄴ. 을에게 있어 자살은 사회에 해악을 끼치지 않는 것이라고 하였으므로 결국은 자신에게만 관련된 것이라고 볼 수 있다. 그리고 병은 타인에게 해가 되지 않는 한 원하는 것은 무엇이든지 행할 수 있다고 하였다. 그렇다면 자살이 자신에게만 관련된 것이라는 것을 받아들일 경우 을과 병은 모두 자살이 비판의 대상이 아니라는 결론에 도달할 수 있다. 따라서 을과 병의 주장은 서로 양립할 수 있다.

오답해설

ㄷ. 보기의 내용과 병의 주장을 결합하면, 병에게 있어 자살이란 자신에게만 관련된 것이기에 도덕적 비판의 대상이 되지 않는다는 결론을 얻게 된다. 하지만 갑은 '어떠한 경우에도' 자살은 옳지 않다고 하였으므로 이 둘은 서로 상충된다. 따라서 옳지 않다.

◆ 합격생 가이드

양립 가능하다는 것의 의미는 두 논증의 내용이 서로 동일하다는 것을 의미하지 않는다. 이는 두 논증의 교집합이 존재할 수 있는지를 묻는 것이다. 따라서 외견상으로는 서로 대립하는 내용처럼 보일지라도 절충점이 존재한다면 그것은 양립 가능하다. 또한 어느 하나가 다른 하나의 논증에 포함되는 경우에도 양립 가능하다고 판단한다.

05

답 ①

난도 ★★

정답해설

ㄱ. 어떤 수학적 체계가 모든 사람에게 동일한 것이기 위해서 제시된 두 가지 조건이 모두 만족되어야 한다는 것이 분명하다고 하였으므로 필요조건을 제시했다고 볼 수 있다. 따라서 옳은 내용이다.

ㄴ. 두 물체의 크기를 비교할 때 어떤 사람은 두 물체를 각각 특정한 자연수에 대응시키는 방식을 취하지만, 어떤 사람은 한 물체의 크기를 100에 대응시킨 후 나머지 물체의 크기에 대응하는 자연수를 찾기 때문이라고 하였다. 따라서 자연수 체계는 모든 사람들에게 동일한 체계라고 볼 수 없으므로 옳은 내용이다.

오답해설

ㄷ. 제시된 예는 어떤 수학적 체계가 모든 사람에게 동일하지 않다는 것을 나타내기 위한 것이지 동일성 조건의 부적절성을 보이려 한 것이 아니므로 옳지 않은 내용이다.

ㄹ. 제시된 조건에 모두 부합하지 않는 사례를 나타냈을 뿐 부합하는 사례와 대비한 것은 아니므로 옳지 않은 내용이다.

06

답 ⑤

난도 ★★

정답해설

이 제시문을 기호화해보면 처음 두 문장은 세 번째와 네 번째 문장을 위한 도입에 불과했다는 것을 알 수 있다. 많은 수험생들로부터 첫 두 문장을 어떻게 처리해야 하는지에 대한 질문을 받았는데 결론적으로 이 문장들은 기호화를 할 필요가 없다.

하지만 이해를 위해 제시문의 논증을 기호화하면 다음과 같다.

> ⅰ) 지혜o → 덕o
> ⅱ) 두 번째 문장은 기호화가 어렵다. 이 문장은 단순히 어느 하나가 다른 하나를 포함하는 관계가 아닐 뿐, 서로를 배제하는 관계라는 의미가 아니기 때문이다. 따라서 이러한 경우는 의미만 파악하고 넘어가는 것이 좋다.
> ⅲ) 지혜o ↔ (덕o ∧ 실행o)
> ∴ 지혜o → 자제력o

결론적으로 ⅰ)과 ⅱ)는 모두 ⅲ)에 포함되는 내용이라는 것을 알 수 있기 때문에 굳이 처음 두 문장을 기호화할 필요가 없다는 것이다.

이제 선택지를 살펴보면, 결론이 '자제력이 있다'이므로 선택지의 명제 혹은 그 대우명제의 결론이 '자제력이 있다'로 되어 있는 것을 찾으면 ①, ④, ⑤가 남게 되는데 그중 ①과 ④는 각각 '나약함', '올바른 선택'이라는 기존의 논증에 포함되어 있지 않은 것들이 포함되어 있어서 '지혜o → 자제력o'라는 결론을 끌어낼 수 없다. 따라서 남아 있는 선택지인 ⑤가 답이 된다.

선택지 ⑤를 기호화하면 '자제력× → ~(덕o ∧ 실행o)'이며 이의 대우 명제는 '(덕o ∧ 실행o) → 자제력o'이므로 이와 ⅲ)을 결합하면 '지혜o → 자제력o'의 결론이 도출됨을 알 수 있다.

◆ 합격생 가이드

이 문제와 같이 기호화가 애매한 문제들이 PSAT에서는 종종 출제된다. 예를 들어 '덕이 있는', '덕을 아는'과 같은 것들을 어떻게 표시해야 하는가가 고민되는 부분이다. 이것은 제시문 전체를 읽어보면서 이것이 같은 의미인지 다른 의미인지를 판단해야 한다. 물론, 대부분의 경우에는 이 둘이 같은 의미로 사용되지만 만에 하나 다르게 출제될 수도 있으니 주의해야 한다. 단순히 논리학을 공식으로만 반복적으로 풀게 되면 이런 부분에서 혼동이 오게 된다.

07

답 ⑤

난도 ★★★

정답해설

⑤ 이 선택지를 이해하기 위해서는 먼저 아래의 선택지 ③을 먼저 이해하는 것이 좋다. 이 선택지는 ③이 보완된 것으로서, 정리하면 'ⓘ이고 ⓛ이라면 ⓔ이다. ⓘ은 참이다. ⓛ도 참이다. 따라서 ⓔ이다'로 정리할 수 있다. 따라서 논리적으로 반드시 참이다.

오답해설

① ⓛ은 유전자가 자연발생했다는 사실이고 ⓜ은 유전자가 자연발생하는 장소가 어디인지에 대한 내용이어서 두 진술 사이에는 특별한 상관관계를 찾기 어렵다. 따라서 옳지 않은 내용이다.

② 만약 ⓜ에서 '작다'라고 언급했더라면 ⓘ은 참이 되겠지만 '훨씬 작다'라는 개념은 상대적인 개념이어서 참 거짓을 판단하기 곤란하다. 따라서 옳지 않다.

③ 선택지의 내용은 'ⓘ은 참이다. ⓛ은 참이다. 따라서 ⓘ이고 ⓛ이라면 ⓔ이다'로 정리할 수 있는데 ⓘ, ⓛ과 ⓔ은 서로 별개의 사건으로서 둘 사이의 인과관계를 따질 수 없다. 따라서 옳지 않다.

④ 전제가 되는 ⓛ과 ⓔ을 결합하면 '우주에서 자연발생한 유전자가 우주에서 지구로 유입되었을 가능성이 크다'로 정리할 수 있는데, 이것만으로는 장소에 따른 유전자의 자연발생확률을 알 수 없다. 따라서 옳지 않다.

합격생 가이드

상당수 민간경력자 수험생들이 ③도 가능하다고 판단하였다. 이는 논리의 영역에 일반적인 상식을 결부시켰기에 발생하는 현상이다. 위의 해설에서 보듯 이 선택지에서 참인 것은 ⓘ과 ⓛ일 뿐인데 ⓔ이라는 제3의 명제를 상식으로 연결지어 옳다고 판단한 것이다. 이와 ⑤를 비교해 본다면 보다 명확하게 알 수 있을 것이다. 논리는 논리로 풀어야 함을 잊지 말자.

08

답 ④

난도 ★★

정답해설

제시문의 문장들을 조건식으로 정리하면 다음과 같다.

ⓘ 윤리적 → 보편적
ⓛ 이성적 → 보편적
ⓔ 합리적 → 보편적
ⓔ 합리적 → 이성적
ⓜ 합리적 → 윤리적

위 조건식에 따라 선택지를 판단해보면,

ㄴ. 위 조건식에서 ⓛ과 ⓔ을 결합하면 '합리적 → 보편적', 즉 선택지 ⓔ을 이끌어 낼 수 있다. 따라서 옳은 진술이다.

ㄷ. 조건식 ⓘ과 ⓔ이 둘 다 참이라고 하더라도 윤리적인 것과 합리적인 것 사이에는 어떠한 관계도 성립하지 않는다. 따라서 참 거짓을 판단할 수 없다.

오답해설

ㄱ. ⓘ을 반박하기 위해서는 논리식의 구조에 따라 윤리적이면서 보편적이지 않은 사례를 들어야 한다. 하지만 선택지는 윤리적이지 않으면서 보편적인 사례를 들었으므로 옳지 않다.

합격생 가이드

논리문제를 풀다보면 'A만이 B이다'는 조건을 자주 접하게 된다. 이는 논리식 'B → A'로 전환가능하며 이의 부정은 'B and ~A'라는 것을 함께 기억해 두도록 하자. 여러모로 쓰임새가 많은 논리식이다.

09

답 ③

난도 ★★★

정답해설

③ 선택지의 논증을 정리하면 다음과 같다.

i) ⓜ '행동주의가 옳다' → '인간은 철학적 좀비와 동일한 존재'
ii) ⓛ '철학적 좀비는 인간과 동일한 행동 성향을 보인다'
   : '행동 성향으로는 인간과 철학적 좀비는 동일한 존재이다'
iii) ⓜ '마음은 자극에 따라 행동하려는 성향이다'
   : 행동주의에 대한 부연설명이므로 '행동주의가 옳다'는 의미로 대체할 수 있다.

즉, 선택지의 논증은 'A이면 B이다. 따라서 A이다'로 단순화시킬 수 있으며 이는 후건긍정의 오류로서 논리적으로 반드시 참이 되지 않는다.

오답해설

① ⓘ은 고통을 인식하는지에 대한 논의인 반면 ⓛ은 외부로 드러나는 행동에 대한 논의이다. 제시문에서는 의식과 행동을 별개의 개념으로 보고 있으므로 ⓘ과 ⓛ은 동시에 참이 될 수 있다.

② 선택지의 논증을 정리하면 다음과 같다.

i) ⓔ '인간은 철학적 좀비와 동일한 존재' → '인간은 고통을 느끼지 못하는 존재'
ii) ⓔ의 대우 '인간은 고통을 느끼는 존재' → '인간은 철학적 좀비와 동일한 존재가 아님'
iii) ⓘ '인간은 고통을 느끼는 존재'
iv) ⓔ '인간은 철학적 좀비는 동일한 존재가 아님'

ⓔ과 ⓔ의 대우는 논리적으로 동치이므로 ⓔ과 ⓘ이 참이라면 삼단논법에 의해 ⓔ은 반드시 참이 된다.

④ 선택지의 논증을 정리하면 다음과 같다.

i) ⓜ '행동주의가 옳다' → '인간은 철학적 좀비와 동일한 존재'
ii) ⓜ의 대우 '인간은 철학적 좀비와 동일한 존재가 아님' → '행동주의는 옳지 않다'
iii) ⓔ '인간은 철학적 좀비와 동일한 존재가 아님'
iv) ⓐ '행동주의는 옳지 않다'

ⓜ과 ⓜ의 대우는 논리적으로 동치이므로 ⓜ과 ⓔ이 참이라면 삼단논법에 의해 ⓐ은 반드시 참이 된다.

⑤ ⓜ은 행동주의에 대한 부연설명인데 ⓜ이 거짓이라는 것은 행동주의가 거짓이라는 것과 같은 의미가 된다. 그런데 동시에 ⓐ이 거짓이라면 행동주의가 참이라는 의미가 되어 ⓜ과 ⓐ이 서로 모순되는 결과가 발생한다. 따라서 둘은 동시에 거짓일 수 없다.

10

답 ④

난도 ★★

정답해설

(가) '어떤 결과의 원인이 없었다면 그 결과도 없다'는 필요조건으로서의 원인을 의미하며 원치 않는 결과를 제거하고자 할 때 적용된다. ㄴ의 경우 뇌염 발생이라는 원치 않는 결과를 제거하기 위해 필요조건으로서의 원인인 뇌염 모기를 박멸하는 것이어서 필요조건으로서의 원인을 적용하기에 적절한 예라고 할 수 있다.

(나) '어떤 결과의 원인이 있었다면 그 결과도 있다'는 충분조건으로서의 원인을 의미하는데, 특정한 결과를 원할 때 적용된다. ㄷ의 경우 콜라병을 깨뜨리는 결과를 위해 총알을 콜라병에 맞히게 하는 것이어서 충분조건으로서의 원인을 적용하기에 적절한 예라고 할 수 있다.

(다) '어떤 결과의 원인이 없다면 그 결과는 없고, 동시에 그 원인이 있다면 그 결과도 있다'는 필요충분조건으로서의 원인을 의미한다. 어떠한 원인의 유무에 따라 결과의 존부가 결정되는 경우에 적용된다. ㄱ의 경우 물체에 힘을 가한다는 원인에 의해 속도 변화의 존부가 결정되므로 필요충분조건으로서의 원인을 적용하기에 적절한 예라고 할 수 있다.

11

답 ③

난도 ★

정답해설

주어진 전제를 기호화하면 다음과 같다.

> ⅰ) 갑○ ∨ 을○
> ⅱ) 병○ → 을×
> ⅲ) 을○ → 병×(병과 을은 동시에 임용될 수 없으므로)
> ∴ 병×

따라서, 병이 임용되지 못한다는 결론을 위해서는 선택지에서 을이 임용된다는 전제를 끌어낼 수 있으면 된다. 그런데 첫 번째 전제에서 갑과 을 둘 중 적어도 한 명은 임용되어야 함을 알 수 있으므로 선택지 ③이 추가적인 전제로 주어진다면 병이 임용되지 못한다는 결론을 얻을 수 있다.

12

답 ③

난도 ★★

정답해설

제시된 대화를 논리적으로 분석하면 다음과 같다.

> ⅰ) 먼저 A의 증언이 참이라면, B의 증언도 참이다. 그런데 B의 증언이 참이라면 E의 증언은 거짓이 된다.
> ⅱ) E의 증언이 거짓이라면 '나와 A는 쓰레기를 무단투기하지 않았다'는 E의 말 역시 거짓이 되어 A와 E 중 적어도 한 명은 무단투기를 했다고 보아야 한다. 그런데 B의 증언은 D를 지적하고 있으므로 역시 모순이다. 결국 A, B의 증언은 모두 거짓이다.

따라서 C, D, E의 증언은 참이 되며 이들이 언급하지 않은 C가 범인이 된다.

13

답 ②

난도 ★★

정답해설

조건 중 명확하게 판단이 가능한 것들을 먼저 살펴보면 다음과 같다.

> ⅰ) C<D
> ⅱ) F<G
> ⅲ) E<○○○○○<B

이제 C시와 F시가 인접한 순위라는 조건(즉 CF 혹은 FC)과 마지막 조건을 결합해보자. C시의 인구는 A시의 인구와 F시의 인구를 합한 것보다 더 크다고 하였으므로 당연히 C시의 인구는 F시보다 커야 한다. 같은 논리로 C시는 A시보다 인구가 많음을 알 수 있다. 여기에 처음에 판단한 ⅰ)과 ⅱ)를 결합하면 A~FC<D, G가 됨을 알 수 있는데 위 ⅲ)의 조건에서 알 수 있듯이 빈 자리가 다섯 개뿐이므로 EAFC<D, G<B의 배열로 나열할 수 있게 된다.

이제 미확정인 것은 D시와 G시의 대소관계이다. 이를 확정하기 위해서는 추가적인 조건이 필요하게 되는데 ②의 조건이 추가된다면 EAFCDGB의 순서로 배열이 가능해지므로 ②가 정답이 된다.

14

답 ②

난도 ★★★

정답해설

제시된 내용을 기호화하여 정리하면 다음과 같다.

> ⅰ) A○ → B○
> ⅱ) C○ → D○
> ⅲ) A○ ∨ C○

② A를 추진하지 않기로 결정한다면 C는 반드시 추진해야 하며, C를 추진한다면 D도 추진한다고 하였으므로 C와 D가 추진되는 것은 확정할 수 있다. 하지만 B는 주어진 조건만으로는 추진 여부를 확정할 수 없으므로 옳지 않은 내용이다.

오답해설

① A와 C 중 적어도 한 개의 사업은 추진한다고 하였으므로 (A, B), (C, D), (A, B, C, D)의 총 3가지의 경우가 확실하게 가능하다. 따라서 적어도 두 개의 사업이 추진된다고 판단할 수 있다.

③ ⅰ)의 대우명제를 이용하면, B를 추진하지 않기로 하였다면 A도 추진하지 않게 된다. 그런데 ⅲ)에서 A와 C 중 적어도 하나는 추진한다고 하였으므로 C는 반드시 추진되게 되며 ⅱ)에 따라 D도 추진되게 된다. 따라서 옳은 내용이다.

④ C를 추진하지 않기로 하였다면 ⅲ)에 의해 A는 반드시 추진되며, ⅰ)에 의해 A를 추진한다면 B도 추진하게 됨을 알 수 있다. 따라서 옳은 내용이다.

⑤ ⅱ)의 대우명제를 이용하면 D를 추진하지 않기로 하였다면 C도 추진하지 않게 되며, C를 추진하지 않게 되면 A는 반드시 추진해야 한다. 이를 ⅰ)에 적용하면 결국 B도 추진하게 되는 것을 알 수 있게 되어 주어진 모든 사업의 추진 여부가 모두 정해지게 된다.

◈ 합격생 가이드

> 이 문제와는 다른 경우이지만, 간혹 모든 논증들을 복잡한 기호논리학을 이용해 풀이하려는 수험생들이 있는데 물론 그것이 틀린 것은 아니지만 그렇게 복잡한 과정을 거치지 않아도 풀이가 가능한 문제를 굳이 어렵게 풀이할 필요는 없어보인다. 기호화가 애매한 것은 기호를 억지로 하려고 하지 말고 의미만 정리해두고 경우의 수를 따지는 방식으로 풀이하는 것이 효율적이다.

15 답 ②

난도 ★★★

정답해설

주어진 내용을 기호화하면 다음과 같다.

i) A○ → B○
ii) (A○ → E○)∧(C○ → E○)
iii) D○ → B○
iv) C× → B×

조건식 iv)를 대우명제로 변환하여 조건식 i)과 결합하면 A○ → B○ → C○를 도출할 수 있으므로 이를 다시 정리하면 다음과 같다.

v) A○ → B○ → C○
vi) D○ → B○
vii) (A○ → E○)∧(C○ → E○)

② D가 참석한다는 결론을 이끌어내기 위해서는 주어진 조건 중 D○으로 표시되는 것이 후항(조건식의 오른쪽)에 있어야 한다. 하지만 그렇지 않으므로 이는 반드시 참이 된다고 할 수 없다.

오답해설

① v)에서 도출되므로 반드시 참이 된다.
③ 대우명제로 전환하면 'D가 참석한다면 C도 참석한다'가 되는데 이는 v)와 vi)를 결합하면 얻을 수 있는 결론이다. 따라서 반드시 참이 된다.
④ ③의 대우명제이므로 결과는 ③과 같다.
⑤ 대우명제로 전환하면 'B가 참석한다면 E도 참석한다'가 된다. 먼저 B가 참석한다면 v)에서 C가 참석한다는 결론을 얻을 수 있는데, 이를 다시 vii)에 대입하면 E가 참석한다는 결론이 도출된다. 따라서 반드시 참이 된다.

16 답 ④

난도 ★★★

정답해설

④ G는 A, B, D와 인접해 있으므로 a, b 정책은 추진할 수 없으나 D가 어떤 정책을 선택했는지는 알 수 없으므로 c와 d 정책 중 하나를 추진할 수 있다.

오답해설

① E는 A, B, C와 인접해 있으므로 a, b, c 정책은 추진할 수 없으며, 각 구역은 4개의 정책 중 하나를 추진해야 하므로 남은 d 정책을 추진할 수 있다.
② F는 A와만 인접해 있으므로 a 정책을 제외한 나머지 b, c, d 정책 중 하나를 추진할 수 있다.
③ G는 A, B, D와 인접해 있으므로 a, b 정책을 추진할 수 없으며 D가 d 정책을 추진한다고 했으므로 c 정책만 추진할 수 있다.
⑤ D는 A, G와 인접해 있고 G가 d 정책을 추진하면 a, d 정책은 추진할 수 없다. 따라서 남은 b와 c 정책을 추진할 수 있다.

언어논리나 상황판단의 문제 중에 이와 같이 어떤 대상을 배치하는 문제들이 종종 출제된다. 그런데 그런 문제들을 모두 그림으로 도식화시켜서 풀어야 하는 것은 아니다. 시각화가 필요한 것은 왼쪽과 오른쪽이 구분되는 경우, 일부 대상에 대한 설명이 빠져 있는 경우 등에서 시도하는 것이지 이 문제와 같이 모든 상황이 다 주어진 경우라면 굳이 불필요하게 시각화시킬 필요는 없다. 예전 민간경력자 수험생으로부터 주어진 조건을 결합하면 제시되지 않은 인접구역이 생길 수 있지 않느냐는 질문을 받은 적이 있는데 그것은 말이 되지 않는다. 이미 조건에서 인접한 상황이 다 주어졌는데 더 무슨 상황이 존재한다는 것인가?

17 답 ④

난도 ★★

정답해설

각각의 논증을 기호로 정리하면 다음과 같다.

i) 영희 : 갑A○ → 을B○   ∴ 을B× → 갑A×
ii) 철수 : 갑A○ → 을A○   ∴ 을A○ → 갑A○
iii) 현주 : 갑A× ∨ (을C○ ∧ 병C○) ∴ 갑A○ → (을C○ ∧ 병C○)

영희 : 원 명제의 대우명제로 나타낸 것이므로 반드시 참이다.
철수 : 원 명제의 역명제로 나타낸 것이므로 반드시 참이 된다고 할 수 없다.
현주 : 선언문이 참이 되기 위해서는 적어도 둘 중 하나는 반드시 참이 되어야 한다. 그런데 갑이 A부처에 발령을 받았다고 하여 전자가 거짓으로 판명되었다면 후자인 '을과 병이 C부처에 발령받았다'가 반드시 참이 되어야 한다. 따라서 주어진 논증은 타당하다.

18 답 ③

난도 ★★

정답해설

먼저 주어진 명제들을 조건식으로 변환하면 다음과 같다.

i) 도덕성 결함○ → 채용×
ii) (업무능력○ and 인사추천위원회 추천○ and 공직관○) → 채용○
iii) 채용○ → 봉사정신○
iv) 철수 : 공직관○ and 업무능력○

③ 철수가 도덕성에 결함이 있다면 i) 명제에 의해 채용이 되지 않을 것이다. 그리고 이를 ii) 명제의 대우명제에 대입하면 철수는 업무능력이 없거나 인사추천위원회의 추천을 받지 못하거나 혹은 공직관이 없는 것이 된다. 하지만 iv)에서 철수는 공직관이 투철하고 업무능력도 검증받았다고 하였으므로 철수는 인사위원회의 추천을 받지 않았다는 것을 알 수 있다.

오답해설

① i) 명제의 '이'명제이므로 반드시 참이 되는 것은 아니다.
② iii) 명제의 '역'명제이므로 반드시 참이 되는 것은 아니다.
④ ii) 명제의 '역'명제가 참인 상황에서 성립하는 것이나 '역'명제가 참이 된다는 보장이 없으므로 선택지의 내용이 항상 참인 것은 아니다.
⑤ i) 명제와 iii) 명제를 통해 철수가 채용이 된다면 도덕성에 결함이 없고 봉사정신도 투철함을 알 수 있다. 하지만 선택지는 이 명제에서 논리적으로 도출되지 못한다. 따라서 항상 참인 것은 아니다.

19

답 ④

난도 ★★

정답해설

제시문의 내용을 정리하면 다음과 같다.

> ⅰ) 지혜○ → 정열×
> ⅱ) 정열○ → 고통○
> ⅲ) 사랑○ → 정열○
> ⅳ) 정열○ → 행복×
> ⅴ) 지혜× → (사랑○∧고통×)
> ⅵ) 고통× → 지혜○

ㄴ. ⅲ)과 ⅳ)를 결합하면 '사랑을 원하는 사람은 행복하지 않다'라는 명제를 도출할 수 있으므로 반드시 참이 된다고 할 수 있다.

ㄷ. ⅰ)과 ⅲ)의 대우명제를 연결하면 '지혜로운 사람은 사랑을 원하지 않는다'는 명제를 도출할 수 있으므로 반드시 참이 된다고 할 수 있다.

오답해설

ㄱ. ⅰ)에 의하면 지혜로운 사람은 정열을 갖지 않기 때문에 선택지의 내용이 반드시 참이 되기 위해서는 '정열을 갖지 않는 사람은 행복하다'라는 명제가 도출되어야 한다. 하지만 이는 제시문에서 도출될 수 없으므로 반드시 참이 된다고 볼 수 없다.

20

답 ④

난도 ★★★

정답해설

이 문제를 풀이하기 위해서는 다음의 두 가지를 먼저 알아두어야 한다.

> ⅰ) P → Q와 ~P∨Q는 논리적으로 동치이다.
> ⅱ) 어떠한 논리집합이 공집합이라는 것은 결국 진리값이 거짓(F)이라는 것과 같다.

여기서 ⅰ)을 역으로 생각하면 P → Q가 거짓(F)이라면 이는 P∧~Q와 논리적으로 동치라는 결론을 얻을 수 있다. 따라서 어떠한 논리집합 P∧Q가 공집합[진리값이 거짓(F)]이라면 이는 P → ~Q로 변환할 수 있다(Q와 ~~Q는 동치이기 때문이다).
이 논리를 근거로 제시문을 논리식으로 변환하면 다음과 같다.

> a) 스마트폰 소지∧국어 60 미만 : 20명
> b) 스마트폰 소지∧영어 60 미만 : 20명
> c) 스마트폰 소지∧~스마트폰 사용∧영어 60 미만 : 0명
> d) 보충수업∧~영어 60 미만 : 0명

④ 명제 c)는 '(스마트폰 소지∧~스마트폰 사용)∧영어 60 미만'으로 변형할 수 있는데, 이는 위의 논리에 따라 '(스마트폰 소지∧~스마트폰 사용) → ~영어 60 미만'과 동치가 됨은 이미 설명하였다. 또한 선택지 ②의 해설에서 언급한 명제를 대우명제로 전환하면 '~영어 60 미만 → ~보충수업'으로 나타낼 수 있다. 따라서 이 둘을 결합하면 '(스마트폰 소지∧~스마트폰 사용) → ~보충수업'이 되어 선택지의 내용과 같게 된다. 따라서 반드시 참이다.

오답해설

① 제시문에서 추론할 수 있는 것은 조사 대상을 크게 스마트폰을 가지고 등교하는 학생과 가지고 등교하지 않는 학생으로 나누어 볼 수 있다는 것이다. 그리고 스마트폰을 가지고 등교하는 학생 중 국어와 영어 성적이 60점 미만인 학생이 각각 20명이라고 언급하였다. 만약 국어 60점 미만 그룹과 영어 60점 미만 그룹이 전혀 겹치지 않는다면 조사 대상은 최소 40명 이상이 되겠지만 그렇다는 보장이 없으므로 최소인원은 40명에 미달할 수 있다.

② 명제 d)는 위의 논리에 따라 '보충수업 → 영어 60 미만'으로 변환할 수 있는데 선택지는 단순한 역명제에 불과하여 반드시 참이 된다고 볼 수 없다.

③ 주어진 명제들에서는 영어 성적과 보충수업과의 관계만 알 수 있다. 따라서 반드시 참이 된다고 볼 수 없다.

⑤ 주어진 명제들에서는 스마트폰을 가지고 등교하면서 스마트폰을 사용하는 학생에 대한 정보만 파악할 수 있다. 따라서 반드시 참이 된다고 볼 수 없다.

◆ 합격생 가이드

> 해설은 매우 복잡하지만 실제 풀어보면 보기보다 복잡하지 않은 문제이다. 이러한 문제가 나오면 벤다이어그램으로 해결해 보려는 수험생이 있다. 하지만 이 문제는 스마트폰, 국어, 영어, 사용 여부, 보충수업 등 무려 5개나 되는 집합이 존재하여 벤다이어그램으로는 풀이가 어렵다. 이러한 경우는 벤다이어그램이 아닌 논리식으로 풀이해야 한다.

21

답 ④

난도 ★★

정답해설

주어진 조건을 정리하면 다음과 같다.

> ⅰ) 월×
> ⅱ) (화○∧목○)∨월○
> ⅲ) 금× → (화×∧수×)
> ⅲ)의 대우 (화○∨수○) → 금○

여기서 ⅰ)과 ⅱ)를 결합하면 (화○∧목○)를 도출할 수 있으며, 화요일과 목요일에 모두 회의를 개최해야 하고 이를 ⅲ)의 대우에 대입하면 금요일에도 회의를 개최해야 한다는 것을 알 수 있다.

22 　　　　　　　　　　　　　　　답 ④

난도 ★★

정답해설

주어진 대화내용을 기호화하여 정리하면 다음과 같다.

　ⅰ) (A○∧B○) → C○
　ⅱ) C×

여기서 ⅰ)의 대우명제와 ⅱ)를 결합하면 A×∨B×를 도출할 수 있다(갑의 대화내용).

　ⅲ) A○∨D○
　ⅳ) (을의 대화내용) : ㉠
　ⅴ) A○

그리고 ⅲ)과 ⅳ)를 통해 ⅴ)를 도출하기 위해서는 ⅳ)에 들어갈 내용이 D×이어야 한다(㉠).

　ⅵ) (을의 대화내용) : ㉡
　ⅶ) E○∧F○

마지막으로 위에서 A×∨B×이고 A○라고 하였으므로 B×임을 알 수 있으며, 갑의 대화에서 '우리 생각이 모두 참이면 E와 F 모두 참석해'라는 부분을 통해 B× → (E○∧F○)를 도출할 수 있다(㉡).

◆ 합격생 가이드

거의 대부분의 논리문제는 대우명제를 결합하여 숨겨진 논리식을 찾는 수준을 벗어나지 않는다. 따라서 '~라면'이 포함된 조건식이 등장한다면 일단 대우명제로 바꾼 것을 같이 적어주는 것이 좋다. 조금 더 과감하게 정리한다면 제시된 조건식은 그 자체로는 사용되지 않고 대우명제로만 사용되는 경우가 대부분이다.

23 　　　　　　　　　　　　　　　답 ④

난도 ★★

정답해설

문제에서 제시된 상황을 정리하면 다음과 같다(10만 건 가정).

실제 판정	정상	사기
정상	98,901	1
사기	999	99

ㄴ. 위 표에서 사기 거래를 정당한 거래라고 오판하는 건수는 1건이며, 정당한 거래를 사기 거래로 오판하는 경우는 999건이므로 옳은 지문임을 알 수 있다.

ㄷ. A에 의해 카드 사용이 정지된 사례가 총 1,098건이며 그중 오판, 즉 정상 거래를 사기 거래로 판단한 것이 999건이므로 50%를 훨씬 넘는 확률을 보인다. 따라서 A는 폐기되어야 한다.

오답해설

ㄱ. 장치 A는 정당한 거래의 1%를 사기 거래로 오판한다고 하였으므로 ㄱ은 틀린 지문임을 알 수 있다.

◆ 합격생 가이드

정석대로 풀기 위해서는 위의 표를 발생확률로 표시해야 하나, 어차피 분모가 10만으로 모두 동일하므로 건수만으로 판단하는 것이 시간을 절약하는 측면에서나 실수를 줄이는 측면에서 보다 효율적이다. 이러한 류의 문제는 접근법 자체를 기억해두도록 하자.

24 　　　　　　　　　　　　　　　답 ②

난도 ★★

정답해설

마지막 문장에서 각 연구팀이 상대 연구팀에게 제기한 비판이 모두 설득력 있다고 하였으므로 A, B 연구팀 각각의 주장이 맞게끔 빈칸을 채우면 된다.

먼저 B 연구팀은 A 연구팀 대조군의 칼로리 섭취량이 건강하고 정상적인 상태보다 높다고 하였으므로 실험대상이 아니었던 원숭이에 비해 체중이 더 나갔다는 결과가 ㉠에 들어가야 한다. 다음으로 A 연구팀은 B 연구팀의 대조군에 칼로리 제한이 어느 정도는 있었다고 하였다. 따라서 ㉡에는 건강한 다른 원숭이에 비해 체중이 덜 나갔다는 내용이 들어가야 한다. 혼동하지 말아야 할 것은 빈칸이 들어가는 문장의 주어가 모두 '878마리 붉은 털 원숭이의 평균 체중'이라는 사실이다. 주어를 잘못 파악한 경우 반대의 답을 선택하게 되므로 주의하기 바란다.

25 　　　　　　　　　　　　　　　답 ④

난도 ★★★

정답해설

기본적으로 선택지의 구성이 '~방법이 있다'라고 되어 있으므로 각 절차별로 최소의 시간을 대입하여 가능한지의 여부를 따져 보면 된다. 또한, 각 발표마다 토론시간이 10분으로 동일하게 주어지므로 발표시간을 50분 혹은 60분으로 놓고 계산하는 것이 좋다. 마지막으로 오전 9시부터 늦어도 정오까지 마쳐야 한다고 하였으므로 가용 시간은 총 180분이다.

④ 발표를 3회 가지고 각 발표를 50분으로 한다면, 발표에 부가되는 토론 10분씩을 더해 총 180분이 소요되어 전체 가용 가능시간을 채우게 된다. 그러나 개회사를 최소 10분간 진행해야 하므로 결국 주어진 시간 내에 포럼을 마칠 수 없게 된다.

오답해설

① 발표를 2회 계획한다면 최소 50분씩(이하에서는 선택지에서 별다른 조건이 주어지지 않으면 최소시간인 발표에 소요되는 시간 40분, 토론 10분을 더한 50분으로 상정한다) 도합 100분이 소요되며 휴식 2회에 소요되는 시간이 40분이므로 140분이 소요된다. 여기에 개회사의 최소시간인 10분을 더하면 가능한 최소시간은 총 150분이기 때문에 180분에 미치지 못한다. 따라서 가능한 조합이다.

② 발표를 2회 계획한다면 위에서 살펴본 바와 같이 100분이 소요되며 개회사를 10분간 진행한다고 하면 총 110분이 소요된다. 여기에 휴식은 생략 가능하므로 10시 50분에 포럼을 마칠 수 있다.

③ 발표를 3회 계획한다면 총 150분이 소요되며 개회사를 10분 진행하면 총 160분이 소요된다. 여기에 휴식을 1회 가진다면 포럼 전체에 소요되는 시간은 총 180분이어서 정확히 정오에 마칠 수 있다.

⑤ 휴식을 2회 가지면서 소요시간을 최소화하려면 '개회사 – 휴식1 – 발표1, 토론1 – 휴식2 – 발표2 – 토론2'의 과정을 거쳐야 한다(단, 휴식은 발표와 토론 사이에 위치해도 무방하다). 여기서 발표와 토론을 두 번 진행한다면 100분

이 소요되며, 휴식 2회를 포함하면 총 140분이 소요된다. 선택지에서 개회사를 20분으로 한다고 하였으므로 총 소요되는 시간은 160분으로 가용 시간 내에 종료가능하다.

합격생 가이드

이러한 유형의 문제는 가능한 경우를 모두 판단하는 것은 시간적으로 불가능하며 설사 가능하다고 하더라도 매우 비효율적이다. 따라서 선택지를 직접 보면서 가능한 경우를 찾아야 한다.

26

답 ②

난도 ★★

정답해설

조건들을 기호화하면 다음과 같다.

ⅰ) (갑○∧을○) → 병○ : (대우) 병× → (갑×∨을×)
ⅱ) 병○ → 정○ : (대우) 정× → 병×
ⅲ) 정×

세 번째 조건에서 정이 위촉되지 않는다고 하였으므로 이를 두 번째 조건식의 대우명제에 대입하면 병도 위촉되지 않는다는 것을 알 수 있다. 그리고 이를 첫 번째 조건식의 대우명제에 대입하면 갑이 위촉되지 않거나 을이 위촉되지 않는다는 결론을 얻을 수 있다. 그런데 적어도 한 명은 위촉한다는 조건에 따라 갑과 을 모두가 위촉되지 않는 경우는 불가능하므로 적어도 갑과 을 중 한 명은 위촉되어야 한다.

ㄷ. 위에서 살펴본 것처럼 갑과 을 중 한 명은 위촉되어야 하므로 옳은 내용이다.

오답해설

ㄱ. 병은 위촉되지 않으나 갑은 위촉 여부를 확정할 수 없으므로 옳지 않다.
ㄴ. 정은 위촉되지 않으나 을은 위촉 여부를 확정할 수 없으므로 옳지 않다.

27

답 ③

난도 ★★

정답해설

먼저 주어진 조건만으로 소거되는 단체를 찾아보면, 어떤 형태로든 지원을 받고 있는 단체는 최종 후보가 될 수 없다는 점에서 B를 제거할 수 있으며, 부가가치 창출이 가장 적었던 E 역시 최종 후보가 될 수 없다.

다음으로 제시된 조건을 정리해보면, (A×∨C×) → (B○∨E○)으로 나타낼 수 있으며 이를 대우로 변환하면, (B×∧E×) → (A○∧C○)으로 표시할 수 있다. 이 조건식과 앞서 B와 E가 모두 최종 후보가 될 수 없다는 것을 결합하면 결국 A와 C가 최종 후보에 올라간다는 것을 알 수 있다.

이제 D가 최종 후보가 될 경우 자유무역협정을 체결한 국가와 교역을 하는 단체는 모두 최종 후보가 될 수 없다는 두 번째 조건을 정리하면, (D○ → A×)으로 나타낼 수 있으며, 이를 대우로 변환하면 (A○ → D×)로 표시할 수 있다. 그런데 앞서 A는 최종 후보에 올라가는 것이 확정되어 있는 상태이기 때문에 D는 후보가 될 수 없다는 것을 알 수 있다.

결국 최종 후보는 A와 C만 남은 상황인데 조건에서 올림픽 단체를 엔터테인먼트 사업단체보다 우선한다고 하였으므로 폐막식 행사를 주관하는 C가 최종 선정되게 된다.

28

답 ④

난도 ★★

정답해설

주어진 조건을 정리하면 다음과 같다.

ⅰ) 먼저, 신임 사무관은 을 한 명이고 을은 갑과 단둘이 가는 한 번의 출장에만 참석한다고 하였으므로 갑이 모든 출장에 참가하는 총괄 사무관임을 알 수 있다(편의상 A팀으로 칭한다).
ⅱ) 다음으로 병과 정이 함께 출장을 가는 경우가 있다고 하였으므로 갑, 병, 정 3명이 가는 출장(B팀)이 존재함을 알 수 있다. 출장 인원은 최대 3인으로 제한되어 있으므로 갑, 병, 정, 무 4인이 가는 출장은 존재할 수 없다.
ⅲ) 신임 사무관 을을 제외한 나머지 사무관들은 최소 2회의 출장에 참여해야 하고 병과 정이 함께 참여하는 한 번의 출장은 ⅱ)에 언급되어 있으므로 남은 2팀에는 병과 정이 각각 따로 포함되어야 한다. 그리고 아직 언급되지 않은 무 역시 신임 사무관이 아니어서 최소 2회의 출장을 가야 하므로 남은 2팀은 갑, 병, 무(C팀), 갑, 정, 무(D팀)가 됨을 알 수 있다.
ⅳ) 만약 A팀이 참여하는 지역이 광역시라면 나머지 3개 지역 중 한 곳만이 광역시가 된다. 그런데 을은 한 번의 출장에만 참여한다고 하였으므로 이렇게 될 경우 병~무 중 누가 되었든 광역시 출장에 한 번만 참여하게 되어 조건에 위배된다. 따라서 광역시는 A팀이 참여하는 지역을 제외한 나머지 지역 중 2곳이 되어야 한다.

이를 표로 정리하면 다음과 같다.

구분	갑	을	병	정	무
A팀	○	○			
B팀	○		○	○	
C팀	○		○		○
D팀	○			○	○

④ ⅱ)와 ⅲ)에 의하면 정은 두 번의 출장에 참가하게 되므로 옳지 않은 내용이다.

오답해설

① ⅰ)에 의해 갑이 모든 출장에 참가하는 총괄 사무관임을 알 수 있다.
② ⅳ)에 의해 을이 출장을 가는 지역은 광역시가 아님을 알 수 있다.
③ ⅲ)에 의해 갑, 병, 무가 함께 가는 출장이 존재함을 알 수 있다.
⑤ ⅲ)에 의하면 무는 C팀과 D팀에 포함되어 두 곳에 출장을 가게 되며, D팀에 속해 있으므로 정과 무가 같이 출장을 가는 것도 확인할 수 있다.

합격생 가이드

제시된 조건 중 마지막에 제시된 광역시와 관련된 조건을 통해 지역을 확정 지으려다 불필요한 시간소모가 있었던 수험생이 있었을 것이다. 결론적으로 주어진 조건만으로는 광역시가 어느 곳인지 확정지을 수 없었고 사후적으로는 정답을 결정하는 데 아무런 영향도 주지 않았다. 실전에서는 분명 한 가지 정도의 조건이 애매하여 정리가 되지 않는 경우가 존재한다. 이때 무리하게 시간을 들여가며 더 고민하기보다는 일단 정리된 조건만 가지고 선택지를 판단해 보자. 5개 중에서 2~3개는 정오판별이 가능할 것이다. 미뤄두었던 조건은 그때 판단해도 늦지 않다.

29 정답 ②

난도 ★★★

정답해설

먼저 A와 B의 진술은 적어도 둘이 모두 참이 될 수는 없는 상황이므로 이를 경우의 수로 나누어 판단해보도록 하자.

ⅰ) A : 참, B : 거짓

둘 중 B만 거짓말을 하고 있는 상황이므로 C는 참이 되어야 모순이 발생하지 않는다. 따라서 이 경우는 B는 가해자로, A와 C는 가해자가 아닌 것으로 추정된다.

ⅱ) A : 거짓, B : 참

B가 참을 말하고 있다면 C는 거짓이 되어야 하는데 A와 B 중 한 명만 거짓을 말하고 있다고 가정하고 있으므로 C는 참이 되어야 하는 모순된 상황이 발생한다. 따라서 이 경우는 제외된다.

ⅲ) A : 거짓, B : 거짓

이미 A와 B가 모두 거짓을 말하고 있는 상황이므로 C 역시 거짓이 되어야 모순이 발생하지 않는다. 따라서 이 경우는 A, B, C 모두 가해자로 추정된다.

결국 모순이 발생하지 않은 두 가지 경우 ⅰ)과 ⅲ)을 통해 B는 가해자인 것이 확실하지만 나머지 A와 C는 가해자의 여부를 확정지을 수 없는 상황임을 알 수 있다.

◆ 합격생 가이드

초기 PSAT에서는 진술과 제시문을 토대로 처음부터 참 거짓이 확정되는 유형이 출제되었으나 최근에는 모든 경우의 수를 열어두는 유형으로 출제 스타일이 진화한 상태이다. 하지만 진술문 중 모순이 되는 경우가 '반드시' 한 쌍은 주어지므로 그것을 기반으로 풀어나가기 바란다. '반드시'를 강조하는 이유는 이를 따르지 않고 가능한 경우의 수를 모두 따져가며 풀이하는 수험생이 의외로 많다는 사실 때문이다.

30 정답 ③

난도 ★★

정답해설

제시문의 논증을 기호화하면 다음과 같다.

ⅰ) A○ → B○
ⅱ) B와 C가 모두 선정되는 것은 아님
ⅲ) B○ ∨ D○
ⅳ) C× → B× : B○ → C○

먼저 ⅱ)와 ⅳ)를 살펴보면 B가 선정된다면 ⅳ)에 의해 C가 선정되어야 하는데 ⅱ)에서 B와 C는 동시에 선정되는 것은 아니라고 하였으므로 B는 선정되지 않는 것을 알 수 있다. 따라서 ⅰ)의 대우명제를 이용하면 A 역시 선정되지 않는다. 마지막으로 ⅲ)에서 B와 D 중 적어도 한 도시는 선정된다고 하였는데 위에서 B가 선정되지 않는다고 하였으므로 D는 반드시 선정되어야 함을 알 수 있다.

따라서 이를 정리하면 A와 B는 선정되지 않으며, C는 알 수 없고, D는 선정된다.

ㄱ. A와 B 모두 선정되지 않는다고 하였으므로 옳은 내용이다.

ㄷ. D는 선정된다고 하였으므로 옳은 내용이다.

오답해설

ㄴ. B가 선정되지 않는 것은 알 수 있으나 C가 선정될지의 여부는 알 수 없다.

31 정답 ④

난도 ★★

정답해설

제시된 조건을 간략하게 기호화하면 다음과 같다.

ⅰ) (폭탄○ ∨ 공대공○) → 정비×
ⅱ) 비행시간○ → 공대공×
ⅲ) 정비○

여기서 ⅲ)과 ⅰ)의 대우명제를 결합하면 ⅳ) 폭탄× ∧ 공대공×을 추가로 확인할 수 있다. 결국 네 가지의 조건 중에서 폭탄 적재량 조건과 공대공 전투능력 조건은 충족할 수 없으므로 차기 전투기로 선정되기 위해서는 '정비시간' 조건과 '비행시간' 조건을 충족시켜야 한다.

ㄴ. 위에서 차기 전투기로 선정되기 위해서는 '정비시간' 조건과 '비행시간' 조건을 충족시켜야 한다고 하였으므로 옳은 내용이다.

ㄷ. 위 ⅱ)를 대우명제로 변환하면 공대공○ → 비행시간×로 나타낼 수 있으므로 옳은 내용이다.

오답해설

ㄱ. A사의 기종은 비행시간이 길고 폭탄 적재량이 많다고 하였는데 위 ⅰ)에서 폭탄 적재량이 많으면 정비시간은 길어진다는 것을 알 수 있으므로 필수조건인 ⅲ)을 만족시키지 못한다. 따라서 A사의 기종은 선택되지 않았을 것이다.

32 정답 ②

난도 ★

정답해설

먼저 A의 진술이 참인 경우를 생각해보자. 이 때 가능한 경우는 A가 1위이고 C가 2위인 경우이다. 그렇다면 B의 진술도 참이 되며 이에 따라 각각을 순위가 높은 순서대로 나열하면 A, C, B, D가 된다. 그런데 이에 따르면 C의 진술은 거짓이 되는데, C는 D보다 높은 등수이므로 문제의 전제에 어긋난다. 따라서 A의 진술은 거짓임이 확정된다.

이제 A의 진술이 거짓인 경우를 생각해보자. 이때 C는 3위 혹은 4위가 되며, A는 C보다 등수가 낮으므로 C는 3위, A는 4위가 된다. 한편 D는 1위 또는 2위가 되고, B는 거짓이 되어 D보다 등수가 낮아야 하므로, 각각을 순위가 높은 순서대로 나열하면 D, B, C, A가 된다. 그렇다면 C는 거짓이 되는데 C는 D보다 순위가 낮으므로 문제의 전제에 부합한다. 따라서 선택지 중 이를 만족하는 것은 ②이다.

33

답 ⑤

난도 ★★

정답해설

먼저, 총 5명의 위원을 선정한다고 하였고, 두 번째 조건에서 신진 학자는 4명 이상 선정될 수 없다는 조건과 중견 학자 3명이 함께 선정될 수 없다는 조건을 고려하면 가능한 조합은 신진 학자 3명, 중견 학자 2명뿐임을 알 수 있다. 그리고 네 번째 조건을 반영하여 경우의 수를 나누어보면 다음의 두 가지만 가능하게 된다.

> ⅰ) 신진 윤리학자가 선정되는 경우 : 신진 윤리학자 1명, 신진 경영학자 2명, 중견 경영학자 2명으로 구성하는 경우가 가능하다.
>
> ⅱ) 신진 윤리학자가 선정되지 않는 경우 : 중견 윤리학자 1명, 신진 경영학자 3명, 중견 경영학자 1명으로 구성하는 경우가 가능하다.

⑤ 중견 윤리학자가 선정되지 않는 경우는 위의 ⅰ)에 해당하는데 이 경우는 신진 경영학자가 2명 선정되므로 옳은 내용이다.

오답해설

① 어느 경우이든 윤리학자는 1명만 선정되므로 옳지 않은 내용이다.
② ⅰ)의 경우는 신진 경영학자가 2명만 선정되므로 옳지 않은 내용이다.
③ 중견 경영학자 2명이 선정되는 경우는 ⅰ)인데 이 경우는 윤리학자가 1명만 선정되므로 옳지 않은 내용이다.
④ 신진 경영학자 2명이 선정되는 경우는 ⅰ)인데 이 경우는 신진 윤리학자가 1명만 선정되므로 옳지 않은 내용이다.

34

답 ②

난도 ★★

정답해설

주어진 정보를 정리하면 다음과 같다.

> ⅰ) 두 번째와 네 번째 조건을 결합하면 대한민국은 B국과 조약을 갱신하며, A국과는 갱신할 수 없다.
>
> ⅱ) 첫 번째와 세 번째 조건, ⅰ)의 내용을 결합하면 대한민국은 유엔에 동북아 안보 관련 안건을 상정할 수 없다.
>
> ⅲ) 마지막 조건과 ⅱ)의 내용을 결합하면 대한민국은 6자 회담을 올해 내로 성사시켜야 한다.

② ⅲ)에서 6자 회담을 올해 내로 성사시켜야 한다고 하였으므로 옳은 내용이다.

오답해설

① ⅰ)에서 A국과 상호방위조약을 갱신하지 않는다고 하였으므로 옳지 않은 내용이다.
③ ⅱ)에서 유엔에 동북아 안보 관련 안건을 상정할 수 없다고 하였으므로 옳지 않은 내용이다.
④ ⅱ)에서 유엔에 동북아 안보 관련 안건을 상정할 수 없다고 하였고 ⅲ)에서 6자 회담을 올해 내로 성사시켜야 한다고 하였으므로 옳지 않은 내용이다.
⑤ ⅰ)에서 A국과 상호방위 조약을 갱신하지 않는다고 하였고 ⅱ)에서 유엔에 동북아 안보 관련 안건을 상정할 수 없다고 하였으므로 옳지 않은 내용이다.

35

답 ④

난도 ★★

정답해설

제시문의 내용을 기호화하면 다음과 같다.

> ⅰ) A○ → B○
> ⅱ) A× → (D×∧E×)
> ⅲ) B○ → (C○∨A×)
> ⅳ) D× → (A○∧C×)

식 ⅱ)와 ⅳ)를 통해 A가 채택되지 않으면 D와의 관계에서 모순이 발생하므로 A는 반드시 채택된다는 것을 알 수 있으며 이를 ⅰ)과 결합하면 B역시 채택된다는 것을 알 수 있다. 또한 B가 채택된다는 사실을 ⅲ)과 결합하면 C도 채택된다는 것을 알 수 있고, 이를 ⅳ)의 대우와 연결하면 D가 채택된다는 것을 알 수 있다. 그런데 마지막으로 남은 E는 ⅱ)를 통하더라도 반드시 채택되어야 하는 것은 아니므로 결과적으로 A, B, C, D 4개의 업체가 반드시 채택됨을 알 수 있다.

36

답 ⑤

난도 ★

정답해설

⑤ 세 명의 사무관 모두가 한 명씩의 성명을 올바르게 기억하고 있는 것이므로 옳은 내용이다.

오답해설

① 이 경우는 혜민과 서현이 모든 사람의 성명을 올바르게 기억하지 못한 것이 되므로 옳지 않다.
② 이 경우는 혜민과 민준이 모든 사람의 성명을 올바르게 기억하지 못한 것이 되므로 옳지 않다.
③ 이 경우는 민준이 두 명의 성명을 올바르게 기억하고 있는 것이 되므로 옳지 않다.
④ 이 경우는 민준이 모든 사람의 성명을 올바르게 기억하지 못한 것이 되므로 옳지 않다.

37

답 ⑤

난도 ★★

정답해설

⑤ 부모의 도움 없이 오직 신의 힘만으로 사람을 만들어낼 수 없다고 하였는데 시험관 아기의 탄생은 결국 부모의 도움이 필요한 것이고, 이것이 논리적으로 불가능한 일도 아니므로 참일 수 있다.

오답해설

① 자기 자신과 키를 비교하는 것은 논리적으로 불가능하므로 참일 수 없다.
② 논리적으로 불가능한 일은 절대적으로 불가능하다고 하였고, 충분히 많은 사람들이 믿는다고 해서 자명하게 참인 것이 아니고, 그런 참으로부터 입증될 수 있는 것도 아니므로 둥근 삼각형이 존재한다고 믿을 수 없으므로 참일 수 없다.
③ 아무 것도 없는 상태에서는 그 무엇도 생겨날 수 없으므로 빅뱅을 통한다고 하더라도 아무 것도 없는 상태에서는 그 무엇도 생겨날 수 없으므로 참일 수 없다.
④ 신이라도 여러 개의 세계를 만들 수 없다고 하였으므로 설사 전체적으로 비슷하다고 할 지라도 세부 특징이 조금 다른 세계를 여럿 만들 수는 없다. 따라서 참일 수 없다.

38

답 ②

난도 ★★

정답해설

제시문의 내용을 기호화하면 다음과 같다.

ⅰ) A 정책이 효과적 → (부동산 수요 조절∨부동산 공급 조절)

ⅱ) 부동산 가격의 적정 수준 조절 → A 정책이 효과적

ⅲ) (부동산 가격의 적정 수준 조절∧물가상승×) → 서민의 삶 개선

ⅳ) 부동산 가격의 적정 수준 조절

ⅴ) 물가상승 → (부동산 수요 조절×∧서민의 삶 개선×)

ⅵ) 물가상승

② ⅱ)와 ⅳ)를 결합하면 A 정책이 효과적이라는 것을 알 수 있으며, 이를 ⅰ)에 대입하면 부동산 수요가 조절되거나 부동산 공급이 조절된다는 것을 추론할 수 있다. 하지만 ⅴ)와 ⅵ)을 결합하면 부동산 수요가 조절되지 않는다는 것을 알 수 있으므로 결론적으로 부동산 공급만 조절된다. 따라서 반드시 참이다.

오답해설

① ⅴ)와 ⅵ)을 결합하면 서민의 삶은 개선되지 않으므로 반드시 거짓이다.

③ ②에서 A 정책이 효과적이라는 것을 알 수 있었는데, 이미 ⅵ)에서 물가가 상승한다는 것이 고정적인 조건으로 주어진 상태이므로 반드시 거짓이다.

④ ②에서 A 정책이 효과적이라는 것을 알 수 있었는데, ⅴ)와 ⅵ)을 통해 부동산 수요가 조절되지 않는다는 것을 알 수 있으므로 반드시 거짓이다.

⑤ ②에서 A 정책이 효과적이라는 것을 알 수 있었는데, 이미 ⅳ)에서 부동산 가격이 적정 수준으로 조절되고 있음을 알 수 있으므로 반드시 거짓이다.

39

답 ③

난도 ★★

정답해설

제시문의 내용을 정리하면 다음과 같다.

ⅰ) 갑수＞정희

ⅱ) 을수≤정희

ⅲ) 을수≤철희

ⅳ) 갑수≤병수

ⅴ) (철희＋1＝병수) or (병수＋1＝철희)

이를 정리하면, 을수≤정희＜갑수의 관계를 알 수 있으며 병수가 갑수보다 어리지는 않다고 하였으므로 병수는 가장 나이가 적은 사람이 아니게 된다. 그리고 철희의 나이가 병수보다 한 살 더 많은 경우를 생각해본다면, 철희의 나이가 갑수의 나이보다 더 많게 되어 철희는 갑수보다 반드시 나이가 적은 사람이 아니게 된다. 따라서 어떠한 경우에도 갑수보다 나이가 어린 사람은 정희와 을수임을 알 수 있다.

40

답 ②

난도 ★

정답해설

ㄷ. 부산에서 A팀이 제작한 정책홍보책자가 발견되었다면, 부산에는 B팀이 제작한 정책홍보책자 500권 말고도 A팀이 제작한 정책홍보책자가 추가로 배포된 것이라는 것을 추론할 수 있다. 따라서 부산에는 500권이 초과되는, 서울에는 500권에 미달되는 정책홍보책자가 배포되었을 것이므로 옳은 내용이다.

오답해설

ㄱ. B팀이 제작한 정책홍보책자는 모두 부산에 배포되었을 것이다. 그런데 만약, A팀이 제작한 정책홍보책자가 모두 서울에 배포되었다면 부산에는 단 500권만이 배포되었을 것이다. 따라서 500권이 넘지 않으므로 옳지 않은 내용이다.

ㄴ. A팀이 제작한 정책홍보책자가 모두 서울에 배포되었다면, 서울에는 A팀이 제작한 정책홍보책자가 500권 배포되었을 것이고, 부산에는 B팀이 제작한 정책홍보책자가 500권 배포되었을 것이다. 따라서 서울에 배포된 정책홍보책자의 수가 부산에 배포된 정책홍보책자의 수보다 적다고 할 수는 없으므로 옳지 않은 내용이다.

41

답 ③

난도 ★★★

정답해설

제시된 진술들을 기호화하면 다음과 같다.

• 갑 : 법학○ → 정치학○

• 을 : 법학× → 윤리학×

• 을의 대우 : 윤리학○ → 법학○

• 병 : 법학○∨정치학○

• 정 : 윤리학○ → 정치학○

• 무 : 윤리학○∧법학×

먼저 을의 대우명제와 무의 진술은 모순관계에 있다. 따라서 이를 기준으로 경우의 수를 나누어 판단해 보자.

ⅰ) 을의 진술만 거짓인 경우

무의 진술이 참이므로 윤리학을 수강하며, 법학은 수강하지 않는다. 그리고 병의 말이 참이므로 법학과 정치학 중 적어도 하나를 수강해야 하는데 이미 법학은 수강하지 않는다고 하였으므로 정치학은 반드시 수강해야 함을 알 수 있다. 따라서 A는 윤리학과 정치학을 반드시 수강하게 된다.

ⅱ) 무의 진술만 거짓인 경우

법학을 수강하지 않는 경우, 을의 진술이 참이 되어 윤리학도 수강하지 않아야 한다. 그리고 정의 말은 참이므로 윤리학을 수강하지 않는다면 정치학도 수강하지 않는다. 그런데 이는 법학과 정치학 중 적어도 하나를 수강한다는 병의 말과 모순이 되므로 병의 진술 역시 거짓이라는 결론에 도달하게 된다. 하지만 이는 한 사람의 진술만 거짓이라고 한 전제에 어긋난다. 따라서 법학은 반드시 수강해야 한다. 법학을 수강한다면, 갑에 진술에 따라 정치학도 수강한다는 것을 알 수 있으며, 정의 진술도 참이므로 윤리학도 수강해야 함을 알 수 있다. 따라서 이 경우 A는 윤리학과 법학, 정치학을 모두 수강하게 된다.

결론적으로 두 경우에서 공통적으로 나타나는 윤리학과 정치학을 반드시 수강해야 한다.

42

답 ④

난도 ★★

정답해설

제시문의 내용을 정리하면 다음과 같다.

- ⅰ) 조건 1 : 갑, 을, 병이 같은 부서 소속이라고 하였으므로 이 중에서 평점이 가장 높은 갑이 추천되었고, 나머지 정과 무는 해당 부서에서 가장 평점이 높았다는 것을 알 수 있다. 따라서 갑, 정, 무는 첫 번째 조건을 충족한다.
- ⅱ) 조건 2 : 근무한 날짜가 250일 이상인 사람은 을, 병, 정이다.
- ⅲ) 조건 3 : 공무원 교육자료 집필에 참여한 적이 있으면서, 공무원 연수교육에 3회 이상 참석한 사람은 갑, 무이다.
- ⅳ) 조건 4 : 활동 보고서가 인사혁신처 공식 자료로 등록된 사람은 병이다.

이를 표로 정리하면 다음과 같다.

구분	조건 1	조건 2	조건 3	조건 4
갑	○		○	
을		○		
병		○		○
정	○	○		
무	○		○	

네 가지 조건 중에서 두 가지 이상을 충족하는 사람은 갑, 병, 정, 무의 4명이다.

43

답 ①

난도 ★★

정답해설

갑과 정의 진술이 모두 참이라면 가영이에 관한 진술에서 모순이 발생하므로 갑과 정 중 한 명의 진술은 거짓이라는 것을 알 수 있다. 또 을과 병의 진술 중 적어도 하나가 거짓이라고 하였고 4명의 진술 중 2명은 옳고 2명은 그르다고 하였으므로 갑과 정 중 하나가 거짓, 을과 병 중 하나가 거짓임을 알 수 있다. 이제 경우의 수를 따져 보자.

- ⅰ) 갑과 을이 참

  가영–미국, 나준–프랑스, 다석–중국으로 연결되며, 이 경우는 갑과 을이 참이고 병과 정이 거짓이 되므로 전제조건을 만족시킨다.

- ⅱ) 갑과 병이 참

  갑이 참이면, 가영–미국, 나준–프랑스, 다석–중국으로 연결되는데, 이 경우는 을도 참이 되어 갑, 을, 병의 세 명이 참이 되게 된다. 따라서 이 경우는 해당되지 않는다.

- ⅲ) 을과 정이 참

  병이 거짓이면, 가영–미국, 나준–프랑스, 다석–중국으로 연결되는데, 이 경우는 정이 거짓이 되는 모순이 발생한다. 따라서 이 경우는 해당되지 않는다.

- ⅳ) 병과 정이 참

  을이 거짓이면 가영–미국으로 연결되는데, 이 경우는 정이 거짓이 되는 모순이 발생한다. 따라서 이 경우는 해당되지 않는다.

따라서 ⅰ) 갑과 을이 참인 경우만 전제조건을 만족시키며 이 경우 반드시 참이 되는 것은 ㄱ뿐이다.

44

답 ②

난도 ★★

정답해설

제시된 조건을 정리하면 다음과 같다.

- ⅰ) 세종 청사>서울 청사
- ⅱ) 세종 청사 : 갑∨병
- ⅲ) 서울 청사 : 정
- ⅳ) 을 : 일자리 창출×(사무관의 수가 두 번째로 많은 청사×)
- ⅴ) 갑, 병, 정 : 일자리 창출○
- ⅵ) 과천 청사 : 2명
- ⅶ) 을 : 사무관의 수가 가장 적은 청사가 아님

위의 조건을 통해 과천에는 을, (갑 또는 병 중 한 명)이 배치되며, 을이 배치되는 과천이 사무관이 가장 많다는 것을 알 수 있다. 따라서 과천>세종>서울 순으로 사무관의 수가 많다는 것을 알 수 있다.

- ㄷ. 정이 근무하는 서울 청사의 사무관 수가 가장 적다고 하였으므로 옳은 내용이다.

오답해설

- ㄱ. 사무관의 수가 가장 적은 청사에서 일하는 사무관은 정(서울)인데, 일자리 창출 업무를 겸임하지 않는 사무관은 을뿐이므로 옳지 않은 내용이다.
- ㄴ. 을은 과천 청사에 근무한다고 하였고, 병은 세종 청사 또는 과천 청사에서 근무한다고 하였으므로 옳지 않은 내용이다.

45

답 ④

난도 ★

정답해설

- ⅰ) 두 번째 진술이 거짓인 경우

  이 경우는 A, C, D 모두 뇌물을 받지 않아야 하는데 이렇게 될 경우 첫 번째 진술과 세 번째 진술이 모두 참이 되게 되어 문제의 전제조건인 '하나만 참'이라는 조건을 위배한다. 따라서 두 번째 진술이 참, 그리고 그것이 유일한 참인 진술임을 알 수 있다.

- ⅱ) 두 번째 진술만이 참인 경우

  이 경우는 세 번째 진술이 거짓이 되어 B와 C 모두 뇌물을 받아야 하며, 네 번째 진술에서 B와 C 모두 뇌물을 받았기 때문에 이것이 거짓이 되기 위해서는 D가 뇌물을 받아서는 안 된다. 또 첫 번째 진술이 거짓이 되기 위해서는 A, B가 뇌물을 받아야 한다. 따라서 뇌물을 받은 사람은 A, B, C 3명임을 알 수 있다.

46

답 ④

난도 ★★

정답해설

주어진 조건들을 기호화하면 다음과 같다.

- 내근∨외근
- (내근∧미혼) → (과장×∧부장×)
- (외근∧기혼) → (과장ㅇ∨부장ㅇ)
- (외근∧미혼) → 연금저축ㅇ
- 기혼 → 남성

아래 선택지의 설명에서 '좌항'이란 '→'의 왼쪽에 있는 명제를 말하며 '우항'이란 '→'의 오른쪽에 있는 명제를 말한다.

④ 다섯 번째 조건의 대우를 통해 여성이면 미혼이라는 것을 알 수 있고, 두 번째 조건의 대우를 통해 최 과장은 외근을 한다는 것을 알 수 있다. 이를 네 번째 조건에 대입하면 최과장은 연금저축에 가입했다는 것을 알 수 있으므로 반드시 참이 된다.

오답해설

①, ③ '내근'과 '미혼'은 모두 조건식의 '좌항'에 위치하는 것이어서 이 둘 간의 조건식은 도출할 수 없다. 따라서 알 수 없는 내용이다.

② 네 번째 조건의 대우를 통해 박 대리는 외근을 한다는 것을 알 수 있으므로 반드시 거짓이 된다.

⑤ 조건식에서 '연금저축ㅇ'은 우항에 위치하고 있으므로 우항에 '연금저축×'이 오는 조건식은 도출할 수 없다. 따라서 알 수 없는 내용이다(대우명제를 생각해보면 이해가 쉬울 것이다).

47

답 ④

난도 ★★

정답해설

제시된 정보를 기호화하면 다음과 같다.

- ⅰ) (A×∨D×) → (C∧E×)
- ⅰ)의 대우 (C×∨E) → (A∧D)
- ⅱ) B× → (A∧D×)
- ⅱ)의 대우 (A×∨D) → B
- ⅲ) D× → C×
- ⅲ)의 대우 C → D
- ⅳ) E× → B×
- ⅳ)의 대우 B → E

먼저 ⅰ)의 대우와 ⅲ)의 대우를 결합하면 D는 무조건 찬성함을 알 수 있으며, 이를 ⅱ)의 대우에 대입하면 B도 찬성함을 알 수 있다. 그리고 이를 ⅳ)의 대우에 대입하면 E도 찬성함을 알 수 있으며 계속해서 이를 ⅰ)의 대우에 개입하면 A도 찬성함을 알 수 있다. 따라서 A, B, D, E가 찬성하며, 마지막 조건에서 적어도 한 사람이 반대한다고 하였으므로 C는 반대한다는 것을 알 수 있다. 이 결과를 선택지에서 찾아보면 ④만 옳은 내용이다.

48

답 ②

난도 ★★

정답해설

먼저 주어진 조건을 기호화하면 다음과 같다.

- ⅰ) (착함ㅇ∧똑똑함ㅇ∧여자) → 인기ㅇ
- ⅰ)의 대우 인기× → (착함×∨똑똑함×∨남자)
- ⅱ) (착함ㅇ∧똑똑함ㅇ∧남자) → 인기ㅇ
- ⅲ) (인기×∧멋짐ㅇ∧남자) : 거짓
- ⅳ) 순이 → (멋짐×∧똑똑함ㅇ∧여자)
- ⅴ) 철수 → (인기×∧착함ㅇ∧남자)

② '인기가 많지 않지만 멋진 남자가 있다'는 거짓이라 했고, '철수는 인기가 많지 않다'라고 하였으므로 결과적으로 철수는 멋질 수 없다. 또 ⅱ)에서 착하고 똑똑한 남자는 인기가 많다고 했으나, 철수는 착하지만 인기는 없다고 했으므로 똑똑하지 않다. 따라서 철수가 멋지거나 똑똑하다는 것은 반드시 거짓이 된다.

오답해설

① ⅱ)에 따르면, 만약 철수가 똑똑하다면 반드시 인기가 많아야 하는데 ⅴ)에서 철수는 착하지만 인기는 없기 때문에 똑똑할 수 없다. 따라서 반드시 참이다.

③ ⅳ)에 따르면, 순이는 똑똑하지만 멋지지 않은 여자라고 하였으므로 반드시 참이다.

④ ⅳ)에 따르면, 순이는 멋지지 않지만 똑똑한 여자라고 하였고 이를 ⅰ)의 대우와 결합해 보자. 만약 순이가 인기가 많지 않다면 순이는 (똑똑함∧여자)이므로 착함×이 되어야 한다. 따라서 반드시 참이다.

⑤ '똑똑하지만 인기가 많지 않은 여자가 있다'가 거짓이라면 {인기ㅇ∨∼(똑똑함∧여자)}가 참이 되어야 하는데 ⅳ)에서 순이는 (똑똑함∧여자)이므로 결과적으로 순이는 인기가 많아야 한다. 따라서 반드시 참이다.

49

답 ③

난도 ★★

정답해설

주어진 내용을 기호화하면 다음과 같다.

- ⅰ) (Aㅇ∨Bㅇ) → (Cㅇ∧Dㅇ)
- ⅰ)의 대우 (C×∨D×) → (A×∧B×)
- ⅱ) (Bㅇ∨Cㅇ) → Eㅇ
- ⅱ)의 대우 E× → (B×∧C×)
- ⅲ) D×
- ⅳ) (Eㅇ∧Fㅇ) → (Bㅇ∨Dㅇ)
- ⅳ)의 대우 (B×∧D×) → (E×∨F×)
- ⅴ) G× → Fㅇ
- ⅴ)의 대우 F× → Gㅇ

먼저 ⅰ)의 대우명제와 ⅲ)을 결합하면 A×와 B×를 도출할 수 있으며, B×와 ⅲ), ⅳ)의 대우를 결합하면 E×∨F×를 얻을 수 있다. 따라서 이를 통해 경우의 수를 나누어보면 다음과 같다.

- E가 반대하는 경우
  ⅱ)의 대우에 이를 대입하면 C도 반대한다는 것을 알 수 있으므로 A, B, C, D, E가 반대함을 알 수 있으며 F와 G는 알 수 없는 상태이다.

• F가 반대하는 경우

　v)의 대우에 이를 대입하면 G가 찬성한다는 것을 알 수 있으므로 A, B, D, F 가 반대함을 알 수 있으며 G는 찬성, C와 E는 알 수 없는 상태이다.

따라서 반대의견을 제시한 사람의 최소 인원은 ④의 4명이다.

50

답 ⑤

난도 ★★

정답해설

제시문을 정리하면 다음과 같다.

> ⅰ) 문제의 조건을 정리하면 남자는 어느 마을에 살든지 항상 자신이 윗마을에 산다고 말하며, 여자는 항상 자신이 아랫마을에 산다고 말하는 것을 알 수 있다. 따라서 갑과 을은 자신이 아랫마을에 산다고 하였으므로 여자임을 알 수 있다.
>
> ⅱ) 따라서 병은 거짓말만 하는 사람이므로 병이 말한 을이 남자라는 것은 거짓이다. 따라서 을은 윗마을에 산다는 것을 알 수 있으며, ⅰ)과 이를 결합하면 을은 윗마을에 사는 여자임을 알 수 있다.
>
> ⅲ) 같은 논리로 정은 을에 대해 참말을 하고 있으므로, 병이 윗마을에 산다는 말도 참이다. 따라서 병은 윗마을에 사는 여자임을 알 수 있다.
>
> ⅳ) 마지막으로 문제에서 대화에 참여하는 사람들의 구성이 윗마을 사람 두 명, 아랫마을 사람 두 명이라고 하였으므로 윗마을에 사는 을과 병을 제외한 갑과 정은 아랫마을 사람임을 알 수 있으며, 갑과 정 모두 참말을 하고 있으므로 둘다 여자임을 알 수 있다.

따라서 이를 토대로 선택지를 판단해 보면 반드시 참인 것은 ⑤뿐이다.

51

답 ①

난도 ★★★

정답해설

제시문을 정리하면 다음과 같다.

• 사실로 주어진 내용

> ⅰ) 화재의 원인 : 기계 M의 오작동, 방화, 시설 노후화로 인한 누전
> ⅱ) B지역으로 화재 확대×
> ⅲ) 감시카메라에 수상한 사람이 찍힘

• 의견으로 주어진 내용

> ⅳ) 기계 M의 오작동 → (X공장 화재∧Y공장 화재)
> ⅴ) 방화 → (감시카메라에 수상한 사람이 찍힘∧방범용 비상벨 작동)
> ⅵ) 방범용 비상벨 작동 → (B지역으로 화재 확대×∧C지역으로 화재 확대×)
> ⅶ) 시설 노후화로 인한 누전 → (을의 책임○∨병의 책임○)
> ⅷ) 을의 책임○ → 정의 책임×

ㄱ. Y공장 화재와 기계 M의 오작동은 ⅳ)를 통해 확인할 수 있는데 이 명제의 역이 반드시 참인지 거짓인지의 여부를 확정할 수 없다. 따라서 Y공장에서 화재가 발생했다고 하더라도 기계 M의 오작동이 원인이 아닐 수 있으므로 옳은 내용이다.

ㄷ. ⅵ)의 대우를 살펴보면, C지역으로 화재가 확대되었다면 방범용 비상벨은 작동하지 않았을 것이고 ⅴ)의 대우에 방범용 비상벨이 작동하지 않았다는 것을 대입하면 방화 역시 화재의 원인이 아닌 것이 되므로 옳은 내용이다.

ㄴ. ⅶ)과 ⅷ)을 살펴보면, 시설 노후화로 인한 누전이 화재의 원인이라면 병에게 책임이 없는 경우 을의 책임이 되고, 을에게 책임이 있는 경우 정에게 책임이 없게 된다. 하지만 화재의 원인은 시설 노후화로 인한 누전이 아닌 다른 요인일 수도 있으므로 병에게 책임이 없다고 해서 정도 반드시 책임이 없는지는 확정할 수 없다. 따라서 옳지 않은 내용이다.

ㄹ. ⅷ)을 살펴보면 정에게 책임이 있다면 을에게는 책임이 없는데, ⅶ를 고려하여 병에게 책임이 있다고 가정하더라도 ⅶ)의 역이 반드시 참인지의 여부는 알 수 없으므로 시설 노후화로 인한 누전이 화재의 원인인지의 여부는 확정할 수 없다. 따라서 옳지 않은 내용이다.

52

답 ④

난도 ★★

정답해설

제시문의 내용을 기호화하면 다음과 같다(단, AB는 A와 B가 디부라는 의미).

> ⅰ) AD → (AB∧AC)
> ⅱ) CD → BC
> ⅲ) (AD×∧CD×) → (AD×∧BD×∧CD×)
> ⅳ) BD∨CD
> ⅴ) AB×∨AC×∨AD×

이제 ⅰ)과 ⅴ)를 결합하여 판단해보면, AD라면 (AD∧AB∧AC)이 참이 되어 모순이 발생한다. 따라서 AD는 거짓이다. 그리고 ⅲ)의 대우명제와 ⅳ)를 결합하면 (AD∨CD)가 되는데 위에서 AD는 거짓이라고 하였으므로 CD는 참이라는 것을 알 수 있으며 이를 ⅱ)와 결합하면 BC도 참이라는 것을 알 수 있다.

ㄱ. 위에서 BC는 참이라고 하였으므로 반드시 참인 명제이다.

ㄷ. AD는 거짓이라고 하였기 때문에 D와 디부가 아닌 마법사가 존재한다는 것은 반드시 참인 명제이다.

ㄴ. AC는 참 거짓을 확정할 수 없다. 따라서 옳지 않은 명제이다.

53

답 ①

난도 ★

정답해설

① (가) : 먼저 A팀에서는 독신이거나 여성인 사원은 모두 다른 팀으로 파견 나간 경력이 없으며 다른 팀으로 파견을 나간 경력이 없거나 자동차 관련 박사학위를 가진 팀원은 모두 여성이다. 그리고 이에 따른 결론은 A팀에는 독신이면서 여성인 사원이 한 명 이상 있다는 것이다. 따라서 A팀에 독신인 사원이 한 명 이상 있다면 이 사람은 파견을 나간 경력이 없으며 따라서 이 사람은 여성이 될 것이다. 결국 (가)에는 ㄱ이 들어가야 적절하다.

(나) : B팀에는 남성이면서 독신인 사원이 여럿 있고, 독신인 사원들은 모두 사내 이성과 연인이 되고 싶어 한다. 그렇다면 독신이면서 남성인 사원들도 사내의 이성과 연인이 되고 싶어 할 것이므로 (나)에는 ㄷ이 들어가야 적절하다.

54

답 ②

난도 ★★

정답해설

세 번째 조건은 대우명제를 통해 판단하여야 하며, 첫 번째 조건을 통해서는 갑과 정이 건전한 국가관과 헌법가치를 가지고 있지 않은 것이 확정되어 있으므로 자유민주주의와 나라사랑을 모두 가지고 있다는 결론을 끌어 낼 수 있다. 주어진 조건들을 정리하면 다음 표와 같다.

지원자 \ 자질	자유민주주의	건전한 국가관	헌법가치	나라사랑
갑	○	×	×	○
을		×	×	
병	○	○	○	
정	○	×	×	○

여기서 빈칸은 주어진 조건으로는 확정지을 수 없는 것인데, 이 빈칸들이 모두 채워지더라도 병을 제외한 나머지 지원자들은 세 가지의 자질을 지니고 있지 않은 상태가 된다. 따라서 채용이 가능한 지원자는 병 한 명뿐이다.

55

답 ③

난도 ★★

정답해설

(나) 양도논법에 해당하며 이는 선언문들 사이에 모순이 없는 한 결론은 항상 참이 된다.

(다) 선언지 부정에 해당하며 선언지 가운데 하나가 거짓이라면 나머지 하나는 참이 되어야 한다는 것에 해당하므로 결론은 반드시 참이 된다.

오답해설

(가) 후건긍정의 오류에 해당하므로 결론이 반드시 참이라고 할 수 없다. 즉, 결과인 어린이대공원에 간 것은 삼촌이 데리고 갔을 수도 있지만 다른 가족과 함께 갔을 수도 있고, 학교에서 단체로 놀러갔을 수도 있기 때문이다.

(라) 전건부정의 오류이므로 반드시 참이 되는 것이 아니다.

(마) 제시된 논증에서 결론과 연관된 부분은 '군대에 갈 수 없다면 그녀와 헤어지게 될 것이다'이며 이의 대우명제는 '그녀와 헤어지지 않기 위해서는 군대에 가야 한다'가 된다. 그런데 선택지의 결론 명제는 결론이 이와 반대이므로 반드시 참이 된다고 할 수는 없다.

56

답 ④

난도 ★★

정답해설

제시된 대화 내용을 벤다이어그램으로 정리하면 다음과 같다.

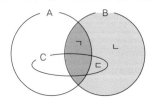

먼저, 서희의 대화를 통해 ㄱ은 공집합이라는 것과 ㄴ이 공집합이 아니라는 것을 알 수 있다. 여기에 종범의 대화를 추가하여 ㄷ이 공집합이라는 결론을 얻어 내는 것이 이 문제의 핵심이다. 따라서 이를 정확하게 표현한 ④가 답이 된다.

합격생 가이드

항목이 3개라면 따질 것도 없이 벤다이어그램으로 해결하는 것이 모든 면에서 효과적이다. 간혹 이를 논리식으로 구성하여 풀이하려는 수험생들이 있는데 그것은 항목이 많아져 시각적으로 표현이 어려울 때 사용하는 방법이다. 만약 이 문제를 논리식으로 풀이한다면 선택지 5개를 모두 분석해야 하며, 만약 논리식으로 구현하기 어려운 조건이 포함되어있다면 풀이의 난도는 상승할 수밖에 없다.

57

답 ④

난도 ★

정답해설

(가) 을의 "너의 대답은 모순이야."라는 대답이 결정적인 단서이다. 갑의 논리는 예술가가 경험한 감정이 감상자에게 잘 전달된다면 훌륭한 예술이라는 것이다. 따라서 을의 마지막 질문처럼 천박한 감정이 감상자에게 전달된 경우에도 그 예술은 훌륭한 예술이어야 한다. 하지만 을이 갑의 대답에 대해 모순이라고 하였으므로 갑은 (가)에서 '아니다'라고 대답했음을 알 수 있다.

(나) 제시문에서는 언급되고 있지 않지만 갑이 (가)와 같이 대답한 것은 그 전달된 감정이 천박하기 때문일 것이다. 그렇다면 이는 훌륭한 예술의 판단기준이 '전달 여부'에서 '감정의 종류'로 바뀌어버린 셈이 되는데 이는 애초에 훌륭한 예술에 대한 정의를 뒤집는 것이 된다. 따라서 (나)에 들어갈 말은 훌륭한 예술에 대한 갑의 정의에 모순이 있다는 점을 언급해주어야 한다.

58

답 ⑤

난도 ★★

정답해설

주어진 논증의 구조를 명확하게 하기 위해 정리하면 다음과 같다.

> ⅰ) 전제1 : 절대빈곤은 모두 나쁘다.
> ⅱ) 전제2 : '비슷하게 중요한 다른 일을 소홀히 하지 않고도 막을 수 있는' 절대빈곤이 존재한다.
> ⅲ) 전제3 : '비슷하게 중요한 다른 일을 소홀히 하지 않고도 막을 수 있는' 나쁜 일이 존재한다면 그 일을 막아야 한다.
> ⅳ) 결론 : 막아야 하는 절대빈곤이 존재한다.

⑤ 이 선택지를 이해하기 위해서는 아래의 선택지 ①을 먼저 이해하는 것이 좋다. 이에 따르면 주어진 전제만으로도 결론은 도출된다. 단지 선택지의 명제가 추가된다면 결론이 강화될 뿐이다.

오답해설

① 전제1에서 절대빈곤은 모두 나쁘다고 하였으므로, 나쁜 것은 절대빈곤을 포함하는 관계에 있음을 알 수 있다. 즉, 다른 명제에서 나쁜 것을 절대빈곤으로 바꾸어도 무방하다는 것이다. 따라서 전제3은 '비슷하게 중요한 다른 일을 소홀히 하지 않고도 막을 수 있는 절대빈곤이 존재한다면 그 일을 막아야 한다.'로 바꿀 수 있다. 그런데 이 문장의 앞부분은 이미 전제2와 같기 때문에 결국 전제2와 3은 'A라면 B이다', 'A이다' '따라서 B이다'의 정당한 3단논법의 형식으로 표현될 수 있다. 따라서 해당 논증은 반드시 참이다.

② 전제1이 없다면 전제2의 절대빈곤과 전제3의 나쁜 일의 관계를 알 수 없게 되어 전혀 무관한 명제들이 된다. 따라서 결론을 도출할 수 없다.

③. ④ 만약 결론이 '절대빈곤은 반드시 막아야 한다'와 같이 필연적이라면 판단을 달리할 수 있겠지만 주어진 결론은 '존재'만을 입증하고 있다. 즉 단 하나

의 사례라도 존재한다면 결론은 참이 되는 것이다. 이미 전제1~3을 통한 논증을 통해서 존재가 입증된 상황에서 선택지와 같은 명제가 첨가된다면 막을 수 없는 절대빈곤도 존재한다는 것을 나타낼 뿐 전체 결론을 거짓으로 만드는 것은 아니다.

59

답 ④

난도 ★★

정답해설

세 진술이 모두 거짓이라고 하였으므로 각각의 진술을 다시 정리하면 다음과 같다.

> ⅰ) 첫 번째 진술 : A와 B 둘 중 하나만 전시되는 경우도 거짓이고, 둘 중 어느 것도 전시되지 않는 경우도 거짓이므로 A와 B 둘 다 전시된다.
> ⅱ) 두 번째 진술 : B와 C 중 적어도 하나가 전시되면 D는 전시되지 않는다 (Ao → Bo의 거짓명제는 Ao → B×임을 기억하자).
> ⅲ) 세 번째 진술 : C와 D 둘 중 적어도 하나는 전시된다.

먼저 첫 번째 진술을 통해 A와 B가 전시됨을 알 수 있으며, 두 번째 진술의 대우명제를 통해 D는 전시되지 않는다는 것을 추론할 수 있다. 왜냐하면, D가 전시된다면 B가 전시되지 않아야 하는데 이미 첫 번째 진술에서 B는 전시되는 것으로 결정되어 서로 모순이 되기 때문이다. 마지막으로, 세 번째 진술을 통해서는 C가 전시되는 것을 알 수 있다. C와 D 둘 중 하나는 전시되어야 하는데 앞서 살펴본 바와 같이 D가 전시되지 않기 때문이다.

따라서, 전시되는 유물은 A, B, C 세 개이다.

◈ 합격생 가이드

> 위의 해설에서는 풀이를 위해 말로 설명을 해놓았지만 실전에서는 최대한 기호화를 하며 풀이하는 것이 혼동을 줄이는 방법이다. 하지만 간혹 기호화를 하였을 때 같은 단어로 기호화를 해야 하는 경우가 있다(예 김 사무관이 2명인 경우). 이런 경우만 주의하면 나머지는 주어진 논리식을 대우명제와 다른 명제와의 결합을 통해 얼마나 자유자재로 변형할 수 있느냐의 싸움이다.

60

답 ③

난도 ★★★

정답해설

제시문의 내용을 벤다이어그램으로 표시하면 다음과 같다.

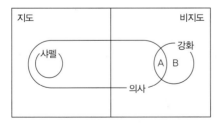

※ A는 공집합이 아님

ㄱ. A부분은 의사결정트리 방식을 적용하면서 비지도학습의 사례에 속하는 것인데, 제시문에서 A부분이 존재한다고 하였으므로 거짓임을 알 수 있다.

ㄴ. A부분은 샤펠식 과정의 적용사례가 아니면서 의사결정트리 방식을 적용한 경우에 해당하는데, 제시문에서 A부분이 존재한다고 하였으므로 참임을 알 수 있다.

오답해설

ㄷ. 강화학습을 활용하는 머신러닝 사례들 중 의사결정트리 방식이 적용되지 않은 경우는 그림에서 B부분에 해당하는데 제시문에서 B부분에 대한 언급이 없으므로 참인지 거짓인지 확정할 수 없다.

61

답 ②

난도 ★★★

정답해설

ㄱ. 특수 스트레칭을 받는 아동 중에는 약시가 없다고 하였으므로 반드시 참이된다.

ㄷ. 석이가 특수 영상장치 설치 학급에서 교육을 받는다면, 특수 스트레칭을 받는 아동 중에는 약시가 없다는 조건으로부터 석이는 110cm 미만이 아니라는 것을 알 수 있으므로 반드시 참이 된다.

오답해설

ㄴ. 숙이가 약시가 아니더라도 키가 110cm 미만인 학생들이 교육을 받는 교실에 들어가는 것은 아니다. 다른 장애도 있을 수 있으므로 반드시 참이라고할 수 없다.

ㄹ. 키가 110cm 이상인 학생이 특수 스트레칭 교육을 받을 수도 있으므로 반드시 참이라고 할 수 없다.

62

답 ⑤

난도 ★★

정답해설

먼저 갑의 진술을 기준으로 경우의 수를 나누어 보자.

ⅰ) A의 근무지는 광주이다(○), D의 근무지는 서울이다(×).

진술의 대상이 중복되는 병의 진술을 먼저 살펴보면, A의 근무지가 광주라는 것이 이미 고정되어 있으므로 앞 문장인 'C의 근무지는 광주이다'는 거짓이 된다. 따라서 뒤 문장인 'D의 근무지는 부산이다'가 참이 되어야 한다. 다음으로 을의 진술을 살펴보면, 앞 문장인 'B의 근무지는 광주이다'는 거짓이며 뒤 문장인 'C의 근무지는 세종이다'가 참이 되어야 한다.

이를 정리하면 다음과 같다.

A	B	C	D
광주	서울	세종	부산

ⅱ) A의 근무지는 광주이다(×), D의 근무지는 서울이다(○).

역시 진술의 대상이 중복되는 병의 진술을 먼저 살펴보면, 뒤 문장인 'D의 근무지는 부산이다'는 거짓이 되며, 앞 문장인 'C의 근무지는 광주이다'는 참이된다. 다음으로 을의 진술을 살펴보면 앞 문장인 'B의 근무지는 광주이다'는 거짓이 되며, 뒤 문장인 'C의 근무지는 세종이다'가 참이 되어야 한다. 그런데 이미 C의 근무지는 광주로 확정되어 있기 때문에 모순이 발생한다. 따라서 ⅱ)의 경우는 성립하지 않는다.

A	B	C	D
		광주 세종(모순)	서울

따라서 가능한 경우는 ⅰ)뿐이며 선택지 ㄱ, ㄴ, ㄷ이 반드시 참임을 알 수 있다.

63

답 ④

난도 ★★

정답해설

문제 조건에 따라 세 부서에 신임 외교관을 배치할 수 있는 경우의 수들을 나열하면 다음과 같다.

구분		A	B	C
경우1	남	1	1	4
	여		3	1
경우2	남	1	1	4
	여		2	2
경우3	남	1	1	4
	여	1	2	1
경우4	남	2	1	3
	여		2	2

④ 어떤 경우를 가정하더라도 B에는 1명의 남자 신임 외교관이 배치된다.

오답해설

① 경우4와 같이 A에 2명의 신임 외교관이 배치되는 경우가 가능하다.
② 경우1과 같이 B에 4명의 신임 외교관이 배치되는 경우가 가능하다.
③ 경우2, 경우4와 같이 C에 6명 혹은 5명의 신임 외교관이 배치되는 경우가 가능하다.
⑤ 경우1, 경우3과 같이 C에 1명의 여자 신임 외교관이 배치되는 경우가 가능하다.

◆ 합격생 가이드

이러한 문제의 경우 번거롭더라도 도표 등을 이용하여 조건에 부합하는 가능한 경우의 수들을 모두 찾아놓고 풀이하는 것이 실수를 줄이고 시간을 단축하는 방법이 될 수 있다.

64

답 ③

난도 ★★★

정답해설

갑·을·병의 진술을 간단한 기호로 나타낸 후, 주어진 조건을 만족시키는 가능한 경우의 수들을 표로 나타내면 다음과 같다.

	진술	경우1	경우2	경우3
갑	단독∧2층	×	○	×
	∼ 2층 빈방	○	○	○
을	if 단독 → 5층	○	×	×
	∼단독∧∼같은방	○	×	×
병	if ∼단독 → 같은방	×	○	○
	∼ 빈방	×	×	○

③ 병의 진술이 둘 다 거짓인 경우, 갑의 진술이 둘 다 참인 경우를 가정하면 이는 을의 두 진술과 모두 충돌하므로 을의 진술이 둘 다 거짓이어야 한다. 이는 조건에 부합하지 않으므로 병의 진술이 둘 다 거짓이라면 갑의 진술 중 하나는 거짓이어야 한다.

오답해설

① 갑의 진술이 둘 다 거짓인 경우, 2층에 빈방이 있어야 하므로 자동적으로 병의 두 번째 진술이 거짓이 되고, 병의 첫 번째 진술은 참이어야 한다. 그런데 이때 병의 첫 번째 진술은 을의 두 번째 진술과 모순되므로, 을의 두 번째 진술이 거짓이어야 하는데 조건에 따라 을은 두 진술 모두 참을 말하는 사람이어야 하므로 모순이 발생한다. 따라서 갑의 진술이 둘 다 거짓인 경우는 불가능하다.
② 경우3과 같이 2층과 전체 층에 빈방이 없는 경우가 가능하다.
④ 경우2와 같이 을의 진술이 둘 다 거짓이면서 단독범의 소행인 경우가 가능하다.
⑤ 경우3과 같이 갑의 진술 중 하나만 참이면서 단독범의 소행인 경우가 가능하다. 이 경우 단독범의 소행이지만 단독범이 2층 또는 5층에 묵지 않는 경우를 상상할 수 있고 모순이 발생하지 않는다.

◆ 합격생 가이드

이러한 유형의 경우 갑의 첫 번째 진술, 을의 2번째 진술과 같이 명백하게 모순되는 선지들의 참 거짓 여부를 임의로 가정하여 시작하는 것이 유리하다. 다만 이 문제의 경우 고려사항이 많고 조건이 복잡하므로, 실전에서 시간을 많이 소요하고도 실수할 가능성이 높다. 이러한 유형에 자신이 있는 수험생이 아니라면 보류하고 다른 문제를 우선 풀이하는 것이 시험에서 유리할 것이다.

65

답 ⑤

난도 ★★

정답해설

주어진 글의 내용에 따라 가능한 업무 평가 결과를 표로 나타내면 다음과 같다.

영역＼직원	갑	을	병	정	무
A	우수	보통	최우수	최우수	우수 or 보통
B	우수	보통	최우수	최우수	우수 or 보통
C	보통	보통	보통	보통	보통
D	우수	보통	최우수	최우수	최우수

⑤ 무는 A 영역에서 우수 평가를 받았을 수도 있고, 보통 평가를 받았을 수도 있기 때문에 반드시 참이라고 할 수 없다.

오답해설

① 갑은 A 영역에서 우수 평가를 받았으므로 참이다.
② 을은 B 영역에서 보통 평가를 받았으므로 참이다.
③ 병은 C 영역에서 보통 평가를 받았으므로 참이다.
④ 정은 D 영역에서 최우수 평가를 받았으므로 참이다.

◆ 합격생 가이드

글에서 주어진 조건에 부합하는 업무 평가 결과를 해설과 같이 간단한 표로 작성하여 문제를 풀이하는 것이 좋다. 이때 글을 통해 확정할 수 있는 결과와 그렇지 않은 결과를 정확하게 구분할 수 있어야 한다.

66

답 ③

난도 ★★★

정답해설

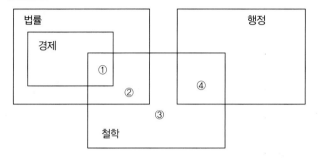

ㄱ 이전의 대화에서 주어진 정보를 바탕으로 각 과목 신청자 분포관계를 도식화하면 위의 그림과 같다. 또한 승민의 첫 번째 대사에서 경제와 법률은 신청하지 않고 철학은 신청한 사람이 있었고(③ 혹은 ④), 바로 이어지는 승범의 대사에서 법률을 신청한 사람 중에 철학을 신청한 사람도 있고(①, ②) 철학은 신청했으나 행정과 경제는 신청하지 않은 사람이 있었으므로(② 혹은 ③) ㄱ 이후에 이어지는 대사에서 철학 한 과목만 신청한 사람(③)과 행정 외에 모든 과목을 신청한 사람(①)의 존재를 확정하려면, ②의 영역이 삭제되어야 한다.

ㄷ 그림에서 ②의 영역을 삭제하면 철학 한 과목만 신청한 사람과 행정 외에 세 과목을 전부 신청한 사람의 존재를 확정할 수 있다.

오답해설

① 철학 한 과목만 신청한 사람의 존재를 확정할 수 없다.

② 행정 외에 세 과목 모두 신청한 사람의 존재를 확정할 수 없다.

④ 철학 한 과목만 신청한 사람의 존재를 확정할 수 없다.

⑤ 행정을 신청한 사람 중에 법률을 신청한 사람은 없었다는 대화 내용과 모순된다.

합격생 가이드

난도 높은 논리퀴즈 문제이다. 대화 형식으로 제시된 정보들이 복잡하므로 정답해설과 같이 간단한 도식으로 나타낸 후 선지의 정오를 판단하는 것이 효율적이다. ㄱ 이후에 제시되는 결론이 확실히 도출되기 위해 어느 부분이 배제되어야 하는지 정확히 판단할 수 있어야 한다.

67

답 ②

난도 ★★

정답해설

ㄷ. 을은 과거 경험을 기억하려면 자의식이 있어야 하고, 자의식이 있으면 의식이 있다고 보기에 의식은 기억의 충분조건이라고 판단할 것이다. 병은 무언가를 학습할 수 있으려면 기억할 수 있는 능력이 있어야 한다고 하였으므로, 기억이 학습의 필요조건이라고 보고 있다.

오답해설

ㄱ. 병은 자의식 없이도 기억하는 행위가 가능하다고 보나, 병이 동물의 자의식 보유 여부에 대해 어떠한 견해를 가지고 있는지는 대화의 내용을 통해 확인할 수 없다.

ㄴ. 을은 동물이 의식을 가지고 있다고 보지만, 의식이 없이도 행동할 수 있는지의 여부에 대해서는 입장을 밝히고 있지 않다.

합격생 가이드

일반적인 견해 비교·대조 유형의 문제에 형식논리적 요소가 가미된 문항이다. 주어진 갑～병의 견해 설명 내용에 포함된 논리관계를 논리식으로 정리해가면서 읽는 것이 풀이에 유리하다.

68

답 ⑤

난도 ★★

정답해설

⑤ ㉡을 참이라고 받아들인다고 가정하자. 즉 '비물질적 실체'라는 용어가 지칭하는 대상이 존재하지 않는다. 이때 ㉠의 대우에 따라 '비물질적 실체'는 의미 있는 용어가 아니다. 그러한 경우 ㉢에 따라 비물질적 실체가 존재하는가에 대해 긍정도 부정도 할 수 없다. 하지만 이 결론은 ㉣과 모순된다. 따라서 최초에 가정한 ㉡이 거짓이라고 할 수 있다.

오답해설

① ㉠을 조건언의 형태로 나타내면 다음과 같다; '의미 있는 용어' → '지칭하는 대상 존재'. ㉤이 가정하는 어떤 용어는 의미 있는 용어인 동시에 지칭하는 대상이 존재하지 않는다. 그러므로 ㉤은 ㉠의 반례라고 할 수 있다.

② ㉤이 참이라고 가정하자. ㉠을 조건언의 형태로 나타내면 다음과 같다; '의미 있는 용어' → '지칭하는 대상 존재'. ㉤이 가정하는 어떤 용어는 의미 있는 용어인 동시에 지칭하는 대상이 존재하지 않는다. 그러므로 ㉤은 ㉠의 반례라고 할 수 있다. 따라서 ㉠은 거짓이다. 그 대우도 성립하기 때문에 선지의 진리값 관계가 존재하지 않는다.

③ ㉣이 참이라고 가정하자. ㉢의 대우에 따라 '비물질적 실체'는 의미 있는 용어이다. 이 결론은 ㉤과도 충돌하지 않는다. 따라서 ㉢과 ㉤이 참이면서 ㉣이 거짓이 되지 않는 것이 가능하다.

④ ㉠과 ㉡이 참인 경우 '비물질적 실체'는 의미 없는 단어이다. 이 경우 ㉢에 따라 비물질적 실체가 존재하는가에 대해 긍정도 부정도 할 수 없다. 그러나 이는 ㉣의 부정이다. 따라서 ㉠, ㉡, ㉢이 참이면 ㉣이 반드시 거짓이라고 할 수 있다.

합격생 가이드

'～반드시 거짓이다.' 형식의 선지는 기존 논리문제나 글의 논리적 구조에 관한 문제에서 자주 나오는 선지 형식이 아니라고 할 수 있다. 그 적절성에 대해 판단함에 있어 기호화가 익숙하지 않은 수험생은 결론을 부정하는 가정으로부터 주어진 전제를 결합했을 때 동시에 참인 경우가 가능한지, 즉 일관성이 존재하는지 확인하는 방식으로 실수를 줄일 수 있다.

69

답 ③

난도 ★

정답해설

제시문의 내용을 정리하면 다음과 같다.

> ⅰ) 조건1: 요가교실 운영 → 3명 이상 신청
> ⅱ) 조건2: F
> ⅲ) 조건3: C → G
> ⅳ) 조건4: D → ~F
> ⅴ) 조건5: A∨C → ~E
> ⅵ) 조건6: G∨B → A∨D

ㄱ. 어떤 사무관의 신청이 다른 사무관의 미신청으로 이어지는 것은 조건 4, 5 둘 뿐이다. 조건2와 4에 따라 D가 신청하지 않는다는 정보를 알 수 있다. 5의 대우를 취하고 E가 신청하는 경우보다 E가 신청하지 않는 경우 신청자가 더 많다. 이때 최대 신청 가능 인원은 D와 E를 제외한 5명이다.

ㄴ. 선지의 내용은 'G와 B 중 적어도 한 명이 신청하는 경우가 아니라면 요가교실은 운영되지 않는다.'라고 표현할 수 있다. G와 B가 모두 신청하지 않는다고 가정하자. 조건3의 대우에 따라 C가 신청하지 않는다. 조건2, 4에 따라 D가 신청하지 않는다. 그러나 이외 사무관 A, E 모두가 신청하는 것은 조건5에 의해 가능하지 않다. 따라서 가능한 신청 사무관의 조합은 (A, F), (E, F), (F) 3가지이며 모든 경우 요가교실이 운영되지 않는다.

오답해설

ㄷ. A가 신청하지 않는다고 가정하자. 조건2, 4에 따라 D가 신청하지 않는다. 조건6의 대우에 따라 G와 B 모두 신청하지 않는다. 조건3에 따라 C가 신청하지 않는다. 그러나 E의 신청 여부에 대해 알 수 없다. A가 신청하지 않는 것과 E가 신청하는 것은 동시에 참일 수 있다.

합격생 가이드

선지가 조건문 형태로 주어진다면 다양한 조합이 가능할 것이라고 예상할 수 있다. 이 문제의 경우 설명문 사이에 조건을 숨기고 이를 활용했으나 상당히 쉬운 수준의 논리 문제라고 할 수 있다. 정확한 기호화를 선행한 후 선지를 해결한다면 어렵지 않게 풀 수 있을 것이다.

70

답 ①

난도 ★★

정답해설

① 첫 번째, 세 번째 조건을 통해 목요일에 을 또는 정이 태어난다는 사실을 알 수 있다. 을이 목요일에 태어났다고 가정하자. 네 번째 조건에 의해 수요일에 태어난 아이는 B의 아이이다. 첫 번째와 다섯 번째 조건에 의해 정은 월요일에 태어날 수 없다. 두 번째 조건에 의해 갑은 월요일에 태어났고 병은 수요일에 태어났다. 한편 정이 목요일에 태어났다고 가정하자. 네 번째와 다섯 번째 조건에 따라 B의 아이는 화요일에 태어났고 A의 아이는 월요일에 태어났다. 따라서 D의 아이인 을은 수요일에 태어났다.

오답해설

② 첫 번째, 세 번째 조건을 통해 목요일에 을 또는 정이 태어난다는 사실을 알 수 있다. 정이 목요일에 태어났다고 가정하자. 네 번째와 다섯 번째 조건에 따라 B의 아이는 화요일에 태어났고 A의 아이는 월요일에 태어났다. 따라서 D의 아이인 을은 수요일에 태어났다. A와 B의 아이는 갑 또는 병이다. A의 아이가 병이라고 하더라도 주어진 다른 조건에 위배되지 않는다. 이 경우 병은 을보다 이틀 일찍 태어났다.

③ 첫 번째, 세 번째 조건을 통해 목요일에 을 또는 정이 태어난다는 사실을 알 수 있다. 정이 목요일에 태어났다고 가정하자. 네 번째와 다섯 번째 조건에 따라 B의 아이는 화요일에 태어났고 A의 아이는 월요일에 태어났다. 따라서 D의 아이인 을은 수요일에 태어났다.

④ 첫 번째, 세 번째 조건을 통해 목요일에 을 또는 정이 태어난다는 사실을 알 수 있다. 정이 목요일에 태어났다고 가정하자. 네 번째와 다섯 번째 조건에 따라 B의 아이는 화요일에 태어났고 A의 아이는 월요일에 태어났다. 따라서 D의 아이인 을은 수요일에 태어났다. A와 B의 아이는 갑 또는 병이다. A의 아이가 병이라고 하더라도 주어진 다른 조건에 위배되지 않는다.

⑤ 첫 번째, 세 번째 조건을 통해 목요일에 을 또는 정이 태어난다는 사실을 알 수 있다. 을이 목요일에 태어났다고 가정하자. 네 번째 조건에 의해 수요일에 태어난 아이는 B의 아이이다.

합격생 가이드

표를 활용해서 해결하는 방식이 정답률을 가장 높일 수 있다고 생각한다. 기출 속 논리문제의 분량상 시험지 문제 하단에는 항상 상당한 여백이 있으니 이를 활용하여 조건을 해석해 아래와 같은 표를 작성한다면 보다 용이한 해결이 가능하다.

	월	화	수	목	
A				✕	갑∨병
B				✕	갑∨병
C					정
D					을

71

답 ③

난도 ★

정답해설

제시문의 내용을 정리하면 다음과 같다.

> ⅰ) 조건1: 수∨양∨가
> ⅱ) 조건2: ~(수∧양)
> ⅲ) 조건3: ~미∨수
> ⅳ) 조건4: 양 → 우
> ⅴ) 조건5: 가 → 미

ㄱ. 수지가 대상이 아니라고 가정하자(~수). 조건3과 선언삼단논법에 따라 미영이 대상이 아니다. 조건5의 대우에 따라 가은이 대상이 아니다. 조건1과 선언삼단논법에 따라 양미가 대상이다. 조건4에 따라 우진은 대상이다.

ㄷ. 양미가 대상이라고 가정하자(양). 조건4에 따라 우진은 대상이다. 조건2와 선언삼단논법에 따라 수지는 대상이 아니다. 조건3과 선언삼단논법에 따라 미영이 대상이 아니다. 조건5의 대우에 따라 가은이 대상이 아니다. 그러므로 수지, 우진, 미영, 양미, 가은 중 양미와 우진 총 2명만이 대상이 된다.

오답해설

ㄴ. 가은이 대상이라고 가정하자(가). 조건5에 따라 미영도 대상이다. 조건3과 선언삼단논법에 따라 수지도 대상이다. 조건2에 따라 양미는 대상이 아니다. 주어진 조건만으로 우진과 가은의 대상성을 결정할 수 없다. 우진이 대상이 아닌 경우가 참인 것이 가능함으로 선지의 내용은 적절하지 않다고 할 수 있다.

기호화만 정확히 한다면 쉽게 조건들을 활용해 경우의 수가 대부분 확정되는 쉬운 논리퀴즈이다. 그러므로 기호화 과정에서 정확한 작업이 문제 해결을 위해 가장 중요하다.

72   답 ⑤

난도 ★★

정답해설

제시문의 내용을 정리하면 다음과 같다.
(단, ∀x: 보편양화사, ∃x: 존재양화사)

ⅰ) 조건1: ∼(∃x)(논∧인∧과∧언)
ⅱ) 조건2: (∀x)(논 → 인)
ⅲ) 조건3: (∃x)(인∧과)
ⅳ) 조건4: (∀x)(∼언 → ∼과)

ㄱ. 〈인식론〉과 〈과학철학〉을 둘 다 수강하는 임의의 학생을 가정하자(조건3). 이 학생은 조건4의 대우에 따라 〈언어철학〉을 수강한다. 조건1에 따라 이 학생은 〈논리학〉을 수강하지 않는다.

ㄴ. 〈논리학〉과 〈과학철학〉을 둘 다 수강하는 어떤 학생이 존재한다고 가정하자. 조건2에 따라 이 학생은 〈인식론〉을 수강한다. 조건4의 대우에 따라 이 학생은 〈언어철학〉도 수강한다. 그러나 이런 상황은 조건1에 위배된다. 그러므로 최초의 가정은 참일 수 없다.

ㄷ. 〈인식론〉과 〈과학철학〉을 둘 다 수강하는 임의의 학생을 가정하자(조건3). 이 학생은 조건4의 대우에 따라 〈언어철학〉을 수강한다.

◆ 합격생 가이드

기초적인 양화논리를 활용한 논리 문제들이 기출에서 등장하고 있다. ㄱ과 ㄷ 같이 존재한다는 것을 내용으로 하는 선지는 일반적으로 존재한다는 정보를 담고 있는 조건에서부터 도출될 수 있다는 사실을 유념하여 접근할 필요가 있다. 예컨대 ㄱ과 ㄷ의 해결을 위해 존재에 대한 유일한 조건인 조건3을 바탕으로 도출해 본다면 보다 빠른 풀이가 가능하다.

73   답 ②

난도 ★★

정답해설

② 갑의 발언과 을의 발언은 동시에 참일 수 없다. 갑의 발언과 정의 발언은 동시에 참일 수 없다. 무의 발언과 을의 발언은 동시에 참일 수 없다. 무의 발언과 정의 발언은 동시에 참일 수 없다. 그러므로 갑과 무의 진리값은 항상 같고, 을과 정의 진리값은 항상 같다. 세 명의 진술은 참이고 두 명의 진술은 거짓이다. 그러므로 병의 발언은 항상 참이다. 제시문에 따라 서류심사 탈락자는 2명이다. 갑과 무의 발언이 참인 경우 서류 탈락자는 을과 병이다. 을과 정의 발언이 참인 경우 갑과 을이 서류 탈락자이다. 그러므로 을은 서류심사에서 탈락했다는 선지는 반드시 참이다.

① 을과 정의 발언이 참인 경우 갑은 서류심사에서 탈락했다.

③ 갑과 무의 발언이 참인 경우 병은 서류심사에 탈락했다.

④ 갑과 무의 발언이 참인 경우 정이 면접에서 탈락하는 경우가 가능하다.

⑤ 갑과 무의 진리값은 항상 같고, 을과 정의 진리값은 항상 같다. 세 명의 진술은 참이고 두 명의 진술은 거짓이다. 그러므로 병의 발언은 참이다.

◆ 합격생 가이드

면접자를 서류탈락자, 면접탈락자, 관리자 3가지 집단으로 분류해서 각 대상의 발언을 파악한다면 문제를 신속하게 해결할 수 있다. 이러한 경우 연수과정의 결과가 3가지 경우만이 발생한다는 것을 알 수 있어 선지를 쉽게 해결할 수 있게 된다.

74   답 ④

난도 ★★

정답해설

(3) 갑은 선한 사람이거나 을은 병을 싫어한다. [도덕과 무관한 주장]이라는 전제에서 판단

↓

㉠ : B [어떤 주장이 도덕과 무관한 주장이라면, 그 주장의 부정도 도덕과 무관한 주장이다.]

↓

(4) 갑은 선한 사람이 아니고 을은 병을 싫어하지 않는다.

↓

㉡ : C [도덕과 무관한 주장으로부터 도출된 것은 모두 도덕과 무관한 주장이다.]

↓

㉢ : A [어떤 주장이 도덕적 주장이라면, 그 주장의 부정도 도덕적 주장이다.]

(5) 갑은 선한 사람이 아니다. [(4)에서 도출된 (5)에 따라 도덕과 무관한 주장이어야 하나. (1)을 부정한 것이 (5)이므로 (1)이 도덕적 주장인 경우 그 부정도 도덕적 주장이라는 전제와 모순됨]

◆ 합격생 가이드

논리의 전개를 따라 하나씩 짚어보면 어렵지 않게 풀 수 있다. 각각의 논리 조건을 전제로 하고 참 거짓을 판별하는 문제이므로 단계별로 전제조건에 맞는 판단이 이루어졌는지를 검산해보는 과정이 필요하다. 또한 이러한 논리 전개 문제는 ㉠, ㉡, ㉢의 순서에 맞게 풀어야 하므로 앞에서부터 B가 ㉠에 결정되면 선택지는 ③, ④만 남으므로 실질적으로 ㉡만 해결하면 ㉢은 찾을 필요가 없어 시간을 아낄 수 있다.

75

정답 ①

난도 ★★

정답해설

설명의 편의상 갑과 을의 대화를 순서대로 [갑-을-갑-을] → [ⓐ-ⓑ-ⓒ-ⓓ]로 구분해보자.

① ⓐ에서 신입직원 중 일부는 봉사활동을 했으므로 ⓑ에서 "하계연수에 참여하지 않은 사람 중 신입직원이 있다."는 결론이 나오려면 ⊙에는 "하계연수에 참여한 사람 중 봉사활동자가 없다."는 진술이 전제되어야 한다.

ⓒ에서 갑은 ⓐ의 진술을 번복하여 "봉사활동 지원자는 전부 하계연수에 참여했다."고했으므로 ⓓ에서 "신입직원 중 일부는 하계연수에 참여했다."는 결론이 나오게 된다.

오답해설

② ⓒ에서 "봉사활동 지원자는 모두 하계연수에 참여했다."고 했는데 ⓛ에서 신입직원 중 하계연수 참여자가 없다고 하는 것은 ⓐ에서 신입직원 중 일부는 봉사활동에 지원했다는 전제와 모순된다.

③ ⊙에서 하계연수 참여자는 모두 봉사활동에 지원했던 사람이 참이라면 ⓑ에서 하계연수에 참여하지 않은 사람 중 신입직원이 있다는 명제가 성립될 수 없다.

④ ⊙에서 하계연수 참여자 중 봉사활동에 참여한 사람이 있다는 진술이 참이라면 ⓑ의 하계연수에 참여하지 않은 사람 중에 신입직원이 있다는 진술이 참이 될 수 없다. 왜냐하면 신입 중 일부는 봉사활동에 참여했고 하계연수에 참여했을 수 있기 때문이다.

⑤ ⊙은 ④에 의해 거짓이다. ⓛ은 신입직원 중 봉사활동 지원자만 전부 하계연수에 참여했으므로 틀린 진술이다.

📖 합격생 가이드

순서에 따라 주장이 전개되므로 앞에서부터 순차로 파악해야 하는 문제이다. 이런 류의 문제는 앞의 조건이 명확하게 해결되는 경우 선택지를 줄여가며 푸는 것이 시간절약에 도움이 된다. ⊙에는 "하계연수에 참여한 사람 중 봉사활동자가 없다."는 진술이 전제되어야 하므로 선택지는 ①, ②로 압축된다.

76

정답 ②

난도 ★★

정답해설

주어진 조건을 모두 만족하는 경우를 찾는 문제이다. 각 조건에 번호를 붙여 살펴보면 다음과 같다.

〈조건 1〉 A, B, C 세 사람이 모두 참석하면, D나 E 가운데 적어도 한 사람은 참석한다.
〈조건 2〉 C와 D 두 사람이 모두 참석하면, F도 참석한다.
〈조건 3〉 E는 참석하지 않는다.
〈조건 4〉 F나 G 가운데 적어도 한 사람이 참석하면, C와 E 두 사람도 참석한다.
〈조건 5〉 H가 참석하면, F나 G 가운데 적어도 한 사람은 참석하지 않는다.

먼저 〈조건 3〉에 의해 어떤 경우에도 E는 회의에 참석하지 않으므로 이를 기준에 두고 판단해보자. 우선 〈조건 1〉에 의해 회의에 참석하는 경우는

· A, B, C, D
· A, B, C, E
· A, B, C, D, E

가 있을 수 있지만 〈조건 3〉에 의해 E는 참석하지 않으므로 가장 많은 인원이 참석하는 경우는 A, B, C, D의 경우를 우선 가정할 수 있고 〈조건 2〉에 따라 C,

D가 참석하는 경우 F도 참석하고 〈조건 4〉에서 F가 참석한다면 필연적으로 E가 참석하므로 이는 〈조건 3〉에 위반된다. 〈조건 2〉에 의해 C와 D는 둘 다 함께 참석하지 못하며 하나만 참석한다. 따라서 A, B, C 또는 A, B, D가 참석할 수 있다.

〈조건 4〉에 따라 F나 G 중 하나가 참석하면 C와 E 두 사람도 참석하게 되는데 이는 〈조건 3〉에 위반되므로 결과적으로 〈조건 3〉을 만족시키려면 F, G는 참석하지 않아야 한다. 이상에서 E, F, G는 참여하지 못한다.

〈조건 5〉에서 H가 참석하면 F나 G 중 적어도 하나는 참석 안한다고 했다. 〈조건 1〉~〈조건 5〉를 만족하면서 최대로 참석 가능한 전문가 수를 구하면 (A, B, C, H) 또는 (A, B, D, H) 4명이다.

📖 합격생 가이드

우선 반드시 참석하지 않는 인원을 먼저 소거해보면 E는 〈조건 3〉에 따라 바로 배제되며 〈조건 2〉와 〈조건 4〉에 의해 C, D → F → C, E [참석] 이므로 C, D가 같이 참석할 수 없다는 결론이 도출된다.(E가 참석하면 안되므로) 또 F나 G 중 하나만 참석해도 C와 E가 참석한다 했으므로 F, G 모두 배제된다. 즉 A~H 8명 중 E, F, G는 당연 배제되고 남은 5명 중 C와 D는 동시에 참여할 수 없으므로 최대한 동시에 참여할 수 있는 경우는 (A, B, C, H) 또는 (A, B, D, H) 4명이다.

77

정답 ④

난도 ★★★

정답해설

A, B, C, D, E는 각각 스키, 봅슬레이, 컬링, 쇼트트랙, 아이스하키 중 하나를 관람하고 스키, 봅슬레이는 산악에서 컬링, 쇼트트랙, 아이스하키는 해안에서 열린다. 아래 다섯 가지 조건은 모두 참이므로

〈조건 1〉 A, B, C, D, E는 서로 다른 종목을 관람한다.
〈조건 2〉 A와 B는 서로 다른 지역에서 열리는 종목을 관람한다.
〈조건 3〉 C는 스키를 관람한다.
〈조건 4〉 B가 쇼트트랙을 관람하면, D가 봅슬레이를 관람한다.
〈조건 5〉 E가 쇼트트랙이나 아이스하키를 관람하면, A는 봅슬레이를 관람한다.

우선 〈조건 3〉에 의해 C는 스키를 관람하며 산악지역에서 남은 종목은 봅슬레이 하나이다. 〈조건 2〉에 의해 A와 B는 서로 다른 지역에서 열리는 종목을 관람하므로 A가 산악지역 종목을 관람하면 B는 해안지역의 종목을 관람하고 또 그 정반대의 경우가 성립할 수 있다.

〈보기〉의 명제가 반드시 참인 경우여야 하므로 [전제조건] ① A가 봅슬레이(산악)를 관람하는 경우 B는 해안에서 열리는 컬링/쇼트트랙/아이스하키 중 하나를, D, E도 컬링/쇼트트랙/아이스하키 중 하나를 관람한다. 즉, B, D, E는 컬링/쇼트트랙/아이스하키 중 하나를 본다. [소결1]

〈조건 4〉에 의해 B가 만약 쇼트트랙을 관람하는 경우 D가 봅슬레이를 관람한다가 참이므로 대우인 D가 봅슬레이를 관람하지 않으면 B는 쇼트트랙을 관람하지 않는다 해도 참이고 결국 B는 쇼트트랙이 아닌 남아 있는 컬링/아이스하키 중 하나를 관람한다. 결국 ㄴ(O) [소결2]

여기까지 정리하면 〈A : 봅슬레이, B : 컬링/아이스하키 중 하나, C : 스키, D · E : 컬링/쇼트트랙/아이스하키 중 하나〉를 관람한다. [소결 3]

〈조건 5〉에 의해 E가 쇼트트랙, 아이스하키 중 하나를 관람하면 A는 봅슬레이를 관람한다가 참이므로 E는 컬링이 아니다. 즉 B는 컬링/쇼트트랙/아이스하키 중 쇼트트랙만 아니므로 남은 컬링/아이스하키를 볼 수 있고 D는 컬링/쇼트트랙/아이스하키 중 하나를 볼 수 있다. 이를 정리해 보면

A : 봅슬레이
B : 아이스하키 또는 컬링
C : 스키

D : 컬링/쇼트트랙/아이스하키

E : 쇼트트랙/아이스하키인 경우가 〈조건 1~5〉를 만족한다. 이 결론을 가지고 〈보기〉의 ㄱ~ㄷ의 진위를 판별해보자.

ㄴ. 〈조건 4〉에 의해 B가 쇼트트랙을 관람하면 D가 봅슬레이를 관람하므로 이는 ①의 전제인 A가 봅슬레이를 관람하는 경우와 배치되기에 틀린 지문이다.

ㄷ. E가 쇼트트랙을 관람하는 경우 A(봅슬레이) B(컬링 또는 아이스하키) C(스키) D(컬링 또는 아이스하키), E(쇼트트랙)이므로 맞는 지문이다.

오답해설

ㄱ. A가 봅슬레이를 관람하면 D는 컬링/쇼트트랙도 관람할 수 있으므로 틀린 지문이다. 즉 D가 아이스하키를 관람하지 않아도 A가 봅슬레이를 관람하는 경우가 있다(대우명제관계를 생각).

🔷 합격생 가이드

주어진 전제에서 가장 명확한 기준부터 정해두고 경우의 수를 파악하자. 문제에서는 C는 스키를 관람한다고 정해져 있고 A, B는 각기 다른 지역에서 벌어지는 경기를 관람한다고 하므로 이를 기준점으로 두고 경우를 나누면 쉽게 접근할 수 있다. 팁으로 보기지문의 배열상 ㄱ과 ㄴ만 확실하게 해결되면 좀 더 쉽게 소거법으로 답을 찾을 수 있다.

78

답 ③

난도 ★★

정답해설

제시문의 내용을 정리하면 다음과 같다.

〈조건 1〉 A시의 관할 지역은 동구와 서구로 나누어 있고 갑, 을, 병, 정, 무는 이 시에 거주하는 주민이다.

〈조건 2〉 A시는 문화특화지역과 경제특화지역을 곳곳에 지정하였으나, 두 지역이 서로 겹치는 경우는 없다.

〈조건 3〉 문화특화지역으로 지정된 곳에서는 모두 유물이 발견되었다.

〈조건 4〉 동구에서 경제특화지역으로 지정된 곳의 주민은 모두 부유하다.

〈조건 5〉 서구에 거주하는 주민은 모두 아파트에 산다.

③ 병이 아파트에 살지 않는다면 〈조건 5〉 병은 동구에 거주한다. 동구 주민 중 경제특화지역에 사는 주민 〈조건 4〉은 모두 부유하다.

오답해설

① 〈조건 4〉에서 동구의 경제특화지구 주민이 부유하다고 했고 나머지 지역의 주민의 부유한지 여부는 조건상 알 수 없다.

② 〈조건 4〉에서 동구의 경제특화지구 주민이 부유한 경우고 나머지 지역은 알 수 없다.

④ 정이 아파트에 살지 않는다면 〈조건 5〉에 의해 동구에 산다. 동구 중 경제특화지구 또는 문화특화지구에 거주 가능하므로 "그는 유물이 발견되지 않은 지역에 거주한다."는 틀리다.

⑤ 무는 문화특화지구에 살면서 아파트에 살 수 있으므로 틀리다.

🔷 합격생 가이드

주어진 조건을 그림으로 나누어 보면 쉽게 내용을 파악할 수 있다.

구분	동구	서구	
문화특화	유물 (경제적 부유여부 모름)	유물 (경제적 부유여부 모름)	아파트 거주
경제특화	부유	경제적 부유여부 모름	아파트 거주

주어진 조건을 단순화, 도식화하는 연습을 충분히 해두도록 하자.

79

답 ④

난도 ★★

정답해설

제시문의 내용을 정리하면 다음과 같다.

ⅰ) 조건 1. 개인건강정보 → 보건정보

ⅱ) 조건 2. 팀 재편 → 개인건강정보∧보건정보

ⅲ) 조건 3. 개인건강정보∧최팀장이 총괄 → 손공정이 프레젠테이션

ⅳ) 조건 4. 보건정보 → 팀 재편∨보도자료 수정

ⅴ) 조건 5. 최팀장이 총괄 → 손공정이 프레젠테이션(×)

ㄴ. 조건 5에 따라 최팀장이 정책 브리핑을 총괄하고 손공정이 프레젠테이션을 맡지 않으면 조건 3에 따라 개인건강정보 관리 방식 변경에 관한 가안은 포함되지 않는다. 따라서 조건 2에 따라 국민건강 2025팀은 재편되지 않는다.

ㄷ. 보건정보의 공적 관리에 관한 가안이 정책제안에 포함된다면 조건 4에 따라 국민건강 2025팀이 재편되거나 보도자료가 대폭 수정된다. 조건 2, 3, 5에 따라 국민건강 2025팀은 재편되지 않으며, 선언삼단논법에 따라 보도자료가 대폭 수정될 것이다.

오답해설

ㄱ. 조건 2, 3에 따라 개인건강정보 관리 방식 변경에 관한 가안이 정책제안에 포함되지 않는다. 그러나 보건정보의 공적 관리에 관한 가안의 포함 여부는 알 수 없다.

🔷 합격생 가이드

조건 5에 대한 해석이 문제해결에 핵심이라고 할 수 있다. 'A이면 B이다.' 형식의 조건언이 거짓이 되는 경우는 A가 참인 동시에 B가 거짓인 경우뿐이라는 사실에 비추어, 최팀장이 정책 브리핑을 총괄하고 손공정이 프레젠테이션을 맡지 않는다는 정보를 이끌어 낸다면 문제가 쉽게 해결된다.

80

답 ③

난도 ★★★

정답해설

③ 정보 1에 따라 참석한 이들은 각각 하나의 해석만을 받아들인다. 정보 2, 3, 4에 따라 상태 오그라듦 가설을 받아들이는 것과 코펜하겐 해석이나 보른 해석을 받아들이는 것은 필요충분관계에 있고 참석자 8명 중 5명이 코펜하겐 해석이나 보른 해석을 받아들인다. 정보 5, 6에 따라 A, B, C, D는 코펜하겐 해석이나 보른 해석을 받아들이고 이들을 제외한 참석자 중 한 명 또한 코펜하겐 해석이나 보른 해석을 받아들인다. A와 D가 받아들이는 해석이 다르다고 가정하자. 그러한 경우 한 명은 코펜하겐 해석을, 다른 한 명은 보른 해석을 받아들인다고 할 수 있다. 정보 5에 따라 B는 코펜하겐 해석을 받아들인다. 그러므로 A와 D 중 한 명과 B, 적어도 두 명은 코펜하겐 해석을 받아들인다고 할 수 있다.

오답해설

① 정보 1에 따라 아인슈타인 해석, 많은 세계 해석, 코펜하겐 해석, 보른 해석 외 다른 해석들이 존재하고 각 참석자는 각자 하나의 해석만을 받아들인다. 정보 2, 3, 4에 따라 참석자 8명 중 5명은 코펜하겐 해석이나 보른 해석을 받아들인다. 정보 8에 따라 5명에 해당하지 않는 3명의 참석자는 코펜하겐 해석이나 보른 해석을 받아들이지 않는 한편 아인슈타인 해석을 받아들이는 이가 있다. 그러나 많은 세계 해석을 받아들이는 이가 있다는 정보는 주어지지 않았다.

② 보른 해석을 받아들이는 이가 두 명이라고 가정하자. 정보 5에 따라 두 명 중 한 명은 C이다. 정보 6에 따라 A와 D, 그리고 앞서 언급된 A~D를 제외한 참석자 중 한 명 등 총 3명 중 1명이 보른 해석을 받아들인다. 그러나 만약 A~D를 제외한 참석자 중 한 명이 보른 해석을 받아들인다면 A와 D가 받아들이는 해석은 코펜하겐 해석으로 같다. 이러한 경우는 다른 정보와 모순 없이 존재할 수 있다.

④ 정보 1에 따라 아인슈타인 해석, 많은 세계 해석, 코펜하겐 해석, 보른 해석 외 다른 해석들이 존재하고 각 참석자는 각자 하나의 해석만을 받아들인다. 정보 2, 3, 4에 따라 참석자 8명 중 5명은 코펜하겐 해석이나 보른 해석을 받아들인다. 정보 8에 따라 5명에 해당하지 않는 3명의 참석자는 코펜하겐 해석이나 보른 해석을 받아들이지 않는 한편 아인슈타인 해석을 받아들이는 이가 있다. 오직 한 명만이 많은 세계 해석을 받아들인다고 가정하자. 그렇다면 8명 중 5명은 코펜하겐 해석이나 보른 해석을, 1명은 많은 세계 해석을, 1명은 아인슈타인 해석을 받아들인다. 그러나 나머지 한 명은 아인슈타인 해석뿐만 아니라 그 외 다른 해석을 받아들이는 경우도 상상할 수 있고, 다른 정보와 모순 없이 존재할 수 있다.

⑤ 코펜하겐 해석을 받아들이는 이가 세 명이라고 가정하자. 정보 5에 따라 코펜하겐 해석을 받아들이는 B를 제외하고 2명의 참석자가 코펜하겐 해석을 받아들인다. 그러므로 A와 D 그리고 A~D를 제외한 참석자 중 한 명 등 총 3명 중 2명이 코펜하겐 해석을 받아들인다. 그러나 A와 D 모두가 코펜하겐 해석을 받아들이고 A~D를 제외한 참석자가 보른 해석을 받아들이는 경우가 다른 정보와 모순 없이 존재할 수 있다.

합격생 가이드

정보들을 활용하여 포함관계를 명확하게 정리해 두지 않는다면 문제풀이 상 어려움을 겪을 수 있다. 각종 해석의 이름이나 가설의 이름에 매몰되지 않도록 편한 대로 기호화를 해서 파악하는 것도 하나의 좋은 방법이라고 생각한다.

부록

5·7급 PSAT
언어논리
최신기출문제

01 2022년 5급 PSAT 언어논리 기출문제

문 1. 다음 글에서 알 수 있는 것은?

조선의 군역제는 양인 모두가 군역을 담당하는 양인개병제였다. 그러나 양인 중 양반이 관료 혹은 예비 관료라는 이유로 군역에서 빠져나가고 상민 또한 군역 부담을 회피하는 풍조가 일었다.

군역 문제가 심각해지자 이에 대한 여러 대책이 제기되었다. 크게 보면 균등한 군역 부과를 실현하려는 대변통(大變通)과 상민의 군역 부담을 줄임으로써 폐단을 완화하려는 소변통(小變通)으로 나눌 수 있다. 전자의 예로는 호포론(戶布論)·구포론(口布論)·결포론(結布論)이 있고, 후자로는 감필론(減疋論)과 감필결포론이 있다. 호포론은 신분에 관계없이 식구 수에 따라 가호를 몇 등급으로 나누고 그 등급에 따라 군포를 부과하자는 주장이었다. 이는 신분에 관계없이 부과한다는 점에서 파격적인 것이었으나, 가호의 등급을 적용한다 하더라도 가호마다 부담이 균등할 수 없다는 문제가 있었다. 구포론은 귀천을 막론하고 16세 이상의 모든 남녀에게 군포를 거두자는 주장이었다. 결포론은 토지를 소유한 자에게만 토지 소유 면적에 따라 차등 있게 군포를 거두자는 것이었다. 결포론은 경제 능력에 따라 군포를 징수하여 조세 징수의 합리성을 기할 수 있음은 물론 공평한 조세 부담의 이상에 가장 가까운 방안이었다.

그러나 대변통의 실시는 양반의 특권을 폐지하는 것이었으므로 양반층이 강력히 저항하였다. 이에 상민이 내는 군포를 줄여주어 그들의 고통을 완화시켜 주자는 감필론이 대안으로 떠올랐다. 그런데 감필론의 경우 국가의 군포 수입이 줄어들게 되어 막대한 재정 결손이 수반되므로, 이에 대한 대책이 마련되어야 하였다. 이에 상민이 부담해야 하는 군포를 2필에서 1필로 감축하고 그 재정 결손에 대해서만 양반에게서 군포를 거두자는 감필결포론이 제기되었다. 양반들도 이에 대해 일정 정도 긍정적이었으므로, 1751년 감필결포론을 제도화하여 균역법을 시행하였다. 그러나 균역법은 양반층을 군역 대상자로 온전하게 포괄한 것이 아니었다. 양반이 지게 된 부담은 상민과 동등한 군역 대상자로서가 아니라 민생의 개선에 책임을 져야 할 지배층으로서 재정 결손을 보충하기 위한 양보에 불과한 것이었다. 결국 균역법은 불균등한 군역 부담에서 야기된 폐단을 근본적으로 해결하는 개혁이 될 수 없었다.

① 구포론보다 결포론을 시행하는 것이 양인의 군포 부담이 더 컸다.

② 양반들은 호포론이나 구포론에 비해 감필결포론에 우호적인 입장을 보였다.

③ 균역법은 균등 과세의 원칙 아래 군포에 대한 양반의 면세 특권을 폐지하였다.

④ 결포론은 공평한 조세 부담의 이상에, 호포론은 균등한 군역 부과의 이상에 가장 충실한 개혁안이었다.

⑤ 구포론은 16세 이상의 양인 남녀를 군포 부과 대상으로 규정한 반면, 호포론은 모든 연령의 사람에게서 군포를 거두자고 주장하였다.

문 2. 다음 글에서 알 수 있는 것은?

조선 후기에 백성의 작은 살림집을 짓는 목재 정도는 민간 목재 상인인 목상에게 사서 쓰면 되었지만, 궁궐이나 성곽 건설처럼 대규모 관영 공사에 사용되는 재료는 그럴 수가 없었다. 목상은 대개 수요가 많은 작은 목재만 취급했기 때문이다. 관영 공사에 필요한 재료는 임시건설 본부격인 도감에서 직접 구하거나 나라에 물자를 납품하는 공인으로부터 공급받았다. 공인은 전인과 도고 상인으로 나누어지는데, 선혜청에서 물건 값을 선불로 지급하고 납품받는 방식인 원공은 전인이, 호조에서 후불로 지급하는 방식인 별무는 도고 상인이 담당했다. 원공은 시가보다 물건 값을 많이 받을 수 있었지만 1768년에 폐지되었다. 이후 목재를 비롯한 건축 재료 납품은 도고 상인이 전담하였다. 도고 상인은 시가보다 낮은 비용을 받으면서 과중한 세금을 감내했는데, 그 이유는 벌목권을 얻기 위해서였다. 그러나 운송 기술 발달과 민간 상업 발전에 따라 공인의 경쟁력은 점점 약화됐고, 19세기부터는 주로 민간 목재 상인이 관영 공사의 목재를 공급했다.

산지의 목재는 수로를 통해 배로 운송되었다. 수로 운송을 맡았던 배는 시기별로 달랐다. 17세기에는 세곡을 운송하는 조세선이 주로 쓰이고 군선이 동원되기도 했다. 그러나 18세기에는 조세선보다는 군선과 개인이 소유한 사선의 비중이 커졌다. 군선은 조세선보다 크고 튼튼했기 때문에 자주 동원되었다. 그럼에도 조세선에 의한 건축 재료 운송이 완전히 사라지지 않은 것은, 원거리 운항 기술이 축적되어 있었고 항해술이 노련하여 군선보다는 사고 위험이 덜했기 때문이다. 이에 원거리 운송은 조세선이 담당했다.

17세기까지 건축 재료의 하역과 각 창고까지의 운송은 백성들의 부역 노동으로 해결하였지만, 1707년에 마계를 창설하여 이를 전담시켰다. 한편 관영 공사에 필요한 건축 재료를 구하고 운송하는 책임은 영역부장에게 있었는데, 1789년에 패장이 설치되어 이를 대신하였다. 영역부장은 도감의 최하위 관리직으로 작업소별로 몇 명씩 배정되어 실무를 맡았다. 영역부장 위의 도청은 재료의 반입 및 공사장의 검수 등 행정 전반을 진두지휘했다. 하지만 지방의 관영 공사에 필요한 재료 구입은 지방 감영 소속의 군수나 만호가 담당했다.

① 선혜청에 목재를 납품하는 것보다 도감에 납품하는 것이 보다 큰 수익을 올릴 수 있었다.

② 19세기부터 관영 공사의 목재 공급과 운송을 주로 목상이 담당하면서 영역부장이 폐지되었다.

③ 만호가 지방 관영 공사에 사용하기 위해 구입한 목재는 도청의 책임하에 마계가 창고까지 운송하였다.

④ 건축 재료 값을 관청에서 선불로 지급하고 납품받는 방식이 폐지된 해의 원거리 운송은 조세선이 담당하였다.

⑤ 17세기에 이루어진 관영 공사에서 도감의 영역부장은 전인으로부터 목재를 구입하여 운송할 책임이 있었다.

문 3. 다음 글에서 알 수 있는 것은?

'수치심'과 '죄책감'의 유발 원인과 상황들을 살펴보면, 두 감정은 그것들을 발생시키는 내용이나 상황에 있어서 그다지 차이가 나지 않는다. 발달심리학자 루이스에 따르면, 이 두 감정은 '자의식적이며 자기 평가적인 2차 감정'이며, 내면화된 규범에 비추어 부정적으로 평가받는 일을 했거나 그러한 상황에 처한 것을 공통의 조건으로 삼는다. 두 감정이 다른 종류의 감정들과 경계를 이루며 함께 묶일 수 있는 이유이다.

그러나 이 두 가지 감정은 어떤 측면에서는 확연히 구분된다. 먼저, 두 감정의 가장 근본적인 차이는 부정적 자기 평가에 직면한 상황에서 부정의 범위가 어디까지인지, 그리고 이 상황을 어떻게 심리적으로 처리하는지 등에서 극명하게 드러난다. 수치심은 부정적인 자신을 향해, 죄책감은 자신이 한 부정적인 행위를 향해 심리적 공격의 방향을 맞춘다. 그러다 보니 자아의 입장에서 볼 때 수치심은 자아에 대한 전반적인 공격이 되어 충격도 크고 거기에서 벗어나기도 어렵다. 이에 반해 죄책감은 자신이 한 그 행위에 초점이 맞춰져 자아에 대한 전반적인 문제가 아닌 행위와 관련된 자아의 부분적인 문제가 되므로 타격도 제한적이고 해결 방안을 찾는 것도 상대적으로 용이하다.

위와 같은 두 감정의 서로 다른 자기 평가 방식은 자아의 사후(事後) 감정 상태 및 행동 방식에도 상당히 다른 양상을 낳게 한다. 죄책감은 부정적 평가의 원인이 된 특정한 잘못이나 실수 등을 숨기지 않고 교정, 보상, 원상 복구하는 데에 집중하며, 다른 사람에게 자신의 잘못을 상담하기도 하는 등 적극적인 방식을 통해 부정된 자아를 수정하고 재구성한다. 반면 자신의 정체성과 존재 가치가 부정적으로 노출되어서 감당하기 어려울 정도의 심적 부담을 느끼는 수치심의 주체는 강한 심리적 불안 상태에 놓이게 된다. 그러므로 자신에 대한 부정적 평가를 만회하기보다 은폐나 회피를 목적으로 하는 심리적 방어기제를 동원하여 자신에 대한 스스로의 부정이 더 이상 진행되는 것을 차단하기도 한다.

① 수치심을 느끼는 사람과 죄책감을 느끼는 사람 중 잘못을 감추려는 사람은 드러내는 사람보다 자기 평가에서 부정하는 범위가 넓다.

② 자아가 직면한 부정적 상황에서 자의식적이고 자기 평가적인 감정들이 작동시키는 심리적 방어기제는 동일하다.

③ 부정적 상황을 평가하는 자아는 심리적 불안 상태에서 벗어나기 위해 행위자와 행위를 분리한다.

④ 수치심은 부정적 상황에서 심리적 충격을 크게 받는 성향의 사람이 느끼기 쉬운 감정이다.

⑤ 죄책감은 수치심과 달리 외부의 규범에 반하는 부정적인 일을 했을 때도 발생한다.

문 4. 다음 글에서 알 수 없는 것은?

봉수란 낮에는 연기를, 밤에는 불빛을 이용하여 변경의 상황에 대한 정보를 중앙에 알렸던 우리나라의 옛 통신 수단이다. 아궁이 5개로 이루어졌으며 각각의 아궁이에 불을 지핌으로써 연기나 불빛을 만들어 먼 곳까지 신호를 보낸다. 봉수는 이렇게 송신 지점에서 정보를 물리적인 형태로 변환시켜 보내고, 수신 지점에서는 송신측에서 보낸 정보를 정해진 규약에 따라 복원해내는 통신 방식이다. 이러한 방식은 현대 디지털 통신과 유사한 점이 많다.

정보를 송신하기 위해서는 먼저 보내려고 하는 정보를 송수신자가 합의한 일정한 규칙에 의거하여 부호로 변환시켜야 하는데, 이를 부호화 과정이라 한다. 디지털 통신에서는 정보를 불연속적인 신호 체계를 통해 보내기 때문에, 부호화는 표본화 및 이산화 두 단계의 과정을 통해 이루어진다. 여기에서 표본화는 정보에서 주요한 대목만을 추려내어 불연속적인 것으로 바꾸는 과정이다. 이산화란 표본화 과정을 거친 정보를 이진수 또는 자연수 등 불연속적 신호 체계에 대응시키는 과정이다. 이렇게 부호화된 정보는 또다시 전송 매체의 성질에 맞는 형태로 바꾸는 과정이 필요하며, 이를 변조라 한다.

봉수의 송신 체계도 이와 비슷한 과정을 거친다. 먼저 전달하고자 하는 정보를 위급한 정도에 따라 '아무 일도 없음', '적이 출현했음', '적이 국경에 다가오고 있음', '국경을 넘었음', '피아간에 전투가 벌어지고 있음'으로 표본화한다. 표본화 과정을 거친 5개의 정보는 위급한 순서에 따라 가장 덜 위급한 것부터 1, 2, 3, 4, 5의 수에 대응시켜 이산화한다. 그리고 봉수의 신호는 불빛이나 연기의 형태로 전송되므로 이산화된 수만큼 불을 지피는 것으로 변조한다.

봉수의 신호 체계에서는 표본화된 정보를 아궁이에 불을 지핀 숫자에 대응하는 자연수로 이산화했지만, 이산화하는 방법이 이것만 있는 것은 아니다. 현대 디지털 통신 체계와 같이 이진 부호 체계를 도입하여 각각의 아궁이에 불을 지핀 경우를 1로, 지피지 않은 경우를 0으로 하여 이산화한다면 봉수에서도 원리상 5가지 이상의 정보를 전송할 수 있다.

① 봉수의 신호 전송 체계에서 아궁이에 불을 지피는 것은 변조 과정이다.
② 이산화 방법을 달리하면 봉수는 최대 10가지 정보를 전송할 수 있다.
③ 봉수 신호의 부호화 규칙을 알지 못한다면 수신자는 올바른 정보를 복원할 수 없다.
④ 봉수대에서 변조된 신호의 형태는 낮과 밤이 다르다.
⑤ 봉수를 이용한 신호 전송에서, 연기가 두 곳에서 피어오른 봉수 신호는 '적이 출현했음'을 나타낸다.

문 5. 다음 글의 핵심 논지로 가장 적절한 것은?

지식에 대한 상대주의자들은 한 문화에서 유래한 어떤 사고방식이 있을 때, 다른 문화가 그 사고방식을 수용하게 만들 만큼 논리적으로 위력적인 증거나 논증은 있을 수 없다고 주장한다. 왜냐하면 문화마다 사고방식의 수용 가능성에 대한 서로 다른 기준을 가지고 있기 때문이다. 이를 바탕으로 그들은 서로 다른 문화권의 과학자들이 이론적 합의에 합리적으로 이를 수 없다고 주장한다. 이러한 주장은 한 문화의 기준과 그 문화에서 수용되는 사고방식이 함께 진화하여 분리 불가능한 하나의 덩어리를 형성한다고 믿기 때문에 나타난다.

예를 들어 문화적 차이가 큰 A와 B의 두 과학자 그룹이 있다고 하자. 그리고 A그룹은 수학적으로 엄밀하고 놀라운 예측에 성공하는 이론만을 수용하고, B그룹은 실제적 문제에 즉시 응용 가능한 이론만을 수용한다고 하자. 그렇다면 각 그룹은 어떤 이론을 만들 때, 자신들의 기준을 만족할 수 있는 이론만을 만들 것이다. 그 결과 A그룹에서 만든 이론은 엄밀하고 놀라운 예측을 제공하겠지만, 응용 가능성의 기준에서 보면 B그룹에서 만든 이론보다 못할 것이다. 즉 A그룹이 만든 이론은 A그룹만이 수용할 것이고, B그룹이 만든 이론은 B그룹만이 수용할 것이다. 이처럼 문화마다 다른 기준은 자신의 문화에서 만들어진 이론만 수용하도록 만들 것이다. 이것이 상대주의자의 주장이다.

그러나 한 사람이 특정 문화나 세계관의 기준을 채택한다고 해서 그 사람이 반드시 그 문화나 세계관의 특정 사상이나 이론을 고집하는 것은 아니다. 다음과 같은 상상을 해 보자. A그룹이 어떤 이론을 만들었는데, 그 이론이 고도로 엄밀하고 놀라운 예측에 성공함과 동시에 즉각적으로 응용할 수 있는 것이라 하자. 그렇다면 A그룹뿐 아니라 B그룹도 그 이론을 받아들일 것이다. 실제로 데카르트주의자들은 뉴턴 물리학이 데카르트 물리학보다 데카르트적인 기준을 잘 만족했기 때문에 결국 뉴턴 물리학을 받아들였다.

① 과학 이론 중에는 다양한 문화의 평가 기준을 만족하는 것이 있다.
② 과학의 발전 과정에서 이론 선택은 문화의 상대적인 기준에 따라 이루어진다.
③ 과학자들은 당대의 다른 이론보다 탁월한 이론에 대해서는 자기 문화의 기준으로 평가하지 않는다.
④ 과학의 발전 과정에서 엄밀한 예측 가능성과 실용성을 판단하는 기준이 항상 고정된 것은 아니다.
⑤ 문화마다 다른 평가 기준을 따르더라도 자기 문화에서 형성된 과학 이론만을 수용하는 것은 아니다.

문 6. 다음 글의 ㉠~㉤에 들어갈 말로 적절하지 않은 것은?

한국어 특수조사 중 '은/는'은 그 의미를 추출하기가 가장 어려운 종류에 속한다. 특히 주어 자리에 쓰였을 때 주격조사 '이/가'와 그 용법이 어떻게 다른지를 가려내는 일은 만만치 않다. 일단, 주어 자리가 아닐 때 '은/는'의 의미는 비교적 선명하게 드러난다. 예컨대 "이 꽃이 그늘에서는 잘 자란다."는 이 꽃이 그늘이 아닌 곳에서는 잘 자라지 않는다는 전제를 깔고 있음을 나타낸다. ┌─㉠─┐가 그 예이다.

주어 자리에 쓰이는 '은/는' 역시 대조의 의미를 나타내기도 한다. ┌─㉡─┐에서 주어 자리에 쓰인 것들은 의미상 대조된다. 그러나 이러한 경우를 제외하고서 주어 자리의 '은/는'이 그 의미가 항상 잘 파악되는 것은 아니다. 앞의 예에서처럼 대조되는 두 항을 한 문장에서 말한다면 상대적으로 쉽게 파악되지만, 그렇지 않은 경우에는 말하지 않은 나머지 한쪽에 무엇이 함축되어 있는지가 주어 이외의 자리에서만큼 쉽게 떠오르지 않기 때문이다.

주격조사 '이/가'는 특수조사가 아니기 때문에 어떤 특별한 의미를 대표할 필요가 없다. 다른 것은 전혀 고려하지 않고 단지 바람 부는 현상을 말할 때 ┌─㉢─┐라고 해서는 안 되는 것이다. '은/는'의 경우 특별한 의미를 지니는데, 그 의미는 궁극적으로 '대조'와 관련되어 있겠지만 그것으로 모두 설명되지는 않는다. 그래서 관점을 달리하여 '알려진 정보'의 관점에서 설명하기도 하는데, 새로 등장하는 대상이 아니라 이미 알려진 대상일 경우에 '은/는'을 쓴다는 것이다. 이렇게 볼 때 ┌─㉣─┐는 어색하다.

'은/는'과 주격조사의 차이를 초점에서 찾기도 한다. 발화의 상황에서 이미 알려진 정보는 초점의 대상이 아닐 테니, '은/는'의 경우 서술어 쪽에 초점이 놓인다는 것이다. "소나무는 상록수이다."라고 하면 "여러분이 아는 소나무로 말할 것 같으면"의 뜻으로 하는 말이므로 소나무는 이미 초점의 대상에서 벗어나 있고 '상록수이다'에 초점이 놓인다. ┌─㉤─┐에서는 서술어 대신 '영미'에 초점이 놓이며 "여러 아이 중에서"의 뜻이 함축되어 있다.

① ㉠ : "그 작가는 원고를 만년필로는 쓰지 않는다."
② ㉡ : "소나무는 상록수이고, 낙엽송은 그렇지 않다."
③ ㉢ : "바람은 분다."
④ ㉣ : "그 사람이 결국 시험에 합격하였다."
⑤ ㉤ : "영미는 노래를 잘 한다."

문 7. 다음 글의 ㉠과 ㉡에 들어갈 말로 적절한 것은?

우리말의 어휘는 그 기원에 따라 가장 아래에 고유어가 있고, 그 위를 한자어가 덮고 있으며, 맨 위에는 한자어 이외의 외래어가 얹혀 있다. 토박이말이라고도 하는 고유어는 말 그대로 바깥에서 들어온 말이 아닌 한국어 고유의 말이다. 하늘·아들·나라 따위의 낱말들이 그 예이다. 고유어는 기초 어휘에 속하는 말들이 많고, 한자어나 외래어에 견주어 정서적 호소력이 크다. 그러나 낱말의 기원이 분명하지 않은 경우가 많아 그 범위를 엄밀하게 확정하기 힘들다는 문제도 있다. 그래서 현실적으로 고유어는 한자어와 외래어를 뺀 나머지 어휘 전체를 범위로 삼는다.

이렇게 느슨하게 정의된 고유어에는 많은 차용어들이 포함된다. 예컨대 보라매의 '보라'는 몽골어에서, '스라소니'는 여진어에서 차용한 것이다. 이보다 더 흔한 것은 한자어에서 차용한 낱말들이다. ┌─㉠─┐. 벼락·서랍·썰매 같은 낱말들은 지금은 고유어가 맞지만 처음부터 고유어는 아니었고, 벽력(霹靂)·설합(舌盒)·설마(雪馬) 같은 한자어를 사용하다 형태가 변한 것들이다. 이런 유형의 낱말 가운데는 괴이하고 흉악하기 짝이 없다는 '괴악(怪惡)하다'에서 온 '고약하다'처럼 그 형태뿐 아니라 의미가 달라진 것들도 있다.

한국어 어휘의 두 번째 층인 한자어는 한자로 표기될 수 있다는 점에서 고유어와 구분된다. ┌─㉡─┐. 한자어에는 신체(身體)·처자(妻子)처럼 중국에서 차용한 말들 이외에, 철학(哲學)·분자(分子)처럼 일본에서 만들어져 수입된 한자어도 있고, 또 어중간(於中間)·양반(兩班)처럼 우리나라에서 만들어진 한자어도 포함된다.

① ㉠ : 본디 한자어였던 것이 고유어의 발음과 유사해서 고유어로 바뀐 것이다
㉡ : 한자어가 한자로 표기된다고 해서 모두 중국에서 유래된 것은 아니다

② ㉠ : 본디 한자어였던 것이 고유어의 발음과 유사해서 고유어로 바뀐 것이다
㉡ : 언어 간 차용 이후 우리말에 동화된 정도는 낱말의 기원이 어디인지에 따라 다르다

③ ㉠ : 본디 한자어였던 것이 형태가 바뀌어 한자 표기를 할 수 없게 된 것이다
㉡ : 한자어가 한자로 표기된다고 해서 모두 중국에서 유래된 것은 아니다

④ ㉠ : 본디 한자어였던 것이 형태가 바뀌어 한자 표기를 할 수 없게 된 것이다
㉡ : 언어 간 차용 이후 우리말에 동화된 정도는 낱말의 기원이 어디인지에 따라 다르다

⑤ ㉠ : 본디 한자어였던 것이 기존의 고유어를 밀어내고 고유어의 지위를 차지한 것이다
㉡ : 한자어가 한자로 표기된다고 해서 모두 중국에서 유래된 것은 아니다

문 8.　다음 글에서 추론할 수 있는 것만을 〈보기〉에서 모두 고르면?

　　기계식 한글 타자기를 구현하는 것이 어려운 이유는 크게 두 가지이다.

　　첫째, 영문 타자기는 한 알파벳을 찍을 때마다 종이가 한 칸씩 움직인다. 그러나 한글은 자음과 모음을 조합하여 초성, 중성, 종성을 한 음절로 모아쓰는 문자이므로 타자기가 하나의 자음 또는 모음을 찍을 때마다 종이가 한 칸씩 움직인다면 받침을 제자리에 찍을 수 없다. 따라서 한글 타자기는 영문 타자기처럼 하나의 자음이나 모음을 찍을 때마다 종이가 움직이는 '움직글쇠'로만 구성되어서는 안 되며, 글쇠 중 일부는 자음 또는 모음이 찍혀도 종이가 움직이지 않는 '안움직글쇠'여야 한다.

　　둘째, 모아쓰는 과정에서 낱글자들의 모양이 조금씩 바뀌는 문제이다. 'ㄱ'이 초성으로 쓰일 때, 종성으로 쓰일 때는 물론, 어떤 모음과 어울려 쓰는지, 받침이 있는지 없는지에 따라 다른 모양을 갖는다. 중성에서 쓰이는 모음도 두 가지 이상의 다른 모양을 갖는다. 이러한 모양을 다 구현하는 타자기를 만들려면 적어도 300여 개의 글쇠가 필요하다.

　　이런 문제로 인해 한글 타자기는 적절한 글쇠의 수를 결정할 필요가 있었다. 다섯벌식 타자기의 경우, 'ㅗ'나 'ㅜ'처럼 가로로 긴 모음과 어울려 쓰는 초성 자음 한 벌, 나머지 모음('ㅣ'나 'ㅏ'처럼 세로로 긴 모음과 이 모음이 들어간 이중모음)과 어울려 쓰는 초성 자음 한 벌, 받침이 있을 때 쓰는 모음 한 벌, 받침이 없을 때 쓰는 모음 한 벌, 종성 자음 한 벌이 있다.

　　네벌식의 경우, 세로로 긴 모음과 어울려 쓰는 초성 자음 한 벌, 세로로 긴 모음이 들어간 이중모음과 어울려 쓰는 초성 자음 한 벌, 모음 한 벌이 있다. 가로로 긴 모음과 어울려 쓰는 초성 자음 한 벌은 다섯벌식 타자기와 같은 글쇠를 사용한다. 종성 자음은 가로로 긴 모음과 어울려 쓰는 초성 자음 글쇠를 기계적인 방법을 통해 글쇠가 찍히는 위치를 조정하는 방식으로 활용한다.

─── 〈보 기〉 ───

ㄱ. 한글 타자기의 받침이 있는 글자의 모음에 대한 글쇠는 움직글쇠이다.

ㄴ. 다섯벌식 한글 타자기에서 '밤'이라는 글자의 'ㅏ'를 쓰기 위해 사용하는 글쇠와 '나'라는 글자의 'ㅏ'를 쓰기 위해 사용하는 글쇠는 다르다.

ㄷ. 다섯벌식 한글 타자기에서 '꿈'이라는 글자의 'ㅁ'을 쓰기 위해 사용하는 글쇠와 '목'이라는 글자의 'ㅁ'을 쓰기 위해 사용하는 글쇠는 다르지만, 네벌식 한글 타자기에서는 같다.

① ㄱ

② ㄴ

③ ㄱ, ㄷ

④ ㄴ, ㄷ

⑤ ㄱ, ㄴ, ㄷ

문 9.　다음 글의 ㉠을 이끌어내기 위하여 추가해야 할 전제로 가장 적절한 것은?

　　사진작가 슬레이터는 '나루토'라는 이름의 원숭이에게 카메라를 빼앗긴 일이 있었는데 다시 찾은 그의 카메라에는 나루토의 모습이 찍힌 사진이 저장되어 있었다. 슬레이터는 나루토가 찍은 사진을 자신의 책을 통해 소개하였는데, 이 사진이 인터넷에 무단으로 돌아다니면서 나루토의 사진이 저작권의 대상이 되느냐가 논란이 되었다.

　　논란의 초점은 나루토의 사진이 과연 '셀카'인가 하는 것이었다. 셀카는 자신의 모습을 담으려는 의도로 스스로 찍은 사진이며, 그렇기에 셀카는 저작권의 대상이 된다는 것이 통념이다. 나루토가 찍은 사진이 셀카가 아니라면 저작권의 대상이 되지 않을 것이다. 나루토가 찍은 사진이 셀카로 인정받으려면, 그가 카메라를 사용하여 그 자신의 사진을 찍었을 뿐 아니라 찍을 때 자기 모습을 찍으려는 의도가 있어야 하고 그 의도를 실현할 능력이 있어야 한다. 슬레이터는 나루토가 이런 의미의 셀카를 찍었다고 주장한다. 하지만 이는 인간의 행위를 원숭이에 투사하는 바람에 빚어진 오해다. 자아가 없는 나루토가 한 일은 단지 카메라를 조작하는 인간의 행위를 흉내 낸 것뿐이기 때문이다. 따라서 ㉠ 나루토의 사진은 저작권의 대상이 될 수 없다. 나루토는 그저 카메라를 특별히 잘 다루는 원숭이였을 뿐이다.

① 자아를 가지지 않으면서 인간의 행위를 흉내 낼 수는 없다.

② 자기 모습을 찍으려는 의도가 있다는 것은 자아를 가졌다는 것이다.

③ 자기 모습을 찍으려는 의도를 실현할 능력이 있는 경우에만 자아를 가진다.

④ 자기 모습을 찍으려는 의도가 있다는 것은 그 사진에 대한 저작권이 있다는 것이다.

⑤ 자기 모습을 찍으려는 의도를 실현할 능력이 없으면서 인간의 행위를 흉내 낼 수는 없다.

문 10. 다음 대화의 ㉠과 ㉡에 들어갈 말을 적절하게 나열한 것은?

갑 : 당뇨 환자에게 처방할 약품 A~G를 어떤 방식으로 사용해야 할지 고민하고 있는데, 정말 난감한 상황이야. A를 사용하지 않으면 C를 사용해야 하고, B를 사용하지 않으면 D를 사용해야 해서 말이야.

을 : 그게 걱정이 되는 이유는 뭐야?

갑 : 결국 C나 D 중 적어도 하나를 사용할 수밖에 없게 되잖아. 그런데 지난달부터 C와 D가 금지 약물로 지정되어서 C나 D를 사용할 수 없게 되었어.

을 : 그렇게 걱정하는 걸 보니, 너는 [㉠   ]고 생각하고 있구나? 그렇다면 걱정할 필요 없어.

병 : 실은 나도 그것 때문에 걱정인데, 어째서 걱정할 필요가 없어?

을 : E와 F를 모두 사용하지 않을 경우에는 A와 B를 모두 사용해야 하거든.

병 : 그래? 그럼 너는 E도 F도 모두 사용하지 않게 될 것이라고 생각하는구나?

을 : 맞아.

병 : 네 말이 모두 참이라면 정말 금지 약물을 걱정할 필요가 없겠네.

갑 : 아니야. 을이 잘못 알고 있는 게 있어. F는 필수적으로 사용해야 하거든.

을 : 그래도 걱정할 필요는 없어. 왜냐하면, [㉡   ]고 하거든.

갑 : 그래? 그럼 걱정할 필요가 없겠네. G를 사용할 필요는 없으니까.

① ㉠ : A와 B 중 적어도 하나는 사용해야 한다

   ㉡ : A와 B를 모두 사용할 경우 F는 사용해야 한다

② ㉠ : A와 B 중 적어도 하나는 사용하지 않아야 한다

   ㉡ : A와 B를 모두 사용할 경우 F는 사용해야 한다

③ ㉠ : A와 B 중 적어도 하나는 사용하지 않아야 한다

   ㉡ : A와 B를 모두 사용할 경우 G를 사용하지 않아야 한다

④ ㉠ : A와 B 중 적어도 하나는 사용해야 한다

   ㉡ : F를 사용하고 G를 사용하지 않을 경우, A와 B를 모두 사용해야 한다

⑤ ㉠ : A와 B 중 적어도 하나는 사용하지 않아야 한다

   ㉡ : F를 사용하고 G를 사용하지 않을 경우, A와 B를 모두 사용해야 한다

문 11. 다음 글의 내용이 참일 때 반드시 참인 것만을 〈보기〉에서 모두 고르면?

행복대학교 학생은 매 학기 성적, 봉사, 외국어, 윤리, 체험이라는 다섯 영역에 관해 평가 받는다. 이 중 두 영역은 동창회 장학금과 재단 장학금 수혜자를 선정할 때 고려하는 영역이기도 하다. 그 두 영역 중에서 어느 쪽이든 한 영역의 기준만 충족하면 동창회 장학금을 받고, 두 영역의 기준을 모두 충족하면 재단 장학금을 받는다. 그 외의 경우에는 둘 중 어느 것도 받지 못한다. 단, 두 장학금을 동시에 받을 수는 없다.

이 학교 학생 갑, 을, 병에 관하여 다음과 같은 사실이 알려져 있다.

• 갑은 봉사 영역과 외국어 영역 기준을 충족하지 못하고 성적 영역 기준은 충족했는데, 동창회 장학금 수혜자가 아니다.
• 을은 성적 영역 기준을 충족하지 못하고 나머지 네 영역 기준은 충족했는데, 재단 장학금 수혜자가 아니다.
• 병은 성적 영역과 윤리 영역 기준을 충족했는데, 동창회 장학금 수혜자이다.

〈보 기〉

ㄱ. 성적 영역 기준만 충족한 행복대학교 학생은 동창회 장학금 수혜자가 된다.

ㄴ. 체험 영역 기준을 충족하지 못한 행복대학교 학생은 재단 장학금 수혜자가 되지 못한다.

ㄷ. 봉사 영역과 외국어 영역 기준만 충족한 행복대학교 학생은 동창회 장학금과 재단 장학금 중 어느 쪽 수혜자도 되지 못한다.

① ㄱ

② ㄴ

③ ㄱ, ㄷ

④ ㄴ, ㄷ

⑤ ㄱ, ㄴ, ㄷ

문 12. 다음 글의 내용이 참일 때 반드시 참인 것은?

> 수습 사무관 갑, 을, 병, 정을 A, B, C, D 네 도시 중 필요한 도시에 배치해 연수 프로그램을 시행하였다. 이와 관련해 다음과 같은 사실이 알려져 있다.
>
> • 세 명 이상의 수습 사무관이 배치되는 도시는 없다.
> • 두 도시 이상에 배치되는 수습 사무관은 아무도 없다.
> • 갑이 A시에 배치되면, 을은 C시에 배치되지 않는다.
> • 갑은 B시에 배치되지 않는다.
> • 을과 병은 같은 시에 배치된다.
> • 병이 B시에 배치되면, 갑은 D시에 배치되지 않는다.
> • D시에는 한 명이 배치된다.

① 갑이 C시에 배치되면, 병은 A시에 배치된다.
② 을이 B시에 배치되지 않으면, 정은 D시에 배치된다.
③ 병이 C시에 배치되면, 갑은 D시에 배치되지 않는다.
④ 정이 D시에 배치되면, 갑은 A시에 배치된다.
⑤ 정이 D시에 배치되지 않으면, 을은 B시에 배치되지 않는다.

문 13. 다음 글의 〈논증〉에 대한 분석으로 적절한 것만을 〈보기〉에서 모두 고르면?

> 철학자 A에 따르면, "오늘 비가 온다."와 같이 참, 거짓을 판단할 수 있는 문장만 의미가 있다. A는 이러한 문장과 달리 신의 존재에 대한 문장은 진위를 판단할 수 없고 따라서 무의미하다고 말한다. 하지만 그는 자신이 무신론자도 불가지론자도 아니라고 한다. 다음은 이와 관련된 A의 논증이다.
>
> 〈논증〉
>
> 무신론자에 따르면 ㉠ "신이 존재하지 않는다."가 참이다. 불가지론자는 신의 존재 여부를 알 수 없다고 말한다. 무신론자의 견해는 신의 존재를 주장하는 문장이 무의미하다는 것과 양립할 수 없다. ㉡ "신이 존재한다."가 무의미하다면, "신이 존재하지 않는다."도 마찬가지로 무의미하다. 그 이유는 ㉢ 의미가 있는 문장이어야만 그 문장의 부정문도 의미가 있다는 것이 성립하기 때문이다. 따라서 "신이 존재한다."가 무의미하다면, "신이 존재하지 않는다."가 참이라는 무신론자의 주장은 받아들일 수 없다. 한편 불가지론자는 ㉣ "신이 존재한다."가 참인지 거짓인지 알 수 없다고 주장한다. 이 주장은 "신이 존재한다."가 의미가 있다는 것을 전제하고 있다. 그러므로 불가지론자의 주장도 "신이 존재한다."가 무의미하다는 것과 양립할 수 없다.

> ───── 〈보 기〉 ─────
>
> ㄱ. ㉡과 ㉢으로부터 "신이 존재하지 않는다."가 무의미하다는 것이 도출된다.
> ㄴ. ㉡의 부정으로부터 ㉠과 ㉣ 중 적어도 하나가 도출된다.
> ㄷ. "의미가 없는 문장은 참인지 거짓인지 알 수 없다."라는 전제가 추가되면 ㉡으로부터 ㉣이 도출된다.

① ㄴ
② ㄷ
③ ㄱ, ㄴ
④ ㄱ, ㄷ
⑤ ㄱ, ㄴ, ㄷ

문 14. 다음 글의 실험 결과를 가장 잘 설명하는 것은?

최근 A지역은 과도한 사냥으로 대형 포유류가 감소하였다. 이러한 대형 포유류의 감소는 식물과 동물 간의 상호작용 감소로 이어져 식물 생태계에 부정적인 영향을 줄 수 있다는 주장이 제기되었다. 식물 생태계 유지에 중요한 상호작용 중 하나는 식물 이외의 생물에 의한 씨앗 포식이다. 여기서 '포식'은 동물이 씨앗을 먹는 행위뿐만 아니라 곤충과 같이 작은 동물이 일부를 갉아먹는 행위, 진균류 등에 의한 감염까지 포함한다. 포식된 씨앗은 외피의 일부가 손상되는 효과 등으로 인해 발아할 가능성이 높아진다. 이렇게 씨앗 포식은 발아율을 결정하는 주된 원인이므로 발아율은 씨앗 포식의 정도를 알려주는 지표이다.

한 과학자는 대형 포유류, 소형 포유류, 곤충, 진균류 등 총 네 종류의 씨앗 포식자가 서식하는 A지역에서 같은 종류의 씨앗을 1~6그룹으로 나눈 뒤 일정한 넓이를 가진, 서로 인접한 6개의 구역에 뿌렸다. 이때 1그룹은 아무 울타리도 하지 않은 구역에 뿌려 모든 생물이 접근 가능하도록 하였다. 2그룹은 성긴 울타리만 친 구역에 뿌려 대형 포유류의 접근이 불가능하도록 하였다. 3~6그룹은 소형 포유류와 대형 포유류의 접근이 불가능하도록 촘촘한 울타리를 친 구역에 뿌리되, 4와 6그룹에는 살충제 처리를 하여 곤충이 접근하지 못하게 하였으며, 5와 6그룹에는 항진균제 처리를 하여 진균류의 접근을 차단하였다. 살충제와 항진균제는 씨앗 발아에 영향을 미치지 않는 것만을 사용하였다. 일정 시간 후에 각 그룹에 대해 조사하였다. 포유류에 의한 씨앗 포식량은 1그룹과 2그룹에서 각각 전체 씨앗 포식량의 25%와 7%였고, 발아율은 1~5그룹 사이에서 차이가 없었으며 6그룹에서는 다른 그룹에 비해 현저히 낮았다.

① 한 종류의 씨앗 포식자가 사라지면 남은 씨앗 포식자의 씨앗 포식량이 증가하여 전체 씨앗 포식량은 변화하지 않는다.

② 한 종류의 씨앗 포식자가 사라지더라도 남은 씨앗 포식자의 씨앗 포식량은 변화하지 않는다.

③ 씨앗 포식자 중 포유류가 사라지면 남은 씨앗 포식자의 씨앗 포식량이 변화한다.

④ 씨앗 포식자의 종류가 늘어나면 기존 포식자의 씨앗 포식량이 변화한다.

⑤ 포식자의 유무와 관계없이 씨앗 발아율은 변화하지 않는다.

문 15. 다음 글의 ㉠에 대한 평가로 적절한 것만을 〈보기〉에서 모두 고르면?

지식 귀속 문제는 한 사람이 특정 지식을 가졌는지를 다른 사람이 판단하는 것과 관련된 문제이다. 이와 관련해 두 가지 입장이 있다. 입장 X는 평가자가 평가 대상자(이하 대상자)에게 지식을 귀속시킬지 여부를 판단하는 데 있어서, 대상자와 관련된 이해관계가 중요할수록 평가자는 대상자에게 더 엄격한 기준을 적용한다는 것이다. 입장 Y는 평가자의 대상자에 대한 지식 귀속 여부 판단은 대상자의 이해관계와 무관하다는 것이다. 이 두 입장과 관련해 ㉠ X가 Y보다 대상자에 대한 평가자의 지식 귀속 판단을 더 잘 설명한다는 가설을 검증하기 위해 다음 두 사례를 이용한 실험이 진행되었다.

사례1 : 희수는 한자를 병용해야 하는 글쓰기 과제를 마무리했다. 담당교수는 잘못된 한자 표기를 싫어한다. 희수는 이번 과제에서 꼭 90점 이상을 받아야 할 동기가 없지만, 틀린 한자 표기가 하나도 없기를 바란다. 희수는 한자사전을 사용해서 과제를 꼼꼼히 검토할 예정이다.

사례2 : 서현도 같은 과목의 같은 과제를 마무리했다. 서현은 이 과제에서 90점 이상을 받아야만 A 학점을 받을 수 있고, A 학점을 받지 못하면 장학금을 받지 못해 학교를 계속 다닐 수 없게 된다. 서현도 한자사전을 사용해서 과제를 꼼꼼히 검토할 예정이다.

이 실험에서 귀속되는 지식은 "내 과제에는 한자 표기에 오류가 없다."이다. 이 사례를 제시한 뒤 평가자에게 희수와 서현이 몇 번이나 과제를 검토해야 이들에게 이 지식을 귀속시킬지 물었다. 평가자가 추정한 희수의 검토 횟수와 서현의 검토 횟수를 각각 m과 n이라고 하자.

〈보 기〉

ㄱ. m이 n보다 훨씬 더 작다면 ㉠이 강화된다.

ㄴ. 평가자의 이해관계가 중요할수록 m이 커지면 ㉠이 강화된다.

ㄷ. 서현이 이 과목에서 받을 학점과 상관없이 장학금을 받게 된다고 사례2의 내용을 변경하더라도, 평가자가 응답한 n에 변화가 없다면 ㉠이 약화된다.

① ㄱ

② ㄴ

③ ㄱ, ㄷ

④ ㄴ, ㄷ

⑤ ㄱ, ㄴ, ㄷ

문 16. 다음 글의 A~C에 대한 분석으로 적절한 것만을 〈보기〉에서 모두 고르면?

응보주의에 따르면, 정의에 합치하는 형벌은 평등의 원리에 기초해야 한다. 응보주의의 전통적인 입장인 A는 범죄와 동일한 유형의 행위로 처벌해야 정의롭다고 주장한다. 이 입장은 '눈에는 눈으로'라는 경구로도 널리 알려져 있다. 그러나 이 입장은 동일한 유형의 행위로 처벌할 수 없는 범죄들이 존재하기 때문에 현실적으로 적용할 수 없다는 비판을 받는다.

A의 기본적 관점을 수용하면서도 이러한 비판에 대응하기 위한 입장 B는, 범죄가 발생시킨 고통의 양과 정확히 동일한 고통의 양을 부과하는 형벌로도 정의를 달성할 수 있다고 주장한다. 예를 들어 방화범은 동일한 유형의 행위로 처벌할 수 없지만, 방화로 발생한 고통의 총량과 동일한 고통의 양을 부과하는 형벌로 처벌하는 것으로 정의를 달성할 수 있다. 그러나 B는 고문과 같은 극악무도한 범죄의 경우 동일한 유형의 행위로 처벌하지 않으면 범죄가 유발한 고통의 양에 상응하는 처벌을 할 수 없다는 비판을 받는다.

이런 문제점을 극복하기 위해 나온 입장 C는 형벌이 범죄가 초래한 고통의 양에 의존할 필요는 없다고 본다. 범죄의 엄중함에 비례하는 무거운 형벌로 처벌하는 것만으로도 충분하다는 것이다. 즉 한 사회의 모든 형벌을 무거운 것에서 가벼운 것 순으로 나열하고 범죄의 경중을 따져 배열된 순서대로 적용하여 처벌하면 정의가 달성될 수 있다.

─ 〈보 기〉 ─

ㄱ. 범죄와 정확히 동일한 유형의 행위로 처벌하는 것이 정의롭다는 것에 대해서 A는 동의하지만 B는 동의하지 않는다.

ㄴ. 범죄가 야기한 고통의 양과 형벌이 부과하는 고통의 양을 측정하기 어렵다면, B는 약화되고 C는 약화되지 않는다.

ㄷ. 살인이 가장 큰 고통을 유발하고 죽음 이외에는 같은 양의 고통을 유발할 수 없다면, A, B, C는 모두 사형제를 받아들여야 한다.

① ㄱ
② ㄴ
③ ㄱ, ㄷ
④ ㄴ, ㄷ
⑤ ㄱ, ㄴ, ㄷ

문 17. 다음 글의 갑~병에 대한 평가로 적절한 것만을 〈보기〉에서 모두 고르면?

에스키모는 노쇠한 부모를 벌판에 유기하는 관습을 가지고 있었다. 반면에 로마인은 노쇠한 부모를 정성을 다해 모셨다. 도덕 상대주의는 이와 같은 인류학적 사실에 근거하고 있다. 도덕 상대주의에 따르면, 사회마다 다른 도덕적 관습을 가지며 옳고 그름에 대한 신념 체계는 사회마다 상이하다. 또한 다양한 도덕적 관습과 신념 체계 중 어떤 것이 옳은지 판별할 수 있는 객관적인 기준은 없다.

다음은 도덕 상대주의에 대한 비판들이다.

갑 : 에스키모와 로마인의 관습상 차이는 서로 다른 도덕원리에서 기인한 것처럼 보일 수 있다. 그러나 하나의 도덕원리가 각기 다른 상황에 적용되면서 서로 다른 관습을 초래한 것일 수 있다. 부모와 자식 간의 애정에 근거한 동일한 도덕원리가 에스키모와 로마인에게서 다른 관습을 초래할 수 있다.

을 : 도덕 상대주의가 맞다면, 다른 사회의 관습과 신념 체계를 평가할 수 있는 객관적 기준은 존재하지 않는다. 그래서 다른 사회의 관습과 신념 체계에 대한 평가는 불가능하며 이에 대해 '침묵'해야 한다. 이런 침묵의 의무는 어떤 사회를 막론하고 모든 사회의 구성원에게 절대적인 구속력을 갖는다. 결국 도덕 상대주의는 도덕 절대주의의 이념을 수용해야 하는 역설에 빠지게 된다.

병 : 도덕 상대주의는 시간적 차원에도 적용된다. 따라서 도덕 상대주의를 받아들이면 사회 관습이나 신념 체계의 진보를 말할 수 없게 된다. 과거의 것과 달라졌을 뿐이지 더 낫거나 못하다고 말할 수 없기 때문이다. 그러나 사회 관습이나 신념 체계가 진보했다고 말할 수 있는 사례가 존재한다. 예를 들어 과거와는 달리 노예제를 받아들이는 도덕적 관습이나 신념 체계를 가진 사회는 없다.

─ 〈보 기〉 ─

ㄱ. "두 사회의 관습이 같다면 그 사회들의 도덕원리가 같다."라는 것이 사실이면 갑의 주장은 약화된다.

ㄴ. 우월한 도덕 체계와 열등한 도덕 체계를 객관적으로 구분할 수 있다면 을의 주장은 약화되지 않는다.

ㄷ. 현재의 관습과 신념 체계가 과거의 것보다 퇴보한 사회가 있다면 병의 주장은 약화된다.

① ㄱ
② ㄴ
③ ㄱ, ㄷ
④ ㄴ, ㄷ
⑤ ㄱ, ㄴ, ㄷ

문 18. 다음 글의 ㉠~㉢에 대한 평가로 적절한 것만을 〈보기〉에서 모두 고르면?

오줌을 생산하는 포유류 신장의 능력은 신장의 수질에 있는 헨리 고리와 관련 있다. 헨리 고리의 오줌 농축 방식을 탐구한 과학자들은 헨리 고리의 길이가 길수록 더 농축된 오줌을 생산한다는 ㉠ 가설을 세웠다. 동물은 몸의 크기가 클수록 체중이 무겁고 신장의 크기가 더 커서 헨리 고리가 더 길다. 그래서 코끼리와 같이 큰 포유류는 뾰족뒤쥐와 같은 작은 포유류에 비해 훨씬 더 농축된 오줌을 생산할 수 있어야 한다는 것이다. 그렇지만 지구에서 가장 건조한 환경에 사는 일부 포유류는 몸집이 매우 작은데도 몸집이 큰 포유류보다 더 농축된 오줌을 생산한다.

이런 문제점을 해결하기 위해, 과학자들은 몸의 크기와 비교한 헨리 고리의 상대적인 길이가 길수록 오줌의 농도가 높다는 ㉡ 가설을 제시하였다. 헨리 고리의 길이와 수질의 두께는 비례하므로 과학자들은 크기가 다른 포유류로부터 얻은 자료를 비교하기 위해 새로운 측정값으로 수질의 두께를 몸의 크기로 나눈 값을 '상대적인 수질의 두께(RMT)'로 제시하였다.

추가 연구를 통해 여러 종들에서 헨리 고리는 유형 A와 유형 B 두 종류로 구성되어 있고, 유형 A가 유형 B보다 오줌 농축 능력이 뛰어나다는 것이 밝혀졌다. 이러한 연구 결과를 토대로 과학자들은 헨리 고리 중 유형 B가 차지하는 비중이 작을수록 더 농축된 오줌을 만들어낸다는 ㉢ 가설을 제시했다.

과학자들은 다른 환경에 사는 다양한 크기의 동물들에 대해 측정을 수행했다. 오줌은 농축될수록 어는점이 더 낮아진다. 과학자들은 측정 대상 동물의 체중(W), RMT, 헨리 고리 중 유형 B가 차지하는 비중(R), 오줌의 어는점(FP)을 각각 측정하였고 다음은 그 결과의 일부이다.

종	W(kg)	RMT	R(%)	FP(℃)
돼지	120	1.6	97	−2
개	20	4.3	0	−4.85
캥거루쥐	0.3	8.5	73	−10.4

─────〈보 기〉─────
ㄱ. 돼지와 개의 측정 결과는 ㉠을 약화한다.
ㄴ. 개와 캥거루쥐의 측정 결과는 ㉡을 약화하지 않는다.
ㄷ. 돼지와 캥거루쥐의 측정 결과는 ㉢을 약화한다.

① ㄱ
② ㄷ
③ ㄱ, ㄴ
④ ㄴ, ㄷ
⑤ ㄱ, ㄴ, ㄷ

※ 다음 글을 읽고 물음에 답하시오. [19~20]

㉠ 역관계 원리(IRP)란 임의의 진술 P가 참일 확률과 P가 전달하는 정보량 사이의 역관계에 관한 것이다. IRP에 따르면 정보란 예측 불가능성과 관계가 있다. 동전 던지기에서 동전의 앞면이 나올 가능성이 더 커지게 조작할수록 '그 동전의 앞면이 나올 것이다.'라는 진술 H의 정보량은 적어진다. 그렇게 가능성이 점점 커진 끝에 만약 그 동전을 어떻게 던져도 무조건 앞면만 나오게 될 정도까지 조작을 가한다면 결국 동전 던지기와 관련하여 예측 불가능성이 완전히 사라지게 되는 것이고, 그럴 때 진술 H의 정보량은 0이 된다. 하지만 이런 원리는 두 가지 문제에 직면한다.

IRP에 따르면 P가 참일 확률이 더 커질수록 정보의 양은 더 줄어든다. 만약 누군가가 '언젠가는 코로나 바이러스가 퇴치될 것'이라고 말한다면, '코로나 바이러스가 한 달 내에 퇴치될 것'이라고 말하는 것보다 정보량이 적다. 왜냐하면, 후자의 메시지가 더 많은 상황을 배제하기 때문이다. 이제 P가 항상 참인 진술이라고 해 보자. 이 경우 P가 참일 확률은 가장 높은 100%가 된다. 그리고 IRP에 따르면 P가 항상 참인 진술이라면 그것의 정보량은 0이다. 만약 누군가에게 '코로나 바이러스가 미래에 퇴치된다면, 코로나 바이러스는 미래에 퇴치될 것이다.'라고 들었다면, 어떤 상황도 배제하지 않는 진술을 들은 것이다.

여기서 논리학에서 중요시되는 '논리적 타당성' 개념을 고려해보자. 전제 X_1, X_2, …, X_n으로부터 결론 Y로의 추론이 논리적으로 타당하다는 것은 전제들이 모두 참이면 결론도 반드시 참이라는 것이다. 이것을 달리 말하면 'X_1이고 X_2이고 … X_n이면, Y이다.'라는 조건문이 그 어떤 경우에도 항상 참이 되는 진술이라는 것이다. 항상 참인 진술의 정보량은 0이므로, 논리적으로 타당한 모든 추론이 제공하는 정보량은 0이라는 결론이 나오게 된다. 이는 우리의 직관에 들어맞지 않는다. 이것이 소위 '연역의 스캔들'이라고 불리는 문제이다.

또 다른 문제를 살펴보자. IRP에 따르면 P가 참일 확률이 낮을수록 P는 더 많은 정보량을 지닌다. 누군가에게 '코로나 바이러스가 호흡기 질환을 일으킨다.'라는 말을 듣는 것이 '코로나 바이러스가 소화기 질환을 일으키거나 호흡기 질환을 일으킨다.'라는 말을 듣는 것보다 정보량이 더 많다. 그 이유는 전자를 만족시키는 상황들이 후자보다 더 적기 때문이다. 그렇다면 우리가 P의 확률을 계속해서 떨어뜨린다고 해 보자. 그러면 우리는 P의 확률이 0%가 되는 단계에 도달할 것이다. 이것은 P가 항상 거짓인 진술이 되었다는 의미이다. 하지만 IRP에 따르면, 이때가 P가 최대의 정보량을 지니는 상황이다. 이처럼 또 다른 반직관적 결론에 도달하게 되는 문제를 소위 '바－힐렐－카르납 역설'이라고 부른다.

문 19. 위 글의 ㉠에 따른 판단으로 적절한 것은?

① P가 참일 확률이 Q가 참일 확률보다 크다면, Q가 제공하는 정보량은 P보다 더 많지만 예측 불가능성은 P가 Q보다 더 크다.

② 어떤 추론의 전제들이 모두 참이면서 결론이 거짓인 것이 불가능하다면, 그 추론은 최대의 정보량을 제공한다.

③ P가 배제하는 상황은 Q도 모두 배제한다면, Q의 정보량은 P의 정보량보다 적지 않다.

④ P의 정보량이 0보다 크기 위해서는 P의 예측 불가능성이 완전히 사라져야 한다.

⑤ 논리적으로 타당하지 않은 추론의 정보량은 0보다 클 수 없다.

문 20. 다음 〈조건〉을 받아들일 때, 〈사례〉에 대해 적절하게 평가한 것만을 〈보기〉에서 모두 고르면?

─〈조 건〉─

IRP를 받아들이되, 임의의 진술이 0보다 큰 정보량을 갖기 위해서는 그것이 참일 수 있어야 한다.

─〈사 례〉─

저녁 식사에 손님들이 오기로 했으나 정확히 몇 명이 올지는 아직 모르는 상태에서 다음과 같은 진술들을 듣는다.

A : 적어도 손님 한 명이 오거나 아무도 오지 않을 것이다.
B : 적어도 손님 세 명이 올 것이다.
C : 손님이 두 명 이상 올 것이다.
D : 손님이 다섯 명 이하로 올 것이다.
E : 적어도 손님 한 명이 오고 또한 아무도 오지 않을 것이다.

─〈보 기〉─

ㄱ. 0보다 큰 정보량을 지닌 진술의 개수는 3이다.
ㄴ. 전제가 B이고 결론이 C인 추론과 "D이면 A이다."라는 조건문의 정보량은 다르다.
ㄷ. "C이고 D이다."라는 진술의 정보량은 E의 정보량과 같다.

① ㄱ
② ㄴ
③ ㄱ, ㄷ
④ ㄴ, ㄷ
⑤ ㄱ, ㄴ, ㄷ

문 21. 다음 글에서 알 수 있는 것은?

일본은 청일전쟁으로 타이완을 차지한 뒤 러일전쟁을 통해 조선과 남만주 일부를 지배하는 대륙국가가 되었다. 일본은 언제부터 대륙 침략의 길을 지향했을까? 이 문제에 대한 한·중·일 3국의 견해는 다음과 같다.

종래 일본에서는 일본의 근대화와 대륙 침략은 불가분의 것이었다고 보았다. 다만 조선으로의 팽창 정책이 기본 노선이었지 중국은 팽창 대상이 아니라고 보았다. 언제부터 대륙으로의 팽창을 기본 방침으로 삼았는지에 대해서는 류큐 분도 교섭 이후와 임오군란 이후로 견해가 나뉘어 있다. 그러나 최근에 청일전쟁까지만 하더라도 일본은 제국주의 국가의 길 말고도 다른 선택지가 있었다는 견해가 대두되었다. 즉 일본의 근대화에서 팽창주의·침략주의는 필연이 아니었는데 청일전쟁이 전환점이 되었다는 것이다.

이에 대해 중국은, 일본의 대륙 침략 목표는 처음부터 한반도와 만주를 차지하는 것이었으며, 이 정책을 수립하기까지 일련의 과정을 거쳤다고 본다. 그에 따르면 메이지 정부는 1868년 천황의 이름으로 대외 확장 의지를 표명하고, 기도 다카요시의 정한론, 오가와 마타지의 청국정벌책안 등에서 대륙 침략의 대상을 명확히 했다. 1890년에는 내각총리대신이 일본의 주권선은 일본 영토, 이익선은 일본과 긴밀한 관계를 갖는 구역인 조선이라고 규정하고, 곧이어 조선, 만주, 러시아 연해주를 영유해야 한다고 했다. 이러한 대륙 침략 방침이 제국의회와 내각의 인가를 얻어 일본의 침략 정책으로 이어졌으며, 청일전쟁, 러일전쟁, 한국병합, 만주사변, 중일전쟁에 이르는 과정은 모두 이 방침을 지속적이고 철저하게 실행에 옮긴 결과라는 것이다.

한편 한국은 일본의 대륙 침략에 있어 정한론에 주목하고 있다. 메이지 정부가 수차례에 걸쳐 조선에 보낸 국서에는 전통적인 교린 관계에서 볼 수 없던 '천황', '황실' 따위의 용어가 있었고, 조선은 규범에 어긋난다며 접수하지 않았다. 정한론은 이를 빌미로 널리 확산되고 주창되었는데, 이에는 자국의 내란을 방지하기 위해 조선과 전쟁을 벌이고 이를 통해 대외 팽창을 꾀하겠다는 메이지 정부의 의도가 담긴 것이라고 한국은 보았다. 1875년 운요호의 강화도 침공은 이를 구체적으로 실행에 옮긴 것이며, 이후로도 일본의 대한국 정책은 이전과 마찬가지로 한결같이 대륙 침략의 방침하에 수행되었다고 한국은 파악하고 있다.

① 한국과 중국은 일본의 대륙 침략이 메이지 정부 이래로 일관된 방침이었다고 본다.

② 최근 일본은 일본이 조선을 침략하지 않았어도 근대화된 대륙국가가 될 수 있었다고 본다.

③ 한국은 조선이 일본과의 전통적 교린 관계를 고수하자 일본 내에서 정한론이 발생했다고 본다.

④ 중국은 일본이 주권선으로 규정한 지역이 정한론에서 이미 침략 대상으로 설정되었다고 본다.

⑤ 기존 일본은 일본이 추진한 조선으로의 팽창 정책이 임오군란 이후 기본 노선으로 결정되었다고 본다.

문 22. 다음 글에서 추론할 수 있는 것은?

영조 3년 6월 2일, 좌부승지 신택이 왕에게 주청하기를, "국경을 지키며 감시하는 파수는 무엇보다 중요한 일입니다. 그런데 압록강 중류에 위치한 강계(江界) 경내에서 국경 파수꾼들이 근무하는 파수보는 백여 곳이나 됩니다. 그곳의 파수는 평안도 지역에 거주하는 백성 중에서 군역을 져야 하는 사람들이 순번을 돌아가며 담당하는데, 파수는 5월부터 9월까지만 하고 겨울 추위가 오기 전에 철수합니다. 파수꾼이 복무하는 달은 다섯 달에 불과하지만, 그 기간 동안 식량도 제공되지 않고, 호랑이의 습격을 받기도 합니다. 그런 까닭에 파수보에 나가는 것을 마치 죽을 곳에 가는 것처럼 꺼리는 사람이 많습니다. 그나마 백성들이 파수를 나갈 때 위안으로 삼는 것은 선왕 때부터 산삼을 캘 수 있도록 허락했다는 사실 하나입니다. 선왕께서는 파수보에 배치된 파수꾼 중 파졸 2명과 지휘자인 파장만 파수보에 남고, 나머지는 부근의 산지에서 산삼을 캘 수 있도록 허락했습니다. 그 후 파졸들은 캐낸 산삼 중 일부는 세금으로 내고, 남은 것을 팔아 파수보에 있는 동안 사용할 식량이나 의복을 마련했습니다. 그런데 평안병사로 임명된 김수는 그런 사정도 모른 채 올해 3월 부임하자마자 파수보에 배치된 어떤 사람도 보를 떠나서는 안 되며 모든 인원은 보에서 소임을 다하라고 명령하고, 그 명령을 어긴 사람을 처벌했습니다. 이런 조치가 취해지니 민심이 동요하고, 몰래 파수보를 벗어나 사라지는 파졸까지 생겨나고 있습니다. 이는 아주 난처한 일이니, 제 소견으로는 규정에 정해진 파수보 정원 9명 중 파장을 제외한 파졸 8명은 절반씩 나누어 한 무리는 파수보를 지키게 하고, 나머지 한 무리는 산삼을 캐게 하되 저녁에는 반드시 파수보로 돌아와 다음날 교대로 근무할 수 있도록 하는 것이 좋을 듯합니다."라고 하였다.

이 말을 듣고 왕이 말하기를, "평안병사가 올 초에 내린 조치를 몇 달 지나지 않아 거두어들이도록 하는 것은 참 난감한 일이다. 하지만 좌부승지가 이렇게 간곡하게 말하니 거절할 수 없겠다."라고 하고 비변사에 명령하여 좌부승지의 의견대로 즉시 시행하게 조치하였다. 이후 강계 파수보에 관한 제반 사항은 영조 대에 그대로 유지되었다.

① 영조 4년 한 해 동안 파졸 1인이 파수보에 있는 시간은 영조 2년보다 2배로 늘었을 것이다.

② 강계의 파수보에 배치된 파졸은 평안도 지역의 군역 대상자 중에서 평안병사가 선발하였을 것이다.

③ 영조 4년 한 해 동안 강계 지역에서 채취된 산삼의 수량은 2년 전에 비해 절반으로 줄었을 것이다.

④ 김수의 부임 이전에 강계에 배치된 파졸들의 최대 사망 원인은 굶주림과 호랑이에 의한 피해였을 것이다.

⑤ 영조 3년 5월에 비해 다음 해 5월 강계의 파수보에서 파수 근무해야 하는 1일 인원수가 줄어들었을 것이다.

문 23. 다음 글에서 알 수 없는 것은?

21세기 들어 서울을 비롯한 아시아의 도시들은 이전 세기와는 또 다른 변화를 겪고 있다. 인문·예술 분야의 종사자들이 한 장소에 터를 잡거나 장소를 오가면서 종전과 다른 새로운 미학과 감정을 부여하여 그 장소들의 전반적 성격을 변화시키고 있기 때문이다. 이들은 오래된 기존의 장소를 재생시키거나 새로운 장소로 만들어 냈다. 개발로부터 소외되었던 장소의 오래된 건물이나 좁은 골목길 등을 재발견하고 새로운 감각, 서사, 감정을 끌어냈다. 그런데 얼마 지나지 않아 이 새로운 변화를 만들어 낸 사람들이 원주민들과 함께 이곳에서 쫓겨나 다른 곳으로 옮겨가는 현상이 나타났다. 이를 함축적으로 지칭하는 용어가 '젠트리피케이션'이다. 이는 흔히 '도심의 노동계급 거주 지역이나 비어 있던 지역이 중간계급의 거주 및 상업 지역으로 변환되는 것'을 의미한다.

서양 도시의 젠트리피케이션에서 기존 도시 공간이 중간계급의 주택가와 편의 시설로 전환되는 과정은 구역별로 점진적으로 진행된다. 반면 아시아 도시의 젠트리피케이션은 다소 다른 양상을 띤다. 기존 도시 공간이 대량의 방문객을 동반하는, 소비와 여가를 위한 인기 장소를 갖춘 상권으로 급격하게 전환되는 형태이다. 임대료가 상대적으로 싸지만 독특한 매력을 갖춘 문화·예술 관련 장소가 많던 곳에 점차 최신 유행의 카페, 레스토랑 등이 들어선다. 주택가의 상권 전환과 더불어 기존 상권의 성격 전환이 일어나는 것이다.

이런 상업적 전치(轉置)의 부정적 양상은 부동산 중개업자의 기획, 임대업주의 횡포, 프랜차이즈 업체의 진출로 정점을 찍는다. 부동산 가격과 임대료의 상승으로 그곳에서 거주하거나 사업을 하던 문화·예술인과 원주민들이 다른 곳으로 밀려난다. 임대료를 감당하지 못하거나 재계약을 거부당하기도 하고 건물이 철거되어 재건축되기도 한다. 이런 상업적 전치는 다양한 모습으로 나타나지만 과정이 자발적이지 않다는 점은 공통된다. 창의적 발상으로 만들어지고 운영되면서 그저 상업적이라고만 부르기 힘들었던 곳들이 체계적 전략을 가진 최신의 전문적 비즈니스 공간으로 대체된다. 그리고 이곳에서 밀려날까봐 불안한 사람들이 불만, 좌절, 분노 등이 집약된 감정에 사로잡힌다.

① 21세기 들어 서양의 도시에서는 중간계급이 도심 지역으로 이주하는 현상이 활발하게 나타났다.

② 상업적 전치 과정에서 원주민의 비자발적인 이주가 초래될 뿐 아니라 원주민의 감정적 동요가 발생한다.

③ 서양 도시의 젠트리피케이션에 비해 아시아의 도시에서 발생한 젠트리피케이션은 상권 개발에 집중되는 경향을 띤다.

④ 한국의 젠트리피케이션으로 인한 도시 변화의 속도는 서양의 젠트리피케이션으로 일어난 도시 변화의 속도보다 빠르다.

⑤ 21세기의 한국에서 일어난 기존 장소의 재생이나 재창조와 같은 도시 변화는 인문·예술 분야 종사자가 촉발하고 이끌었다.

문 24. 다음 글에서 알 수 있는 것은?

'가짜 뉴스'란 허위의 사실을 고의적으로 유포하기 위해 언론 보도의 형식을 차용해 작성한 정보이다. 사람들이 가짜 뉴스의 수용 여부를 정할 때 그 뉴스가 자신의 신념에 얼마나 부합하는지가 영향을 미친다. 이는 자신의 신념을 보호하기 위해 그것에 부합하는 정보는 긍정적으로 평가하되, 부합하지 않는 정보는 부정적으로 평가하는 편향적인 정보 처리의 결과이다. 특히, 자신의 신념과 부합하지 않는 가짜 뉴스의 경우 그것이 언론 보도의 외피를 두르고 있어서 인지부조화를 발생시키는데, 이로 인해 해당 뉴스를 부정적으로 평가함으로써 인지부조화를 해소하려는 경향이 있다.

이러한 편향적 사고는 가짜 뉴스가 가짜임을 밝힌 팩트체크의 효과에도 영향을 미친다. 자신의 신념이 가짜 뉴스와 부합할 때와 부합하지 않을 때 팩트체크 효과의 양상은 다르게 나타난다. 우선, 자신의 신념에 부합하지 않는 가짜 뉴스에 대해서는 원래부터 해당 뉴스가 가짜일 것이라는 생각을 가졌을 것이므로 가짜임을 판명하는 팩트체크의 결과를 접하더라도 인지부조화로 인한 내적 갈등의 발생 여지가 크지 않다. 오히려 팩트체크 전에 채 해소되지 않았던 인지부조화가 팩트체크를 통해 해소된다. 따라서 체계적인 정보 처리 대신 피상적인 정보 처리가 주로 이루어지게 된다. 이 경우 팩트체크에서 활용한 정보의 품질이 얼마나 우수한가보다는 정보의 출처가 얼마나 신뢰할 만하다고 생각하는지가 팩트체크의 효과에 더 영향을 미친다.

반면, 자신의 신념에 부합하는 가짜 뉴스의 경우에는 그 뉴스가 가짜라는 팩트체크의 결과를 접하게 되면 자신의 신념과 팩트체크의 결과가 다른 데에서 심각한 인지부조화가 발생하게 되어 오히려 팩트체크의 진실성을 의심하게 된다. 또한 인지부조화에 따른 내적 갈등을 해소하기 위한 의도적 노력의 일환으로 어떻게든 팩트체크의 결과를 부정할 수 있는 근거를 찾아내기 위해 체계적이고 논리적인 정보 처리를 시도하게 된다. 그 결과 자신의 신념이 가짜 뉴스와 부합하지 않을 때와는 달리, 이 경우에는 팩트체크 자체가 얼마나 우수한 품질의 정보를 확보하고 있는지가 팩트체크의 효과에 더 큰 영향을 미친다.

① 가짜 뉴스로 인해 인지부조화가 발생한 사람이 그 뉴스에 대한 팩트체크 결과를 판단하려 할 경우는 팩트체크에서 활용한 정보 출처의 신뢰도에 주로 관심을 둔다.

② 사람들은 자신의 신념에 부합하지 않는 가짜 뉴스가 가짜라는 팩트체크 결과를 접하게 되면 주로 정보의 품질에 의존하여 인지부조화를 해소하려 한다.

③ 가짜 뉴스가 자신의 신념에 부합하는 사람이 그렇지 않은 사람보다 팩트체크에서 활용한 정보의 출처를 더 중시한다.

④ 가짜 뉴스로 인해 인지부조화가 발생한 경우 그 뉴스에 대한 팩트체크의 결과에 의해서도 인지부조화가 발생한다.

⑤ 정보 출처의 신뢰도보다 정보의 품질이 팩트체크의 효과에 더 영향을 미친다.

문 25. 다음 글의 ㉠~㉤을 문맥에 맞게 수정한 것으로 가장 적절한 것은?

가상의 물질 X에 대한 두 가설을 생각해 보자. 첫 번째는 'X는 1,000℃ 미만에서 붉은빛을 내며, 1,000℃ 이상에서는 푸른빛을 낸다.'라는 가설이다. 두 번째는 'X는 1,000℃ 미만에서 붉은빛을 내며, 1,000℃ 이상에서는 푸른빛을 내지 않는다.'라는 가설이다. ㉠ 이 두 가설은 동시에 참일 수는 없지만 동시에 거짓일 수는 있다. 이제 'X가 700℃에서 붉은빛을 낸다.'라는 사실이 관찰되었다고 하자. 이는 X에 대한 두 가설의 예측과 일치한다. 따라서 이 관찰 결과는 두 가설 모두에 긍정적인 증거라고 할 수 있다. 이렇듯 하나의 관찰 결과가 서로 양립불가능한 가설 모두에 긍정적인 증거가 될 수 있는데, 증거관계의 이러한 특징을 '증거관계 제1성질'이라고 하자.

한편, 위의 첫 번째 가설은 'X는 1,000℃ 미만에서 붉은빛을 내거나 푸른빛을 내지 않는다.'라는 가설을 함축한다. 첫 번째 가설이 참일 때 이 가설 역시 참일 수밖에 없기 때문이다. 'X가 700℃에서 붉은빛을 낸다.'라는 관찰 결과는 첫 번째 가설의 긍정적 증거이므로 이 가설에 대해서도 긍정적인 증거가 된다. 이런 점에서 '어떤 관찰 결과가 가설의 긍정적인 증거라면, 그 관찰 결과는 ㉡ 해당 가설이 함축하고 있는 다른 가설에도 긍정적인 증거이다.'라는 진술은 충분히 받아들일 수 있는 것으로 보인다. 이를 '증거관계 제2성질'이라고 하자.

마지막으로 우리는 '어떤 관찰 결과가 가설의 긍정적인 증거라면, 그 관찰 결과는 그 가설이 거짓이라는 것에 대한 부정적인 증거이다.'라는 진술도 받아들일 수 있다. 위에서 언급한 관찰 결과는 'X는 1,000℃ 미만에서 붉은빛을 낸다.'라는 것의 긍정적인 증거이다. 그렇다면 그 관찰 결과가 '㉢ X는 1,000℃ 미만의 어떤 온도에서는 붉은빛을 내지 않는다.'의 부정적인 증거인 것은 분명하다. 이런 특징을 '증거관계 제3성질'이라고 하자.

이 증거관계의 세 가지 성질은 설득력이 있어 보인다. 하지만 이 성질들은 서로 충돌한다. 예를 들어, 가설 H1과 H2가 양립불가능하며, 관찰 결과 O가 가설 H1의 긍정적 증거라고 가정하자. 그렇다면 ㉣ H2가 거짓이라는 것은 H1을 함축하기 때문에, 증거관계 제2성질에 의해서 O는 H2가 거짓이라는 것에 대한 긍정적 증거가 된다. 그리고 증거관계 제3성질에 의해서 ㉤ O는 H2가 거짓이 아니라는 것에 대한 부정적 증거일 수밖에 없게 된다. 이러한 결과는 증거관계 제1성질이 제3성질과 충돌한다는 것을 보여준다. 이렇게 볼 때 위에서 언급한 증거관계의 세 성질이 동시에 성립할 수 없다고 결론 내려야 한다.

① ㉠을 "이 두 가설은 동시에 참일 수 없으며 동시에 거짓일 수도 없다"로 바꾼다.

② ㉡을 "해당 가설을 함축하고 있는 다른 가설에도 긍정적인"으로 바꾼다.

③ ㉢을 "X는 1,000℃ 이상에서도 붉은빛을 낸다"로 바꾼다.

④ ㉣을 "H1은 H2가 거짓이라는 것을 함축"으로 바꾼다.

⑤ ㉤을 "O는 H2가 거짓이 아니라는 것에 대한 긍정적 증거일 수밖에 없게 된다"로 바꾼다.

문 26. 다음 글의 빈칸에 들어갈 내용으로 가장 적절한 것은?

어떤 수를 나누어떨어지게 하는 수를 약수라고 한다. 예를 들어 20의 약수는 1, 2, 4, 5, 10, 20이다. 소수는 자연수 중에서 1과 자신 이외의 수로는 나누어떨어지지 않는 수를 말한다. 이때 1은 소수가 아니라고 본다. 수학자들은 '1을 제외한 모든 자연수가 소수이거나 소수를 약수로 가진다.'라는 것을 증명했다. 더 나아가 수학자들은 '소수는 무한히 많다.'라는 명제를 증명하고 싶어 했다. 그런데 소수를 일일이 꼽아보는 과정을 통해서는 원하는 증명을 얻을 수 없다. 대신 수학자들은 논증을 통해 이 명제를 증명했는데, 이는 '임의의 소수 N에 대해서 N보다 큰 소수가 존재한다.'라는 것을 보임으로써 이루어진다.

우선 1부터 자연수 N 사이의 모든 자연수를 곱한 수, 1×2×3×⋯×N, 즉 N!을 생각해 보자. 이 수는 N까지의 모든 자연수로 나누어떨어진다. 그렇다면 N!에 1을 더한 수, (N!+1)은 어떤가? 이 수는 2로 나누어도 1이 남고, 3으로 나누어도 1이 남고, N으로 나누어도 1이 남는다. 따라서 (N!+1)은 2에서 N까지의 어떤 소수로도 나누어떨어지지 않는다. 그렇다면 _____. (N!+1)이 소수일 경우에는 (N!+1)은 N보다 크므로 N보다 큰 소수가 존재한다. (N!+1)이 그보다 작은 소수로 나누어떨어지는 경우에도, 그 소수는 N보다 클 수밖에 없다. 따라서 이런 경우에도 N보다 큰 소수가 존재한다. 이는 임의의 자연수에 대해서 참이므로, N이 소수인 경우에도 참이다. 즉 임의의 소수 N에 대해서, N보다 큰 소수가 존재한다는 것을 알 수 있다.

① (N!+1)은 소수이다

② (N!+1)은 소수이거나, N보다 작은 소수를 약수로 갖는다

③ (N!+1)은 소수이거나, N보다 크고 (N!+1)보다 작은 소수를 약수로 갖는다

④ (N!+1)은, N보다 크고 (N!+1)보다 작은 소수를 약수로 갖는다

⑤ (N!+1)은 소수가 아니고, N보다 크고 (N!+1)보다 작은 소수를 약수로 갖는다

문 27. 다음 글의 ㉠~㉣에 들어갈 말을 적절하게 나열한 것은?

"미래에 받기로 되어 있는 100만 원을 앞당겨 현재에 받는다면 얼마 이상이어야 수용할까?" 만일 누군가 미래 100만 원의 가치가 현재 100만 원의 가치보다 작다고 평가하면, 현재에 받아야 되는 금액은 100만 원보다 적어도 된다. 이때 현재가치는 미래가치를 할인하여 계산된다. 반대로 미래 100만 원이 현재 100만 원보다 가치가 크다고 판단하면 현재에 받는 금액은 100만 원보다 많아야 하고, 현재가치는 미래가치를 할증하여 계산된다.

이와 같이 현재가치를 계산하기 위한 미래가치의 할인 혹은 할증의 개념은 시간선호와 밀접하게 관련되어 있다. 시간선호는 선호하는 시점에 따라 현재선호가 될 수도 있고 미래선호가 될 수도 있다. 만일 누군가가 미래보다 현재를 선호한다면 그는 현재선호 성향을 가진 사람이고, 이들은 현재가치를 계산할 때 미래가치를 할인한다. 반대로 현재보다 미래를 선호한다면 미래선호 성향이라고 하고, 이 경우 현재가치를 계산할 때 미래가치를 할증한다.

그러나 시간 자체에 대한 선호 여부와 상관없이 가치를 할인하거나 할증할 수도 있다. 예컨대 현재보다 미래를 선호하는 성향을 가졌음에도 예상치 못한 사고가 발생하여 큰돈이 필요하다면 미래가치의 ㉠ 을 선택할 수밖에 없다. 요컨대 현재선호는 할인의 ㉡ 이 아닌 것이다.

이제 누군가가 1년 뒤의 100만 원과 현재의 90만 원을 동일하게 평가한다고 가정해 보자. 이와 같은 선택의 결과만 보았을 때는 그 사람은 할인을 하고 있는 것이 분명하지만, 이 선택의 결과가 현재선호 때문이라고 확언할 수는 없다. 그 사람이 1년 뒤의 물가가 변동할 것으로 예상한다면, 물가와 반대 방향으로 움직이는 화폐가치의 변동이 그 사람의 의사결정에 영향을 미칠 수도 있다. 물가가 큰 폭으로 ㉢ 것으로 예상하면서도 1년 뒤보다 낮은 수준의 현재 금액을 1년 뒤와 동일하게 평가한다면, 이는 현재선호 때문일 가능성이 크다. 반면 그 사람이 물가가 크게 ㉣ 것으로 확신하여 1년 뒤보다 낮은 수준의 현재 금액을 1년 뒤와 동일하게 평가한다면, 현재선호 때문일 가능성은 위의 상황보다 상대적으로 작아진다.

	㉠	㉡	㉢	㉣
①	할인	필요조건	내릴	오를
②	할인	필요조건	오를	내릴
③	할인	충분조건	내릴	오를
④	할증	필요조건	내릴	오를
⑤	할증	충분조건	오를	내릴

문 28. 다음 글에 비추어 볼 때, 〈사례〉에 대해 추론한 것으로 적절한 것만을 〈보기〉에서 모두 고르면?

우리는 여러 대상들에 대하여 다른 선호를 가지고 있다. 그러면 이 선호를 어떻게 비교할 수 있을까? 예를 들어 생각해보자. 갑은 한식, 중식, 일식, 양식 각각에 대한 선호도를 정량화할 수는 없지만, 그 좋아하는 정도는 한식이 제일 크고 일식이 제일 작다는 것은 분명히 알고 있다. 그러면 실제로 한식과 일식을 좋아하는 정도와 상관없이, 이를 각각 1과 0으로 둔다. 그리고 다음의 두 가지 대안을 놓고 선택하게 하면, 한식·일식에 비추어 다른 음식을 좋아하는 순위도 알 수 있다.

A : 무조건 중식을 먹는다.
B : 한식을 먹을 확률이 0.7, 일식을 먹을 확률이 0.3인 추첨을 한다.

B를 선택할 때 갑이 느끼는 만족의 기댓값은 0.7이다. 따라서 갑이 A와 B 가운데 어떤 선택이라도 상관없다고 생각한다면, 그가 중식을 좋아하는 정도는 0.7이 된다. 한편, 갑이 둘 중 B를 선택한다면 그가 중식을 좋아하는 정도는 0.7보다 작고, A를 선택한다면 그 정도는 0.7보다 크다.

이와 같은 방식을 다른 음식에도 적용하면, 모든 음식의 선호를 비교할 수 있다. 우리가 어떤 음식을 얼마나 좋아하는지 비록 그 절대적 정도를 알 수는 없어도, 다른 음식을 통하여 선호의 순위를 따져볼 수는 있는 것이다.

───────── 〈사 례〉 ─────────

을이 한식, 중식, 일식, 양식 중 좋아하는 정도는 양식이 제일 크고 중식이 제일 작다. 을은 C와 D 중 D를 선택하고, E와 F 중 어떤 대안을 선택해도 상관하지 않는다.

C : 무조건 한식을 먹는다.
D : 양식을 먹을 확률이 0.8, 중식을 먹을 확률이 0.2인 추첨을 한다.
E : 무조건 일식을 먹는다.
F : 양식을 먹을 확률이 0.3, 중식을 먹을 확률이 0.7인 추첨을 한다.

───────── 〈보 기〉 ─────────

ㄱ. 을은 일식보다 한식을 더 좋아할 것이다.
ㄴ. 을은 E보다 "양식을 먹을 확률이 0.5, 중식을 먹을 확률이 0.5인 추첨을 한다."라는 대안을 선택할 것이다.
ㄷ. 을의 음식 선호도가 중식이 제일 높고 양식이 제일 낮은 것으로 바뀌고 각 대안에 대한 선택 결과는 〈사례〉와 동일하다면, 을은 한식보다 일식을 더 좋아할 것이다.

① ㄱ   ② ㄴ
③ ㄱ, ㄷ   ④ ㄴ, ㄷ
⑤ ㄱ, ㄴ, ㄷ

문 29. 다음 대화에 대한 분석으로 적절한 것만을 〈보기〉에서 모두 고르면?

A : 용기라는 덕목에 대해서 생각해 봅시다. 당신은 용기 있는 사람이라면 누구나 대담하다고 생각하나요?
B : 그럼요. 그런 사람은 많은 사람이 두려워하는 일들을 대담하게 수행하지요.
A : 높은 전봇대에 올라가 고압 전류를 다루는 전기 기사나 맹수를 길들이는 조련사는 모두 대담한 사람들이 맞겠죠?
B : 그럼요. 당연하지요.
A : 그럼 그들이 그렇게 대담할 수 있는 이유가 뭘까요?
B : 그것은 전기 기사는 전기에 대해서, 조련사는 맹수에 대해서 풍부한 지식을 지닌 지혜로운 사람들이기 때문이라고 생각합니다. 지혜로운 사람들이란 누구나 자연스럽게 대담해지지요.
A : 저도 동의합니다. 그런데 혹시 어떤 일에 완전히 무지해서 지혜라고는 전혀 없으면서도 대담하다는 것은 인정할 수밖에 없는 사람을 본 적이 있으십니까?
B : 물론이죠. 있고 말고요.
A : 그럼 그런 사람도 용기가 있다고 해야 할까요?
B : 글쎄요. 그랬다간 용기가 아주 추한 것이 되겠지요. 그런 자라면 용기 있는 사람이 아니라 정신 나간 사람입니다.
A : 그렇다면 [㉠   ]라고 추론할 수 있겠군요.

───────── 〈보 기〉 ─────────

ㄱ. "용기 있는 사람은 누구나 지혜롭다."라는 진술은 ㉠에 들어가기에 적절하다.
ㄴ. B의 견해에 따르면, 지혜롭기는 하지만 용기가 없는 사람은 있을 수 없다.
ㄷ. 만약 B가 마지막 진술만 번복하여 '대담한 사람은 모두 용기가 있다.'라고 인정한다면, 세종대왕이 지혜로운 사람이라는 추가 정보를 통해 그가 용기 있는 사람이라고 추론할 수 있다.

① ㄱ
② ㄴ
③ ㄱ, ㄷ
④ ㄴ, ㄷ
⑤ ㄱ, ㄴ, ㄷ

문 30. 다음 글의 내용이 참일 때 반드시 거짓인 것은?

> 갑, 을, 병 세 사람이 A, B, C, D, E, F, G, H의 총 8권의 고서를 나누어 소장하고 있다. 이와 관련해 다음과 같은 사실이 알려져 있다.
>
> - 갑이 가장 많은 고서를 소장하고 있으며, 그 다음은 을이며, 병은 가장 적은 수의 고서를 소장하고 있다.
> - A, B, C, D, E는 서양서이며, F, G, H는 동양서이다.
> - B를 소장한 이는 D도 소장하고 있으나 C는 소장하고 있지 않다.
> - E를 소장한 이는 F도 소장하고 있으나 그 외 다른 동양서를 소장하고 있지는 않다.
> - G를 소장한 이는 서양서를 소장하고 있지 않다.
> - H는 갑이 소장하고 있다.

① 갑은 A와 D를 소장하고 있다.
② 을은 3권의 책을 소장하고 있다.
③ 병은 G를 소장하고 있다.
④ C를 소장한 이는 E도 소장하고 있다.
⑤ D를 소장한 이는 F도 소장하고 있다.

문 31. 다음 글의 내용이 참일 때 반드시 참인 것은?

> 프랜차이즈 회사 갑은 올해 우수매장을 선정했는데 선정 과정에 본사 경영진이 개입했다는 주장이 있지만 이는 아직 불분명하다. 본사 경영진이 우수매장 선정에 개입했다면, A매장이 선정되었을 것이다. 한편 B매장이 선정되었다면, 우수매장 선정에 본사 경영진이 개입했다는 주장이 거짓임이 밝혀진 셈이다. 최종 선정된 우수매장 후보는 A와 B매장 둘뿐이며 이 중 한 군데만이 선정될 상황이었다. 만약 A매장이 우수매장으로 선정되었다면, 갑의 매장 대부분이 본사 직영점이라는 주장이 거짓임이 밝혀졌을 것이다. 또한, B매장이 우수매장으로 선정되었다면, 갑의 매장은 모두 방역 클린 매장이라는 주장과 모두 친환경 매장이라는 주장이 둘 다 거짓인 것은 아니다. 10년째 영업 중인 갑의 B매장은 방역 클린 매장이지만 친환경 매장은 아니다.

① 갑의 올해 우수매장 선정에 본사 경영진의 개입이 없었다면, A매장이 선정되었을 것이다.
② 갑의 매장 대부분이 본사 직영점이라면, 갑의 매장은 모두 방역 클린 매장이다.
③ 갑의 매장 중에는 본사 직영점도 아니고 친환경 매장도 아닌 곳이 있다.
④ 우수매장으로 선정된 곳은 방역 클린 매장이자 친환경 매장이다.
⑤ 갑의 매장 중 방역 클린 매장이 아닌 곳도 있다.

문 32. 다음 글에 대한 분석으로 적절한 것만을 〈보기〉에서 모두 고르면?

> ㉠ 힘센 국가나 조직이 지구의 기상을 마음대로 조작하고 있다는 음모론은 수십 년 전부터 사람들의 입에 오르내려 왔다. 이에 따르면 수십 년 전부터 강대국들은 군사적 목적으로 기류의 흐름을 조종하고 폭풍우를 임의로 만들어내고, 적국에 한파나 폭염을 불러일으키는 등의 날씨를 조작하는 환경전(環境戰)을 펼쳐 왔다. 이들 중 특히 C단체에 따르면 ㉡ 산업 현장 등에서 배출하는 과다한 온실 기체 때문에 지구온난화 현상이 일어나는 것이 아니다. 이들은 ㉢ 강대국 정부가 군사적 목적에서 행하는 비밀스러운 기상조작 활동 때문에 지구온난화 현상이 일어난다고 주장한다.
>
> C단체가 이렇게 주장하는 근거는 무엇인가? 이와 관련하여 이들은 ㉣ 기상조작 기술을 군사적 혹은 상업적으로 이용 및 수출하는 것을 금지하는 국제 통상 조항이 있다는 사실에 주목한다. 바로 이것이 ㉤ 기상조작 기술을 실제로 군사적 혹은 상업적으로 이용하고 있다는 증거라는 것이다. 그리고 C단체는 재해 예방을 위한 인공강우 활용 사례들이 보여주는 것처럼 기상조작 기술은 이미 실용화된 기술이라는 점도 지적한다. 이 때문에 이들은 ㉥ 기상조작 기술이 손쉽게 군사적으로 전용될 수 있다고 여긴다. 이에 더해 ㉦ 강대국 정부들은 자국의 기업들이 지구온난화의 책임으로 납부하는 거액의 세금을 환영한다는 사실 역시 정부가 실제로 기상조작 행위를 수행하고 있음을 보여준다고 C단체는 말한다.
>
> 그러나 지구온난화 현상이 일으키는 국가적 비용은 음모론자들이 말하는 환경전을 통해 얻을 수 있는 재정상의 이익을 압도한다. 그렇기에 정부가 그런 비용을 치르면서까지 기상조작을 수행할 이유가 없다. 따라서 기상조작 음모론은 터무니없다.

〈보 기〉

ㄱ. ㉠에 동의해도 ㉡에 동의할 필요는 없다.
ㄴ. ㉤, ㉥, ㉦에 모두 동의한다면 ㉢에 동의해야 한다.
ㄷ. 무언가가 실제로 행해지고 있을 때만 그것을 금지하는 규정이 존재한다고 전제하면 ㉣로부터 ㉤이 도출된다.

① ㄱ
② ㄴ
③ ㄱ, ㄷ
④ ㄴ, ㄷ
⑤ ㄱ, ㄴ, ㄷ

문 33. 다음 글에 비추어 볼 때, 〈실험〉에 대한 판단으로 적절한 것만을 〈보기〉에서 모두 고르면?

벼농사를 짓던 농부들은 어떤 어린 벼가 정상 벼에 비해 지나치게 빠르게 생장하여 낟알을 형성하기도 전에 죽는 것을 목격하였다. 과학자들은 이 질병이 특이 곰팡이 A의 감염으로 유발됨을 밝혀내었다. 과학자들은 이 곰팡이를 배양한 배양액을 여과한 후 충분히 끓여 배양액 속에 있던 곰팡이를 모두 제거하였다. 이렇게 멸균된 배양액이 여전히 어린 벼의 빠른 생장을 유도한다는 사실로부터 과학자들은 곰팡이가 만든 물질 B에 의해 식물의 생장이 촉진된다는 것을 밝혀내었는데, 이후에는 정상 식물에서도 물질 B가 발견되었다.

물질 B가 식물 생장에 영향을 미치는 유일한 경로가 과학자들의 추가 연구를 통해 밝혀졌다. 정상 식물에서 단백질 P는 식물의 생장을 촉진하는 물질의 유전자 발현을 일으킨다. 세포 내 단백질 Q는 단백질 P에 결합해 단백질 P의 생장 촉진 기능을 억제한다. 한편 물질 B가 세포 외부에서 내부로 들어오게 되면 물질 B는 복합체 M을 형성한다. 그리고 이 복합체 M은 P-Q 결합체에 작용하여 단백질 Q를 단백질 P에서 분리시킨다. 그러면 단백질 P는 단백질 Q와의 결합으로 억제되었던 원래 기능, 즉 식물의 생장을 촉진하는 물질의 유전자 발현을 일으키는 기능을 회복한다.

─────────〈 실 험 〉─────────

- 실험1 : 식물 C_1은 돌연변이 때문에 키가 정상보다 크게 자라는 식물인데, 물질 B를 주입해도 생장에는 특별한 변화가 없었다.
- 실험2 : 식물 C_2는 돌연변이 때문에 키가 정상보다 작게 자라는 식물인데, 물질 B를 주입해도 생장에는 특별한 변화가 없었다.

─────────〈 보 기 〉─────────

ㄱ. 식물 C_1에서 물질 B가 세포 외부에서 세포 내부로 들어갈 수 없게 되었다는 것은 C_1의 돌연변이 현상과 실험1의 결과를 모두 설명할 수 있다.

ㄴ. 식물 C_1에서 단백질 P에 대한 단백질 Q의 작용이 일어나지 않게 되었다는 것은 C_1의 돌연변이 현상과 실험1의 결과를 모두 설명할 수 있다.

ㄷ. 식물 C_2에서 P-Q 결합체에 대한 복합체 M의 작용이 일어나지 않게 되었다는 것은 C_2의 돌연변이 현상과 실험2의 결과를 모두 설명할 수 있다.

① ㄱ
② ㄴ
③ ㄱ, ㄷ
④ ㄴ, ㄷ
⑤ ㄱ, ㄴ, ㄷ

문 34. 다음 글의 A와 B에 대한 분석으로 적절한 것만을 〈보기〉에서 모두 고르면?

기체에 고전역학의 운동방정식을 직접 적용해야 하는지에 대하여 물리학자 A와 B는 다음과 같은 의견을 제시했다.

A : 기체 상태 변화를 예측하기 위해서 고전역학을 직접 적용할 필요가 없다. 작은 부피의 기체에도 엄청나게 많은 수의 분자가 포함되어 있고, 이들은 복잡하게 운동하므로 개별 분자의 운동을 예측하기 위해서는 방대한 양의 고전역학의 운동방정식을 풀어야 한다. 반면, 기체 상태 변화를 예측하는 데 쓰이는 거시적 지표인 온도, 압력, 밀도 등의 물리량은 평균적 분자운동에 관한 것이기 때문에, 그것들을 얻기 위해 각 분자의 운동을 분석할 필요가 없다. 개별 분자의 운동을 정확히 알지 못하더라도 분자의 집단적인 운동은 통계적 방법만으로 분석할 수 있다.

B : 모든 개별 분자의 운동 상태를 결정하는 것은 어렵지만 필요하다. 기체와 관련된 대부분의 현상에서, 개별 분자가 아닌 분자 집단에 대한 분석을 통해 평균속도를 포함한 기체 상태 변화에 대한 정보를 알아낼 수 있다는 사실에는 동의한다. 하지만 통계적 방법을 적용하기 어려운 상황에서는 기체 상태 변화를 정확히 예측할 수 없는 경우가 있다는 것에 주목해야 한다. 이때에는 분자와 분자의 충돌이나 각 분자의 운동에 대한 개별 방정식을 푸는 것이 필요하다. 외부에서 주어지는 힘 등의 조건을 이용하여 운동방정식을 계산하면 어떤 경우라도 개별 분자들의 위치와 속도를 포함하여 기체에 대한 완전한 정보를 얻을 수 있으므로, 이런 상황을 설명하는 데에도 아무 문제가 없다. 이런 정보들을 종합하면 모든 기체 상태 변화와 관련된 거시적 지표의 변화를 예측할 수 있다.

─────────〈 보 기 〉─────────

ㄱ. A는 개별 기체 분자의 운동을 완전히 예측하는 것이 불가능하다는 것에 동의한다.

ㄴ. B는 개별 기체 분자의 운동과 관련된 값을 계산하는 것보다는 이들의 집단적 운동을 탐구하는 것이 더 다양한 기체 상태 변화를 예측할 수 있다는 것에 동의한다.

ㄷ. 기체 분자 집단의 운동을 통계적 방법으로 분석하는 것으로는 기체 상태 변화 예측이 불가능한 경우가 있다는 것에 A는 동의하지 않지만, B는 동의한다.

① ㄴ
② ㄷ
③ ㄱ, ㄴ
④ ㄱ, ㄷ
⑤ ㄱ, ㄴ, ㄷ

문 35. 다음 논쟁에 대한 분석으로 적절한 것만을 〈보기〉에서 모두 고르면?

갑 : 신의 존재는 확신할 수 없지만, 신을 믿는 선택을 하지 않는 것은 비합리적이다. 신을 믿는 선택을 한다고 해 보자. 신이 존재한다면 사후에 무한한 행복을 얻게 될 것이고, 신이 존재하지 않는다면 생전에 얻은 행복이 전부이며 그 양은 유한할 것이다. 신이 존재할 확률은 적어도 0보다는 클 것이다. 그렇다면 신을 믿는 선택을 통해 얻게 될 행복의 기댓값은 무한대가 될 것이다. 이제 신을 믿지 않는 선택을 한다고 해 보자. 그러면 행복은 생전에 얻은 것이 전부일 것이며 그 값은 유한하므로 신을 믿지 않는 선택을 통해 얻게 될 행복의 기댓값은 유한하다. 우리는 기댓값이 최대가 아닌 선택을 하는 것은 비합리적이라는 일반 원칙을 받아들인다. 따라서 신을 믿는 선택을 하지 않는 것은 비합리적이다.

을 : 그 일반 원칙은 나도 받아들인다. 하지만 신을 믿는 선택을 하지 않는 것이 늘 비합리적인 것은 아니다. 동전을 던져 앞면이 나오면 신의 존재를 믿고, 뒷면이 나오면 믿지 않는 식으로 신의 존재에 관한 믿음 여부를 결정한다고 해 보자. 이때 앞면이 나오면, 신을 믿게 되고 행복의 기댓값은 무한대가 될 것이다. 뒷면이 나오면, 신을 믿지 않게 될 것이고 행복의 기댓값은 유한할 것이다. 앞면이 나올 확률은 1/2이므로 1/2의 확률로 무한한 기댓값을 얻게 된다. 무한한 기댓값을 얻을 확률이 0보다 높기만 하면 결과적으로 신의 존재에 대한 믿음을 동전 던지기로 결정하는 선택의 최종 기댓값 역시 무한대가 된다. 그렇다면 동전 던지기로 신을 믿을지 안 믿을지 결정하는 것이 비합리적이라고 말할 수 없다.

〈보 기〉

ㄱ. 갑과 을은 합리적인 사람은 최대의 기댓값을 가지는 선택을 할 것이라는 점에 동의한다.

ㄴ. 갑은 신을 믿는 선택을 하지 않는 것이 비합리적이라는 것에 동의하지만 을은 그렇지 않다.

ㄷ. 을의 논증에 따르면, 당첨 확률이 매우 낮지만 0보다는 큰 로또 복권에 당첨되면 신을 믿고, 그렇지 않으면 신을 믿지 않기로 하는 것은 신을 믿는 선택만큼 합리적이다.

① ㄱ

② ㄷ

③ ㄱ, ㄴ

④ ㄴ, ㄷ

⑤ ㄱ, ㄴ, ㄷ

문 36. 다음 글의 ㉠을 약화하는 것만을 〈보기〉에서 모두 고르면?

고대 아테네에서는 공적 기관에서 일할 공직자를 추첨으로 선발하였다. 이는 오늘날의 민주정과 구분되는 아테네 민주정의 핵심 특징이다. 아테네가 추첨으로 공직자를 뽑은 이유는 그들의 자유와 평등 개념에서 찾을 수 있다.

아테네 민주정의 고유한 정의 개념은 공직을 포함한 사회적 재화들이 모든 자유 시민에게 고루 배분되어야 한다는 것이다. 이러한 점에서 평등은 시민들이 통치 업무에서 동등한 몫을 갖는다는 의미로서 원칙상 공직을 맡을 기회가 균등할 때 실현가능하다. 바로 추첨이 이러한 평등을 보장해 주는 것이다. 자유의 측면에서도 추첨의 의미를 조명할 수 있다. 아테네에서 자유란 한 개인이 정치체제의 근본 원칙을 수립하는 통치 주체가 되는 것이다. 추첨 제도 덕분에 아테네의 모든 시민은 자유를 누리고 있었다고 볼 수 있다. 공적 업무의 교대 원칙과 결합한 추첨 제도를 시행함으로써 아테네 시민은 누구나 일생에 적어도 한 번은 공직을 맡게 될 것이었기 때문이다.

또한 아리스토텔레스가 말한 것처럼, '통치하고 통치받는 일을 번갈아 하는 것'은 민주정의 기본 원칙 가운데 하나이고, 그렇게 통치와 복종을 번갈아 하는 것이 민주 시민의 덕성이기도 했다. 명령에 복종하던 시민이 명령을 내리는 통치자가 되면 자신의 결정과 명령에 영향을 받게 될 시민의 입장을 더 잘 참작할 수 있을 것이다. 자신의 통치가 피지배자에게 어떤 영향을 미칠지 생생하게 예측할 수 있게 되면서 정의로운 결정을 위해 더욱 신중하게 숙고할 것이기 때문에, 시민들이 통치와 복종을 번갈아 한다는 것은 좋은 정부를 만드는 훌륭한 수단이 되는 것이다.

결국 ㉠이런 점들을 고려할 때, 추첨식 민주정은 자유와 평등의 이념과 공동체 호혜의 정신을 실천하는 데 적합한 제도였다고 평가할 수 있다.

〈보 기〉

ㄱ. 추첨이 아닌 다른 제도를 통해서도 사실상 공직을 맡을 기회가 모든 시민에게 균등하게 배분될 수 있다.

ㄴ. 사람마다 능력과 적성이 다르며, 능력과 적성에 맞지 않는 일을 하는 사람은 그 일의 진정한 주체가 될 수 없다.

ㄷ. 도덕적 소양을 갖춘 사람이 아니라면, "내가 싫어하는 것은 남들에게 하지 말아야겠어!"라고 생각하기보다 "나도 당했으니 너도 당해봐!"라고 생각하는 경우가 더 흔하다.

① ㄱ

② ㄴ

③ ㄱ, ㄷ

④ ㄴ, ㄷ

⑤ ㄱ, ㄴ, ㄷ

문 37. 다음 글의 A와 B에 대한 평가로 적절한 것만을 〈보기〉에서 모두 고르면?

다음은 적조의 발생을 설명하는 두 가설이다.

A : 적조는 초여름 장마철에 하천으로부터 영양염류가 해양에 유입되어야만 발생한다. 육지의 영양염류는 비가 내리지 않는 기간에는 바다로 유입되지 않으나 장마에 의해 많은 비가 내리면서 바다로 유입된다. 이때는 바닷물이 따뜻하고 영양염류는 충분하지만 충분한 빛이 없어 식물성 플랑크톤의 성장이 활발하게 이루어지지 못한다. 그러다가 장마가 끝나거나 장마 중이라도 비가 멈추고 충분한 일사량이 며칠간 확보되면, 식물성 플랑크톤이 급속한 성장을 하여 적조가 발생하게 된다.

B : 적조는 유기오염 물질이 해양에 누적되어야만 발생한다. 인간에 의해 만들어진 유기오염 물질이 지속적으로 바다로 흘러들면 가라앉아 해저에 퇴적된다. 온도가 낮은 겨울에는 미생물 활성이 제한되어 유기오염 물질의 무기화 과정이 활발하지 않다. 계절이 바뀌어 기온이 상승하고 일사량이 증가하면 퇴적층의 미생물 활성이 점차 높아지게 된다. 그러면 유기오염 물질에서 영양염류가 용출되어 퇴적층 위에 쌓인다. 본래 퇴적층은 수온약층에 의해 해수면과 격리된 상태이므로 해저의 영양염류가 해수면으로 이동할 수 없다. 하지만 해당 해역에 식물성 편모조류가 있다면 영양염류를 해수면으로 운반할 수 있다. 식물성 편모조류는 운동기관인 편모를 가지고 있어 하루에 수십 미터를 이동할 수 있다. 이 방식으로 영양염류가 따뜻한 해수면에 모이고, 이후 충분한 일사량이 며칠간 확보되면 식물성 플랑크톤이 크게 번성하여 적조가 발생한다.

〈보 기〉

ㄱ. 직전 여름에 비가 많이 내린 차가운 겨울 바다에서 적조가 발생하였다면 A와 B 모두 약화된다.

ㄴ. 유기오염 물질이 해저에 퇴적되지 않은 바다에서 적조가 발생하였다면 A와 B 모두 약화된다.

ㄷ. 식물성 편모조류가 서식하지 않고 며칠간 햇빛이 잘 든 바다에서 적조가 발생하였다면 A는 약화되지 않지만 B는 약화된다.

① ㄱ

② ㄴ

③ ㄱ, ㄷ

④ ㄴ, ㄷ

⑤ ㄱ, ㄴ, ㄷ

문 38. 다음 글의 ㉠과 ㉡에 대한 평가로 적절한 것만을 〈보기〉에서 모두 고르면?

A국의 어업 규제는 일정 정도의 크기에 이르지 못한 개체는 잡을 수 없게 하고 있다. 이러한 규제는 ㉠ 큰 개체를 보호하면 그렇지 않은 경우보다 개체 수의 회복이 느리고, 작은 개체를 보호하면 그렇지 않은 경우보다 개체 수의 회복이 빠르다는 가설에 근거하고 있다. 이 가설을 받아들인다면 작은 개체를 많이 잡게 되면 개체 수의 회복이 어려울 것이다. 반면 큰 개체를 많이 잡게 되면, 그 후 작은 개체가 성장하고 번식하여 개체 수가 더 빨리 회복될 수 있을 것이다. 그러나, A국의 생태학자들은 크기를 이용한 이러한 규제가 인위적 선택에 의한 진화적 부작용을 유발할 수 있다는 우려를 나타내고 있다. 이들은 진화이론에 기반하여 도출한 ㉡ 정해진 크기에 해당하는 개체만 잡으면 세대가 지날수록 집단에서 그와 다른 크기의 개체의 비율이 점차 증가한다는 가설을 적용해야 한다고 주장한다. 이 가설을 바탕으로 생태학자들은 현재의 어업 규제와 같이 일정 크기 이상의 개체만 잡게 되면 결국 크기가 작은 개체만 남게 되어, 어족 자원의 질은 나빠질 것이라고 말한다.

이러한 쟁점과 관련하여 한 어류 생태학자는 연안에 서식하는 어류 X를 이용해 실험하였다. 그는 3개의 큰 물탱크를 준비하여 각 탱크에 1,000마리의 X를 넣고, 탱크 각각에 다음 처리를 하였다.

처리1 : 크기가 작은 순으로 900마리의 개체를 제거한다.
처리2 : 크기가 큰 순으로 900마리의 개체를 제거한다.
처리3 : 900마리의 개체를 무작위로 선택하여 제거한다.

이런 처리 이후, 각 탱크에서 개체 수가 회복되기까지 기다렸다. 그런 다음 같은 방식으로 각 탱크의 개체 중 90%를 제거하였다. 이런 식의 시도를 총 4번 반복하였다.

〈보 기〉

ㄱ. 탱크 속 개체 수가 회복되는 시간과 개체의 평균 크기를 비교했을 때, 처리1을 한 탱크와 처리3을 한 탱크 간의 유의미한 차이가 없었다면, ㉠은 강화되지만 ㉡은 약화된다.

ㄴ. 처리2를 한 탱크 속 개체의 수가 처리3을 한 탱크 속 개체의 수보다 빠르게 회복되었지만, 처리2를 한 탱크 속 개체의 평균 크기는 처리3을 한 탱크 속 개체의 평균 크기보다 작아졌다면, ㉠과 ㉡ 모두 강화된다.

ㄷ. 처리3을 한 탱크 속 개체의 수가 처리1을 한 탱크 속 개체의 수보다 빠르게 회복되었지만, 처리3을 한 탱크 속 개체의 평균 크기는 처리1을 한 탱크 속 개체의 평균 크기보다 커졌다면, ㉠은 강화되지만 ㉡은 약화된다.

① ㄱ

② ㄴ

③ ㄱ, ㄷ

④ ㄴ, ㄷ

⑤ ㄱ, ㄴ, ㄷ

※ 다음 글을 읽고 물음에 답하시오. [39~40]

갑은 ⊙ 환원 개념을 통해 과학 이론들의 통일과 진보를 설명할 수 있다고 제안한다. 그에 따르면, 이론 S1이 이론 S2로 환원된다는 것은 S1을 구성하는 모든 법칙을 S2를 구성하는 법칙들로 설명할 수 있다는 것이다. 여기서 설명 가능성이란 환원되는 이론 S1의 법칙들이 환원하는 이론 S2의 법칙들로부터 연역적으로 도출될 수 있어야 한다는 도출 가능성을 의미한다.

연역적 도출로서의 환원은 과학 이론들의 통일에 대해 설득력 있는 그림을 제공한다. 통일 과학을 구성하는 다양한 과학 분야들은 층위를 달리하는 계층 질서를 형성하게 되고, 이 계층 질서의 위쪽에 있는 상부 과학은 기저 역할을 하는 하부 과학으로 환원된다. 즉, [(가)] 과학의 법칙들로부터 [(나)] 과학의 법칙들이 연역적으로 도출되는 것이다. 연역적 도출이라는 관계를 부분과 전체의 관계로 이해하면, 전체에서 부분이 도출되어야 하므로 [(다)] 과학은 [(라)] 과학의 부분이 된다. 또한 이런 그림을 시차를 두고 등장한 과학 이론들에 적용함으로써 과학의 진보를 설명할 수도 있다. 역사 속의 선행 이론과 후행 이론 사이에 연역적 도출로서의 환원 관계가 성립함으로써 과학 변동의 형태가 선행 이론이 후행 이론에 포함되는 관계를 드러낼 때, 그것을 과학의 진보라 부를 수 있다는 것이다.

환원되는 이론 S1과 환원하는 이론 S2 사이에 일부 공유되지 않는 이론적 어휘가 있어서 온전한 포함관계가 성립할 수 없어 보이는 경우도 이런 환원 개념을 적용할 수 있을까? 갑은 그런 경우에는 [(마)] 에서는 사용하지 않지만 [(바)] 에서는 사용하는 용어를 연결해 주는 소위 '교량 원리'를 도입하면 된다고 주장한다. 예를 들어, 고전역학을 양자역학으로 환원할 때, 양자역학에서 사용하지 않는 고전역학 용어인 '입자'를 양자역학에서 사용하는 '양자 파동함수'라는 용어로 바꾸어주는 가교 역할로서 '입자란 양자 파동함수가 뭉쳐 있는 상태이다.'라는 교량 원리를 도입하면 된다는 것이다.

하지만 을은 ⓒ 위와 같은 환원 개념으로는 과학의 통일과 진보를 온전히 설명할 수 없다고 비판한다. 그에 따르면, 갑처럼 어떤 이론을 다른 이론으로 환원한다고 할 때 후자의 법칙으로부터 전자의 법칙을 연역적으로 도출해 낸 결과물이 전자의 법칙과 같아 보이지만, 실은 결코 같을 수가 없다. 연역적 도출은 단지 형식 논리에 따른 계산의 결과물일 뿐이기 때문이다. 예를 들어, 뉴턴 역학의 법칙에서 갈릴레오의 자유 낙하 운동 법칙이 연역적으로 도출된다고 하더라도 그 둘이 같은 것은 아니다. 갈릴레오의 자유 낙하 운동 법칙에서는 가속도가 일정하다고 간주하지만, 뉴턴 역학의 법칙으로부터 도출되는 자유 낙하 운동 법칙에서는 낙하 과정에서 가속도가 미세하나마 꾸준히 변화하는 것으로 간주하기 때문이다. 두 법칙에 따른 계산 결과의 차이가 측정하기 어려울 정도로 미세하다 할지라도 두 법칙의 개념적 내용은 엄연히 다른 것이다.

을에 따르면, 교량 원리에도 마찬가지 문제가 있다. '입자란 양자 파동함수가 뭉쳐 있는 상태이다.'와 같은 모범적인 교량 원리가 제시되더라도, 고전역학의 입자 개념과 양자 파동함수가 뭉쳐 있는 상태로 정의되는 입자 개념이 결코 동일시될 수 없다는 것이다. 심지어 두 이론이 공유하는 용어들도 저마다 그 의미가 다를 수 있다. 예를 들어, 고전역학과 상대성이론은 '질량'이라는 용어를 공유하지만, 질량은 고전역학에서는 각 물체가 지닌 고유한 상수인 반면, 상대성이론에서는 물체의 운동에 따라 바뀌는 변수이기 때문이다.

문 39. 위 글의 (가)~(바)에 들어갈 말을 적절하게 나열한 것은?

	(가)	(나)	(다)	(라)	(마)	(바)
①	하부	상부	상부	하부	S1	S2
②	하부	상부	하부	상부	S1	S2
③	상부	하부	하부	상부	S1	S2
④	하부	상부	상부	하부	S2	S1
⑤	상부	하부	하부	상부	S2	S1

문 40. 위 글의 ⊙과 ⓒ에 대한 평가로 적절한 것만을 〈보기〉에서 모두 고르면?

〈보 기〉

ㄱ. 두 이론 사이에 연역적 도출을 통한 환원 관계가 성립했다는 판단은 그 두 이론이 공유하는 용어들의 개념적 내용이 같다는 것을 함축한다는 주장이 받아들여지면, ⊙은 강화되고 ⓒ은 약화된다.

ㄴ. 뉴턴 역학에는 중세 운동 이론에 등장하는 '임페투스'라는 용어를 연결할 수 있는 원리가 존재하지 않음에도 불구하고 후행 이론인 뉴턴 역학을 선행 이론인 중세 운동 이론으로부터의 과학적 진보로 평가한다는 주장이 받아들여지면, ⊙은 약화되고 ⓒ은 강화된다.

ㄷ. 원래는 별개의 영역을 다루는 것으로 알려져 있던 두 이론이 나중에 교량 원리를 이용한 제3의 이론으로부터 둘 다 연역적으로 도출됨으로써 그 세 이론 사이에 포함 관계를 형성하게 된 역사적 사례가 다수 존재한다는 주장이 받아들여지면, ⊙은 강화되고 ⓒ은 약화된다.

① ㄱ

② ㄷ

③ ㄱ, ㄴ

④ ㄴ, ㄷ

⑤ ㄱ, ㄴ, ㄷ

02 2022년 7급 PSAT 언어논리 기출문제

문 1. 다음 글의 내용과 부합하는 것은?

979년 송 태종은 거란을 공격하러 가는 길에 고려에 원병을 요청했다. 거란은 고려가 참전할 수도 있다는 염려에서 크게 동요했다. 하지만 고려는 송 태종의 요청에 응하지 않았다. 이후 거란은 송에 보복할 기회를 엿보는 한편, 송과 다시 싸우기 전에 고려를 압박해 앞으로도 송을 군사적으로 돕지 않겠다는 약속을 받아내고자 했다.

당시 거란과 고려 사이에는 압록강이 있었는데, 그 하류 유역에는 여진족이 살고 있었다. 이 여진족은 발해의 지배를 받았었지만, 발해가 거란에 의해 멸망한 후에는 어느 나라에도 속하지 않은 채 독자적 세력을 이루고 있었다. 거란은 이 여진족이 사는 땅을 여러 차례 침범해 대군을 고려로 보내는 데 적합한 길을 확보했다. 이후 993년에 거란 장수 소손녕은 군사를 이끌고 고려에 들어와 몇 개의 성을 공격했다. 이때 소손녕은 "고구려 옛 땅은 거란의 것인데 고려가 감히 그 영역을 차지하고 있으니 군사를 일으켜 그 땅을 찾아가고자 한다."라는 내용의 서신을 보냈다. 이 서신이 오자 고려 국왕 성종과 대다수 대신은 "옛 고구려의 영토에 해당하는 땅을 모두 내놓아야 군대를 거두겠다는 뜻이 아니냐?"라며 놀랐다. 하지만 서희는 소손녕이 보낸 서신의 내용은 핑계일 뿐이라고 주장했다. 그는 고려가 병력을 동원해 거란을 치는 일이 없도록 하겠다는 언질을 주면 소손녕이 철군할 것이라고 말했다. 이렇게 논의가 이어지고 있을 때 안융진에 있는 고려군이 소손녕과 싸워 이겼다는 보고가 들어왔다.

패배한 소손녕은 진군을 멈추고 협상을 원한다는 서신을 보내왔다. 이 서신을 받은 성종은 서희를 보내 협상하게 했다. 소손녕은 서희가 오자 "실은 고려가 송과 친하고 우리와는 소원하게 지내고 있어 침입하게 되었다."라고 했다. 이에 서희는 압록강 하류의 여진족 땅을 고려가 지배할 수 있게 묵인해 준다면, 거란과 국교를 맺을 뿐 아니라 거란과 송이 싸울 때 송을 군사적으로 돕지 않겠다는 뜻을 내비쳤다. 이 말을 들은 소손녕은 서희의 요구를 수용하기로 하고 퇴각했다. 이후 고려는 북쪽 국경 너머로 병력을 보내 압록강 하류의 여진족 땅까지 밀고 들어가 영토를 넓혔으며, 그 지역에 강동 6주를 두었다.

① 거란은 압록강 유역에 살던 여진족이 고려의 백성이라고 주장하였다.

② 여진족은 발해의 지배에서 벗어나기 위해 거란과 함께 고려를 공격하였다.

③ 소손녕은 압록강 유역의 여진족 땅을 빼앗아 강동 6주를 둔 후 그곳을 고려에 넘겼다.

④ 고려는 압록강 하류 유역에 있는 여진족의 땅으로 세력을 확대한 거란을 공격하고자 송 태종과 군사동맹을 맺었다.

⑤ 서희는 고려가 거란에 군사적 적대 행위를 하지 않겠다고 약속하면 소손녕이 군대를 이끌고 돌아갈 것이라고 보았다.

문 2. 다음 글에서 알 수 있는 것은?

세종이 즉위한 이듬해 5월에 대마도의 왜구가 충청도 해안에 와서 노략질하는 일이 벌어졌다. 이 왜구는 황해도 해주 앞바다에도 나타나 조선군과 교전을 벌인 후 명의 땅인 요동반도 방향으로 북상했다. 세종에게 왕위를 물려주고 상왕으로 있던 태종은 이종무에게 "북상한 왜구가 본거지로 되돌아가기 전에 대마도를 정벌하라!"라고 명했다. 이에 따라 이종무는 군사를 모아 대마도 정벌에 나섰다.

남북으로 긴 대마도에는 섬을 남과 북의 두 부분으로 나누는 중간에 아소만이라는 곳이 있는데, 이 만의 초입에 두지포라는 요충지가 있었다. 이종무는 이곳을 공격한 후 귀순을 요구하면 대마도주가 응할 것이라 보았다. 그는 6월 20일 두지포에 상륙해 왜인 마을을 불사른 후 계획대로 대마도주에게 서신을 보내 귀순을 요구했다. 하지만 대마도주는 이에 반응을 보이지 않았다. 분노한 이종무는 대마도주를 사로잡아 항복을 받아내기로 하고, 니로라는 곳에 병력을 상륙시켰다. 하지만 그곳에서 조선군은 매복한 적의 공격으로 크게 패했다. 이에 이종무는 군사를 거두어 거제도 견내량으로 돌아왔다.

이종무가 견내량으로 돌아온 다음 날, 태종은 요동반도로 북상했던 대마도의 왜구가 그곳으로부터 남하하던 도중 충청도에서 조운선을 공격했다는 보고를 받았다. 이 사건이 일어난 지 며칠 지나지 않았음을 알게 된 태종은 왜구가 대마도에 당도하기 전에 바다에서 격파해야 한다고 생각하고, 이종무에게 그들을 공격하라고 명했다. 그런데 이 명이 내려진 후에 새로운 보고가 들어왔다. 대마도의 왜구가 요동반도에 상륙했다가 크게 패배하는 바람에 살아남은 자가 겨우 300여 명에 불과하다는 것이었다. 이 보고를 접한 태종은 대마도주가 거느린 병사가 많이 죽어 그 세력이 꺾였으니 그에게 다시금 귀순을 요구하면 응할 것으로 판단했다. 이에 그는 이종무에게 내린 출진 명령을 취소하고, 측근 중 적임자를 골라 대마도주에게 귀순을 요구하는 사신으로 보냈다. 이 사신을 만난 대마도주는 고심 끝에 조선에 귀순하기로 했다.

① 해주 앞바다에 나타나 조선군과 싸운 대마도의 왜구가 요동반도를 향해 북상한 뒤 이종무의 군대가 대마도로 건너갔다.

② 조선이 왜구의 본거지인 대마도를 공격하기로 하자 명의 군대도 대마도까지 가서 정벌에 참여하였다.

③ 이종무는 세종이 대마도에 보내는 사절단에 포함되어 대마도를 여러 차례 방문하였다.

④ 태종은 대마도 정벌을 준비하였지만, 세종의 반대로 뜻을 이루지 못하였다.

⑤ 조선군이 대마도주를 사로잡기 위해 상륙하였다가 패배한 곳은 견내량이다.

문 3. 다음 글에서 알 수 없는 것은?

인간에 대한 혐오의 감정을 긍정적으로 바라보는 인식을 바탕으로, 이를 사회 안정의 도구로 활용해야 한다거나 법적 판단의 근거로 삼아야 한다는 주장은 영미법의 오래된 역사에서 그리 낯설지 않다. 그러나 혐오의 감정이 특정 개인과 집단을 배척하기 위한 강력한 무기로 이용되었다는 사실을 고려하면 이러한 주장이 얼마나 그릇된 것인지 이해할 수 있다.

일반적으로 우리는 분비물이나 배설물, 악취 등에 대해 그리고 시체와 같이 부패하고 퇴화하는 것들에 대해 혐오의 감정을 갖는다. 인간은 타자를 공격하는 데 이러한 오염물의 이미지를 사용한다. 이때 혐오는 특정 집단을 오염물인 것처럼 취급하고 자신은 오염되지 않은 쪽에 속함으로써 얻게 되는 심리적인 우월감 및 만족감과 연결되어 있다. 역사적으로 볼 때 이런 과정을 거쳐 오염물로 취급된 집단 중 하나가 유대인이다.

중세 이후 반유대주의 세력이 유대인에게 부여한 부정적 이미지는 점액성, 악취, 부패, 불결함과 같은 혐오스러운 것들과 결부되어 있다. 히틀러는 유대인을 깨끗하고 건강한 독일 민족의 몸속에 숨겨진, 썩어 가는 시체 속의 구더기라고 표현했다. 혐오스러운 적대자를 설정함으로써 자신의 야욕을 달성하려 했던 것이다. 불행하게도 대다수의 독일인은 이러한 야만적인 정치적 선동에 동의를 표했다. 심지어 유대인을 암세포, 종양, 세균 등으로 묘사하면서 이들을 비인간적 존재로 전락시키는 의학적 담론이 유행하기도 했다. 비인간적으로 묘사되는 유대인의 이미지는 나치가 만든 허상이었음에도 불구하고, 유대인과 연관된 혐오의 이미지는 아이들이 보는 당대의 동화 속에 담겨 있을 정도로 널리 퍼져 있었다.

① 혐오는 정치적 선동의 도구로 이용되지 않았다.

② 개인뿐만 아니라 집단도 혐오의 대상이 될 수 있다.

③ 혐오의 대상이 되는 집단은 비인간적으로 묘사되기도 한다.

④ 혐오의 감정을 법적 판단의 근거로 삼아야 한다는 입장이 있었다.

⑤ 인간에 대한 혐오의 감정은 타자를 혐오함으로써 주체가 얻을 수 있는 심리적인 만족감과 연관되어 있다.

문 4. 다음 글에서 알 수 없는 것은?

'계획적 진부화'는 의도적으로 수명이 짧은 제품이나 서비스를 생산함으로써 소비자들이 새로운 제품을 구매하도록 유도하는 마케팅 전략 중 하나이다. 여기에는 단순히 부품만 교체하는 것이 가능함에도 불구하고 새로운 제품을 구매하도록 유도하는 것도 포함된다.

계획적 진부화의 이유는 무엇일까? 첫째, 기업이 기존 제품의 가격을 인상하기 곤란한 경우, 신제품을 출시한 뒤 여기에 인상된 가격을 매길 수 있기 때문이다. 특히 제품의 기능은 거의 변함없이 디자인만 약간 개선한 신제품을 내놓고 가격을 인상하는 경우도 쉽게 볼 수 있다. 둘째, 중고품 시장에서 거래되는 기존 제품과의 경쟁을 피할 수 있기 때문이다. 자동차처럼 사용 기간이 긴 제품의 경우, 기업은 동일 유형의 제품을 팔고 있는 중고품 판매 업체와 경쟁해야만 한다. 그러나 기업이 새로운 제품을 출시하면, 중고품 시장에서 판매되는 기존 제품은 진부화되고 그 경쟁력도 하락한다. 셋째, 소비자들의 취향이 급속히 변화하는 상황에서 계획적 진부화로 소비자들의 만족도를 높일 수 있기 때문이다. 전통적으로 제품의 사용 기간을 결정짓는 요인은 기능적 특성이나 노후화·손상 등 물리적 특성이 주를 이루었지만, 최근에는 심리적 특성에도 많은 영향을 받고 있다. 이처럼 소비자들의 요구가 다양해지고 그 변화 속도도 빨라지고 있어, 기업들은 이에 대응하기 위해 계획적 진부화를 수행하기도 한다.

기업들은 계획적 진부화를 통해 매출을 확대하고 이익을 늘릴 수 있다. 기존 제품이 사용 가능한 상황에서도 신제품에 대한 소비자들의 수요를 자극하면 구매 의사가 커지기 때문이다. 반면, 기존 제품을 사용하는 소비자 입장에서는 크게 다를 것 없는 신제품 구입으로 불필요한 지출과 실질적인 손실이 발생할 수 있다는 점에서 계획적 진부화는 부정적으로 인식된다. 또한 환경이나 생태를 고려하는 거시적 관점에서도, 계획적 진부화는 소비자들에게 제공하는 가치에 비해 에너지나 자원의 낭비가 심하다는 비판을 받고 있다.

① 계획적 진부화로 소비자들은 불필요한 지출을 할 수 있다.

② 계획적 진부화는 기존 제품과 동일한 중고품의 경쟁력을 높인다.

③ 계획적 진부화는 소비자들의 요구에 대응하기 위하여 수행되기도 한다.

④ 계획적 진부화를 통해 기업은 기존 제품보다 비싼 신제품을 출시할 수 있다.

⑤ 계획적 진부화로 인하여 제품의 실제 사용 기간은 물리적으로 사용 가능한 수명보다 짧아질 수 있다.

문 5. 다음 글에서 알 수 없는 것은?

재화나 용역 중에는 비경합적이고 비배제적인 방식으로 소비되는 것들이 있다. 먼저 재화나 용역이 비경합적으로 소비된다는 말은, 그것에 대한 누군가의 소비가 다른 사람의 소비 가능성을 줄어들게 하지 않는다는 것을 뜻한다. 예컨대 10개의 사탕이 있는데 내가 8개를 먹어 버리면 다른 사람이 그 사탕을 소비할 가능성은 그만큼 줄어들게 된다. 반면에 라디오 방송 서비스 같은 경우는 내가 그것을 이용한다고 해서 다른 사람의 소비 가능성이 줄어들게 되지 않는다는 점에서 비경합적이다.

재화나 용역이 비배제적으로 소비된다는 말은, 그것이 공급되었을 때 누군가 그 대가를 지불하지 않았다고 해서 그 사람이 그 재화나 용역을 소비하지 못하도록 배제할 수 없다는 것을 뜻한다. 이러한 의미에서 국방 서비스는 비배제적으로 소비된다. 정부가 국방 서비스를 제공받는 모든 국민에게 그 비용을 지불하도록 하는 정책을 채택했다고 하자. 이때 어떤 국민이 이런 정책에 불만을 표하며 비용 지불을 거부한다고 해도 정부는 그를 국방 서비스의 수혜에서 배제하기 어렵다. 설령 그를 구속하여 감옥에 가두더라도 그는 국방 서비스의 수혜자 범위에서 제외되지 않는다.

비경합적이고 비배제적인 방식으로 소비되는 재화와 용역의 생산과 배분이 시장에서 제대로 이루어질 수 있을까? 국방의 예를 이어나가 보자. 대부분의 국민은 자신의 생명과 재산을 보호받고자 하는 욕구가 있고 국방 서비스에 대한 수요도 있기 마련이다. 그러나 만약 국방 서비스를 시장에서 생산하여 판매한다면, 경제적으로 합리적인 국민은 국방 서비스를 구매하지 않을 것이다. 왜냐하면 다른 이가 구매하는 국방 서비스에 자신도 무임승차할 수 있기 때문이다. 결과적으로 국방 서비스는 과소 생산되는 문제가 발생하고, 그 피해는 모든 국민에게 돌아가게 될 것이다. 따라서 이와 같은 유형의 재화나 용역을 사회적으로 필요한 만큼 생산하기 위해서는 국가가 개입해야 하기에 이런 재화나 용역에는 공공재라는 이름을 붙이는 것이다.

① 유료 공연에서 일정한 돈을 지불하지 않은 사람의 공연장 입장을 차단한다면, 그 공연은 배제적으로 소비될 수 있다.

② 국방 서비스를 소비하는 모든 국민에게 그 비용을 지불하도록 한다면, 그 서비스는 비경합적으로 소비될 수 없다.

③ 이용할 수 있는 수가 한정된 여객기 좌석은 경합적으로 소비될 수 있다.

④ 무임승차를 쉽게 방지할 수 없는 재화나 용역은 과소 생산될 수 있다.

⑤ 라디오 방송 서비스는 여러 사람이 비경합적으로 소비할 수 있다.

문 6.   다음 글의 핵심 논지로 가장 적절한 것은?

독일 통일을 지칭하는 '흡수 통일'이라는 용어는 동독이 일방적으로 서독에 흡수되었다는 인상을 준다. 그러나 통일 과정에서 동독 주민들이 보여준 행동을 고려하면 흡수 통일은 오해의 여지를 주는 용어일 수 있다.

1989년에 동독에서는 지방선거 부정 의혹을 둘러싼 내부 혼란이 발생했다. 그 과정에서 체제에 환멸을 느낀 많은 동독 주민들이 서독으로 탈출했고, 동독 곳곳에서 개혁과 개방을 주장하는 시위의 물결이 일어나기 시작했다. 초기 시위에서 동독 주민들은 여행 · 신앙 · 언론의 자유를 중심에 둔 내부 개혁을 주장했지만 이후 "우리는 하나의 민족이다!"라는 구호와 함께 동독과 서독의 통일을 요구하기 시작했다. 그렇게 변화하는 사회적 분위기 속에서 1990년 3월 18일에 동독 최초이자 최후의 자유총선거가 실시되었다.

동독 자유총선거를 위한 선거운동 과정에서 서독과 협력하는 동독 정당들이 생겨났고, 이들 정당의 선거운동에 서독 정당과 정치인들이 적극적으로 유세 지원을 하기도 했다. 초반에는 서독 사민당의 지원을 받으며 점진적 통일을 주장하던 동독 사민당이 우세했지만, 실제 선거에서는 서독 기민당의 지원을 받으며 급속한 통일을 주장하던 독일동맹이 승리하게 되었다. 동독 주민들이 자유총선거에서 독일동맹을 선택한 것은 그들 스스로 급속한 통일을 지지한 것이라고 할 수 있다. 이후 동독은 서독과 1990년 5월 18일에 「통화 · 경제 · 사회보장동맹의 창설에 관한 조약」을, 1990년 8월 31일에 「통일조약」을 체결했고, 마침내 1990년 10월 3일에 동서독 통일을 이루게 되었다.

이처럼 독일 통일의 과정에서 동독 주민들의 주체적인 참여를 확인할 수 있다. 독일 통일을 단순히 흡수 통일이라고 부른다면, 통일 과정에서 중요한 역할을 담당했던 동독 주민들을 배제한다는 오해를 불러일으킬 수 있다. 독일 통일의 과정을 온전히 이해하기 위해서는 동독 주민들의 활동에도 주목할 필요가 있다.

① 자유총선거에서 동독 주민들은 점진적 통일보다 급속한 통일을 지지하는 모습을 보여주었다.

② 독일 통일은 동독이 일방적으로 서독에 흡수되었다는 점에서 흔히 흡수 통일이라고 부른다.

③ 독일 통일은 분단국가가 합의된 절차를 거쳐 통일을 이루었다는 점에서 의의가 있다.

④ 독일 통일 전부터 서독의 정당은 물론 개인도 동독의 선거에 개입할 수 있었다.

⑤ 독일 통일의 과정에서 동독 주민들의 주체적 참여가 큰 역할을 하였다.

문 7.   다음 글의 (가)와 (나)에 들어갈 말을 적절하게 나열한 것은?

서양 사람들은 옛날부터 신이 자연 속에 진리를 감추어 놓았다고 믿고 그 진리를 찾기 위해 노력했다. 그들은 숨겨진 진리가 바로 수학이며 자연물 속에 비례의 형태로 숨어 있다고 생각했다. 또한 신이 자연물에 숨겨 놓은 수많은 진리 중에서도 인체 비례야말로 가장 아름다운 진리의 정수로 여겼다. 그래서 서양 사람들은 예로부터 이러한 신의 진리를 드러내기 위해서 완벽한 인체를 구현하는 데 몰두했다. 레오나르도 다빈치의 「인체 비례도」를 보면, 원과 정사각형을 배치하여 사람의 몸을 표현하고 있다. 가장 기본적인 기하 도형이 인체 비례와 관련 있다는 점에 착안하였던 것이다. 르네상스 시대 건축가들은 이러한 기본 기하 도형으로 건축물을 디자인하면 __(가)__ 위대한 건물을 지을 수 있다고 생각했다.

건축에서 미적 표준으로 인체 비례를 활용하는 조형적 안목은 서양뿐 아니라 동양에서도 찾을 수 있다. 고대부터 중국이나 우리나라에서도 인체 비례를 건축물 축조에 활용하였다. 불국사의 청운교와 백운교는 3 : 4 : 5 비례의 직각삼각형으로 이루어져 있다. 이와 같은 비례로 건축하는 것을 '구고현(勾股弦)법'이라 한다. 뒤꿈치를 바닥에 대고 무릎을 직각으로 구부린 채 누우면 바닥과 다리 사이에 삼각형이 이루어지는데, 이것이 구고현법의 삼각형이다. 짧은 변인 구(勾)는 넓적다리에, 긴 변인 고(股)는 장딴지에 대응하고, 빗변인 현(弦)은 바닥의 선에 대응한다. 이 삼각형은 고대 서양에서 신성불가침의 삼각형이라 불렀던 것과 동일한 비례를 가지고 있다. 동일한 비례를 아름다움의 기준으로 삼았다는 점에서 __(나)__는 것을 알 수 있다.

① (가): 인체 비례에 숨겨진 신의 진리를 구현한
  (나): 조형미에 대한 동서양의 안목이 유사하였다

② (가): 신의 진리를 넘어서는 인간의 진리를 구현한
  (나): 인체 실측에 대한 동서양의 계산법이 동일하였다

③ (가): 인체 비례에 숨겨진 신의 진리를 구현한
  (나): 건축물에 대한 동서양의 공간 활용법이 유사하였다

④ (가): 신의 진리를 넘어서는 인간의 진리를 구현한
  (나): 조형미에 대한 동서양의 안목이 유사하였다

⑤ (가): 인체 비례에 숨겨진 신의 진리를 구현한
  (나): 인체 실측에 대한 동서양의 계산법이 동일하였다

문 8. 다음 글의 ㉠~㉤에서 문맥에 맞지 않는 곳을 찾아 적절하게 수정한 것은?

반세기 동안 지속되던 냉전 체제가 1991년을 기점으로 붕괴되면서 동유럽 체제가 재편되었다. 동유럽에서는 연방에서 벗어나 많은 국가들이 독립하였다. 이 국가들은 자연스럽게 자본주의 시장경제를 받아들였는데, 이후 몇 년 동안 공통적으로 극심한 경제 위기를 경험하게 되었다. 급기야 IMF(국제통화기금)의 자금 지원을 받게 되는데, 이는 ㉠ 갑작스럽게 외부로부터 도입한 자본주의 시스템에 적응하는 일이 결코 쉽지 않다는 점을 보여준다.

이 과정에서 해당 국가 국민의 평균 수명이 급격하게 줄어들었는데, 이는 같은 시기 미국, 서유럽 국가들의 평균 수명이 꾸준히 늘었다는 것과 대조적이다. 이러한 현상에 대해 ㉡ 자본주의 시스템 도입을 적극적으로 지지했던 일부 경제학자들은 오래전부터 이어진 ㉢ 동유럽 지역 남성들의 과도한 음주와 흡연, 폭력과 살인 같은 비경제적 요소를 주된 원인으로 꼽았다. 즉 경제 체제의 변화와는 관련이 없다는 것이다.

이러한 주장에 의문을 품은 영국의 한 연구자는 해당 국가들의 건강 지표가 IMF의 자금 지원 전후로 어떻게 달라졌는지를 살펴보았다. 여러 사회적 상황을 고려하여 통계 모형을 만들고, ㉣ IMF의 자금 지원을 받은 국가와 다른 기관에서 자금 지원을 받은 국가를 비교하였다. 같은 시기 독립한 동유럽 국가 중 슬로베니아만 유일하게 IMF가 아닌 다른 기관에서 돈을 빌렸다. 이때 두 곳의 차이는, IMF는 자금을 지원받은 국가에게 경제와 관련된 구조조정 프로그램을 실시하게 한 반면, 슬로베니아를 지원한 곳은 그렇게 하지 않았다는 점이다. IMF 구조조정 프로그램을 실시한 국가들은 ㉤ 실시 이전부터 결핵 발생률이 크게 증가했던 것으로 나타났다. 그러나 슬로베니아는 같은 기간에 오히려 결핵 사망률이 감소했다. IMF 구조조정 프로그램의 실시 여부는 국가별 결핵 사망률과 일정한 상관관계가 있었던 것이다.

① ㉠을 "자본주의 시스템을 갖추지 않고 지원을 받는 일"로 수정한다.

② ㉡을 "자본주의 시스템 도입을 적극적으로 반대했던"으로 수정한다.

③ ㉢을 "수출입과 같은 국제 경제적 요소"로 수정한다.

④ ㉣을 "IMF의 자금 지원 직후 경제 성장률이 상승한 국가와 하락한 국가"로 수정한다.

⑤ ㉤을 "실시 이후부터 결핵 사망률이 크게 증가했던 것"으로 수정한다.

문 9. 다음 글에서 추론할 수 없는 것은?

감염병 우려로 인해 △△시험 관리본부가 마련한 대책은 다음과 같다. 먼저 모든 수험생을 확진, 자가격리, 일반 수험생의 세 유형으로 구분한다. 그리고 수험생 유형별로 시험 장소를 안내하고 마스크 착용 규정을 준수하도록 한다.

〈표〉 수험생 유형과 증상에 따른 시험장의 구분

수험생	시험장	증상	세부 시험장
확진 수험생	생활치료센터	유·무 모두	센터장이 지정한 센터 내 장소
자가격리 수험생	특별 방역 시험장	유	외부 차단 1인용 부스
		무	회의실
일반 수험생	최초 공지한 시험장	유	소형 강의실
		무	중대형 강의실

모든 시험장에 공통적으로 적용되는 마스크 착용 규정은 다음과 같다. 첫째, 모든 수험생은 입실부터 퇴실 시점까지 의무적으로 마스크를 착용해야 한다. 둘째, 마스크는 KF99, KF94, KF80의 3개 등급만 허용한다. 마스크 등급을 표시하는 숫자가 클수록 방역 효과가 크다. 셋째, 마스크 착용 규정에서 특정 등급의 마스크 의무 착용을 명시한 경우, 해당 등급보다 높은 등급의 마스크 착용은 가능하지만 낮은 등급의 마스크 착용은 허용되지 않는다.

시험장에 따라 달리 적용되는 마스크 착용 규정은 다음과 같다. 첫째, 생활치료센터에서는 각 센터장이 내린 지침을 의무적으로 따라야 한다. 둘째, 특별 방역 시험장에서는 KF99 마스크를 의무적으로 착용해야 한다. 셋째, 소형 강의실과 중대형 강의실에서는 각각 KF99와 KF94 마스크 착용을 권장하지만 의무 사항은 아니다.

① 일반 수험생 중 유증상자는 KF80 마스크를 착용하고 시험을 치를 수 없다.

② 일반 수험생 중 무증상자는 KF80 마스크를 착용하고 시험을 치를 수 있다.

③ 자가격리 수험생 중 유증상자는 KF99 마스크를 착용하고 시험을 치를 수 있다.

④ 자가격리 수험생 중 무증상자는 KF94 마스크를 착용하고 시험을 치를 수 없다.

⑤ 확진 수험생은 생활치료센터장이 허용하는 경우 KF80 마스크를 착용하고 시험을 치를 수 있다.

문 10. 다음 글의 〈표〉를 수정한 것으로 적절한 것만을 〈보기〉에서 모두 고르면?

○○부는 철새로 인한 국내 야생 조류 및 가금류 조류인플루엔자(Avian Influenza, AI) 바이러스 감염 확산 여부를 추적 조사하고 있다. AI 바이러스는 병원성 정도에 따라 고병원성과 저병원성 AI 바이러스로 구분한다. 발표 자료에 따르면, 2020년 10월 25일 충남 천안시에서는 야생 조류 분변에서 고병원성 AI 바이러스가 검출되었으며 이는 2018년 2월 1일 충남 아산시에서 검출된 이래 2년 8개월 만의 검출 사례였다.

최근 야생 조류 고병원성 AI 바이러스 검출 사례는 2020년 10월 25일부터 11월 21일까지 경기도에서 3건, 충남에서 2건이 발표되었고, 가금류 고병원성 AI 바이러스 검출 사례는 전국에서 총 3건이 발표되었다. 같은 기간에 야생 조류 저병원성 AI 바이러스 검출 후 발표된 사례는 전국에 총 8건이다. 또한 채집된 의심 야생 조류의 분변 검사 결과, 고병원성 · 저병원성 AI 바이러스 모두에 해당하지 않아 바이러스 미분리로 분류된 사례는 총 7건이다. 야생 조류 AI 바이러스 검출 현황은 고병원성 AI, 저병원성 AI, 검사 중으로 분류하고 바이러스 미분리는 야생 조류 AI 바이러스 검출 현황에 포함하지 않는다. 야생 조류 AI 바이러스가 검출되고 나서 고병원성 여부를 확인하기 위해 정밀 검사를 하는 데 상당한 기간이 소요되므로, 아직 검사 중인 것이 9건이다. 그중 하나인 제주도 하도리의 경우 11월 22일 고병원성 AI 바이러스 검출 여부를 발표할 예정이다.

○○부 주무관 갑은 2020년 10월 25일부터 11월 21일까지 발표된 야생 조류 AI 바이러스 검출 현황을 아래와 같이 〈표〉로 작성하였으나 검출 현황을 적절히 반영하지 않아 수정이 필요하다.

〈표〉 야생 조류 AI 바이러스 검출 현황
(기간: 2020년 10월 25일~2020년 11월 21일)

고병원성 AI	저병원성 AI	검사 중	바이러스 미분리
8건	8건	9건	7건

─── 〈보 기〉 ───

ㄱ. 고병원성 AI 항목의 "8건"을 "5건"으로 수정한다.

ㄴ. 검사 중 항목의 "9건"을 "8건"으로 수정한다.

ㄷ. "바이러스 미분리" 항목을 삭제한다.

① ㄱ

② ㄴ

③ ㄱ, ㄷ

④ ㄴ, ㄷ

⑤ ㄱ, ㄴ, ㄷ

문 11. 다음 글의 A~C에 대한 평가로 적절한 것만을 〈보기〉에서 모두 고르면?

인간 존엄성은 모든 인간이 단지 인간이기 때문에 갖는 것으로서, 인간의 숭고한 도덕적 지위나 인간에 대한 윤리적 대우의 근거로 여겨진다. 다음은 인간 존엄성 개념에 대한 A~C의 비판이다.

A: 인간 존엄성은 그 의미가 무엇인지에 대해 사람마다 생각이 달라서 불명료할 뿐 아니라 무용한 개념이다. 가령 존엄성은 존엄사를 옹호하거나 반대하는 논증 모두에서 각각의 주장을 정당화하는 데 사용된다. 어떤 이는 존엄성이란 말을 '자율성의 존중'이라는 뜻으로, 어떤 이는 '생명의 신성함'이라는 뜻으로 사용한다. 결국 쟁점은 존엄성이 아니라 자율성의 존중이나 생명의 가치에 관한 문제이며, 존엄성이란 개념 자체는 그 논의에서 실질적으로 중요한 기여를 하지 않는다.

B: 인간의 권리에 대한 문서에서 존엄성이 광범위하게 사용되는 것은 기독교 신학과 같이 인간 존엄성을 언급하는 많은 종교적 문헌의 영향으로 보인다. 이러한 종교적 뿌리는 어떤 이에게는 가치 있는 것이지만, 다른 이에겐 그런 존엄성 개념을 의심할 근거가 되기도 한다. 특히 존엄성을 신이 인간에게 부여한 독특한 지위로 생각함으로써 인간이 스스로를 지나치게 높게 보도록 했다는 점은 비판을 받아 마땅하다. 이는 인간으로 하여금 인간이 아닌 종과 환경에 대해 인간 자신들이 원하는 것을 마음대로 해도 된다는 오만을 낳았다.

C: 인간 존엄성은 인간이 이성적 존재임을 들어 동물이나 세계에 대해 인간 중심적인 견해를 옹호해 온 근대 휴머니즘의 유산이다. 존엄성은 인간종이 그 자체로 다른 종이나 심지어 환경 자체보다 더 큰 가치가 있다고 생각하는 종족주의의 한 표현에 불과하다. 인간 존엄성은 우리가 서로를 가치 있게 여기도록 만들기도 하지만, 인간 외의 다른 존재에 대해서는 그 대상이 인간이라면 결코 용납하지 않을 폭력적 처사를 정당화하는 근거로 활용된다.

─── 〈보 기〉 ───

ㄱ. 많은 논란에도 불구하고 존엄사를 인정한 연명의료결정법의 시행은 A의 주장을 약화시키는 사례이다.

ㄴ. C의 주장은 화장품의 안전성 검사를 위한 동물실험의 금지를 촉구하는 캠페인의 근거로 활용될 수 있다.

ㄷ. B와 C는 인간에게 특권적 지위를 부여하는 인간 중심적인 생각을 비판한다는 점에서 공통적이다.

① ㄱ

② ㄷ

③ ㄱ, ㄴ

④ ㄴ, ㄷ

⑤ ㄱ, ㄴ, ㄷ

문 12. 다음 글의 〈논증〉에 대한 분석으로 적절한 것만을 〈보기〉에서 모두 고르면?

우리는 죽음이 나쁜 것이라고 믿는다. 죽고 나면 우리가 존재하지 않기 때문이다. 루크레티우스는 우리가 존재하지 않기 때문에 죽음이 나쁜 것이라면 우리가 태어나기 이전의 비존재도 나쁘다고 말해야 한다고 생각했다. 그러나 우리는 태어나기 이전에 우리가 존재하지 않았다는 사실에 대해서 애석해 하지 않는다. 따라서 루크레티우스는 죽음 이후의 비존재에 대해서도 애석해 할 필요가 없다고 주장했다. 다음은 이러한 루크레티우스의 주장을 반박하는 논증이다.

〈논 증〉

우리는 죽음의 시기가 뒤로 미루어짐으로써 더 오래 사는 상황을 상상해 볼 수 있다. 예를 들어, 50살에 교통사고로 세상을 떠난 누군가를 생각해 보자. 그 사고가 아니었다면 그는 70살이나 80살까지 더 살 수도 있었을 것이다. 그렇다면 50살에 그가 죽은 것은 그의 인생에 일어날 수 있는 여러 가능성 중에 하나였다. 그런데 ㉠ 내가 더 일찍 태어나는 것은 상상할 수 없다. 물론, 조산이나 제왕절개로 내가 조금 더 일찍 세상에 태어날 수도 있었을 것이다. 하지만 여기서 고려해야 할 것은 나의 존재의 시작이다. 나를 있게 하는 것은 특정한 정자와 난자의 결합이다. 누군가는 내 부모님이 10년 앞서 임신할 수 있었다고 주장할 수도 있다. 그러나 그랬다면 내가 아니라 나의 형제가 태어났을 것이다. 그렇기 때문에 '더 일찍 태어났더라면'이라고 말해도 그것이 실제로 내가 더 일찍 태어났을 가능성을 상상한 것은 아니다. 나의 존재는 내가 수정된 바로 그 특정 정자와 난자의 결합에 기초한다. 그러므로 ㉡ 내가 더 일찍 태어나는 일은 불가능하다. 나의 사망 시점은 달라질 수 있지만, 나의 출생 시점은 그렇지 않다. 그런 의미에서 출생은 내 인생 전체를 놓고 볼 때 하나의 필연적인 사건이다. 결국 죽음의 시기를 뒤로 미뤄 더 오래 사는 것은 가능하지만, 출생의 시기를 앞당겨 더 오래 사는 것은 불가능하다. 따라서 내가 더 일찍 태어나지 않은 것은 나쁜 일이 될 수 없다. 즉 죽음 이후와는 달리 ㉢ 태어나기 이전의 비존재는 나쁘다고 말할 수 없다.

〈보 기〉

ㄱ. 냉동 보관된 정자와 난자가 수정되어 태어난 사람의 경우를 고려하면, ㉠은 거짓이다.

ㄴ. ㉠에 "어떤 사건이 가능하면, 그것의 발생을 상상할 수 있다."라는 전제를 추가하면, ㉡을 이끌어 낼 수 있다.

ㄷ. ㉢에 "태어나기 이전의 비존재가 나쁘다면, 내가 더 일찍 태어나는 것이 가능하다."라는 전제를 추가하면, ㉡의 부정을 이끌어 낼 수 있다.

① ㄱ
② ㄷ
③ ㄱ, ㄴ
④ ㄴ, ㄷ
⑤ ㄱ, ㄴ, ㄷ

※ 다음 글을 읽고 물음에 답하시오. [13~14]

인간은 지구상의 생명이 대량 멸종하는 사태를 맞이하고 있지만, 다른 한편으로는 실험실에서 인공적으로 새로운 생명체를 창조하고 있다. 이런 상황에서, 자연적으로 존재하는 종을 멸종으로부터 보존해야 한다는 생물 다양성의 보존 문제를 어떤 시각으로 바라보아야 할까? A는 생물 다양성을 보존해야 한다고 주장한다. 이를 위해 A는 다음과 같은 도구적 정당화를 제시한다. 우리는 의학적, 농업적, 경제적, 과학적 측면에서 이익을 얻기를 원한다. '생물 다양성 보존'은 이를 위한 하나의 수단으로 간주될 수 있다. 바로 그 수단이 우리가 원하는 이익을 얻는 최선의 수단이라는 것이 A의 첫 번째 전제이다. 그리고 ┌──(가)──┐는 것이 A의 두 번째 전제이다. 이 전제들로부터 우리에게는 생물 다양성을 보존할 의무와 필요성이 있다는 결론이 나온다.

이에 대해 B는 생물 다양성 보존이 우리가 원하는 이익을 얻는 최선의 수단이 아님을 지적한다. 특히 합성 생물학은 자연에 존재하는 DNA, 유전자, 세포 등을 인공적으로 합성하고 재구성해 새로운 생명체를 창조하는 것을 목표로 한다. B는 우리가 원하는 이익을 얻고자 한다면, 자연적으로 존재하는 생명체들을 대상으로 보존에 애쓰는 것보다는 합성 생물학을 통해 원하는 목표를 더 합리적이고 체계적으로 성취할 수 있을 것이라고 주장한다. 인공적인 생명체의 창조가 우리가 원하는 이익을 얻는 더 좋은 수단이므로, 생물 다양성 보존을 지지하는 도구적 정당화는 설득력을 잃는다는 것이다. 그래서 B는 A가 제시하는 도구적 정당화에 근거하여 생물 다양성을 보존하자고 주장하는 것은 옹호될 수 없다고 말한다.

한편 C는 모든 종은 보존되어야 한다고 주장하면서 생물 다양성 보존을 옹호한다. C는 대상의 가치를 평가할 때 그 대상이 갖는 도구적 가치와 내재적 가치를 구별한다. 대상의 도구적 가치란 그것이 특정 목적을 달성하는 데 얼마나 쓸모가 있느냐에 따라 인정되는 가치이며, 대상의 내재적 가치란 그 대상이 그 자체로 본래부터 갖고 있다고 인정되는 고유한 가치를 말한다. C에 따르면 생명체는 단지 도구적 가치만을 갖는 것이 아니다. 생명체를 오로지 도구적 가치로만 평가하는 것은 생명체를 그저 인간의 목적을 위해 이용되는 수단으로 보는 인간 중심적 태도이지만, C는 그런 태도는 받아들일 수 없다고 본다. 생명체의 내재적 가치 또한 인정해야 한다는 것이다. 그 생명체들이 속한 종 또한 그 쓸모에 따라서만 가치가 있는 것이 아니다. 그리고 내재적 가치를 지니는 것은 모두 보존되어야 한다. 이로부터 모든 종은 보존되어야 한다는 결론에 다다른다. 왜냐하면 ┌──(나)──┐ 때문이다.

문 13. 위 글의 (가)와 (나)에 들어갈 내용을 적절하게 나열한 것은?

① (가): 어떤 것이 우리가 원하는 이익을 얻는 최선의 수단이라면 우리에게는 그것을 실행할 의무와 필요성이 있다

　(나): 생명체의 내재적 가치는 종의 다양성으로부터 비롯되기

② (가): 어떤 것이 우리가 원하는 이익을 얻는 최선의 수단이 아니라면 우리에게는 그것을 실행할 의무와 필요성이 없다

　(나): 생명체의 내재적 가치는 종의 다양성으로부터 비롯되기

③ (가): 어떤 것이 우리가 원하는 이익을 얻는 최선의 수단이라면 우리에게는 그것을 실행할 의무와 필요성이 있다

　(나): 모든 종은 그 자체가 본래부터 고유의 가치를 지니기

④ (가): 어떤 것이 우리가 원하는 이익을 얻는 최선의 수단이 아니라면 우리에게는 그것을 실행할 의무와 필요성이 없다

　(나): 모든 종은 그 자체가 본래부터 고유의 가치를 지니기

⑤ (가): 우리에게 이익을 제공하는 수단 가운데 생물 다양성의 보존보다 더 나은 수단은 없다

　(나): 모든 종은 그 자체가 본래부터 고유의 가치를 지니기

문 14. 위 글에 대한 분석으로 적절한 것만을 〈보기〉에서 모두 고르면?

〈보 기〉

ㄱ. A는 생물 다양성을 보존해야 한다고 주장하지만, B는 보존하지 않아도 된다고 주장한다.

ㄴ. B는 A의 두 전제가 참이더라도 A의 결론이 반드시 참이 되지는 않는다고 비판한다.

ㄷ. 자연적으로 존재하는 생명체가 도구적 가치를 가지느냐에 대한 A와 C의 평가는 양립할 수 있다.

① ㄱ
② ㄷ
③ ㄱ, ㄴ
④ ㄴ, ㄷ
⑤ ㄱ, ㄴ, ㄷ

문 15. 다음 논쟁에 대한 분석으로 적절한 것만을 〈보기〉에서 모두 고르면?

갑: 입증은 증거와 가설 사이의 관계에 대한 것이다. 내가 받아들이는 입증에 대한 입장은 다음과 같다. 증거 발견 후 가설의 확률 증가분이 있다면, 증거가 가설을 입증한다. 즉 증거 발견 후 가설이 참일 확률에서 증거 발견 전 가설이 참일 확률을 뺀 값이 0보다 크다면, 증거가 가설을 입증한다. 예를 들어보자. 사건 현장에서 용의자 X의 것과 유사한 발자국이 발견되었다. 그럼 발자국이 발견되기 전보다 X가 해당 사건의 범인일 확률은 높아질 것이다. 그렇다면 발자국 증거는 X가 범인이라는 가설을 입증한다. 그리고 증거 발견 후 가설의 확률 증가분이 클수록, 증거가 가설을 입증하는 정도가 더 커진다.

을: 증거가 가설이 참일 확률을 높인다고 하더라도, 그 증거가 해당 가설을 입증하지 못할 수 있다. 가령, X에게 강력한 알리바이가 있다고 해보자. 사건이 일어난 시간에 사건 현장과 멀리 떨어져 있는 X의 모습이 CCTV에 포착된 것이다. 그러면 발자국 증거가 X가 범인일 확률을 높인다고 하더라도, 그가 범인일 확률은 여전히 높지 않을 것이다. 그럼에도 불구하고 갑의 입장은 이러한 상황에서 발자국 증거가 X가 범인이라는 가설을 입증한다고 보게 만드는 문제가 있다. 이 문제는 내가 받아들이는 입증에 대한 다음 입장을 통해 해결될 수 있다. 증거 발견 후 가설의 확률 증가분이 있고 증거 발견 후 가설이 참일 확률이 1/2보다 크다면, 그리고 그런 경우에만 증거가 가설을 입증한다. 가령, 발자국 증거가 X가 범인일 확률을 높이더라도 증거 획득 후 확률이 1/2보다 작다면 발자국 증거는 X가 범인이라는 가설을 입증하지 못한다.

〈보 기〉

ㄱ. 갑의 입장에서, 증거 발견 후 가설의 확률 증가분이 없다면 그 증거가 해당 가설을 입증하지 못한다.

ㄴ. 을의 입장에서, 어떤 증거가 주어진 가설을 입증할 경우 그 증거 획득 이전 해당 가설이 참일 확률은 1/2보다 크다.

ㄷ. 갑의 입장에서 어떤 증거가 주어진 가설을 입증하는 정도가 작더라도, 을의 입장에서 그 증거가 해당 가설을 입증할 수 있다.

① ㄴ
② ㄷ
③ ㄱ, ㄴ
④ ㄱ, ㄷ
⑤ ㄱ, ㄴ, ㄷ

문 16. 다음 글에서 추론할 수 있는 것은?

국제표준도서번호(ISBN)는 전세계에서 출판되는 각종 도서에 부여하는 고유한 식별 번호이다. 2007년부터는 13자리의 숫자로 구성된 ISBN인 ISBN-13이 부여되고 있지만, 2006년까지 출판된 도서에는 10자리의 숫자로 구성된 ISBN인 ISBN-10이 부여되었다.

ISBN-10은 네 부분으로 되어 있다. 첫 번째 부분은 책이 출판된 국가 또는 언어 권역을 나타내며 1~5자리를 가질 수 있다. 예를 들면, 대한민국은 89, 영어권은 0, 프랑스어권은 2, 중국은 7 그리고 부탄은 99936을 쓴다. 두 번째 부분은 국가별 ISBN 기관에서 그 국가에 있는 각 출판사에 할당한 번호를 나타낸다. 세 번째 부분은 출판사에서 그 책에 임의로 붙인 번호를 나타낸다. 마지막 네 번째 부분은 확인 숫자이다. 이 숫자는 0에서 10까지의 숫자 중 하나가 되는데, 10을 써야 할 때는 로마 숫자인 X를 사용한다. 부여된 ISBN-10이 유효한 것이라면 이 ISBN-10의 열 개 숫자에 각각 순서대로 10, 9, …, 2, 1의 가중치를 곱해서 각 곱셈의 값을 모두 더한 값이 반드시 11로 나누어 떨어져야 한다. 예를 들어, 어떤 책에 부여된 ISBN-10인 '89 - 89422 - 42 - 6'이 유효한 것인지 검사해 보자. $(8\times10)+(9\times9)+(8\times8)+(9\times7)+(4\times6)+(2\times5)+(2\times4)+(4\times3)+(2\times2)+(6\times1)=352$ 이고, 이 값은 11로 나누어 떨어지기 때문에 이 ISBN-10은 유효한 번호이다. 만약 어떤 ISBN-10의 숫자 중 어느 하나를 잘못 입력했다면 서점에 있는 컴퓨터는 즉시 오류 메시지를 화면에 보여줄 것이다.

① ISBN-10의 첫 번째 부분에 있는 숫자가 같으면 같은 나라에서 출판된 책이다.
② 임의의 책의 ISBN-10에 숫자 3자리를 추가하면 그 책의 ISBN-13을 얻는다.
③ ISBN-10이 '0 - 285 - 00424 - 7'인 책은 해당 출판사에서 424번째로 출판한 책이다.
④ ISBN-10의 두 번째 부분에 있는 숫자가 같은 서로 다른 두 권의 책은 동일한 출판사에서 출판된 책이다.
⑤ 확인 숫자 앞의 아홉 개의 숫자에 정해진 가중치를 곱하여 합한 값이 11의 배수인 ISBN-10이 유효하다면 그 확인 숫자는 반드시 0이어야 한다.

문 17. 다음 글의 내용이 참일 때, 갑이 반드시 수강해야 할 과목은?

갑은 A~E 과목에 대해 수강신청을 준비하고 있다. 갑이 수강하기 위해 충족해야 하는 조건은 다음과 같다.
• A를 수강하면 B를 수강하지 않고, B를 수강하지 않으면 C를 수강하지 않는다.
• D를 수강하지 않으면 C를 수강하고, A를 수강하지 않으면 E를 수강하지 않는다.
• E를 수강하지 않으면 C를 수강하지 않는다.

① A
② B
③ C
④ D
⑤ E

문 18. 다음 글의 내용이 참일 때, 반드시 참인 것만을 〈보기〉에서 모두 고르면?

△△처에서는 채용 후보자들을 대상으로 A, B, C, D 네 종류의 자격증 소지 여부를 조사하였다. 그 결과 다음과 같은 사실이 밝혀졌다.
• A와 D를 둘 다 가진 후보자가 있다.
• B와 D를 둘 다 가진 후보자는 없다.
• A나 B를 가진 후보자는 모두 C는 가지고 있지 않다.
• A를 가진 후보자는 모두 B는 가지고 있지 않다는 것은 사실이 아니다.

─── 〈보 기〉 ───
ㄱ. 네 종류 중 세 종류의 자격증을 가지고 있는 후보자는 없다.
ㄴ. 어떤 후보자는 B를 가지고 있지 않고, 또 다른 후보자는 D를 가지고 있지 않다.
ㄷ. D를 가지고 있지 않은 후보자는 누구나 C를 가지고 있지 않다면, 네 종류 중 한 종류의 자격증만 가지고 있는 후보자가 있다.

① ㄱ
② ㄷ
③ ㄱ, ㄴ
④ ㄴ, ㄷ
⑤ ㄱ, ㄴ, ㄷ

문 19. 다음 글의 내용이 참일 때, 반드시 참인 것만을 〈보기〉에서 모두 고르면?

신입사원을 대상으로 민원, 홍보, 인사, 기획 업무에 대한 선호를 조사하였다. 조사 결과 민원 업무를 선호하는 신입사원은 모두 홍보 업무를 선호하였지만, 그 역은 성립하지 않았다. 모든 업무 중 인사 업무만을 선호하는 신입사원은 있었지만, 민원 업무와 인사 업무를 모두 선호하는 신입사원은 없었다. 그리고 넷 중 세 개 이상의 업무를 선호하는 신입사원도 없었다. 신입사원 갑이 선호하는 업무에는 기획 업무가 포함되어 있었으며, 신입사원 을이 선호하는 업무에는 민원 업무가 포함되어 있었다.

〈보 기〉

ㄱ. 어떤 업무는 갑도 을도 선호하지 않는다.
ㄴ. 적어도 두 명 이상의 신입사원이 홍보 업무를 선호한다.
ㄷ. 조사 대상이 된 업무 중에, 어떤 신입사원도 선호하지 않는 업무는 없다.

① ㄱ
② ㄷ
③ ㄱ, ㄴ
④ ㄴ, ㄷ
⑤ ㄱ, ㄴ, ㄷ

문 20. 다음 글에서 추론할 수 있는 것만을 〈보기〉에서 모두 고르면?

식물의 잎에 있는 기공은 대기로부터 광합성에 필요한 이산화탄소를 흡수하는 통로이다. 기공은 잎에 있는 세포 중 하나인 공변세포의 부피가 커지면 열리고 부피가 작아지면 닫힌다.

그렇다면 무엇이 공변세포의 부피에 변화를 일으킬까? 햇빛이 있는 낮에, 햇빛 속에 있는 청색광이 공변세포에 있는 양성자 펌프를 작동시킨다. 양성자 펌프의 작동은 공변세포 밖에 있는 칼륨이온과 염소이온이 공변세포 안으로 들어오게 한다. 공변세포 안에 이 이온들의 양이 많아짐에 따라 물이 공변세포 안으로 들어오고, 그 결과로 공변세포의 부피가 커져서 기공이 열린다. 햇빛이 없는 밤이 되면, 공변세포에 있는 양성자 펌프가 작동하지 않고 공변세포 안에 있던 칼륨이온과 염소이온은 밖으로 빠져나간다. 이에 따라 공변세포 안에 있던 물이 밖으로 나가면서 세포의 부피가 작아져서 기공이 닫힌다.

공변세포의 부피는 식물이 겪는 수분스트레스 반응에 의해 조절될 수도 있다. 식물 안의 수분량이 줄어듦으로써 식물이 수분스트레스를 받는다. 수분스트레스를 받은 식물은 호르몬 A를 분비한다. 호르몬 A는 공변세포에 있는 수용체에 결합하여 공변세포 안에 있던 칼륨이온과 염소이온이 밖으로 빠져나가게 한다. 이에 따라 공변세포 안에 있던 물이 밖으로 나가면서 세포의 부피가 작아진다. 결국 식물이 수분스트레스를 받으면 햇빛이 있더라도 기공이 열리지 않는다.

또한 기공의 여닫힘은 미생물에 의해 조절되기도 한다. 예를 들면, 식물을 감염시킨 병원균 는 공변세포의 양성자 펌프를 작동시키는 독소 B를 만든다. 이 독소 B는 공변세포의 부피를 늘려 기공이 닫혀 있어야 하는 때에도 열리게 하고, 결국 식물은 물을 잃어 시들게 된다.

〈보 기〉

ㄱ. 한 식물의 동일한 공변세포 안에 있는 칼륨이온의 양은, 햇빛이 있는 낮에 햇빛의 청색광만 차단하는 필름으로 식물을 덮은 경우가 덮지 않은 경우보다 적다.
ㄴ. 수분스트레스를 받은 식물에 양성자 펌프의 작동을 못하게 하면 햇빛이 있는 낮에 기공이 열린다.
ㄷ. 호르몬 A를 분비하는 식물이 햇빛이 있는 낮에 보이는 기공 개폐 상태와 병원균 에 감염된 식물이 햇빛이 없는 밤에 보이는 기공 개폐 상태는 다르다.

① ㄱ
② ㄴ
③ ㄱ, ㄷ
④ ㄴ, ㄷ
⑤ ㄱ, ㄴ, ㄷ

문 21. 다음 글의 ㉠과 ㉡에 대한 평가로 적절한 것만을 〈보기〉에서 모두 고르면?

진화론에 따르면 개체는 배우자 선택에 있어서 생존과 번식에 유리한 개체를 선호할 것으로 예측된다. 그런데 생존과 번식에 유리한 능력은 한 가지가 아니므로 합리적 선택은 단순하지 않다. 예를 들어 배우자 후보 α와 β가 있는데, 사냥 능력은 α가 우수한 반면, 위험 회피 능력은 가 우수하다고 하자. 이 경우 개체는 더 중요하다고 판단하는 능력에 기초하여 배우자를 선택하는 것이 합리적이다. 이를테면 사냥 능력에 가중치를 둔다면 α를 선택하는 것이 합리적이라는 것이다. 그런데 α와 β보다 사냥 능력은 떨어지나 위험 회피 능력은 β와 α의 중간쯤 되는 새로운 배우자 후보 γ가 나타난 경우를 생각해 보자. 이때 개체는 애초의 판단 기준을 유지할 수도 있고 변경할 수도 있다. 즉 애초의 판단 기준에 따르면 선택이 바뀔 이유가 없음에도 불구하고, 새로운 후보의 출현에 의해 판단 기준이 바뀌어 위험 회피 능력이 우수한 를 선택할 수 있다.

한 과학자는 동물의 배우자 선택에 있어 새로운 배우자 후보가 출현하는 경우, ㉠ 애초의 판단 기준을 유지한다는 가설과 ㉡ 판단 기준에 변화가 발생한다는 가설을 검증하기 위해 다음과 같은 실험을 수행하였다.

〈실 험〉

X 개구리의 경우, 암컷은 두 가지 기준으로 수컷을 고르는데, 수컷의 울음소리 톤이 일정할수록 선호하고 울음소리 빈도가 높을수록 선호한다. 세 마리의 수컷 A~C는 각각 다른 소리를 내는데, 울음소리 톤은 C가 가장 일정하고 B가 가장 일정하지 않다. 울음소리 빈도는 A가 가장 높고 C가 가장 낮다. 과학자는 A~C의 울음소리를 발정기의 암컷으로부터 동일한 거리에 있는 서로 다른 위치에서 들려주었다. 상황 1에서는 수컷 두 마리의 울음소리만을 들려주었으며, 상황 2에서는 수컷 세 마리의 울음소리를 모두 들려주고 각 상황에서 암컷이 어느 쪽으로 이동하는지 비교하였다. 암컷은 들려준 울음소리 중 가장 선호하는 쪽으로 이동한다.

〈보 기〉

ㄱ. 상황 1에서 암컷에게 들려준 소리가 A, B인 경우 암컷이 A로, 상황 2에서는 C로 이동했다면, ㉠은 강화되지 않지만 ㉡은 강화된다.

ㄴ. 상황 1에서 암컷에게 들려준 소리가 B, C인 경우 암컷이 B로, 상황 2에서는 A로 이동했다면, ㉠은 강화되지만 ㉡은 강화되지 않는다.

ㄷ. 상황 1에서 암컷에게 들려준 소리가 A, C인 경우 암컷이 C로, 상황 2에서는 A로 이동했다면, ㉠은 강화되지 않지만 ㉡은 강화된다.

① ㄱ   ② ㄷ
③ ㄱ, ㄴ   ④ ㄴ, ㄷ
⑤ ㄱ, ㄴ, ㄷ

문 22. 다음 글의 ㉠과 ㉡에 대한 평가로 적절한 것만을 〈보기〉에서 모두 고르면?

18세기에는 빛의 본성에 관한 두 이론이 경쟁하고 있었다. ㉠ 입자이론은 빛이 빠르게 운동하고 있는 아주 작은 입자들의 흐름으로 구성되어 있다고 설명한다. 이에 따르면, 물속에서 빛이 굴절하는 것은 물이 빛을 끌어당기기 때문이며, 공기 중에서는 이런 현상이 발생하지 않기 때문에 결과적으로 물속에서의 빛의 속도가 공기 중에서보다 더 빠르다. 한편 ㉡ 파동이론은 빛이 매질을 통하여 파동처럼 퍼져 나간다는 가설에 기초한다. 이에 따르면, 물속에서 빛이 굴절하는 것은 파동이 전파되는 매질의 밀도가 달라지기 때문이며, 밀도가 높아질수록 파동의 속도는 느려지므로 결과적으로 물속에서의 빛의 속도가 공기 중에서보다 더 느리다.

또한 파동이론에 따르면 빛의 색깔은 파장에 따라 달라진다. 공기 중에서는 파장에 따라 파동의 속도가 달라지지 않지만, 물속에서는 파장에 따라 파동의 속도가 달라진다. 반면 입자이론에 따르면 공기 중에서건 물속에서건 빛의 속도는 색깔에 따라 달라지지 않는다.

두 이론을 검증하기 위해 다음과 같은 실험이 고안되었다. 두 빛이 같은 시점에 발진하여 경로 1 또는 경로 2를 통과한 뒤 빠른 속도로 회전하는 평면거울에 도달한다. 두 개의 경로에서 빛이 진행하는 거리는 같으나, 경로 1에서는 물속을 통과하고, 경로 2에서는 공기만을 통과한다. 평면거울에서 반사된 빛은 반사된 빛이 향하는 방향에 설치된 스크린에 맺힌다. 평면거울에 도달한 빛 중 속도가 빠른 빛은 먼저 도달하고 속도가 느린 빛은 나중에 도달하게 되는데, 평면거울이 빠르게 회전하고 있으므로 먼저 도달한 빛과 늦게 도달한 빛은 반사 각도에 차이가 생기게 된다. 따라서 두 빛이 서로 다른 속도를 가진다면 반사된 두 빛이 도착하는 지점이 서로 달라지며, 더 빨리 평면거울에 도달한 빛일수록 스크린의 오른쪽에, 더 늦게 도달한 빛일수록 스크린의 왼쪽에 맺히게 된다.

〈보 기〉

ㄱ. 색깔이 같은 두 빛이 각각 경로 1과 2를 통과했을 때, 경로 1을 통과한 빛이 경로 2를 통과한 빛보다 스크린의 오른쪽에 맺힌다면 ㉠은 강화되고 ㉡은 약화된다.

ㄴ. 색깔이 다른 두 빛 중 하나는 경로 1을, 다른 하나는 경로 2를 통과했을 때, 경로 1을 통과한 빛이 경로 2를 통과한 빛보다 스크린의 왼쪽에 맺힌다면 ㉠은 약화되고 ㉡은 강화된다.

ㄷ. 색깔이 다른 두 빛이 모두 경로 1을 통과했을 때, 두 빛이 스크린에 맺힌 위치가 다르다면 ㉠은 약화되고 ㉡은 강화된다.

① ㄱ
② ㄴ
③ ㄱ, ㄷ
④ ㄴ, ㄷ
⑤ ㄱ, ㄴ, ㄷ

문 23. 다음 대화의 빈칸에 들어갈 내용으로 가장 적절한 것은?

갑: 2022년에 A 보조금이 B 보조금으로 개편되었다고 들었습니다. 2021년에 A 보조금을 수령한 민원인이 B 보조금의 신청과 관련하여 문의하였습니다. 민원인이 중앙부처로 바로 연락하였다는데 B 보조금 신청 자격을 알 수 있을까요?

을: B 보조금 신청 자격은 A 보조금과 같습니다. 해당 지자체에 농업경영정보를 등록한 농업인이어야 하고 지급 대상 토지도 해당 지자체에 등록된 농지 또는 초지여야 합니다.

갑: 네. 민원인의 자격 요건에 변동 사항은 없다는 것을 확인했습니다. 그 외에 다른 제한 사항은 없을까요?

을: 대상자 및 토지 요건을 모두 충족하더라도 전년도에 A 보조금을 부정한 방법으로 수령했다고 판정된 경우에는 B 보조금을 신청할 수가 없어요. 다만 부정한 방법으로 수령했다고 해당 지자체에서 판정하더라도 수령인은 일정 기간 동안 중앙부처에 이의를 제기할 수 있습니다. 이의 제기 심의 기간에는 수령인이 부정한 방법으로 수령하지 않은 것으로 봅니다.

갑: 우리 중앙부처의 2021년 A 보조금 부정 수령 판정 현황이 어떻게 되죠?

을: 2021년 A 보조금 부정 수령 판정 이의 제기 신청 기간은 만료되었습니다. 부정 수령 판정이 총 15건이 있었는데, 그중 11건에 대한 이의 제기 신청이 들어왔고 1건은 심의 후 이의 제기가 받아들여져 인용되었습니다. 9건은 이의 제기가 받아들여지지 않아 기각되었고 나머지 1건은 아직 이의 제기 심의 절차가 진행 중입니다.

갑: 그렇다면 제가 추가로 _____만 확인하고 나면 다른 사유를 확인하지 않고서도 민원인이 현재 B 보조금 신청 자격이 되는지를 바로 알 수 있겠네요.

① 민원인의 부정 수령 판정 여부, 민원인의 이의 제기 여부, 이의 제기 심의 절차 진행 중인 건이 민원인이 제기한 건인지 여부

② 민원인의 부정 수령 판정 여부, 민원인의 이의 제기 여부, 이의 제기 기각 건에 민원인이 제기한 건이 포함되었는지 여부

③ 민원인의 농업인 및 농지 등록 여부, 민원인의 이의 제기 여부, 이의 제기 심의 절차 진행 중인 건의 심의 완료 여부

④ 민원인의 부정 수령 판정 여부, 민원인의 이의 제기 여부, 이의 제기 인용 건이 민원인이 제기한 건인지 여부

⑤ 민원인의 농업인 및 농지 등록 여부, 민원인의 부정 수령 판정 여부, 민원인의 이의 제기 여부

문 24. 다음 대화의 빈칸에 들어갈 내용으로 가장 적절한 것은?

갑: 안녕하십니까? 저는 공립학교인 A 고등학교 교감입니다. 우리 학교의 교육 방침을 명확히 밝히는 조항을 학교 규칙(이하 '학칙')에 새로 추가하려고 합니다. 이때 준수해야 할 것이 무엇입니까?

을: 네. 학교에서 학칙을 제정하고자 할 때에는 「초 · 중등교육법」(이하 '교육법')에 어긋나지 않는 범위에서 제정이 이루어져야 합니다.

갑: 그렇군요. 그래서 교육법 제8조제1항의 학교의 장은 '법령'의 범위에서 학칙을 제정할 수 있다는 규정에 근거해서 학칙을 만들고 있습니다. 그런데 최근 우리 도(道) 의회에서 제정한 「학생인권조례」의 내용을 보니, 우리 학교에서 만들고 있는 학칙과 어긋나는 것이 있습니다. 이러한 경우에 법적 판단은 어떻게 됩니까?

을: _____.

갑: 교육법 제8조제1항에서는 '법령'이라는 용어를 사용하고, 제10조제2항에서는 '조례'라는 용어를 사용하고 있으니 교육법에서는 법령과 조례를 구분하는 것으로 보입니다.

을: 그것은 다른 문제입니다. 교육법 제10조제2항의 조례는 법령의 위임을 받아 제정되는 위임 입법입니다. 제8조제1항에서의 법령에는 조례가 포함된다고 해석하고 있으며, 이 경우에 제10조제2항의 조례와는 그 성격이 다르다고 할 수 있습니다.

갑: 교육법 제8조제1항은 초 · 중등학교 운영의 자율과 책임을 위한 것인데 이러한 조례로 인해서 오히려 학교 교육과 운영이 침해당하는 것 아닙니까?

을: 교육법 제8조제1항의 목적은 학교의 자율과 책임을 당연히 존중하는 것입니다. 다만 학칙을 제정할 때에도 국가나 지자체에서 반드시 지킬 것을 요구하는 최소한의 한계를 법령의 범위라는 말로 표현한 것입니다. 더욱이 학생들의 학습권, 개성을 실현할 권리 등은 헌법에서 보장된 기본권에서 나오고 교육법 제18조의4에서도 학생의 인권을 보장하도록 규정하고 있습니다. 최근 「학생인권조례」도 이러한 취지에서 제정되었습니다.

① 학칙의 제정을 통하여 학교 운영의 자율과 책임뿐 아니라 학생들의 학습권과 개성을 실현할 권리가 제한될 수 있습니다

② 법령에 조례가 포함된다고 해석할 여지는 없지만 교육법의 체계상 「학생인권조례」를 따라야 합니다

③ 교육법 제10조제2항에 따라 조례는 입법 목적이나 취지와 관계없이 법령에 포함됩니다

④ 「학생인권조례」에는 교육법에 어긋나는 규정이 있지만 학칙은 이 조례를 따라야 합니다

⑤ 법령의 범위에 있는 「학생인권조례」의 내용에 반하는 학칙은 교육법에 저촉됩니다

문 25. 다음 글의 〈논쟁〉에 대한 분석으로 적절한 것만을 〈보기〉
에서 모두 고르면?

갑과 을은 △△국 「주거법」 제○○조의 해석에 대해 논쟁하고
있다. 그 조문은 다음과 같다.

> 제○○조(비거주자의 구분) ① 다음 각 호에 해당하는 △△
> 국 국민은 비거주자로 본다.
>   1. 외국에서 영업활동에 종사하고 있는 사람
>   2. 2년 이상 외국에 체재하고 있는 사람. 이 경우 일시 귀
>   국하여 3개월 이내의 기간 동안 체재한 경우 그 기간은
>   외국에 체재한 기간에 포함되는 것으로 본다.
>   3. 외국인과 혼인하여 배우자의 국적국에 6개월 이상 체재
>   하는 사람
> ② 국내에서 영업활동에 종사하였거나 6개월 이상 체재하였
>   던 외국인으로서 출국하여 외국에서 3개월 이상 체재 중
>   인 사람의 경우에도 비거주자로 본다.

〈논 쟁〉

쟁점 1: △△국 국민인 A는 일본에서 2년 1개월째 학교에 다니
       고 있다. A는 매년 여름방학과 겨울방학 기간에 일시 귀
       국하여 2개월씩 체재하였다. 이에 대해, 갑은 A가 △△
       국 비거주자로 구분된다고 주장하는 반면, 을은 그렇지
       않다고 주장한다.
쟁점 2: △△국과 미국 국적을 모두 보유한 복수 국적자 B는 △
       △국 C 법인에서 임원으로 근무하였다. B는 올해 C 법
       인의 미국 사무소로 발령받아 1개월째 영업활동에 종사
       중이다. 이에 대해, 갑은 B가 △△국 비거주자로 구분된
       다고 주장하는 반면, 을은 그렇지 않다고 주장한다.
쟁점 3: △△국 국민인 D는 독일 국적의 E와 결혼하여 독일에서
       체재 시작 직후부터 5개월째 길거리 음악 연주를 하고
       있다. 이에 대해, 갑은 D가 △△국 비거주자로 구분된다
       고 주장하는 반면, 을은 그렇지 않다고 주장한다.

〈보 기〉

ㄱ. 쟁점 1과 관련하여, 일시 귀국하여 체재한 '3개월 이내의 기
   간'이 귀국할 때마다 체재한 기간의 합으로 확정된다면, 갑의
   주장은 옳고 을의 주장은 그르다.
ㄴ. 쟁점 2와 관련하여, 갑은 B를 △△국 국민이라고 생각하지만
   을은 외국인이라고 생각하기 때문이라고 하면, 갑과 을 사이
   의 주장 불일치를 설명할 수 있다.
ㄷ. 쟁점 3과 관련하여, D의 길거리 음악 연주가 영업활동이 아닌
   것으로 확정된다면, 갑의 주장은 그르고 을의 주장은 옳다.

① ㄱ
② ㄷ
③ ㄱ, ㄴ
④ ㄴ, ㄷ
⑤ ㄱ, ㄴ, ㄷ

03 2021년 5급 PSAT 언어논리 기출문제

문 1. 다음 글의 내용과 부합하는 것은?

화원(畵員)이란 조선시대의 관청인 도화서 소속의 직업 화가를 말한다. 화원은 임금의 초상화인 어진과 공신초상, 의궤와 같은 궁중기록화, 궁중장식화, 각종 지도, 청화백자의 그림, 왕실 행사를 장식하는 단청 등 왕실 및 조정이 필요로 하는 모든 종류의 회화를 제작하고 여러 도화(圖畵) 작업을 담당하였다. 그림과 관련된 온갖 일을 한 화원들은 사실상 거의 막노동에 가까운 일을 했던 사람들이다.

고된 노역과 적은 녹봉에도 불구하고 이들은 왜 어려서부터 그림 공부를 하여 도화서에 들어가려고 한 것일까? 그림에 재능이 있는 사람이 화원이 되려고 한 이유는 생각보다 간단하다. 화원이 된다는 것은 국가가 인정한 20~30명의 최상급 화가 중 한 사람이 된다는 것을 의미한다. 비록 중인이지만 화원이 되면 종9품에서 종6품 사이의 벼슬을 받는 하급 관료가 되는 것이다. 따라서 화원이 된 사람은 국가가 인정한 최상급 화가라는 자격과 함께, 경제적으로는 별 도움이 되는 것은 아니지만 관료라는 지위를 갖게 된다.

실상 화원은 국가가 주는 녹봉으로 생활했던 사람들이 아니었다. 이들은 낮에는 국가를 위해 일했으나 퇴근 후에는 사적으로 주문을 받아 작품을 제작하였다. 화원들은 벌어들이는 돈의 대부분을 사적 주문에 의한 그림 제작을 통해 획득하였다. 국가 관료라는 지위와 최상급 화가라는 명예는 그림 시장에서 그들의 작품에 보다 높은 가치를 부여하였고, 녹봉에만 의지하는 다른 하급 관료보다 경제적으로 풍요롭게 만들었다. 반면 도화서에 들어가지 못한 일반 화가들은 경제적으로 곤궁하였다. 이들은 일정한 수입이 없었으며 그때그때 값싼 그림을 팔아 생활하였다. 따라서 화원과 비교해 볼 때 시정(市井)의 직업 화가들의 경제 여건은 늘 불안정하였다. 이런 이유로 화원 집안에서는 대대로 화원을 배출하려고 노력했고, 조선 후기에는 몇몇 가문이 도화서 화원직을 거의 독점하게 되었다.

① 일반 직업 화가들은 화원 밑에서 막노동에 가까운 일을 담당하였으나 신분은 중인이었다.

② 화원은 국가 관료라는 지위를 가졌으나 경제적 여건은 일반 하급 관료에 비해 좋지 않은 편이었다.

③ 임금의 초상화를 그리는 도화서 소속 화가는 다른 화원에 비해 국가가 인정한 최상급 화가라는 자격을 부여받았다.

④ 도화서 소속 화가는 수입의 가장 많은 부분을 사적으로 주문된 그림을 제작하는 데서 얻었다.

⑤ 적은 녹봉에도 불구하고 화원이 되려는 경쟁이 치열했으므로 화원직의 세습은 힘들었다.

문 2. 다음 글의 내용과 부합하는 것은?

『정원일기』는 조선시대 왕의 비서 기관인 승정원의 업무 일지이다. 승정원에서 처리한 업무는 당시 최고의 국가 기밀이었으므로 『승정원일기』에는 중앙과 지방에서 수집된 주요한 정보와 긴급한 국정 사항이 생생하게 기록되었다. 『승정원일기』가 왕의 통치 기록으로서 주요한 자리를 차지할 수 있었던 것은 조선의 통치 구조와 관련이 있다. 조선은 모든 국가 조직이 왕을 중심으로 짜여 있는 중앙집권제 국가였다. 국가 조직은 크게 여섯 분야로 나뉘어져 이, 호, 예, 병, 형, 공의 육조가 이를 담당하였다. 승정원도 육조에 맞추어 육방으로 구성되었고, 육방에는 담당 승지가 한 명씩 배치되었다. 중앙과 지방의 모든 국정 업무는 육조를 통해 수합되었고, 육조는 이를 다시 승정원의 해당 방의 승지에게 보고하였다. 해당 승지는 이를 다시 왕에게 보고하였고, 왕의 명령이 내려지면 담당 승지가 받아 해당 부서에 전하였다.

승정원에 보고된 육조의 모든 공문서는 승정원의 주서가 받아서 기록하였는데, 상소문이나 탄원서 등의 문서도 마찬가지였다. 만약 사헌부, 사간원, 홍문관 등에서 특정 관료나 사안에 대해 비판하는 경우 주서가 그 내용을 기록하였으며, 왕과 신료가 만나 국정을 의논하거나 경연을 할 때 주서는 반드시 참석하여 그 대화 내용을 기록하였다. 즉 주서는 사관의 역할도 겸하였으며, 주서가 사관으로서 기록한 것을 사초라 하였다. 하루 일과가 끝나면 주서는 자신이 기록한 사초를 정리하여 이것을 승정원에서 처리한 공문서나 상소문과 함께 모두 모아 매일 『승정원일기』를 작성하였다. 한 달이 되면 이를 한 책으로 엮어 왕에게 보고하였고, 왕의 결재를 받은 다음 자신이 근무하는 승정원 건물에 보관하였다.

『승정원일기』는 오직 한 부만 작성되었으므로 궁궐의 화재로 원본 자체가 소실되기도 하였다. 임진왜란 전에 승정원은 경복궁 근정전 서남쪽에 위치하였는데, 왜란으로 경복궁이 불타면서 『승정원일기』도 함께 소실되었다. 이후에도 여러 차례 궁궐에 화재가 발생하였다. 영조 23년에는 창덕궁에 불이 나 『승정원일기』가 거의 타버렸으나 영조는 이를 복원하도록 하였다.

① 주서는 사초에 근거하여 육조의 국정 업무 자료를 선별해 수정한 뒤 책으로 엮어 왕에게 보고하였다.

② 형조에서 수집한 지방의 공문서는 승정원의 형방 승지를 통해 왕에게 보고되었다.

③ 왕이 사간원에 내리는 공문서는 사간원에 배치된 승지를 통해 전달되었다.

④ 사관의 역할을 겸하였던 주서와 승지는 함께 『승정원일기』를 작성하였다.

⑤ 경복궁에 보관되어 있던 『승정원일기』는 영조 대의 화재로 소실되었다.

문 3.　다음 글에서 알 수 있는 것은?

15~16세기에 이질은 사람들을 괴롭히는 가장 주요한 질병이 되었다. 조선은 15세기부터 냇둑을 만들어 범람원(汎濫原)을 개간하기 시작하였고, 『농사직설』을 편찬하여 적극적으로 벼농사를 보급하였다. 이질은 이처럼 벼농사를 중시하여 냇가를 개간한 조선이 감당하여야 하는 숙명이었다.

벼농사를 짓는 논은 밭 위에 물을 가두어 농사를 짓는 농업 시설이었다. 새로 생긴 논 주변의 구릉에는 마을들이 생겨났다. 하지만 사람들이 쏟아내는 오물이 도랑을 통해 논으로 흘러들었고, 사람의 눈에 보이지 않는 미생물 중 수인성(水因性) 병균이 번성하였다. 그중 위산을 잘 견디는 시겔라균은 사람의 몸에 들어오면 적은 양이라도 대장까지 곧바로 도달하였고, 어김없이 이질을 일으켰다.

이질은 15세기 초반 급증하기 시작하여 17세기 이후에는 크게 감소하였다. 이러한 변화의 원인은 생태환경의 측면에서 찾을 수 있다. 15~16세기 냇둑에 의한 농지 개간은 범람원을 논으로 바꾸었다. 장마나 강우에 의해 일시적으로 범람하여 발생하는 짧은 침수 기간을 제외하면 범람원은 나머지 대부분의 시간 동안 건조한 상태를 유지하는 벌판을 형성한다. 이곳은 홍수에 잘 견디는 나무로 구성된 숲이 발달하였던 곳이다. 한반도의 하천 변에 분포하는 넓은 범람원의 숲이 논으로 개발되면서 뜨거운 여름 동안 습지로 바뀌었고 건조한 환경에 적합한 미생물 생태계가 습한 환경에 적합한 새로운 미생물 생태계로 바뀌었다. 수인성 세균인 병원성 살모넬라균과 시겔라균은 이러한 습지의 생태계에서 번성하여 장티푸스와 이질의 발병률을 크게 높였다.

그런데 17세기 이후 농지 개간의 중심축이 범람원 개간에서 산간 지역 개발로 이동하였다. 이는 수인성 전염병 발생을 크게 줄이는 결과를 낳았다. 농법의 측면에서도 17세기 이후에는 남부지역의 벼농사에서 이모작과 이앙법이 확대되었고, 이는 마을에 인접한 논의 사용법을 변화시켰다. 특히 논에 물을 가둬두는 기간이 줄어서 이질 등 수인성 질병 발생의 감소를 가져왔다.

① 『농사직설』을 통한 벼농사 보급 이전의 조선에는 수인성 병균에 의한 질병이 발견되지 않았다.

② 15~16세기 조선의 하천에서 번성하던 시겔라균이 17세기 이후 감소하였다.

③ 17세기 이후 조선에서는 논의 미생물 생태계가 변화되어 이질 감소에 기여하였다.

④ 17세기 이후 조선에서 개간 대상 지역이 바뀌어 인구 밀집지역이 점차 하천 주변에서 산간 지역으로 바뀌었다.

⑤ 17세기 이후 조선 농법의 변화는 건조한 지역에도 농지를 개간할 수 있도록 하여 이질과 장티푸스 발병률을 낮추었다.

문 4.　다음 글에서 알 수 있는 것은?

통제되지 않는 자연재해와 지배자의 요구에 시달리면서 겨우 생계를 유지하는 전(前)자본주의 농업사회 농민들에게, 신고전주의 경제학에서 말하는 '이윤의 극대화'를 위한 계산의 여지는 거의 없다. 정상적인 농민이라면 큰 벌이는 되지만 모험적인 것을 시도하기보다는 자신과 자신의 가족들을 파멸시킬 수도 있는 실패를 피하려고 하기 마련이다. 이와 같은 악조건은 농민들에게 삶의 거의 모든 측면에서 안전 추구를 최우선으로 여기는 성향을 체득하도록 한다. 이러한 '안전 제일의 원칙'을 추구하기 위해, 농민들은 경험 축적을 바탕으로 하는 종자의 다양화, 경작지의 분산화, 재배 기술 개선 등 생계 안정성을 담보하는 기술적 장치를 필요로 한다. 또한 마을 내에서 이루어지는 다양한 유형의 호혜성, 피지배층이 지배층에 기대하는 관대함, 그리고 토지의 공동체적 소유 및 공동 노동 등 절박한 농민들에게 최소한의 생존을 보장하는 사회적 장치도 필요로 한다.

이런 측면에서 지주와 소작인 간의 소작제도 역시 흥미롭다. 소작인이 지주에게 납부하는 지대의 종류에는 수확량의 절반씩을 나누어 갖는 분익제와 일정액을 지대로 지불하는 정액제가 있다. 분익제에서는 수확이 없으면 소작료를 요구하지 않지만, 정액제에서는 벼 한 포기 자라지 않았어도 의무 수행을 요구한다. 생존을 위협할 정도의 흉년이 자주 있던 것이 아니라는 점을 감안하면, 정액제는 분익제에 비해 소작인의 이윤을 극대화할 수도 있는 방법이었지만 전자본주의 농업사회에서 보다 일반적인 방식은 분익제였다.

이러한 상황은 필리핀 정부가 벼 생산 분익농들을 정액 소작농으로 전환시키고자 시도한 루손 지역에서도 관찰되었다. 정부는 소작농들에게 분익제하에서 부담하던 평균 지대의 1/4에 해당하는 수치를 정액제 지대로 제시하였다. 새로운 체제에서 소작인은 대략적으로 이전 연평균 수입의 두 배, 새로운 종자를 채택할 경우는 그 이상의 수입을 실현할 수 있으리라는 기대를 가질 수 있었다. 그러나 새로운 체제가 제시하는 기대 수입에서의 상당한 이득에도 불구하고, 많은 농민들은 정액제 자체에 내포되어 있는 생계에 관련된 위험성 때문에 전환을 꺼렸다.

① 안전 제일의 원칙은 신고전주의 경제학에서 말하는 이윤 극대화를 위한 계산 논리에 부합한다.

② 전자본주의 농업사회 농민들은 모험적인 시도가 큰 벌이로 이어질 수 있다는 사실을 인식하지 못했다.

③ 안전 추구를 최우선으로 여기는 전자본주의 농업사회의 기술적 장치는, 사회적 장치들이 최소한의 생존을 보장하는 환경하에 발달했다.

④ 루손 지역의 농민들이 정액제로의 전환을 꺼렸던 것은 정액제를 택했을 때 생계에 관련된 위험성이 분익제를 택했을 때보다 작다고 느꼈기 때문이다.

⑤ 어느 농가의 수확량이 이전 연도보다 두 배로 늘었을 경우, 이전 연도 수확량의 절반을 내기로 계약하는 정액제를 택하는 것이 분익제를 택하는 것보다 이윤이 크다.

문 5.　다음 글의 내용과 부합하는 것은?

　'공공 미술'이란 공개된 장소에 설치되고 전시되는 작품으로서, 공중(公衆)을 위해 제작되고 공중에 의해 소유되는 미술품을 의미한다. 공공 미술의 역사는 세 가지 서로 다른 패러다임의 변천으로 설명할 수 있다. 첫 번째는 '공공장소 속의 미술' 패러다임으로, 1960년대 중반부터 1970년대 중반까지 대부분의 공공 미술이 그에 해당한다. 이것은 미술관이나 갤러리에서 볼 수 있었던 미술 작품을 공공장소에 설치하여 공중이 미술 작품을 접하기 쉽게 한 것이다. 두 번째는 '공공 공간으로서의 미술' 패러다임으로, 공공 미술 작품의 개별적인 미적 가치보다는 사용가치에 주목하고 공중이 공공 미술을 더 가깝게 느끼고 이해할 수 있도록 미술과 실용성 사이의 구분을 완화하려는 시도이다. 이에 따르면 미술 작품은 벤치나 테이블, 가로등, 맨홀 뚜껑을 대신하면서 공공장소에 완전히 동화된다. 세 번째인 '공공의 이익을 위한 미술' 패러다임은 사회적인 쟁점과 직접적 접점을 만들어냄으로써 사회 정의와 공동체의 통합을 추구하는 활동이다. 이것은 거리 미술, 게릴라극, 페이지 아트 등과 같은 비전통적 매체뿐만 아니라 회화, 조각을 포함하는 다양한 전통 매체를 망라한 행동주의적이며 공동체적인 활동이라고 할 수 있다.

　첫 번째와 두 번째 패러다임은 둘 다 공적인 공간에서 시각적인 만족을 우선으로 한다는 점에서 하나의 틀로 묶을 수 있다. 공적인 공간에서 공중의 미적 향유를 위해서 세워진 조형물이나 쾌적하고 심미적인 도시를 만들기 위해 디자인적 요소를 접목한 공공 편의 시설물은 모두 공중에게 시각적인 만족을 제공하기 위해 제작된 활동이라는 의미에서 '공공장소를 미화하는 미술'이라 부를 수 있다. 세 번째 패러다임인 '공공의 이익을 위한 미술'은 사회 변화를 위한 공적 관심의 증대를 목표로 하고 있어서 공공 공간을 위한 미술이라기보다는 공공적 쟁점에 주목하는 미술이다. 이 미술은 해당 주제가 자신들의 삶에 중요한 쟁점이 되는 특정한 공중 일부에게 집중한다. 그런 점에서 이러한 미술 작업은 공중 모두에게 공공장소에 대한 보편적인 미적 만족을 제공하려는 활동과는 달리 '공적인 관심을 증진하는 미술'에 해당한다.

① 공공 공간으로서의 미술은 다양한 매체를 활용하여 사회 정의와 공동체 통합을 추구하는 활동이다.

② 공공장소를 미화하는 미술은 공공 미술 작품의 미적 가치보다 사용가치에 주목하는 시도를 포함한다.

③ 공적인 관심을 증진하는 미술은 공중이 공유하는 문화 공간을 심미적으로 디자인하여 미술과 실용성을 통합하려는 활동이다.

④ 공공장소 속의 미술은 사회 변화를 위한 공적 관심의 증대를 목표로 공중 모두에게 공공장소에 대한 보편적 미적 만족을 제공한다.

⑤ 공공의 이익을 위한 미술은 공간적 제약을 넘어서 공중이 미술을 접할 수 있도록 작품이 존재하는 장소를 미술관에서 공공장소로 확대하는 활동이다.

문 6.　다음 글에서 알 수 있는 것은?

　요리의 좋은 맛을 내는 조리 과정에서는 수많은 분자를 만들어내는 화학반응이 일어난다. 많은 화학반응 중 가장 돋보이는 화학반응은 '마이야르 반응'이다. 마이야르 반응은 온도가 약 섭씨 140도에 도달할 때 일어나기 시작한다. 이 온도에서는 당 분자가 단백질을 이루는 요소들 중 하나인 아미노산과 반응한다. 음식에 들어 있는 당 분자들은 흔히 서로 결합하여 둘씩 짝을 이루거나 긴 사슬 구조를 만든다. 마찬가지로 단백질도 수백 개의 아미노산이 서로 연결된 긴 사슬로 이루어져 있다. 마이야르 반응은 그 긴 사슬 끝에 있는 당이 다른 사슬 끝에 있는 아미노산과 만나 반응하며 시작된다. 당과 아미노산이 만나 새로운 화학물질이 생겨나며, 반응한 화학물질은 자연스럽게 재정렬된다.

　초기 반응에 관여한 아미노산과 당의 특성에 따라 다음에 일어날 일이 달라진다. 마이야르 반응에 관여할 수 있는 당은 적어도 6가지이며, 아미노산은 20가지가 넘는다. 따라서 어떠한 종류의 당과 아미노산이 반응에 참여하느냐에 따라 생성되는 화학물질의 종류는 천차만별이다. 또 주변의 산도와 온도, 수분의 양에 따라서도 반응이 달라지는데, 여러 조건에 따라 반응 속도뿐만 아니라 반응을 통해 생성되는 화학물질이 달라진다. 마이야르 반응을 통해 생성되는 분자 중 일부는 사람이 섭취했을 때 흥미로운 맛을 낸다. 예를 들면 포도당이 아미노산의 한 종류인 시스테인과 반응할 때 생성되는 아크릴피리딜은 크래커와 유사한 맛을 내고, 아미노산의 한 종류인 아르기닌과 반응할 때 생성되는 아세틸피롤린은 팝콘향을 낸다. 여기에 더해 갈색빛을 띠는 멜라노이딘 계열 분자들도 생성되는데, 이들은 음식이 갈색을 띠게 만든다. 마이야르 반응을 통해 여러 맛 분자들뿐 아니라, 발암물질의 하나인 아세틸아마이드와 같은 분자들도 소량이나마 생성된다.

① 약 섭씨 140도에서 포도당과 단백질 사슬 끝에 있는 아미노산이 반응하면 팝콘향을 내는 물질을 생성할 수 있다.

② 마이야르 반응으로 생성되는 화학물질의 종류는 아미노산과 당의 종류보다는 주변 조건에 따라 결정된다.

③ 아크릴피리딜은 당 분자의 사슬 구조 끝에 있는 포도당과 아르기닌이 반응함으로써 생성된다.

④ 멜라노이딘 계열 분자는 요리의 색을 결정할 뿐, 암을 유발하는 데 관여하지 않는다.

⑤ 마이야르 반응 과정에서 생성되는 발암물질의 양은 반응 속도에 따라 결정된다.

문 7. 다음 글의 흐름에 맞지 않는 곳을 ㉠~㉤에서 찾아 수정할 때 가장 적절한 것은?

진화 과정에서 빛을 방출하는 일부 원생생물은 그렇지 않은 원생생물보다 어떤 점에서 생존에 더 유리했을까? 요각류라고 불리는 동물이 밤에 발광하는 원생생물인 와편모충을 먹는다는 사실은 이러한 의문을 풀어줄 실마리를 제공한다. 와편모충이 만든 빛은 요각류를 잡아먹는 어류를 유인할 수 있다. 이때 ㉠ 발광하는 와편모충을 잡아먹는 요각류가 발광하지 않는 와편모충만을 잡아먹는 요각류보다 그들의 포식자인 육식을 하는 어류에게 잡아먹힐 위험성이 더 높아질 것이다.

연구자들은 실험실의 커다란 수조 속에 요각류와 요각류의 포식자 중 하나인 가시고기를 같이 두어 이 가설을 검증하였다. 수조의 절반에는 발광하는 와편모충을 넣고 다른 절반에는 발광하지 않는 와편모충을 넣었다. 연구자들은 방을 어둡게 한 상태에서 요각류는 와편모충을, 그리고 가시고기는 요각류를 잡아먹게 하였다. 몇 시간 후 ㉡ 연구자들은 수조 속 살아남은 요각류의 수를 세었다.

그 결과는 예상과 같았다. 가시고기는 수조에서 ㉢ 빛을 내지 않는 와편모충이 있는 쪽보다 빛을 내는 와편모충이 있는 쪽에서 요각류를 더 적게 먹었다. 이러한 결과는 원생생물이 자신을 잡아먹는 동물에게 포식 위협을 증가시킴으로써 잡아먹히는 것을 회피할 수 있음을 시사한다. ㉣ 요각류에게는 빛을 내는 와편모충을 계속 잡는 것보다 도망치는 편이 더 이익이다. 이때 발광하는 와편모충은 요각류의 저녁 식사가 될 확률이 낮아지므로, 자연선택은 이들 와편모충에서 생물발광이 유지되도록 하였다.

만약 우리가 생물발광하는 원생생물이 자라고 있는 해변을 밤에 방문한다면 원생생물이 내는 불빛을 보게 될 것이다. 원생생물이 내는 빛은 ㉤포식자인 육식동물들에게 원생생물을 잡아먹는 동물이 근처에 있을 수 있다는 신호가 된다.

① ㉠을 "발광하지 않는 와편모충을 잡아먹는 요각류가 발광하는 와편모충만을 잡아먹는 요각류보다"로 고친다.

② ㉡을 "연구자들은 수조 속 살아남은 와편모충의 수를 세었다."로 고친다.

③ ㉢을 "빛을 내지 않는 와편모충이 있는 쪽보다 빛을 내는 와편모충이 있는 쪽에서 요각류를 더 많이 먹었다."로 고친다.

④ ㉣을 "요각류에게는 도망치는 것보다 빛을 내는 와편모충을 계속 잡는 편이 더 이익이다."로 고친다.

⑤ ㉤을 "포식자인 육식동물들에게 자신들의 먹이가 되는 원생생물이 많이 있음을 알려주는 신호가 된다."로 고친다.

문 8. 다음 글의 ㉠과 ㉡에 들어갈 내용을 적절하게 짝지은 것은?

우리는 전체 집단에서 특정 표본을 추출할 때 표본이 무작위로 선정되었을 것이라 기대하지만, 실제로 항상 그런 것은 아니다. 이 같은 표본 선정의 쏠림 현상, 즉 표본의 편향성은 종종 올바른 판단을 저해한다. 2차 세계대전 중 전투기의 보호 장비 개선을 위해 미국의 군 장성들과 수학자들 사이에서 이루어졌던 논의는 그 좋은 사례이다. 미군은 전투기가 격추되는 것을 막기 위해 전투기에 철갑을 둘렀다. 기체 전체에 철갑을 두르면 너무 무거워지기에 중요한 부분에만 둘러야 했다. 교전을 마치고 돌아온 전투기에는 많은 총알구멍이 있었지만, 기체 전체에 고르게 분포된 것은 아니었다. 총알구멍은 동체 쪽에 더 많았고 엔진 쪽에는 그다지 많지 않았다. 군 장성들은 철갑의 효율을 높일 수 있는 기회를 발견했다.   ㉠   생각이었다.

반면, 수학자들은 이와 같은 장성들의 생각에 반대하면서 다음과 같은 주장을 펼쳤다. 만일 피해가 전투기 전체에 골고루 분포된다면 분명히 엔진 덮개에도 총알구멍이 났을 텐데, 돌아온 전투기의 엔진 부분에는 총알구멍이 거의 없었다. 왜 이러한 현상이 발생한 것일까? 총알구멍이 엔진에 난 전투기는 대부분 격추되어 돌아오지 못한다. 엔진에 총알을 덜 맞은 전투기가 많이 돌아온 것은, 엔진에 총알을 맞으면 귀환하기 어렵기 때문이다. 병원 회복실을 가보면, 가슴에 총상을 입은 환자보다 다리에 총상을 입은 환자가 더 많다. 이것은 가슴에 총상을 입은 사람들이 회복하지 못했기 때문이다.

이 사례에서 군 장성들은 자신도 모르게 복귀한 전투기에 관한 어떤 가정을 하고 있었다. 그것은 기지로 복귀한 전투기가   ㉡   것이었다. 군 장성들은 복귀한 전투기를 보호 장비 개선 연구를 위한 중요한 자료로 사용하고자 했다. 그러나 만약 잘못된 표본에 근거하여 정책을 결정한다면, 오히려 전투기의 생존율을 낮추는 결과를 초래할 수 있다.

① ㉠ : 전투기에서 가장 중요한 엔진 쪽에만 철갑을 둘러도 충분한 보호 효과를 볼 수 있다는

㉡ : 출격한 전투기 일부에서 추출된 편향된 표본이라는

② ㉠ : 전투기에서 총알을 많이 맞는 동체 쪽에 철갑을 집중해야 충분한 보호 효과를 볼 수 있다는

㉡ : 출격한 전투기 일부에서 추출된 편향된 표본이라는

③ ㉠ : 전투기에서 가장 중요한 엔진 쪽에만 철갑을 둘러도 충분한 보호 효과를 볼 수 있다는

㉡ : 출격한 전투기 전체에서 무작위로 추출된 표본이라는

④ ㉠ : 전투기에서 총알을 많이 맞는 동체 쪽에 철갑을 집중해야 충분한 보호 효과를 볼 수 있다는

㉡ : 출격한 전투기 전체에서 무작위로 추출된 표본이라는

⑤ ㉠ : 전투기의 철갑 무게를 감당할 만큼 충분히 강력한 엔진을 달아야 한다는

㉡ : 출격한 전투기 전체에서 무작위로 추출된 표본이라는

문 9. 다음 글에서 추론할 수 없는 것은?

조직 구성원의 발언은 조직과 구성원 양측에 긍정적 효과를 가져올 수 있다. 구성원들은 발언을 함으로써 스스로 통제할 수 있다는 느낌을 가지게 되어 직무 스트레스가 줄고 조직에 대해 긍정적 태도를 가질 수 있다. 동시에 발언은 발언자의 조직 내 이미지를 실추시키거나 다양한 보복을 불러올 우려가 없지 않다. 한편 침묵은 조직의 발전 기회를 놓치게 하거나 조직을 위기에 처하게 할 수 있을 뿐만 아니라, 구성원 자신들에게도 부정적 영향을 미칠 수 있다. 침묵은 구성원들로 하여금 스스로를 가치 없는 존재로 느끼게 만들고, 관련 상황을 통제하지 못한다는 인식을 갖게 함으로써, 구성원들의 정신건강과 신체에 악영향을 미칠 수 있다. 구성원들은 조직에서 우려되는 이슈들을 인지하였을 때, 이를 발언으로 표출할지 아니면 침묵으로 표출하지 않을지 선택할 수 있는데, 해당 조직의 문화 아래에서 보복과 관련한 안전도와 변화 가능성에 대한 실효성 등을 고려하여 판단한다.

침묵의 유형들은 다음과 같다. 먼저, 묵종적 침묵은 조직의 부정적 이슈 등과 관련된 정보나 의견 등을 가지고 있지만 이를 알리거나 표출할 행동 유인이 없어 표출하지 않는 행위를 가리킨다. 이러한 침묵은 문제 있는 현실을 바꾸려는 의지를 상실한 체념의 의미를 내포하고 있어, 방관과 유사하다. 묵종적 침묵은 발언을 해도 소용이 없을 것이라는 조직에 대한 불신으로부터 나오는 행위이다.

방어적 침묵은 외부 위협으로부터 자신을 보호하거나 자신을 향한 보복을 당하지 않기 위해 조직과 관련된 부정적인 정보나 의견을 억누르는 적극적인 성격의 행위를 가리킨다. 기존에 가진 것을 지키기 위한 것뿐만 아니라, 침묵함으로써 추가적인 이익을 보고자 하는 것도 방어적 침묵의 행동 유인으로 포함하여 보기 때문에 자기보신적 행위라고 할 수 있다.

친사회적 침묵은 조직이나 다른 구성원의 이익을 보호하려는 목적에서 조직과 관련된 부정적 정보나 의견 등을 표출하지 않고 억제하는 행위로서, 다른 사람을 배려한 이타주의적인 침묵을 가리킨다. 이는 본인의 사회적 관계를 위한 경우에는 해당되지 않고, 철저하게 '나'를 배제한 판단 아래에서 이뤄지는 행위이다.

① 구성원들의 발언이 조직의 의사결정에 반영되는 정도가 커질수록, 조직의 묵종적 침묵은 감소할 것이다.

② 발언의 영향으로 자신의 안전이 걱정되어 침묵하는 경우는 방어적 침묵에 해당한다.

③ 발언의 실효성이 낮을 것으로 판단하여 침묵하는 경우는 묵종적 침묵에 해당한다.

④ 발언자에 대한 익명성을 보장하는 경우, 조직의 친사회적 침묵은 감소할 것이다.

⑤ 발언의 안전도와 실효성이 낮은 조직일수록 구성원의 건강은 악화될 수 있다.

문 10. 다음 글에 비추어 볼 때, 〈실험〉에서 추론한 것으로 적절한 것만을 〈보기〉에서 모두 고르면?

A식물은 머리카락 모양의 털을 잎 표피에서 생산한다. 어떤 A식물은 털에서 당액을 분비하여 잎이 끈적하다. 반면 다른 A식물의 잎은 털의 모양은 비슷하지만 당액이 분비되지 않으므로 매끄럽다. 만약 자연에서 두 표현형이 같은 장점을 갖고 있다면 끈적한 A식물과 매끄러운 A식물은 1 : 1의 비율로 나타나야 한다. 하지만 A식물의 잎을 갉아먹는 B곤충이 있는 환경에서는 끈적한 식물과 매끄러운 식물이 1 : 1로 발견되는 반면, B곤충이 없는 환경에서는 끈적한 식물보다 매끄러운 식물이 더 많이 발견된다. 끈적한 식물은 종자 생산에 사용해야 할 광합성 산물의 일정량을 끈적한 당액의 분비에 소모한다. B곤충이 잎을 갉아먹으면 A식물의 광합성 산물의 생산량이 줄어든다. A식물이 만들어 내는 종자의 수는 광합성 산물의 양에 비례한다. 한 표현형이 다른 표현형보다 종자를 많이 생산하면 그 표현형을 가진 개체가 더 많이 나타난다.

〈실 험〉

B곤충으로부터 보호되는 환경에서 끈적한 A식물과 매끄러운 A식물을, 종자를 생산할 수 있을 만큼 성장시킨다. 그렇게 기른 두 종류의 A식물을 각각 절반씩 나누어, 절반은 B곤충의 침입을 허용하는 환경에, 나머지 절반은 B곤충을 차단하는 환경에 두었다. B곤충이 침입하는 조건에서 매끄러운 개체는 끈적한 개체보다 잎이 더 많이 갉아먹혔다. 매끄러운 개체와 끈적한 개체가 생산한 종자의 수 사이에 의미 있는 차이는 나타나지 않았다. 한편 B곤충이 없는 조건에서는 끈적한 개체가 매끄러운 개체보다 종자를 45% 더 적게 생산했다.

〈보 기〉

ㄱ. B곤충이 없는 환경에 비해 B곤충이 있는 환경에서, 매끄러운 식물의 종자 수가 감소한 정도는 끈적한 식물의 종자 수가 감소한 정도보다 컸다.

ㄴ. B곤충이 있는 환경에서 매끄러운 식물이 생산하는 광합성 산물은, B곤충이 없는 환경에서 매끄러운 식물이 생산하는 광합성 산물보다 양이 더 많았다.

ㄷ. B곤충이 있는 환경에서, 끈적한 식물이 매끄러운 식물보다 종자 생산에 소모한 광합성 산물의 양이 더 많았다.

① ㄱ

② ㄴ

③ ㄱ, ㄷ

④ ㄴ, ㄷ

⑤ ㄱ, ㄴ, ㄷ

문 11. 다음 글에서 추론할 수 있는 것만을 〈보기〉에서 모두 고르면?

물질을 구성하는 작은 입자들의 배열 상태는 어떻게 생겼을까? 이것은 '부피를 최소화시키려면 입자들을 어떻게 배열해야 하는가?'의 문제와 관련이 있다. 모든 입자들이 구형이라고 가정한다면 어떻게 쌓는다고 해도 사이에는 빈틈이 생긴다. 문제는 이 빈틈을 최소한으로 줄여서 쌓인 공이 차지하는 부피를 최소화시키는 것이다.

이 문제를 해결하기 위해 케플러는 여러 가지 다양한 배열 방식에 대하여 그 효율성을 계산하는 방식으로 연구를 진행하였다. 그가 제안했던 첫 번째 방법은 인접입방격자 방식이었다. 이것은 수평면(제1층) 상에서 하나의 공이 여섯 개의 공과 접하도록 깔아 놓은 후, 움푹 들어간 곳마다 공을 얹어 제1층과 평행한 면 상에 제2층을 쌓는 방식이다. 이 경우 제2층의 배열 상태는 제1층과 동일하지만 단지 전체적인 위치만 약간 이동하게 된다. 이러한 방식의 효율성은 74%이다.

다른 방법으로는 단순입방격자 방식이 있다. 이것은 공을 바둑판의 격자 모양대로 쌓아가는 방식으로, 이 배열에서는 수평면 상에서 하나의 공이 네 개의 공과 접하도록 배치된다. 그리고 제2층의 배열 상태를 제1층과 동일한 상태로 공의 중심이 같은 수직선 상에 놓이도록 배치한다. 이 방식의 효율성은 53%이다. 이 밖에 6각형격자 방식이 있는데, 이것은 각각의 층을 인접입방격자 방식에 따라 배열한 뒤에 층을 쌓을 때는 단순입방격자 방식으로 쌓는 것이다. 이 방식의 효율성은 60%이다.

이러한 규칙적인 배열 방식에 대한 검토를 통해, 케플러는 인접입방격자 방식이 알려진 규칙적인 배열 중 가장 효율이 높은 방식임을 주장했다.

〈보 기〉

ㄱ. 배열 방식 중에서 제1층만을 따지면 인접입방격자 방식의 효율성이 단순입방격자 방식보다 크다.
ㄴ. 단순입방격자 방식에서 하나의 공에 접하는 공은 최대 6개이다.
ㄷ. 어느 층을 비교하더라도 단순입방격자 방식이 6각형격자 방식보다 효율성이 크다.

① ㄱ
② ㄷ
③ ㄱ, ㄴ
④ ㄴ, ㄷ
⑤ ㄱ, ㄴ, ㄷ

문 12. 다음 글의 ㉠~㉤에 대한 판단으로 적절한 것은?

어떤 음성이나 부호가 무의미하다는 것은 '드룰'이나 '머문'과 같은 무의미한 음절들처럼 단순히 의미를 결여했다는 것으로 여겨진다. 그런데 철학자 A는 ㉠ 모든 의미 있는 용어는 그 용어가 지칭하는 대상이 존재한다고 여긴다. 그는 '비물질적 실체'와 같은 용어는 의미가 없다고 주장하는데, 그 이유는 오직 물질적 실체만이 존재하며 ㉡ '비물질적 실체'라는 용어가 지칭하는 대상이 존재하지 않는다는 것이다.

이에 철학자 B는 A의 입장이 터무니없다고 주장한다. ㉢ '비물질적 실체'라는 용어가 의미가 없다면, 우리는 비물질적 실체가 존재하는가에 대해 긍정도 부정도 할 수 없다. 그러나 ㉣ 우리는 그것이 존재하는가에 대해 긍정이나 부정을 할 수 있다. 실제로 ㉤ 우리의 어휘 중에는 의미를 지니고 그것이 지칭하는 대상이 존재하지 않는 용어들이 있다. 이 세상에 오직 물질적 실체만이 존재해서 비물질적 실체가 존재하지 않더라도 '비물질적 실체'라는 용어가 의미가 없다는 것은 지나친 주장이다.

① ㉠이 참이면, ㉤이 반드시 참이다.
② ㉠과 ㉢이 참이면, ㉤이 반드시 참이다.
③ ㉢과 ㉤이 참이면, ㉣이 반드시 거짓이다.
④ ㉠, ㉡, ㉢이 참이면, ㉣이 반드시 참이다.
⑤ ㉠, ㉢, ㉣이 참이면, ㉡이 반드시 거짓이다.

문 13. 다음 글의 내용이 참일 때, 반드시 참인 것만을 〈보기〉에서 모두 고르면?

도청에서는 올해 새로 온 수습사무관 7명 중 신청자를 대상으로 요가 교실을 운영할 계획이다. 규정상 신청자가 3명 이상일 때에만 요가 교실을 운영한다. 새로 온 수습사무관 A, B, C, D, E, F, G와 관련해 다음과 같은 사실이 알려져 있다.

- F는 신청한다.
- C가 신청하면 G가 신청한다.
- D가 신청하면 F는 신청하지 않는다.
- A나 C가 신청하면 E는 신청하지 않는다.
- G나 B가 신청하면 A나 D 중 적어도 한 명이 신청한다.

〈보 기〉

ㄱ. 요가 교실 신청자는 최대 5명이다.

ㄴ. G와 B 중 적어도 한 명이 신청하는 경우에만 요가 교실이 운영된다.

ㄷ. A가 신청하지 않으면 F를 제외한 어떤 수습사무관도 신청하지 않는다.

① ㄱ

② ㄷ

③ ㄱ, ㄴ

④ ㄴ, ㄷ

⑤ ㄱ, ㄴ, ㄷ

문 14. 다음 글의 내용이 참일 때 반드시 참인 것은?

A, B, C, D는 출산을 위해 산부인과에 입원하였다. 그리고 이 네 명은 이번 주 월, 화, 수, 목요일에 각각 한 명의 아이를 낳았다. 이 아이들의 이름은 각각 갑, 을, 병, 정이다. 이 아이들과 그 어머니, 출생일에 관한 정보는 다음과 같다.

- 정은 C의 아이다.
- 정은 갑보다 나중에 태어났다.
- 목요일에 태어난 아이는 을이거나 C의 아이다.
- B의 아이는 을보다 하루 먼저 태어났다.
- 월요일에 태어난 아이는 A의 아이다.

① 을, 병 중 적어도 한 아이는 수요일에 태어났다.

② 병은 을보다 하루 일찍 태어났다.

③ 정은 을보다 먼저 태어났다.

④ A는 갑의 어머니이다.

⑤ B의 아이는 화요일에 태어났다.

문 15. 다음 대화의 ㉠과 ㉡에 들어갈 내용을 적절하게 짝지은 것은?

갑 : 현재 개발 중인 백신 후보 물질 모두를 A~D그룹을 대상으로 임상실험을 한 결과, A그룹에서 항체를 생성한 후보 물질은 모두 B그룹에서도 항체를 생성했습니다. 후보 물질 모두를 대상으로 한 또 다른 실험에서는, D그룹에서 항체를 생성하지 않은 후보 물질은 모두 C그룹에서 항체를 생성했습니다.

을 : 흥미롭네요. 제가 다른 실험의 결과도 들었는데, C그룹에서 항체를 생성했지만 B그룹에서는 항체를 생성하지 않은 후보 물질도 있다고 합니다.

갑 : 그렇군요. 아, 그리고 추가로 임상실험이 진행 중입니다. 실험 결과는 다음의 둘 중 하나로 나올 예정입니다. 한 가지 경우는 "_____㉠_____"는 결과입니다.

을 : 지금까지 우리가 언급한 실험 결과가 모두 사실이라면, 그 경우에는 C그룹에서만 항체를 생성하는 후보 물질이 있다는 결론이 나오는군요.

갑 : 그리고 다른 한 경우는 "_____㉡_____"는 결과입니다.

을 : 그 경우에는, D그룹에서 항체를 생성하는 후보 물질이 있다는 결론이 나오는군요.

① ㉠ : B그룹에서 항체를 생성한 후보 물질은 없다.
　 ㉡ : C그룹에서 항체를 생성한 후보 물질은 모두 A그룹에서 항체를 생성했다.

② ㉠ : B그룹에서 항체를 생성한 후보 물질은 없다.
　 ㉡ : D그룹에서 항체를 생성한 후보 물질은 모두 C그룹에서 항체를 생성했다.

③ ㉠ : D그룹에서 항체를 생성한 후보 물질은 모두 A그룹에서 항체를 생성했다.
　 ㉡ : B그룹과 C그룹에서 항체를 생성한 후보 물질이 있다.

④ ㉠ : D그룹에서 항체를 생성한 후보 물질은 모두 A그룹에서 항체를 생성했다.
　 ㉡ : C그룹에서 항체를 생성하지 않은 후보 물질이 있다.

⑤ ㉠ : D그룹에서 항체를 생성한 후보 물질은 모두 B그룹에서 항체를 생성했다.
　 ㉡ : C그룹에서 항체를 생성한 후보 물질은 모두 D그룹에서 항체를 생성하지 않았다.

문 16.   다음 논쟁에 대한 분석으로 가장 적절한 것은?

갑 : 인과관계를 규정하는 방법은 확률을 이용하는 것이다. 사건 A가 사건 B의 원인이라는 말은 "A가 일어날 때 B가 일어날 확률이, A가 일어나지 않을 때 B가 일어날 확률보다 더 크다."로 규정되는 상관관계를 의미한다. 이 규정을 '확률 증가 원리'라 한다.

을 : 확률 증가 원리가 인과관계를 어느 정도 설명하지만 충분한 규정은 아니다. 아이스크림 소비량이 증가할 때 일사병 환자가 늘어날 확률은 아이스크림 소비량이 증가하지 않을 때 일사병 환자가 늘어날 확률보다 크다. 하지만 아이스크림 소비량의 증가는 결코 일사병 환자 증가의 원인이 아니다. 그 둘은 그저 상관관계만 있을 뿐이다.

병 : 그 문제는 해결할 수 있다. 날씨가 무더워졌다는 것은 아이스크림 소비량 증가와 일사병 환자 증가 모두의 공통 원인이다. 이 공통 원인 때문에 아이스크림 소비량 증가와 일사병 환자 증가 사이에 상관관계가 나타난 것이다. 상관관계만으로 인과관계를 추론할 수 없는 가장 중요한 이유는 바로 이러한 공통 원인의 존재 가능성 때문이다. 나는 공통 원인이 존재하지 않는다는 전제 아래에서는 인과관계를 확률 증가 원리로 규정할 수 있다고 본다.

① 갑과 병에 따르면, 인과관계가 성립하면 상관관계가 성립한다.

② 병에 따르면, 상관관계가 성립하면 인과관계가 성립한다.

③ 병에 따르면, 확률 증가 원리가 성립하면 언제나 인과관계가 성립한다.

④ 인과관계가 성립한다고 인정하는 사례는 갑보다 을이 더 많다.

⑤ 인과관계가 성립한다고 인정하는 사례는 갑보다 병이 더 많다.

문 17.   다음 글의 ㉠에 대한 평가로 가장 적절한 것은?

우리나라에서 주먹도끼가 처음 발견된 곳은 경기도 연천이다. 첫 발견 이후 대대적인 발굴조사를 통해 연천의 전곡리 유적이 세상에 그 존재를 드러내게 되었고 그렇게 발견된 주먹도끼는 단숨에 세계 학자들의 주목 대상이 되었다. 그동안 동아시아에서는 찍개만 발견되었을 뿐 전기 구석기의 대표적인 석기인 주먹도끼는 발견되지 않았기 때문이었다.

찍개는 초기 인류부터 사용했으며 세계 곳곳에서 발견되었다. 반면 프랑스의 아슐에서 처음 발견된 주먹도끼는 양쪽 면을 갈아 만든 거의 완벽에 가까운 좌우대칭 형태의 타원형 도구이다. 사냥감의 가죽을 벗겨 내고, 구멍을 뚫고, 빻거나 자르는 등 다양한 작업에 사용된 다용도 도구였다. 학계가 주먹도끼에 주목했던 것은 그것이 찍개에 비해 복잡한 가공작업을 거쳐 만든 것이므로 인류의 진화 과정을 풀 열쇠라고 보았기 때문이다. 주먹도끼를 만들기 위해서는 만들 대상을 결정하고 그에 따른 모양을 설계한 뒤, 적합한 재료를 선택해 제작하는 복잡한 과정을 거쳐야 했다. 이는 구석기인들의 지적 수준이 계획과 실행이 가능한 수준으로 도약했다는 것을 확인해 주는 부분이다. 아동 심리발달 단계에 따르면 12세 정도가 되면 형식적 조작기에 도달하게 되는데, 주먹도끼처럼 3차원적이며 대칭적인 물건을 만들 수 있으려면 이런 형식적 조작기 수준의 인지 능력, 즉 추상적 개념에 대하여 논리적·체계적·연역적으로 사고할 수 있을 정도의 인지 능력을 갖추어야 한다. 더 나아가 형식적 조작 능력을 갖추었을 때 비로소 언어적 지능이 발달하게 된다. 즉 주먹도끼를 제작할 수 있다는 것은 추상적 사고를 할 수 있으며 그런 추상적 개념을 언어로 표현하고 대화할 수 있다는 것을 의미한다.

전곡리에서 주먹도끼가 발견되었을 당시 학계는 ㉠ 모비우스 학설이 지배하고 있었다. 이 학설은 주먹도끼가 발견되지 않은 인도 동부를 기준으로 모비우스 라인이라는 가상선을 긋고, 그 서쪽 지역인 유럽이나 아프리카는 주먹도끼 문화권으로, 그 동쪽인 동아시아는 찍개 문화권으로 구분하였다. 더불어 모비우스 라인 동쪽 지역은 서쪽 지역보다 인류의 지적·문화적 발전 속도가 뒤떨어졌다고 하였다.

① 주먹도끼를 만들어 사용한 인류가 찍개를 만들어 사용한 인류보다 두개골이 더 컸다는 것이 밝혀진다면 ㉠이 강화된다.

② 형식적 조작기 수준의 인지 능력을 가진 인류가 구석기 시대에 동아시아에서 유럽으로 이동했다는 것이 밝혀진다면 ㉠이 강화된다.

③ 계획과 실행을 할 수 있는 지적 수준의 인류가 거주했던 증거가 동아시아 전기 구석기 유적에서 발견되고 추상적 개념을 언어로 표현하며 소통했던 증거가 유럽의 전기 구석기 유적에서 발견된다면 ㉠이 강화된다.

④ 학술 연구를 통해 전곡리 유적이 전기 구석기 시대의 유적으로 확증된다면 ㉠이 약화된다.

⑤ 동아시아에서는 주로 열매를 빻기 위해 석기를 제작하였고 모비우스 라인 서쪽에서는 주로 짐승 가죽을 벗기기 위해 석기를 제작하였다는 것이 밝혀진다면 ㉠이 약화된다.

문 18. 다음 글의 〈논증〉을 강화하는 것만을 〈보기〉에서 모두 고르면?

우리에게는 어떤 행위를 해야만 하는지에 관한 도덕적 의무가 있는 것으로 보인다. 그럼, 어떤 믿음을 믿어야만 하는지에 관한 인식적 의무도 있을까? 이 물음을 해결하기 위해 먼저 도덕적 의무에 대해 생각해 보자. 우리가 어떤 행위 A에 대해 도덕적 의무를 갖는다면 우리는 A를 자신의 의지만으로 행할 수 있어야 한다. 물론 A는 행하기 힘든 것일 수도 있고, A를 행하지 않고 다른 행위를 했다고 비난받을 수도 있다. 그러나 우리에게 그 행위를 행할 능력이 아예 없다면 우리는 그 행위에 대해 의무를 갖지 않을 것이다. 인식적 의무의 경우도 마찬가지이다. 우리가 어떤 믿음에 대해 옳고 그름을 판단해야 하는 인식적 의무를 갖는다면 우리는 의지만으로 그 믿음을 가질 수도 있고 갖지 않을 수도 있어야 한다. 우리가 그 믿음을 갖는다면 인식적 의무를 다한 것이고, 갖지 않는다면 인식적 의무를 다하지 않은 것이다. 이런 생각에 기초해 우리에게 인식적 의무가 없다는 것을 다음과 같이 논증할 수 있다.

〈논증〉

전제 1 : 만약 우리에게 인식적 의무가 있다면, 종종 우리는 자신의 의지만으로 어떤 믿음을 가질지 정할 수 있다.

전제 2 : 대부분의 경우 우리는 자신의 의지만으로 결코 어떤 믿음을 가질지 정할 수 없다.

결 론 : 우리에게 인식적 의무가 없다.

〈보 기〉

ㄱ. 인간에게 인식적 의무가 없다는 것과 어떤 경우에는 자신의 의지만으로 어떤 믿음을 가질지 정할 수 있다는 것은 양립할 수 없다. 가령 내 의지만으로 오늘 눈이 온다고 믿을 수 있다면, 그 믿음을 가져야 하는지 그렇게 하지 않아도 되는지를 나는 구분해야 한다.

ㄴ. 내 의지로는 믿고 싶지 않음에도 불구하고 믿을 수밖에 없는 경우들이 있다. 가령 나의 가장 친한 친구가 나의 차를 훔쳤다는 것을 증명하는 강력한 증거를 내가 확보했다고 하자. 이러한 상황에서 나는 나의 가장 친한 친구가 나의 차를 훔쳤다는 것을 믿고 싶지 않겠지만 결국 믿을 수밖에 없다. 왜냐하면 나에게는 그것을 증명하는 강력한 증거가 있기 때문이다.

ㄷ. 인간에게 인식적 의무가 있다는 것과 항상 우리가 자신의 의지만으로 어떤 믿음을 가질지 정할 수 있다는 것은 양립할 수 없다. 가령 오늘 나의 우울한 감정을 해소하기 위해 다음 주에 승진한다는 믿음을 가질 수 있다는 주장과 그러한 믿음에 대해 옳고 그름을 따져야 한다는 주장이 동시에 참일 수는 없다.

① ㄱ
② ㄴ
③ ㄱ, ㄴ
④ ㄱ, ㄷ
⑤ ㄴ, ㄷ

※다음 글을 읽고 물음에 답하시오. [19~20]

행위의 도덕적 옳고 그름을 평가하는 대표적인 입장 중의 하나는 공리주의이다. 공리주의는 행위의 유용성을 평가하여 도덕적 옳고 그름을 판단하려는 입장이다. 이 중 양적으로 유용성을 고려하여 도덕적 옳고 그름을 판단하려 하는 여러 세부 입장들이 있다. X는 유용성을 판단함에 있어서 "_____㉠_____"라는 입장이다. 하지만 이러한 입장은 설득력이 없다. 왜냐하면 X의 입장을 받아들일 경우 도덕적으로 올바른 행위가 무엇인지 적절하게 판단할 수 없는 상황이 존재하기 때문이다. 예를 들어, 어떤 행위자가 선택할 수 있는 행위가 총 셋인데 그 행위 각각이 산출하는 사회 전체의 행복의 양과 고통의 양이 다음과 같다고 해 보자.

행위 선택지	행복의 양	고통의 양
A1	100	99
A2	90	10
A3	10	9

어떤 행위를 선택하는 것이 올바른 것일까? 사람들 대부분은 A2를 선택하는 것이 올바르다고 답한다. 그러나 X의 입장은 A2를 선택하는 것이 올바르다는 것을 보여주지 못한다. 왜냐하면 A2의 행복의 양은 A1의 행복의 양보다 적고, A2의 고통의 양은 A3의 고통의 양보다 많아서 A2는 X의 입장을 충족시켜 주는 행위가 아니기 때문이다. 그뿐만 아니라 X의 입장을 따를 경우 A1이나 A3도 도덕적으로 올바른 행위가 아니게 된다. 결국 세 선택지 중 어떤 것을 선택해도 도덕적으로 올바르지 않게 되는 셈이다.

반면 Y의 입장은 X의 입장이 처하게 되는 위와 같은 문제를 해결할 수 있는 방법으로 제시되었다. 이 입장에 따르면, 어떤 행위자가 행한 행위가 도덕적으로 올바른 것일 필요충분조건은 그 행위가 그 행위자가 선택할 수 있는 다른 모든 행위보다 큰 유용성을 갖는다는 것이며 여기서 유용성이란 행복의 양에서 고통의 양을 뺀 결과를 나타낸다. 세 행위 선택지 중 행복의 양에서 고통의 양을 뺀 결과값이 A2가 가장 크기 때문에, Y의 입장에 따르면 A2를 선택하는 것이 올바른 것이라고 결론지을 수 있다. 따라서 X의 입장보다 Y의 입장이 더 낫다고 할 수 있다.

문 19. 위 글의 ㉠에 들어갈 내용으로 가장 적절한 것은?

① 어떤 행위자가 행한 행위가 산출하는 행복의 양이 그 행위가 산출하는 고통의 양보다 항상 많다면, 그 행위는 도덕적으로 옳다.

② 어떤 행위자가 행한 행위가 그 행위자가 선택할 수 있는 다른 행위에 비해 많은 행복을 산출하거나 적은 고통을 산출한다면, 그 행위는 도덕적으로 옳다.

③ 어떤 행위자가 행한 행위가 도덕적으로 올바른 것일 필요충분조건은 그 행위가 산출하는 행복의 양이 그 행위가 산출하는 고통의 양보다 항상 많다는 것이다.

④ 어떤 행위자가 행한 행위가 도덕적으로 올바른 것일 필요충분조건은 그 행위가 그 행위자가 선택할 수 있는 다른 모든 행위에 비해 많은 행복을 산출하거나 적은 고통을 산출한다는 것이다.

⑤ 어떤 행위자가 행한 행위가 도덕적으로 올바른 것일 필요충분조건은 그 행위가 그 행위자가 선택할 수 있는 다른 모든 행위에 비해 많은 행복을 산출하고 동시에 적은 고통을 산출한다는 것이다.

문 20. 다음 갑~병 중 Y의 입장에 대한 반박으로 적절한 것만을 모두 고르면?

> 갑 : 가능한 행위 선택지가 A1, A2, A3일 때 A1의 행복의 양이 90이고 고통의 양이 50, A2의 행복의 양이 50이고 고통의 양이 10, A3의 행복의 양이 70이고 고통의 양이 30인 상황을 고려해 보자. Y의 입장은 X의 입장과 비슷한 문제에 부딪힌다. 그 점에서 Y의 입장은 적절하지 않다.
>
> 을 : 도덕적 행위, 즉 유용성이 가장 크다고 판단하여 한 행위를 나중에 되돌아보면 행위자는 언제나 미처 생각하지 못한 선택지가 가장 큰 유용성을 지닌다는 것을 깨닫는다. 이는 우리가 이미 선택한 행위는 올바르지 않다는 것을 함축하고 이를 통해 우리는 도덕적으로 올바른 행위를 한 번도 할 수 없다는 불합리한 결론에 도달하도록 한다. 불합리한 결론을 도출하는 입장은 잘못된 이론이기 때문에 Y의 입장은 적절하지 않다.
>
> 병 : 행복의 양에서 고통의 양을 뺀 유용성이 음수로 나올 경우도 많다. 그러한 경우에는 Y의 입장에 근거해도 주어진 선택지 중 어떤 것이 도덕적으로 올바른 것인지 판단할 수 없다. 그 점에서 Y의 입장은 적절하지 않다.

① 갑   ② 병
③ 갑, 을   ④ 을, 병
⑤ 갑, 을, 병

문 21. 다음 글에서 알 수 있는 것은?

> 조선 왕조는 가난하고 굶주린 백성을 보살피기 위한 진휼 사업에 힘썼다. 진휼의 방법에는 무상으로 곡식을 지급하는 진제와 이자를 받고 유상으로 곡식을 대여해 주는 환곡이 있었다. 18세기 후반 잦은 흉년으로 백성들을 구제할 필요성이 높아지자, 조선 왕조는 이전보다 진제를 체계화하여 공진, 사진, 구급으로 구분해 실시하였다.
>
> 공진은 국가가 비축해 놓은 관곡을 지급하는 것으로서, 국가의 재정적 부담을 고려해 재해 피해가 극심한 지역에 한정하여 실시하였다. 사진은 관곡을 사용하지 않고 지방 수령이 직접 마련한 자비곡이나 부유한 백성으로부터 기부받은 곡식으로 실시하는 것이었다. 사진은 그 실시 여부를 수령이 재량으로 결정하되 공진과 같은 방식으로 지급하였다. 한편 구급은 당장 구제하지 않으면 생명을 보전하기 어려운 백성을 긴급 구제하는 것으로 수령의 자비곡으로 충당하였다.
>
> 진제의 실시에 있어 대상자 선정은 매우 중요한 문제였다. 이에 대상자를 선정함에 앞서 지역 실정을 잘 아는 향임이나 감고에게 백성들의 토지 소유 여부, 생활 수준 등을 조사하도록 했다. 조사를 하면서 본래 가계가 넉넉한 사람은 초실, 경작 규모나 경제 형편과 관계없이 금년에 이앙을 마친 사람은 작농, 농사 이외의 다른 직업으로 생계를 유지하는 사람은 자활, 지극히 가난한 사람은 빈궁, 구걸로 연명하는 사람은 구걸로 구별해 이 중 하나로 기록하였다. 빈궁이나 구걸로 기록되는 사람이라도 형제나 친척 중에 초실이 있으면 그들의 거주지와 인적사항을 함께 기록하였다.
>
> 이러한 사전 조사를 바탕으로 상 · 중 · 하 3등급으로 백성을 구분하여 대상자를 최종 선정하였다. 스스로 살아갈 수 있는 사람은 상, 환곡을 받아야 살아갈 수 있는 사람은 중, 구걸로도 끼니를 해결하지 못해 무상으로 지급되는 곡식 없이는 목숨 보전도 힘든 사람을 하로 구분하였다. 최종적으로 하로 분류된 사람들이 진제의 대상자가 되었으며, 그 안에서 다시 굶주림의 정도에 따라 지급 시기를 구분하여 곡식을 지급하였다. 지급되는 곡식의 양은, 장년 남자는 10일에 쌀 5되, 노인 남녀와 장년의 여자는 10일에 쌀 4되, 어린아이는 10일에 쌀 3되였다.

① 진제 대상자의 선정 과정에서 초실과 자활은 3등급 중에서 상으로 분류되었다.

② 지방 수령이 자신의 판단으로 진제를 실시하는 경우에는 관곡을 지급하지 않았다.

③ 조사하는 해에 이앙을 마친 농민이 지극히 가난한 소작농이면 빈궁으로 기록되었다.

④ 진제 대상자로 선정된 경우 굶주림의 정도가 심할수록 더 이른 시기에 더 많은 곡식을 지급받았다.

⑤ 자력으로 생계를 전혀 유지할 수 없는 사람이라도 친척 중에 초실이 있으면 진제 대상자에서 제외되었다.

문 22. 다음 글에서 알 수 있는 것은?

젊은이를 가리키는 말로 조선 시대에는 '소년', '약년', '자제', '청년' 등 다양한 표현이 사용되었다. 일반적으로 소년과 자제를 가장 흔히 사용하였으나, 약년이나 청년이라는 표현도 젊은이를 가리키는 말로 간혹 쓰였다. 약년은 스무 살 즈음을 칭하는 표현이다. 실제 사료에서도 20대를 약년이나 약관으로 칭한 사례가 많다. 1508년 우의정 이덕형은 상소문에서 자신이 약년에 벼슬길에 올랐다고 하였다. 그런데 이 약년은 훨씬 더 어린 나이에도 사용되었다. 1649년 세손의 교육 문제를 논한 기록에는 만 8세의 세손을 약년이라고 하였다.

조선 후기에는 젊은이를 일반적으로 소년이라고 하였다. 오늘날 소년은 청소년기 이전의 어린이를 지칭하는 말로 그 의미가 변하였지만, 전통 사회의 소년은 나이가 적은 자, 즉 젊은이를 의미하는 말이었다. 적어도 조선 후기 사회에서는 아이와 구분되는 젊은이를 소년이라고 부르는 것이 일반적이었다. 신분과 계층 그리고 시기에 따라 다르지만, 연령으로는 최대 15세까지 아이로 보았던 듯하다.

소년이 유년이나 장년과 구분되기는 하였지만, 상대적으로 젊은 사람을 뜻하는 경우도 많았다. 40대나 50대 사람이더라도 상대에 따라 젊은 사람으로 표현되기도 하였다. 소년이 장년, 노년과 구분되는 연령 중심의 지칭이었음에 비해, 자제는 부로(父老), 부형(父兄)으로 표현되는 연장자가 이끌고 가르쳐서 그 뒤를 이어가게 하는 '다음 세대'라는 의미로 사용되었다. 일반적으로 자제는 막연한 후손이라는 의미보다는 특정한 신분에 있는 각 가문의 젊은 세대라는 의미로 통하였다. 고려시대 공민왕이 젊은이를 뽑아 만들었다는 자제위도 단순히 잘생긴 젊은이가 아니라 명문가의 자제를 선발한 것이었다. 자제가 소년보다는 가문의 지체나 신분을 반영하는 지칭이었으므로, 교육과 인재 양성 면에서 젊은이를 칭할 때는 거의 자제라고 표현하였다.

또한 소년이란 아직 성숙하지 못한 나이, 다소간 치기에서 벗어나지 못한 어린 또는 젊은 사람이라는 의미를 가지는 경우도 많았다. 연륜을 쌓은 노성(老成)함에 비해 나이가 적고 젊다는 것은 부박하고 상황의 판단이 아직 충분히 노련하지 못하다는 의미로 사용되었다. 마찬가지로 자제 역시 어른 세대에게 가르침을 받아야 하는 존재, 즉 아직 미숙한 존재로 인식되었다.

젊은 시절을 의미하는 말로 쓰인 청년은 그 자체가 찬미의 대상이 되기보다는 대체로 노년과 짝을 이루어 늙은이가 과거를 회상하는 표현으로 사용되는 경우가 많았다.

① 소년으로 불리는 대상 중 자제로 불리지 않는 경우가 있었다.
② 젊은이를 지시하는 말 중 청년이 가장 부정적으로 쓰였다.
③ 약년은 충분히 노련하지 못한 어른을 지칭하기도 하였다.
④ 약년은 소년과 자제의 의미를 포괄하여 사용되었다.
⑤ 명문가의 후손을 높여 부를 때 자제라고 하였다.

문 23. 다음 글에서 알 수 있는 것은?

주식회사의 이사는 주주총회에서 선임된다. 1주 1의결권 원칙이 적용되는 주주총회에서 주주는 본인이 보유하고 있는 주식 비율에 따라 의결권을 갖는다. 예를 들어 5%의 주식을 가진 주주는 전체 의결권 중에서 5%의 의결권을 갖는다.

주주총회에서 이사를 선임할 때에는 각 이사 후보자별 의결이 별도로 이루어진다. 예를 들어 2인의 이사를 선임하는 주주총회에서 3인의 이사 후보가 있다면, 각 후보를 이사로 선임하는 세 건의 안건을 올려 각각 의결한다. 즉, 총 세 번의 의결 후 찬성 수를 가장 많이 얻은 2인을 이사로 선임하는 것이다. 이를 단순투표제라 한다. 단순투표제에서 발행주식 총수의 50%를 초과하는 지분을 가진 주주는 모든 이사를 자신이 원하는 사람으로 선임할 수 있게 되고, 그럴 경우 50% 미만을 보유하고 있는 주주는 자신이 원하는 사람을 한 명도 이사로 선임하지 못하게 된다.

집중투표제는 이러한 문제를 해결하기 위해 고안된 방안이다. 이는 복수의 이사를 한 건의 의결로 선임하는 방법으로 단순투표제와 달리 행사할 수 있는 의결권이 각 후보별로 제한되지 않는다. 예를 들어 회사의 발행주식이 100주이고 선임할 이사는 5인, 후보는 8인이라고 가정해 보자. 집중투표제를 시행한다면 25주를 가진 주주는 선임할 이사가 5인이기 때문에 총 125개의 의결권을 가지며 75주를 가진 지배주주는 총 375개의 의결권을 가진다. 각 주주는 자신의 의결권을 자신이 원하는 후보에게 집중하여 배분할 수 있다. 125개의 의결권을 가진 주주는 자신이 원하는 이사 후보 1인에게 125표를 집중 투표하여 이사로 선임될 가능성을 높일 수 있다. 최종적으로 5인의 이사는 찬성 수를 많이 얻은 순서에 따라 선임된다.

주주가 집중투표를 청구하기 위해서는 주식회사의 정관에 집중투표를 배제하는 규정이 없어야 한다. 이러한 방식을 옵트아웃 방식이라고 한다. 정관에서 명문으로 규정해야 제도를 시행할 수 있는 옵트인 방식과는 반대되는 것이다. 하지만 현재 우리나라 전체 상장회사의 90% 이상은 집중투표를 배제하는 정관을 가지고 있어 집중투표제의 활용이 미미한 상황이다.

① 한 안건에 대해 단순투표제와 집중투표제 모두 1주당 의결권의 수는 그 의결로 선임할 이사의 수와 동일하다.
② 집중투표제에서 대주주는 한 건의 의결로 선임될 이사의 수가 가능한 한 많아지기를 원할 것이다.
③ 집중투표제로 이사를 선임하는 경우 소액주주는 본인이 원하는 최소 1인의 이사를 선임할 수 있다.
④ 정관에 집중투표제에 관한 규정이 없다면 주주는 이사를 선임할 때 집중투표를 청구할 수 없다.
⑤ 단순투표제에서는 전체 의결권의 과반수를 얻어야만 이사로 선임된다.

문 24. 다음 글에서 알 수 있는 것은?

국제노동기구(ILO)의 노동기준에 관한 협약들은 그 중요성과 특성을 기준으로 하여 핵심협약, 거버넌스협약, 일반협약으로 나뉜다.

핵심협약은 1998년의 '노동에 있어서 기본적 원칙들과 권리에 관한 선언'에서 열거한 4개 원칙인 결사·자유원칙, 강제노동 금지원칙, 아동노동 금지원칙, 차별 금지원칙과 관련된 협약들을 말한다. ILO는 각국이 비준한 핵심협약 이행 현황에 대한 감시·감독 체계를 갖추고 있으며, 핵심협약을 비준하지 않고 있는 회원국에게는 미비준 이유와 비준 전망에 관한 연례 보고서 제출 의무를 부과하고 있다.

거버넌스협약은 노동정책 결정과 노동기준 집행 등 거버넌스와 관련된 협약으로 2008년의 '공정한 세계화를 위한 사회적 정의에 관한 선언'에서 열거한 근로감독 협약, 고용정책 협약, 노사정 협의 협약 등이 있다. ILO는 미비준한 거버넌스협약에 대해 회원국에 별도의 보고 의무를 부과하지 않는 대신, 회원국들과 외교적 협의를 통해 거버넌스협약 비준 확대에 노력하고 있다.

일반협약은 핵심협약과 거버넌스협약을 제외한 ILO의 노동기준에 관한 모든 협약을 가리키는데, 일반협약은 핵심협약과 거버넌스협약의 세부 주제별 기준들을 구체적으로 규정한다. 예를 들어 핵심협약에서 차별 금지원칙을 선언하거나 그 대강을 규정하면 일반협약에서는 각 산업별, 직역별에서의 근로시간 관련 구체적 차별 금지 및 그 예외를 규정하는 방식이다. 다만 일반협약은 ILO 내 다른 협약에 대해 우선 적용되지 않는다는 특성을 지닌다.

우리나라는 1991년 12월 ILO에 가입한 이후 순차적으로 ILO 노동기준에 관한 협약들을 비준하고 있다. 최근까지 아동노동 금지원칙 및 차별 금지원칙 관련 협약을 비준하였고 2021년 2월에는 결사·자유원칙 관련 협약에 대한 비준 절차가 진행 중이다. 거버넌스협약은 근로감독 협약을 제외하고는 모두 비준되었고, 비준된 핵심협약과 관련된 일반협약은 대부분 비준되었다.

① 우리나라는 고용정책 협약 및 그 세부 주제에 관한 일반협약을 모두 비준하였다.

② 우리나라는 매년 ILO에 강제노동 금지원칙에 관한 협약의 미비준 이유와 비준 전망에 대하여 보고서를 제출하여야 한다.

③ 우리나라에서 2021년 2월에 비준 절차가 진행 중인 협약은 공정한 세계화를 위한 사회적 정의에 관한 선언에 열거되어 있다.

④ ILO의 2008년 선언문에 포함된 근로감독 협약은 ILO의 다른 협약에 대해 우선 적용되지 않는다.

⑤ ILO는 노사정 협의 협약을 비준하지 않은 국가들에 대해 미비준 이유와 비준 전망에 대한 연례 보고서를 제출하도록 요구한다.

문 25. 다음 글에서 알 수 없는 것은?

의사는 치료를 시작하기 전에 환자의 동의를 얻어야 한다. 다른 말로 환자의 동의 없이 환자의 복지에 영향을 끼치는 처방을 하는 것은 의사에게 허용되지 않는다. 그런데 단순히 동의를 얻는 것만으로는 충분하지 않다. 환자가 결정하기에 충분한 정보, 즉 치료에 따르는 위험과 다른 치료법에 관한 정보가 제공되어야 한다. 치료를 허락한 환자의 결정은 무지로 인한 것이어서는 안 된다. 동의의 의무는 의사가 환자를 기만해서는 안 된다는 기만 금지 의무의 연장선에 있다. 둘 다, 자신에게 영향을 끼칠 치료에 관해 스스로가 결정할 기회를 환자에게 제공해야 한다는 자율성 존중 원리에 기반을 두고 있다.

그러나 수 세기 동안, 심지어 20세기 초까지도 의사가 때로는 환자를 속여도 된다고 여겼다. 환자의 복지에 해가 될 수 있는 것을 행하면 안 된다는 악행 금지의 원리에 근거해서, 환자에게 진실을 말하는 것이 환자의 복지에 해가 될 수 있다는 생각으로 기만이 정당화되었다. 오늘날에는 더 이상 이러한 생각을 받아들이지 않는다. 실제로 '의사와 환자 상호교류 규제법'은 의사의 기만 사례를 금지하고 있다. 오늘날 사람들은 환자가 진실 때문에 자신의 자율성이 침해되거나 해를 입게 될 것이라고는 생각하지 않는다. 따라서 사람들은 진실 말하기에 관한 한, 악행 금지의 원리가 자율성 존중 원리와 서로 충돌하지 않는다고 생각한다.

그런데 자율성 존중 원리를 지키기 위해서는 단순히 기만을 삼가는 것만으로는 부족하다. 예컨대 의사가 환자를 실제로 속이지는 않지만 환자가 특정 결정을 하도록 유도하기 위해 관련 정보 제공을 보류하거나 직접적 관련성이 작은 정보를 필요 이상으로 제공하는 경우를 상상할 수 있다. 이처럼 의사가 정보 제공을 조종하는 것은 환자의 자율성을 존중하지 않는 것이다. 한편 의사가 관련된 정보를 환자에게 모두 밝히면 환자는 조종된 결정이 아닌 자신의 결정을 하게 될 것이고, 환자의 자율성은 존중될 것이다.

① 환자의 동의는 치료를 하기 위한 필요조건 중 하나이다.

② 악행 금지의 원리가 환자의 자율성을 침해한 때가 있었다.

③ 기만 금지 의무와 동의의 의무는 동일한 원리에 기반을 둔다.

④ 의사가 환자에게 제공하는 정보의 양이 많을수록 환자의 자율성은 더 존중된다.

⑤ 의사가 복지를 위해 환자를 기만하는 행위는 오늘날에는 윤리적으로 정당화되지 않는다.

문 26. 다음 글의 ㉠과 ㉡에 들어갈 내용을 〈보기〉에서 골라 적절하게 짝지은 것은?

경제가 어려울수록 사람들은 경제적 재화가 똑같이 분배되는 사회를 소망한다. 하지만 이러한 단순 평등 사회가 달성된다고 하더라도 그 상태는 유지될 수 없다. 처음에 경제적 재화를 똑같이 분배받는다고 하더라도 사람들은 자신의 선택에 따라 재화를 자유롭게 사용할 것이고, 그렇게 되면 시간이 지남에 따라 결국 다시 불평등한 사회가 될 것이기 때문이다. 이러한 불평등을 반복적으로 제거하면 다시 단순 평등 사회로 되돌아갈 수 있을지도 모른다. 하지만 그것은 오직 국가의 개입과 통제가 있어야만 가능한 일이다. 문제는 누구도 개인의 자유를 억압하는 사회를 원치 않는데, 국가의 개입과 통제가 필연적으로 개인의 자유를 억압한다는 것이다. 따라서 단순 평등 사회는 ⸻㉠⸻.

그렇다면 우리는 어떤 의미의 평등 사회를 지향해야 할까? 어떤 사람들이 비싼 물건을 살 능력이 있고 어떤 사람들은 그렇지 못하다는 경제적 불평등은 부정할 수 없는 현실이다. 하지만 우리는 경제적 재화 이외에도 자유, 사회적 지위, 정치권력 등의 다양한 사회적 가치들을 유용하다고 인정한다. 그래서 더욱 심각한 문제는 경제적 재화와 같은 하나의 사회적 가치가 불평등하게 분배되는 것이 정당한 이유 없이 다른 사회적 가치의 분배 문제에서까지 불평등을 유발할 수 있다는 것이다. 이런 결과를 초래하는 것은 바람직하지 않다. 재산이 많다고 정당한 이유 없이 정치권력을 소유하게 되거나, 정치권력을 가졌다고 정당한 이유 없이 높은 사회적 지위를 갖게 되는 것이 그런 예이다. 따라서 평등한 사회를 달성하기 위해서는 ⸻㉡⸻.

〈보 기〉

ㄱ. 개인의 자유를 억압하지 않는다면 지속 가능한 것이다

ㄴ. 지속 가능하지도 않고 개인의 자유를 희생하면서까지 원하는 것이 아니다

ㄷ. 모든 사회적 가치 각각을 공정하게 분배하는 것이 중요하다

ㄹ. 하나의 사회적 가치에 대한 불평등이 다른 영역에서의 불평등으로 이어지는 것을 막는 것이 중요하다

ㅁ. 다양한 사회적 가치를 공정하게 분배하는 방법의 출발점으로 하나의 사회적 가치를 공정하게 분배하는 것부터 시작해야 한다

	㉠	㉡
①	ㄱ	ㄹ
②	ㄱ	ㅁ
③	ㄴ	ㄷ
④	ㄴ	ㄹ
⑤	ㄴ	ㅁ

문 27. 다음 글에서 추론할 수 있는 것은?

푄 현상은 바람이 높은 산을 넘을 때 고온 건조하게 변하는 것을 가리킨다. 공기가 상승하게 되면 기압이 낮아져 공기가 팽창하는 단열팽창 현상 때문에 공기 온도가 내려간다. 공기가 상승할 때 고도에 따른 온도 하강률을 기온감률이라 한다. 공기는 수증기를 포함하고 있는데, 공기가 최대한 가질 수 있는 수증기량은 온도가 내려갈수록 줄어들고, 공기의 수증기가 포화상태에 이르는 온도인 이슬점 온도보다 더 낮은 온도에서는 수증기가 응결하여 구름이 생성되거나 비가 내리게 된다. 공기의 수증기가 포화상태일 경우에는 습윤 기온감률이 적용되고, 불포화상태일 경우에는 건조 기온감률이 적용되는데, 건조 기온감률은 습윤 기온감률에 비해 고도 차이에 따라 온도가 더 크게 변한다. 이러한 기온감률의 차이 때문에 푄 현상이 발생하는 것이다.

가령, 높은 산이 있는 지역의 해수면 고도에서부터 어떤 공기 덩어리가 이 산을 넘는다고 할 때, 이 공기의 온도는 건조 기온감률에 따라 내려가다가 공기가 일정 높이까지 상승하여 온도가 이슬점 온도에 도달한 후에는 공기 내 수증기가 포화하면 습윤 기온감률에 따라 온도가 내려간다. 공기의 상승 과정에서 공기 속 수증기는 구름을 형성하거나 비를 내리며 소모되고, 이는 산 정상에 이를 때까지 계속된다. 이 공기가 산을 넘어 건너편 사면을 타고 하강할 때는 공기가 건조하기 때문에 건조 기온감률에 따라 온도가 올라가게 된다. 따라서 산을 넘은 공기가 다시 해수면 고도에 도달하면 산을 넘기 전보다 더 뜨겁고 건조해진다. 이 건조한 공기가 푄 현상의 결과물이다.

우리나라에도 대표적인 푄 현상으로 높새바람이 있다. 이는 강원도 영동지방에 부는 북동풍과 같은 동풍류의 바람에 의해 푄 현상이 일어나 영서지방에 고온 건조한 바람이 부는 것을 의미한다. 늦은 봄에서 초여름에 한랭 다습한 오호츠크해 고기압에서 불어오는 북동풍이 태백산맥을 넘을 때 푄 현상을 일으키게 된다. 이 높새바람의 고온 건조한 성질은 영서지방의 농작물에 피해를 주기도 하고 산불을 일으키기도 한다.

① 공기가 상승하여 공기의 온도가 이슬점 온도에 도달한 이후부터는 공기가 상승할수록 공기 내 수증기량은 줄어든다.

② 공기가 상승할 때 공기의 온도가 이슬점 온도에 도달하는 고도는 공기 내 수증기량과 상관없이 일정하다.

③ 높새바람을 따라 이동한 공기 덩어리가 지닌 수증기량은 이동하기 전보다 증가한다.

④ 공기 내 수증기량이 증가하면 습윤 기온감률이 적용되기 시작하는 고도가 높아진다.

⑤ 동일 고도에서 공기의 온도는 공기가 상승할 때가 하강할 때보다 높다.

문 28. 다음 글에서 추론할 수 있는 것만을 〈보기〉에서 모두 고르면?

모든 구조물은 두 가지 종류의 하중을 지탱해야 한다. 정적 하중은 구조물 자체에 작용하는 중력과 함께 구조물에 늘 작용하는 모든 추가적인 힘을 말한다. 동적 하중은 교통, 바람, 지진 등 구조물에 일시적으로 작용하거나 순간순간 변하는 다양한 힘을 일컫는다. 예를 들어 댐은 평상시 가두어진 물의 압력에 의한 정적 하중을 주로 지탱하지만, 홍수가 나면 급류에 의한 동적 하중을 추가로 지탱해야 한다.

일시적으로 가해진 하중은 진동의 원인이다. 스프링을 예로 들어보자. 추가 매달린 스프링을 살짝 당기면 진동하는데, 이때 스프링 내부에서 변형에 저항하기 위해 생기는 저항력인 응력이 작용한다. 만약 스프링이 감당할 수 없을 만큼 세게 당기면 스프링은 다시 진동하지만 원래 상태로 돌아올 수 없게 된다. 구조물의 경우도 마찬가지로, 일시적으로 가한 동적 하중이 예상하지 못한 정도로 크게 작용하면 구조물에 매우 큰 진동이 발생하여 구조물이 응력의 한계를 벗어나 약해진 상태로 변형된다. 이때 구조물이 변형에 저항하는 한계를 '응력한계'라 한다.

구조물의 안전성을 확보하기 위해서는 한 가지 문제가 더 있다. 구조물의 공명 현상을 고려해야 하는 것이다. 공명 현상은 진동주기가 같은 진동끼리 에너지를 주고받는 현상이다. 하나의 구조물은 여러 개의 진동주기를 지니는데, 이는 구조물의 기하학적 구조, 구성 재료의 특성 등에 의해 결정된다. 따라서 같은 크기의 동적 하중이 작용하는 경우에도 공명 현상 발생 여부에 따라 구조물이 진동하는 정도가 달라진다.

지진이 일어나면 지진파가 생겨나고 지진파가 지표면에 도착하면 땅의 흔들림을 유발해 구조물에 동적 하중을 가하여 건물에 진동을 일으킨다. 이때 이 진동 자체만으로는 구조물에 별다른 영향을 미치지 못할 수 있다. 그러나 구조물의 진동주기와 지진파의 진동주기가 일치하면 공명 현상이 발생하여 지진파의 진동 에너지가 구조물에 주입되어 구조물에 더 큰 진동을 유발하고 결국 변형을 발생시킬 수 있다. 지진 이외에 강한 바람도 공명 현상을 일으킬 수 있다. 건물 내진 설계나 내풍 설계 같은 것은 바로 이런 공명 현상으로 인한 피해를 막기 위한 예방 조치이다.

〈보 기〉

ㄱ. 구조물에 작용하는 일시적으로 가해지는 힘과 상시적으로 가해지는 힘은 모두 진동을 유발한다.

ㄴ. 지진이 일어났을 때, 구조물에 동적 하중이 가해지고 있으면 지진파가 공명 현상을 만들 수 없다.

ㄷ. 약한 지진파가 발생해도 구조물과 그 진동주기가 서로 일치하면 응력한계를 초과하는 진동을 유발할 수 있다.

① ㄱ ② ㄷ
③ ㄱ, ㄴ ④ ㄴ, ㄷ
⑤ ㄱ, ㄴ, ㄷ

문 29. 다음 글의 A와 B에 대한 분석으로 가장 적절한 것은?

A는 근대화란 곧 산업화이고, 산업화는 농촌을 벗어난 농민들이 도시의 임금노동자가 되어가는 과정이라고 생각했다. 토지에 얽매이지 않으며 노동력 말고는 팔 것이 없는 이들을 '자유로운 노동자'라고 불렀다. 이들 중에서 한 사람의 임금으로 가족 전부를 부양할 수 있을 만큼의 급여를 확보한 특권적인 노동자가 나타난다. 이 노동자가 한 집안의 가장 혹은 '빵을 벌어오는 사람'이다. 이렇게 자신과 가족의 생활을 유지할 만큼 급여를 받는 피고용자를 정규직이라 불러왔다. 그 급여 수준이 어느 정도인지, 일주일에 몇 시간을 노동해야 하는지에 대해서는 역사적으로 각 사회의 '건강하고 문화적인' 생활수준과 노사협의를 통해서 결정된다. A는 산업화가 지속적으로 진전되면 세상의 모든 사람은 정규직 임금노동자가 된다고 예측했다.

이에 이의를 제기한 B는 산업화가 진전됨에 따라 노동자들이 크게 핵심부, 반주변부, 주변부로 나뉜다고 주장했다. 핵심부에 속하는 노동자들은 혼자 벌어 가정을 유지할 만큼의 급여를 확보하는 정규직 노동자들인데, 이들의 일자리는 사회적 희소재로서 앞으로는 늘어나지 않을 것으로 예측되었다. 그 대신에 반주변부에는 정규직보다 급여가 낮은 비정규직을 포함하는 일반 노동자들이, 그리고 시장 바깥의 주변부에는 실업자를 포함해서 반주변부보다 열악한 상황에 놓인 노동자들이 계속해서 남아돌게 될 것이라고 했다. 그의 예측은 적중했다.

산업화가 진전된 선진국에서는 고용의 파이가 더 이상 확대되지 않거나 축소되었다. 일반적으로 노조가 발달한 선진국에는 노동자에게 '선임자 특권'이라는 것이 있다. 이로 인해 이미 고용된 나이 많은 노동자를 해고하는 것이 어려워져 신규 채용을 회피하게 된다. 그 결과 국제적으로 정규직의 파이는 거의 모든 사회에서 축소되는 경향을 낳았다. 그러한 바탕 위에 노동시장에서 고용의 비정규직화는 지속적으로 강화되었으며 청년 실업률 또한 높아졌다.

① A는 정규직 노동자의 실질 급여 수준이 산업화가 진전됨에 따라 지속적으로 하락할 것으로 보았다.

② B는 산업화가 진전됨에 따라 기존의 주변부 노동자들과는 다른 새로운 형태의 주변부 노동자들이 계속해서 생성될 것이라고 보았다.

③ A와 B는 모두 선임자 특권이 청년 실업률을 높이는 데 기여한다고 보았다.

④ A와 B는 모두 산업화가 진전되면 궁극적으로 한 사회의 노동자들의 급여가 다양한 수준에서 결정된다고 보았다.

⑤ A는 정규직 노동자가, B는 핵심부 노동자가 한 사람의 노동자 급여로 가족을 부양할 수 있다고 보았다.

문 30. 다음 글에 대한 분석으로 가장 적절한 것은?

역사적으로 사회에서 여러 가지 종류의 불리함을 겪어온 인종, 계층, 민족과 같은 소수집단을 우대하는 정책은 공정성이라는 미국인들의 신성한 믿음에 도전을 제기한다. 예를 들어 이 정책의 옹호론자들은 대학 입학 심사에서 소수집단을 고려하는 것이 공정하다고 주장한다. 그러나 왜 그것을 공정하다고 말할 수 있는가에 대해서는 소수집단 우대 정책 옹호론자들 안에서도 A와 B라는 서로 다른 두 가지 견해가 있다.

이 중 A를 지지하는 이들은 소수집단 우대 정책을 과거의 잘못을 보상하고 바로잡는 행위로 본다. 소수집단 학생들을 불리한 처지로 몰아넣은 역사적 차별을 보상하는 의미에서 그들을 우대하는 것이 공정하다고 주장한다. 이 논리는 입학 허가를 중요한 혜택으로 보고, 과거의 차별을 보상하는 차원에서 그 혜택을 나누어 주려고 한다. A에 반대하는 이들은, 보상을 받는 사람이 꼭 원래의 피해자인 것은 아니며 보상하는 사람이 과거의 잘못에 대한 책임이 없는 사람인 경우가 많다고 지적한다. 소수집단 우대 정책의 수혜자 가운데 많은 수가 중산층 학생들이고 그들은 도시 빈민가의 흑인과 히스패닉 학생들이 겪는 고통을 경험하지 않았다.

B는 다른 측면에 주목한다. 이러한 주장을 펴는 사람들은, 입학 허가가 수혜자에 대한 보상이 아니라 사회적으로 가치 있는 목적을 실현하기 위한 수단이라고 여긴다. 이들은 학교에 여러 인종, 계층, 민족이 섞여 있는 것이 출신 배경이 비슷한 학생들이 모여 있을 때보다 서로에게서 많은 것을 배울 수 있어 바람직하다고 말한다. 그리고 소수집단 학생들을 교육하여 이들이 주요 공직이나 전문직에서 리더십을 발휘하도록 한다면, 이것은 대학의 시민사회적 목적을 실현하고 공동선에 기여하는 일이라고 말한다. B에 반대하는 사람들은 그러한 목적이 아니라 그 방식에 대해서 문제를 제기한다. 이들은 학교의 다양성 증대라는 목적에는 동의한다. 그러나 그 목적 실현을 위해, 인종이나 계층과 같은 특정 배경을 갖추지 못했다는 이유로 학생의 입학을 불허하는 일은 공정하지 않다고 주장한다. 높은 성적과 뛰어난 가능성을 가진 학생이 부모가 부유하다는 이유로 입학을 허가받을 자격이 없다고 해서는 안 된다는 것이다.

① A의 지지자는 B의 지지자와는 다르게, 소수집단 학생들을 교육하여 국가에 봉사하도록 하는 일이야말로 대학이 시민사회를 위해 해야 할 일이라고 주장한다.

② B의 지지자는 A의 지지자와는 다르게, 대학 입학 심사에서 개인의 인종이나 민족과 같은 특성을 고려하는 일이 공정하지 않다고 주장한다.

③ A의 지지자는, 가난하게 자란 학생에게 대학 입학 가산점을 부여하는 일이 그 학생의 노력에 대한 보상이라는 점에서 공정하다고 주장한다.

④ A의 반대자는, 소수집단 우대 정책에 의해 보상을 해야 하는 사람들이 자신들이 피해를 준 정도에 비해 너무 가벼운 보상을 하게 된다고 비판한다.

⑤ B의 반대자는, 소수집단 우대 정책의 목적은 수긍하면서도 자신의 배경 때문에 역차별을 받는 학생이 나올 수 있다고 비판한다.

문 31. 다음 글에서 추론할 수 있는 것만을 〈보기〉에서 모두 고르면?

신경계는 우리 몸 안팎에서 일어나는 여러 자극을 전달하여 이에 대한 반응을 유발하는 기관계이며, 그 기본 구성단위는 뉴런이다. 신경계 중 소화와 호흡처럼 뇌의 직접적인 제어를 받지 않는 자율신경계는 교감신경과 부교감신경으로 구성되어 있다. 교감신경과 부교감신경은 눈의 홍채와 같은 다양한 표적기관의 기능을 조절한다.

교감신경과 부교감신경 모두 일렬로 배열된 절전뉴런과 절후뉴런으로 구성되어 있다. 이 두 뉴런이 서로 인접해 있는 곳이 신경절이며, 절전뉴런은 신경절의 앞쪽에, 절후뉴런은 신경절의 뒤쪽에 있다. 절후뉴런의 끝은 표적기관과 연결된다. 교감신경이 활성화되면 교감신경의 절전뉴런 끝에서 신호물질인 아세틸콜린이 분비된다. 분비된 아세틸콜린은 교감신경의 절후뉴런을 활성화시키고, 절전뉴런으로부터 받은 신호를 표적기관에 전달하게 한다. 부교감신경 역시 활성화되면 부교감신경의 절전뉴런 끝에서 아세틸콜린이 분비된다. 아세틸콜린은 부교감신경의 절후뉴런을 활성화시킨다. 교감신경의 절후뉴런 끝에서는 노르아드레날린이, 부교감신경의 절후뉴런 끝에서는 아세틸콜린이 표적기관의 기능을 조절하기 위해 분비된다.

눈에 있는 동공의 크기 조절은 자율신경계가 표적기관의 기능을 조절하는 좋은 사례이다. 동공은 수정체의 앞쪽에 위치해 있는 홍채의 가운데에 있는 구멍이다. 홍채는 동공의 직경을 조절함으로써 눈의 망막에 도달하는 빛의 양을 조절한다. 동공 크기 변화는 홍채에 있는 두 종류의 근육인 '돌림근'과 '부챗살근'의 수축에 의해 일어난다. 이 두 근육은 각각 근육층을 이루는데, 홍채의 안쪽에는 돌림근층이, 바깥쪽에는 부챗살근층이 있다. 어두운 곳에서 밝은 곳으로 이동하면 부교감신경이 활성화되고, 부교감신경의 절후뉴런 끝에 있는 표적기관인 홍채의 돌림근이 수축한다. 돌림근은 동공 둘레에 돌림 고리를 형성하고 있어서, 돌림근이 수축하면 두꺼워지면서 동공의 크기가 줄어든다. 반대로 밝은 곳에서 어두운 곳으로 이동하면 교감신경이 활성화되고, 교감신경의 절후뉴런 끝에 있는 표적기관인 홍채의 부챗살근이 수축한다. 부챗살근은 자전거 바퀴의 살처럼 배열되어 있어서 수축할 때 부챗살근의 길이가 짧아지고 동공의 직경이 커진다. 이렇게 변화된 동공의 크기는 빛의 양에 변화가 일어날 때까지 일정하게 유지된다.

─────〈보 기〉─────

ㄱ. 밝은 곳에서 어두운 곳으로 이동하면 교감신경의 절전뉴런 끝에서 아세틸콜린이 분비된다.

ㄴ. 어두운 곳에서 밝은 곳으로 이동하면 부교감신경의 절후뉴런 끝에서 아세틸콜린이 분비되고 돌림근이 두꺼워진다.

ㄷ. 노르아드레날린은 돌림근의 수축을 일으키는 반면 아세틸콜린은 부챗살근의 수축을 일으킨다.

① ㄴ

② ㄷ

③ ㄱ, ㄴ

④ ㄱ, ㄷ

⑤ ㄱ, ㄴ, ㄷ

	㉠	㉡	㉢
①	ㄱ	ㄴ	ㄷ
②	ㄴ	ㄱ	ㄷ
③	ㄴ	ㄷ	ㄱ
④	ㄷ	ㄱ	ㄴ
⑤	ㄷ	ㄴ	ㄱ

문 32. 다음 글의 ㉠~㉢에 들어갈 내용을 〈보기〉에서 골라 적절하게 나열한 것은?

촛불의 연소와 동물의 호흡이 지속되기 위해서는 산소가 포함된 공기가 제공되어야 한다는 공통점이 있다. 즉 촛불의 연소는 공기 중 산소를 사용하며 이는 이산화탄소로 바뀐다. 동물의 호흡도 체내로 흡수된 공기 내 산소가 여러 대사 과정에 사용된 후 이산화탄소로 바뀌어 호흡기를 통해 공기 중으로 배출된다. 공기 내 산소가 줄어들어 이산화탄소가 일정 수준 이상이 되면 촛불은 꺼지고 동물은 호흡을 할 수 없어서 죽는다.

이런 사실을 근거로 A는 식물의 광합성과 산소 발생에 관한 세 가지 실험을 실시하였다. 또한 실험을 통제하여 산소 부족만이 촛불이 꺼지거나 쥐가 죽는 환경요인이 되도록 하였다. 그리하여 식물에서 광합성이 일어나기 위해서는 빛과 이산화탄소가 모두 필요하다는 것과 식물의 산소 생산에 빛이 필요하다는 결론을 얻었다.

실험1 : ［　㉠　］ 이로부터 식물이 산소를 생산한다는 것을 알 수 있었다.

실험2 : ［　㉡　］ 이로부터 식물이 산소를 생산하기 위해서는 빛이 필요하다는 것을 알 수 있었다.

실험3 : ［　㉢　］ 이로부터 식물에서 광합성이 일어나기 위해서는 빛과 이산화탄소가 모두 있어야 한다는 것을 알 수 있었다.

〈보 기〉

ㄱ. 빛이 있는 곳에서 밀폐된 유리 용기에 쥐와 식물을 넣어두면 일정 시간이 지나도 쥐는 죽지 않지만, 빛이 없는 곳에서 밀폐된 유리 용기에 쥐와 식물을 넣어두면 그 시간이 지나기 전에 쥐는 죽는다.

ㄴ. 밀폐된 용기에 촛불을 넣고 일정 시간이 지나면 촛불이 꺼지지만, 식물과 함께 촛불을 넣어두면 동일한 시간이 지나도 촛불은 꺼지지 않는다.

ㄷ. 빛이 없는 곳에 있는 식물에 이산화탄소를 공급하거나 빛이 있는 곳의 식물에 이산화탄소를 공급하지 않으면 광합성이 일어나지 않지만, 빛이 있는 곳의 식물에 이산화탄소를 공급하면 광합성이 일어난다.

문 33. 다음 글의 ㉠과 ㉡에 들어갈 내용을 적절하게 짝지은 것은?

당신은 사람들로 붐비는 해변에서 즐거운 시간을 보내고 집으로 돌아가려 한다. 당신은 쓰레기를 집으로 가져갈지 아니면 해변에 버리고 갈지를 고민하고 있다. 이때 당신은 다음과 같은 네 경우를 생각할 수 있다.

(가) 당신은 X를 하고, 다른 사람들은 모두 X를 한다.
(나) 당신은 X를 하고, 다른 사람들은 모두 Y를 한다.
(다) 당신은 Y를 하고, 다른 사람들은 모두 X를 한다.
(라) 당신은 Y를 하고, 다른 사람들은 모두 Y를 한다.

(가)로 인한 해변의 상태는 (다)로 인한 해변의 상태와 별반 다르지 않을 것이다. 마찬가지로 (나)의 결과는 (라)의 결과와 별반 다르지 않을 것이다. 이제 다음과 같은 물음을 던져 보자.

(1) 다른 사람들이 X를 행할 경우, 당신은 X와 Y 중 어떤 것을 행하는 것을 선호하는가?
(2) 다른 사람들이 Y를 행할 경우, 당신은 X와 Y 중 어떤 것을 행하는 것을 선호하는가?

아마도 당신은 물음 (1)에 ［　㉠　］, (2)에 Y라고 답할 것이다. 이러한 답변에는 쓰레기를 집으로 가지고 가는 번거로운 행동이 해변의 상태에 유의미한 변화를 가져오지 않는다면 그 번거로운 행동을 피하는 것을 선호하는 생각이 전제되어 있다. 또한 당신이 다른 조건이 모두 동등할 경우 해변이 버려진 쓰레기로 난장판이 되는 것보다 그렇게 되지 않는 것을 선호한다면, 당신은 (가)~(라) 중에서 ［　㉡　］를 가장 선호하게 될 것이다.

	㉠	㉡
①	X	(나)
②	X	(다)
③	X	(라)
④	Y	(가)
⑤	Y	(다)

문 34. 다음 글의 내용이 참일 때, 반드시 참인 것만을 〈보기〉에서 모두 고르면?

A아파트에는 이번 인구총조사 대상자들이 거주한다. A아파트 관리소장은 거주민 수지, 우진, 미영, 양미, 가은이 그 대상이 되었는지 궁금했다. 수지에게 수지를 포함한 다른 친구들의 상황을 물어보았는데 수지는 다음과 같이 답변하였다.

• 나와 양미 그리고 가은 중 적어도 한 명은 대상이다.
• 나와 양미가 모두 대상인 것은 아니다.
• 미영이 대상이 아니거나 내가 대상이다.
• 우진이 대상인 경우에만 양미 또한 대상이다.
• 가은이 대상이면, 미영도 대상이다.

〈보 기〉
ㄱ. 수지가 대상이 아니라면, 우진은 대상이다.
ㄴ. 가은이 대상이면, 수지와 우진 그리고 미영이 대상이다.
ㄷ. 양미가 대상인 경우, 5명 중 2명만이 대상이다.

① ㄱ
② ㄴ
③ ㄱ, ㄷ
④ ㄴ, ㄷ
⑤ ㄱ, ㄴ, ㄷ

문 35. 다음 글의 내용이 참일 때, 반드시 참인 것만을 〈보기〉에서 모두 고르면?

철학과에서는 학생들의 수강 실태를 파악하여 향후 학과 교과목 개편에 반영할 예정이다. 실태를 파악한 결과, 〈논리학〉, 〈인식론〉, 〈과학철학〉, 〈언어철학〉을 모두 수강한 학생은 없었다. 〈논리학〉을 수강한 학생들은 모두 〈인식론〉도 수강하였다. 일부 학생들은 〈인식론〉과 〈과학철학〉을 둘 다 수강하였다. 그리고 〈언어철학〉을 수강하지 않은 학생들은 누구도 〈과학철학〉을 수강하지 않았다.

〈보 기〉
ㄱ. 〈논리학〉을 수강하지 않은 학생이 있다.
ㄴ. 〈논리학〉과 〈과학철학〉을 둘 다 수강한 학생은 없다.
ㄷ. 〈인식론〉과 〈언어철학〉을 둘 다 수강한 학생이 있다.

① ㄱ
② ㄴ
③ ㄱ, ㄷ
④ ㄴ, ㄷ
⑤ ㄱ, ㄴ, ㄷ

문 36. 다음 글의 내용이 참일 때 반드시 참인 것은?

K 부처는 관리자 연수과정에 있는 연수생 중에 서류심사와 부처 면접을 통해 새로운 관리자를 선발하기로 하였다. 먼저 서류심사를 진행하여 서류심사 접수자 중 세 명만을 면접 대상자로 결정하고 나머지 접수자들은 탈락시킨다. 그리고 면접 대상자들을 상대로 면접을 진행하여, 두 명만 새로운 관리자로 선발한다. 서류심사 접수자는 갑, 을, 병, 정, 무 총 5명이다. 다음은 이들이 나눈 대화이다.

갑 : 나는 면접 대상자로 결정되었고 병은 서류심사에서 탈락했어.
을 : 나는 서류심사에서 탈락했지만 병은 면접 대상자로 결정되었어.
병 : 무는 새로운 관리자로 선발되었어.
정 : 나는 새로운 관리자로 선발되었고 면접에서 병과 무와 함께 있었어.
무 : 나는 갑과 정이랑 함께 면접 대상자로 결정되었어.

대화 이후 서류심사 결과와 부처 면접 결과가 모두 공개되자, 이들 중 세 명의 진술은 참이고 나머지 두 명의 진술은 거짓인 것으로 밝혀졌다.

① 갑은 면접 대상자로 결정되었다.
② 을은 서류심사에서 탈락하였다.
③ 병은 면접 대상자로 결정되었다.
④ 정은 새로운 관리자로 선발되었다.
⑤ 무는 새로운 관리자로 선발되지 않았다.

문 37. 다음 글에 대한 분석으로 적절한 것만을 〈보기〉에서 모두 고르면?

"삼각형은 세 변을 갖고 있다."는 필연적으로 참인 진술로, 필연적 진리의 한 사례이다. 그런데 다음 논증을 살펴보자.

(1) 필연적 진리는 참이다.
(2) 참인 진술은 참일 가능성이 있는 진술이다.
(3) 참일 가능성이 있는 진술은 거짓일 가능성이 있는 진술이다.
따라서 (4) 필연적 진리는 거짓일 가능성이 있는 진술이다.

이 논증은 전제가 모두 참이라면 결론도 반드시 참이 된다. 하지만 최종 결론 (4)는 명백히 거짓이다. "삼각형은 세 변을 갖고 있다."는 거짓일 가능성이 없는 진술이기 때문이다. 그러므로 전제 가운데 적어도 하나는 거짓일 수밖에 없다.

어떤 전제가 문제일까? (1)은 참이다. (2)도 그럴듯해 보인다. 어떤 진술이 실제로 참이라면 그것은 참일 가능성이 있다. (3)도 맞는 말처럼 보인다. 예컨대 "올해 백두산에 많은 눈이 내렸다."는 진술을 생각해보자. 이 진술은 참일 가능성이 있다. 그러나 거짓일 수도 있다. 만약 이 진술이 거짓일 수 없는 진술이라면, 그것은 필연적으로 참인 진술이어야 한다. 그러나 올해 백두산에 많은 눈이 내렸다는 것은 필연적 진리가 아니다.

어떤 전제가 문제인지를 알아보기 위해 '참인 진술'과 '거짓인 진술'을 다음과 같이 좀 더 세분해 보기로 하자.

NT	필연적으로 참인 진술	"삼각형은 세 변을 갖고 있다."
CT	우연적으로 참인 진술	"부산은 항구도시이다."
CF	우연적으로 거짓인 진술	"청주는 광역시이다."
NF	필연적으로 거짓인 진술	"삼각형은 네 변을 갖고 있다."

'참일 가능성이 있는 진술'은 위의 네 종류 가운데 어떤 것을 말할까? 그것은 '참일 가능성이 있다'는 말이 무엇을 의미하느냐에 달려 있다. 그것이 ㉠ 필연적으로 거짓인 것은 아니라는 것을 의미한다면, 참일 가능성이 있는 진술에는 NT, CT, CF가 모두 포함된다. 한편 그것이 ㉡ 우연적으로 참이거나 우연적으로 거짓이라는 것을 의미한다면, 참일 가능성이 있는 진술에는 CT와 CF만 포함된다. 이처럼 위 논증에서 핵심 구절로 사용되는 '참일 가능성이 있다'가 서로 다른 두 가지로 해석될 수 있다는 것이 문제의 근원이다.

─── 〈보 기〉 ───

ㄱ. 참일 가능성이 있다는 말을 ㉠으로 이해하면 (2)는 참인 전제가 된다.

ㄴ. 참일 가능성이 있다는 말을 ㉡으로 이해하면 (3)은 참인 전제가 된다.

ㄷ. 참일 가능성이 있다는 말을 ㉠으로 이해하면 (3)은 거짓인 전제가 된다.

① ㄱ
② ㄷ
③ ㄱ, ㄴ
④ ㄴ, ㄷ
⑤ ㄱ, ㄴ, ㄷ

문 38. 다음 글의 ㉠~㉢에 대한 평가로 적절한 것만을 〈보기〉에서 모두 고르면?

개구리와 거북의 성(性)은 배아에 있는 성염색체에 따라 결정되는 것으로 알려져 있다. 여기서 중요한 작용을 하는 것이 아로마테이즈인데, 이는 개구리와 거북에서 성결정호르몬인 호르몬 A를 또 다른 성결정호르몬인 호르몬 B로 바꾸는 효소이다. 따라서 아로마테이즈 발현량이 많아지거나 활성이 커지면 호르몬 A에서 호르몬 B로의 전환이 더 많이 나타난다.

성 분화가 이루어지지 않은 배아의 초기 생식소(生殖巢)에서 아로마테이즈의 발현이 증가하면 생식소 내 호르몬 구성의 변화가 일어나 유전자 X의 발현이 억제되어, 초기 생식소가 난소로 분화된다. 또한 초기 생식소에서 만들어진 성결정호르몬이 혈액으로 분비되어 개구리와 거북의 배아는 암컷 성체로 발달한다. 이와 반대로 초기 생식소 내에서 아로마테이즈의 발현에 변화가 없으면 그 개구리와 거북의 배아는 수컷 성체로 발달한다. 성체의 생식소에서 만들어진 성결정호르몬은 혈액으로 분비되어 성적 특성을 유지하는 역할을 한다. 또한 성체 수컷과 성체 암컷 모두 아로마테이즈의 발현량이 많아질수록 혈중 호르몬 A의 양은 줄어들고 호르몬 B의 양은 늘어난다.

그런데 환경오염물질 α와 β가 성 결정에 영향을 줄 수 있다는 주장에 대한 연구가 진행되었다. 수컷이 될 성염색체를 가지고 있는 거북의 배아가 성체로 발달하는 동안, α에 노출되었을 때 난소와 암컷 생식기를 가지고 있는 암컷 거북이 되었다. 또한 거북 배아가 성체로 발달하는 동안 생식소 내에서 생성되는 호르몬 A의 양과 아로마테이즈의 발현량은 α에 노출되지 않은 거북 배아에 비해 별다른 차이가 없었다. α에 노출된 배아는 발달과정에서 성결정호르몬에 의한 효인인 암컷 생식기 발달의 정도가 매우 높았다. β에 노출된 염색체상 수컷 개구리 배아를 키우면 난소를 가지고 있는 암컷이 되었다. 심지어 성체 수컷 개구리를 β에 수십 일 동안 노출시키면, 이 개구리의 혈중 호르몬 A의 양은 노출되지 않은 암컷 개구리와 비슷했고 노출되지 않은 수컷 개구리보다 매우 적었다.

이 연구 결과로부터 다음 세 가지 가설을 얻었다. ㉠ α가 수컷 거북의 배아를, β가 수컷 개구리의 배아를 여성화한다. ㉡ β가 성체 수컷 개구리의 혈중 성결정호르몬에 변화를 준다. ㉢ 거북의 배아에서 성체로 발달하는 동안 α가 생성되는 호르몬 A의 양에 영향을 미치지 못한다.

─── 〈보 기〉 ───

ㄱ. α가 염색체상 수컷인 거북 배아의 미분화 생식소 내에서 유전자 X의 발현을 억제한 것을 보여주는 후속 연구 결과는 ㉠을 강화한다.

ㄴ. β가 성체 수컷 개구리에서 아로마테이즈의 발현량을 늘린 것을 보여주는 후속 연구 결과는 ㉡을 강화한다.

ㄷ. 염색체상 수컷인 거북 배아와 암컷인 거북 배아 모두 α에 노출되면, 노출되지 않은 거북 배아보다 호르몬 A가 만들어지는 양이 감소한다는 후속 연구 결과는 ㉢을 약화한다.

① ㄱ
② ㄷ
③ ㄱ, ㄴ
④ ㄴ, ㄷ
⑤ ㄱ, ㄴ, ㄷ

※ 다음 글을 읽고 물음에 답하시오. [39~40]

90개의 구슬이 들어 있는 항아리가 있다. 이 항아리에는 붉은색 구슬이 30개 들어 있다. 나머지 구슬은 검은색이거나 노란색이지만, 그 이외에는 어떤 정확한 정보도 주어져 있지 않다. 내기1은 다음의 두 선택 중 하나를 택한 후 항아리에서 구슬을 하나 꺼내 그 결과에 따라서 상금을 준다.

선택1 : 꺼낸 구슬이 붉은색이면 1만 원을 받고, 그 이외의 경우에는 아무것도 받지 못한다.

선택2 : 꺼낸 구슬이 검은색이면 1만 원을 받고, 그 이외의 경우에는 아무것도 받지 못한다.

최악의 상황을 피하고자 한다면, 당신은 둘 중에서 선택1을 택해야 한다. 꺼낸 구슬이 붉은색일 확률은 1/3로 고정되어 있지만, 꺼낸 구슬이 검은색일 확률은 0일 수도 있고 그 경우 당신은 돈을 받지 못할 것이기 때문이다. 그럼 이번에는 다음의 내기2를 생각해보자.

선택3 : 꺼낸 구슬이 붉은색이거나 노란색이면 1만 원을 받고, 그 이외의 경우에는 아무것도 받지 못한다.

선택4 : 꺼낸 구슬이 검은색이거나 노란색이면 1만 원을 받고, 그 이외의 경우에는 아무것도 받지 못한다.

위에서와 마찬가지로 최악의 상황을 피하고자 한다면, 당신은 선택3이 아닌 선택4를 택해야 한다. 꺼낸 구슬이 붉은색이거나 노란색일 확률의 최솟값은 1/3이지만, 검은색이거나 노란색일 확률은 2/3로 고정되어 있기 때문이다.

최악의 상황을 피하는 결정은 합리적이다. 즉, 선택1과 선택4를 택하는 것은 합리적이다. 그런데 이 결정은 여러 선택지들 중에서 한 가지를 합리적으로 선택하기 위해서는 기댓값이 가장 큰 선택지를 선택해야 한다는 '기댓값 최대화 원리'를 위반한다. 기댓값은 모든 가능한 사건들에 대해, 각 사건이 일어날 확률과 그 사건이 일어났을 때 받게 되는 수익의 곱들을 모두 합한 값이다. 우리는 꺼낸 구슬이 붉은색일 확률이 1/3이라는 것을 알고 있지만 꺼낸 구슬이 검은색일 확률은 모르고 있다. 하지만 그 확률이 0과 2/3 사이에 있는 어떤 값이라는 것은 알고 있다. 그 값을 b라고 하자. 그렇다면 선택1의 기댓값은 1/3만 원, 선택2는 b만 원, 선택3은 1−b만 원, 선택4는 2/3만 원이다.

당신은 선택1과 선택2 중에서 선택1을 택했다. 이 선택이 기댓값 최대화 원리에 따라 이루어진 것이라면, b는 1/3보다 작아야 한다. 한편, 당신은 선택3과 선택4 중에서 선택4를 택했다. 이 선택이 기댓값 최대화 원리에 따라 이루어진 것이라면, 1−b는 2/3보다 작아야 한다. 즉 b는 1/3보다 커야 한다. 결국, 당신의 두 선택 중 하나는 기댓값 최대화 원리에 따른 선택이 아니다.

이처럼 ㉠ 항아리 문제는 정확한 정보가 주어지지 않은 상태에서 우리의 합리적 선택이 기댓값 최대화 원리와 충돌하는 경우가 있다는 것을 보여준다.

문 39. 위 글에 대한 분석으로 적절한 것만을 〈보기〉에서 모두 고르면?

〈 보 기 〉

ㄱ. 항아리 문제에서 붉은색 구슬이 15개로 바뀐다고 하더라도 ㉠이라는 결론은 따라 나온다.

ㄴ. 항아리 문제에서 최악의 상황을 피하고자 내기1에서 선택1을, 내기2에서 선택4를 택한 것이 합리적인 결정이 아니라는 것을 받아들인다면, ㉠이라는 결론은 따라 나오지 않는다.

ㄷ. 꺼낸 구슬이 검은색일 확률이 얼마인가에 대한 정확한 정보가 주어지지 않은 경우에는 기댓값 사이의 크기를 비교할 수 없다는 것을 받아들인다면, ㉠이라는 결론은 따라 나오지 않는다.

① ㄱ

② ㄷ

③ ㄱ, ㄴ

④ ㄴ, ㄷ

⑤ ㄱ, ㄴ, ㄷ

문 40. 위 글을 토대로 할 때, 다음 〈사례〉에서 추론할 수 있는 것만을 〈보기〉에서 모두 고르면?

〈 사 례 〉

갑과 을이 선택1과 선택2 중에서 하나, 그리고 선택3과 선택4 중에서 하나를 고른다. 그 후, 항아리에서 각자 구슬을 한 번만 뽑아 자신이 뽑은 구슬의 색깔에 따라서 두 선택에 따른 상금을 받는다고 해 보자. 갑은 선택1과 선택3을 택했다. 을은 선택1과 선택4를 택했다.

〈 보 기 〉

ㄱ. 갑과 을이 같은 액수의 상금을 받았다면, 갑이 꺼낸 구슬은 노란색이었을 것이다.

ㄴ. 항아리에 검은색 구슬의 개수가 20개 미만이라면, 갑의 선택은 기댓값이 가장 큰 선택지이다.

ㄷ. 갑과 을이 아닌 사회자가 구슬을 한 번만 뽑아 그 구슬의 색깔에 따라서 갑과 을에게 상금을 주는 것으로 규칙을 바꾼다면, 갑이 을보다 더 많은 상금을 받을 확률과 그렇지 않을 확률은 같다.

① ㄱ

② ㄷ

③ ㄱ, ㄴ

④ ㄴ, ㄷ

⑤ ㄱ, ㄴ, ㄷ

04 2021년 7급 PSAT 언어논리 기출문제

문 1. 다음 글에서 알 수 있는 것은?

우리나라 국기인 태극기에는 태극 문양과 4괘가 그려져 있는데, 중앙에 있는 태극 문양은 만물이 음양 조화로 생장한다는 것을 상징한다. 또 태극 문양의 좌측 하단에 있는 이괘는 불, 우측 상단에 있는 감괘는 물, 좌측 상단에 있는 건괘는 하늘, 우측 하단에 있는 곤괘는 땅을 각각 상징한다. 4괘가 상징하는 바는 그것이 처음 만들어질 때부터 오늘날까지 변함이 없다.

태극 문양을 그린 기는 개항 이전에도 조선 수군이 사용한 깃발 등 여러 개가 있는데, 태극 문양과 4괘만 사용한 기는 개항 후에 처음 나타났다. 1882년 5월 조미수호조규 체결을 위한 전권대신으로 임명된 이응준은 회담 장소에 내걸 국기가 없어 곤란해 하다가 회담 직전 태극 문양을 활용해 기를 만들고 그것을 회담장에 걸어두었다. 그 기에 어떤 문양이 담겼는지는 오랫동안 알려지지 않았다. 그런데 2004년 1월 미국 어느 고서점에서 미국 해군부가 조미수호조규 체결 한 달 후에 만든 『해상 국가들의 깃발들』이라는 책이 발견되었다. 이 책에는 이응준이 그린 것으로 짐작되는 '조선의 기'라는 이름의 기가 실려 있다. 그 기의 중앙에는 태극 문양이 있으며 네 모서리에 괘가 하나씩 있는데, 좌측 상단에 감괘, 우측 상단에 건괘, 좌측 하단에 곤괘, 우측 하단에 이괘가 있다.

조선이 국기를 공식적으로 처음 정한 것은 1883년의 일이다. 1882년 9월에 고종은 박영효를 수신사로 삼아 일본에 보내면서, 그에게 조선을 상징하는 기를 만들어 사용해본 다음 귀국하는 즉시 제출하게 했다. 이에 박영효는 태극 문양이 가운데 있고 4개의 모서리에 각각 하나씩 괘가 있는 기를 만들어 사용한 후 그것을 고종에게 바쳤다. 고종은 이를 조선 국기로 채택하고 통리교섭사무아문으로 하여금 각국 공사관에 배포하게 했다. 이 기는 일본에 의해 강제 병합되기까지 국기로 사용되었는데, 언뜻 보기에 『해상 국가들의 깃발들』에 실린 '조선의 기'와 비슷하다. 하지만 자세히 보면 두 기는 서로 다르다. 조선 국기 좌측 상단에 있는 괘가 '조선의 기'에는 우측 상단에 있고, '조선의 기'의 좌측 상단에 있는 괘는 조선 국기의 우측 상단에 있다. 또 조선 국기의 좌측 하단에 있는 괘는 '조선의 기'의 우측 하단에 있고, '조선의 기'의 좌측 하단에 있는 괘는 조선 국기의 우측 하단에 있다.

① 미국 해군부는 통리교섭사무아문이 각국 공사관에 배포한 국기를 『해상 국가들의 깃발들』에 수록하였다.

② 조미수호조규 체결을 위한 회담 장소에서 사용하고자 이응준이 만든 기는 태극 문양이 담긴 최초의 기다.

③ 통리교섭사무아문이 배포한 기의 우측 상단에 있는 괘와 '조선의 기'의 좌측 하단에 있는 괘가 상징하는 것은 같다.

④ 오늘날 태극기의 우측 하단에 있는 괘와 고종이 조선 국기로 채택한 기의 우측 하단에 있는 괘는 모두 땅을 상징한다.

⑤ 박영효가 그린 기의 좌측 상단에 있는 괘는 물을 상징하고 이응준이 그린 기의 좌측 상단에 있는 괘는 불을 상징한다.

문 2. 다음 대화의 빈칸에 들어갈 내용으로 가장 적절한 것은?

갑 : 국회에서 법률들을 제정하거나 개정할 때, 법률에서 조례를 제정하여 시행하도록 위임하는 경우가 있습니다. 그리고 이런 위임에 따라 지방자치단체에서는 조례를 새로 제정하게 됩니다. 각 지방자치단체가 법률의 위임에 따라 몇 개의 조례를 제정했는지 집계하여 '조례 제정 비율'을 계산하는데, 이 지표는 작년에 이어 올해도 지방자치단체의 업무 평가 기준에 포함되었습니다.

을 : 그렇군요. 그 평가 방식이 구체적으로 어떻게 되고, A 시의 작년 평가 결과는 어땠는지 말씀해 주세요.

갑 : 먼저 그 해 1월 1일부터 12월 31일까지 법률에서 조례를 제정하도록 위임한 사항이 몇 건인지 확인한 뒤, 그 중 12월 31일까지 몇 건이나 조례로 제정되었는지로 평가합니다. 작년에는 법률에서 조례를 제정하도록 위임한 사항이 15건이었는데, 그 중 A 시에서 제정한 조례는 9건으로 그 비율은 60%였습니다.

을 : 그러면 올해는 조례 제정 상황이 어떻습니까?

갑 : 1월 1일부터 7월 10일 현재까지 법률에서 조례를 제정하도록 위임한 사항은 10건인데, A 시는 이 중 7건을 조례로 제정하였으며 조례로 제정하기 위하여 입법 예고 중인 것은 2건입니다. 현재 시의회에서 조례로 제정되기를 기다리며 계류 중인 것은 없습니다.

을 : 모든 조례는 입법 예고를 거친 뒤 시의회에서 제정되므로, 현재 입법 예고 중인 2건은 입법 예고 기간이 끝나야만 제정될 수 있겠네요. 이 2건의 제정 가능성은 예상할 수 있나요?

갑 : 어떤 조례는 신속히 제정되기도 합니다. 그러나 때로는 시의회가 계속 파행하기도 하고 의원들의 입장에 차이가 커 공전될 수도 있기 때문에 현재 시점에서 조례 제정 가능성을 단정하기는 어렵습니다.

을 : 그러면 A 시의 조례 제정 비율과 관련하여 알 수 있는 것은 무엇이 있을까요?

갑 : A 시는 ▢▢▢▢▢▢▢▢▢

① 현재 조례로 제정하기 위하여 입법 예고가 필요한 것이 1건입니다.
② 올 한 해의 조례 제정 비율이 작년보다 높아집니다.
③ 올 한 해 총 9건의 조례를 제정하게 됩니다.
④ 현재 시점을 기준으로 평가를 받으면 조례 제정 비율이 90%입니다.
⑤ 올 한 해 법률에서 조례를 제정하도록 위임 받은 사항이 작년보다 줄어듭니다.

문 3. 다음 글의 A~C에 대한 판단으로 가장 적절한 것은?

정책 네트워크는 다원주의 사회에서 정책 영역에 따라 실질적인 정책 결정권을 공유하고 있는 집합체이다. 정책 네트워크는 구성원 간의 상호 의존성, 외부로부터 다른 사회 구성원들의 참여 가능성, 의사결정의 합의 효율성, 지속성의 특징을 고려할 때 다음 세 가지 모형으로 분류될 수 있다.

특징 모형	상호 의존성	외부 참여 가능성	합의 효율성	지속성
A	높음	낮음	높음	높음
B	보통	보통	보통	보통
C	낮음	높음	낮음	낮음

A는 의회의 상임위원회, 행정 부처, 이익집단이 형성하는 정책 네트워크로서 안정성이 높아 마치 소정부와 같다. 행정부 수반의 영향력이 작은 정책 분야에서 집중적으로 나타나는 형태이다. A에서는 참여자 간의 결속과 폐쇄적 경계를 강조하며, 배타성이 매우 강해 다른 이익집단의 참여를 철저하게 배제하는 것이 특징이다.

B는 특정 정책과 관련해 이해관계를 같이하는 참여자들로 구성된다. B가 특정 이슈에 대해 유기적인 연계 속에서 기능하면, 전통적인 관료제나 A의 방식보다 더 효과적으로 정책 목표를 달성할 수 있다. B의 주요 참여자는 정치인, 관료, 조직화된 이익집단, 전문가 집단이며, 정책 결정은 주요 참여자 간의 합의와 협력에 의해 일어난다.

C는 특정 이슈를 중심으로 이해관계나 전문성을 가진 이익집단, 개인, 조직으로 구성되고, 참여자는 매우 자율적이고 주도적인 행위자이며 수시로 변경된다. 배타성이 강한 A만으로 정책을 모색하면 정책 결정에 영향을 미칠 수 있는 C와 같은 개방적 참여자들의 네트워크를 놓치기 쉽다. C는 관료제의 영향력이 작고 통제가 약한 분야에서 주로 작동하는데, 참여자가 많아 합의가 어려워 결국 정부가 위원회나 청문회를 활용하여 의견을 조정하려는 경우가 종종 발생한다.

① 외부 참여 가능성이 높은 모형은 관료제의 영향력이 작고 통제가 약한 분야에서 나타나기 쉽다.
② 상호 의존성이 보통인 모형에서는 배타성이 강해 다른 이익집단의 참여를 철저하게 배제한다.
③ 합의 효율성이 높은 모형이 가장 효과적으로 정책 목표를 달성할 수 있다.
④ A에 참여하는 이익집단의 정책 결정 영향력이 B에 참여하는 이익집단의 정책 결정 영향력보다 크다.
⑤ C에서는 참여자의 수가 많아질수록 네트워크의 지속성이 높아진다.

문 4. 다음 글에서 추론할 수 있는 것만을 〈보기〉에서 모두 고르면?

두 입자만으로 이루어지고 이들이 세 가지의 양자 상태 1, 2, 3 중 하나에만 있을 수 있는 계(system)가 있다고 하자. 여기서 양자 상태란 입자가 있을 수 있는 구별 가능한 어떤 상태를 지시하며, 입자는 세 가지 양자 상태 중 하나에 반드시 있어야 한다. 이때 그 계에서 입자들이 어떻게 분포할 수 있는지 경우의 수를 세는 문제는, 각 양자 상태에 대응하는 세 개의 상자 1 2 3 에 두 입자가 있는 경우의 수를 세는 것과 같다. 경우의 수는 입자들끼리 서로 구별 가능한지와 여러 개의 입자가 하나의 양자 상태에 동시에 있을 수 있는지에 따라 달라진다.

두 입자가 구별 가능하고, 하나의 양자 상태에 여러 개의 입자가 있을 수 있다고 가정하자. 이것을 'MB 방식'이라고 부르며, 두 입자는 각각 a, b로 표시할 수 있다. a가 1의 양자 상태에 있는 경우는 ab| | , |a|b| , |a| |b 의 세 가지이고, a가 2의 양자 상태에 있는 경우와 a가 3의 양자 상태에 있는 경우도 각각 세 가지이다. 그러므로 MB 방식에서 경우의 수는 9이다.

두 입자가 구별되지 않고, 하나의 양자 상태에 여러 개의 입자가 있을 수 있다고 가정하자. 이것을 'BE 방식'이라고 부른다. 이때에는 두 입자 모두 a로 표시하게 되므로 aa| | , |aa| , | |aa , |a|a| , |a| |a , | |a|a 가 가능하다. 그러므로 BE 방식에서 경우의 수는 6이다.

두 입자가 구별되지 않고, 하나의 양자 상태에 하나의 입자만 있을 수 있다고 가정하자. 이것을 'FD 방식'이라고 부른다. 여기에서는 BE 방식과 달리 하나의 양자 상태에 두 개의 입자가 동시에 있는 경우는 허용되지 않으므로 |a|a| , |a| |a , | |a|a 만 가능하다. 그러므로 FD 방식에서 경우의 수는 3이다.

양자 상태의 가짓수가 다를 때에도 MB, BE, FD 방식 모두 위에서 설명한 대로 입자들이 놓이게 되고, 이때 경우의 수는 달라질 수 있다.

〈보 기〉

ㄱ. 두 개의 입자에 대해, 양자 상태가 두 가지이면 BE 방식에서 경우의 수는 2이다.

ㄴ. 두 개의 입자에 대해, 양자 상태의 가짓수가 많아지면 FD 방식에서 두 입자가 서로 다른 양자 상태에 각각 있는 경우의 수는 커진다.

ㄷ. 두 개의 입자에 대해, 양자 상태가 두 가지 이상이면 경우의 수는 BE 방식에서보다 MB 방식에서 언제나 크다.

① ㄱ

② ㄷ

③ ㄱ, ㄴ

④ ㄴ, ㄷ

⑤ ㄱ, ㄴ, ㄷ

문 5. 다음 글에서 추론할 수 있는 것은?

생쥐가 새로운 소리 자극을 받으면 이 자극 신호는 뇌의 시상에 있는 청각시상으로 전달된다. 청각시상으로 전달된 자극 신호는 뇌의 편도에 있는 측핵으로 전달된다. 측핵에 전달된 신호는 편도의 중핵으로 전달되고, 중핵은 신체의 여러 기관에 전달할 신호를 만들어서 반응이 일어나게 한다.

연구자 K는 '공포' 또는 '안정'을 학습시켰을 때 나타나는 신경생물학적 특징을 탐구하기 위해 두 개의 실험을 수행했다.

첫 번째 실험에서 공포를 학습시켰다. 이를 위해 K는 생쥐에게 소리 자극을 준 뒤에 언제나 공포를 일으킬 만한 충격을 가하여, 생쥐에게 이 소리가 충격을 예고한다는 것을 학습시켰다. 이렇게 학습된 생쥐는 해당 소리 자극을 받으면 방어적인 행동을 취했다. 이 생쥐의 경우, 청각시상으로 전달된 소리 자극 신호는 학습을 수행하기 전 상태에서 전달되는 것보다 훨씬 센 강도의 신호로 증폭되어 측핵으로 전달된다. 이 증폭된 강도의 신호는 중핵을 거쳐 신체의 여러 기관에 전달되고 이는 학습된 공포 반응을 일으킨다.

두 번째 실험에서는 안정을 학습시켰다. 이를 위해 K는 다른 생쥐에게 소리 자극을 준 뒤에 항상 어떤 충격도 주지 않아서, 생쥐에게 이 소리가 안정을 예고한다는 것을 학습시켰다. 이렇게 학습된 생쥐는 이 소리를 들어도 방어적인 행동을 전혀 취하지 않았다. 이 경우 소리 자극 신호를 받은 청각시상에서 만들어진 신호가 측핵으로 전달되는 것이 억제되기 때문에 측핵에 전달된 신호는 매우 미약해진다. 대신 청각시상은 뇌의 선조체에서 반응을 일으킬 수 있는 자극 신호를 만들어서 선조체에 전달한다. 선조체는 안정 상태와 같은 긍정적이고 좋은 느낌을 느낄 수 있게 하는 것에 관여하는 뇌 영역인데, 선조체에서 반응이 세게 나타나면 안정감을 느끼게 되어 학습된 안정 반응을 일으킨다.

① 중핵에서 만들어진 신호의 세기가 강한 경우에는 학습된 안정 반응이 나타난다.

② 학습된 공포 반응을 일으키지 않는 소리 자극은 선조체에서 약한 반응이 일어나게 한다.

③ 학습된 공포 반응을 일으키는 소리 자극은 청각시상에서 선조체로 전달되는 자극 신호를 억제한다.

④ 학습된 안정 반응을 일으키는 청각시상에서 받는 소리 자극 신호는 학습된 공포 반응을 일으키는 청각시상에서 받는 소리 자극 신호보다 약하다.

⑤ 학습된 안정 반응을 일으키는 경우와 학습된 공포 반응을 일으키는 경우 모두, 청각시상에서 측핵으로 전달되는 신호의 세기가 학습하기 전과 달라진다.

문 6. 다음 글의 빈칸에 들어갈 내용으로 가장 적절한 것은?

민간 문화 교류 증진을 목적으로 열리는 국제 예술 공연의 개최가 확정되었다. 이번 공연이 민간 문화 교류 증진을 목적으로 열린다면, 공연 예술단의 수석대표는 정부 관료가 맡아서는 안 된다. 만일 공연이 민간 문화 교류 증진을 목적으로 열리고 공연 예술단의 수석대표는 정부 관료가 맡아서는 안 된다면, 공연 예술단의 수석대표는 고전음악 지휘자나 대중음악 제작자가 맡아야 한다. 현재 정부 관료 가운데 고전음악 지휘자나 대중음악 제작자는 없다. 예술단에 수석대표는 반드시 있어야 하며 두 사람 이상이 공동으로 맡을 수도 있다. 전체 세대를 아우를 수 있는 사람이 아니라면 수석대표를 맡아서는 안 된다. 전체 세대를 아우를 수 있는 사람이 극히 드물기에, 위에 나열된 조건을 다 갖춘 사람은 모두 수석대표를 맡는다.

누가 공연 예술단의 수석대표를 맡을 것인가와 더불어, 참가하는 예술인이 누구인가도 많은 관심의 대상이다. 그런데 아이돌 그룹 A가 공연 예술단에 참가하는 것은 분명하다. 왜냐하면 만일 갑이나 을이 수석대표를 맡는다면 A가 공연 예술단에 참가하는데, □□□□□□□ 때문이다.

① 갑은 고전음악 지휘자이며 전체 세대를 아우를 수 있기

② 갑이나 을은 대중음악 제작자 또는 고전음악 지휘자이기

③ 갑과 을은 둘 다 정부 관료가 아니며 전체 세대를 아우를 수 있기

④ 을이 대중음악 제작자가 아니라면 전체 세대를 아우를 수 없을 것이기

⑤ 대중음악 제작자나 고전음악 지휘자라면 누구나 전체 세대를 아우를 수 있기

문 7. 다음 글의 내용이 참일 때, 반드시 참인 것만을 〈보기〉에서 모두 고르면?

A기술원 해수자원화기술 연구센터는 2014년 세계 최초로 해수전지 원천 기술을 개발한 바 있다. 연구센터는 해수전지 상용화를 위한 학술대회를 열었는데 학술대회로 연구원들이 자리를 비운 사이 누군가 해수전지 상용화를 위한 핵심 기술이 들어 있는 기밀 자료를 훔쳐 갔다. 경찰은 수사 끝에 바다, 다은, 은경, 경아를 용의자로 지목해 학술대회 당일의 상황을 물으며 이들을 심문했는데 이들의 답변은 아래와 같았다.

바다 : 학술대회에서 발표된 상용화 아이디어 중 적어도 하나는 학술대회에 참석한 모든 사람들의 관심을 받았어요. 다은은 범인이 아니에요.

다은 : 학술대회에 참석한 사람들은 누구나 학술대회에서 발표된 하나 이상의 상용화 아이디어에 관심을 가졌어요. 범인은 은경이거나 경아예요.

은경 : 학술대회에 참석한 몇몇 사람은 학술대회에서 발표된 상용화 아이디어 중 적어도 하나에 관심이 있었어요. 경아는 범인이 아니에요.

경아 : 학술대회에 참석한 모든 사람들이 어떤 상용화 아이디어에도 관심이 없었어요. 범인은 바다예요.

수사 결과 이들은 각각 참만을 말하거나 거짓만을 말한 것으로 드러났다. 그리고 네 명 중 한 명만 범인이었다는 것이 밝혀졌다.

―――― 〈보 기〉 ――――

ㄱ. 바다와 은경의 말이 모두 참일 수 있다.

ㄴ. 다은과 은경의 말이 모두 참인 것은 가능하지 않다.

ㄷ. 용의자 중 거짓말한 사람이 단 한 명이면, 은경이 범인이다.

① ㄱ

② ㄴ

③ ㄱ, ㄷ

④ ㄴ, ㄷ

⑤ ㄱ, ㄴ, ㄷ

문 8. 다음 글의 내용이 참일 때, 반드시 참인 것만을 〈보기〉에서 모두 고르면?

최근 두 주 동안 직원들은 다음 주에 있을 연례 정책 브리핑을 준비해 왔다. 브리핑의 내용과 진행에 관해 알려진 바는 다음과 같다. 개인건강정보 관리 방식 변경에 관한 가안이 정책제안에 포함된다면, 보건정보의 공적 관리에 관한 가안도 정책제안에 포함될 것이다. 그리고 정책제안을 위해 구성되었던 국민건강 2025팀이 재편된다면, 앞에서 언급한 두 개의 가안이 모두 정책 제안에 포함될 것이다. 개인건강정보 관리 방식 변경에 관한 가안이 정책제안에 포함되고 국민건강 2025팀 리더인 최팀장이 다음 주 정책 브리핑을 총괄한다면, 프레젠테이션은 국민건강 2025팀의 팀원인 손공정씨가 맡게 될 것이다. 그런데 보건정보의 공적 관리에 관한 가안이 정책제안에 포함될 경우, 국민건강 2025팀이 재편되거나 다음 주 정책 브리핑을 위해 준비한 보도 자료가 대폭 수정될 것이다. 한편, 직원들 사이에서는, 최팀장이 다음 주 정책 브리핑을 총괄하면 팀원 손공정이 프레젠테이션을 담당한다는 말이 돌았는데 그 말은 틀린 것으로 밝혀졌다.

〈보 기〉

ㄱ. 개인건강정보 관리 방식 변경에 관한 가안과 보건정보의 공적 관리에 관한 가안 중 어느 것도 정책제안에 포함되지 않는다.

ㄴ. 국민건강 2025팀은 재편되지 않고, 이 팀의 최팀장이 다음 주 정책 브리핑을 총괄한다.

ㄷ. 보건정보의 공적 관리에 관한 가안이 정책제안에 포함된다면, 다음 주 정책 브리핑을 위해 준비한 보도자료가 대폭 수정될 것이다.

① ㄱ
② ㄴ
③ ㄱ, ㄷ
④ ㄴ, ㄷ
⑤ ㄱ, ㄴ, ㄷ

문 9. 다음 글의 내용이 참일 때, 반드시 참인 것은?

A, B, C, D를 포함해 총 8명이 학회에 참석했다. 이들에 관해서 알려진 정보는 다음과 같다.

• 아인슈타인 해석, 많은 세계 해석, 코펜하겐 해석, 보른 해석 말고도 다른 해석들이 있고, 학회에 참석한 이들은 각각 하나의 해석만을 받아들인다.
• 상태 오그라듦 가설을 받아들이는 이들은 모두 5명이고, 나머지는 이 가설을 받아들이지 않는다.
• 상태 오그라듦 가설을 받아들이는 이들은 코펜하겐 해석이나 보른 해석을 받아들인다.
• 코펜하겐 해석이나 보른 해석을 받아들이는 이들은 상태 오그라듦 가설을 받아들인다.
• B는 코펜하겐 해석을 받아들이고, C는 보른 해석을 받아들인다.
• A와 D는 상태 오그라듦 가설을 받아들인다.
• 아인슈타인 해석을 받아들이는 이가 있다.

① 적어도 한 명은 많은 세계 해석을 받아들인다.
② 만일 보른 해석을 받아들이는 이가 두 명이면, A와 D가 받아들이는 해석은 다르다.
③ 만일 A와 D가 받아들이는 해석이 다르다면, 적어도 두 명은 코펜하겐 해석을 받아들인다.
④ 만일 오직 한 명만이 많은 세계 해석을 받아들인다면, 아인슈타인 해석을 받아들이는 이는 두 명이다.
⑤ 만일 코펜하겐 해석을 받아들이는 이가 세 명이면, A와 D 가운데 적어도 한 명은 보른 해석을 받아들인다.

문 10. 다음 글의 〈실험 결과〉에서 추론할 수 있는 것은?

연구자 K는 동물의 뇌 구조 변화가 일어나는 방식을 규명하기 위해 다음의 실험을 수행했다. 실험용 쥐를 총 세 개의 실험군으로 나누었다. 실험군1의 쥐에게는 운동은 최소화하면서 학습을 시키는 '학습 위주 경험'을 하도록 훈련시켰다. 실험군2의 쥐에게는 특별한 기술을 학습할 필요 없이 수행할 수 있는 쳇바퀴 돌리기를 통해 '운동 위주 경험'을 하도록 훈련시켰다. 실험군3의 쥐에게는 어떠한 학습이나 운동도 시키지 않았다.

〈실험 결과〉
* 뇌 신경세포 한 개당 시냅스의 수는 실험군1의 쥐에서 크게 증가했고 실험군2와 3의 쥐에서는 거의 변하지 않았다.
* 뇌 신경세포 한 개당 모세혈관의 수는 실험군 2의 쥐에서 크게 증가했고 실험군1과 3의 쥐에서는 거의 변하지 않았다.
* 실험군1의 쥐에서는 대뇌 피질의 지각 영역에서 구조 변화가 나타났고, 실험군2의 쥐에서는 대뇌 피질의 운동 영역과 더불어 운동 활동을 조절하는 소뇌에서 구조 변화가 나타났다. 실험군3의 쥐에서는 뇌 구조 변화가 거의 나타나지 않았다.

① 대뇌 피질의 구조 변화는 학습 위주 경험보다 운동 위주 경험에 더 큰 영향을 받는다.
② 학습 위주 경험은 뇌의 신경세포당 시냅스의 수에, 운동 위주 경험은 뇌의 신경세포당 모세혈관의 수에 영향을 미친다.
③ 학습 위주 경험과 운동 위주 경험은 뇌의 특정 부위에 있는 신경세포의 수를 늘려 그 부위의 뇌 구조를 변하게 한다.
④ 특정 형태의 경험으로 인해 뇌의 특정 영역에 발생한 구조 변화가 뇌의 신경세포당 모세혈관 또는 시냅스의 수를 변화시킨다.
⑤ 뇌가 영역별로 특별한 구조를 갖는 것이 그 영역에서 신경세포당 모세혈관 또는 시냅스의 수를 변화시켜 특정 형태의 경험을 더 잘 수행할 수 있게 한다.

문 11. 다음 글의 〈실험 결과〉에 대한 판단으로 적절한 것만을 〈보기〉에서 모두 고르면?

박쥐 X가 잡아먹을 수컷 개구리의 위치를 찾기 위해 사용하는 방법에는 두 가지가 있다. 하나는 수컷 개구리의 울음소리를 듣고 위치를 찾아내는 '음탐지' 방법이다. 다른 하나는 X가 초음파를 사용하여, 울음소리를 낼 때 커졌다 작아졌다 하는 울음주머니의 움직임을 포착하여 위치를 찾아내는 '초음파탐지' 방법이다. 울음주머니의 움직임이 없으면 이 방법으로 수컷 개구리의 위치를 찾을 수 없다.

〈실험〉
한 과학자가 수컷 개구리를 모방한 두 종류의 로봇개구리를 제작했다. 로봇개구리 A는 수컷 개구리의 울음소리를 내고, 커졌다 작아졌다 하는 울음주머니도 가지고 있다. 로봇개구리 B는 수컷 개구리의 울음소리만 내고, 커졌다 작아졌다 하는 울음주머니는 없다. 같은 수의 A 또는 B를 크기는 같지만 서로 다른 환경의 세 방 안에 같은 위치에 두었다. 세 방의 환경은 다음과 같다.
* 방1 : 로봇개구리 소리만 들리는 환경
* 방2 : 로봇개구리 소리뿐만 아니라, 로봇개구리가 있는 곳과 다른 위치에서 로봇개구리 소리와 같은 소리가 추가로 들리는 환경
* 방3 : 로봇개구리 소리뿐만 아니라, 로봇개구리가 있는 곳과 다른 위치에서 로봇개구리 소리와 전혀 다른 소리가 추가로 들리는 환경

각 방에 같은 수의 X를 넣고 실제로 로봇개구리를 잡아먹기 위해 공격하는 데 걸리는 평균 시간을 측정했다. X가 로봇개구리의 위치를 빨리 알아낼수록 공격하는 데 걸리는 시간은 짧다.

〈실험 결과〉
* 방1 : A를 넣은 경우는 3.4초였고 B를 넣은 경우는 3.3초로 둘 사이에 유의미한 차이는 없었다.
* 방2 : A를 넣은 경우는 8.2초였고 B를 넣은 경우는 공격하지 않았다.
* 방3 : A를 넣은 경우는 3.4초였고 B를 넣은 경우는 3.3초로 둘 사이에 유의미한 차이는 없었다.

〈보 기〉
ㄱ. 방1과 2의 〈실험 결과〉는, X가 음탐지 방법이 방해를 받는 환경에서는 초음파탐지 방법을 사용한다는 가설을 강화한다.
ㄴ. 방2와 3의 〈실험 결과〉는, X가 소리의 종류를 구별할 수 있다는 가설을 강화한다.
ㄷ. 방1과 3의 〈실험 결과〉는, 수컷 개구리의 울음소리와 전혀 다른 소리가 들리는 환경에서는 X가 초음파탐지 방법을 사용한다는 가설을 강화한다.

① ㄱ
② ㄷ
③ ㄱ, ㄴ
④ ㄴ, ㄷ
⑤ ㄱ, ㄴ, ㄷ

문 12. 다음 글에 대한 분석으로 적절한 것만을 〈보기〉에서 모두 고르면?

'자연화'란 자연과학의 방법론에 따라 자연과학이 수용하는 존재론을 토대 삼아 연구를 수행한다는 의미이다. 심리학을 자연과학의 하나라고 생각하는 철학자 A는, 인식론의 자연화를 주장하기 위해 다음의 〈논증〉을 제시하였다.

〈논증〉
(1) 전통적 인식론은 적어도 다음의 두 가지 목표를 가진다. 첫째, 세계에 관한 믿음을 정당화하는 것이고, 둘째, 세계에 관한 믿음을 나타내는 문장을 감각 경험을 나타내는 문장으로 번역하는 것이다.
(2) 전통적 인식론은 첫째 목표도 달성할 수 없고 둘째 목표도 달성할 수 없다.
(3) 만약 전통적 인식론이 이 두 가지 목표 중 어느 하나라도 달성할 수가 없다면, 전통적 인식론은 폐기되어야 한다.
(4) 전통적 인식론은 폐기되어야 한다.
(5) 만약 전통적 인식론이 폐기되어야 한다면, 인식론자는 전통적 인식론 대신 심리학을 연구해야 한다.
(6) 인식론자는 전통적 인식론 대신 심리학을 연구해야 한다.

〈보 기〉
ㄱ. 전통적 인식론의 목표에 (1)의 '두 가지 목표' 외에 "세계에 관한 믿음이 형성되는 과정을 규명하는 것"이 추가된다면, 위 논증에서 (6)은 도출되지 않는다.
ㄴ. (2)를 "전통적 인식론은 첫째 목표를 달성할 수 없거나 둘째 목표를 달성할 수 없다."로 바꾸어도 위 논증에서 (6)이 도출된다.
ㄷ. (4)는 논증 안의 어떤 진술들로부터 나오는 결론일 뿐만 아니라 논증 안의 다른 진술의 전제이기도 하다.

① ㄱ
② ㄷ
③ ㄱ, ㄴ
④ ㄴ, ㄷ
⑤ ㄱ, ㄴ, ㄷ

문 13. 다음 글에 대한 분석으로 적절한 것만을 〈보기〉에서 모두 고르면?

어떤 사람이 당신에게 다음과 같이 제안했다고 하자. 당신은 호화 여행을 즐기게 된다. 다만 먼저 10만 원을 내야 한다. 여기에 하나의 추가 조건이 있다. 그것은 제안자의 말인 아래의 (1)이 참이면 그는 10만 원을 돌려주지 않고 약속대로 호화 여행은 제공하는 반면, (1)이 거짓이면 그는 10만 원을 돌려주고 약속대로 호화 여행도 제공한다는 것이다.
(1) 나는 당신에게 10만 원을 돌려주거나 ⓐ 당신은 나에게 10억 원을 지불한다.
당신은 이 제안을 받아들였고 10만 원을 그에게 주었다.
이때 어떤 결과가 따를지 검토해 보자. (1)은 참이거나 거짓일 것이다. (1)이 거짓이라고 가정해 보자. 그러면 추가 조건에 따라 그는 당신에게 10만 원을 돌려준다. 또한 가정상 (1)이 거짓이므로, ㉠ 그는 당신에게 10만 원을 돌려주지 않는다. 결국 (1)이 거짓이라고 가정하면 그는 당신에게 10만 원을 돌려준다는 것과 돌려주지 않는다는 것이 모두 성립한다. 이는 가능하지 않다. 따라서 ㉡ (1)은 참일 수밖에 없다. 그런데 (1)이 참이라면 추가 조건에 따라 그는 당신에게 10만 원을 돌려주지 않는다. 따라서 ⓐ가 반드시 참이어야 한다. 즉, ㉢ 당신은 그에게 10억 원을 지불한다.

〈보 기〉
ㄱ. ㉠을 추론하는 데는 'A이거나 B'의 형식을 가진 문장이 거짓이면 A도 B도 모두 반드시 거짓이라는 원리가 사용되었다.
ㄴ. ㉡을 추론하는 데는 어떤 가정 하에서 같은 문장의 긍정과 부정이 모두 성립하는 경우 그 가정의 부정은 반드시 참이라는 원리가 사용되었다.
ㄷ. ㉢을 추론하는 데는 'A이거나 B'라는 형식의 참인 문장에서 A가 거짓인 경우 B는 반드시 참이라는 원리가 사용되었다.

① ㄱ
② ㄷ
③ ㄱ, ㄴ
④ ㄴ, ㄷ
⑤ ㄱ, ㄴ, ㄷ

문 14. 다음 글의 ⊙과 ⓒ에 대한 평가로 적절한 것만을 〈보기〉에서 모두 고르면?

연역과 귀납, 이 두 종류의 방법은 지적 작업에서 사용될 수 있는 모든 추론을 포괄한다. 철학과 과학을 비롯한 모든 지적 작업에 연역적 방법이 필수적이라는 것을 부정하는 사람은 아무도 없다. 귀납적 방법의 경우 사정은 크게 다르다. 귀납적 방법이 철학적 작업에 들어설 여지가 없다고 믿는 사람이 있는가 하면, 한 걸음 더 나아가 어떠한 지적 작업에도 귀납적 방법이 불필요하다고 주장하는 사람들도 있다.

⊙ 귀납적 방법이 철학이라는 지적 작업에서 불필요하다는 견해는 독단적인 철학관에 근거한다. 이런 견해에 따르면 철학적 주장의 정당성은 선험적인 것으로, 경험적 지식을 확장하기 위해 사용되는 귀납적 방법에 의존할 수 없다. 그러나 이런 견해는 철학적 주장이 경험적 가설에 의존해서는 안 된다는 부당하게 편협한 철학관과 '귀납적 방법'의 모호성을 딛고 서 있다. 실제로 철학사에 나타나는 목적론적 신 존재 증명이나 외부 세계의 존재에 관한 형이상학적 논증 가운데는 귀납적 방법인 유비 논증과 귀추법을 교묘히 적용하고 있는 것도 있다.

ⓒ 모든 지적 작업에서 귀납적 방법의 필요성을 부정하는 견해는 중요한 철학적 성과를 낳기도 하였다. 포퍼의 철학이 그런 사례 가운데 하나이다. 포퍼는 귀납적 방법의 정당화 가능성에 관한 회의적 결론을 받아들이고, 과학의 탐구가 귀납적 방법으로 진행된다는 견해는 근거가 없음을 보인다. 그에 따르면, 과학의 탐구 과정은 연역 논리 법칙에 따라 전개되는 추측과 반박의 작업으로 이루어진다. 이런 포퍼의 이론은 귀납적 방법의 필요성에 대한 전면적인 부정이 낳을 수 있는 흥미로운 결과 가운데 하나라고 할 수 있다.

─── 〈보 기〉 ───

ㄱ. 과학의 탐구가 귀납적 방법에 의해 진행된다는 주장은 ⊙을 반박한다.

ㄴ. 철학의 일부 논증에서 귀추법의 사용이 불가피하다는 주장은 ⓒ을 반박한다.

ㄷ. 연역 논리와 경험적 가설 모두에 의존하는 지적 작업이 있다는 주장은 ⊙과 ⓒ을 모두 반박한다.

① ㄱ
② ㄴ
③ ㄱ, ㄷ
④ ㄴ, ㄷ
⑤ ㄱ, ㄴ, ㄷ

문 15. 다음 글의 갑~병에 대한 판단으로 적절한 것만을 〈보기〉에서 모두 고르면?

다음 두 삼단논법을 보자.

(1) 모든 춘천시민은 강원도민이다.
　 모든 강원도민은 한국인이다.
　 따라서 모든 춘천시민은 한국인이다.

(2) 모든 수학 고득점자는 우등생이다.
　 모든 과학 고득점자는 우등생이다.
　 따라서 모든 수학 고득점자는 과학 고득점자이다.

(1)은 타당한 삼단논법이지만 (2)는 부당한 삼단논법이다. 하지만 어떤 사람들은 (2)도 타당한 논증이라고 잘못 판단한다. 왜 이런 오류가 발생하는지 설명하기 위해 세 가지 입장이 제시되었다.

갑 : 사람들은 '모든 A는 B이다'를 '모든 B는 A이다'로 잘못 바꾸는 경향이 있다. '어떤 A도 B가 아니다'나 '어떤 A는 B이다'라는 형태에서는 A와 B의 자리를 바꾸더라도 아무런 문제가 없다. 하지만 '모든 A는 B이다'라는 형태에서는 A와 B의 자리를 바꾸면 논리적 오류가 생겨난다.

을 : 사람들은 '모든 A는 B이다'를 약한 의미로 이해해야 하는데도 강한 의미로 이해하는 잘못을 저지르는 경향이 있다. 여기서 약한 의미란 그것을 'A는 B에 포함된다'로 이해하는 것이고, 강한 의미란 그것을 'A는 B에 포함되고 또한 B는 A에 포함된다'는 뜻에서 'A와 B가 동일하다'로 이해하는 것이다.

병 : 사람들은 전제가 모두 '모든 A는 B이다'라는 형태의 명제로 이루어진 것일 경우에는 결론도 그런 형태이기만 하면 타당하다고 생각하고, 전제 가운데 하나가 '어떤 A는 B이다'라는 형태의 명제로 이루어진 것일 경우에는 결론도 그런 형태이기만 하면 타당하다고 생각하는 경향이 있다.

─── 〈보 기〉 ───

ㄱ. 대다수의 사람이 "어떤 과학자는 운동선수이다. 어떤 철학자도 과학자가 아니다."라는 전제로부터 "어떤 철학자도 운동선수가 아니다."를 타당하게 도출할 수 있는 결론이라고 응답했다는 심리 실험 결과는 갑에 의해 설명된다.

ㄴ. 대다수의 사람이 "모든 적색 블록은 구멍이 난 블록이다. 모든 적색 블록은 삼각 블록이다."라는 전제로부터 "모든 구멍이 난 블록은 삼각 블록이다."를 타당하게 도출할 수 있는 결론이라고 응답했다는 심리 실험 결과는 을에 의해 설명된다.

ㄷ. 대다수의 사람이 "모든 물리학자는 과학자이다. 어떤 컴퓨터 프로그래머는 과학자이다."라는 전제로부터 "어떤 컴퓨터 프로그래머는 물리학자이다."를 타당하게 도출할 수 있는 결론이라고 응답했다는 심리 실험 결과는 병에 의해 설명된다.

① ㄱ
② ㄷ
③ ㄱ, ㄴ
④ ㄴ, ㄷ
⑤ ㄱ, ㄴ, ㄷ

문 16. 다음 대화의 ㉠에 따라 〈계획안〉을 수정한 것으로 적절하지 않은 것은?

> 갑 : 나눠드린 'A 시 공공 건축 교육 과정' 계획안을 다 보셨죠? 이제 계획안을 어떻게 수정하면 좋을지 각자의 의견을 자유롭게 말씀해 주십시오.
>
> 을 : 코로나19 상황을 고려해 대면 교육보다 온라인 교육이 좋겠습니다. 그리고 방역 활동에 모범을 보이는 차원에서 온라인 강의로 진행한다는 점을 강조하는 것이 좋겠습니다. 온라인 강의는 편안한 시간에 접속하여 수강하게 하고, 수강 가능한 기간을 명시해야 합니다. 게다가 온라인으로 진행하면 교육 대상을 A시 시민만이 아닌 모든 희망자로 확대하는 장점이 있습니다.
>
> 병 : 좋은 의견입니다. 여기에 덧붙여 교육 대상을 공공 건축 업무 관련 공무원과 일반 시민으로 구분하는 것이 좋겠습니다. 관련 공무원과 일반 시민은 기반 지식에서 차이가 커 같은 내용으로 교육하기에 적합하지 않습니다. 업무와 관련된 직무 교육 과정과 일반 시민 수준의 교양 교육 과정으로 따로 운영하는 것이 좋겠습니다.
>
> 을 : 교육 과정 분리는 좋습니다만, 공무원의 직무 교육은 참고할 자료가 많아 온라인 교육이 비효율적입니다. 직무 교육 과정은 다음에 논의하고, 이번에는 시민 대상 교양 과정으로만 진행하는 것이 좋겠습니다. 그리고 A시의 유명 공공 건축물을 활용해서 A시를 홍보하고 관심을 끌 수 있는 주제의 강의가 있으면 좋겠습니다.
>
> 병 : 그게 좋겠네요. 마지막으로 덧붙이면 신청 방법이 너무 예전 방식입니다. 시 홈페이지에서 신청 게시판을 찾아가는 방법을 안내할 필요는 있지만, 요즘 같은 모바일 시대에 이것만으로는 부족합니다. A시 공식 어플리케이션에서 바로 신청서를 작성하고 제출할 수 있도록 하면 좋겠습니다.
>
> 갑 : ㉠ 오늘 회의에서 나온 의견을 반영하여 계획안을 수정하도록 하겠습니다. 감사합니다.

〈계획안〉

> A 시 공공 건축 교육 과정
> - 강의 주제 : 공공 건축의 미래 / A시의 조경
> - 일시 : 7. 12.(월) 19:00~21:00 / 7. 14.(수) 19:00~21:00
> - 장소 : A시 청사 본관 5층 대회의실
> - 대상 : A시 공공 건축에 관심 있는 A시 시민 누구나
> - 신청 방법 : A시 홈페이지 → '시민참여' → '교육' → '공공 건축 교육 신청 게시판'에서 신청서 작성

① 강의 주제에 "건축가협회 선정 A시의 유명 공공 건축물 TOP3"를 추가한다.
② 일시 항목을 "• 기간: 7. 12.(월) 06:00~7. 16.(금) 24:00"으로 바꾼다.
③ 장소 항목을 "• 교육방식 : 코로나19 확산 방지를 위해 온라인 교육으로 진행"으로 바꾼다.
④ 대상을 "A시 공공 건축에 관심 있는 사람 누구나"로 바꾼다.
⑤ 신청 방법을 "A시 공식 어플리케이션을 통한 A시 공공 건축 교육 과정 간편 신청"으로 바꾼다.

문 17. 다음 글의 ㉠~㉧에 들어갈 내용에 대한 설명으로 가장 적절한 것은?

> ○○도는 2022년부터 '공공 기관 통합 채용' 시스템을 운영하여 공공 기관의 채용에 대한 체계적 관리와 비리 발생 예방을 도모할 계획이다. 기존에는 ○○도 산하 공공 기관들이 채용 전(全) 과정을 각기 주관하여 시행하였으나, 2022년부터는 ○○도가 채용 과정에 참여하기로 하였다. ○○도와 산하 공공 기관들이 '따로, 또 같이'하는 통합 채용을 통해 채용 과정의 투명성을 확보하고 기관별 특성에 맞는 인재 선발을 용이하게 하려는 것이다.
>
> ○○도는 채용 공고와 원서 접수를 하고 필기시험을 주관한다. 나머지 절차는 ○○도 산하 공공 기관이 주관하여 서류 심사 후 면접시험을 거쳐 합격자를 발표한다. 기존 채용 절차에서 서류 심사에 이어 필기시험을 치던 순서를 맞바꾸었는데, 이는 지원자에게 응시 기회를 확대 제공하기 위해서이다. 절차 변화에 대한 지원자의 혼란을 줄이기 위해 기존의 나머지 채용 절차는 그대로 유지하였다. 또 ○○도는 기존의 필기시험 과목인 영어·한국사·일반상식을 국가직무능력표준 기반 평가로 바꾸어 기존과 달리 실무 능력을 평가해서 인재를 선발할 수 있도록 제도를 보완하였다. ○○도는 이런 통합 채용 절차를 알기 쉽게 기존 채용 절차와 개선 채용 절차를 비교해서 도표로 나타내었다.

〈기존〉

주관 기관	㉠					
채용 절차	채용 공고 →	원서 접수 →	㉡ →	㉢ →	㉣ →	합격자 발표

〈개선〉

주관 기관	㉤			㉥		
채용 절차	채용 공고 →	원서 접수 →	㉦ →	㉧ →	㉨ →	합격자 발표

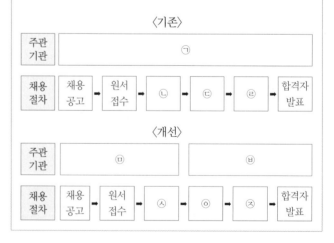

① 개선 이후 ㉠에 해당하는 기관이 주관하는 채용 업무의 양은 이전과 동일할 것이다.
② ㉠과 같은 주관 기관이 들어가는 것은 ㉥이 아니라 ㉤이다.
③ ㉡과 ㉧에는 같은 채용 절차가 들어간다.
④ ㉢과 ㉦에서 지원자들이 평가받는 능력은 같다.
⑤ ㉣을 주관하는 기관과 ㉨을 주관하는 기관은 다르다.

문 18. 다음 글의 〈표〉에 대한 판단으로 적절한 것만을 〈보기〉에서 모두 고르면?

법제처 주무관 갑은 지방자치단체를 대상으로 조례 입안을 지원하고 있다. 갑은 지방자치단체가 조례 입안 지원 신청을 하는 경우, 두 가지 기준에 따라 나누어 신청 안들을 정리하고 있다. 해당 조례안의 입법 예고를 완료하였는지 여부를 기준으로 '완료'와 '미완료'로 나누고, 과거에 입안을 지원하였던 조례안 중에 최근에 접수된 조례안과 내용이 유사한 사례가 있는지를 판단하여 유사 사례 '있음'과 '없음'으로 나눈다. 유사 사례가 존재하지 않는 경우에만 갑은 팀장인 을에게 그 접수된 조례안의 주요 내용을 보고해야 한다.

최근 접수된 조례안 (가)는 지난 분기에 지원하였던 조례안과 많은 부분 유사한 내용을 담고 있다. 입법 예고는 현재 진행 중이다. 조례안 (나)의 경우는 입법 예고가 완료된 후에 접수되었고, 그 주요 내용이 지난해에 지원한 조례안의 주요 내용과 유사하다. 조례안 (다)는 주요 내용이 기존에 지원하였던 조례안과 유사성이 전혀 없는 새로운 내용을 규정하고 있으며, 입법 예고가 진행되지 않았다.

이상의 내용을 다음과 같은 형식으로 나타낼 수 있다.

〈표〉 입안 지원 신청 조례안별 분류

기준 ＼ 조례안	(가)	(나)	(다)
A	㉠	㉡	㉢
B	㉣	㉤	㉥

― 〈보 기〉 ―

ㄱ. A에 유사 사례의 유무를 따지는 기준이 들어가면, ㉣과 ㉥이 같다.

ㄴ. B에 따라 을에 대한 갑의 보고 여부가 결정된다면, ㉠과 ㉢은 같다.

ㄷ. ㉣과 ㉤이 같으면, ㉠과 ㉡이 같다.

① ㄱ

② ㄷ

③ ㄱ, ㄴ

④ ㄴ, ㄷ

⑤ ㄱ, ㄴ, ㄷ

문 19. 다음 대화의 ㉠으로 적절한 것만을 〈보기〉에서 모두 고르면?

갑 : 우리 지역 장애인의 체육 활동을 지원하기 위한 '장애인 스포츠강좌 지원사업'의 집행 실적이 저조하다고 합니다. 지원 바우처를 제대로 사용하지 못하고 있다는 의미인데요. 비장애인을 대상으로 하는 '일반 스포츠강좌 지원사업'은 인기가 많아 예산이 금방 소진된다고 합니다. 과연 어디에 문제점이 있는 것일까요?

을 : 바우처를 수월하게 사용하려면 사용 가능한 가맹 시설이 많이 있어야 합니다. 우리 지역의 '장애인 스포츠강좌 지원사업' 가맹 시설은 10개소이며 '일반 스포츠강좌 지원사업' 가맹 시설은 300개소입니다. 그런데 장애인들은 비장애인들에 비해 바우처를 사용하기 훨씬 어렵습니다. 혹시 장애인의 수에 비해 장애인 대상 가맹 시설의 수가 비장애인의 경우보다 턱없이 적어서 그런 것 아닐까요?

병 : 글쎄요, 제 생각은 조금 다릅니다. 바우처 지원액이 너무 적은 것은 아닐까요? 장애인을 대상으로 하는 스포츠강좌는 보조인력 비용 등 추가 비용으로 인해, 비장애인 대상 강좌보다 수강료가 높을 수 있습니다. 바우처를 사용한다 해도 자기 부담금이 여전히 크다면 장애인들은 스포츠강좌를 이용하기 어려울 것입니다.

정 : 하지만 제가 보기엔 장애인들의 주요 연령대가 사업에서 제외된 것 같습니다. 현재 본 사업의 대상 연령은 만 12세에서 만 49세까지인데, 장애인 인구의 고령자 인구 비율이 비장애인 인구에 비해 높다는 사실을 고려하면, 대상 연령의 상한을 적어도 만 64세까지 높여야 한다고 생각합니다.

갑 : 모두들 좋은 의견 감사합니다. 오늘 회의에서 논의된 내용을 확인하기 위해 ㉠ 필요한 자료를 조사해 주세요.

― 〈보 기〉 ―

ㄱ. 장애인 및 비장애인 각각의 인구 대비 '스포츠강좌 지원사업' 가맹 시설 수

ㄴ. 장애인과 비장애인 각각 '스포츠강좌 지원사업'에 참여하기 위해 본인이 부담해야 하는 금액

ㄷ. 만 50세에서 만 64세까지의 장애인 중 스포츠강좌 수강을 희망하는 인구와 만 50세에서 만 64세까지의 비장애인 중 스포츠강좌 수강을 희망하는 인구

① ㄴ

② ㄷ

③ ㄱ, ㄴ

④ ㄱ, ㄷ

⑤ ㄱ, ㄴ, ㄷ

문 20. 다음 글에서 추론할 수 있는 것만을 〈보기〉에서 모두 고르면?

> 갑 : 조(粗)출생률은 인구 1천 명당 출생아 수를 의미합니다. 조출생률은 인구 규모가 상이한 지역이나 시점 간의 출산 수준을 간편하게 비교할 때 유용한 지표입니다. 예를 들어, 2016년에 세종시보다 인구 규모가 훨씬 큰 경기도의 출생아 수는 10만 5천 명으로 세종시의 3천 명보다 많지만, 조출생률은 경기도가 8.4명이고 세종시는 14.6명입니다. 출산 수준은 세종시가 더 높다는 의미입니다.
>
> 을 : 그렇군요. 그럼 합계 출산율은 무엇인가요?
>
> 갑 : 합계 출산율은 여성 한 명이 평생 동안 낳을 것으로 예상되는 출생아 수를 의미합니다. 여성이 실제 평생 동안 낳은 아이 수를 측정하는 것은 가임 기간 35년이 지나야 산출할 수 있다는 문제가 있습니다. 이에 비해 합계 출산율은 여성 1명이 출산 가능한 시기를 15세부터 49세까지로 가정하고 그 사이의 각 연령대 출산율을 모두 합해서 얻습니다. 15~19세 연령대 출산율은 한 해 동안 15~19세 여성에게서 태어난 출생아 수를 15~19세 여성의 수로 나눈 수치인데, 15~19세부터 45~49세까지 7개 구간 각각의 연령대 출산율을 모두 합한 것이 합계 출산율입니다. 합계 출산율은 한 여성이 가임 기간 내내 특정 시기의 연령대 출산율 패턴을 그대로 따른다는 가정을 전제로 산출하므로 실제 출산 현실과 차이가 있을 수 있습니다.
>
> 을 : 그렇다면 조출생률과 합계 출산율을 구별하는 이유가 뭐죠?
>
> 갑 : 조출생률과 달리 합계 출산율은 성비 및 연령 구조에 따른 출산 수준의 차이를 표준화할 수 있는 장점이 있습니다. 예를 들어, 이스라엘의 합계 출산율은 3.0인 반면 남아프리카공화국은 2.5 가량입니다. 하지만 조출생률은 거의 비슷하지요. 이것은 남아프리카공화국의 경우 전체 인구 대비 젊은 여성의 비율이 이스라엘보다 높기 때문입니다.

─────────〈보 기〉─────────

ㄱ. 조출생률을 계산할 때는 전체 인구 대비 여성의 비율은 고려하지 않는다.

ㄴ. 두 나라가 인구수와 조출생률에 차이가 없다면 각 나라의 합계 출산율에는 차이가 없다.

ㄷ. 합계 출산율은 한 명의 여성이 일생 동안 출산한 출생아의 수를 집계한 자료를 바탕으로 산출한다.

① ㄱ
② ㄴ
③ ㄱ, ㄷ
④ ㄴ, ㄷ
⑤ ㄱ, ㄴ, ㄷ

※ 다음 글을 읽고 물음에 답하시오. [21~22]

> 미국의 일부 주에서 판사는 형량을 결정하거나 가석방을 허가하는 판단의 보조 자료로 양형 보조 프로그램 X를 활용한다. X는 유죄가 선고된 범죄자를 대상으로 그 사람의 재범 확률을 추정하여 그 결과를 최저 위험군을 뜻하는 1에서 최고 위험군을 뜻하는 10까지의 위험 지수로 평가한다.
>
> 2016년 A는 X를 활용하는 플로리다 주 법정에서 선고받았던 7천여 명의 초범들을 대상으로 X의 예측 결과와 석방 후 2년간의 실제 재범 여부를 조사했다. 이 조사 결과를 토대로 한 ⊙ A의 주장은 X가 흑인과 백인을 차별한다는 것이다. 첫째 근거는 백인의 경우 위험 지수 1로 평가된 사람이 가장 많고 10까지 그 비율이 차츰 감소한 데 비하여 흑인의 위험 지수는 1부터 10까지 고르게 분포되었다는 관찰 결과이다. 즉 고위험군으로 분류된 사람의 비율이 백인보다 흑인이 더 크다는 것이었다. 둘째 근거는 예측의 오류와 관련된 것이다. 2년 이내 재범을 ▨(가)▨ 사람 중에서 ▨(나)▨으로 잘못 분류되었던 사람의 비율은 흑인의 경우 45%인 반면 백인은 23%에 불과했고, 2년 이내 재범을 ▨(다)▨ 사람 중에서 ▨(라)▨으로 잘못 분류되었던 사람의 비율은 흑인의 경우 28%인 반면 백인은 48%로 훨씬 컸다. 종합하자면, 재범을 저지른 사람이든 그렇지 않은 사람이든, 흑인은 편파적으로 고위험군으로 분류된 반면 백인은 편파적으로 저위험군으로 분류된 것이다.
>
> X를 개발한 B는 A의 주장을 반박하는 논문을 발표하였다. B는 X의 목적이 재범 가능성에 대한 예측의 정확성을 높이는 것이며, 그 정확성에는 인종 간에 차이가 나타나지 않는다고 주장했다. B에 따르면, 예측의 정확성을 판단하는 데 있어 중요한 것은 고위험군으로 분류된 사람 중 2년 이내 재범을 저지른 사람의 비율과 저위험군으로 분류된 사람 중 2년 이내 재범을 저지르지 않은 사람의 비율이다. B는 전자의 비율이 백인 59%, 흑인 63%, 후자의 비율이 백인 71%, 흑인 65%라고 분석하고, 이 비율들은 인종 간에 유의미한 차이를 드러내지 않는다고 주장했다. 또 B는 X에 의해서 고위험군 혹은 저위험군으로 분류되기 이전의 흑인과 백인의 재범률, 즉 흑인의 기저재범률과 백인의 기저재범률 간에는 이미 상당한 차이가 있었으며, 이런 애초의 차이가 A가 언급한 예측의 오류 차이를 만들어 냈다고 설명한다. 결국 ⓒ B의 주장은 X가 편파적으로 흑인과 백인의 위험 지수를 평가하지 않는다는 것이다.
>
> 하지만 기저재범률의 차이로 인종 간 위험 지수의 차이를 설명하여, X가 인종차별적이라는 주장을 반박하는 것은 잘못이다. 기저재범률에는 미국 사회의 오래된 인종차별적 특징, 즉 흑인이 백인보다 범죄자가 되기 쉬운 사회 환경이 반영되어 있기 때문이다. 처음 범죄를 저질러서 재판을 받아야 하는 흑인을 생각해 보자. 그의 위험 지수를 판정할 때 사용되는 기저재범률은 그와 전혀 상관없는 다른 흑인들이 만들어 낸 것이다. 그런 기저재범률이 전혀 상관없는 사람의 형량이나 가석방 여부에 영향을 주는 것은 잘못이다. 더 나아가 이런 식으로 위험 지수를 평가받아 형량이 정해진 흑인들은 더 오랜 기간 교도소에 있게 될 것이며, 향후 재판받을 흑인들의 위험 지수를 더욱 높이는 결과를 가져오게 될 것이다. 따라서 ⓒ X의 지속적인 사용은 미국 사회의 인종차별을 고착화한다.

문 21. 위 글의 (가)~(라)에 들어갈 말을 적절하게 나열한 것은?

	(가)	(나)	(다)	(라)
①	저지르지 않은	고위험군	저지른	저위험군
②	저지르지 않은	고위험군	저지른	고위험군
③	저지르지 않은	저위험군	저지른	저위험군
④	저지른	고위험군	저지르지 않은	저위험군
⑤	저지른	저위험군	저지르지 않은	고위험군

문 22. 위 글의 ㉠~㉢에 대한 평가로 적절한 것만을 〈보기〉에서 모두 고르면?

〈보 기〉

ㄱ. 강력 범죄자 중 위험지수가 10으로 평가된 사람의 비율이 흑인과 백인 사이에 차이가 없다면, ㉠은 강화된다.

ㄴ. 흑인의 기저재범률이 높을수록 흑인에 대한 X의 재범 가능성 예측이 더 정확해진다면, ㉡은 약화된다.

ㄷ. X가 특정 범죄자의 재범률을 평가할 때 사용하는 기저재범률이 동종 범죄를 저지른 사람들로부터 얻은 것이라면, ㉢은 강화되지 않는다.

① ㄱ

② ㄷ

③ ㄱ, ㄴ

④ ㄴ, ㄷ

⑤ ㄱ, ㄴ, ㄷ

문 23. 다음 글의 빈칸에 들어갈 내용으로 가장 적절한 것은?

갑 : 안녕하십니까. 저는 시청 토목정책과에 근무합니다. 부정 청탁을 받은 때는 신고해야 한다고 들었습니다.

을 : 예, 「부정청탁 및 금품등 수수의 금지에 관한 법률」(이하 '청탁금지법')에서는, 공직자가 부정 청탁을 받았을 때는 명확히 거절 의사를 표현해야 하고, 그랬는데도 상대방이 이후에 다시 동일한 부정 청탁을 해 온다면 소속 기관의 장에게 신고해야 한다고 규정합니다.

갑 : '금품등'에는 접대와 같은 향응도 포함되지요?

을 : 물론이지요. 「청탁금지법」에 따르면, 공직자는 동일인으로부터 명목에 상관없이 1회 100만 원 혹은 매 회계연도에 300만 원을 초과하는 금품이나 접대를 받을 수 없습니다. 직무 관련성이 있는 경우에는 100만 원 이하라도 대가성 여부와 관계없이 처벌을 받습니다.

갑 : '동일인'이라 하셨는데, 여러 사람이 청탁을 하는 경우는 어떻게 되나요?

을 : 받는 사람을 기준으로 하여 따지게 됩니다. 한 공직자에게 여러 사람이 동일한 부정 청탁을 하며 금품을 제공하려 하였을 때에도 이들의 출처가 같다고 볼 수 있다면 '동일인'으로 해석됩니다. 또한 여러 행위가 계속성 또는 시간적·공간적 근접성이 있다고 판단되면, 합쳐서 1회로 간주될 수 있습니다.

갑 : 실은, 연초에 있었던 지역 축제 때 저를 포함한 우리 시청 직원 90명은 행사에 참여한다는 차원으로 장터에 들러 1인당 8천 원씩을 지불하고 식사를 했는데, 이후에 그 식사는 X 회사 사장인 A의 축제 후원금이 1인당 1만 2천 원씩 들어간 것이라는 사실을 알게 되었습니다. 이에 대하여는 결국 대가성 있는 접대도 아니고 직무 관련성도 없는 것으로 확정되었으며, 추가된 식사비도 축제 주최 측에 돌려주었습니다. 그리고 이달 초에는 Y 회사의 임원인 B가 관급 공사 입찰을 도와달라고 청탁하면서 100만 원을 건네려 하길래 거절한 적이 있습니다. 그런데 어제는 고교 동창인 C가 찾아와 X 회사 공장 부지의 용도 변경에 힘써 달라며 200만 원을 주려고 해서 단호히 거절하였습니다.

을 : 그러셨군요. 말씀하신 것을 바탕으로 설명드리겠습니다.

[   ]

① X 회사로부터 받은 접대는 시간적·공간적 근접성으로 보아 「청탁금지법」을 위반한 향응을 받은 것이 됩니다.

② Y 회사로부터 받은 제안의 내용은 「청탁금지법」상의 금품이라고는 할 수 없지만 향응에는 포함될 수 있습니다.

③ 「청탁금지법」상 A와 C는 동일인으로서 부정 청탁을 한 것이 됩니다.

④ 직무 관련성이 없다면 B와 C가 제시한 금액은 「청탁금지법」상의 허용 한도를 벗어나지 않습니다.

⑤ 현재는 「청탁금지법」상 C의 청탁을 신고할 의무가 생기지 않지만, C가 같은 청탁을 다시 한다면 신고해야 합니다.

문 24. 다음 글의 ㉠에 해당하는 내용으로 가장 적절한 것은?

A 시에 거주하면서 1세, 2세, 4세의 세 자녀를 기르는 갑은 육아를 위해 집에서 15km 떨어진 키즈 카페인 B 카페에 자주 방문한다. B 카페는 지역 유일의 키즈 카페라서 언제나 50여 구획의 주차장이 꽉 찰 정도로 성업 중이다. 최근 자동차를 교체하게 된 갑은 친환경 추세에 부응하여 전기차로 구매하였는데, B 카페는 전기차 충전 시설이 없었다. 세 자녀를 돌보느라 거주지에서의 자동차 충전 시기를 놓치는 때가 많은 갑은 이러한 불편함을 호소하며 B 카페에 전기차 충전 시설 설치를 요청하였다. 하지만 B 카페는, 충전 시설을 설치하고 싶지만 비용이 문제라서 A 시의 「환경 친화적 자동차의 보급 및 이용 활성화를 위한 조례」(이하 '조례')에 따른 지원금이라도 받아야 간신히 설치할 수 있는 상황인데, 아래의 조문에서 보듯이 B 카페는 그에 해당하지 않는다고 설명하였다.

「환경 친화적 자동차의 보급 및 이용 활성화를 위한 조례」
제9조(충전시설 설치대상) ① 주차단위구획 100개 이상을 갖춘 다음 각호의 시설은 전기자동차 충전시설을 설치하여야 한다.
1. 판매 · 운수 · 숙박 · 운동 · 위락 · 관광 · 휴게 · 문화시설
2. 500세대 이상의 아파트, 근린생활시설, 기숙사
② 시장은 제1항의 설치대상에 대하여는 설치비용의 반액을 지원하여야 한다.
③ 시장은 제1항의 설치대상에 해당하지 않는 사업장에 대하여도 전기자동차 충전시설의 설치를 권고할 수 있다.

갑은 영유아와 같이 보호가 필요한 이들이 많이 이용하는 키즈 카페 등과 같은 사업장에도 전기차 충전 시설의 설치를 지원해 줄 수 있는 근거를 조례에 마련해 달라는 민원을 제기하였다. 갑의 민원을 검토한 A 시 의회는 관련 규정의 보완이 필요하다고 인정하여, ㉠ 조례 제9조를 개정하였고, B 카페는 이에 근거한 지원금을 받아 전기차 충전 시설을 설치하게 되었다.

① 제1항 제3호로 "다중이용시설(극장, 음식점, 카페, 주점 등 불특정다수인이 이용하는 시설을 말한다)"을 신설

② 제1항 제3호로 "교통약자(장애인 · 고령자 · 임산부 · 영유아를 동반한 사람, 어린이 등 일상생활에서 이동에 불편을 느끼는 사람을 말한다)를 위한 시설"을 신설

③ 제4항으로 "시장은 제2항에 따른 지원을 할 때 교통약자(장애인 · 고령자 · 임산부 · 영유아를 동반한 사람, 어린이 등 일상생활에서 이동에 불편을 느끼는 사람을 말한다)를 위한 시설을 우선적으로 지원하여야 한다."를 신설

④ 제4항으로 "시장은 제3항의 권고를 받아들이는 사업장에 대하여는 설치비용의 60퍼센트를 지원하여야 한다."를 신설

⑤ 제4항으로 "시장은 전기자동차 충전시설의 의무 설치대상으로서 조기 설치를 희망하는 사업장에는 설치 비용의 전액을 지원할 수 있다."를 신설

문 25. 다음 글의 〈논쟁〉에 대한 분석으로 적절한 것만을 〈보기〉에서 모두 고르면?

갑과 을은 「위원회의 운영에 관한 규정」 제8조에 대한 해석을 놓고 논쟁하고 있다. 그 조문은 다음과 같다.

제8조(위원장 및 위원) ① 위원장은 위촉된 위원들 중에서 투표로 선출한다.
② 위원장과 위원은 한 차례만 연임할 수 있다.
③ 위원장의 사임 등으로 보선된 위원장의 임기는 전임 위원장 임기의 남은 기간으로 한다.

〈논 쟁〉

쟁점 1 : A는 위원을 한 차례 연임하던 중 그 임기의 마지막 해에 위원장으로 선출되어, 2년에 걸쳐 위원장으로 활동하고 있다. 이에 대해, 갑은 A가 규정을 어기고 있다고 주장하지만, 을은 그렇지 않다고 주장한다.

쟁점 2 : B가 위원장을 한 차례 연임하여 활동하던 중에 연임될 때의 투표 절차가 적법하지 않다는 이유로 위원장의 직위가 해제되었는데, 이후의 보선에 B가 출마하였다. 이에 대해, 갑은 B가 선출되면 규정을 어기게 된다고 주장하지만, 을은 그렇지 않다고 주장한다.

쟁점 3 : C는 위원장을 한 차례 연임하였고, 다음 위원장으로 선출된 D는 임기 만료 직전에 사퇴하였는데, 이후의 보선에 C가 출마하였다. 이에 대해, 갑은 C가 선출되면 규정을 어기게 된다고 주장하지만, 을은 그렇지 않다고 주장한다.

〈보 기〉

ㄱ. 쟁점 1과 관련하여, 갑은 위원으로서의 임기가 종료되면 위원장으로서의 자격도 없는 것으로 생각하지만, 을은 위원장이 되는 경우에는 그 임기나 연임 제한이 새롭게 산정된다고 생각하기 때문이라고 하면, 갑과 을 사이의 주장 불일치를 설명할 수 있다.

ㄴ. 쟁점 2와 관련하여, 갑은 위원장이 부적법한 절차로 당선되었더라도 그것이 연임 횟수에 포함된다고 생각하지만, 을은 그렇지 않다고 생각하기 때문이라고 하면, 갑과 을 사이의 주장 불일치를 설명할 수 있다.

ㄷ. 쟁점 3과 관련하여, 위원장 연임 제한의 의미가 '단절되는 일 없이 세 차례 연속하여 위원장이 되는 것만을 막는다'는 것으로 확정된다면, 갑의 주장은 옳고, 을의 주장은 그르다.

① ㄱ
② ㄷ
③ ㄱ, ㄴ
④ ㄴ, ㄷ
⑤ ㄱ, ㄴ, ㄷ

2022 | 5급 PSAT 언어논리 기출문제

01	02	03	04	05	06	07	08	09	10
②	④	①	②	⑤	⑤	③	④	②	⑤
11	12	13	14	15	16	17	18	19	20
⑤	⑤	④	①	③	②	③	③	③	①
21	22	23	24	25	26	27	28	29	30
①	⑤	①	①	④	③	①	④	④	⑤
31	32	33	34	35	36	37	38	39	40
②	③	④	②	⑤	④	③	④	④	③

01

답 ②

난도 ★

정답해설

② 호포론이나 구포론은 대변통으로, 신분에 관계없이 군포를 부과하여 양반층이 강력히 저항하였다. 그러나 감필결포론은 소변통으로, 상민이 부담해야 하는 군포를 2필에서 1필로 감축하고, 그 감소분에 대해서만 양반에게 군포를 부과하는 것을 말하며, 양반이 일정 정도 긍정적 반응을 보였다.

오답해설

① 구포론은 귀천을 막론하고 16세 이상의 모든 남녀에게 군포를 거두자는 것이고, 결포론은 경제 능력에 따라 군포를 징수하자는 것이다. 이를 통해 양인의 군포 부담이 구포론보다 결포론에서 더 크다는 사실은 알 수 없다.

③ 균역법은 감필결포론을 제도화한 것으로, 양반은 재정 결손을 보충하기 위해 지배층으로서 양보의 측면에서 군포를 부담하였으므로 면세 특권이 폐지된 것은 아니다.

④ 결포론은 경제 능력에 따라 군포를 부과하여 공평한 조세 부담의 이상에 가장 가까운 방안이었다고 할 수 있지만, 호포론은 가호의 등급을 적용한다고 하더라도 가호마다 부담이 균등할 수 없다는 문제가 존재하였다.

⑤ 호포론은 식구 수에 따라 가호의 등급을 나누고 그 등급에 따라 군포를 부과하자는 주장으로, 연령과는 무관하다.

🔷 합격생 가이드

전형적인 일치부합 문제이므로 빠르게 해결하여 시간을 아낄 수 있도록 하여야 한다. 대변통과 소변통에 각각 어떠한 제도가 있는지 지문 옆에 메모를 하며 문제를 풀었다면 실수 없이 빠르게 답을 확인하고 넘어갈 수 있다. 특히 ②가 정답이었으므로, 그 뒤의 선지는 확인하지 않고 넘어가는 융통성이 필요하다.

02

답 ④

난도 ★★

정답해설

④ 건축 재료 값을 관청에서 선불로 지급하고 납품받는 방식인 선혜청의 원공은 1768년(18세기)에 폐지되었다. 18세기에는 조세선보다는 군선과 개인이 소유한 사선의 비중이 커졌지만, 원거리 운송은 조세선이 담당하였다.

오답해설

① 선혜청 또는 도감에 목재를 납품하는 것에 대한 상대적인 수익은 비교할 수 없다.

② 영역부장은 관영 공사에 필요한 건축 재료를 구하고 운송하는 책임을 지고 있었는데, 1789년 패장이 설치되면서 이를 대신하게 되었다. 제시문에서 영역부장이 폐지되었다는 내용은 확인할 수 없다.

③ 관영 공사에 필요한 건축 재료를 운송하는 책임은 영역부장에게 있었지만, 1789년 패장이 설치되면서 관영 공사에 사용하기 위해 구입한 재료를 운송하는 책임을 맡게 되었다.

⑤ 17세기에 관영 공사에 필요한 재료는 도감에서 직접 구하거나 나라에 물자를 납품하는 공인(전인, 도고 상인)으로부터 구할 수 있었다.

🔷 합격생 가이드

언어논리에서 1~2번이나 21~22번에 의도적으로 정보가 많고 빨리 풀리지 않는 문제를 넣는 경우가 많다. 따라서 시험 시작부터 문제가 풀리지 않는 것에 대해 패닉하지 않아야 한다. 또한 일치부합형 문제에서는 문단을 넘나들며 정보를 조합하여 옳고 그름을 판단하는 것이 중요한 만큼 도고 상인, 조세선, 영역부장 등의 키워드가 어떤 역할을 하는지 밑줄을 긋거나 메모를 해가며 읽는 것이 좋다.

03

답 ①

난도 ★

정답해설

① 수치심을 느끼는 사람은 자신의 잘못을 은폐하거나 회피하려고 하며, 부정적인 자신을 향해 심리적 공격의 방향을 맞추려 한다. 반면, 죄책감을 느끼는 사람은 자신이 한 부정적인 행위에 심리적 공격의 방향을 맞춘다. 따라서 수치심을 느끼는 사람이 죄책감을 느끼는 사람보다 자기 평가에서 부정하는 범위가 넓다.

오답해설

② 3문단에 따르면, 자의식적이고 자기 평가적인 감정들인 수치심과 죄책감은 심리적 방어기제가 서로 다르다.

③ 2문단에 따르면, 죄책감의 경우 자신과 자신의 부정적 행위를 분리하지만, 수치심은 그렇지 않다.

④ 수치심을 느낀 사람은 부정적 상황에서 심리적 충격을 크게 받지만, 심리적 충격을 크게 받는 성향의 사람이 수치심을 느끼기 쉽다고 판단할 수 없다.

⑤ 1문단에서 내면화된 규범에 대한 내용만 확인할 수 있을 뿐, 외부의 규범에 대한 내용은 없다.

합격생 가이드

죄책감과 수치심, 2개의 키워드가 상반되어 설명되는 지문이므로 공통점과 차이점을 명확하게 숙지하고 선지를 확인하여야 한다.

04

답 ②

난도 ★

정답해설

② 마지막 문단에서 이산화 방법을 달리하는 예시로 현대 디지털 통신 체계와 같은 이진법을 제시하였다. 이진법으로 다섯 자리의 숫자는 최대 2^5가지, 총 32가지의 정보를 전송할 수 있다.

오답해설

① 변조는 부호화된 정보를 전송 매체의 성질에 맞는 형태로 바꾸는 과정을 말한다. 3문단의 마지막 문장을 보면, 봉수의 신호 전송 체계에서 이산화된 수만큼 아궁이에 불을 지피는 것이 변조 과정이라고 설명하고 있다.

③ 봉수 수신 지점에서는 송신측에서 보낸 정보를 정해진 규약에 따라 복원해 낸다. 따라서 봉수 부호화 규칙을 알지 못한다면 수신자는 올바른 정보를 복원할 수 없다.

④ 봉수는 낮에는 연기, 밤에는 불빛을 이용한다.

⑤ 3문단에 따르면, 연기가 두 곳에서 피어오른 봉수 신호는 '적이 출현했음'을 의미한다.

합격생 가이드

모의고사 등으로 접해본 익숙한 주제의 지문이기 때문에 신속하게 내용을 이해할 수 있어야 한다. 쉬운 일치부합형 문제를 빠르게 푸는 것이 고득점의 길이기도 하다. ②에서는 약간의 수학적 지식이 필요하였으나 어려운 정도는 아니라고 판단된다.

05

답 ⑤

난도 ★

정답해설

⑤ 글의 논지는 지식에 대한 상대주의자들의 주장을 반박하는 것이다. 상대주의자들은 서로 다른 문화권의 과학자들이 이론적 합의에 합리적으로 이를 수 없다고 주장한다. 하지만 3문단에서는 한 사람이 특정 문화의 기준을 채택한다고 그 사람이 반드시 그 문화의 특정 사상이나 이론을 고집하는 것은 아니라고 주장한다. 따라서 문화마다 다른 평가 기준을 따르더라도 자기 문화에서 형성된 과학 이론만을 수용하는 것은 아니라는 것이 핵심 논지이다.

오답해설

① 3문단에 따르면, 과학 이론 중에는 다양한 문화의 평가 기준을 만족하는 것이 있다. 하지만 이 글의 핵심 논지라기 보다는 논지를 뒷받침하는 근거에 해당한다.

② 과학의 발전 과정에서 이론 선택은 문화의 상대적인 기준에 따른다는 것은 글의 핵심 논지가 아니다.

③ 과학자들이 당대의 다른 이론보다 탁월한 이론에 대한 평가를 자기 문화의 기준으로 하지 않는다는 것은 핵심 논지와 무관하다.

④ 과학의 발전 과정에서 예측 가능성과 실용성을 판단하는 기준이 항상 고정된 것이 아니라는 것은 핵심 논지와 무관하다.

합격생 가이드

핵심 논지를 판단하는 문제에서는 글의 전체적인 주장만 파악하면 되고, 일치부합형 문제에서 요구하는 정도의 세세한 선지 근거는 찾을 필요가 없다. 실제로 이 문제에서도 글의 논지는 상대주의자들을 반박하는 것이므로 이에 해당하는 선지를 빠르게 선택하고 다음 문제로 넘어가야 한다.

06

답 ⑤

난도 ★

정답해설

⑤ ⑩에는 서술어 대신 주어 '영미'에 초점이 놓이는 주격조사의 용법 예시가 들어가야 한다. '은/는'을 활용하면 "영미는 노래를 잘 한다."에서 서술어 '노래를 잘 한다.'에 초점이 놓인다. 따라서 "영미가 노래를 잘 한다."가 들어가야 한다.

오답해설

① ㉠에는 '은/는'의 의미가 주어가 아닌 자리에서 사용되고, 그 의미가 비교적 선명하게 드러나는 예시가 들어가야 한다. "그 작가는 원고를 만년필로는 쓰지 않는다."는 적절한 예시이다.

② ㉡에는 '은/는'이 주어의 자리에서 사용되고, 대조의 의미로 활용된 예시가 들어가야 한다. 해당 예시는 소나무와 낙엽송의 대조가 드러나므로 적절하다.

③ ㉢에는 어떤 특별한 의미를 대표할 필요가 없는 경우에 "바람은 분다."보다는 "바람이 분다."라고 해야 한다는 의미이므로 적절하다.

④ ㉣에는 '알려진 정보'의 관점에서 '은/는'의 용법 예시가 들어가야 한다. 따라서 "그 사람이 결국 시험에 합격하였다."보다는 "그 사람은 결국 시험에 합격하였다."가 어색하지 않을 것이므로 적절하다.

합격생 가이드

빈칸에 문맥상 적절한 문장을 넣는 문제에서는 글을 이해하면서 차례대로 읽어 내려가야 한다. 이러한 유형의 문제 역시 시간을 아낄 수 있는 문제라고 판단한다.

07

답 ③

난도 ★

정답해설

㉠ : 2문단에 따르면 느슨하게 정의된 고유어에는 한자어에서 차용한 낱말들이 있다. 이러한 낱말들 중 벼락, 사랑, 썰매 같은 낱말들은 한자어를 사용하다가 형태가 변한 것들이다. 따라서 ㉠에는 "본디 한자어였던 것이 형태가 바뀌어 한자 표기를 할 수 없게 된 것이다"가 적절하다.

㉡ : 3문단에 따르면 한자어에는 중국에서 차용한 말들 이외에 일본에서 수입되거나 우리나라에서 만들어진 한자어도 있다. 따라서 ㉡에는 "한자어가 한자로 표기된다고 해서 모두 중국에서 유래된 것은 아니다"가 적절하다.

합격생 가이드

빈칸에 적절한 문장을 넣는 문제이므로 글의 이해가 가장 중요하다. 또한 빈칸의 앞뒤 문장을 주의 깊게 살펴보아 빈칸에서 요구되는 논리상 연결 고리나 문맥상 적절한 예시가 선지에 있는지 찾아야 한다.

08　답 ④

난도 ★★

정답해설

ㄴ. 3문단에 따르면, 다섯벌식 타자기의 경우 모음 글쇠는 받침이 있을 때 쓰는 모음 한 벌과 받침이 없을 때 쓰는 모음 한 벌로 나뉜다. 따라서 '밤'은 받침이 있고, '나'는 받침이 없으므로 사용하는 모음 글쇠가 서로 다르다.

ㄷ. 3문단에 따르면, 다섯벌식 타자기의 경우 가로로 긴 모음과 어울려 쓰는 초성 자음 글쇠와 종성 자음 글쇠는 서로 다르다. 이는 네벌식 타자기에서도 동일하게 활용된다.

오답해설

ㄱ. 한글은 영문과 달리 자음과 모음을 조합하여 한 음절로 모아쓰는 문자이므로 타자기가 자음이나 모음을 찍을 때마다 종이가 움직인다면 받침을 제자리에 찍을 수 없다. 따라서 받침이 있는 글자의 모음에 대한 글쇠의 경우, 자음이나 모음이 찍혀도 종이가 움직이지 않는 안움직글쇠여야 한다.

◈ 합격생 가이드

한글 타자기가 영문 타자기와 왜 다른 구조를 보이는지에 대한 이해가 중요하였다. 이후에는 다섯벌식 타자기와 네벌식 타자기의 구조를 비교하여 선지에 대입한다면 실수 없는 풀이가 가능하다. 예를 들어 다섯벌식 타자기에 활용된 5개의 서로 다른 글쇠가 어떻게 활용되는지 번호를 매겨가며 풀이할 수 있다.

09　답 ②

난도 ★★

정답해설

지문의 내용을 정리하면 다음과 같다.

1) ~셀카 → ~저작권 대상
2) 셀카 → 의도∧능력
3) 나루토 → ~자아
4) 결론 : 나루토의 사진 → ~저작권의 대상

1)과 2)를 종합하면 '~(의도∧능력) → ~셀카 → ~저작권의 대상'이다. 따라서 추가해야 할 전제는 3)과 연계하여 '~자아 → ~(의도∧능력)'이다.

②의 대우는 '~자아 → ~의도'이므로 추가하여야 할 전제로 적절하다. 이를 통해 나루토는 자아가 없으므로 의도를 가지지 않고, 나루토의 사진은 셀카카 아니므로 저작권이 없다는 결론이 도출된다.

◈ 합격생 가이드

추가해야 할 전제를 찾는 문제를 푸는 방법은 크게 두 가지이다. 첫 번째는 정석적으로 논리 구조를 명확히 나타낸 이후에 빠진 논리를 생각해보는 것이다. 위 해설이 이와 같은 방식이다. 두 번째는 대입법으로 모든 선지를 전제로 생각하여 논리에 대입해본다. 경우에 따라 후자가 더 빨리 문제를 해결하는 경우도 있다.

10　답 ⑤

난도 ★★

정답해설

지문의 조건을 정리하면 다음과 같다.

- 갑1 : (~A → C)∧(~B → D)
- 갑2 : ~C∧~D
- 을2 : 갑1, 2의 전제는 ㉠이다.
  ㉠은 걱정할 필요가 없다.
- 을3 : 왜냐하면 ~E∧~F → A∧B
- 병2 : ~E∧~F
- 갑3 : F(필수 사용)
- 을5 : ㉡이어도 을3은 참이다.
- 갑4 : ~G

㉠에 필요한 조건은 A와 B 둘 중 하나는 반드시 사용해야 한다는 것이다. 따라서 ㉠에는 '~A∨~B'가 적절하다. ㉡에는 F∧~G이더라도 A와 B 약품을 사용할 수 있는 명제가 들어가야 한다. 따라서 ㉡에는 'F∧~G → A∧B'가 적절하다.

◈ 합격생 가이드

전형적인 퀴즈형 형식논리 문제는 아니지만 형식논리를 활용하여 전제와 결론을 도출하는 문제이다. 대화 형식으로 문제가 출제되었기 때문에 논증을 차례로 읽으며 빠진 전제나 결론을 유추하는 것이 좋다. '걱정할 필요 없다'라는 말이 반복되고 있는데, 이를 논리적으로 융통성 있게 해석하면 될 것이다. 예를 들어 을2의 '걱정할 필요가 없다'는 '거짓이다'로 해석하여도 무방하다.

11　답 ⑤

난도 ★★

정답해설

지문의 조건을 정리하면 다음과 같다.

1) 성적, 봉사, 외국어, 윤리, 체험 5개 영역 중 2개 영역(이하 '장학금 영역')은 동창회 장학금과 재단 장학금 수혜자를 선정할 때 고려하는 영역이다.
2) 2개의 장학금 영역 중 한 영역만 충족하면 동창회 장학금을 받는다.
3) 2개의 장학금 영역을 동시에 충족할 시 재단 장학금을 받는다.

갑, 을, 병의 각 영역 충족 여부를 파악하면 다음과 같다.

구분	성적	봉사	외국어	윤리	체험	(장학금)
갑	○	×	×			~동창회
을	×	○	○	○	○	~재단
병	○			○		동창회

먼저, 을은 성적 기준만 충족하지 못하였음에도 재단 장학금을 받지 못한 것으로 보아, 성적 영역은 2개의 장학금 영역 중 하나이다. 다음으로 갑을 보면, 2개의 장학금 영역 중 하나인 성적 기준을 충족하였음에도 동창회 장학금을 받지 않았다는 것을 볼 때, 갑은 재단 장학금을 받았으며 윤리 또는 체험 영역이 2개의 장학금 영역 중 하나인 것을 알 수 있다. 마지막으로 병을 통해 체험 영역이 2개의 장학금 영역 중 하나인 것을 알 수 있다. 따라서 2개의 장학금 영역은 성적, 체험 영역이다.

ㄱ. 성적 영역 기준만 충족한 행복대학교 학생은 2개의 장학금 영역 중 한 개만 충족한 것이므로 동창회 장학금 수혜자가 된다.

ㄴ. 체험 영역 기준을 충족하지 못하였다면 장학금 영역 2개 모두를 충족한 것이 아니기 때문에 재단 장학금 수혜자는 될 수 없다.

ㄷ. 봉사 영역과 외국어 영역만을 충족하였다면 어떤 장학금 영역도 충족하지 못한 것이므로 장학금을 받지 못한다.

각 학생이 어떠한 영역에서 기준을 충족하였는지 파악하기 위해 표를 그리는 것이 좋다. 또한 갑 학생의 경우 동창회 장학금 수혜자가 아니라고 하여 재단 장학금 수혜자도 아닐 것이라고 판단하지 않도록 유의하여야 한다.

12

답 ⑤

난도 ★★

정답해설

제시된 조건을 정리하면 다음과 같다.

1) 도시 : 두 명 이하의 수습 사무관 배치
2) 수습 사무관 : 한 개 도시 이하에 배치
3) 갑A → ~을C
4) ~갑B
5) 을=병
6) 병B → ~갑D
7) D=1명 배치

제시된 조건을 바탕으로 표를 그리면 다음과 같다.

구분	A	B	C	D(1명)
갑		×		
을(=병)				×
병(=을)				×
정				

⑤ 선지를 거짓으로 치환한 후, 모순이 발생하면 해당 선지는 참이다. 따라서 '~정D → ~을B'의 거짓인 '~정D∧을B'인 경우를 살펴보면 다음과 같다. 5)에 따라 '을B'이므로 '병B'이며, 6)에 따라 '~갑D'이다. 또한 7)과 2)에 따라 D시에 아무도 배치되지 않는 모순이 발생한다.

구분	A	B	C	D(1명)
갑		×		×(모순)
을(=병)		○		×
병(=을)		○		×
정				×

오답해설

① '갑C∧~병A'일 때 모순이 발생하지 않는다.
② '~을B∧~정D'일 때 모순이 발생하지 않는다.
③ '병C∧갑D'일 때 모순이 발생하지 않는다.
④ '정D∧~갑A'일 때 모순이 발생하지 않는다.

어떤 명제가 항상 참이기 위해서는 해당 명제가 거짓인 경우 모순이 발생하여야 한다. 이를 귀류법이라고 한다. 따라서 반드시 참인 것을 고르는 논리 퀴즈 문제에서 선지가 조건문인 경우, 귀류법을 활용하여 선지의 거짓에 모순이 발생하는지 파악하면 정확하게 문제를 풀 수 있다.

13

답 ④

난도 ★★

정답해설

ㄱ. ⓒ에 따르면 "신이 존재한다."가 무의미하다. ⓒ을 명제로 나타내면 '문장의 부정문이 의미 있음 → 그 문장은 의미가 있는 문장임'이다. ⓒ에 대우를 취하면 '무의미한 문장 → 문장의 부정문이 의미 없음'이다. 따라서 ⓒ과 ⓒ을 통해 "신이 존재한다."가 무의미한 문장이라면 그 문장의 부정문인 "신이 존재하지 않는다."가 무의미하다는 것을 도출할 수 있다.

ㄷ. ⓒ에 따르면 "신이 존재한다."가 무의미하다. '의미가 없는 문장은 참인지 거짓인지 알 수 없다.'라는 전제가 추가된다면 "신이 존재한다."라는 문장은 참인지 거짓인지 알 수 없다는 것이 도출될 것이다. 이는 ⓔ을 의미하므로 적절하다.

오답해설

ㄴ. ⓒ의 부정은 "신이 존재한다."가 의미가 있다는 것이다. 1문단의 철학자 A에 의미가 있는 문장은 참, 거짓을 판단할 수 있다. 이에 따르면 "신이 존재한다."가 의미가 있다면 "신이 존재한다."라는 진술은 참이거나, 거짓이다. 최소한 이를 판단할 수 있다. 따라서 ㉠, ⓔ 중 적어도 하나가 도출된다고 할 수 없다. 반례로 ⓒ의 부정으로부터 "신이 존재한다."가 거짓이라는 것이 도출될 수 있다.

㉠~ⓔ과 같이 한 문장에 밑줄을 치고, 논증의 참, 거짓을 판별하는 문제에서는 해당 문장만 보고서도 문제를 풀 수 있는 경우가 많다. ㄱ의 경우 지문의 1문단 등을 읽지 않고도 풀 수 있으므로, 이를 통해 시간을 단축하도록 한다.

14

답 ①

난도 ★★★

정답해설

실험 그룹별 접근 가능한 씨앗 포식자 종류를 나타내면 다음과 같다.

그룹1 : 대형 포유류, 소형 포유류, 곤충, 진균류
그룹2 : 소형 포유류, 곤충, 진균류
그룹3 : 곤충, 진균류
그룹4 : 진균류
그룹5 : 곤충
그룹6 : 없음

실험 결과 : 발아율은 1~5그룹에서 차이가 없었으며, 6그룹에서는 다른 그룹에 비해 현저히 낮음

① 1문단에 따르면 발아율은 씨앗 포식의 정도를 알려주는 지표이다. 1~5그룹에서 발아율 차이가 없었다는 것은 포식자의 종류가 바뀌는 것과 관계없이 절대적인 씨앗 포식의 양은 거의 변화지 않았다는 것이다. 예를 들어 그룹3과 그룹4를 비교할 때, 곤충과 진균류가 포식자일 때, 곤충이 포식자에서 제외된다면, 그만큼 진균류의 포식 정도가 늘어나서 전체 씨앗 포식량은 변화하지 않는다.

오답해설

② 남은 씨앗 포식자의 씨앗 포식량이 변화해야 전체 포식량이 일정하게 유지된다.

③ 포유류가 사라져도 전체 포식량이 변화하지 않았다.

④ 그룹1과 그룹2를 비교할 때 포식자의 종류가 늘어나면 기존 포식자의 씨앗 포식량이 변화하는지 알 수 없다. 예를 들어 그룹2에서 소형 포유류가 7%, 그룹1에서도 소형 포유류가 7%의 포식량을 차지했다면 변화하지 않았다고 할 수 있다.

⑤ 그룹6의 경우에 포식자가 아예 없는 경우 발아율이 낮아졌다.

◆ 합격생 가이드

그룹1~그룹6의 차이점이 무엇인지 파악하고, 발아율이 포식량과 상관관계가 있다는 것을 이해하여야 한다. ④를 소거하기 까다로웠으나, 반례를 적절히 생각해본다면 어렵지 않게 풀 수 있다.

15　　　답 ③

난도 ★★

정답해설

ㄱ. ㉠이 맞다면 대상자와 관련된 이해관계가 중요할수록 평가자는 대상자에게 더 엄격한 기준을 적용하게 된다. 희수보다 이해관계가 큰 서현의 필요 검토 횟수를 현저히 많이 부과하였다면, 즉 m이 n보다 훨씬 더 작다면 ㉠이 강화된다.

ㄷ. 서현이 이 과목에서 받을 학점과 상관없이 장학금을 받게 된다면 대상자인 서현과 관련된 이해관계가 더 이상 중요해지지 않는다. 그렇게 사례2의 내용을 변경하더라도 n에 변화가 없다면 이해관계가 중요할수록 평가자가 대상자에게 더 엄격한 기준을 적용한다는 ㉠은 약화된다.

오답해설

ㄴ. 평가자의 이해관계가 아닌 대상자의 이해관계가 문제된다.

◆ 합격생 가이드

문제에서 제시된 주장이 비교적 명확하고, 이를 강화하는 사례나 약화하는 사례가 선지로 구성되어 강화·약화 문제 중 쉬운 난이도에 해당한다. 더군다나 '강화된다' 또는 '약화된다' 식의 단정적인 선지가 제시되어 '강화하지 않는다' 등의 선지보다 풀이가 수월하였을 것이다. 지문에서 제시된 '대상자와의 이해관계'라는 개념이 혼동되지 않도록 유의하여야 한다.

16　　　답 ②

난도 ★★

정답해설

ㄴ. B는 동일한 고통의 양을 부과하는 형벌로 정의를 달성할 수 있다고 본다. 만약 그 고통의 양을 측정하기 어렵다면 B는 약화된다. C는 형벌이 고통의 양에 의존할 필요가 없다고 본다. 따라서 C는 약화되지 않는다.

오답해설

ㄱ. A는 범죄와 정확히 동일한 유형의 행위로 처벌하여야 한다고 보아 이를 정의롭다고 판단할 것이다. B는 이 명제에 동의하지 않는 것은 아니다. 왜냐하면 B는 A의 기본적 관점을 수용하였으며, 동일한 정도의 고통의 양을 부과하는 형벌로도 정의를 달성할 수 있다고 보았기 때문이다.

ㄷ. C의 경우에는 고통의 양에 의존할 필요는 없다고 보므로, 살인이 가장 큰 고통을 유발한다고 하여 사형제를 받아들이지는 않을 것이다.

◆ 합격생 가이드

구분되는 견해의 중심적인 주장을 파악하여야 한다. ㄱ을 판단할 때 B는 A의 기본적인 입장을 수용하면서 A에 대한 비판을 보완하는 식으로 주장을 펼친다는 것을 이해하여야 한다.

17　　　답 ②

난도 ★★

정답해설

ㄴ. 을의 주장에 따르면 도덕 상대주의가 맞다면 다른 사회의 관습을 평가할 수 없고 침묵해야 한다. 결국 도덕 상대주의는 도덕 절대주의를 수용해야 하는 역설에 빠진다. 따라서 도덕 상대주의는 옳지 않다는 것이다. 우월한 도덕 체계와 열등한 도덕 체계를 객관적으로 구분할 수 있다는 사실은 을의 주장과 무관하거나 최소한 약화하지 않는다.

오답해설

ㄱ. 갑의 주장은 에스키모와 로마인의 관습상 차이는 하나의 도덕 원리가 각기 다른 상황에 적용되어 서로 다른 관습을 나타낸 것이라고 본다. 만약 두 사회의 관습이 같다면 그 사회들의 도덕원리가 같다는 것이 사실이라도 갑의 주장은 약화되지 않는다.

ㄷ. 병의 주장은 도덕 상대주의를 받아들이면 사회 관습의 진보를 말할 수 없으므로 도덕 상대주의는 받아들일 수 없다는 것이다. 이때의 진보는 과거와 달라진 것만을 말하는 것이 아니라 더 낮거나 못하다고 말할 수 있는 것을 의미한다. 따라서 현재의 관습과 신념 체계가 과거의 것보다 퇴보한 사회가 있더라도 병의 주장은 강화되거나 최소한 약화되지는 않는다.

◆ 합격생 가이드

어떠한 주장을 약화하기 위해서는 논리적으로 해당 주장을 거짓으로 만들 수 있는 반례가 필요하다. 명제 'p→q'의 반례는 'p∧~q'인 것이다. 즉, p이면서 q가 아닌 것을 제시하는 경우 해당 주장을 약화한다고 말할 수 있다. ㄷ의 경우에도 병의 주장을 약화하기 위해서는 도덕 상대주의를 받아들이더라도 사회 관습의 진보를 말할 수 있는 사례를 제시하여야 한다.

18　　　답 ③

난도 ★★★

정답해설

ㄱ. ㉠ 가설을 정리하면 동물은 체중이 무거울수록 농축된 오줌을 생산한다. 가설에 따르면 돼지는 개보다 무거우므로 농축된 오줌을 생산하고, 어는점이 낮아야 할 것이다. 하지만 반대의 결과가 도출되므로 측정 결과는 ㉠을 약화한다.

ㄴ. ㉡ 가설을 정리하면 헨리 고리의 상대적 길이가 길수록 상대 수질 두께(RMT) 값이 높고 오줌 농도가 높다. 가설에 따르면 개보다 캥거루쥐의 RMT가 높으므로 농축된 오줌을 생산하고, 어는점이 낮아야 할 것이다. 이에 부합하는 결과가 도출되므로 측정 결과는 ㉡을 강화한다.

오답해설

ㄷ. ㉢ 가설을 정리하면 B의 비중(R)이 작을수록 오줌 농도가 높다. 캥거루쥐가 돼지보다 R이 낮고, 오줌의 어는점이 낮으므로 ㉢을 강화한다.

◆ 합격생 가이드

개념 간의 상관관계를 따로 메모해서 헷갈리지 않도록 한다. 예를 들어, 헨리 고리의 상대적 길이가 길수록 RMT 값은 크고, RMT 값이 클수록 ⓒ에 따른 오줌 농도는 높고, 어는점은 낮다.

19   답 ③

난도 ★★★

정답해설

③ 2문단에 따르면 더 많은 상황을 배제하는 메시지가 정보량이 더 많다. P가 배제하는 상황을 Q도 모두 배제한다면 Q가 적어도 P만큼 상황을 배제하는 것이고 이에 따라 Q의 정보량은 P의 정보량보다 적지 않을 것이다.

오답해설

① 1문단에 따르면 예측 불가능성이 작아질 때 정보량은 작아진다. Q가 제공하는 정보량이 P보다 많다면 예측 불가능성도 Q가 P보다 클 것이다.

② 3문단에 따르면 전제들이 모두 참이고 결론도 반드시 참이라면 항상 참인 진술의 정보량은 0이 된다. 이는 연역의 스캔들이라고 불린다.

④ 1문단에 따르면 P의 예측 불가능성이 완전히 사라진다면 P의 정보량은 0이 된다. 따라서 P의 정보량이 0보다 크기 위해서는 P의 예측 불가능성이 완전히 사라지지 않아야 한다.

⑤ 논리적으로 타당하지 않은 추론의 정보량도 0보다 클 수 있다. 3문단에 따르면 논리적으로 타당한 것이란 전제가 참일 때 결론도 반드시 참이라는 것이다. 반례를 들자면, 2문단에 제시된 예시를 활용하여 '언젠가 코로나 바이러스가 퇴치된다면, 코로나 바이러스가 한 달 내에 퇴치될 것'이라는 진술은 논리적으로 타당하지 않다. 하지만 정보량은 0보다 크다.

◆ 합격생 가이드

지문이 논리학적으로 이해하기 어려운 소재를 담고 있어 풀이가 쉽지 않았을 것이다. 또한 ③의 경우와 같이 배제하는 상황이라는 개념에서 착각이 발생할 수 있는 경우, 지문을 근거로 대입을 하며 풀이하면 좋다. 해설에서도 2문단의 경우에 직접 대입하여 더 많은 상황을 배제하는 메시지가 정보량이 더 많다는 것으로부터 Q가 P보다 많은 상황을 배제하는 것이고, Q의 정보량은 P의 정보량보다 적지 않다는 것을 보였다.

20   답 ①

난도 ★★★

정답해설

조건에 따르면 0보다 큰 정보량을 갖기 위해서는 그것이 참일 수 있어야 한다.

ㄱ. A는 지문에 따르면 항상 참이므로 정보량이 0이다. E는 조건에 따라 참일 수 없으므로 0보다 큰 정보량을 가지지 않는다.

오답해설

ㄴ. 전제가 B이고 결론이 C인 추론은 '적어도 손님 세 명이 온다면, 손님이 두 명 이상 올 것이다.'이다. 이 진술은 전제가 참이면 결론도 반드시 참이므로 논리적으로 타당하다. 3문단에 따르면 논리적으로 타당한 모든 추론의 정보량은 0이다. "D이면 A이다."라는 조건문은 '손님이 다섯 명 이하로 온다면, 적어도 손님 한 명이 오거나 아무도 오지 않을 것이다.'이다. 이 조건문 또한 반드시 참이므로 정보량이 0이다. 두 진술의 정보량은 0으로 같다.

ㄷ. "C이고 D이다."라는 진술은 '손님이 두 명 이상 온다면, 손님이 다섯 명 이하로 올 것이다.'이다. 정보량이 0보다 크므로 E의 정보량과 같지 않다.

◆ 합격생 가이드

ㄱ을 풀이할 때 A의 경우는 지문에 따라 반드시 참이므로 정보량이 0이고, E의 경우는 조건에 따라 정보량이 0보다 크지 않음을 찾아내는 것이 중요하다. 19~20번이나 39~40번과 같은 종합형 문제에서는 항상 지문에서의 내용을 전제로 출제되기 때문에 보기나 조건 외에도 지문을 항상 염두에 두어야 한다. ㄴ에서도 지문과 연계하여 논리적으로 타당한 진술의 정보량은 0이라는 것을 활용하였다.

21   답 ①

난도 ★★

정답해설

① 중국은 일본이 메이지 정부 이후로 대외 확장 의지를 표명하고 정한론, 청국 정벌책안 등에서 대륙 침략의 대상을 명확히 했다는 입장이며 이러한 대륙 침략 방침이 일본의 침략 정책으로 이어졌다고 보았다. 한국 역시 정한론에 메이지 정부의 대외 팽창 의도가 담겨 있으며 일본의 대한국 정책이 한결같이 대륙 침략의 방침하에 수행되었다고 본다.

오답해설

② 최근 일본의 근대화에 있어 팽창주의 · 침략주의가 필연이 아니었다는 견해가 대두되었지만, 이것이 침략 없이도 근대화된 대륙국가가 될 수 있었다고 보는 견해라고 보기는 어렵다.

③ 한국은 조선의 교린관계 고수는 빌미일 뿐, 일본의 정한론에 숨은 의도가 자국의 내란을 방지하기 위해 조선과 전쟁을 벌이고 이를 통해 대외 팽창을 꾀하려는 것이라고 본다.

④ 일본이 주권선으로 규정한 구역은 일본 영토이다.

⑤ 기존 일본은 조선으로의 팽창 정책이 기본 노선이었다. 언제부터 대륙 팽창을 기본 방침으로 삼았는지에 대해서는 류큐 분도 교섭 이후와 임오군란 이후로 견해가 나뉘어 있다고만 언급하고 있다.

◆ 합격생 가이드

기존 일본의 입장과 최근 일본의 입장, 중국과 한국의 입장 총 4개의 입장이 어떠한 논점에 대해서 각기 다른 주장을 펼치는지에 대해 발췌독하여 읽는다면 빠르게 문제를 해결할 수 있다.

22   답 ⑤

난도 ★★

정답해설

영조의 조치를 정리하면 다음과 같다.

구분	지휘자	파졸	산삼 허용
기존	파장	2명	6명
평안병사의 조치	파장	8명	0명
영조의 조치	파장	4명	4명

⑤ 평안병사는 영조 3년 3월에 부임하자마자 파수보에 배치된 인원 모두가 보를 떠나지 못하게 하였으므로, 영조 3년 5월에 파수보의 근무 인원은 총 9명(파장 1명, 파졸 8명)이었을 것이다. 영조 4년 5월에는 영조의 조치가 있어 총 5명(파장 1명, 파졸 4명)의 인원이 근무하고 있을 것이므로 1일 근무 인원 수는 줄어들었을 것이다.

오답해설

① 영조 2년(기존)보다 영조 4년(영조의 조치 이후) 파수보에 있는 시간이 더 늘기는 하였겠지만, 기존의 경우 파졸 2명이 어떠한 방식으로 교대하였는지 알 수 없으므로 파수보에 있는 시간은 계산할 수 없다. 2명씩 교대하여도 2배보다 클 것이다.
② 강계의 파수보에 배치된 파수는 평안도 백성 중 군역을 져야하는 사람들이 순번을 돌아가며 담당한다.
③ 채취된 산삼의 수량 증감 여부는 알 수 없다.
④ 파졸들의 최대 사망 원인은 알 수 없다.

◆ 합격생 가이드

시간순으로 서로 다른 제도가 도입된 문제라고 유형화할 수 있다. 이런 경우 표나 메모를 적극적으로 활용하여 평안병사의 조치 전후와 영조의 조치 이후 파수보의 근무형태를 정리하면 복잡한 지문을 간단히 정리할 수 있다.

---

23 답 ①

난도 ★

정답해설

① 2문단에 따르면 서양 도시의 젠트리피케이션 양상은 알 수 있지만, 21세기 이후 서양 도시를 특정하여 중간계급의 도심 지역 이주 현상을 설명하고 있지는 않다.

오답해설

② 3문단에 따르면 상업적 전치의 부정적 양상은 그 과정이 자발적이지 않고, 원주민의 불안 등이 조성될 수 있다.
③ 2문단에 따르면 서양 도시의 젠트리피케이션와는 달리 아시아 도시는 상권 전환이 급격하게 일어난다는 특징이 있다.
④ 2문단에 따르면 한국의 젠트리피케이션으로 인한 도시 변화 속도는 서양 도시보다 급격하다는 것을 알 수 있다. 서양의 젠트리피케이션은 점진적이다.
⑤ 1문단에 따르면 한국에서의 기존 장소 재창조 등은 인문 · 예술 분야의 종사자들이 그 장소에 터를 잡으며 새로운 미학과 감정을 부여하여 일어났다.

◆ 합격생 가이드

①에서 정답이 나온 경우, 정확하게 선지의 가부를 파악하였다는 전제하에 나머지 선지를 확인하지 않고 과감하게 넘어가 시간을 절약하여야 한다. 또한 소재가 한 번쯤 들어본 것일 경우, 지문의 이해가 어려운 편이 아니므로 시간을 절약할 수 있을 것이다.

---

24 답 ①

난도 ★

정답해설

① 1문단에 따르면 가짜 뉴스로 인해 인지부조화가 발생한 사람이라면 자신의 신념에 부합하지 않는 가짜 뉴스를 접한 사람이므로 2문단에 따를 때, 팩트체크에서 활용한 정보의 품질이 얼마나 우수한가보다는 정보의 출처가 얼마나 신뢰할 만하다고 생각하는지가 팩트체크의 효과에 더 영향을 미친다.

오답해설

② 2문단에 따르면 자신의 신념에 부합하지 않는 가짜 뉴스가 가짜라는 팩트체크 결과를 접하게 되면 이 자체로 인지부조화가 이를 통해 해소되며, 주로 정보의 출처가 팩트체크의 효과에 더 큰 영향을 미친다.

③ 2문단과 3문단에 따르면 가짜 뉴스가 자신의 신념에 부합하는 사람이 그렇지 않은 사람보다 정보의 품질을 더 중시한다.
④ 2문단에 따르면 자신의 신념에 부합하지 않는 가짜 뉴스에 대해 원래부터 해당 뉴스가 가짜일 것이라는 생각을 가졌을 것이므로 가짜임을 판명하는 팩트체크의 결과를 접하더라도 인지부조화가 크지 않다.
⑤ 가짜 뉴스가 자신의 신념에 부합하는지, 그렇지 않은지에 따라 달라진다.

---

25 답 ④

난도 ★★

정답해설

④ 가설 H1과 H2가 양립불가능하며, 관찰 결과 O가 가설 H1의 긍정적 증거이다. ⓔ을 "H1은 H2가 거짓이라는 것을 함축"으로 바꾸면 양립불가능하다는 가정에도 들어맞으며, O가 ∼H2의 긍정적 증거가 된다.

오답해설

① 'X는 1,000℃ 미만에서 붉은빛을 내며, 1,000℃ 이상에서는 푸른빛을 낸다.'와 'X는 1,000℃ 미만에서 붉은빛을 내며, 1,000℃ 이상에서는 푸른빛을 내지 않는다.'가 동시에 참일 수는 없다. 1,000℃ 이상일 때 푸른빛을 내면서, 내지 않아야 하기 때문이다. 하지만 동시에 거짓일 수는 있다. 따라서 기존의 ⊙이 적절하다.
② 2문단에 따르면 1문단 첫 번째 가설은 'X는 1,000℃ 미만에서 붉은빛을 내거나 푸른빛을 내지 않는다.'라는 가설을 함축한다. 따라서 관찰 결과는 해당 가설이 함축하는 다른 가설에도 긍정적인 것이다. 따라서 기존의 ⓒ이 적절하다.
③ ⓒ은 3문단에서 설명하는 '어떤 관찰 결과가 가설의 긍정적인 증거라면, 그 관찰 결과는 그 가설이 거짓이라는 것에 대한 부정적인 증거이다.'라는 진술 중 '그 가설의 거짓'을 의미한다. 따라서 기존의 ⓒ이 적절하다.
⑤ 3문단에 따르면 증거관계 제3성질에 의해 O는 H2가 거짓이 아니라는 것에 대한 부정적 증거이다. 따라서 기존의 ⓒ이 적절하다.

◆ 합격생 가이드

4문단의 적용례를 위의 문단에서 설명해온 방식에 그대로 대입하여 이해한다면 빠르게 문제 상황을 파악할 수 있다. 예를 들어, 4문단의 가설 H1은 1문단의 'X는 1,000℃ 미만에서 붉은빛을 내며, 1,000℃ 이상에서는 푸른빛을 낸다.'라는 가설과 대응된다.

---

26 답 ③

난도 ★★

정답해설

제시된 글에 따르면, 1부터 자연수 N 사이의 모든 자연수를 곱한 수 N!에 1을 더한 (N!＋1)은 2에서 N까지 어떤 소수로도 나누어떨어지지 않는다. (N!＋1)이 그보다 작은 소수 x로 나누어 떨어지는 경우에도 x는 N보다 크고 (N!＋1)보다는 작다. 따라서 (N!＋1)은 소수이거나, N보다 크고 (N!＋1)보다 작은 소수를 약수로 갖는다.

◆ 합격생 가이드

빈칸에 들어갈 말이 곧 이 글이 증명하고자 하는 중심문장이 된다는 사실을 유념한다. 즉, 빈칸 전후의 모든 문장은 빈칸을 뒷받침하는 근거이므로 글의 내용을 빠짐없이 설명할 수 있는 선지가 정답이 된다.

27 답 ①

난도 ★★★

정답해설

㉠ : 할인이 적절하다. 시간 자체에 대한 선호 여부와 상관없이 가치를 할인하거나 할증하는 경우를 설명한다. 예상치 못한 사고가 발생하여 큰돈이 지금 당장 필요하다면 미래보다 현재가 중요해지는 것이다. 따라서 미래가치의 할인을 선택할 수밖에 없다.

㉡ : 필요조건이 적절하다. 시간 자체에 대한 선호 여부와 상관없이 가치를 할인하거나 할증할 수도 있다는 말은 '할인→현재선호'임을 보인 것이다.

㉢ : 내릴이 적절하다. 현재선호가 있다면 1년 뒤보다 낮은 수준의 현재 금액을 1년 뒤와 동일하게 평가할 수 있다. 물가가 큰 폭으로 내릴 경우 미래 금액의 가치는 더 높아진다. 하지만 그럼에도 현재선호가 충분히 크다면 1년 뒤보다 낮은 수준의 현재 금액을 1년 뒤와 동일하게 평가할 수 있다.

㉣ : 오를이 적절하다. 물가가 오른다면 미래 금액의 가치는 낮아진다. 물가가 크게 오른다면 1년 뒤보다 낮은 수준의 현재금액이 1년 뒤와 동일하게 평가될 가능성이 낮아지고, 오히려 더 낮게 평가될 수 있다. 그렇다면 현재선호라기보다 오히려 미래선호가 될 수 있으므로 현재선호 때문일 가능성은 상대적으로 작아진다.

◈ 합격생 가이드

㉢, ㉣을 평가할 때 적절한 사례로 판단을 해볼 수 있다. ㉢의 예를 들어 현재선호가 있는 경우 미래의 100만 원을 현재 90만 원과 동일하게 평가할 수 있다. 물가가 내린다면 100만 원의 가치는 더 커짐에도 현재선호가 충분히 큼에도 1년 뒤보다 낮은 수준의 현재 금액을 1년 뒤와 동일하게 평가할 수 있다. ㉣의 경우에도 미래의 100만 원을 현재 90만 원과 동일하게 평가하고 있다고 생각해보자. 물가가 크게 올라 현재 살 수 있는 90만 원 어치의 물건을 미래에는 100만 원을 주고도 살 수 없게 된 경우가 있을 수 있다. 이때에는 1년 뒤보다 낮은 수준의 현재 금액(90만 원)을 1년 뒤와 동일하게 선호한다면 미래선호 때문이라고 할 수 있다.

28 답 ④

난도 ★★

정답해설

을이 D를 선택할 때 을이 느끼는 만족의 기댓값은 0.80이다. C, D 중 D를 선택한다는 것은 한식을 좋아하는 정도가 0.8보다는 작다는 것이다. E와 F는 동일하게 좋아한다는 것은 일식을 좋아하는 정도가 0.30이라는 것이다.

ㄴ. "양식을 먹을 확률이 0.5, 중식을 먹을 확률이 0.5인 추첨을 한다."라는 대안의 기댓값은 0.50이다. 따라서 무조건 일식을 먹는 만족 0.3보다 크므로 해당 대안을 선택한다.

ㄷ. 을의 음식 선호도가 바뀐다면 일식 선호도는 0.7, 한식 선호도는 0.2보다 작은 것이 된다. 따라서 을은 한식보다 일식을 더 좋아할 것이다.

오답해설

ㄱ. 한식을 좋아하는 정도는 0.8보다 작다. 이는 일식을 좋아하는 정도인 0.3보다도 작을 수 있다.

◈ 합격생 가이드

중식과 양식을 양 끝에 놓은 스펙트럼을 그려 만족의 기댓값을 표시하는 것이 풀이에 도움이 된다.

29 답 ③

난도 ★★

정답해설

제시된 논증을 정리하면 다음과 같다.

1) 용기 → 대담
2) 지혜 → 대담
3) ㅋ~지혜∧대담
4) ~지혜∧대담 → ~용기

ㄱ. 4)에 따르면 '용기 → 지혜∨~대담'이며, 1)에 따르면 '용기 → 대담'이므로 이를 종합하면 '용기 → 지혜'가 도출된다. 따라서 ㉠에 적절한 말은 "용기 있는 사람은 누구나 지혜롭다."이다.

ㄷ. 4)만 변경하여 '대담 → 용기'가 된다면 2)와 변경된 4)를 통하여 '지혜 → 대담 → 용기'를 도출할 수 있다. 따라서 세종대왕이 지혜로운 사람이라면 그가 용기 있는 사람이라고 추론할 수 있다.

오답해설

ㄴ. '지혜∧~용기'를 가정하여 1), 2), 3), 4)에 적용해보면 모순이 발생하지 않는다. 따라서 지혜롭기는 하지만 용기가 없는 사람이 있을 수 있다.

◈ 합격생 가이드

논증 속에서 논리 퀴즈와 같은 명제를 뽑아내는 것이 중요하다. 이때 서술어로 된 문장에서 논리적 기호를 빠짐없이 도출하여야 함에 유의한다.

30 답 ⑤

난도 ★★★

정답해설

제시된 조건을 정리하면 다음과 같다.

1) 갑, 을, 병 순으로 많은 수의 고서 소장
2) A, B, C, D, E=서양서 / F, G, H=동양서
3) B → D∧~C
4) E → F∧~G∧~H
5) G → ~(A∧B∧C∧D∧E)
6) H → 갑

⑤ D를 소장한 이가 F도 소장하고 있는 경우를 나타내면 다음과 같다.

- 갑이 D, F를 소장한 경우 : 6)에 따라 갑이 동양서 중 F, H를 소장하고 있으며, 5)에 따라 G를 소장한 사람은 서양서를 소장하지 않으므로 가장 적은 수의 고서를 소장하고 있는 병은 G만 소장한다. 4)에 따르면 '~F∨G∨H → ~E'이므로 E를 소장할 사람이 없어 모순이 발생한다.

- 을이 D, F를 소장한 경우 : 4), 5)에 따라 병이 G, 을이 D, E, F를 소장하였다고 하면, 갑이 A, B, C, H를 소장하여야 하는데 3)에 모순된다.

- 병이 D, F를 소장한 경우 : 1), 5)에 모순된다.

오답해설

① 갑이 A와 D를 소장한 경우 모순이 발생하지 않는다. 갑=(A, B, D, H), 을=(C, E, F), 병=(G)

② 을이 3권의 책을 소장한 경우 모순이 발생하지 않는다(①의 예).

③ 병이 G를 소장하고 있을 수 있다(①의 예).

④ 반드시 거짓이 아니다(①의 예).

◆ 합격생 가이드

'반드시 거짓인 것은?' 또는 '반드시 참인 것은?'이라는 논리퀴즈 문제가 있는 경우 모든 경우의 수를 나타내는 것보다 선지소거법과 귀류법을 적절히 활용하여 문제를 신속하게 해결하는 데 초점을 맞추어야 한다.

◆ 합격생 가이드

㉠~㉺으로 제시되는 논증 분석 문제는 ㉠~㉺으로 밑줄 친 해당 문장만을 읽고서도 논리적 풀이가 가능하다. 세세한 지문 독해보다 지문에 대한 전반적인 이해를 바탕으로 바로 선지의 가부를 판단하여야 시간을 절약할 수 있다.

31

답 ②

난도 ★★★

정답해설

문제의 진술을 정리하면 다음과 같다.
1) 경영진 개입 → A선정
2) B선정 → ~경영진 개입
3) A선정∨B선정(∨는 둘 중 하나임을 뜻함)
4) A선정 → ~대부분 직영
5) B선정 → 방역클린∨친환경
6) B=방역클린∧~친환경
② 4)에 따라 '대부분 직영 → ~A선정'이고, 3)에 따라 'B선정'이다. 5)와 6)에 따르면 'B선정 → 방역클린'이다. 따라서 갑의 매장은 모두 방역클린 매장이다.

오답해설

① '~경영진 개입∧~A선정'이 가능하다.
③ 갑의 매장 중 본사 직영점이고, 친환경 매장이 아닌 경우가 가능하다.
④ B가 우수매장으로 선정된 경우 6)에 따라 B는 방역클린 매장이지만 친환경 매장은 아니다.
⑤ B가 우수매장으로 선정된 경우 5), 6)에 따라 갑의 매장은 모두 방역클린 매장이다.

◆ 합격생 가이드

선지가 조건문으로 구성되어 있고 반드시 참인 것을 고르는 경우, 조건문의 부정을 통해 모순의 유무를 발견하는 귀류법을 활용할 수 있다. 또한 한 선지에서 가능한 경우가 있을 때, 그 사례를 다른 선지에 적용하면 모순의 발생 유무를 쉽게 파악할 수 있다.

32

답 ③

난도 ★★

정답해설

ㄱ. ㉠에 동의한다고 하여도 ㉡은 동의하지 않을 수 있다. 힘센 국가나 조직이 지구의 기상을 마음대로 조작하고 있더라도 온실 기체 때문에 지구온난화 현상이 일어나고 있다고 판단할 수 있다.
ㄷ. '무언가가 실제로 행해지고 있을 때만 그것을 금지하는 규정이 존재한다'와 ㉣을 종합하면 '기상조작 기술을 군사적 혹은 상업적으로 이용 및 수출하는 것이 실제로 행해지고 있다'가 도출된다. 이는 ㉢과 일맥상통하다.

오답해설

ㄴ. ㉢, ㉣, ㉺에 모두 동의한다면 '기상조작 기술을 군사적, 상업적으로 이용하고 있고, 또 손쉽게 군사적으로 전용될 수 있으며, 강대국 정부들은 자국 기업들이 지구온난화 책임으로 납부하는 세금을 환영한다.'를 도출할 수 있다. 하지만 이때에도 ㉡에 반대할 수 있다. '지구온난화 현상은 강대국 정부의 기상조작 활동 때문'이 아닐 수 있기 때문이다.

33

답 ④

난도 ★★★

정답해설

지문의 내용을 정리하면 다음과 같다. 식물 외부에서 내부로 들어온 물질 B는 복합체 M을 형성하고, 이 복합체 M은 P-Q 결합체에 작용하여 단백질 Q를 단백질 P에서 분리시킨다. 단백질 P는 단백질 Q와의 결합으로 억제되었던 원래 기능, 즉 식물의 생장을 촉진하는 물질의 유전자 발현을 일으키는 기능을 회복한다. 정리하면, P는 식물의 생장을 촉진하고, Q는 P에 결합하여 이를 억제한다. B는 M을 통하여 식물의 생장을 촉진한다.
ㄴ. C_1에서 단백질 P에 대한 Q의 작용이 일어나지 않았다면 식물의 생장이 억제되지 못하고 과하게 일어났을 것이다. 따라서 돌연변이 현상을 설명할 수 있다. 물질 B는 P, Q를 분리시키는 역할이므로 특별한 변화가 없었다는 실험1의 결과를 설명할 수 있다.
ㄷ. C_2에서 P-Q 결합체에 대한 M의 작용이 일어나지 않게 되었다면 P-Q 결합체가 분리되지 못하여 식물의 생장이 과하게 억제되고 있는 상태이다. 따라서 키가 정상보다 작게 자라는 돌연변이 현상을 설명할 수 있다. 물질 B를 주입하여도 그 매개체인 M의 작용이 일어나지 않으므로 특별한 변화가 없을 것이다. 실험2의 결과도 설명할 수 있다.

오답해설

ㄱ. 식물 C_1에서 물질 B가 세포 외부에서 세포 내부로 들어갈 수 없게 되었다면 식물의 생장이 촉진되지 않았을 것이다. 하지만 C_1은 정상보다 크게 자라는 식물이므로 돌연변이 현상을 설명할 수 없다.

◆ 합격생 가이드

실험의 결과와 돌연변이 현상 모두를 설명할 수 있는 선지를 선택하여야 한다. 돌연변이 현상을 설명하지 못하는 선지를 선택하는 경우가 많아 오답률이 높은 문제였다.

34

답 ②

난도 ★★

정답해설

A와 B의 견해를 정리하면 다음과 같다.
A : 기체 상태 변화를 예측하기 위해 고전역학을 적용할 필요가 없다. 대신, 평균적 분자운동에 관한 통계적 방법만으로 분석할 수 있다.
B : 기체 분자 집단에 대한 분석을 통해 평균속도를 포함한 기체 상태 변화에 대한 정보를 알아낼 수 있다는 것은 동의한다. 하지만 통계적 방법을 적용하기 어려운 상황에는 각 분자 운동에 관한 개별 방정식을 풀어야 한다.
ㄷ. 기체 분자 집단의 운동을 통계적 방법으로 분석하는 것으로는 기체 상태 변화 예측이 불가능한 경우가 있다는 것에 A는 동의하지 않는다. 그러나 B는 그것이 불가능한 경우, 개별 분자의 운동을 계산해야 한다고 보므로 B는 동의한다.

[오답해설]

ㄱ. A에 따르면 개별 기체 분자의 운동을 완전히 예측하기 위해서는 방대한 양의 운동방정식을 풀어야 한다고 보았다. 즉, 방대한 양의 운동방정식을 풀면 완전히 예측할 수 있다고 본 것이지 불가능하다고 한 것은 아니다.

ㄴ. B는 집단적 운동을 분석하는 것으로 정보를 얻는 것을 인정하나, 통계적 방법이 불가능할 경우 기체 개별분자의 운동과 관련된 값을 계산해야 한다고 본다.

◆ 합격생 가이드

A의 일부 견해를 B가 인정하지만 B의 주요 논지는 A의 견해에 따를 경우 불가능한 상황이 발생하며 이때에는 다른 방법을 활용하여야 한다는 것이다. 또한 ㄱ을 판단할 때에 A는 개별 기체 분자의 운동을 완전히 예측하는 것이 불가능하다는 논조가 아니라 그럴 필요가 없다는 식의 주장을 한 것에 주목하여야 한다.

35 　　　　답 ⑤

난도 ★★

[정답해설]

갑과 을의 견해를 정리하면 다음과 같다.

갑 : 신을 믿는 선택을 하지 않는 것은 비합리적이다. 신이 존재할 확률은 적어도 0보다는 클 것이므로 신을 믿는 선택을 통해 얻게 될 행복의 기댓값은 무한대이다. 기댓값이 최대가 아닌 선택을 하는 것은 비합리적이므로 신을 믿는 선택을 하지 않는 것은 비합리적이다.

을 : 갑의 일반원칙은 받아들이나 신을 믿는 선택을 하지 않는 것이 늘 비합리적인 것은 아니다. 무한한 기댓값을 얻을 확률이 0보다 높기만 하면 결과적으로 동전 던지기로 결정하는 선택의 기댓값 역시 무한대이다. 그렇다면 동전 던지기로 신을 믿을지 안 믿을지 결정하는 것을 비합리적이라고 말할 수 없다.

ㄱ. 을은 갑이 말한 합리적인 사람은 최대의 기댓값을 가지는 선택을 할 것이라는 일반원칙에 동의한다.

ㄴ. 갑은 신을 믿는 선택을 하지 않는 것이 비합리적이라고 보지만, 을은 비합리적이지 않을 수 있다고 본다.

ㄷ. 무한한 기댓값을 얻을 확률이 0보다 높기만 하면 결과적으로 동전 던지기이든 로또이든 선택의 최종 기댓값 역시 무한대가 된다.

◆ 합격생 가이드

갑과 을의 견해 중 공통점과 차이점이 선지로 구성되는 경우가 대부분이다. ㄷ에서는 동전 던지기와 로또가 서로 대응되어 무한한 기댓값을 얻을 확률이 0보다 높기만 한 것에 적용된다.

36 　　　　답 ④

난도 ★★

[정답해설]

㉠ 주장은 추첨식 민주정은 자유와 평등의 이념과 공동체 호혜의 정신을 실천하는 데 적합한 제도였다는 것이다.

ㄴ. 추첨식 민주정에 의하면 능력과 적성에 맞지 않는 일을 하는 사람이 나타날 수 있다. 그 사람이 그 일의 진정한 주체가 될 수 없다면 공동체 호혜의 정신을 실천하기는 어려워지며 ㉠은 약화된다.

ㄷ. 3문단에 따르면 통치와 복종을 번갈아 하였을 때 호혜성이 발현된다고 본다. 하지만 도덕적 소양을 갖춘 사람이 아닌 경우 "나도 당했으니 너도 당해 봐."라고 생각하는 경우가 많다면 ㉠은 약화된다.

[오답해설]

ㄱ. 추첨이 아닌 다른 제도를 통해서도 공직을 맡을 기회가 시민들에게 있었다는 사실은 추첨식 민주정이 자유와 평등의 이념에 적합한 제도였다는 것을 약화하지 않는다.

◆ 합격생 가이드

'P → Q'라는 주장을 약화하는 방법은 크게 3가지가 있다. 첫 번째는 전제인 P가 사실과 다름을 주장하는 것이다. 두 번째는 결과인 Q가 잘못되었음을 주장하는 것이다. 마지막 세 번째는 P와 Q 모두 적절하나, P를 따랐을 때 Q가 아님을 주장하여 그 연결고리를 반박하는 것이다. ㄴ은 세 번째 방법으로, ㄷ은 첫 번째 방법으로 ㉠을 약화하였다.

37 　　　　답 ③

난도 ★★

[정답해설]

적조의 발생을 설명하는 두 가설 A, B를 정리하면 다음과 같다.

A : 적조는 초여름 장마철에 하천으로부터 영양염류가 해양에 유입되어야만 발생한다. 장마가 끝나거나 장마 중 비가 멈추고 충분한 일사량이 며칠간 확보되면, 식물성 플랑크톤이 급속한 성장을 하여 적조가 발생한다.

B : 적조는 유기오염 물질이 해양에 누적되어야만 발생한다. 기온이 상승하고 일사량이 증가하면 퇴적층 미생물 활성이 높아지고, 유기오염 물질에서 영양염류가 용출되어 퇴적층 위에 쌓인다. 해당 해역에 식물성 편모조류가 있다면 영양염류를 해수면으로 운반한다. 이후 일사량이 며칠간 확보되면 식물성 플랑크톤이 크게 번성하여 적조가 발생한다.

ㄱ. A, B 모두 기온이 상승한 바다에서 적조가 발생함을 설명한다. 따라서 차가운 겨울 바다에서 적조가 발생하였다면 A, B 모두 약화된다.

ㄷ. B는 식물성 편모조류가 영양염류를 해수면으로 운반하는 과정이 적조 형성의 원인이라고 주장하였으므로 B는 약화된다. A는 식물성 편모조류와 무관하므로 약화되지 않는다.

[오답해설]

ㄴ. B를 약화한다. A는 유기오염 물질의 해저 퇴적과 무관하다.

◆ 합격생 가이드

무관한 선지를 약화하거나 강화하는 것으로 착각하지 않도록 주의하여야 한다.

38 　　　　답 ④

난도 ★★

[정답해설]

ㄴ. ㉠에 따르면 처리2를 한 탱크는 처리3을 한 탱크보다 회복 속도가 빠를 것이다. 따라서 ㉠이 강화된다. ㉡에 따르면 크기가 큰 개체를 반복적으로 제거한 처리2를 한 탱크 속 개체의 평균 크기는 처리3을 한 탱크 속 개체 평균 크기보다 작아졌을 것이므로 ㉡도 강화된다.

ㄷ. ㉠에 따르면 처리1은 크기가 작은 개체를 제거하므로 회복속도가 처리3보다 느릴 것이다. 따라서 ㉠은 강화된다. ㉡에 따르면 크기가 작은 개체를 반

복적으로 제거한 처리1을 한 탱크의 개체는 평균 크기가 커져야 할 것이다. 하지만 처리3의 평균 크기가 더 커졌다면 ㉡은 약화된다.

오답해설

ㄱ. ㉠에 따르면 탱크 속 개체 수가 회복되는 시간은 처리1이 더 느릴 것이다. 따라서 ㉠을 약화한다. ㉡에 따르면 개체의 평균 크기는 처리1이 처리3보다 클 것이므로 ㉠을 약화한다.

합격생 가이드

㉠은 회복 속도, ㉡은 개체의 평균 크기가 변수가 됨을 알고 처리1, 2, 3을 비교하여야 한다.

39

답 ④

난도 ★★

정답해설

(가) : 1문단에 따르면 S1이 S2로 환원된다는 것은 S1을 구성하는 모든 법칙을 S2를 구성하는 법칙들로 설명할 수 있다는 것이다. 이는 S1의 법칙들이 환원하는 이론인 S2의 법칙들로부터 연역적으로 도출된다는 것이다. 따라서 계층 질서의 위쪽에 있는 상부 과학이 하부 과학으로 환원된다면 하부 과학의 법칙들로부터 상부 과학의 법칙들이 연역적으로 도출된다. 따라서 (가)는 하부이다.

(나) : (가) 설명에 따라 (나)는 상부이다.

(다) : 전체에서 부분이 도출되는 것이므로 하부에서 상부가 도출되었다는 것을 이해하면 상부 과학은 하부 과학의 부분이 된다. 따라서 (다)는 상부이다.

(라) : (다) 설명에 따라 (라)는 하부이다.

(마) : 교량 원리에 대한 설명을 보면, 양자역학에서 사용하지 않는 고전역학 용어인 입자를 설명한다. 고전역학(S1)을 양자역학(S2)으로 환원한다고 하였으므로 고전역학은 환원되는 이론, 양자역학은 환원하는 이론이다. 따라서 (마)는 S2이다.

(바) : (마)의 설명에 따라 (바)는 S1이다.

합격생 가이드

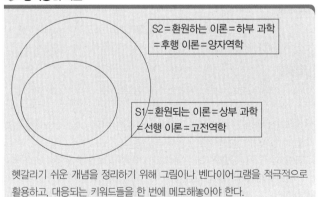

헷갈리기 쉬운 개념을 정리하기 위해 그림이나 벤다이어그램을 적극적으로 활용하고, 대응되는 키워드들을 한 번에 메모해놓아야 한다.

40

답 ③

난도 ★★★

정답해설

ㄱ. ㉠은 환원 개념을 통해 과학 이론들의 통일과 진보를 설명할 수 있다고 한다. 이때 두 이론 사이에 공유하는 용어의 개념적 내용이 같다는 것이 함축된다면 과학 이론의 연역적 도출에 문제가 발생하지 않게 된다. 과학 변동의

형태가 선행 이론이 후행 이론에 포함되는 관계를 드러낼 수 있게 되는 것이다. 따라서 ㉠은 강화된다. 4문단에 따르면 ㉡은 환원 관계가 성립한다고 하였을 때 두 법칙에서의 용어 개념이 내용적으로 엄연히 다른 것이므로 환원 개념으로는 과학의 통일과 진보를 설명할 수 없다고 한다. 따라서 환원 관계가 성립되었을 때 두 이론 사이에 공유하는 용어의 개념적 내용이 같다는 것이 함축된다면 ㉡은 약화된다.

ㄴ. 후행 이론인 뉴턴 역학에서는 중세 운동 이론에서의 '임페투스'라는 용어를 연결할 수 있는 원리가 존재하지 않음에도 뉴턴 역학을 과학적 진보로 평가한다는 주장이 받아들여지면 ㉠은 약화된다. ㉠은 환원 관계에서 공유하지 않는 용어에 대해서는 교량 원리를 활용하여야 한다고 보았기 때문이다. 반면 환원 개념으로는 과학의 진보를 온전히 설명할 수 없다고 주장한 ㉡은 강화된다.

오답해설

ㄷ. 제3의 이론이 등장하는 것과 ㉠, ㉡은 무관하다.

합격생 가이드

고난도의 강화·약화 문제가 출제되었다. 해당 문제를 깊게 고민하여 시간을 소비하기보다 다른 모든 문제를 빠르게 풀 수 있도록 시간을 배분하는 것이 중요할 것이다.

2022 7급 PSAT 언어논리 기출문제

01	02	03	04	05	06	07	08	09	10
⑤	①	①	②	②	⑤	①	⑤	①	③
11	12	13	14	15	16	17	18	19	20
④	⑤	③	②	②	⑤	④	③	④	③
21	22	23	24	25					
④	⑤	②	⑤	④					

01
정답 ⑤

난도 ★

정답해설

⑤ 서희는 고려가 병력을 동원해 거란을 치지 않겠다고 한다면 소손녕이 철군할 것이라고 말했으므로 옳은 내용이다.

오답해설

① 거란이 여진족이 사는 땅을 침범했다고 했을 뿐, 거란이 여진족이 고려의 백성이라고 주장했다는 내용은 찾을 수 없다.

② 여진족은 발해가 거란에 의해 멸망한 후에는 독자적 세력을 이루고 있었다고 했을 뿐, 여진족이 거란과 함께 고려를 공격했다는 내용은 찾을 수 없다.

③ 강동 6주는 고려가 압록강 하류의 여진족 땅까지 밀고 들어가 설치한 것이다.

④ 고려는 송 태종의 원병 요청을 거부하였으므로 옳지 않은 내용이다.

02
정답 ①

난도 ★

정답해설

① 해주 앞바다에 나타난 왜구가 조선군과 교전을 벌인 후 요동반도 방향으로 북상하자 태종의 명령으로 이종무가 대마도 정벌에 나섰다고 하였으므로 옳은 내용이다.

오답해설

② 명의 군대가 대마도 정벌에 나섰다는 내용은 찾을 수 없다.

③ 세종은 이종무에게 내린 출진 명령을 취소하고, 측근 중 적임자를 골라 대마도주에게 귀순을 요구하는 사신으로 보냈다고 하였으므로 옳지 않은 내용이다.

④ 태종은 이종무를 통해 실제 대마도 정벌을 실행하였으며, 더 나아가 세종이 이를 반대하였다는 내용은 본문에서 찾을 수 없다.

⑤ 대마도주를 사로잡아 항복을 받아내기로 했던 곳은 니로이며, 여기서 패배한 군사들이 돌아온 곳이 견내량이다.

03
정답 ①

난도 ★

정답해설

① 히틀러가 유대인을 혐오스러운 적대자로 설정했던 사례는 혐오가 정치적 선동의 도구로 이용된 사례이다.

오답해설

② 혐오의 감정이 특정 개인과 집단을 배척하기 위한 무기로 이용되었다고 하였다.

③ 유대인을 암세포, 종양, 세균 등으로 묘사하면서 이들을 비인간적 존재로 전락시켰다고 하였다.

④ 혐오의 감정을 사회 안정의 도구 내지는 법적 판단의 근거로 삼아야 한다는 주장이 있어왔다고 하였다.

⑤ 혐오는 특정 집단을 오염물인 것으로 취급하고 자신은 그렇지 않은 쪽에 위치시켜 얻게 되는 심리적인 우월감 및 만족감과 연결되어 있다고 하였다.

04
정답 ②

난도 ★

정답해설

② 계획적 진부화를 통해 신제품을 출시하면, 중고품 시장에서 판매되는 기존 제품이 진부화되고 경쟁력도 하락한다.

오답해설

① 기존 제품을 사용하는 소비자 입장에서는 크게 다를 것 없는 신제품 구입으로 불필요한 지출을 할 수 있다.

③ 소비자들의 취향이 급속히 변화하는 상황에서 계획적 진부화를 통해 소비자들의 만족도를 높일 수 있다.

④ 기존 제품의 가격을 인상하기 곤란한 경우 신제품을 출시해 인상된 가격을 매길 수 있다.

⑤ 계획적 진부화는 기존 제품이 사용 가능한 상황에서 소비자들의 수요를 자극하는 것이므로 물리적으로 사용 가능한 수명보다 실제 사용 기간이 짧아지게 된다.

05
정답 ②

난도 ★

정답해설

② 국방 서비스에 대한 비용을 지불하지 않았더라도 누군가의 소비가 다른 사람의 소비 가능성을 줄어들게 하지 않으므로 비경합적으로 소비될 수 있다.

오답해설

① 배제적이라는 것은 재화나 용역의 이용 가능여부를 대가의 지불 여부에 따라 달리하는 것이다.

③ 여객기 좌석 수가 한정되어있다면 원하는 모든 사람들이 그 여객기를 이용할 수 없으므로 경합적으로 소비될 수 있다.

④ 국방 서비스의 사례를 통해 무임승차가 가능한 재화 또는 용역이 과소 생산되는 문제가 발생함을 알 수 있다.

⑤ 라디오 방송 서비스는 누군가의 소비가 다른 사람의 소비 가능성을 줄어들게 하지 않으므로 비경합적으로 소비할 수 있다.

06
정답 ⑤

난도 ★

정답해설

⑤ 제시문은 독일의 통일이 단순히 서독에 의한 흡수 통일이 아닌 동독 주민들의 주체적인 참여를 통해 이뤄진 것임을 설명하고 있다. 나머지 선택지는 이 논지를 이끌어내기 위한 근거들이다.

07 정답 ①

난도 ★

정답해설

(가) 첫 번째 단락에서는 신이 자연 속에 진리를 감추어놓았고 이것이 자연물 속에 비례의 형태로 숨어 있다고 하였다. 그리고 그 진리 중에서도 인체 비례가 가장 아름다운 진리라고 하였으므로 빈칸에 들어갈 내용으로는 '인체 비례에 숨겨진 신의 진리를 구현한'이 가장 적절하다.

(나) 두 번째 단락에서는 인체 비례를 통한 동양 건축의 사례를 들면서 이것이 고대 서양에서의 비례와 동일하다고 하였으므로 빈칸에 들어갈 내용으로는 '조형미에 대한 동서양의 안목이 유사하였다'가 가장 적절하다.

08 정답 ⑤

난도 ★

정답해설

⑤ IMF의 자금 지원 전후로 결핵 발생률이 다르게 나타난다는 결과가 나와야 하므로 '실시 이전'부터를 '실시 이후'로 수정해야 한다.

09 정답 ①

난도 ★

정답해설

① 일반 수험생 중 유증상자는 소형 강의실에서 시험을 치르게 되며, 이곳에서는 KF99와 KF94 마스크 착용이 권장될 뿐, 의무 사항은 아니므로 KF80 마스크를 착용하고 시험을 치를 수 있다.

오답해설

② 일반 수험생 중 무증상자는 중대형 강의실에서 시험을 치르게 되며, 이곳에서는 마스크 착용규정이 의무적으로 적용되지 않으므로 KF80 마스크를 착용하고 시험을 치를 수 있다.

③ · ④ 자가격리 수험생은 모두 특별 방역 시험장에서 시험을 치르게 되며, 이곳에서는 KF99 마스크를 의무적으로 착용해야 한다.

⑤ 확진 수험생은 생활치료센터장에서 시험을 치르게 되며, 이곳에서는 센터장이 내린 지침을 따르면 되므로 센터장이 KF80 마스크 착용을 허용하는 경우 이를 착용하고 시험을 치를 수 있다.

10 정답 ③

난도 ★

정답해설

ㄱ. 고병원성 AI 바이러스는 경기도에서 3건, 충남에서 2건이 발표되어 총 5건이 검출되었으므로 수정해야 한다.

ㄷ. 바이러스 미분리는 야생 조류 AI 바이러스 검출 현황에 포함하지 않는다고 하였으므로 표에서 삭제해야 한다.

오답해설

ㄴ. 제시문에서 검사 중인 사례가 9건이라고 하였으므로 수정할 필요가 없다.

11 정답 ④

난도 ★★

정답해설

ㄴ. C는 인간 존엄성이 인간 중심적인 견해이며, 인간 외의 다른 존재에 대해서 폭력적 처사를 정당화하는 근거로 활용된다고 하였다. 따라서 C의 주장은 동물실험의 금지를 촉구하는 캠페인의 근거로 활용 가능하다.

ㄷ. B는 인간 존엄성이 신이 인간에게 부여한 독특한 지위로 보면서 이를 비판하고 있으며 C는 위에서 설명한 바와 같다.

오답해설

ㄱ. 선택지의 내용이 A의 주장을 약화시키는 것이 되기 위해서는 A가 존엄사를 인정하지 않는다는 주장을 펼쳤어야 한다. 하지만 그와는 무관한 주장을 하고 있으므로 A의 주장을 약화시키지 않는다.

12 정답 ⑤

난도 ★★★

정답해설

ㄱ. 나를 있게 하는 것의 핵심은 특정한 정자와 난자의 결합이다. ㉠과 같이 주장하는 이유는 그 결합 시점을 인위적으로 조절할 수 없기 때문인데, 그 특정한 정자와 난자가 냉동되어 수정 시험이 조절 가능하다면 내가 더 일찍 태어나는 것도 가능하게 된다.

ㄴ. ㉠ : A는 상상할 수 없다.
선택지의 대우명제 : A를 상상할 수 없다면 A가 불가능하다.
결론 : 따라서 A는 불가능하다.
A에 내가 더 일찍 태어나는 것을 대입하면 ㉡을 이끌어낼 수 있다.

ㄷ. ㉢ : 태어나기 이전의 비존재는 나쁘다.
선택지의 명제 : 태어나기 이전의 비존재가 나쁘다면, 내가 더 일찍 태어나는 것이 가능하다.
결론 : 내가 더 일찍 태어나는 것이 가능하다.
결론의 명제는 ㉡의 부정과 같다.

◆ 합격생 가이드

> 3단논법을 활용한 문제는 매우 자주 출제된다. 이 문제와 같이 각 명제별로 A의 표현이 조금씩 다른 경우에는 표현 그 자체보다는 의미가 일치하는지의 여부로 판단해야 한다. 물론 그것도 애매한 경우에는 위 해설과 같이 A로 치환하여 분석하는 것도 도움이 된다.

13 정답 ③

난도 ★

정답해설

(가) 첫 번째 전제 : 어떤 수단이 우리가 원하는 이익을 얻는 최선의 수단이다.
두 번째 전제 : (어떤 수단이 우리가 원하는 이익을 얻는 최선의 수단이라면 우리에게는 그것을 실행할 의무와 필요성이 있다.)
결론 : 우리에게 어떤 수단(생물 다양성 보존)을 보존할 의무와 필요성이 있다.

(나) 첫 번째 전제 : 내재적 가치를 지니는 것은 모두 보존되어야 한다.
두 번째 전제 : (모든 종은 내재적 가치를 지닌다.)
결론 : 모든 종은 보존되어야 한다.

14

정답 ②

난도 ★★★

정답해설

ㄷ. A는 생명체가 도구적 가치를 가진다고 하였고, C는 생명체가 도구적 가치에 더해 내재적 가치도 가진다고 하였다. 따라서 A, C 모두 생명체가 도구적 가치를 가진다는 점에서는 일치된 견해를 가지고 있다.

오답해설

ㄱ. A는 우리에게 생물 다양성을 보존해야 할 의무와 필요성이 있다고 하였다. 그리고 B는 생물 다양성 보존이 최선의 수단은 아니라고는 하였을 뿐 보존의 필요성 자체를 부정한 것은 아니다.

ㄴ. B는 A의 두 전제 중 첫 번째 전제가 참이 아니기 때문에 생물 다양성을 보존하는 것이 필연적이 아니라고 하였다.

15

정답 ②

난도 ★★★

정답해설

ㄷ. 을의 입장에서는 어떤 증거가 주어진 가설을 입증하는 정도가 작더라도, 증거 발견 후 가설이 참일 확률이 1/2보다 크기만 하면 그 증거가 해당 가설을 입증할 수 있다.

오답해설

ㄱ. 갑은 증거 발견 후 가설의 확률 증가분이 있다면, 증거가 가설을 입증한다고 하였고, 선택지의 진술은 이명제에 해당한다. 그런데 원명제와 이명제는 서로 동치가 아니므로 ㄱ은 옳지 않다.

ㄴ. A인 경우에만 B이다는 B → A로 나타낼 수 있다. 을에 따르면 증거가 가설을 입증한다 → 증거발견 이후 가설이 참일 확률이 1/2보다 크다가 되므로 ㄴ은 옳지 않다.

🔷 합격생 가이드

전공 수준의 논리학을 학습할 필요는 없지만, 역-이-대우명제 간의 관계 정도는 숙지해두는 것이 좋다. 물론 의미론적인 해석으로 풀이를 할 수도 있겠지만 그럴 경우 불필요하게 시간 소모가 많아진다.

16

정답 ⑤

난도 ★★

정답해설

⑤ 아홉자리까지 계산한 값이 11의 배수인 상태에서 추가로 0과 9사이의 어떤 수를 더해 여전히 11의 배수로 만들기 위해서는 확인 숫자가 0인 경우 이외에는 존재하지 않는다.

오답해설

① 첫 번째 부분은 책이 출판된 국가 뿐만 아니라 언어 권역도 나타낸다.

② ISBN-13을 어떻게 부여하는지는 제시문을 통해 알 수 없다.

③ 세 번째 부분은 출판사에서 임의로 붙인 번호일뿐 출판 순서를 나타내는 것이 아니다.

④ 첫 번째 부분이 다르다면 다른 나라 또는 다른 언어권의 출판사에서 출판한 책이 된다.

17

정답 ④

난도 ★

정답해설

주어진 조건을 정리하면 다음과 같다.

ⅰ) A → ~B → ~C

ⅱ) ~D → C

ⅲ) ~A → ~E → ~C

ⅳ) ~A → ~E → ~C → D(ⅱ)의 대우와 ⅲ)의 결합)

ⅰ)과 ⅳ)에 의하면 A를 수강하든 안하든 D는 무조건 수강하게 되어있다.

18

정답 ③

난도 ★★★

정답해설

ㄱ. 만약 세 종류의 자격증을 가진 후보자가 존재한다면 그 후보자는 A와 D를 모두 가지고 있어야 한다. 그런데 두 번째 조건에 의해 이 후보자는 B를 가지고 있지 않으므로 만약 이 후보자가 세 종류의 자격증을 가지기 위해서는 C도 가지고 있어야 한다. 그런데 세 번째 조건에 의해 이는 참이 될 수 없으므로 세 종류의 자격증을 가진 후보자는 존재할 수 없다.

ㄴ. 확정된 조건이 없으므로 가능한 경우를 따져보면 다음과 같다.(갑은 ㄱ을 통해 확정할 수 있다.)

	A	B	C	D
갑	○	×	×	○
을	○	○	×	×

네 번째 조건을 통해서 A와 B를 모두 가지고 있는 후보자가 존재한다는 것을 확인할 수 있으며, 두 번째 조건을 통해서 이 후보자가 D를 가지고 있지 않음을, 세 번째 조건을 통해서 C를 가지고 있지 않음을 확정할 수 있다. 이에 따르면 갑은 B를 가지고 있지 않으며, 을은 D를 가지고 있지 않다.

오답해설

ㄷ. 조건을 정리하면 ~D → ~C으로 나타낼 수 있으며, 이의 대우명제는 C → D 이다. 따라서 C를 가지고 있다면 D역시 가지고 있어야 하므로 C만 가지고 있는 후보자는 존재하지 않는다. 그런데 이는 어디까지나 조건에 불과할 뿐이어서 여전히 우리가 알 수 있는 것은 ㄴ의 갑과 을이 존재한다는 것 뿐이다.

🔷 합격생 가이드

이 문제와 같이 확정된 조건이 없는 경우에는 제시된 조건에서 끌어낼 수 있는 사례들을 따져보아야 한다. 중요한 점은 여기서 끌어낸 사례들 말고도 다른 것들이 존재할 수 있다는 것이다. 단지 주어진 조건만으로는 더 이상 추론할 수 없을 뿐이다. 최근에는 이런 유형의 문제들이 자주 출제되고 있으니 주의가 필요하다.

19

정답 ④

난도 ★★★

정답해설

먼저 갑은 기획 업무를 선호하는데, 만약 민원 업무를 선호한다면 홍보 업무도 선호하게 되어 최소 세 개 이상의 업무를 선호하게 된다. 따라서 갑은 기획 업무만을 선호해야 한다. 다음으로 을은 민원 업무를 선호하므로 홍보 업무도 같이 선호함을 알 수 있는데, 세 개 이상의 업무를 선호하는 사원이 없다고 하였으므로 을은 민원 업무와 홍보 업무만을 선호해야 한다.

또한 인사 업무만을 선호하는 사원이 있다고 하였으며(편의상 병), 홍보 업무를 선호하는 사원 모두가 민원 업무를 선호하는 것은 아니라고 하였으므로 이를 통해 홍보 업무를 선호하지만 민원 업무는 선호하지 않는 사원이 존재함을 알 수 있다(편의상 정). 이제 이를 정리하면 다음과 같다.

	민원	홍보	인사	기획
갑	×	×		○
을	○	○	×	×
병	×	×	○	×
정	×	○		

ㄴ. 을과 정을 통해 최소 2명은 홍보 업무를 선호함을 알 수 있다.

ㄷ. 위 표에서 알 수 있듯이 모든 업무에 최소 1명 이상의 신입 사원이 할당되어 있음을 알 수 있다.

오답해설

ㄱ. 민원, 홍보, 기획 업무는 갑과 을이 한명씩 선호하고 있으며, 인사 업무는 갑의 선호 여부를 알 수 없다.

◆ 합격생 가이드

'민원 업무를 선호하는 신입사원은 모두 홍보 업무를 선호하였지만 그 역은 성립하지 않았다'의 의미는 무엇일까? 단지 홍보 업무를 선호하는 신입사원 모두가 민원 업무를 선호하는 것은 아니다에서 그쳐서는 안된다. 여기서 중요한 것은 홍보 업무를 선호하는 신입사원 중 민원 업무를 선호하지 않는 경우가 존재한다는 것이다.

20 정답 ③

난도 ★

정답해설

ㄱ. 일반적인 햇빛이 있는 낮이라면 청색광이 양성자 펌프를 작동시켜 밖에 있는 칼륨이온이 공변세포 안으로 들어오게 되지만 청색광을 차단할 경우에는 그렇지 않아 밖에 있는 칼륨이온이 들어오지 않는다.

ㄷ. 호로몬 A를 분비할 경우 햇빛 여부와 무관하게 기공이 열리지 않으며, 병원 균 α는 독소 B를 통해 기공을 열리게 한다.

오답해설

ㄴ. 식물이 수분스트레스를 겪을 경우 기공이 열리지 않으며, 양성자 펌프의 작동을 못하게 하는 경우에도 기공이 열리지 않는다. 따라서 햇빛 여부와 무관하게 기공은 늘 닫혀있게 된다.

21 정답 ④

난도 ★★★

정답해설

실험의 조건에 따라 선호도를 정리하면 다음과 같다.

톤 : C > A > B

빈도 : A > B > C

ㄴ. B, C 중 B를 선택했다면 암컷이 빈도를 기준으로 삼고 있는 것이며, A, B, C 중 A를 선택했다는 것 역시 빈도를 기준으로 삼고 있다는 것이다. 따라서 이 실험결과는 ㉠을 강화하고, ㉡은 강화하지 않는다.

ㄷ. A, C 중 C를 선택했다면 암컷이 톤을 기준으로 삼고 있는 것이며, A, B, C 중 A를 선택했다는 것은 기준을 빈도로 변경했다는 것이다. 따라서 이 실험결과는 ㉠을 강화하지 않고 ㉡을 강화한다.

오답해설

ㄱ. A, B 중 A를 선택했다면 이를 통해서는 암컷이 톤과 빈도 중 어느 기준을 가지고 있는지 알 수 없다. 그런데 A, B, C 중 C를 선택했다면 암컷은 톤을 기준으로 삼고 있음을 알 수 있다. 따라서 이 실험결과가 ㉠과 ㉡을 강화, 약화하는지 여부를 판단할 수 없다.

22 정답 ⑤

난도 ★★★

정답해설

ㄱ. 경로 1(물)을 통과한 빛이 경로 2(공기)를 통과한 빛보다 오른쪽에 맺힌다면 경로 1을 통과한 빛의 속도가 빠르게 되어 입자이론이 타당하게 되므로 ㉠을 강화하고 ㉡을 약화한다.

ㄴ. 경로 1(물)을 통과한 빛이 경로 2(공기)를 통과한 빛보다 왼쪽에 맺힌다면 경로 1을 통과한 빛의 속도가 느리다는 것이므로 파동이론이 타당하게 되므로 ㉠을 약화하고 ㉡을 강화한다. 색깔에 따른 파장의 차이는 같은 경로를 통과했을 때에 의미가 있으므로 여기서는 판단의 대상이 되지 않는다.

ㄷ. 같은 경로를 통과했을 때에 색깔(파장)이 다른 두 빛이 스크린에 맺힌 위치가 다르다면 파동이론이 타당하게 되므로 ㉠은 약화되고 ㉡은 강화된다.

23 정답 ②

난도 ★★

정답해설

2021년과 2022년의 신청 자격이 동일하다고 하였는데, 민원인이 두 해 모두 신청을 하였으므로 농업인과 토지조건은 모두 충족시키고 있음을 확인할 수 있다. 따라서 남은 것은 부정 수령과 관련된 사항인데 이를 정리하면 다음과 같다.

ⅰ) 2021년 부정 수령 판정여부 : No(신청가능), Yes(ⅱ)

ⅱ) 이의 제기 여부 : No(신청불가), Yes(ⅲ)

ⅲ) 이의 제기 기각(신청불가), 인용 or 심의 절차 진행중(신청가능)

따라서 2021년 부정 수령 판정 여부, 이의 제기 여부, 이의 제기 기각 여부만 알면 신청 자격이 있는지 확인 가능하다.

24 정답 ⑤

난도 ★★

정답해설

⑤ 갑은 법령과 조례가 서로 다른 것이므로 법령에 위배되지 않는다면 문제가 없다는 생각이지만 을은 조례가 법령의 범위 내에 있으므로 서로 충돌되는 것이 아니라는 입장이다. 이에 따르면 조례에 반하는 학칙은 교육법에 저촉되는 것이 된다.

오답해설

① · ③ 조례와 학칙간의 충돌이 있을 경우에 대한 법적 판단을 묻고 있는데 선택지는 이와는 무관한 내용이다.

② 을은 제3조 제1항에서의 법령에는 조례가 포함된다고 해석하고 있으며라고 말하고 있으므로 선택지는 이와 반대된다.

④ 을은 전체적으로 법령과 조례가 서로 충돌되는 것이 아니라 하나의 체계 속에서 교육에 관한 내용을 규율하고 있다고 보고 있다.

25

난도 ★★

정답해설

ㄴ. 복수 국적자 B를 △△국 국민으로 본다면 제1항의 적용을 받게 된다. 그런데 제1호에 따라 외국에서 영업활동에 종사하는 경우는 비거주자로 본다고하였으므로 갑은 B를 비거주자로 주장하게 된다. 반면 B를 외국인으로 본다면 제2항의 적용을 받게 되는데 미국에서 영업활동을 한 기간이 1개월에 불과하므로 을은 B를 비거주자에 해당하지 않는다고 주장하게 된다.

ㄷ. D의 체재 기간이 5개월이므로 음악연주가 영업활동에 해당하는지에 따라 판단이 달라지게 된다. 만약 영업활동에 해당하지 않는다면 D는 제1항의 적용을 받지 않게 되어 비거주자에 해당하지 않는다.

오답해설

ㄱ. 매년 방학때마다 귀국하였으므로 그 기간을 모두 합치면 3개월을 넘기게 된다. 따라서 그 기간은 외국에 체재하는 기간에 포함되지 않으므로 A는 거주자로 구분된다.

5급 PSAT 언어논리 기출문제

01	02	03	04	05	06	07	08	09	10
④	②	③	⑤	②	①	③	④	④	①
11	12	13	14	15	16	17	18	19	20
③	⑤	③	①	④	①	④	②	⑤	③
21	22	23	24	25	26	27	28	29	30
②	①	①	②	④	④	①	②	⑤	⑤
31	32	33	34	35	36	37	38	39	40
③	②	⑤	③	⑤	②	⑤	⑤	⑤	③

01

답 ④

난도 ★★

정답해설

④ 1문단에 따라 선지의 도화서 소속 화가는 화원을 지칭한다는 것을 알 수 있다. 2문단에 따라 화원이 관료의 지위를 가지게 된다는 사실을 알 수 있다. 2문단에 따라 관료의 지위가 경제적으로는 별 도움이 되는 것은 아니라는 정보와 3문단의 실상 화원은 국가가 주는 녹봉으로 생활했던 사람들이 아니었다는 정보를 바탕으로 녹봉이 화원의 수입에서 작은 부분을 차지하며, 3문단에 따라 돈의 대부분을 사적 주문에 의한 그림 제작을 통해 획득하였다는 정보를 알 수 있다.

오답해설

① 3문단의 '반면 도화서에 들어가지 못한 일반 화가들~'이라는 정보가 제시되어 있어 선지의 일반 직업 화가들은 화원과 구별되는 집단이라는 점을 알 수 있다. 1문단의 '화원들은 사실상 거의 막노동에 가까운 일을 했던 사람들이다.'와 2문단의 '비록 중인이지만 화원이 되면~'을 바탕으로 선지의 '막노동에 가까운 일을 담당하였으나 신분은 중인이었다.'는 화원에 대한 설명이라는 것을 알 수 있다. 일반 직업 화가들의 신분이나 일의 내용에 대해서는 지문상 나와 있지 않다.

② 2문단에 따라 화원이 국가 관료의 지위를 가졌다는 것을 알 수 있다. 3문단에 따라 '국가 관료라는 지위와 최상급 화가라는 명예는 그림 시장에서 그들의 작품에 보다 높은 가치를 부여하였고, 녹봉에만 의지하는 다른 하급 관료보다 경제적으로 풍요롭게 만들었다.'라는 점에서 이들이 하급 관료에 비해 나은 경제적 여건에 놓였다는 사실을 알 수 있다.

③ 1문단에 따라 선지의 도화서 소속 화가는 화원을 지칭한다는 것을 알 수 있다. 1문단의 '화원은 임금의 초상화인 어진과 공신초상, 의궤와 같은 궁중기록화, 궁중장식화, 각종 지도, 청화백자의 그림, 왕실 행사를 장식하는 단청 등 왕실 및 조정이 필요로 하는 모든 종류의 회화를 제작하고 여러 도화(圖畵) 작업을 담당하였다.'에 따라 임금의 초상화 작업이 화원의 업무 범위에 포함된다는 사실을 알 수 있다. 하지만 업무에 따른 화원 간 자격의 차등에 관한 내용은 지문 상 나와 있지 않다.

⑤ 2문단의 '고된 노역과 적은 녹봉에도 불구하고 이들은 왜 어려서부터 그림 공부를 하여 도화서에 들어가려고 한 것일까?'에 따라 화원이 되고자 하는 노력이 이루어졌다는 사실을 알 수 있으나 경쟁의 치열함에 대한 내용은 지문에서 찾아볼 수 없다. 또한 3문단의 '화원 집안에서는 대대로 화원을 배출하려고 노력했고, 조선 후기에는 몇몇 가문이 도화서 화원직을 거의 독점하게 되었다.'에 따라 화원직의 세습이 이루어졌음을 알 수 있다. 그러므로 선지의 경쟁에 관한 부분은 알 수 없으며, '화원직의 세습은 힘들었다.' 부분은 지문에 부합하지 않는다고 할 수 있다.

합격생 가이드

지문의 화원과 같이 핵심 개념이 정의가 되어 있는 경우 정의를 활용한 ④와 같이 선지의 변형에 유의하자. 이 문제의 경우 발췌해서 읽더라도 답을 쉽게 찾을 수 있을 정도로 선지 구성이 쉽게 되어 있지만, 어렵게 나오는 경우를 대비해 화원, 일반 화가, 하급 관료 등 지문의 선지와 비교의 대상이 되는 소재를 유념하며 독해하는 것이 정확한 문제 풀이에 도움이 된다.

02

답 ②

난도 ★★

정답해설

② 1문단에 따르면 육조에 대응해 육방이 구성되어 있으며, '중앙과 지방의 모든 국정 업무는 육조를 통해 수합되었고, 육조는 이를 다시 승정원의 해당 방의 승지에게 보고하였다. 해당 승지는 이를 다시 왕에게 보고'있다는 정보가 제시되어 있다. 선지의 '형조에서 수집한 지방의 공문서'는 형조가 담당하는 지방의 국정 업무라고 할 수 있다.

오답해설

① 1문단에 따르면 육조의 국정 업무 자료는 각 방의 승지에 의해 승정원에 보고된다는 것을 알 수 있다. 2문단에 따르면 '승정원에 보고된 육조의 모든 공문서는 승정원의 주서가 받아서 기록'하였다는 것을 알 수 있다. 또한 2문단의 '왕과 신료가 만나 국정을 의논하거나 경연을 할 때 주서는 반드시 참석하여 그 대화 내용을 기록하였다. 즉, 주서는 사관의 역할도 겸하였으며, 주서가 사관으로서 기록한 것을 사초라 하였다.'라는 정보와 '자신이 기록한 사초를 정리하여 이것을 승정원에서 처리한 공문서나 상소문과 함께 모두 모아 매일 『승정원일기』를 작성하였다.'라는 정보에 비추어 사초가 육조의 국정 업무 자료 선별의 기준이 아니라는 사실을 알 수 있다. 또 모든 정보를 담아 작성했다는 점에서 선별하지 않았을 것이라는 사실을 알 수 있다.

③ 1문단에 따르면 육조는 이부, 호부, 예부, 병부, 형부, 공부를 의미한다. 1문단에 따르면 육조의 경우 '왕의 명령이 내려지면 담당 승지가 받아 해당 부서에 전하였다.'라는 것을 알 수 있으나 육조 이외의 경우 보고체계에 대한 내용은 지문에 담겨 있지 않다. 선지의 사간원이 육조가 아니라는 점에서 알 수 없으며, 육조에 해당한다고 하더라도 담당 승지란 승정원에 배치된 직위라는 점에서 옳지 않다고 할 수 있다.

④ 2문단의 '주서는 사관의 역할도 겸하였다'라는 정보와 '주서는 자신이 기록한 사초를 정리하여 이것을 승정원에서 처리한 공문서나 상소문과 함께 모두 모아 매일 『승정원일기』를 작성했다'라는 정보를 바탕으로 주서가 선지의 '사관의 역할을 겸하고 『승정원일기』를 작성했다'라는 정보를 알 수 있다. 승지의 경우 관련 내용을 지문에서 찾을 수 없다.

⑤ 3문단에 따라 영조 대의 화재로 소실된 『승정원일기』는 창덕궁의 화재와 관련 있다는 것을 알 수 있으나 당시 어디에 보관되어 있었는 지에 대한 정보는 찾을 수 없다. 3문단에 따라 경복궁에 보관되어 있다가 화재로 소실된 『승정원일기』는 임진왜란 대의 『승정원일기』이다.

합격생 가이드

『승정원일기』와 같이 하나의 주제어에 관한 지문을 다룰 때, 각 문단이 담고 있는 내용에 따라 분류해가며 독해한다면, 향후 선지를 해결함에 있어 용이하다. 사안의 경우 '1문단-승정원', '2문단-승정원 일기의 작성', '3문단-승정원 일기의 소실' 정도로 정리하며 읽는다면 선지에 대응한 근거를 찾기 훨씬 수월하다.

03

답 ③

난도 ★★★

정답해설

③ 3문단에 따르면 이질의 감소는 생태환경의 측면에 있다. 3문단의 '한반도의 하천 변에 분포하는 넓은 범람원의 숲이 논으로 개발되면서 뜨거운 여름 동안 습지로 바뀌었고 건조한 환경에 적합한 미생물 생태계가 습한 환경에 적합한 새로운 미생물 생태계로 바뀌었다.'와 4문단의 '17세기 이후 농지 개간의 중심축이 범람원 개간에서 산간 지역 개발로 이동'이라는 정보를 바탕으로 범람원에서 산간 지역으로 논의 환경이 변화함에 따라 다시 미생물 생태계가 변화했고 그에 따라 이질 감소가 나타났다는 것을 알 수 있다.

오답해설

① 1문단에 따르면 조선은 『농사직설』을 편찬하여 적극적으로 벼농사를 보급하였다.'라는 정보와 이질이 15~16세기 주요 질병이라는 정보가 제시되어 있다. 그 이전 조선에 수인성 병균에 의한 질병이 없었는지에 대한 정보는 제시되어 있지 않다. 오히려 3문단의 '이질은 15세기 초반 급증하기 시작'이라는 표현에 비추어 이전에도 있었음을 전제하고 있다고 볼 수도 있다.

② 3문단에 따르면 한반도의 하천 변에 분포하는 넓은 범람원의 숲이 논으로 개발되면서 뜨거운 여름 동안 습지로 바뀌었고, 시겔라균은 이러한 습지의 생태계에서 번성했다. 넓게 해석해 하천 변의 범람원이 선지의 조선의 하천에 포함된다고 해석하더라도 17세기 범람원에서의 수인성 세균이나 시겔라균의 생태에 대한 정보가 제시되어 있지 않아 17세기 이후 감소 여부에 대한 판단을 할 수 없다.

④ 4문단에 따라 선지의 17세기 이후 조선에서 개간 대상 지역이 바뀌었다는 내용은 확인할 수 있다. 그러나 선지의 인구 밀집 지역에 대한 정보는 찾을 수 없다.

⑤ 4문단에 따라 농법의 변화는 논의 사용법을 변화시켰고, '논에 물을 가둬두는 기간이 줄어서 이질 등 수인성 질병 발생의 감소를 가져왔다.'는 것을 알 수 있다. 그러나 지문에 '17세기 이전에는 건조한 지역에는 농지를 개간할 수 없었다.'거나 '농법의 변화가 건조한 지역의 개발을 가져왔다' 등의 정보는 찾을 수 없다.

합격생 가이드

시대 또는 기간 간 비교가 이루어지는 지문의 경우 각 비교 대상의 특징에 유념한 독해를 하는 것이 정확한 선지 해결에 도움을 준다. 15세기의 3문단과 17세기의 4문단을 중심으로 글의 내용을 파악한다면 선지의 해결을 보다 용이하게 할 수 있을 것이다.

04

답 ⑤

난도 ★★

정답해설

⑤ 2문단에 따르면 정액제란 일정액을 지불하는 소작료 제도이고 분익제란 수확량의 절반을 지불하는 소작료 제도이다. 이전 연도의 수확량의 절반을 n이라고 할 때, 정액제의 이윤은 3n(=4n−n)인 반면, 분익제의 이윤은 2n(=4n×½)이다.

오답해설

① 1문단에서는 '겨우 생계를 유지하는 전(前)자본주의 농업사회 농민들에게, 신고전주의 경제학에서 말하는 '이윤의 극대화'를 위한 계산의 여지는 거의 없다.'라며, 이윤극대화 대신 삶의 거의 모든 측면에서 안전 추구를 최우선으로 여기는 성향인 안전 제일의 원칙을 제시하고 있다. 선지의 '이윤 극대화를 위한 계산 논리에 부합한다.'는 지문의 내용과 반대되는 서술이라고 할 수 있다.

② 1문단의 '정상적인 농민이라면 큰 벌이는 되지만 모험적인 것을 시도하기보다는 자신과 자신의 가족들을 파멸시킬 수도 있는 실패를 피하려고 하기 마련이다.'와 3문단의 필리핀 정부 사례에서 '소작인은 대략적으로 이전 연평균 수입의 두 배, 새로운 종자를 채택할 경우는 그 이상의 수입을 실현할 수 있으리라는 기대를 가질 수 있었다.'라는 정보에 비추어 농민들이 큰 벌이로 이어질 수 있다는 사실을 인식하고 있었다는 사실을 알 수 있다.

③ 1문단에 따르면 안전 제일의 원칙을 추구하기 위해 기술적 장치와 사회적 장치 모두가 필요하다는 정보가 제시되어 있다. 그러나 선지의 기술적 장치는, 사회적 장치들이 최소한의 생존을 보장하는 환경하에 발달했다는 정보는 지문에 제시되어 있지 않다.

④ 3문단의 '새로운 체제가 제시하는 기대 수입에서의 상당한 이득에도 불구하고, 많은 농민들은 정액제 자체에 내포되어 있는 생계에 관련된 위험성 때문에 전환을 꺼렸다.'에 비추어 루손 지역의 농민들이 정액제의 위험성이 더 크다고 느꼈기 때문에 전환을 꺼렸다는 것을 알 수 있다. 2문단의 '정액제에서는 벼 한 포기 자라지 않았어도 의무 수행을 요구'라는 정보에서 그 위험성을 명시적으로 확인할 수 있다.

합격생 가이드

④, ⑤의 해결에 있어 발췌독을 통해 문제를 해결할 경우 선지를 분석할 수 없거나, 잘못 판단하게 될 위험성이 존재한다. 그렇기 때문에 특히 최근 기출을 해결함에 있어 지문을 위에서부터 독해하며 주제에 따라 각 문단을 정리하는 것이 정확한 선지 해결에 유리하다.

05

답 ②

난도 ★

정답해설

② 선지의 공공장소를 미화하는 미술은 2문단에 따라 공공장소 속의 미술과 공공 공간으로서의 미술을 포괄하는 표현이다. 선지의 공공 미술 작품의 미적 가치보다 사용가치에 주목하는 시도는 1문단에 따라 공공 공간으로서의 미술을 지칭하는 표현이다.

오답해설

① 선지의 공공 공간으로서의 미술은 1문단에 따라 공공 미술 작품의 개별적인 미적 가치보다는 사용가치에 주목하고 공중이 공공 미술을 더 가깝게 느끼고 이해할 수 있도록 미술과 실용성 사이의 구분을 완화하려는 시도이다. 선지의 다양한 매체를 활용하여 사회 정의와 공동체 통합을 추구하는 활동은 공공의 이익을 위한 미술을 지칭한다.

③ 2문단에 따라 선지의 공적인 관심을 증진하는 미술은 공공의 이익을 위한 미술이다. 1문단에 따라 선지의 공중이 공유하는 문화 공간을 심미적으로 디자인하여 미술과 실용성을 통합하려는 활동은 공공 공간으로서의 미술을 지칭한다.

④ 공공장소 속의 미술은 1문단에 따라 미술관이나 갤러리에서 볼 수 있었던 미술 작품을 공공장소에 설치하여 공중이 미술 작품을 접하기 쉽게 한 것이다. 2문단에 따라 선지의 사회 변화를 위한 공적 관심의 증대를 목표로하는 활동은 공공의 이익을 위한 미술이다. 선지의 공중 모두에게 공공장소에 대한 보편적 미적 만족을 제공하는 활동은 2문단에 따라 공공장소를 미화하는 미술이다.

⑤ 1문단에 따라 공공의 이익을 위한 미술은 사회적인 쟁점과 직접적 접점을 만들어냄으로써 사회 정의와 공동체의 통합을 추구하는 활동이다. 선지의 공간적 제약을 넘어서 공중이 미술을 접할 수 있도록 작품이 존재하는 장소를 미술관에서 공공장소로 확대하는 활동은 공공장소 속의 미술이다.

세 패러다임에 대한 설명과 비교가 이루어지고 있다는 점, 그리고 '~는 ~이다.'라는 선지의 공통된 형식에 비추어 세 대상 사이 교차를 통해 오답 선지가 만들어질 것이라는 사실을 쉽게 유추할 수 있다. 독해 후 선지를 분석함에 있어 각 대상을 기호화해서 보다 명확하게 문제를 해결할 수 있다. 예컨대 '첫째 패러다임 −1', '둘째 패러다임 −2', '셋째 패러다임 −3'이라고 정하고 ①의 경우 '1−3'이라고 적음으로서 오답을 명확히 지워나갈 수 있을 것이다.

06

目 ①

난도 ★★

정답해설

① 2문단에 따르면 아미노산의 하나인 아르기닌과 포도당 사이 마이야르 반응에 따라 발생하는 아세틸피롤린은 팝콘향을 낸다. 1문단에 따르면 마이야르 반응이란 약 섭씨 140도에 도달할 때, 긴 사슬 끝에 있는 당이 다른 사슬 끝에 있는 아미노산과 만나 반응하며 시작되고, 당과 아미노산이 만나 새로운 화학물질이 생겨나며, 반응한 화학물질은 자연스럽게 재정렬되는 현상이다.

오답해설

② 2문단에 따르면 마이야르 반응에 따른 화학물질 종류는 어떠한 종류의 당과 아미노산이 반응에 참여하느냐와 주변의 산도와 온도, 수분의 양 등의 영향을 받는다는 것을 알 수 있다. 그러나 선지의 내용처럼 어떤 요소가 더 큰 영향을 가지는 지에 대한 정보는 제시되어 있지 않다.

③ 2문단에 따르면 아크릴피리딜은 포도당이 아미노산의 한 종류인 시스테인과 반응할 때 생성된다. 포도당과 아르기닌의 반응에 따라 생성되는 물질은 아세틸피롤린이다.

④ 2문단에 따르면 멜라노이딘 계열 분자들은 음식이 갈색을 띠게 만든다. 또한 2문단에 따르면 마이야르 반응에 따라 '발암물질의 하나인 아세틸아미드와 같은 분자들도 소량이나마 생성된다.'는 정보가 제시되어 있다. 그러나 멜라노이딘 계열의 발암성에 대한 정보는 지문상 제시되어 있지 않다.

⑤ 2문단에 따르면 마이야르 반응에 따라 '발암물질의 하나인 아세틸아미드와 같은 분자들도 소량이나마 생성된다.'라는 정보가 제시되어 있다. 하지만 생성되는 양과 반응 속도 간의 관계에 대한 정보가 제시되어 있지 않다.

②, ④, ⑤와 같이 지문상 정보가 제시되어 있지 않은 오답 선지는 잘못된 판단을 하게 될 우려가 있다. 정확한 선지의 해결을 위해 침착한 접근과 더불어 지문에 밑줄을 치는 등 방식으로 각 선지의 명확한 근거를 찾을 필요가 있다.

07

目 ③

난도 ★★

정답해설

③ 3문단에 따르면 실험의 결과는 예상과 같았다. 1문단에 따르면 와편모충이 발광한다는 것이 생존에 유리한지 검증하는 것이 글의 주제라고 할 수 있다. 2문단에 따라 가시고기가 더 많은 요각류를 잡아먹을수록 와편모충의 생존에 유리하고, 빛을 내는 와편모충이 빛을 내지 않는 경우보다 생존에 유리할 것이라는 예상을 하고 있다는 것을 알 수 있다. 그러므로 선지의 내용처럼 가시고기가 빛을 내는 와편모충 쪽에서 요각류를 더 많이 먹었다는 내용이 글의 흐름에 맞는다고 할 수 있다.

① 1문단의 '진화 과정에서 빛을 방출하는 일부 원생생물은 그렇지 않은 원생생물보다 어떤 점에서 생존에 더 유리했을까?'와 ⊙ 뒤의 '그들의 포식자인 육식을 하는 어류에게 잡아먹힐 위험성이 더 높아질 것이다.'에 비추어 글의 맥락상 ⊙에는 발광하는 와편모충이 생존에 발광하지 않는 경우보다 유리하다는 내용이 적절하다고 할 수 있다. 선지의 발광하지 않는 와편모충을 잡아먹는 요각류가 잡아먹힐 위험성이 더욱 높다면 발광하지 않는 와편모충이 발광하는 경우보다 생존에 유리하다는 내용이 된다.

② 2문단의 실험은 1문단에 따라 와편모충의 포식자인 요각류와 요각류의 포식자인 가시고기를 활용해 와편모충의 생존률에 대한 분석이 목적이라고 할 수 있다. 1문단의 요각류가 잡아먹힐 위험성을 실험하기 위해 ⓒ에 요각류를 세는 내용이 나오는 것이 맥락상 적절하다고 할 수 있다.

④ ② 앞의 '원생생물이 자신을 잡아먹는 동물에게 포식 위협을 증가시킴으로써 잡아먹히는 것을 회피할 수 있음을 시사한다.'와 뒤의 이때 발광하는 와편모충은 요각류의 저녁 식사가 될 확률이 낮아진다는 정보를 바탕으로 ②에는 빛을 내는 와편모충의 생존에 유리한 내용이 들어가는 것이 맥락상 적절하다. ②의 요각류가 도망치는 행위는 와편모충의 생존에 유리한 행위라고 할 수 있다.

⑤ 1~3문단에 비추어 와편모충의 빛을 내는 행위는 요각류가 그 포식자에게 잡아먹힐 위험성을 높이기 위한 장치라고 할 수 있다. ⑩에는 원생생물의 포식자의 포식자에게 알리는 행위가 내용으로 들어오는 것이 맥락상 적절하다고 할 수 있다.

실험에 관련된 문제나 글의 맥락에 관련된 문제를 해결할 때는 문제의 답이 하나라는 사실을 유념할 필요가 있다. 특히나 하나의 적절한 선지를 고르는 위 문제와 같은 경우 나머지 선지의 내용이 적절하지 않고, 오히려 지문의 내용이 적절하다는 것을 바탕으로 내용을 보다 쉽게 이해할 수 있다.

08

目 ④

난도 ★

정답해설

⊙ 1문단에 따르면 전투기 전체에 철갑을 두르는 것이 가능하지 않다. 또한 교전을 마치고 돌아온 전투기에 총알구멍이 동체 쪽에 더 많았다는 정보 역시 제시되어 있다. 첫 문장의 쏠림 현상을 군 장성들이 2문단의 수학자들과 다르게 고려하지 않았다는 글의 맥락상 ⊙에 전투기에서 총알을 많이 맞는 동체 쪽에 철갑을 집중해야 충분한 보호 효과를 볼 수 있다는 내용이 들어가는 것이 적절하다고 할 수 있다.

ⓒ 1문단에 따르면 표본 선정의 쏠림 현상이란 표본이 무작위로 선정되지 않고 편향성을 가지는 현상이다. 2문단에 따르면 엔진 부분에 총알을 맞은 전투기는 귀환하기 어려워 전투기에 표본 선정의 쏠림 현상이 나타나고 있다. 그러므로 ⓒ에는 장성들의 표본이 무작위로 선정되었을 것이라는 기대에 대한 내용이 들어가는 것이 적절하다. 출격한 전투기 전체에서 무작위로 추출된 표본이라는은 그러한 내용에 부합한다고 할 수 있다.

오답해설

⊙ '전투기에서 가장 중요한 엔진 쪽에만 철갑을 둘러도 충분한 보호 효과를 볼 수 있다는'은 1문단의 '교전을 마치고 돌아온 전투기에는 많은 총알구멍이 있었지만, 기체 전체에 고르게 분포된 것은 아니었다. 총알구멍은 동체 쪽에 더 많았고 엔진 쪽에는 그다지 많지 않았다.'는 정보와 반대되는 해석이라고 할 수 있어 적절하지 않다.

ⓒ '전투기의 철갑 무게를 감당할 만큼 충분히 강력한 엔진을 달아야 한다는'은 1～3단락에 따라 나타나는 표본 선정의 쏠림 현상과 무관한 내용이라고 할 수 있어 적절하지 않다.

ⓒ '출격한 전투기 일부에서 추출된 편향된 표본이라는'은 군 장성들이 표본 선정의 쏠림 현상을 고려했다는 내용이라고 할 수 있다. 2단락의 수학자들의 주장을 1단락과 대비시킨 글의 맥락을 고려할 때 적절하지 않다고 할 수 있다.

합격생 가이드

> 빈칸을 채워야 하는 문제의 경우 선지는 똑같이 5개지만 오히려 ⓒ, ⓒ별로 고려해야 하는 선지는 다른 유형에 비해 훨씬 적다는 점을 알 수 있다. 그러므로 주제를 바탕으로 맥락에 적절한 내용을 찾는 것이 어렵다고 한다면 하나씩 대입해서 가장 적절한 대상을 찾는 방법이 오히려 더 빠를 때도 있어 해결할 때 대입해서 푸는 것을 고민해 볼 필요가 있다.

09

답 ④

난도 ★

정답해설

④ 선지의 발언자의 익명성 보장은 침묵의 유형 중 4단락의 외부 위협으로부터 자신을 보호하거나 자신을 향한 보복을 당하지 않기 위해 조직과 관련된 부정적인 정보나 의견을 억누르는 적극적인 성격의 행위인 방어적 침묵과 관련 있다고 할 수 있다. 4단락에 따라 친사회적 침묵은 철저하게 나를 배제한 판단 아래에서 이뤄지는 행위이다. 그러므로 익명성 보장은 친사회적 침묵과 관련성이 없고 오히려 방어적 침묵과 관련된 내용이라고 할 수 있다.

오답해설

① 1단락에 따르면 변화가능성에 대한 실효성이 침묵 결정 여부에 영향을 준다고 한다. 2단락에 따르면 묵종적 침묵이란 조직의 부정적 이슈 등과 관련된 정보나 의견 등을 가지고 있지만 이를 알리거나 표출할 행동 유인이 없어 표출하지 않는 행위이다. 또한 2단락에 따르면 이는 현실을 바꾸려는 의지를 상실한 체념의 의미를 내포하고 있어, 방관과 유사하다고 한다. 선지의 구성원들의 발언이 조직의 의사결정에 반영되는 정도가 커지는 경우 1단락의 실효성이 확대되고 구성원들의 체념 내지 방관을 완화되어 묵종적 침묵이 감소한다고 볼 수 있다.

② 3단락에 따르면 외부 위협으로부터 자신을 보호하거나 자신을 향한 보복을 당하지 않기 위해 조직과 관련된 부정적인 정보나 의견을 억누르는 적극적인 성격의 행위는 방어적 침묵이다. 선지의 발언의 영향으로 자신의 안전이 걱정되어 침묵하는 경우는 방어적 침묵의 사례에 해당한다고 볼 수 있다.

③ 2단락에 따르면 조직의 부정적 이슈 등과 관련된 정보나 의견 등을 가지고 있지만 이를 알리거나 표출할 행동 유인이 없어 표출하지 않는 행위는 묵종적 침묵이다. 또한 2단락에 따르면 이는 현실을 바꾸려는 의지를 상실한 체념의 의미를 내포하고 있어, 방관과 유사하다고 볼 수 있다. 선지의 발언의 실효성이 낮을 것으로 판단하여 침묵하는 경우는 묵종적 침묵의 사회라고 볼 수 있다.

⑤ 1단락에 따르면 구성원이 침묵 여부를 결정하는 데 해당 조직의 문화 아래에서 보복과 관련한 안전도와 변화 가능성에 대한 실효성 등을 고려한다는 정보가 제시되어 있다. 2단락의 묵종적 침묵과 3단락의 방어적 침묵에 비추어 실효성이 낮거나 안전도가 낮은 경우 침묵이 증가한다고 볼 수 있다. 한편 1단락에 따르면 구성원이 침묵을 택하는 경우 구성원들의 정신건강과 신체에 악영향을 미칠 수 있다는 정보가 제시되어 있다. 그러므로 선지의 발언의 안전도와 실효성이 낮은 조직일수록 구성원이 침묵할 가능성이 높고, 침묵을 선택할수록 구성원의 건강은 악화될 수 있다.

> 세 가지 침묵 유형이 상당히 명시적으로 나누어져 있는, 해결이 용이한 문제이다. 정답 선지의 경우 서로 다른 유형에 대한 설명을 결합하여 구성했을 가능성이 높아 각 침묵별 내용을 구별하는 데 주의하여 문제에 접근할 필요가 있다. ⑤와 같이 활용되지 않는 지문이라고 판단했던 1단락을 활용한 선지가 나올 수 있는 만큼 관련 정보를 독해하는 데 어느 정도 주의를 기울일 필요가 있다.

10

답 ①

난도 ★★★

정답해설

ㄱ. 지문에 따르면 B곤충은 A식물의 잎을 갉아먹어 광합성산물의 생산량을 감소시킨다. 또한 지문에 따르면 A식물이 만들어내는 종자의 수는 광합성 산물의 양에 비례한다. 실험에 따르면 B곤충을 차단한 실험에서 끈적한 개체가 매끄러운 개체보다 종자를 45% 더 적게 생산했으나 B곤충이 침입하는 실험에서는 매끄러운 개체와 끈적한 개체가 생산한 종자의 수 사이에 의미 있는 차이는 나타나지 않았다.라고 한다. 이를 종합하면 B곤충의 침입이라는 결과로 B곤충은 매끄러운 식물을 더 많이 갉아먹었고 그 결과 상대적으로 많은 양의 광합성 산물이 감소해 종자 수 역시 더 큰 폭으로 감소했다고 볼 수 있다.

오답해설

ㄴ. 지문에 따르면 B곤충은 A식물의 잎을 갉아먹어 광합성산물의 생산량을 감소시킨다. 실험의 'B곤충이 침입하는 조건에서 매끄러운 개체는 끈적한 개체보다 잎이 더 많이 갉아먹혔다.'에서 매끄러운 식물의 잎이 B곤충에게 갉아먹혔다는 사실을 알 수 있다. 그러므로 B곤충이 있는 환경에서 광합성 산물이 더 적다고 할 것이다.

ㄷ. 지문에 따르면 A식물이 만들어내는 종자의 수는 광합성 산물의 양에 비례한다. 또한 끈적한 식물은 종자 생산에 사용해야 할 광합성 산물의 일정량을 끈적한 당액의 분비에 소모한다는 정보가 제시되어 있다. 따라서 다른 모든 조건이 동일한 경우 끈적한 A식물이 생산한 종자 수는 매끈한 A식물이 생산한 종자 수보다 적다고 할 수 있다. 이는 실험의 B곤충이 차단된 경우에서 확인된다. 하지만 실험의 B곤충이 있는 환경에서는 위 관계가 성립하지 않는다. 오히려 매끄러운 개체와 끈적한 개체가 생산한 종자의 수 사이에 의미 있는 차이는 나타나지 않았다는 정보와 지문의 정보를 결합하여 양자의 종자 생산에 소모한 광합성 산물의 양이 유사하다는 사실을 알 수 있다.

> 실험에 대한 문제에 있어 가장 중요한 것은 비교집단과 대상집단 사이 존재하는 유의미한 차이점이 무엇인지 찾는 것이다. 문제의 실험에서 식물의 종류와 B곤충의 존재 여부에 따라 총 4가지 실험 집단으로 구분되며, 그에 따라 종자 수의 차이가 나타난다는 사실을 유념하여 접근한다면 보다 정확한 해결이 가능할 것이다.

11

답 ③

난도 ★★★

정답해설

ㄱ. 3단락에 따르면 단순입방격자 방식은 배열 상태를 제1층과 동일한 상태로 공의 중심이 같은 수직선 상에 놓이도록 배치한다는 사실을 알 수 있다. 수

직으로 접하는 두 공 사이 수평선을 가정할 때, 위층과 아래층의 빈틈은 정확히 대칭적이라는 사실을 추론할 수 있다. 따라서 단순입방격자 방식에서 각층의 효율성은 같다. 3문단에 따르면 단순입방격자 방식의 효율성은 53%이다. 앞서 추론한 사실을 바탕으로 1층만의 효율성 역시 53%라는 것을 추론할 수 있다. 3문단에 따르면 6각형격자 방식이란 '각각의 층을 인접입방격자 방식에 따라 배열한 뒤에 층을 쌓을 때는 단순입방격자 방식으로 쌓는 것'이며 효율성은 60%이다. 제1층만을 따지면 인접입방격자 방식과 6각형격자 방식은 동일한 형태이며, 앞서 도출한 추론을 바탕으로 제1층만을 고려한 인접입방격자 방식의 효율성이 60%라는 것을 알 수 있다.

ㄴ. 3문단에 따르면 단순입방격자 방식이란 수평면 상에서 하나의 공이 네 개의 공과 접하도록 배치하고 위아래 배열을 동일한 상태의 공의 중심이 같은 수직선 상에 놓이도록 배치하는 방식이다. 이 경우 최대 접할 수 있는 공의 개수는 1층이나 제일 높은 층이 아닌 임의의 층의 가운데 놓인 공의 경우로 동일 층에 위치한 4개와 위아래 하나씩 총 6개의 공과 접하는 것이 최대이다.

오답해설

ㄷ. 3문단에 따르면 단순입방격자 방식은 배열 상태를 제1층과 동일한 상태로 공의 중심이 같은 수직선 상에 놓이도록 배치한다는 사실을 알 수 있다. 수직으로 접하는 두 공 사이 수평선을 가정할 때, 위층과 아래층의 빈틈은 정확히 대칭적이라는 사실을 추론할 수 있다. 따라서 단순입방격자 방식에서 각층의 효율성은 같다. 3문단에 따르면 단순입방격자 방식의 효율성은 53%이다. 앞서 추론한 사실을 바탕으로 각층의 개별 효율성 역시 53%라는 것을 추론할 수 있다. 3문단에 6각형격자 방식이란 '각각의 층을 인접입방격자 방식에 따라 배열한 뒤에 층을 쌓을 때는 단순입방격자 방식으로 쌓는 것'이며 효율성은 60%이다. 마찬가지로 각층의 효율성은 60%라고 할 수 있다. 그러므로 어느 층을 비교하더라도 단순입방격자 방식이 6각형격자 방식보다 효율성이 낮다.

합격생 가이드

어느 정도 공간지각력이 필요한 문제라고 생각한다. 공간지각력이 없다면 문제를 해결함에 있어 상당한 어려움이 있거나 시간을 많이 할애해야 해결할 수 있을 것이다. 이 경우 가장 쉬운 선지를 우선적으로 접근해 주어진 선지 조합을 활용한 해결이 나을 것이다. ㄱ에 대해서 확실한 판단을 내리기는 힘드나 ㄷ을 추론할 수 없다는 판단은 좀 더 용이하게 할 수 있다고 생각한다. 그 이후 ㄴ에 대한 해결만 하면 되니 가장 애매한 ㄱ을 회피할 수 있어 대안적 접근이 가능하다.

12 답 ⑤

난도 ★★

정답해설

⑤ ㄴ을 참이라고 받아들인다고 가정하자. 즉 비물질적 실체라는 용어가 지칭하는 대상이 존재하지 않는다면, ㄱ의 대우에 따라 비물질적 실체는 의미 있는 용어가 아니다. 그러한 경우 ㄷ에 따라 비물질적 실체가 존재하는가에 대해 긍정도 부정도 할 수 없다. 하지만 이 결론은 ㄹ과 모순된다. 따라서 최초에 가정한 ㄴ이 거짓이라는 점을 보일 수 있다.

오답해설

① ㄱ을 조건언의 형태로 나타내면 다음과 같다: '의미 있는 용어' → '지칭하는 대상 존재'. ㅁ이 가정하는 어떤 용어는 의미 있는 용어인 동시에 지칭하는 대상이 존재하지 않는다. 그러므로 ㅁ은 ㄱ의 반례라고 할 수 있다.

② ㅁ이 참이라고 가정하자. ㄱ을 조건언의 형태로 나타내면 다음과 같다: '의미 있는 용어' → '지칭하는 대상 존재'. ㅁ이 가정하는 어떤 용어는 의미 있는 용어인 동시에 지칭하는 대상이 존재하지 않는다. 그러므로 ㅁ은 ㄱ의 반례

라고 할 수 있다. 따라서 ㄱ은 거짓이다. 그 대우도 성립하기 때문에 선지의 진리값 관계가 존재하지 않는다.

③ ㄹ이 참이라고 가정하자. ㄷ의 대우에 따라 비물질적 실체는 의미 있는 용어이다. 이 결론은 ㅁ과도 충돌하지 않는다. 따라서 ㄷ과 ㅁ이 참이면서 ㄹ이 거짓이 되지 않는 것이 가능하다.

④ ㄱ과 ㄴ이 참인 경우 비물질적 실체는 의미 없는 단어이다. 이 경우 ㄷ에 따라 비물질적 실체가 존재하는가에 대해 긍정도 부정도 할 수 없다. 그러나 이는 ㄹ의 부정이다. 따라서 ㄱ, ㄴ, ㄷ이 참이면 ㄹ이 반드시 거짓이라고 할 수 있다.

합격생 가이드

'~반드시 거짓이다.' 형식의 선지는 기존 논리문제나 글의 논리적 구조에 관한 문제에서 자주 나오는 선지 형식이 아니라고 할 수 있다. 그 적절성에 대해 판단함에 있어 기호화가 익숙하지 않은 수험생은 결론을 부정하는 가정으로부터 주어진 전제를 결합했을 때 동시에 참인 경우가 가능한지, 즉 일관성이 존재하는지 확인하는 방식으로 실수를 줄일 수 있다.

13 답 ③

난도 ★

정답해설

제시문의 내용을 정리하면 다음과 같다.

- 조건1: 요가교실 운영 → 3명 이상 신청
- 조건2: F
- 조건3: C → G
- 조건4: D → ~F
- 조건5: A∨C → ~E
- 조건6: G∨B → A∨D

ㄱ. 어떤 사무관의 신청이 다른 사무관의 미신청으로 이어지는 것은 조건4, 5 둘 뿐이다. 조건2와 조건4에 따라 D가 신청하지 않는다는 정보를 알 수 있다. 조건5의 대우를 취하고 E가 신청하는 경우보다 E가 신청하지 않는 경우 신청자가 더 많다. 이때 최대 신청 가능 인원은 D와 E를 제외한 5명이다.

ㄴ. 선지의 내용은 'G와 B 중 적어도 한 명이 신청하는 경우가 아니라면 요가교실은 운영되지 않는다.'라고 표현할 수 있다. G와 B가 모두 신청하지 않는다고 가정하자. 조건3의 대우에 따라 C가 신청하지 않는다. 조건2, 4에 따라 D가 신청하지 않는다. 그러나 이외 사무관 A, E 모두가 신청하는 것은 조건5에 의해 가능하지 않다. 따라서 가능한 신청 사무관의 조합은 (A, F), (E, F), (F) 3가지이며 모든 경우 요가교실이 운영되지 않는다.

오답해설

ㄷ. A가 신청하지 않는다고 가정하자. 조건2, 4에 따라 D가 신청하지 않는다. 조건6의 대우에 따라 G와 B 모두 신청하지 않는다. 조건3에 따라 C가 신청하지 않는다. 그러나 E의 신청 여부에 대해 알 수 없다. A가 신청하지 않는 것과 E가 신청하는 것은 동시에 참일 수 있다.

합격생 가이드

선지가 조건문 형태로 주어진다면 다양한 조합이 가능할 것이라고 예상할 수 있다. 이 문제의 경우 설명문 사이에 조건을 숨기고 이를 활용했으나 상당히 쉬운 수준의 논리 문제라고 할 수 있다. 따라서 조건을 정리한 후 선지를 해결했다면 어렵지 않게 풀 수 있었을 것이다.

14

정답 ①

난도 ★★

정답해설

① 첫 번째, 세 번째 조건을 통해 목요일에 을 또는 정이 태어났다는 사실을 알 수 있다. 을이 목요일에 태어났다고 가정하자. 네 번째 조건에 의해 수요일에 태어난 아이는 B의 아이이다. 첫 번째와 다섯 번째 조건에 의해 정은 월요일에 태어날 수 없다. 두 번째 조건에 의해 갑은 월요일에 태어났고 병은 수요일에 태어났다. 한편 정이 목요일에 태어났다고 가정하자. 네 번째와 다섯 번째 조건에 따라 B의 아이는 화요일에 태어났고 A의 아이는 월요일에 태어났다. 따라서 D의 아이인 을은 수요일에 태어났다.

오답해설

② 첫 번째, 세 번째 조건을 통해 목요일에 을 또는 정이 태어났다는 사실을 알 수 있다. 정이 목요일에 태어났다고 가정하자. 네 번째와 다섯 번째 조건에 따라 B의 아이는 화요일에 태어났고 A의 아이는 월요일에 태어났다. 따라서 D의 아이인 을은 수요일에 태어났다. A와 B의 아이는 갑 또는 병이다. A의 아이가 병이라고 하더라도 주어진 다른 조건에 위배되지 않는다. 이 경우 병은 을보다 이틀 일찍 태어났다.

③ 첫 번째, 세 번째 조건을 통해 목요일에 을 또는 정이 태어났다는 사실을 알 수 있다. 정이 목요일에 태어났다고 가정하자. 네 번째와 다섯 번째 조건에 따라 B의 아이는 화요일에 태어났고 A의 아이는 월요일에 태어났다. 따라서 D의 아이인 을은 수요일에 태어났다.

④ 첫 번째, 세 번째 조건을 통해 목요일에 을 또는 정이 태어났다는 사실을 알 수 있다. 정이 목요일에 태어났다고 가정하자. 네 번째와 다섯 번째 조건에 따라 B의 아이는 화요일에 태어났고 A의 아이는 월요일에 태어났다. 따라서 D의 아이인 을은 수요일에 태어났다. A와 B의 아이는 갑 또는 병이다. A의 아이가 병이라고 하더라도 주어진 다른 조건에 위배되지 않는다.

⑤ 첫 번째, 세 번째 조건을 통해 목요일에 을 또는 정이 태어났다는 사실을 알 수 있다. 을이 목요일에 태어났다고 가정하자. 네 번째 조건에 의해 수요일에 태어난 아이는 B의 아이이다.

📖 합격생 가이드

표를 활용해서 해결하는 방식이 정답률을 가장 높일 수 있다고 생각한다. 기출 속 논리문제의 분량상 시험지 문제 하단에는 항상 상당한 여백이 있으니 이를 활용하여 조건을 해석해 아래와 같은 표를 작성한다면 보다 용이한 해결이 가능하다.

	월	화	수	목	
A		✕	✕	✕	갑∨병
B		✕	✕	✕	갑∨병
C		✕	✕		정
D		✕			을

15

정답 ④

난도 ★★

정답해설

제시문의 내용을 정리하면 다음과 같다.
(단, ∀x: 보편양화사, ∃x: 존재양화사)

• 조건1(갑의 첫 번째 발언): (∀x)(A → B)
• 조건2(갑의 첫 번째 발언): (∀x)(~D → C)
• 조건3(을의 첫 번째 발언): (∃x)(C∧~B)
• 조건4(을의 두 번째 발언): (∃x)(~A∧~B∧C∧~D)
• 조건5(을의 세 번째 발언): (∃x)(D)

㉠ 조건3과 조건1의 대우에 따라 조건3의 임의의 후보 물질은 A그룹에서도 항체를 형성하지 않는다는 사실을 알 수 있다. 따라서 ㉠의 내용은 이를 바탕으로 해당 임의의 후보 물질이 D그룹에서도 항체를 생성하지 않는다는 결론을 도출할 수 있는 정보로 구성되어야 할 것이다. 이를 만족하는 것은 ③과 ④의 'D그룹에서 항체를 생성한 후보 물질은 모두 A그룹에서 항체를 생성했다.'와 ⑤의 'D그룹에서 항체를 생성한 후보 물질은 모두 B그룹에서 항체를 생성했다.'이다.

㉡ 조건5의 물질이 D그룹에서 항체를 생성했다는 점에서 해당 물질이 조건4의 임의의 물질과 같을 수 없다는 것을 알 수 있다. 따라서 ㉡은 조건1, 2와 결합하여 조건5를 도출할 수 있는 내용을 담고 있어야 한다. 'C그룹에서 항체를 생성하지 않은 후보 물질이 있다.'는 '(∃x)(~C)'라고 기호화할 수 있는데 이는 조건2의 대우와 결합하여 해당 물질이 D그룹에서 항체를 생성한다는 결론으로 이어진다. 따라서 적절하다고 할 수 있다.

오답해설

㉠ 'B그룹에서 항체를 생성한 후보 물질은 없다.'는 '(∀x)(~B)'라고 기호화 할 수 있다. 이 조건과 조건3 어느 하나를 사용하더라도 D그룹의 항체 생성 여부에 대해 결론 내릴 수 없다. 정보를 바탕으로 조건4를 도출할 수 없는 바 적절하지 않다.

㉡ 조건5의 물질이 D그룹에서 항체를 생성했다는 점에서 해당 물질이 조건4의 임의의 물질과 같을 수 없다는 것을 알 수 있다. ①의 ㉡은 조건1, 2, 3과 결합하여 조건5를 도출할 수 있으나 조건4에 위배된다는 점에서 적절하지 않다. ②, ③, ⑤의 ㉡은 주어진 조건들과 결합하여 조건5를 도출할 수 없어 적절하지 않다.

📖 합격생 가이드

존재양화사(예 어떤 ~이 존재한다)와 보편양화사(예 모든 ~는 ~이다)를 활용한 기출문제가 몇 개년 사이 증가하고 있는 추세이다. 존재양화사를 가지는 결론을 도출해야 하는 경우 몇 가지 예외를 제외하고는 전제에서 존재양화사를 요구한다는 생각을 가지고 문제에 접근하는 것이 신속한 문제 해결에 유리하다.

16

정답 ①

난도 ★

정답해설

① 갑의 주장은 '확률 증가 원리가 성립하는 상관관계와 인과관계는 동치이다.'라고 할 수 있다. 병의 주장은 '공통 원인의 부존재가 전제된다면 확률 증가 원리가 성립하는 상관관계와 인과관계는 동치이고 공통 원인은 존재하지 않는다.'라고 할 수 있다. 따라서 갑과 병 모두 인과관계가 성립하면 상관관계가 성립한다고 할 수 있다.

오답해설

② 병의 주장은 '공통 원인의 부존재가 전제된다면 확률 증가 원리가 성립하는 상관관계와 인과관계는 동치이고 공통 원인은 존재하지 않는다.'라고 할 수 있다. 확률 증가 원리가 성립하지 않는 상관관계가 성립하는 경우 인과관계에 관한 병의 주장을 확인할 수 없다.

③ 병의 주장은 '공통 원인의 부존재가 전제된다면 확률 증가 원리가 성립하는 상관관계와 인과관계는 동치이고 공통 원인은 존재하지 않는다.'라고 할 수 있다. 이때 공통 원인이 존재하는 경우 상관관계만으로 인과관계를 추론할 수 없다는 주장 역시 제시되어 있다.

④ 갑의 주장은 '확률 증가 원리가 성립하는 상관관계와 인과관계는 동치이다.'라고 할 수 있다. 을의 주장은 '확률 증가 원리가 성립하는 상관관계라 하더라도 인과관계가 성립하지 않는 경우가 존재한다.'라고 할 수 있다. 을의 주장은 갑이 인과관계라고 인정하는 사례 중 반례가 존재할 수 있다는 주장이라고도 볼 수 있다.

⑤ 갑의 주장은 '확률 증가 원리가 성립하는 상관관계와 인과관계는 동치이다.'라고 할 수 있다. 병의 주장은 '공통 원인의 부존재가 전제된다면 확률 증가 원리가 성립하는 상관관계와 인과관계는 동치이고 공통 원인은 존재하지 않는다.'라고 할 수 있다. 공통 원인이 존재하지 않는 경우 갑과 병의 인과관계 성립 여부에 대한 판단은 동일하다고 할 수 있다. 공통 원인이 존재하는 경우 갑은 인과관계가 성립한다고 판단하는 한편 병은 인과관계가 성립하지 않는다고 판단할 것이다. 그러므로 인과관계가 성립한다고 인정하는 사례는 갑이 병보다 더 많거나 같다.

합격생 가이드

주장이 짧고 논쟁의 내용이 간단해 답을 찾는 데 어려움이 없을 것으로 예상된다. 논쟁 유형의 문제를 대응함에 있어 각 주장이 어떤 쟁점에서 충돌하고, 어떤 쟁점에서 서로 동의하는지 유념하면서 지문을 분석한다면 보다 수월한 문제 풀이가 가능하다

17   답 ④

난도 ★★

정답해설

④ 1문단에 따르면 연천의 전곡리 유적은 주먹도끼가 우리나라에서 처음 발견된 유적이다. 또한 1문단에 따르면 주먹도끼는 전기 구석기 시대의 대표적인 석기이다. ㉠은 모비우스 라인 동쪽에서는 주먹도끼가 나타나지 않은 찍개 문화권으로 서쪽보다 인류의 지적 · 문화적 발전 속도가 뒤떨어졌다는 주장이다. 그러므로 학술 연구를 통해 전곡리 유적이 전기 구석기 시대의 유적으로 확증이 이루어진다면 ㉠의 모비우스 라인 동쪽에서 주먹도끼가 발견된 것으로 찍개 문화권이라는 주장을 반증한다고 할 수 있다.

오답해설

① ㉠은 모비우스 라인 동쪽에서는 주먹도끼가 나타나지 않은 찍개 문화권으로 서쪽보다 인류의 지적 · 문화적 발전 속도가 뒤떨어졌다는 주장이다. 그러나 두개골 크기에 대한 논의는 ㉠이나 지문에서 찾을 수 없다.

② 2문단에 따르면 주먹도끼를 만들기 위해서는 형식적 조작기 수준의 인지 능력이 필요하다. ㉠은 모비우스 라인 동쪽에서는 주먹도끼가 나타나지 않은 찍개 문화권으로 서쪽보다 인류의 지적 · 문화적 발전 속도가 뒤떨어졌다는 주장이다. 두 정보를 결합하면 ㉠은 모비우스 라인 동쪽에는 형식적 조작기 수준의 인지 능력을 갖춘 인류가 부족했다고 할 수 있다. 그러므로 형식적 조작기 수준의 인지 능력을 가진 인류가 구석기 시대에 동아시아에서 유럽으로 이동했다는 것은 오히려 ㉠을 약화한다고 할 수 있다.

③ 2문단에 따르면 주먹도끼를 만들기 위한 과정을 고려할 때 구석기인들의 지적 수준이 계획과 실행이 가능한 수준으로 도약했다는 것을 확인해 주는 부분이라는 정보가 제시되어 있다. 또한 2문단에 따르면 '주먹도끼를 제작할 수 있다는 것은 추상적 사고를 할 수 있으며 그런 추상적 개념을 언어로 표현하고 대화할 수 있다는 것을 의미한다.'라는 정보가 제시되어 있다. ㉠은 모비우스 라인 동쪽에서는 주먹도끼가 나타나지 않은 찍개 문화권으로 서쪽보다 인류의 지적 · 문화적 발전 속도가 뒤떨어졌다는 주장이다. 계획과 실행

을 할 수 있는 지적 수준의 인류가 거주했던 증거가 동아시아 전기 구석기 유적에서 발견되고는 오히려 ㉠을 약화한다고 할 수 있다.

⑤ 2문단에 따르면 주먹도끼의 용도로 사냥감의 가죽을 벗겨 내고, 구멍을 뚫고, 빻거나 자르는 등 다양한 작업이라고 제시하고 있다. ㉠은 모비우스 라인 동쪽에서는 주먹도끼가 나타나지 않은 찍개 문화권으로 서쪽보다 인류의 지적 · 문화적 발전 속도가 뒤떨어졌다는 주장이다. ㉠은 용도에 따른 지역간 차이에 대한 주장을 하고 있지 않다고 할 수 있다. 그러므로 동아시아에서는 주로 열매를 빻기 위해 석기를 제작하였고 모비우스 라인 서쪽에서는 주로 짐승 가죽을 벗기기 위해 석기를 제작하였다는 것은 ㉠과 무관한 내용이라고 할 수 있다.

합격생 가이드

강화, 약화 유형 문제를 해결하기 위해 가장 주목해야 할 대상은 강화 및 약화의 대상이 되는 주장이다. ㉠과 같이 대상이 지문의 뒷부분에 제시되어 있는 경우에는 우선 ㉠ 등이 정확히 어떤 주장이고 본문 나머지 부분과 어떻게 대응되는지 유의하면서 독해한다면 보다 정확한 문제 해결이 가능하다.

18   답 ②

난도 ★★★

정답해설

제시문의 내용을 정리하면 다음과 같다.

- A: 인간에게 인식적 의무가 있다.
- B: 자신의 의지만으로 어떤 믿음을 가질지 정할 수 있다.
- 전제1: A → B
- 전제2: ~B
- 결론: ~A

ㄴ. 보기 상 ㄴ의 '내 의지로는 믿고 싶지 않음에도 불구하고 믿을 수밖에 없는 경우들이 있다.'는 전제2와 같은 주장을 내용으로 하는 선지라고 할 수 있다 (~B).

오답해설

ㄱ. 보기 상 ㄱ의 '인간에게 인식적 의무가 없다는 것과 어떤 경우에는 자신의 의지만으로 어떤 믿음을 가질지 정할 수 있다는 것은 양립할 수 없다.'는 '인간에게 인식적 의무가 있다는 명제와 자신의 의지만으로 어떤 믿음을 가질지 정할 수 없다는 명제가 거짓이라는 명제는 동시에 참일 수 없다.'라고 표현할 수 있다. 이를 기호화하면 다음과 같다; (~(~A∧B)). 이는 (A∨~B)와 동치라고 할 수 있는데 인간에게 인식적 의무가 있다라고 주장하는 경우 논증을 약화하는 한편 ㄱ과 양립할 수 있다.

ㄷ. 보기 상 ㄷ의 '인간에게 인식적 의무가 있다는 것과 항상 우리가 자신의 의지만으로 어떤 믿음을 가질지 정할 수 있다는 것은 양립할 수 없다.'는 '인간에게 인식적 의무가 있다는 명제와 자신의 의지만으로 어떤 믿음을 가질지 정할 수 있다는 명제가 동시에 참일 수 없다.'라고 표현할 수 있다. 이를 기호화한다면 다음과 같다; (~(A∧B)). 이는 (~A∨~B)와 동치이다. 인식적 의무가 있다는 명제가 거짓인 경우 전제1 또는 전제2를 강화하지 않으면서 ㄷ과 양립할 수 있다.

논증의 형식으로 강화 및 약화의 대상이 제시되어 있을 때에는 ㄷ과 같은 선지에 주의를 기울야 한다. 전제와의 내용적 일치가 없이 결론과 동치인 경우 논증을 강화한다고 주장할 수가 없기 때문에 ㄷ은 논증을 강화한다고 할 수 없다. 똑같은 결론을 얘기한다고 해서 논리적 과정이 상이한 두 주장이 서로를 강화한다고 얘기할 수 없다는 점을 유의하자.

19

답 ⑤

난도 ★

정답해설

⑤ ㉠ 이후의 지문에 따르면 X에 따라 A1, A2, A3 중 도덕적으로 올바른 행위가 무엇인지 적절하게 판단할 수 없어야 한다. 선지의 행위가 그 행위자가 선택할 수 있는 다른 모든 행위에 비해 많은 행복을 산출하고 동시에 적은 고통을 산출이라는 기준에 따를 때 A1이 가장 많은 행복을 제공한다. 그러나 A1은 세 가지 선택지 중 가장 많은 고통을 산출한다. 반면 가장 적은 고통을 산출하는 A3의 경우 가장 적은 행복을 산출한다. 그러므로 선지의 기준에 따라 선택지 중 무엇이 도덕적으로 올바른 행위인지 알 수 없다.

오답해설

① ㉠ 이후의 지문에 따르면 X에 따라 A1, A2, A3 중 도덕적으로 올바른 행위가 무엇인지 적절하게 판단할 수 없어야 한다. 선지의 기준에 따라 A1, A2, A3 모두 도덕적으로 올바르다.

② ㉠ 이후의 지문에 따르면 X에 따라 A1, A2, A3 중 도덕적으로 올바른 행위가 무엇인지 적절하게 판단할 수 없어야 한다. 선지의 기준에 따라 A1, A3가 도덕적으로 올바르다.

③ ㉠ 이후의 지문에 따르면 X에 따라 A1, A2, A3 중 도덕적으로 올바른 행위가 무엇인지 적절하게 판단할 수 없어야 한다. 선지의 기준에 따라 A1, A2, A3 모두 도덕적으로 올바르다.

④ ㉠ 이후의 지문에 따르면 X에 따라 A1, A2, A3 중 도덕적으로 올바른 행위가 무엇인지 적절하게 판단할 수 없어야 한다. 선지의 기준에 따라 A1, A3가 도덕적으로 올바르다.

◆ 합격생 가이드

빈칸의 위치에 따라 빈칸 전의 지문보다 후의 지문이 더 중요한 때도 있다. 이 문제와 같이 이후 표와 내용에 따라 ㉠의 내용이 결정될 때는 이후 내용을 정확히 파악해서 선지의 내용에 따라 도덕적으로 올바른 행위가 결정되고 ㉠에는 아무런 결론도 나오지 않는 선지가 들어와야 한다는 사실을 미리 알아야 정확한 해결이 가능하다.

20

답 ③

난도 ★★

정답해설

갑. 지문에 따르면 Y의 입장은 (행복－고통)인 유용성이 제일 큰 선택지가 도덕적으로 올바르고 이러한 입장을 취하는 경우 X와 같이 선택하지 못하는 경우가 없다는 주장이다. A1의 유용성은 40, A2의 유용성은 40, A3의 유용성은 40이므로 지문의 X와 마찬가지로 도덕적으로 올바른 선택지를 고를 수 없다.

을. 지문에 따르면 Y의 입장은 (행복－고통)인 유용성이 제일 큰 선택지가 도덕적으로 올바르고 이러한 입장을 취하는 경우 X와 같이 선택하지 못하는 경

우가 없다는 주장이다. 을의 주장에 따르면 Y의 판단 기준이 되는 유용성이 선택 이후에도 유지되는 절대적인 기준이 아니라는 주장이라고 할 수 있다. 그러므로 을의 반박에 따르면 Y의 기준을 따르더라도 올바른 선택을 하지 못하는 경우가 있을 수 있다.

오답해설

병. 지문에 따르면 Y의 입장은 (행복－고통)인 유용성이 제일 큰 선택지가 도덕적으로 올바르고 이러한 입장을 취하는 경우 X와 같이 선택하지 못하는 경우가 없다는 주장이다. Y의 입장에 따르면 유용성이 음수가 나오더라도 가장 큰 값이라면 도덕적으로 올바른 행위이다. 그러므로 적절한 반박이 아니라고 할 수 있다.

◆ 합격생 가이드

Y의 입장은 크게 2부문으로 나누어져 있다는 것을 명심해야 정확한 문제 풀이가 가능하다. 갑의 주장의 경우 판단 기준에 관한 반박이고, 을의 주장은 판단 기준의 절대성에 대한 반박이다. 하나의 부문만을 고려하여 한쪽을 제외하는 실수는 피해야 한다.

21

답 ②

난도 ★

정답해설

② 2문단에 따르면 실시 여부를 수령이 재량으로 결정한 진제 방식은 사진이다. 2문단에 따르면 사진은 관곡을 사용하지 않았다.

오답해설

① 3문단에 따르면 초실이란 본래 가계가 넉넉한 사람이고 자활은 농사 이외의 다른 직업으로 생계를 유지하는 사람이라고 한다. 선지의 진제 대상자의 선정 과정에 대해 4문단의 상 등급 기준은 스스로 살아갈 수 있는 사람이며 사전 조사 여부가 어떤 식으로 반영되는지에 대한 정보가 제시되어 있지 않다.

③ 3문단에 따르면 경작 규모나 경제 형편과 관계없이 금년에 이앙을 마친 사람은 작농이다. 그러므로 선지의 조사하는 해에 이앙을 마친 농민이 지극히 가난한 소작농 역시 작농이다.

④ 4문단에 따르면 지급 시기에 관하여 '최종적으로 하로 분류된 사람들이 진제의 대상자가 되었으며, 그 안에서 다시 굶주림의 정도에 따라 지급 시기를 구분하여 곡식을 지급하였다.'라는 정보가 제시되어 있다. 그러나 굶주림의 정도가 심한 경우 더 이르게 지급하는지 또는 더 늦게 지급하는지에 대한 정보는 제시되어 있지 않다.

⑤ 3문단에 따르면 '빈궁이나 구걸로 기록되는 사람이라도 형제나 친척 중에 초실이 있으면 그들의 거주지와 인적사항을 함께 기록하였다.'는 정보가 제시되어 있다. 4문단에 따르면 구걸로도 끼니를 해결하지 못해 무상으로 지급되는 곡식 없이는 목숨 보전도 힘든 사람은 최종 선정 과정 중 하 등급에 대한 설명이다. 친인척이 초실인 경우 하 등급 대상자가 제외된다는 정보는 제시문상 찾을 수 없다.

◆ 합격생 가이드

대부분의 선지 상 근거를 하나의 문단 내에서 찾을 수 있는 상당히 쉽게 구성된 문제이다. 2문단의 각 진제 구조별 설명과 3문단의 사전조사, 4문단의 최종 결정을 정리하며 독해해서 선지에 접근한다면 정확한 문제 해결이 가능하다고 할 수 있다.

22

정답 ①

난도 ★★

정답해설

① 3문단에 따르면 소년은 40대나 50대 사람이더라도 상대에 따라 젊은 사람을 지칭하기도 한다. 또한 3문단에 따르면 자제는 특정한 신분에 있는 각 가문의 젊은 세대를 지칭한다. 그러므로 소년으로 불리는 40대나 50대의 사람 중 특정한 신분이 없거나 젊은 세대에 해당하지 않는다면 자제라고 불리지는 않았을 것이다.

오답해설

② 5문단에 따르면 청년은 젊은 시절을 의미하는 말이다. 청년의 부정적 용례에 대한 정보는 찾아보기 힘들다. 오히려 4문단에 따라 아직 성숙하지 못한 나이, 다소간 치기에서 벗어나지 못한 어린 또는 젊은 사람이라는 의미의 소년이 부정적 용례에 가깝다고 할 수 있다.

③ 1문단에 따르면 약년은 스무 살 즈음을 칭하는 표현이다. 선지의 충분히 노련하지 못한 어른은 4문단에 따르면 소년의 의미라고 할 수 있다.

④ 1문단에 따르면 약년은 스무 살 즈음을 칭하는 표현이다. 3문단에 따르면 소년은 40대나 50대 사람이더라도 상대에 따라 젊은 사람을 지칭하기도 한다. 그러므로 약년은 일부 소년을 포괄하지 못한다고 할 수 있다.

⑤ 3문단에 따르면 자제는 막연한 후손이라는 의미보다는 특정한 신분에 있는 각 가문의 젊은 세대라는 의미이다. 그러나 지문 상 자제가 높임 표현이었는지에 대한 정보를 찾을 수 없다.

◈ 합격생 가이드

유사한 의미를 가진 용어들을 비교하며 각 의미의 세부적인 범위를 물어보는 일치 부합 문제가 최근에 많이 출제되고 있다. 오답을 피하기 위해서는 교집합을 가지는 용어들 간 정확한 의미의 범위를 미리 정리하며 독해하는 것이 중요하다. 예컨대 3문단의 내용을 바탕으로 소년과 자제가 어느 경우 같은 대상을 지칭할 수 있고 어느 경우 지칭할 수 없는지 구분하는 등이 중요하다고 할 수 있다.

23

정답 ①

난도 ★★

정답해설

① 1문단에 따르면 1주 1의결권 원칙이 적용되는 주주총회에서 의결당 주식 비율에 따른 의결권을 가진다. 2문단에 따르면 단순투표제 하에서 각 안건당 의결의 대상이 되는 후보는 1명이고 이때 찬성 수가 가장 많은 경우 해당 1명의 이사를 선임할 수 있다. 3문단에 따르면 집중투표제 하에서 '25주를 가진 주주는 선임할 이사가 5인이기 때문에 총 125개의 의결권을 가지며 75주를 가진 지배주주는 총 375개의 의결권을 가진다.'는 정보를 통해 해당 의결에서 1주당 선임할 이사 수만큼의 의결권을 가진다는 사실을 알 수 있다. 그러므로 두 방식 모두에서 의결로 선임할 이사의 수와 1주당 의결권은 1대1의 관계에 있음을 알 수 있다.

오답해설

② 3문단에 따르면 집중투표제 하에서는 '각 주주는 자신의 의결권을 자신이 원하는 후보에게 집중하여 배분할 수 있다.'라는 정보가 제시되어 있다. 그러나 대주주가 선임될 이사 수가 많아지길 선호하는 지에 대한 설명은 제시되어 있지 않다.

③ 3문단에 따르면 집중투표제 하에서는 '각 주주는 자신의 의결권을 자신이 원하는 후보에게 집중하여 배분할 수 있다.'라는 정보가 제시되어 있다. 그러나 이는 2문단에 제시된 50% 미만을 보유하고 있는 주주 자신이 원하는 사

람을 한 명도 이사로 선임하지 못하게 되는 단순투표제의 단점을 보완한 것일 뿐 선지의 '소액주주는 본인이 원하는 최소 1인의 이사를 선임할 수 있다.'는 것이 가능하다는 정보는 제시되어 있지 않다.

④ 4문단에 따르면 정관에 집중투표에 관한 규정이 없는 경우, 옵트인 방식에 따른다면 명문으로 규정해야만 집중투표제가 가능하고 옵트아웃 방식에 따른다면 집중투표제가 가능하다. 선지의 상황이 옵트아웃 방식을 따를 경우 주주는 집중투표를 청구할 수 있다.

⑤ 2문단에 따르면 단순투표제 하에서는 각 이사 후보별로 안건 상정 후 의결 후 찬성 수를 가장 많이 얻은 안건 순으로 이사를 선임한다. 과반수를 얻은 안건의 수가 선임할 이사 수보다 많다면 찬성 수가 더 적은 이사 후보는 선임되지 않는다고 할 수 있다.

◈ 합격생 가이드

2문단과 3문단 간 비교, 4문단 내 비교 등 2가지 기준에 따른 비교가 이루어지는 지문이다. 각 비교 대상별로 구별되는 차이점을 유념하고 선지에 접근하면 부정확한 풀이를 피할 수 있다. 집중투표제에서 1주당 의결권 수와 같이 예시로 주어진 정보에 대한 해석 역시 필요하다.

24

정답 ②

난도 ★

정답해설

② 2문단에 따르면 강제노동 금지원칙에 관한 협약은 핵심협약이다. 또한 2문단에 따르면 ILO는 핵심협약을 비준하지 않고 있는 회원국에게는 미비준 이유와 비준 전망에 관한 연례 보고서 제출 의무를 부과하고 있다. 5문단에 따르면 우리나라는 노동에 있어서 기본적 원칙들과 권리에 관한 선언에서 열거한 4개 원칙 중 강제노동 금지원칙에 관한 협약을 체결하지 않았다.

오답해설

① 3문단에 따르면 고용정책 협약은 거버넌스 협약의 하나이다. 4문단에 따르면 일반협약은 핵심협약과 거버넌스협약을 제외한 ILO의 노동기준에 관한 모든 협약이다. 그러므로 고용정책 협약의 세부 주제에 관한 협약은 일반협약이 될 수 없다.

③ 5문단에 따르면 우리나라에서는 2021년 2월에는 결사 · 자유원칙 관련 협약에 대한 비준 절차가 진행 중이다. 3문단에 따르면 2008년의 공정한 세계화를 위한 사회적 정의에 관한 선언에서 열거한 협약은 모두 거버넌스 협약이다. 2문단에 따르면 결사 · 자유원칙 관련 협약은 핵심협약이다.

④ 4문단에 따르면 ILO 내 다른 협약에 대해 우선 적용되지 않는다는 특성을 지닌 협약은 일반 협약이다. 3문단에 따르면 2008년의 공정한 세계화를 위한 사회적 정의에 관한 선언에서 열거한 근로감독 협약은 거버넌스협약이다.

⑤ 3문단에 따르면 ILO는 미비준한 거버넌스협약에 대해 회원국에 별도의 보고 의무를 부과하지 않는다. 3문단에 따르면 노사정 협의협약은 거버넌스협약이다.

◈ 합격생 가이드

선지를 읽기 전, 지문으로부터 3가지 협약 종류를 비교하는 선지 구성을 예상할 수 있다. 따라서 선지를 읽는 과정 속에서 각 협약별 차이점과 특징을 미리 정리한다면 수월하게 선지를 해결할 수 있을 것이다.

25

답 ④

난도 ★★

정답해설

④ 3문단에 따르면 자율성 존중 원리의 위반 사례로 직접적 관련성이 적은 정보를 필요 이상으로 제공하는 경우를 제시하고 있다. 또한 3문단에 따르면 '의사가 관련된 정보를 환자에게 모두 밝히면 환자는 조종된 결정이 아닌 자신의 결정을 하게 될 것이고, 환자의 자율성은 존중될 것이다.'라는 정보가 제시되어 있다. 그러므로 의사가 많은 정보를 제공하지만 모든 정보가 아닐 경우 환자의 자율성이 존중되지 못할 수도 있다.

오답해설

① 1문단에 따르면 '의사는 치료를 시작하기 전에 환자의 동의를 얻어야 한다. 다른 말로 환자의 동의 없이 환자의 복지에 영향을 끼치는 처방을 하는 것은 의사에게 허용되지 않는다.'라는 정보가 제시되어 있다. 그러므로 치료가 시작되었다면 환자의 동의를 얻었을 것이다.

② 2문단에 따르면 '악행 금지의 원리에 근거해서, 환자에게 진실을 말하는 것이 환자의 복지에 해가 될 수 있다는 생각으로 기만이 정당화되었다.'라는 정보가 제시되어 있다. 1문단에 따르면 기만 금지 의무는 자율성 존중 원리에 기반을 두고 있다. 그러므로 의사가 환자를 기만하는 게 정당화되던 때에는 악행 금지의 원리에 따른 환자의 자율성 침해가 나타났다고 할 수 있다.

③ 알 수 있다. 1문단에 따르면 동의의 의무와 기만 금지 의무는 '자신에게 영향을 끼칠 치료에 관해 스스로가 결정할 기회를 환자에게 제공해야 한다는 자율성 존중 원리에 기반을 두고 있다.'는 정보가 제시되어 있다.

⑤ 2문단에 따르면 악행 금지의 원리에 근거해서, 환자에게 진실을 말하는 것이 환자의 복지에 해가 될 수 있다는 생각으로 기만이 정당화된다는 생각은 오늘날 더 이상 받아들여지지 않는다. 또한 2문단에 따르면 '진실 말하기에 관한 한, 악행 금지의 원리가 자율성 존중 원리와 서로 충돌하지 않는다고 생각한다.'라는 정보가 제시되어 있고 관련된 내용이 의사와 환자 상호교류 규제법에 규정되어 있다고 한다.

합격생 가이드

⑤의 '윤리적으로 정당화되지 않는다.'라는 내용 중 윤리적이라는 키워드가 지문 상 나오지 않아 선택하는 잘못을 하지 않는 것이 중요하다. 기출 지문 상 정답 선지는 단지 지문에 등장하지 않았다가 아닌 지문상 확실한 근거를 요구하는 경우가 많다. 답이라고 생각되는 선지에 대한 확실한 근거가 없다면 한번쯤 의심해 보는 것도 나쁘지 않다.

26

답 ④

난도 ★★

정답해설

ㄴ. 1문단에 따르면 단순 평등 사회에 대한 소망이 존재하지만 단순 평등 사회를 유지하기 위해서는 반복적인 국가의 개입과 통제가 필요하다. 선지의 지속 가능하지도 않고에 해당한다고 할 수 있다. 또한 1문단에 따르면 누구도 개인의 자유를 억압하는 사회를 원치 않는다고 하며 이것이 문제라고 지적하고 있다. 선지의 개인의 자유를 희생하면서까지 원하는 것이 아니다에 해당한다고 할 수 있다.

ㄹ. 2문단에 따르면 평등 사회 달성의 심각한 문제로서 하나의 사회적 가치가 불평등하게 분배되는 것이 정당한 이유 없이 다른 사회적 가치의 분배 문제에서까지 불평등을 유발할 수 있다는 것을 제시하고 있다. 이후 그 예시로 경제적 재화가 정치권력에, 또 정치권력이 사회적 지위에 영향을 미치는 경우를 제시하고 있다. 그러므로 ㄷ의 내용에 이러한 심각한 문제에 대한 대응

이 될 수 있는 하나의 사회적 가치에 대한 불평등이 다른 영역에서의 불평등으로 이어지는 것을 막는 것이 적절하다고 할 수 있다.

오답해설

ㄱ. 1문단에 따르면 단순 평등 사회에 대한 소망이 존재하지만 단순 평등 사회를 유지하기 위해서는 반복적인 국가의 개입과 통제가 필요하다. 그러므로 단순 평등 사회는 지속가능하지 않다고 할 수 있다.

ㄷ. 선지의 모든 사회적 가치 각각을 공정하게 분배하는 것은 1문단의 단순 평등 사회에 대한 내용이라고 할 수 있다.

ㅁ. 2문단에 따르면 경제적 불평등은 부정할 수 없는 현실이라고 한다. 선지의 하나의 사회적 가치를 공정하게 분배하는 것은 이러한 부정할 수 없는 현실에 대한 내용이라고 할 수 있다. 나아가 2문단 상 하나의 공정 분배로부터 전체의 공정성을 보장하는 내용을 찾아볼 수 없다.

합격생 가이드

문제의 빈칸들은 모두 '따라서~' 이후에 위치해 있다. 지문의 구성 상 빈칸은 각 문단의 주제 또는 핵심 내용에 대한 요약이라는 것을 쉽게 유추할 수 있다. 그러므로 각 문단에 대한 독해가 이루어지기만 한다면 큰 어려움 없이 적절한 선지를 고를 수 있을 것이라고 생각한다.

27

답 ①

난도 ★★

정답해설

① 1문단에 따르면 '공기가 최대한 가질 수 있는 수증기량은 온도가 내려갈수록 줄어들고, 공기의 수증기가 포화상태에 이르는 온도인 이슬점 온도보다 더 낮은 온도에서는 수증기가 응결하여 구름이 생성되거나 비가 내리게 된다.'라는 정보가 제시되어 있다. 2문단에 따르면 '공기가 일정 높이까지 상승하여 온도가 이슬점 온도에 도달한 후에는 공기 내 수증기가 포화하면 습윤 기온감률에 따라 온도가 내려간다. 공기의 상승 과정에서 공기 속 수증기는 구름을 형성하거나 비를 내리며 소모'된다는 정보가 제시되어 있다.

오답해설

② 1문단에 따르면 공기가 상승할 때 고도에 따른 온도 하강률을 기온감률이라는 정보가 제시되어 있고, '공기의 수증기가 포화상태일 경우에는 습윤 기온감률이 적용되고, 불포화상태일 경우에는 건조 기온감률이 적용되는데, 건조 기온감률은 습윤 기온감률에 비해 고도 차이에 따라 온도가 더 크게 변한다.'라는 정보 역시 제시되어 있다. 그러므로 같은 고도라도 공기가 가지고 있는 수증기의 양에 따라 고도가 달라질 수 있다는 것을 추론할 수 있다.

③ 3문단에 따르면 높새바람은 우리나라의 대표적인 푄 현상이다. 또한 3문단에 따르면 한랭 다습한 오호츠크해 고기압에서 불어오는 북동풍이 고온 건조한 성질의 바람으로 바뀐다.

④ 1문단에 따르면 습윤 기온감률은 공기의 수증기가 포화상태일 경우 적용되는 기온감률이다. 또한 1문단에 따르면 공기가 최대한 가질 수 있는 수증기량은 온도가 내려갈수록 줄어든다. 그러므로 공기 내 수증기량 증가는 습윤 기온감률이 적용되기 시작하는 고도가 낮아진다고 할 수 있다.

⑤ 1문단에 따르면 '공기가 상승하게 되면 기압이 낮아져 공기가 팽창하는 단열 팽창 현상 때문에 공기 온도가 내려간다.'라는 정보가 제시되어 있다.

합격생 가이드

추론 문제임에도 각 선지의 근거가 비교적 명확하게 제시되어 있다. 문제와 같은 과학적 원리에 대한 지문의 경우 고도의 변화와 같은 조건이나 상태의 변화가 어떤 결과를 가져오는 지 확인하고, 주된 논의의 대상이 되는 조건이 무엇인지 정리하면서 지문을 독해한다면 정확한 해결이 가능하다.

28

답 ②

난도 ★

정답해설

ㄷ. 4문단에 따르면 '구조물의 진동주기와 지진파의 진동주기가 일치하면 공명 현상이 발생하여 지진파의 진동에너지가 구조물에 주입되어 구조물에 더 큰 진동을 유발하고 결국 변형을 발생시킬 수 있다.'라는 정보가 제시되어 있다. 2문단에 따르면 응력 한계란 구조물이 약해진 상태로 변형되기 시작하는 동적 하중의 한계이다.

오답해설

ㄱ. 2문단에 따르면 진동의 원인은 일시적으로 가해진 하중이다.

ㄴ. 3문단에 따르면 공명 현상이란 '동주기가 같은 진동끼리 에너지를 주고받는 현상'이다. 4문단에 따르면 지진파에 의한 땅의 흔들림은 동적 하중의 일종이다. 제시문 상 하나의 동적 하중의 존재가 지진파의 공명 현상을 막는지에 대한 정보가 제시되어 있지 않다.

🔷 합격생 가이드

동적 하중, 정적 하중, 응력 한계, 공명 현상 등 용어와 각 용어를 풀어쓴 표현을 혼용한 선지가 나타나고 있다. 독해 과정에서 주요 용어의 지문상 의미에 대해 확인하고 선지를 해결한다면 큰 문제없이 해결할 수 있었을 것이다.

29

답 ⑤

난도 ★★

정답해설

⑤ 1문단에 따르면 A에게 정규직 노동자란 자신과 가족의 생활을 유지할 만큼 급여를 받는 피고용자를 의미한다. 2문단에 따르면 B에게 핵심부 노동자란 혼자 벌어 가정을 유지할 만큼의 급여를 확보하는 정규직 노동자이다.

오답해설

① 1문단에 따르면 A에게 정규직 노동자의 급여 수준은 각 사회의 '건강하고 문화적인 생활수준과 노사협의를 통해서 결정된다고 한다. 그러나 실질 급여 수준의 변화 방향에 대한 정보는 제시되어 있지 않다.

② 2문단에 따르면 B에게 주변부 노동자란 실업자를 포함해서 반주변부보다 열악한 상황에 놓인 노동자이다. 3문단에 따르면 산업화가 진행됨에 따라 비정규직화가 진행된다는 정보가 제시되어 있다. 그러나 주변부 노동자들에 대한 구별 기준에 대한 정보는 제시되어 있지 않다.

③ 3문단에 따르면 B는 선임자 특권에 의해 신규 채용을 회피하는 등 비정규직화의 강화와 청년 실업률 상승이 나타날 것이라고 생각한다. 그러나 제시문 상 A의 선임자 특권에 대한 견해를 찾아볼 수 없다.

④ 적절하지 않다. 1문단에 따르면 A는 산업화가 지속적으로 진전되면 세상의 모든 사람은 정규직 임금노동자가 된다고 예측했다. 또한 1문단에 따르면 정규직의 급여 수준은 각 사회의 건강하고 문화적인 생활수준과 노사협의를 통해서 결정된다.

🔷 합격생 가이드

독해 과정에서 3문단이 A와 B의 공통적인 의견이라고 판단하지 않도록 주의하는 것이 중요하다. 내용만 비교하더라도 비정규직화 등은 A의 의견과 반대된다는 것을 알 수 있으나, 각 주장당 문단을 하나씩만 배치했다고 생각했다고 착각하지 않아야 정확한 문제 해결이 가능할 것이다. 다른 선지들의 경우 비교적 쉽게 구성되어 큰 문제 없이 해결할 수 있을 것이다.

30

답 ⑤

난도 ★

정답해설

⑤ 3문단에 따르면 '학교의 다양성 증대라는 목적에는 동의한다.'는 정보가 제시되어 있다. 또한 '그러나 그 목적 실현을 위해, 인종이나 계층과 같은 특정 배경을 갖추지 못했다는 이유로 학생의 입학을 불허하는 일은 공정하지 않다고 주장한다.'는 정보가 제시된다.

오답해설

① 3문단에 따르면 B의 지지자는 소수집단 학생들에 대한 우대정책이 대학의 시민사회적 목적을 실현하고 공동선에 기여하는 일이라 생각한다고 한다. 2문단에 따르면 A의 지지자가 생각하는 우대의 정당성은 역사적 차별에 대한 보상이다. 선지의 소수집단 학생들을 교육하여 국가에 봉사하도록 하는 일이야말로 대학이 시민사회를 위해 해야 할 일은 B의 지지자 주장이라고 할 수 있다.

② 3문단에 따르면 B의 지지자는 여러 인종, 계층, 민족이 섞여 있는 것이 출신 배경이 비슷한 학생들이 모여 있을 때보다 서로에게서 많은 것을 배울 수 있어 바람직하다고 주장한다는 정보가 제시되어 있다. 또한 B의 반대자들이 '인종이나 계층과 같은 특정 배경을 갖추지 못했다는 이유로 학생의 입학을 불허하는 일은 공정하지 않다고 주장한다.'는 정보가 제시되어 있다. 선지의 대학 입학 심사에서 개인의 인종이나 민족과 같은 특성을 고려하는 일이 공정하지 않다는 B의 반대자 주장이라고 할 수 있다.

③ 2문단에 따르면 소수집단 학생들에 대한 우대 조치의 정당성은 역사적 차별에 대한 보상이다. 또한 2문단에 따르면 A의 반대자 주요 주장 중 하나로 보상을 받는 사람이 원래의 피해자가 아닌 경우가 있다고 한다. 선지의 그 학생의 노력에 대한 보상은 A 지지자의 역사적 차별에 대한 보상이라고 볼 수 없다.

④ 2문단에 따르면 A의 반대자는 보상하는 사람이 과거의 잘못에 대한 책임이 없는 사람인 경우가 많다고 지적한다. 그러므로 자신들이 피해를 준 것이 없음에도 보상을 해야 하는 경우가 있다고 할 수 있다.

🔷 합격생 가이드

제시문은 3문단으로 구성되어 있으나 크게 도입부, A 지지자, A 반대자, B 지지자, B 반대자 총 5개의 부분으로 나누어져 있다고 할 수 있다. 따라서 오답 선지의 구성이 각 부분과 부분에 대한 설명을 교차시켜 만들어질 것이라는 것을 쉽게 유추할 수 있다. 오답을 방지하기 위해 각 부분의 특징적인 부분을 미리 확인하면서 독해하는 것이 중요하다.

31

답 ③

난도 ★★

정답해설

ㄱ. 3문단에 따르면 밝은 곳에서 어두운 곳으로 이동할 때와 관련 있는 것은 교감신경이 활성화되고 그때 표적기관은 홍채의 부챗살근이다. 2문단에 따르면 교감신경이 활성화되면 교감신경의 절전뉴런 끝에서 신호물질인 아세틸콜린이 분비된다.

ㄴ. 3문단에 따르면 어두운 곳에서 밝은 곳으로 이동할 때 부교감신경이 활성화되고 홍채의 돌림근이 표적기관이다. 2문단에 따르면 부교감신경의 절후뉴런 끝에서는 아세틸콜린이 표적기관의 기능을 조절하기 위해 분비된다는 정보가 제시되어 있다. 3문단에 따르면 같은 상황에서 돌림근이 수축하고 두꺼워진다는 정보가 제시되어 있다.

오답해설

ㄷ. 2문단에 따르면 노르아드레날린은 교감신경의 절후뉴런 끝에서 표적기관의 기능을 조절하기 위해 분비되는 물질이다. 또한 아세틸콜린은 부교감신경의 절후뉴런 끝에서 표적기관의 기능을 조절하기 위해 분비되는 물질이다. 3문단에 따르면 돌림근은 부교감신경과, 부챗살근은 교감신경과 관련이 있다는 정보가 제시되어 있다. 그러므로 노르아드레날린은 부챗살근의 수축과 관련이 있고, 아세틸콜린은 돌림근의 수축과 관련이 있다고 할 수 있다.

◆ 합격생 가이드

화학물질이나 신체부위 등 복잡한 용어가 키워드로 사용되고 있을 때 제시문 상에 표기해서 헷갈리지 않도록 하는 것이 정확한 문제 해결에 도움이 된다. 이 문제의 교감과 부교감신경 및 각 신경별 물질의 차이 등을 교차시킨 선지가 등장하는 만큼 관련성 있는 용어들끼리 분류에 신경을 쓸 필요가 있다.

32

답 ②

난도 ★★

정답해설

㉠ 촛불의 연소와 동물의 호흡이 지속되기 위해서는 산소가 포함된 공기가 제공되어야 한다는 정보가 제시되어 있다. 그러므로 산소가 생산된다는 결론을 얻기 위해서는 연소 또는 호흡의 지속이 필요하다고 할 수 있다. 이에 해당하는 것이 ㄱ과 ㄴ이다. ㄱ의 경우 ㉡에 적절하다고 할 수 있으므로 ㄴ이 ㉠에 적절하다.

㉡ ㄱ, ㄴ 이후의 내용에 따라 ㉡에는 산소 생산에 대한 내용과 더불어 빛의 제공여부에 따라 비교집단과 대상집단이 나뉘는 실험이 들어오는 것이 적절하다. ㄱ의 쥐와 식물의 생존은 산소 생성 여부에 대한 내용이라고 할 수 있으며 빛의 제공 여부에 대한 차이를 두었다는 것을 알 수 있다.

㉢ ㄷ 이후의 내용에 따라 빛과 이산화탄소 유무에 따른 광합성 여부에 대한 내용이 들어오는 것이 적절하다. ㄷ의 경우 빛이 있고 이산화탄소가 없는 경우, 빛이 없고 이산화탄소가 있는 경우, 둘 다 있는 경우를 비교하는 내용을 제시하고 있다.

◆ 합격생 가이드

㉠과 ㉡에 적절한 선지를 구별하는 것이 문제의 핵심이다. 둘 다 산소 생산에 대한 내용을 담고 있지만 빈칸 이후의 결론으로부터 ㉡의 경우 빛에 대한 내용을 추가로 요구한다는 점을 알 수 있다. 이와 같이 비슷한 내용의 빈칸을 채울 때 양자의 차이점을 유념하며 선지를 분석하는 것이 중요하다.

33

답 ⑤

난도 ★★

정답해설

㉠ 1문단에 따르면 X 또는 Y의 내용은 쓰레기를 집으로 가져가는 것과 쓰레기를 해변에 버리고 가는 것이다. 3문단에 따르면 '쓰레기를 집으로 가지고 가는 번거로운 행동이 해변의 상태에 유의미한 변화를 가져오지 않는다면 그 번거로운 행동을 피하는 것을 선호하는 생각이 전제되어 있다.'라는 정보가 제시되어 있다. Y가 쓰레기를 집으로 가져가는 것이라고 가정하자. 이 경우 다른 사람들이 Y를 행할 경우 2문단에 따라 선택자의 행위와 상관없이 해변에는 쓰레기가 없을 것이다. 그러므로 선택자의 행위는 유의미한 변화를 가져오지 않아 번거로운 Y를 피하고 쓰레기를 버리는 X를 선택할 것이다. 그러

나 질문 (2)에 대한 대답으로 Y가 제시되어 있다. 그러므로 Y는 쓰레기를 해변에 버리고 가는 것이며, ㉠에 적절한 것도 번거로운 행동을 피하는 선택인 Y가 적절하다고 할 수 있다.

㉡ 1, 2, 3문단에 따라 X는 쓰레기를 집으로 가져가는 것, Y는 쓰레기를 해변에 버리고 가는 것이라는 사실을 알 수 있다. 3문단에 따라 당신이 다른 조건이 모두 동등할 경우 해변이 버려진 쓰레기로 난장판이 되는 것보다 그렇게 되지 않는 것을 선호한다면 해변의 상태가 쓰레기가 없는 한편 3문단에 따라 번거로운 행동인 X를 하지 않는 경우를 가장 선호하게 되며 그 내용이 ㉡에 적합하다는 것을 알 수 있다. 그러므로 (다)가 가장 적절하다고 할 수 있다.

◆ 합격생 가이드

X와 Y가 각각 무엇인지 알아내는 것이 정확한 해결의 핵심이라고 할 수 있으나 알지 못하더라도 ㉠을 해결할 수 있다. (1), (2)에 대하여 3문단의 내용을 제대로 파악한다면 선택자는 다른 사람들의 행동과 상관없이 번거로운 행동을 피하는 선택을 할 것이라는 점에서 ㉠에는 (2)에 대한 답변과 마찬가지로 Y가 무조건 위치할 것이다. 이처럼 단순화해서 사고한다면 용이한 문제 풀이가 가능한 경우가 있다.

34

답 ③

난도 ★

정답해설

제시문의 내용을 정리하면 다음과 같다.

- 조건1: 수∨양∨가
- 조건2: ~(수∧양)
- 조건3: ~미∨수
- 조건4: 양 → 우
- 조건5: 가 → 미

ㄱ. 수지가 대상이 아니라고 가정하자(~수). 조건3과 선언삼단논법에 따라 미영이 대상이 아니다. 조건5의 대우에 따라 가은이 대상이 아니다. 조건1과 선언삼단논법에 따라 양미가 대상이다. 조건4에 따라 우진은 대상이다.

ㄷ. 양미가 대상이라고 가정하자(양). 조건4에 따라 우진은 대상이다. 조건2와 선언삼단논법에 따라 수지는 대상이 아니다. 조건3과 선언삼단논법에 따라 미영이 대상이 아니다. 조건5의 대우에 따라 가은이 대상이 아니다. 그러므로 수지, 우진, 미영, 양미, 가은 중 양미와 우진 총 2명만이 대상이 된다.

오답해설

ㄴ. 가은이 대상이라고 가정하자(가). 조건5에 따라 미영도 대상이다. 조건3과 선언삼단논법에 따라 수지도 대상이다. 조건2에 따라 양미는 대상이 아니다. 주어진 조건만으로 우진과 가은의 대상성을 결정할 수 없다. 우진이 대상이 아닌 경우가 참인 것이 가능함으로 선지의 내용은 적절하지 않다고 할 수 있다.

◆ 합격생 가이드

기호화만 정확히 한다면 쉽게 조건들을 활용해 경우의 수가 대부분 확정되는 쉬운 논리퀴즈이다. 그러므로 기호화 과정에서 정확한 작업이 문제 해결을 위해 가장 중요하다.

35

답 ⑤

난도 ★★

정답해설

제시문의 내용을 정리하면 다음과 같다.

(단, ∀x: 보편양화사, ∃x: 존재양화사)

- 조건1: ~(∃x)(논∧인∧과∧언)
- 조건2: (∀x)(논 → 인)
- 조건3: (∃x)(인∧과)
- 조건4: (∀x)(~언 → ~과)

ㄱ. 〈인식론〉과 〈과학철학〉을 둘 다 수강하는 임의의 학생을 가정하자(조건3). 이 학생은 조건4의 대우에 따라 〈언어철학〉을 수강한다. 조건1에 따라 이 학생은 〈논리학〉을 수강하지 않는다.

ㄴ. 〈논리학〉과 〈과학철학〉을 둘 다 수강하는 어떤 학생이 존재한다고 가정하자. 조건2에 따라 이 학생은 〈인식론〉을 수강한다. 조건4의 대우에 따라 이 학생은 〈언어철학〉도 수강한다. 그러나 이런 상황은 조건1에 위배된다. 그러므로 최초의 가정은 참일 수 없다.

ㄷ. 〈인식론〉과 〈과학철학〉을 둘 다 수강하는 임의의 학생을 가정하자(조건3). 이 학생은 조건4의 대우에 따라 〈언어철학〉을 수강한다.

📖 **합격생 가이드**

기초적인 양화논리를 활용한 논리 문제들이 기출에서 등장하고 있다. ㄱ과 ㄷ 같이 존재한다는 것을 내용으로 하는 선지는 일반적으로 존재한다는 정보를 담고 있는 조건에서부터 도출될 수 있다는 사실을 유념하여 접근할 필요가 있다. 예컨대 ㄱ과 ㄷ의 해결을 위해 존재에 대한 유일한 조건인 조건3을 바탕으로 도출해 본다면 보다 빠른 풀이가 가능하다.

36

답 ②

난도 ★★

정답해설

② 갑의 발언과 을의 발언은 동시에 참일 수 없으며, 갑의 발언과 정의 발언은 동시에 참일 수 없다. 무의 발언과 을의 발언도 동시에 참일 수 없고, 무의 발언과 정의 발언은 동시에 참일 수 없다. 그러므로 갑과 무의 진리값은 항상 같고, 을과 정의 진리값은 항상 같다. 세 명의 진술은 참이고 두 명의 진술은 거짓이다. 그러므로 병의 발언은 항상 참이다. 제시문에 따라 서류심사 탈락자는 2명이다. 갑과 무의 발언이 참인 경우 서류 탈락자는 을과 병이다. 을과 정의 발언이 참인 경우 갑과 을이 서류 탈락자이다. 그러므로 을은 서류심사에서 탈락했다는 선지는 반드시 참이다.

오답해설

① 을과 정의 발언이 참인 경우 갑은 서류심사에서 탈락했다.

③ 갑과 무의 발언이 참인 경우 병은 서류심사에 탈락했다.

④ 갑과 무의 발언이 참인 경우 정이 면접에서 탈락하는 경우가 가능하다.

⑤ 갑과 무의 진리값은 항상 같고, 을과 정의 진리값은 항상 같다. 세 명의 진술은 참이고 두 명의 진술은 거짓이다. 그러므로 병의 발언은 항상 참이다.

📖 **합격생 가이드**

면접자를 서류탈락자, 면접탈락자, 관리자 3가지 집단으로 분류해서 각 대상의 발언을 파악한다면 문제를 신속하게 해결할 수 있다. 이러한 경우 연수과정의 결과가 3가지 경우만이 발생한다는 것을 알 수 있어 선지를 쉽게 해결할 수 있게 된다.

37

답 ⑤

난도 ★★★

정답해설

제시문의 내용을 정리하면 다음과 같다.

(1) NT → NT∨(CT∧참이다)

(2) NT∨(CT∧참이다) → 참일 가능성이 있는 진술

(3) 참일 가능성이 있는 진술 → 거짓일 가능성이 있는 진술

(4) NT → 거짓일 가능성이 있는 진술

㉠ 참일 가능성이 있는 진술 ↔ NT∨CT∨CF

㉡ 참일 가능성이 있는 진술 ↔ CT∨CF

ㄱ. ㉠으로 이해하는 경우 (2)의 주장은 다음과 같이 나타낼 수 있다. NT∨(CT∧참이다) → NT∨CT∨CF. 전건이 참이면서 후건이 거짓이 되는 경우를 상상할 수 없다. 그러므로 (2)는 참인 전제가 된다고 할 수 있다.

ㄴ. ㉡으로 이해하는 경우 (3)의 주장은 다음과 같이 나타낼 수 있다. CT∨CF → 거짓일 가능성이 있는 진술. CT와 CF 모두 필연적으로 참이거나 거짓인 경우가 아니다. 상황에 따라 거짓인 경우를 상상할 수 있다. 그러므로 (3)은 참인 전제가 된다고 할 수 있다.

ㄷ. ㉠으로 이해하는 경우 (3)의 주장은 다음과 같이 나타낼 수 있다. NT∨CT∨CF → 거짓일 가능성이 있는 진술. NT인 경우 즉, 필연적으로 참인 진술을 가정하자. (3)에 따르면 이 필연적으로 참인 진술은 거짓일 가능성이 있는 진술이다. 2문단에 따르면 필연적으로 참인 진술은 거짓일 가능성이 없는 진술이다.

📖 **합격생 가이드**

제시문 상 논증이 가지고 있는 문제의식이 참, 거짓의 세분화된 표와 어떻게 연계되는지 파악하는 것이 중요하다. 특히 기호화 과정에서 선언이 가지고 있는 언어적 의미를 바탕으로 (3) 선지와 같은 주장을 헷갈리지 않고 처리하는 것이 정확한 문제 해결에 중요하다고 생각한다.

38

답 ⑤

난도 ★★

정답해설

ㄱ. 2문단에 따르면 유전자 X의 발현이 억제된다면 초기 생식소가 난소로 분화되고 암컷 성체로 발달한다. 선지의 α가 염색체상 수컷인 거북 배아의 미분화 생식소 내에서 유전자 X의 발현을 억제한다면 α가 염색체상 수컷인 거북 배아를 여성화한다.

ㄴ. 1문단에 따르면 아로마테이즈 발현량이 많아지거나 활성이 커지면 호르몬 A에서 호르몬 B로의 전환이 더 많이 나타난다. 3문단에 따르면 β에 수십 일 동안 노출된 성체 수컷 개구리는 혈중 호르몬 A의 양은 노출되지 않은 암컷 개구리와 비슷했고 노출되지 않은 수컷 개구리보다 매우 적게 되는 정보를 알 수 있다.

ㄷ. 3문단에 따르면 거북 배아가 성체로 발달하는 동안 생식소 내에서 생성되는 호르몬 A의 양과 아로마테이즈의 발현량은 에 노출되지 않은 거북 배아에 비해 별다른 차이가 없었다는 정보가 제시되어 있다. 그러나 호르몬 A가 만들어지는 양이 감소한다는 결과가 나타난다면 ㉢의 반례에 해당한다고 할 수 있다.

합격생 가이드

이와 같이 실험과 연구결과에 관한 문제를 해결할 때 ㉠, ㉡, ㉢ 상 가설의 내용과 관련된 변수들을 파악한다면 어떤 새로운 정보가 강화 또는 약화시키는지 좀 더 손쉽게 알 수 있다.

합격생 가이드

선택3과 선택4의 해석이 다소 복잡하다고 느낄 수 있다. 선택3을 '꺼낸 구슬이 붉은색이거나 노란색이면 1만 원을 받고, 그 이외의 경우에는 아무것도 받지 못한다.'에서 '꺼낸 구슬이 검정색이 아니면 1만 원을 받고, 그 이외의 경우에는 아무것도 받지 못한다.'로 바꾸고 선택4를 '꺼낸 구슬이 검은색이거나 노란색이면 1만 원을 받고, 그 이외의 경우에는 아무것도 받지 못한다.'에서 '꺼낸 구슬이 붉은색이 아니면 1만 원을 받고, 그 이외의 경우에는 아무것도 받지 못한다'로 바꾼다면 보다 쉽게 선지를 해결할 수 있다.

39

답 ⑤

난도 ★

정답해설

ㄱ. 4문단에 따라 합리적 선택이란 최악의 상황을 피하는 선택이다. 선지의 붉은색 구슬이 15개로 바뀐다는 경우 선택1의 확률은 1/6으로 감소한다. 검은색을 뽑을 확률을 b라고 하자. 선택자는 합리적 선택의 경우 선택1을 택하고 기댓값 최대화 원리에 따라 같은 선택을 하게 된다면 (1/6>b)를 만족해야 한다. 선택 3과 4에 있어서도 합리적 선택의 경우 선택 4를 택하고 이 경우 기댓값 최대화 원리로 만족시키기 위해서는 (1−b<5/6)을 만족시켜야 한다. 그러나 두 조건은 양립 불가능하고 ㉠은 여전히 성립한다.

ㄴ. ㉠은 5문단의 선택이 합리적 선택임을 전제로 이루어진 경우라고 할 수 있다. 선지처럼 해당 선택들이 합리적인 결정이 아니라면 충돌의 대상이 될 합리적 결정이 무엇이고 충돌이 이루어지는지 알 수 없다.

ㄷ. 5문단은 임의의 확률 b를 바탕으로 기댓값 최대화 원리를 가정하여 적용하고 있다. 선지의 '정확한 정보가 주어지지 않은 경우에는 기댓값 사이의 크기를 비교할 수 없다'를 받아들인다면 항아리 문제는 결론을 도출하는 것이 가능하지 않다고 할 수 있다.

합격생 가이드

확률의 크기에 대한 논의가 제시문 상 이루어지고 있지만, 가장 핵심적인 논쟁은 확률이 확정적이냐 불확정적이냐의 문제라는 것을 파악한다면 비교적 쉽게 문제를 해결할 수 있다. ㄱ이 헷갈리는 경우 5문단의 논리적 구조를 따라 전개해본다면 쉽게 확인할 수 있다.

40

답 ③

난도 ★★

정답해설

ㄱ. 보기에 따라 내기1에서는 양자가 동일한 선택을 해 차이가 없다. 그러므로 갑과 을이 같은 액수의 상금을 받았다면 선택3과 선택4 역시 동일한 보상을 받는 경우인 노란색 구슬을 뽑았을 때 뿐이다.

ㄴ. 검은색 구슬이 뽑힐 확률이 b라고 가정하자. 5문단에 비추어 갑의 선택이 가지는 기댓값은 4/3−b만 원이다. 이외에 가능한 조합은 1만 원, 2/3+b만 원이 있다. 이때 b는 1/3보다 작아야 한다. 1문단에 따라 전체 공이 90개이므로, 30개보다 적을 경우 갑의 선택은 기댓값이 가장 큰 선택지이다.

오답해설

ㄷ. 갑이 을보다 더 많은 상금을 받는 경우는 붉은색 공을 뽑아 2만 원을 받는 경우이다. 이때 확률은 1/30이다. 그렇지 않은 경우는 그 외 모든 여집합으로 확률이 2/30이다.

2021 7급 PSAT 언어논리 기출문제

01	02	03	04	05	06	07	08	09	10
④	①	①	④	⑤	①	③	④	③	②
11	12	13	14	15	16	17	18	19	20
③	④	⑤	②	④	⑤	③	③	③	①
21	22	23	24	25					
①	②	⑤	④	③					

01

답 ④

난도 ★★

정답해설

④ 1문단에 따르면 오늘날 태극기의 우측 하단에 위치한 괘는 땅을 상징하는 곤괘이다. 3문단에 따르면 고종이 조선 국기로 채택한 기의 우측 하단에 위치한 괘는 조선의 기의 좌측 하단에 있는 괘이며, 2문단에 따르면 조선의 기의 좌측 하단에 있는 괘는 곤괘임을 알 수 있다.

오답해설

① 2문단에 따르면 『해상 국가들의 깃발들』이 만들어진 시기는 1882년 6월이다. 3문단에 따르면 통리교섭사무아문이 각국 공사관에 국기를 배포한 것은 1883년 이후이다. 그러므로 미국 해군부가 『해상 국가들의 깃발들』을 만들면서 배포된 국기를 수록하는 것은 가능하지 않다고 할 수 있다.

② 2문단에 따르면 태극 문양을 그린 기는 개항 이전에도 여러 개가 있었고 태극 문양과 4괘만 사용한 기는 개항 후에 처음 나타났다는 사실이 제시되어 있다. 동 문단에 따르면 이응준이 만든 기는 1882년 5월에 만들어졌고 태극 문양과 4괘로 이루어져 있다고 짐작되고 있다. 그러므로 이응준이 기를 만든 시기는 개항 이후라고 짐작할 수 있고, 개항 이전이라고 하더라도 최초로 태극 무늬를 사용한 기라고 할 수는 없다.

③ 3문단에 따르면 통리교섭사무아문이 배포한 기의 우측 상단에 있는 괘는 조선의 기 좌측 상단에 있는 괘이다. 동 문단에 따르면 조선의 기 좌측 하단에 있는 괘는 조선 국기의 우측 하단에 있다. 그러므로 통리교섭사무아문이 배포한 조선 국기의 우측 상단에 있는 괘와 조선의 기 좌측 하단에 있는 괘가 상징하는 것은 같지 않다.

⑤ 2, 3문단에 따르면 박영효가 그린 기의 좌측 상단에 있는 괘는 건괘이고, 이응준이 그린 기의 좌측 상단에 있는 괘는 감괘이다. 1문단에 따르면 건괘는 하늘을 감괘는 물을 상징한다. 그러므로 박영효가 그린 기의 좌측 상단에 있는 괘는 하늘을 상징하고 이응준이 그린 기의 좌측 상단에 있는 괘는 물을 상징한다.

◆ **합격생 가이드**

시기별로 상이한 태극기 3개가 주어진 한편 각각의 4괘의 배치가 장치로서 주어져 있다는 점에 주목할 필요가 있다. 오답 선지는 서로 다른 태극기 간의 내용을 교차시켜 구성될 것이라는 점에 착안하여 독해 과정에서 미리 정리해두며 접근하는 한편, 각 괘의 경우 미리 정리하기보다는 글의 내용과 선지의 내용을 오가면서 확인하는 것이 더 신속한 문제해결에 도움이 된다고 할 수 있다.

02

답 ①

난도 ★

정답해설

① 갑의 세 번째 발언에 따르면 조례를 제정하도록 위임한 사항 10건 중 7건은 조례 제정, 2건은 입법 예고 중이라는 것을 알 수 있다. 을의 세 번째 발언에 따르면 모든 조례는 입법 예고를 거친 뒤 시의회에서 제정된다는 정보가 제시되어 있다. 그러므로 입법 예고가 필요한 사항은 1건이 존재한다는 사실을 알 수 있다.

오답해설

② 갑의 첫 번째 및 두 번째 발언에 따르면 조례 제정 비율이란 1월 1일부터 12월 31일까지 법률에서 조례를 제정하도록 위임한 사항 대비 12월 31일까지 조례로 제정된 사항의 비율이다. 갑의 세 번째 발언에 따르면 대화의 시점은 7월 10일이라는 것을 알 수 있다. 그러므로 12월 31일까지 법률에 의해 추가적으로 조례를 제정하도록 위임될 사항의 수를 알 수 없으므로 올 한 해의 조례 제정 비율을 알 수 없다.

③ 갑의 세 번째 발언에 따르면 대화의 시점은 7월 10일이라는 것을 알 수 있다. 갑의 네 번째 발언에 따르면 입법 예고 중인 2건의 제정 가능성에 대해 단정하기 어렵다. 그러므로 입법 예고 중인 2건의 제정 가능성과 올해 12월 31일까지 법률에 의해 추가적으로 조례를 제정하도록 위임될 사항의 수를 알 수 없으므로 올 한 해 총 조례 제정 건 수를 알 수 없다.

④ 갑의 첫 번째 및 두 번째 발언에 따르면 조례 제정 비율이란 1월 1일부터 12월 31일까지 법률에서 조례를 제정하도록 위임한 사항 대비 12월 31일까지 조례로 제정된 사항의 비율이다. 갑의 세 번째 발언에 따르면 조례를 제정하도록 위임한 사항은 10건, 조례로 제정된 건수는 7건이다. 그러므로 현재 시점을 기준으로 조례 제정 비율은 70%($=\frac{7}{10}\times 100$)라고 할 수 있다.

⑤ 갑의 세 번째 발언에 따르면 대화의 시점은 7월 10일이라는 것을 알 수 있다. 7월 10일부터 12월 31일까지 5건 미만의 사항이 추가적으로 위임 받을 것이라는 사실을 알 수 없다. 그러므로 올 한 해 법률에서 조례를 제정하도록 위임 받은 사항이 작년보다 줄어들 것이라고 할 수 없다.

◆ **합격생 가이드**

각 선지의 정오판단이 쉽게끔 구성된 만큼 실수하지 않도록 핵심 조건들을 잘 확인하는 것이 중요하다. 갑의 세 번째 발언 상 '7월 10일 현재까지' 및 을의 세 번째 발언 상 '모든 조례는 ~' 등이 이에 해당한다고 할 수 있다.

03

답 ①

난도 ★

정답해설

① 표에 따르면 외부 참여 가능성이 높은 모형은 C이다. 4문단에 따르면 C는 관료제의 영향력이 작고 통제가 약한 분야에서 주로 작동한다.

오답해설

② 표에 따르면 상호 의존성이 보통인 모형은 B이다. 2문단에 따르면 배타성이 매우 강해 다른 이익집단의 참여를 철저하게 배제하는 것이 특징인 모형은 A이다.

③ 표에 따르면 합의 효율성이 높은 모형은 A이다. 3문단에 따르면 B는 A보다 정책 목표를 더 효과적으로 달성할 수 있다. 그러므로 A가 가장 효과적으로 정책 목표를 달성할 수 있다고 할 수 없다.

④ 2, 3문단에 따르면 각 모형 상 이익집단의 정책 결정 영향력에 대한 모형 간 비교에 대한 정보가 제시되어 있지 않다.

⑤ 4문단에 따르면 C에서는 참여자가 수시로 변경되며 참여자 수가 많아 정부 등에 따른 의견 조정이 나타난다는 사실이 제시되어 있다. 그러나 참여자 수와 네트워크의 지속성 간 상관관계에 대한 정보가 제시되어 있지 않다.

합격생 가이드

표와 문단 구성이 매우 친절하게 제시되어 있어 지문을 읽지 않고 선지를 먼저 보더라도 쉽게 해결할 수 있는 문제이다. ①, ②의 경우 모형 간 특성을 헷갈리지 않도록, ③~⑤의 경우 없는 정보를 있다고 판단하지 않도록 주의가 필요하다.

04
답 ④

난도 ★

정답해설

ㄴ. 4문단에 따르면 FD 방식은 입자가 구별되지 않고 하나의 양자 상태에는 하나의 입자만 있을 수 있다. 그러므로 두 개의 입자는 항상 다른 양자 상태에 있고, 그 경우의 수는 양자 상태의 수 n에 대하여 $\dfrac{n(n-1)}{2}$ 이다. 그러므로 양자 상태가 1개 이상이면 양자 상태의 가짓수가 많아짐에 따라 경우의 수는 커진다.

ㄷ. 2문단에 따르면 MB 방식은 입자의 구별이 가능하고 하나의 양자 상태에 여러 개의 입자가 있을 수 있다. 3문단에 따르면 BE 방식은 입자의 구별이 가능하지 않고 하나의 양자 상태에 여러 개의 입자가 있을 수 있다. 그러므로 양자 상태가 2가지 이상이면 MB 방식의 경우의 수는 n^2, BE 방식의 경우의 수는 $n(n-1)$이다.

오답해설

ㄱ. ⌐aa⌐, ⌐a⌐a⌐, ⌐aa⌐ 이므로 경우의 수는 3이다.

합격생 가이드

세 가지 해석 방식에 대한 비교가 이루어지고 있는데 주어진 조건들을 바탕으로 경우의 수가 MB>BE>FD 순으로 나타날 것이라고 추론할 수 있다. 이를 바탕으로 각 선지를 판단한다면 비교적 쉽게 문제를 해결할 수 있다.

05
답 ⑤

난도 ★★

정답해설

⑤ 3문단에 따르면 학습된 공포 반응을 일으키는 경우 학습 전에 비해 측핵으로 전달되는 신호의 강도가 강화된다. 4문단에 따르면 학습된 안정 반응을 일으키는 경우 학습 전에 비해 측핵으로 전달되는 신호의 강도가 약화된다. 그러므로 두 경우 모두 측핵으로 전달되는 신호의 세기가 달라졌다고 할 수 있다.

오답해설

① 4문단에 따르면 학습된 안정 반응은 중핵이 아닌 선조체에서 반응이 세게 나타나며 일어난다.

② 3문단에 따르면 학습된 공포 반응은 청각시상과 측핵, 중핵 등에 의해 나타나는 반응이고 선조체와 관련된 정보는 제시되어 있지 않다. 또한 학습된 공포 반응을 일으키지 않는 소리 자극에 대한 정보는 제시되어 있지 않다.

③ 1, 3문단에 따르면 학습된 공포 반응은 청각시상으로 전달된 소리 자극 신호가 측핵으로 강화되어 전달되며 나타난다. 4문단에 따르면 청각시상으로부

터 측핵으로의 자극 신호가 억제되는 것은 학습된 안정 반응과 관련된 내용이다.

④ 3, 4문단에 따르면 각 소리 신호가 학습 전과 비교하여 강화, 약화되었는지에 대한 정보만이 제시되어 있다. 그러나 K가 각 실험에서 제시한 소리 자극이 같았는지 여부와 실험 간 소리 자극 신호 강도의 비교에 관한 정보는 제시되어 있지 않다.

합격생 가이드

실험을 소재로 하는 문제의 경우 실험의 구조를 파악하는 것이 중요하다. 1문단과 같이 소리 자극의 반응 경로 등 제시되는 제반 내용을 바탕으로 이후 내용을 해석한다는 식의 독해 방식을 취하는 것이 문제 해결에 유리하다. 해당 문제의 경우 선지 구성이 쉽게 이루어져 그냥 읽더라도 해결이 가능해 보이나 조금 더 복잡한 실험 내용에 대비하여 미리 준비하는 것이 좋다.

06
답 ①

난도 ★★

정답해설

① 2문단에 따라 A가 참가하는 것이 성립하기 위해서는 빈칸에는 갑이나 을이 수석대표를 맡는다는 사실을 뒷받침할 내용이 필요하다. 갑이 고전음악 지휘자이며 전체 세대를 아우를 수 있다면 1문단에 따라 갑은 수석대표를 맡는다. 따라서 갑이나 을이 수석대표를 맡는다는 것은 참이다. 그러므로 2문단 세 번째 문장에 따라 A가 공연예술단에 참가하게 된다.

오답해설

② 2문단에 따라 A가 참가하는 것이 성립하기 위해서는 빈칸에는 갑이나 을이 수석대표를 맡는다는 사실을 뒷받침할 내용이 필요하다. 1문단에 따르면 갑이나 을이 수석대표를 맡기 위해서는 전체 세대를 아우를 수 있는 사람이어야 한다. 그러나 갑이나 을이 대중음악 제작자 또는 고전음악 지휘자라는 명제만으로는 갑이나 을이 전체 세대를 아우를 수 있는 사람인지 알 수 없다.

③ 2문단에 따라 A가 참가하는 것이 성립하기 위해서는 빈칸에는 갑이나 을이 수석대표를 맡는다는 사실을 뒷받침할 내용이 필요하다. 1문단에 따르면 정부 관료 가운데 고전음악 지휘자나 대중음악 제작자는 없다. 그러나 이는 정부 관료가 아니라면 고전음악 지휘자이거나 대중음악 제작자라는 의미하지 않고, 오직 고전음악 지휘자이거나 대중음악 제작자라면 정부 관료가 아니라는 것만을 의미한다.

④ 2문단에 따라 A가 참가하는 것이 성립하기 위해서는 빈칸에는 갑이나 을이 수석대표를 맡는다는 사실을 뒷받침할 내용이 필요하다. 선지의 을이 수석대표를 맡기 위해서는 을이 전체 세대를 아우를 수 있다는 정보가 추가로 제시되어야 한다.

⑤ 2문단에 따라 A가 참가하는 것이 성립하기 위해서는 빈칸에는 갑이나 을이 수석대표를 맡는다는 사실을 뒷받침할 내용이 필요하다. 선지의 내용은 갑이나 을에 대한 아무런 정보도 제시하고 있지 않다.

합격생 가이드

2문단의 '갑이나 을이 수석대표' → 'A 참가'가 타당하기 위해서는 빈칸에 '갑이나 을이 수석대표'를 도출할 수 있는 내용이 필요하다는 것을 확인한 후 선지의 내용에 접근한다면 문제해결이 신속히 이루어지지만 이를 명확하게 정리하지 못하고 선지 해결을 시도하는 경우 시간을 많이 소모하거나 틀릴 가능성이 충분한 만큼 빈칸 주변의 내용 및 주요 내용의 기호화에 유의할 필요가 있다.

07

정답 ③

난도 ★★★

정답해설

ㄱ. 바다와 은경의 말이 모두 참이라고 가정하자. 바다와 은경의 첫 번째 발언이 참이라면 경아의 첫 번째 발언은 거짓이다. 그러므로 경아의 말은 모두 거짓이다. 한 명만이 범인이라는 조건에 따라 은경이 범인이라고 할 수 있다. 나아가 바다의 첫 번째 발언에 따라 다은의 첫 번째 발언 역시 참이게 된다. 그러므로 바다, 다은, 은경이 참인 발언만 하고 경아가 거짓인 발언만 하는 경우가 주어진 조건과 모순 없이 성립한다.

ㄷ. 각 발언자의 첫 번째 발언에 비추어 단 한 사람이 거짓말한 경우는 경아가 거짓말만 하는 경우뿐이다. 이때 각 발언자들의 두 번째 발언에 따라 다은, 경아, 바다는 범인이 아니다. 2문단의 범인이 한 명이라는 조건에 따라 은경이 범인이다.

오답해설

ㄴ. 다은과 은경의 말이 모두 참이라고 가정하자. 다은와 은경의 첫 번째 발언이 참이라면 경아의 첫 번째 발언은 거짓이다. 그러므로 경아의 말은 모두 거짓이다. 한 명만 범인이라는 조건에 따라 은경이 범인이라고 할 수 있다. 이는 바다의 두 번째 발언과 양립 가능하다. 나아가 학술대회에서 발표된 상용화 아이디어가 하나라는 경우를 상정한다면 바다의 첫 번째 발언 역시 참인 경우를 상상할 수 있다. 그러므로 바다, 다은, 은경이 참인 발언만 하고 경아가 거짓인 발언만 하는 경우가 가정 하에서 주어진 조건과 모순 없이 성립한다. 따라서 다은과 은경의 말이 모두 참인 것은 가능하다.

📖 합격생 가이드

경아의 첫 번째 주장이 나머지 세 명의 첫 번째 주장과 양립하는 것이 불가능하다는 점에 주목할 필요가 있다. 2문단의 조건들과 결합한다면 가능한 경우의 수는 경아만 참만을 말하고 나머지가 모두 거짓만을 말하거나 경아가 거짓만을 말한 경우로 나눌 수 있는데 이때 바다와 은경의 두 번째 발언을 바탕으로 경아는 다른 사람과 관계없이 거짓만을 얘기하고 있다고 접근할 수 있다. 이를 바탕으로 선지의 내용을 판단한다면 조금 더 좁은 범위 내에서 정오 판단을 할 수 있어 유리하다고 생각한다.

08

정답 ④

난도 ★★

정답해설

제시문의 내용을 정리하면 다음과 같다.

- 조건 1. 개인건강정보 → 보건정보
- 조건 2. 팀 재편 → 개인건강정보∧보건정보
- 조건 3. 개인건강정보∧최팀장이 총괄 → 손공정이 프레젠테이션
- 조건 4. 보건정보 → 팀 재편∨보도자료 수정
- 조건 5. ∼(최팀장이 총괄 → 손공정이 프레젠테이션)

ㄴ. 조건 5에 따라 최팀장이 총괄하고 손공정이 프레젠테이션을 맡지 않는다. 조건 3에 따라 개인건강정보 관리 방식 변경에 관한 가안은 포함되지 않는다. 조건 2에 따라 국민건강 2025팀은 재편되지 않는다.

ㄷ. 보건정보의 공적 관리에 관한 가안이 정책제안에 포함된다면 조건 4에 따라 국민건강 2025팀이 재편되거나 보도자료가 대폭 수정된다. 조건 2, 3, 5에 따라 국민건강 2025팀은 재편되지 않는다. 그러므로 선언삼단논법에 따라 보도자료가 대폭 수정될 것이다.

오답해설

ㄱ. 조건 2, 3에 따라 개인건강정보 관리 방식 변경에 관한 가안이 정책제안에 포함되지 않는다. 그러나 보건정보의 공적 관리에 관한 가안의 포함 여부는 알 수 없다.

📖 합격생 가이드

조건 5에 대한 해석이 문제해결에 핵심이라고 할 수 있다. 'A이면 B이다.' 형식의 조건언이 거짓이 되는 경우는 A가 참인 동시에 B가 거짓인 경우뿐이라는 사실에 비추어, 최팀장이 정책 브리핑을 총괄하고 손공정이 프레젠테이션을 맡지 않는다는 정보를 이끌어 낸다면 문제가 쉽게 해결된다.

09

정답 ③

난도 ★★

정답해설

③ 정보 1에 따라 참석한 이들은 각각 하나의 해석만을 받아들인다. 정보 2, 3, 4에 따라 상태 오그라듦 가설을 받아들이는 것과 코펜하겐 해석이나 보른 해석을 받아들이는 것은 필요충분관계에 있고 참석자 8명 중 5명이 코펜하겐 해석이나 보른 해석을 받아들인다. 정보 5, 6에 따라 A, B, C, D는 코펜하겐 해석이나 보른 해석을 받아들이고 이들을 제외한 참석자 중 한 명 또한 코펜하겐 해석이나 보른 해석을 받아들인다. A와 D가 받아들이는 해석이 다르다고 가정하자. 그러한 경우 한 명은 코펜하겐 해석을, 다른 한 명은 보른 해석을 받아들인다고 할 수 있다. 정보 5에 따라 B는 코펜하겐 해석을 받아들인다. 그러므로 A와 D 중 한 명과 B, 적어도 두 명은 코펜하겐 해석을 받아들인다고 할 수 있다.

오답해설

① 정보 1에 따라 아인슈타인 해석, 많은 세계 해석, 코펜하겐 해석, 보른 해석 외 다른 해석들이 존재하고 각 참석자는 각자 하나의 해석만을 받아들인다. 정보 2, 3, 4에 따라 참석자 8명 중 5명은 코펜하겐 해석이나 보른 해석을 받아들인다. 정보 8에 따라 5명에 해당하지 않는 3명의 참석자는 코펜하겐 해석이나 보른 해석을 받아들이지 않는 한편 아인슈타인 해석을 받아들이는 이가 있다. 그러나 많은 세계 해석을 받아들이는 이가 있다는 정보는 주어지지 않았다.

② 보른 해석을 받아들이는 이가 두 명이라고 가정하자. 정보 5에 따라 두 명 중 한 명은 C이다. 정보 6에 따라 A와 D, 그리고 앞서 언급한 A∼D를 제외한 참석자 중 한 명 등 총 3명 중 1명이 보른 해석을 받아들인다. 그러나 만약 A∼D를 제외한 참석자 중 한 명이 보른 해석을 받아들인다면 A와 D가 받아들이는 해석은 코펜하겐 해석으로 같다. 이러한 경우는 다른 정보와 모순 없이 존재할 수 있다.

④ 정보 1에 따라 아인슈타인 해석, 많은 세계 해석, 코펜하겐 해석, 보른 해석 외 다른 해석들이 존재하고 각 참석자는 각자 하나의 해석만을 받아들인다. 정보 2, 3, 4에 따라 참석자 8명 중 5명은 코펜하겐 해석이나 보른 해석을 받아들인다. 정보 8에 따라 5명에 해당하지 않는 3명의 참석자는 코펜하겐 해석이나 보른 해석을 받아들이지 않는 한편 아인슈타인 해석을 받아들이는 이가 있다. 오직 한 명만이 많은 세계 해석을 받아들인다고 가정하자. 그렇다면 8명 중 5명은 코펜하겐 해석이나 보른 해석을, 1명은 많은 세계 해석을, 1명은 아인슈타인 해석을 받아들인다. 그러나 나머지 한 명은 아인슈타인 해석뿐만 아니라 그 외 다른 해석을 받아들이는 경우도 상상할 수 있고, 다른 정보와 모순 없이 존재할 수 있다.

⑤ 코펜하겐 해석을 받아들이는 이가 세 명이라고 가정하자. 정보 5에 따라 코펜하겐 해석을 받아들이는 B를 제외하고 2명의 참석자가 코펜하겐 해석을 받아들인다. 그러므로 A와 D 그리고 A∼D를 제외한 참석자 중 한 명 등 총 3명 중 2명이 코펜하겐 해석을 받아들인다. 그러나 A와 D 모두가 코펜하겐

해석을 받아들이고 A~D를 제외한 참석자가 보른 해석을 받아들이는 경우가 다른 정보와 모순 없이 존재할 수 있다.

❖ 합격생 가이드

정보들을 활용하여 포함관계를 명확하게 정리해 두지 않는다면 문제풀이상 어려움을 겪을 수 있다. 각종 해석의 이름이나 가설의 이름에 매몰되지 않도록 편한 대로 기호화를 해서 파악하는 것도 하나의 좋은 방법이라고 생각한다.

10 · 답 ②

난도 ★★

정답해설

② 1문단에 따르면 실험군1의 쥐에게는 학습 위주 경험을 하도록 하였고, 실험군2의 쥐에게는 운동 위주 경험을 하도록 훈련시켰다. 실험군3의 쥐는 통제군이다. 실험 결과 1에 따르면 실험군1의 쥐에서 뇌의 신경세포당 시냅스의 수 증가가 관측됐다. 실험 결과 2에 따르면 실험군2의 쥐에서 뇌의 신경세포당 모세혈관의 수 증가가 관측됐다. 그러므로 학습 위주 경험은 뇌의 신경세포당 시냅스의 수를 증가시키고, 운동 위주 경험은 뇌의 신경세포당 모세혈관의 수를 증가시킨다고 할 수 있다.

오답해설

① 실험 결과 3에 따르면 실험군1의 쥐에서는 대뇌 피질의 지각 영역에서 구조변화가, 실험군2의 쥐에서는 대뇌 피질의 운동 영역에서 구조 변화가 나타났다. 그러나 어느 구조 변화가 더 크게 나타난 것인지에 대한 정보는 제시되어 있지 않다.

③ 실험 결과 3에 따르면 실험군1과 2의 쥐에서 대뇌 등의 구조 변화가 관측됐다. 그러나 신경세포의 수 증가에 대한 정보는 제시되어 있지 않다.

④ 각 실험군별 구조 변화와 신경세포 등의 변화 간 인과관계에 대한 정보는 제시되어 있지 않다.

⑤ 뇌의 구조 상 이유나 경험 등과 관련된 인과관계에 대한 정보는 제시되어 있지 않다.

❖ 합격생 가이드

추론형 문제의 정답 선지 역시 명확한 근거가 제시되어 있어야 하기 때문에 지나치게 확장해서 사고할 필요가 없다고 생각한다. 위 문제의 정답 선지는 실험 결과의 해석을 통해, 오답 선지는 모두 정보 없음을 이유로 추론할 수 없다는 식으로 구성되어 있다는 점에 유념하여 문제에 접근한다면 더 편한 해결이 가능하다고 할 수 있다.

11 · 답 ③

난도 ★★★

정답해설

ㄱ. 1문단에 따르면 박쥐 X는 개구리의 울음소리를 이용하는 음탐지 방법과 울음주머니의 움직임을 이용하는 초음파탐지 방법을 사용해 수컷 개구리의 위치를 찾는다. 실험에 따르면 로봇개구리 A는 울음소리와 울음주머니의 움직임이 있는 로봇, B는 울음소리만 있는 로봇이며, 방1은 방해 요인이 없는 환경, 방2는 음탐지 방해가 있는 환경이라고 할 수 있다. 방1과 2의 실험 결과에 따르면 방해 요인이 없는 경우 초음파탐지 가능성 여부와 무관하게 공격까지의 시간에 유의미한 차이가 없었지만 음탐지 방해요인이 있는 경우 초

음파탐지가 가능한 A의 경우 공격했지만, 가능하지 않은 B의 경우 공격하지 않았다. 그러므로 음탐지 방법이 방해를 받는 환경에서 초음파탐지 방법을 사용한다고 할 수 있다.

ㄴ. 실험에 따르면 A는 울음소리와 울음주머니의 움직임이 있는 로봇, B는 울음소리만 있는 로봇이며, 방2는 로봇개구리 울음소리와 같은 소리의 음탐지 방해가 있는 환경, 방3은 로봇개구리 울음소리와 다른 소리의 음탐지 방해가 있는 환경이라고 할 수 있다. 방2와 3의 실험 결과에 따르면 같은 소리의 음탐지 방해가 있는 환경에서는 공격까지 시간이 지연되거나 공격하지 않는 반면, 다른 소리의 음탐지 방해가 있는 경우 방해가 없는 환경과 유사한 공격 속도를 보였다. 그러므로 X는 소리의 종류를 구별할 수 있다고 할 수 있다.

오답해설

ㄷ. 실험에 따르면 A는 울음소리와 울음주머니의 움직임이 있는 로봇, B는 울음소리만 있는 로봇이며, 방1은 방해 요인이 없는 환경, 방3은 울음소리와 다른 소리의 음탐지 방해가 있는 환경이라고 할 수 있다. 방1과 방3의 실험 결과에 따르면 환경 및 로봇의 종류와 상관없이 공격 시간의 유의미한 차이가 없었다. 그러므로 방1과 방3의 실험 결과로부터 유의미한 결론 내지 특정 가설에 대한 강화 또는 약화를 이끌어 낼 수 없다고 할 수 있다.

❖ 합격생 가이드

주어진 실험에서 주된 장치는 로봇과 각 방이라고 할 수 있다. 그러므로 주어진 방의 조합에 따라 어떤 변수가 통제되고 어떤 변수가 비교되고 있는지를 정확히 파악하는 게 문제해결의 핵심이라고 생각한다.

12 · 답 ④

난도 ★★

정답해설

ㄴ. 주어진 논증에서 (6)은 (4)와 (5)로부터 도출되며, (4)는 (2)와 (3)으로부터 도출된다. 만약 (2)의 내용이 "전통적 인식론은 첫째 목표를 달성할 수 없거나 둘째 목표를 달성할 수 없다."로 바뀐다고 가정하자. 이에 따라 첫째와 둘째 목표 모두 달성할 수 없는 기존의 경우 외에 첫째 목표만 달성할 수 없는 경우와 둘째 목표만 달성할 수 없는 경우가 추가된다. 그러나 어떤 경우에도 "두 가지 목표 중 어느 하나라도 달성할 수가 없다면"이란 (3)의 전건은 충족된다. 그러므로 (2)의 내용이 바뀌더라도 여전히 (6)이 도출된다고 할 수 있다.

ㄷ. (4)는 (2)와 (3)의 결론일 뿐만 아니라 (6)의 전제라고 할 수 있다.

오답해설

ㄱ. (1)은 (2) 등에서 나타나는 목표의 내용을 담고 있으나 논증 내 지지관계에 영향을 끼치지 않는다. 그러므로 (1)에 '두 가지 목표' 외에 "세계에 관한 믿음이 형성되는 과정을 규명하는 것"이 추가된다고 하더라도 (6)의 도출 과정에 영향을 끼치지 않는다.

❖ 합격생 가이드

논증이 순서대로 주어져 있는 만큼 정확한 지지 관계만 파악한다면 쉽게 해결할 수 있는 문제라고 생각한다. ㄴ과 같이 연언 관계인지 선언 관계인지 여부와 관계없이 결론 도출이 가능한 경우도 있지만, 가능하지 않을 수도 있으므로 유사한 유형에 있어 연언, 선언의 구별 등에 유념하는 것이 문제 해결에 중요하다고 생각한다.

13

답 ⑤

난도 ★

정답해설

ㄱ. 2문단에 따르면 A이거나 B의 형식을 가진 (1)을 거짓이라고 가정할 때 추가 조건에 따라 10만 원을 돌려주는 동시에 ㉠과 같이 A가 거짓인 10만 원을 돌려주지 않는다고 한다. 그러므로 ㉠의 추론 과정에서 A이거나 B의 형식을 가진 문장이 거짓이면 A도 B도 모두 반드시 거짓이라는 원리가 사용되었다고 할 수 있다.

ㄴ. 2문단에 따르면 (1)을 거짓이라고 가정할 때 추가 조건에 따라 10만 원을 돌려주는 동시에 ㉠과 같이 10만 원을 돌려주지 않는다고 한다. 동 문단에 따르면 10만 원을 돌려준다는 것과 돌려주지 않는다는 것이 모두 성립하는 것은 가능하지 않다. 그러므로 ㉡의 추론 과정에서 어떤 가정 하에서 같은 문장의 긍정과 부정이 모두 성립하는 경우 그 가정의 부정은 반드시 참이라는 원리가 사용되었다고 할 수 있다.

ㄷ. 2문단에 따르면 A이거나 B의 형식을 가진 (1)은 반드시 참이다. 1문단에 따라 (1)이 참이면 10만 원을 돌려주지 않고 호화 여행을 제공한다. 이때 (1)의 A인 10만 원을 돌려준다는 추가 조건에 위배되므로 B인 당신은 10억 원을 지불한다는 ㉢이 도출된다. 그러므로 A이거나 B라는 형식의 참인 문장에서 A가 거짓인 경우 B는 반드시 참이라는 원리가 사용되었다고 할 수 있다.

🎓 합격생 가이드

논리 퀴즈 등에서 자주 사용되는 주요 원리들을 선지 형태로 구성한 문제라고 할 수 있다. 구성이 단순하고 원리들도 논리 퀴즈를 풀어본 입장에서 친숙하다고 할 수 있는 만큼 제시문을 오독해서 틀리지 않도록 주의가 필요하다.

14

답 ②

난도 ★★

정답해설

ㄴ. 1문단에 따르면 철학은 지적 작업에 포함된다. 2문단에 따르면 귀추법은 귀납적 방법의 하나이다. 3문단에 따르면 포퍼는 귀납적 방법의 정당화를 부정하는 등 지적 작업에서 귀납적 방법이 필요 없다는 주장을 취하고 있다. 그러므로 철학의 일부 논증에서 귀추법의 사용이 불가피하다는 주장은 ㉡을 반박한다고 할 수 있다.

오답해설

ㄱ. 2문단에 따르면 ㉠은 철학이라는 지적 작업에 대한 논의라고 할 수 있다. 1, 3문단에 따르면 과학은 철학이라는 지적 작업과 구별된다고 할 수 있다. 그러므로 과학의 탐구가 귀납적 방법에 의해 진행된다는 주장은 ㉠을 반박한다고 할 수 없다.

ㄷ. 2문단에 따르면 ㉠은 철학이라는 지적 작업에서 귀납적 방법의 필요성에 대한 부정이라고 할 수 있다. 3문단에 따르면 ㉡은 모든 지적 작업에서 귀납적 방법의 필요성에 대한 부정이라고 할 수 있다. 연역 논리와 경험적 가설 모두에 의존하는 지적 작업이 있다고 가정하자. ㉡은 가정에 의해 반박된다고 할 수 있다. 그러나 ㉠은 해당 지적 작업이 철학이 아닌 이상 반박된다고 할 수 없다. 그러므로 특정 지적 작업에 대한 주장이 ㉠과 ㉡을 모두 반박한다고 할 수 없다.

🎓 합격생 가이드

철학과 지적 작업 사이 포함 관계를 활용한 문제라고 할 수 있다. 더 큰 범주인 지적 작업에 대하여 지지하는 주장의 집합이 철학에 대한 주장을 지지하는 집합보다는 크다고 할 수 있겠지만 반대로 반박하는 주장의 집합 또는 각 주장 지지 근거의 여집합은 철학의 경우가 더 크다는 점을 유념하고 문제 풀이에 들어갈 필요가 있다고 생각한다.

15

답 ④

난도 ★★

정답해설

ㄴ. 선지의 전제는 "모든 적색 블록은 구멍이 난 블록이다. 모든 적색 블록은 삼각 블록이다."이며 결론은 "모든 구멍이 난 블록은 삼각 블록이다."이다. 결론이 타당하기 위해서는 "모든 구멍이 난 블록은 적색 블록이다."가 필요하다고 할 수 있다. 갑에 따르면 사람들은 '모든 A는 B이다'를 '모든 B는 A이다'로 바꾸는 경향이 있다. 을에 따르면 사람들은 '모든 A는 B이다'를 'A와 B가 동일하다'로 인식하는 경향이 있다. 그러므로 사람들이 첫 번째 전제를 "모든 구멍이 난 블록은 적색 블록이다"로 인식하는 경향이 있다면 선지의 결론이 설명된다고 할 수 있다.

ㄷ. 선지의 전제는 "모든 물리학자는 과학자이다. 어떤 컴퓨터 프로그래머는 과학자이다."이며 결론은 "어떤 컴퓨터 프로그래머는 물리학자이다."이다. 전제에 '어떤'을 사용하는 형태의 명제가 제시되어 있고, 결론 역시 '어떤'을 사용하는 형태의 명제가 제시되어 있다. 그러므로 병에 의해 설명된다고 할 수 있다.

오답해설

ㄱ. 선지의 전제는 "어떤 과학자는 운동선수이다. 어떤 철학자도 과학자가 아니다."이며 결론은 "어떤 철학자도 운동선수가 아니다."이다. 둘째 전제는 "모든 철학자는 과학자가 아니다."와 동치이다. 갑에 의하면 사람들은 둘째 전제를 "모든 과학자는 철학자가 아니다."라고 바꾸는 경향이 있다. 그러나 그러한 경우에도 결론이 타당하게 도출되지 않는다. 그러므로 선지의 심리 실험 결과는 갑에 의해 설명된다고 할 수 없다.

🎓 합격생 가이드

사례를 주어진 견해를 바탕으로 포섭하는 유형은 각 견해 간 비교를 통해 구체적인 포섭 가능성을 파악하는 것이 중요하다고 생각한다. 예컨대 갑과 을의 견해는 유사해 보이고 논리적 결론이 같게 보일 수도 있지만, '모든 A는 B이다'와 '모든 B는 A이다'가 동치라고 파악하는 경향과 '모든 A는 B이다'와 'A와 B는 동일하다'가 동치라고 파악하는 경향이 단계 상 차이를 보이는 점 등이 있다. 또한 다른 견해에 의해서 사례가 설명된다고 하더라도 선지에서 제시하는 견해에 의해서도 설명될 수 있는 만큼 제시된 견해를 중심으로 문제 풀이에 들어가는 것이 좋다고 생각한다.

16

답 ⑤

난도 ★★

정답해설

⑤ 병의 두 번째 발언에 따르면 시 홈페이지를 통한 신청 방식에 대한 안내를 유지한 채 공식 어플리케이션을 활용한 신청 방법 역시 안내해야 한다. 계획안에 따르면 시 홈페이지를 통한 신청 방식이 제시되어 있다. 그러나 선지의 "A시 공식 어플리케이션을 통한 A시 공공 건축 교육 과정 간편 신청"으로 내

용을 바꾸는 경우 홈페이지를 통한 신청방법이 안내되지 않는다. 그러므로 바꾸기보다 기존 내용에 선지의 내용을 추가하는 것이 적절하다고 할 수 있다.

오답해설

① 병의 첫 번째 발언에 따르면 일반 시민을 대상으로 한 교육은 공무원 대상 교육과 분리하여 교양 교육 과정으로 운영한다. 을의 두 번째 발언에 따르면 교육 과정은 시민을 대상으로 한 과정만 진행하고 그 내용은 A시의 유명 공공 건축물을 활용해서 A시를 홍보하고 관심을 끌 수 있는 주제로 이루어진다. 그러므로 계획안의 주제인 '공공 건축의 미래 / A시의 조경'과 더불어 선지의 "건축가협회 선정 A시의 유명 공공 건축물 TOP3"가 추가되는 것이 적절하다고 할 수 있다.

② 을의 첫 번째 발언에 따르면 온라인 강의는 편안한 시간에 접속하여 수강하게 하고, 수강 가능한 기간을 명시해야 한다. 계획안에 따르면 수강 가능한 기간이 아닌 특정 일시만을 정하고 있다. 그러므로 선지의 "• 기간 : 7. 12.(월) 06:00~7. 16.(금) 24:00"으로 바꾸는 것이 적절하다고 할 수 있다.

③ 을의 첫 번째 발언에 따르면 교육 과정은 코로나19 상황을 고려해 온라인 교육 및 온라인 강의로 진행된다. 계획안에 따르면 A시 청사 본관 5층 대회의실이라는 장소가 제시되어 있는바 대면 교육이라고 할 수 있다. 그러므로 선지의 "• 교육방식 : 코로나19 확산 방지를 위해 온라인 교육으로 진행"으로 바꾸는 것이 적절하다고 할 수 있다.

④ 을의 첫 번째 발언에 따르면 교육 방식을 온라인으로 전환함에 따라 A시 시민만이 아닌 모든 희망자로 교육 대상이 확대될 수 있다. 계획안에 따르면 기존 교육안은 대상을 A시 시민으로 한정하고 있다. 그러므로 선지의 "A시 공공 건축에 관심 있는 사람 누구나"로 바꾸는 것이 적절하다고 할 수 있다.

합격생 가이드

새로운 유형 중 하나로 오답 또는 정답 선지에 활용될 장치가 아직 다 알려지지 않았다. 따라서 신중한 접근이 필요하다. 각 선지에 '바꾼다'와 '추가한다'라는 두 가지 유형이 제시되고 있는 만큼 제시문의 내용에 비추어 선지 해석에 유의해야 한다. 모의평가에서는 활용되지 않은 장치인 만큼 향후 대비과정에서 이러한 장치 활용에 유의할 필요가 있다.

17 정답 ③

난도 ★

정답해설

③ 2문단에 따르면 개선 이후 채용 절차는 '채용 공고 → 원서 접수 → 필기시험 → 서류 심사 → 면접시험 → 합격자 발표' 순이다. 따라서 ©에 해당하는 절차는 서류 심사이다. 동 문단에 따르면 기존 채용 절차에서 필기시험과 서류 심사의 순서가 바뀌었다. 따라서 기존 채용 절차는 '채용 공고 → 원서 접수 → 서류 심사 → 필기시험 → 면접시험 → 합격자 발표' 순이라고 할 수 있고 이때 ©에 해당하는 절차는 서류 심사이다. 그러므로 ©과 ©에는 같은 채용 절차가 들어간다.

오답해설

① 1문단에 따르면 ㉠에 해당하는 기관은 ○○도 산하 공공 기관들이다. 동 문단에 따르면 개선 이후 ○○도가 채용 과정에 참여한다. 2문단에 따르면 ○○도는 채용 공고, 원서 접수, 필기시험을 주관하고, ○○도 산하 공공 기관들은 서류 심사, 면접 시험, 합격자 발표를 주관한다. 그러나 개선 이후 ○○도 산하 공공 기관들의 업무의 양이 이전과 동일하다는 정보는 제시되어 있지 않다. 그러므로 개선 이후 ㉠에 해당하는 기관이 주관하는 채용 업무의 양은 이전과 동일할 것이라고 할 수 없다.

② 1문단에 따르면 ㉠에 해당하는 기관은 ○○도 산하 공공 기관들이다. 동 문단에 따르면 개선 이후 ○○도가 채용 과정에 참여한다. 2문단에 따르면 ○○도는 채용 공고, 원서 접수, 필기시험을 주관하고, ○○도 산하 공공 기관들은 서류 심사, 면접시험, 합격자 발표를 주관한다. 그러므로 ㉠과 같은 주관 기관이 들어가는 것은 ©이 아니라 ⊎이다.

④ 2문단에 따르면 ©과 Ⓐ에 해당하는 채용 절차는 필기시험이다. 동 문단에 따르면 ○○도는 기존의 필기시험 과목인 영어 · 한국사 · 일반상식을 국가직무능력표준 기반 평가로 바꾸었다. 그러므로 ©과 Ⓐ에서 지원자들이 평가받는 능력은 같다고 할 수 없다.

⑤ 1문단에 따르면 ㉠에 해당하는 기관은 ○○도 산하 공공 기관들이다. 동 문단에 따르면 개선 이후 ○○도가 채용 과정에 참여한다. 2문단에 따르면 ○○도는 채용 공고, 원서 접수, 필기시험을 주관하고, ○○도 산하 공공 기관들은 서류 심사, 면접시험, 합격자 발표를 주관한다. 2문단에 따르면 ㉣과 Ⓧ에 해당하는 채용 절차는 면접시험이다. 그러므로 ㉣을 주관하는 기관과 Ⓧ을 주관하는 기관은 모두 ○○도 산하 공공 기관들이므로 다르다고 할 수 없다.

합격생 가이드

문제에서 활용하고 있는 정보량이 많지 않은 만큼 도표와 대응하며 글의 내용을 정리하면서 독해한다면 수월하게 해결할 수 있다고 생각한다. 각 빈칸의 대입에만 매몰되서 ④와 같이 절차의 내용에 관한 장치에 속지 않도록 주의가 필요하다.

18 정답 ③

난도 ★★

정답해설

ㄱ. 2문단에 따르면 조례안 (가)의 입법 예고를 미완료됐으며, 조례안 (다)의 입법 예고도 미완료됐다. 그러므로 A가 유사 사례의 유무라면 B는 입법 예고 완료 여부인 바, ㉣과 ⊎은 모두 미완료로 같다고 할 수 있다.

ㄴ. 1문단에 따르면 보고는 유사 사례가 존재하지 않는 경우에만 이루어진다. 따라서 만약 B에 따라 을에 대한 갑의 보고 여부가 결정된다면, B는 유사 사례의 유무이며 A는 입법 예고 완료 여부이다. 2문단에 따르면 조례안 (가)의 입법 예고를 미완료 됐으며, 조례안 (다)의 입법 예고도 미완료 됐다. 그러므로 ㉠과 ©은 미완료로 같다고 할 수 있다.

오답해설

ㄷ. 2문단에 따르면 조례안 (가)는 미완료에 유사성 있음이며, 조례안 (나)는 완료에 유사성 있음이다. 만약 ㉣과 ⊎이 같다면 둘은 유사성 있음이며 B는 유사 사례의 유무이고, 이에 따라 A는 입법 예고 완료 여부이다. 그러나 조례안 (가)와 (나)는 입법 예고 완료 여부의 상태가 서로 다르다. 그러므로 ㉣과 ⊎이 같으면, ㉠과 ©이 같다고 할 수 없다.

합격생 가이드

이 문제는 모의평가 8번 문제와 동일한 유형으로 기준에 따라 경우의 수가 여럿이라는 게 핵심이라고 할 수 있다. 두 문제를 바탕으로 가장 손쉬운 접근방법은 각 대상별 기준에 따른 내용을 제시된 표에 적으면서 독해하는 것이다. 정답 내지 오답을 결정하는 핵심은 어떤 내용이 같고 어떤 내용이 다르냐의 구별인만큼 각 대상별 내용만 잘 정리해둔다면 손쉽게 해결할 수 있다고 생각한다.

19

답 ③

난도 ★

정답해설

ㄱ. 을의 발언에 따르면 장애인 스포츠강좌 지원사업 가맹 시설은 10개소이며 일반 스포츠강좌 지원사업 가맹 시설은 300개소이다. 동 발언에 따르면 인구수 대비 가맹 시설 수 부족으로 인해 장애인 대상 바우처 실적이 저조할 수 있다는 지적이 제시된다. 그러므로 장애인 및 비장애인 각각의 인구 대비 스포츠강좌 지원사업 가맹 시설 수는 이러한 지적을 확인하기 위해 필요한 자료라고 할 수 있다.

ㄴ. 병의 발언에 따르면 낮은 장애인 대상 사업 실적의 배경으로 비장애인 대비 높은 자기 부담금이 있을 수 있다는 지적이 제시된다. 그러므로 장애인과 비장애인 각각 스포츠강좌 지원사업에 참여하기 위해 본인이 부담해야 하는 금액은 이러한 지적을 확인하기 위해 필요한 자료라고 할 수 있다.

오답해설

ㄷ. 정의 발언에 따르면 장애인 인구의 고령자 인구 비율이 비장애인 인구에 비해 높다. 동 발언에 따르면 낮은 장애인 대상 실적의 배경에는 협소한 대상 연령이 있다는 지적이 제시되어 있다. 따라서 현재 대상 연령에서 대상 연령을 확대했을 때의 실적 개선 예측을 보여주는 자료가 필요하다고 할 수 있다. 그러나 장애인 인구 고령자와 비장애인 인구 고령자 사이 수요 차이에 대한 내용은 제시되어 있지 않다. 그러므로 만 50세에서 만 64세까지의 장애인 중 스포츠강좌 수강을 희망하는 인구와 만 50세에서 만 64세까지의 비장애인 중 스포츠강좌 수강을 희망하는 인구는 지적을 확인하기 위해 필요한 자료라고 할 수 없다.

합격생 가이드

자료해석 영역에서 흔히 볼 수 있었던 유형이 언어논리에 나타났다고 할 수 있다. 기존 자료해석 영역에서 해결하던 방식과 유사하게 자료나 제시문 자체의 내용보다는 보기 등에서 제시되고 있는 자료를 각 주장의 근거로 대입했을 때 타당한지 여부를 검토하는 것이 좀 더 빠른 풀이법이라고 생각한다.

20

답 ①

난도 ★★

정답해설

ㄱ. 갑의 첫 번째 발언에 따르면 조출생률은 인구 1천 명당 출생아 수를 의미한다. 갑의 세 번째 발언에 따르면 조출생률은 성비 및 연령 구조에 따른 출산 수준의 차이를 표준화할 수 없다. 그러므로 조출생률을 계산할 때는 전체 인구 대비 여성의 비율을 고려하지 않는다고 할 수 있다.

오답해설

ㄴ. 갑의 두 번째 발언에 따르면 합계 출산율이란 여성 한 명이 평생 동안 낳을 것으로 예상되는 출생아 수를 의미하며 각 연령대별 출생아 수를 연령대 내 여성의 수로 나눈 수치인 출산율을 모두 합산하여 도출한다. 갑의 세 번째 발언에 따르면 전체 인구 대비 젊은 여성의 비율 차이에 따라 조출생률이 비슷해도 합계 출산율이 차이가 날 수 있다. 그러므로 두 나라가 인구수와 조출생률에 차이가 없다면 각 나라의 합계 출산율에는 차이가 없다고 할 수 없다.

ㄷ. 갑의 두 번째 발언에 따르면 합계 출산율이란 여성 한 명이 평생 동안 낳을 것으로 예상되는 출생아 수를 의미하며 각 연령대별 출생아 수를 연령대 내 여성의 수로 나눈 수치인 출산율을 모두 합산하여 도출한다. 그러므로 한 명의 여성이 일생 동안 출산한 출생아의 수를 집계한 자료를 바탕으로 산출된다고 할 수 없다.

합격생 가이드

제시문 상 이스라엘과 남아프리카공화국의 예시와 같이 비교가 주된 소재인 제시문에서 예시가 주어진 경우, 예시를 바탕으로 제시문 및 선지를 이해한다면 더 효과적인 문제 풀이가 가능하다고 생각한다. 많은 경우 예시가 주어진 것은 제시문의 핵심을 이해하는 데 도움이 되거나 직관적이지 않기 때문이다. 따라서 예시에 대한 이해가 이루어진다면 제시문의 핵심에 더욱 빨리 접근할 수 있다. 위 문제에서도 예시에 대한 이해가 이루어진다면 ㄱ, ㄴ은 문제 없이 해결이 가능하다.

21

답 ①

난도 ★

정답해설

(가) : 저지르지 않은, (나) : 고위험군, (다) : 저지른, (라) : 저위험군

1문단에 따르면 X는 재범 확률을 추정하고 그를 바탕으로 위험도를 예측하는 프로그램이다.

2문단에 따르면 A는 X가 흑인과 백인을 차별한다고 주장했는데 각 빈칸과 관련 있는 논거는 예측의 오류이다.

따라서 각 빈칸에는 X 프로그램이 예측한 재범 확률이나 위험 등의 예측 상 오차를 나타내도록 채워져야 하고 그 결과가 흑인에게 백인보다 불리해야 한다. 예측 상 오차 측면에서 각각 재범을 저지르지 않는 고위험군 분류자와 재범을 저지른 저위험군 분류자가 적절하다고 할 수 있다. 이때 (나) 이후에는 흑인 비율이 더 높고, (라) 이후에는 백인 비율이 더 높다. 그러므로 재범을 저지르지 않는 고위험군 분류자에 대한 내용이 (가)와 (나)에, 재범을 저지른 저위험군 분류자에 대한 내용이 (다)와 (라)에 들어가는 것이 적절하다고 할 수 있다.

합격생 가이드

오지선다라는 특성상 5개의 선택지가 주어지나 당연히 답이 될 수 없는 선택지를 우선적으로 지우는 자세가 오답률을 낮추는 데 유리하다. 이 문제의 경우 적어도 문맥을 바탕으로 '재범을 저지르지 않는 고위험군 분류자'와 '재범을 저지른 저위험군 분류자'의 내용을 담고 있지 않은 ②, ③, ④ 중 하나를 고르는 실수는 없어야 한다. 구체적인 내용 해석이 필요한 선지의 개수를 최소화하는 것은 문제풀이 시간 측면에서도 유리하다고 생각한다.

22

답 ②

난도 ★★★

정답해설

ㄷ. 4문단에 따르면 ⓒ은 인종별 기저재범률을 바탕으로 한 X는 흑인 범죄자에 대한 형량 등을 양적으로 가속화시켜 인종차별을 고착화한다는 내용이다. 그러나 범죄 유형에 따른 재범률에 대한 정보는 제시되어 있지 않다. 그러므로 X가 특정 범죄자의 재범률을 평가할 때 사용하는 기저재범률이 동종 범죄를 저지른 사람들로부터 얻은 것이라면, ⓒ은 강화되지 않는다고 할 수 있다.

오답해설

ㄱ. 2문단에 따르면 ㉠의 근거가 된 대상 집단은 플로리다 주 법정에서 선고받았던 7천여 명의 초범들이다. 이를 바탕으로 A는 백인은 위험 지수 1부터 10까지 그 비율이 차츰 감소한 데 비하여, 흑인의 위험지수는 1부터 10까지 고르게 분포했다며 X가 흑인과 백인을 차별한다고 주장했다. 그러나 강력 범죄자에 대한 X의 예측 또는 A의 견해에 대한 정보는 제시되어 있지 않다. 또한 A가 주장하는 근거 집단 내로 강력 범죄자를 받아들인다고 하더라도 A

의 주장에 따르면 위험지수가 10으로 평가된 사람의 비율은 흑인이 백인보다 많아야 하므로 오히려 약화하는 근거라고 할 수 있다. 그러므로 강력 범죄자 중 위험지수가 10으로 평가된 사람의 비율이 흑인과 백인 사이에 차이가 없다면, ⊙은 강화되지 않는다.

ㄴ. 3문단에 따르면 ⓒ은 X의 목적은 재범 가능성에 대한 예측의 정확성을 높이는 것이며 X가 인종 간 유의미한 정확성 차이를 보이지 않는 등 정확하다는 것을 내용으로 한다. 동 문단에 따르면 흑인과 백인 간 기저재범률의 차이로 인해 X의 위험도 평가 차이가 발생한다. 만약 흑인의 기저재범률이 높을수록 흑인에 대한 X의 재범 가능성 예측이 더 정확해진다면, 흑인과 백인 간 기저재범률의 차이 등에 비추어 흑인에 대한 X 예측의 정확성이 더욱 높다고 할 수 있다. 그러므로 ⓒ이 약화된다고 할 수 없다.

◆ 합격생 가이드

각 선지와 문단이 1대1로 대응되는 만큼 강화, 약화 여부를 판단하기 위한 정보를 찾지 못하는 실수를 방지해야 한다. 보기의 각 선지가 가지는 핵심어를 바탕으로 제시문 내 각 문단에서 필요한 정보의 주소를 정확히 찾아 내용을 대조해보아야 한다.

23

답 ⑤

난도 ★★★

정답해설

⑤ 을의 첫 번째 발언에 따르면 공직자가 부정 청탁을 받았을 때는 명확히 거절 의사를 표현해야 하고, 그랬는데도 상대방이 이후에 다시 동일한 부정 청탁을 해 온다면 소속 기관의 장에게 신고해야 한다. 갑의 네 번째 발언에 따르면 갑은 C가 X 회사 공장 부지의 용도 변경에 힘써 달라며 200만 원을 주려고 해 거절했다. 만약 C가 같은 청탁을 다시 한다면 거절 이후 동일 상대방이 다시 동일한 부정 청탁을 한 경우라고 할 수 있다. 그러므로 갑은 현재는 「청탁금지법」상 C의 청탁을 신고할 의무가 생기지 않지만, C가 같은 청탁을 다시 한다면 신고해야 한다고 할 수 있다.

오답해설

① 을의 세 번째 발언에 따르면 출처가 같거나, 행위 간 계속성 내지 시간적·공간적 근접성이 있는 경우 동일인으로부터 받은 청탁이라고 해석할 수 있다. 갑의 네 번째 발언에 따르면 X 회사 사장인 A, Y 회사 임원인 B, 고교 동창인 C로부터 청탁을 받은 사실이 있다. 동 발언에 따르면 A의 경우 대가성 및 직무 관련성이 없다는 것이 확정되었다는 정보도 제시되어 있다. 그러나 이들이 동일한 내용의 청탁을 하였거나, 지금의 출처가 같거나, 시간적·공간적 근접성을 가진다는 정보는 제시되어 있지 않다. 그러므로 갑이 X 회사로부터 받은 접대를 받았다고 할 수 없고, 「청탁금지법」 위반 여부에 대한 시간적·공간적 근접성을 판단할 수 없다고 할 수 있다.

② 을의 두 번째 발언에 따르면 금품등에는 접대와 같은 향응도 포함된다. 그러나 금품과 향응 사이 구별 기준에 대한 정보는 제시되어 있지 않다. 그러므로 Y 회사로부터 받은 제안의 내용이 금품인지, 향응인지에 대해 판단할 수 있다고 할 수 없다.

③ 을의 세 번째 발언에 따르면 여러 행위가 계속성 또는 시간적·공간적 근접성이 있다고 판단되면 합쳐서 1회의 청탁으로 간주될 수 있다. 갑의 네 번째 발언에 따르면 X와 관련하여 연초 지역 축제 당시 X 회사 사장인 A의 축제 후원금이 제공된 적이 있으며, 어제 고교 동창인 C를 통해 X 회사와 관련된 현금을 제공된 적이 있다. 동 발언에 따르면 A의 경우 대가성 및 직무 관련성이 없다는 것이 확정되었다는 정보도 제시되어 있다. 그러나 두 행위가 계속성 또는 시간적·공간적 근접성이 있다고 판단된다는 정보는 제시되어 있지 않다. 그러므로 「청탁금지법」상 A와 C는 동일인으로서 부정 청탁을 한 것이 된다고 할 수 없다.

④ 을의 두 번째 발언에 공직자는 동일인으로부터 명목에 상관없이 1회 100만 원 혹은 매 회계연도에 300만 원을 초과하는 금품이나 접대를 받을 수 없다. 갑의 네 번째 발언에 따르면 B로부터는 100만 원을, C로부터는 200만 원을 제시받았다. 그러므로 B의 100만 원은 「청탁금지법」상 허용 한도 내라고 할 수 있지만, C의 200만 원은 1회 허용 한도인 100만 원을 초과하는 바, 「청탁금지법」 허용 한도를 벗어난다고 할 수 있다.

◆ 합격생 가이드

갑의 상황에 제시문의 내용을 적용해서 풀이해야 하는 만큼, 사례에서 적용되는 요건을 정확히 짚어내는 것이 문제해결의 핵심이라고 할 수 있다. 나아가 서둘러 푸는 과정에서 A와 C에 있어서도 X 회사라는 언급이 겹칠 뿐 동일성 요건을 충족시키는 내용이 제시되어 있지 않은 점에서 섣불리 동일인 등을 유추해 적용하지 않도록 주의가 필요하다.

24

답 ④

난도 ★★

정답해설

④ 조례 제9조 제1항에 따르면 전기자동차 충전시설 설치 의무 시설은 각 호에 해당하는 시설 중 주차단위구획 100개 이상을 갖춘 곳이다. 동조 제2항에 따르면 지원금의 대상은 제1항의 설치대상이며, 동조 제3항에 따르면 시장은 제1항의 설치대상에 해당하지 않는 사업장에 대하여도 충전시설의 설치를 권고할 수 있으나 이 경우 지원금 규정은 두고 있지 않다. 1문단에 따르면 B 카페는 주차단위구획이 50여 개인 키즈 카페로 조례 제9조 제1항의 충전시설 설치대상이 되지 않는다. 만약 조례 제3항의 권고를 받아들이는 사업장에 대한 지원 규정을 신설한다고 가정하자. 이 경우 B 카페가 시장으로부터 충전시설 설치의 권고를 받고, 이를 받아들여 설치하게 된다면 지원금 대상이 된다. 그러므로 선지의 내용을 신설하면 B 카페가 지원 대상이 된다고 할 수 있다.

오답해설

① 조례 제9조 제1항에 따르면 전기자동차 충전시설 설치 의무 시설은 각 호에 해당하는 시설 중 주차단위구획 100개 이상을 갖춘 곳이다. 동조 제2항에 따르면 시장은 제1항의 설치대상에 대해 설치비용의 반액을 지원하여야 한다. 그러나 1문단에 따르면 B카페의 주차 구획은 50여 개다. 나아가 선지의 다중이용시설에 키즈 카페가 포함되는지에 대한 정보가 제시되어 있지 않다. 그러므로 제1항 제3호로 선지의 내용을 신설하더라도 B 카페의 주차단위구획 부족으로 지원금 대상이 되지 않는다고 할 수 있다.

② 조례 제9조 제1항에 따르면 전기자동차 충전시설 설치 의무 시설은 각 호에 해당하는 시설 중 주차단위구획 100개 이상을 갖춘 곳이다. 동조 제2항에 따르면 시장은 제1항의 설치대상에 대해 설치비용의 반액을 지원하여야 한다. 그러나 1문단에 따르면 B 카페의 주차 구획은 50여 개다. 그러므로 제1항 제3호로 선지의 내용을 신설하더라도 B 카페의 주차단위구획 부족으로 지원금 대상이 되지 않는다고 할 수 있다.

③ 조례 제9조 제2항에 따르면 시장은 동조 제1항의 설치대상에 대하여는 설치비용의 반액을 지원하여야 한다. 1문단에 따르면 B 카페는 지원의 대상에 해당하지 않는다. 선지의 내용이 제4항으로 추가되더라도 지원 순위상 변화가 있을 수 있을 뿐, 지원 대상에 대한 내용은 변함이 없다고 할 수 있다. 그러므로 선지의 내용을 추가한다고 하더라도 B 카페는 여전히 제1항에 따른 충전시설 설치대상이 아닌바, 지원 대상이 된다고 할 수 없다.

⑤ 조례 제9조 제2항에 따르면 시장은 동조 제1항의 설치대상에 대하여는 설치비용의 반액을 지원하여야 한다. 1문단에 따르면 B 카페는 지원의 대상에 해당하지 않는다. 그러므로 선지의 내용을 추가한다고 하더라도 B 카페는 여전

히 제1항에 따른 충전시설 설치대상이 아닌바, 지원 대상이 된다고 할 수 없다.

📚 합격생가이드

새롭게 등장한 유형이라고 할 수 있는데, 모의평가 24번과 함께 볼 때, 개정의 배경이 되는 문제 상황을 주어진 조문에 맞추어 해석하는 것이 핵심이라고 할 수 있다. 위 문제의 경우 주차 구획 수에 따라 설치대상에 해당하지 않는 것이 문제인 것처럼 사례 – 조문 – 해결방향 3가지 측면에서 구조화시켜 접근한다면 효과적인 문제 풀이가 가능하다고 할 수 있다.

25 답 ③

난도 ★★

정답해설

ㄱ. 규정 제8조 제2항에 따르면 위원장과 위원은 한 차례만 연임할 수 있다. 논쟁의 쟁점 1에 따르면 A는 위원을 한 차례 연임하던 중이라는 정보가 제시되어 있다. 따라서 제2항에 따르면 A는 위원으로서 다시 연임할 수 없다고 할 수 있다. 그러나 동 쟁점에 따르면 A는 위원장으로 선출되어 2년에 걸쳐 위원장으로 활동하고 있다는 정보가 제시되어 있다. 선지와 같이 갑과 을의 의견을 받아들인다고 가정하자. 갑의 의견에 따르면 A는 위원으로서 다시 연임할 수 없으므로 위원의 임기 밖으로 위원장으로서 자격이 없어 활동할 수 없을 것이다. 반면 을의 의견에 따르면 A는 여전히 위원장으로서 연임 등을 할 수 있는바 위원장으로서 활동하는 데 규정상 문제가 없다고 할 수 있다. 그러므로 선지의 각 의견에 따르면 갑은 A가 규정을 어기고 있다고, 을은 그렇지 않다고 주장하게 되는바, 주장 불일치를 설명할 수 있다.

ㄴ. 규정 제8조 제2항에 따르면 위원장과 위원은 한 차례만 연임할 수 있다. 논쟁의 쟁점 2에 따르면 B는 위원장을 한 차례 연임하여 활동하던 중이다. 따라서 제2항에 따르면 B는 위원장으로서 다시 연임할 수 없다. 그러나 동 쟁점에 따르면 위원장 직위 해제 이후 보선에 B가 출마하였는데 이때 당선되는 경우가 제2항의 연임 제한에 해당하는지가 문제 된다. 선지의 견해에 따르면 갑은 B가 최초 위원장 선출 이후 연임 과정에서 적법하지 않게 당선된 것 역시 연임인바, 제8조 제2항에 따라 연임을 한 상태라고 보고 B가 보선에서 선출된다면 연임을 2회 하여 규정을 어긴다고 주장할 것이다. 을은 B가 적법하지 않게 선출된 기존 연임된 위원장 임기는 연임 횟수에 포함되지 않는바, 보선에서 B가 선출된다고 하더라도 1회 연임에 그치는 것으로 규정 위반이 없다고 주장할 것이다. 그러므로 선지의 각 주장은 갑이 B의 규정 위반, 을의 규정 위반 없음에 관한 주장 불일치를 설명할 수 있다.

오답해설

ㄷ. 규정 제8조 제2항에 따르면 위원장과 위원은 한 차례만 연임할 수 있다. 논쟁의 쟁점 3에 따르면 C는 위원장을 한 차례 연임하였고, 위원장 직위에서 내려온 이후 위원장 보선에 참여하였다. 선지의 내용에 따라 단절되는 일 없이 세 차례 연속하여 위원장이 되는 것만을 막는다는 것으로 확정된다고 가정하자. 이때 C는 임기의 단절 이후 세 번째 위원장 직위를 맡게 된다. 따라서 위원장 연임 제한에 위반되지 않는다고 할 수 있다. 그러므로 논쟁의 쟁점 3의 갑의 주장은 그르고, 을의 주장은 옳게 되는 바 갑의 주장이 옳고 을의 주장이 그르다고 할 수 없다.

📚 합격생가이드

법조문의 해석과 관련하여 새롭게 등장한 유형이다. 위 문제와 모의평가 25번에 비추어 봤을 때, 제시문 상 논쟁에서는 쟁점별 구체적인 주장은 드러나지 않고 있는바, 보기 등 선지의 내용을 먼저 보고 그를 바탕으로 논쟁을 해석하는 것이 정방향의 독해보다 더 효과적일 것이라고 생각한다.

MEMO

좋은 책을 만드는 길
독자님과 함께하겠습니다.

도서나 동영상에 궁금한 점, 아쉬운 점, 만족스러운 점이
있으시다면 어떤 의견이라도 말씀해 주세요.
SD에듀는 독자님의 의견을 모아 더 좋은 책으로 보답하겠습니다.

www.sdedu.co.kr

2023 5·7급 PSAT 언어논리 추론+논리퀴즈 유형 뽀개기!

개정1판1쇄 발행	2023년 01월 05일 (인쇄 2022년 09월 26일)
초 판 발 행	2022년 05월 04일 (인쇄 2022년 03월 17일)
발 행 인	박영일
책 임 편 집	이해욱
편 저	SD PSAT연구소
편 집 진 행	한성윤
표지디자인	박종우
편집디자인	김예슬 · 박서희
발 행 처	(주)시대고시기획
출 판 등 록	제 10-1521호
주 소	서울시 마포구 큰우물로 75 [도화동 538 성지 B/D] 9F
전 화	1600-3600
팩 스	02-701-8823
홈 페 이 지	www.sdedu.co.kr
I S B N	979-11-383-3501-0 (13350)
정 가	20,000원